Ansichten einer künftigen Medienwissenschaft

sigma medienwissenschaft

Band 1

Rainer Bohn
Eggo Müller
Rainer Ruppert (Hg.)

Ansichten
einer künftigen
Medienwissenschaft

CIP-Titelaufnahme der Deutschen Bibliothek

Ansichten einer künftigen Medienwissensenschaft / Rainer Bohn
... (Hg.). - Berlin : Ed. Sigma Bohn, 1988
    (Sigma-Medienwissenschaft ; Bd. 1)
    ISBN 3-924859-90-6
NE: Bohn, Rainer [Hrsg.]; GT

Druck: WZB

Printed in Germany

Inhalt

Rainer Bohn • Eggo Müller • Rainer Ruppert

Die Wirklichkeit im Zeitalter ihrer technischen Fingierbarkeit

Einleitung in den Band "Ansichten einer künftigen Medienwissenschaft"

1. Absichten

Mit dem Titel spielt dieser Sammelband auf ein erfolgreiches, 1969 von Jürgen Kolbe herausgegebenes Buch an: auf die *Ansichten einer künftigen Germanistik* (denen vier Jahre später die *Neuen Ansichten* fast ebenso erfolgreich folgten). Kolbes Sammlungen haben seinerzeit zur Bündelung neuer literaturwissenschaft — licher Ansätze und zur Evokation innovativer Ideen für die Weiterentwicklung der Germanistik wesentliches beigetragen — und übrigens den Gedanken an medienwissenschaftliche Forschungen innerhalb der Germanistik befördert. In der Wahl des Titels drückt sich für dieses Buch eine Hoffnung, ein Wunsch aus: daß von diesem Band ähnlich fruchtbare Anregungen ausgehen werden.

Die Rede von der "künftigen Medienwissenschaft" hat überdies den Reiz, ein bißchen schillernd offen zu lassen, ob die Entwicklung einer bestehenden oder die Entstehung einer noch unentwickelten Wissenschaft gemeint sei. Genau dies nämlich ist schwer zu beurteilen. In der Bundesrepublik gibt es hier und da einen Neben — oder gar Hauptfach — Studiengang Medienwissenschaft (sogar schon einen wieder geschlossenen; Paech 1987), ein paar Zentren, in denen Hochschullehrer mehr oder minder selbständige Abteilungen innerhalb anderer Disziplinen führen, einige Handvoll 'Einzelkämpfer' oder Gruppen von Wissen — schaftlern an verschiedenen Hochschulen und in unterschiedlichen Fächern, ver — einzelte außeruniversitäre Forschungsinstitutionen und einen medienwissen — schaftlichen Sonderforschungsbereich der DFG (im Überblick: Schmitt — Sasse 1987, Kreuzer 1987). Sie alle betreiben 'irgendwie' um Medien zentrierte For — schungen, kommunizieren untereinander, kooperieren mehr oder minder mit Pu — blizistikwissenschaftlern sowie mit Soziologen, Psychologen und anderen For — schern, die ihrerseits Medien in den Mittelpunkt ihrer fachspezifischen Beschäf — tigung gestellt haben; sie verfügen über ein Rezensionsorgan, mehrere wissen — schaftliche Gesellschaften, halten Kongresse und Workshops ab...

Der Grad der — vor allem universitären — Institutionalisierung ist noch ver — gleichsweise gering, die Selbstverständigung über die spezifischen Gegenstände, Methoden, Aufgaben und Ziele hat noch zu keiner breit durchgesetzten Epi — stemologie der Medienwissenschaft geführt; und doch: es geschieht mehr, es ist mehr zu beobachten als unkoordinierte Aktivitäten einiger 'Sonderlinge' des Wissenschaftsbetriebs. Da wissenschaftliche Disziplinen nicht geboren werden, sondern — wie es in der Wissenschaftstheorie immer so schön heißt — "sich ausdifferenzieren", läßt sich auch gar nicht feststellen, ob Medienwissenschaft ihre Geburtsstunde noch vor sich oder schon hinter sich hat. Daß wir mitten im Prozeß der Ausdifferenzierung stehen, ist jedenfalls unumstritten.

Zu diesem Zeitpunkt versucht dieser Band, eine Zwischenbilanz der fachtheore –
tischen Bemühungen vorzulegen und zugleich Diskussionsanstoß zu weiterführen –
den Überlegungen zu sein. Der bisherige Verlauf und der Stand der Diskussion
gebietet einzugestehen, daß es sich dabei eher um die – wertende – Rekon –
struktion von Debatten und um Momentaufnahmen der Auseinandersetzungen
handelt; weniger oder gar nicht um Resümees 'gesicherter' Erkenntnisse. Von
solchen kann auf dem Feld der Medienwissenschaft kaum die Rede sein.

Gleichwohl erschöpft sich die Zielstellung nicht darin, eine Geschichte medien –
wissenschaftlicher fachtheoretischer Diskussionen zu schreiben. Die Beiträge sind
in pragmatischer Perspektive auch darauf gerichtet, sich auf einen Satz von
Grundannahmen zu verständigen, die aus heuristischen Gründen jetzt (nicht: auf
ewig) anzuerkennen sinnvoll sein kann, um die Wissenschaft über den status quo
hinauszubringen. Solche Grundannahmen werden hier nicht ex cathedra 'erlassen';
aber die Beiträge nehmen in Anspruch – und das war den Herausgebern
wichtig –, die Relevanz und Brauchbarkeit bestimmter Annahmen (und die
Irrelevanz und Unbrauchbarkeit anderer) begründet zu behaupten. Darin liegt ein
'Credo' dieser Aufsatzsammlung: daß es der Fachentwicklung gut tut, nicht mehr
unter dem Hinweis auf die Dynamik und Ungefestigtheit der Disziplin davon auszu –
gehen, daß einstweilen alles gleichermaßen richtig, alles gleichermaßen produktiv,
alles gleichermaßen berechtigt sei. Dies widerspiegelt sich in diesem Band nicht
zuletzt darin, daß zwischen den Beiträgern – kollegial, aber prononciert –
gestritten wird.

Im wesentlichen zwei Motive haben uns veranlaßt, den Band so zu konzipieren
und zu diesem Zeitpunkt vorzulegen: Das erste Motiv gründet auf dem Eindruck,
daß Medienwissenschaft – der Liquidation des Osnabrücker Studiengangs zum
Trotz – gegenwärtig im Zeichen eines auch (wissenschafts)politischen Booms
steht. Der Anteil integrer, kregel und intelligent operierender Einzelner an der
Durchsetzung medienwissenschaftlicher Forschungsmöglichkeiten und Lehrangebote
soll damit keineswegs gemindert werden; was sie der Wissenschaftsbürokratie
abtrotzten, sind freilich manchmal wohl unfreiwillige Zugeständnisse in einer
augenblicklichen 'Geberlaune', die eigentlich auf etwas ganz anderes hätte hinaus
wollen. Denn hinter dem politischen Wohlwollen für Medienforschung läßt sich
aus guten Gründen die Hoffnung vermuten, Medienwissenschaft werde zum
Produzenten ähnlich 'nützlicher' Ergebnisse, wie sie – man bemerke den
Unterschied – Mediaforschung, ein Teil der Publizistikwissenschaft und
namentlich die meist hier angesiedelte Meinungsforschung seit Jahrzehnten lie –
fern. Daß die Akzeptanz – und (damit zusammenhängend) Kapitalverwertungs –
probleme der sogenannten Neuen Medien, die aufgetauchten Unsicherheiten
hinsichtlich der Wirkungskalküle medialer (Werbe –)Botschaften, die Internatio –
nalisierung medialer, vor allem medientechnologischer Netzwerke etc. – daß all
dies das Interesse an kommerziell verwertbarem Wissen und prognostischer
Politikberatung beflügelte, liegt auf der Hand.

Medienwissenschaft hat es nun einmal mit Medien zu tun, das heißt mit ziemlich
großen gesellschaftlichen Institutionen, an und in denen sich ökonomische Kal –
küle, machtpolitische Absichten und ideologische Interessen auf das Heftigste
durchsetzen; und nicht der esoterischste medienwissenschaftliche Forschungs –
gegenstand bleibt davon unberührt. In der medienwissenschaftlichen Selbstver –
ständigungsdebatte tut man also gut daran, diesen Tatbestand angemessen zu
reflektieren – und dieser Band will dazu beitragen –; man tut gut daran, dem
Boom der Medienwissenschaft mit einem Gutteil Mißtrauen zu begegnet und von
politischer Seite angebotene Entwicklungs – und Ausbauchancen erst nach sorg –
fältiger Prüfung wahrzunehmen; und man tut gut daran – so deutlich sei's

8

gesagt –, an den korrupten Halbbrüdern und – schwestern beispielsweise in einigen kommunikationswissenschaftlichen Instituten zu lernen und der Tatsache inne zu sein, daß die Abhängigkeit von Drittmitteln und die Willfährigkeit gegenüber den Geldgebern von Auftragsforschung wissenschaftlicher Seriosität nicht unbedingt förderlich sind.

Das zweite Motiv, diesen Band so und jetzt vorzulegen, beruht auf der – anderwärts verschiedentlich beklagten – Beobachtung, daß gerade die beschleu – nigte, aber auch recht unkoordinierte Entwicklung der Medienwissenschaft wohl dazu geführt hat, den organisatorischen Aufbau und die forschungspraktische Realisation medienwissenschaftlicher Projekte möglichst pragmatisch voranzutrei – ben; die wissenschaftstheoretische und methodologische Diskussion geriet dabei etwas ins Hintertreffen. Es steht uns nicht an, und es ist ex post auch völlig sinnlos, dies zu bekritteln; die Ausdifferenzierung einer akademischen Disziplin folgt nicht wissenschaftslogischen Planungen, sondern den jeweils sich bietenden praktischen Möglichkeiten und aktuellen forschungsstratgischen Notwendigkeiten. Um so mehr mag dann aber der Bedarf legitim erscheinen, gleichsam neben dem 'Alltagsgeschäft' die Grundsatzdiskussion um Gegenstände, Erkenntnisinter – essen und Methoden des Fachs zu bilanzieren und die Möglichkeit zu schaffen, daß die Debatte hierum ein Stück weit aufholt. Diesem Bedürfnis fühlt sich der Sammelband *Ansichten einer künftigen Medienwissenschaft* verpflichtet. Diesem Bedürfnis sind auch die folgenden Abschnitte dieser Einleitung verpflichtet, die uns – in Medium res führen.

2. Medien

Die Debatte in der und um die Medienwissenschaft muß – so 'unfertig' ist das Fach noch – beginnen bei der Frage, um was es eigentlich gehe. Medienwis – senschaft ist in ihrer gegenwärtigen Forschungs – und Lehrpraxis, schreibt Kübler in diesem Band, "eher als unspezifische, eklektizistische Sammelbezeichnung für (...) Unterfangen medienbezogener Art" zu verstehen denn als Fachbezeichnung einer gefestigten Disziplin mit einem etablierten Kanon von Gegenständen und Methoden. Daß sich so manches als Medienwissenschaft etikettieren kann, wäh – rend anscheinend – salopp formuliert – niemand richtig weiß, was Medienwis – senschaft denn nun sei, dies hängt offenkundig zusammen mit der Bedeutungs – vielfalt und Begriffsunsicherheit beim Umgang mit dem zentralen Begriff: Medium.

Hickethier argumentiert in diesem Buch, daß die fortwährende Neuauflage des Begriffsstreits um "Medium", daß vor allem die wiederholte Verwerfung alles zuvor Gewesenen und die Bemühungen um "Wesensbestimmungen" von Medien müßig seien. Dem ist zuzustimmen: praktische Erfordernisse des Wissenschafts – prozesses führen zu – temporär – brauchbaren Definitionen, nicht der behauptete Bedarf an nach Möglichkeit umfassenden und zeitstabilen Begriffs – klärungen[1]. Indes: hic et nunc geht es darum, eine Konzeption transparent zu machen, die wissenschaftliche Aufsätze unter einer gemeinsamen Orientierungs – Kategorie zusammenbringt, eben unter der Kategorie "Medien(wissenschaft)". Und daher wagen wir uns doch noch einmal an den Begriff heran.

Es ist wohl im Sinne der gegenwärtig vorherrschenden unter den wechselnden intellektuellen Moden nicht mehr sehr zeitgemäß, aber vielleicht doch fruchtbar, sich seinem Gegenstand historisch – genealogisch zu nähern. Wir tun das, indem wir Medien zunächst einmal sehr allgemein als Resultate der Entwicklung gesellschaftlicher Produktions – und Verkehrsverhältnisse ab und auf einem bestimmten historischen Niveau gesellschaftlicher Komplexität begreifen. Um sie von anderen Hervorbringungen der gesellschaftlichen Verhältnisse praktikabel abgrenzen zu können, ist es erkenntnistheoretisch sinnvoll, sich darauf zu ver – ständigen, daß die 'vorgängigen' Gegebenheiten für die Entstehung eines Gegenstands nicht selbst Element der Definition des Gegenstands sein sollen.

In Hinsicht auf "Medium" heißt das: In den Medienbegriff sollen die natur – und gesellschaftsgeschichtlich notwendigen Voraussetzungen der Entstehung von Medien nicht selbst eingehen – also die Existenz von Menschen, ihre Fähigkeit zum Gebrauch von Sprache und anderen Zeichensystemen, die Existenz dessen, was beim Gebrauch von Zeichensystemen als Bezeichnetes fungiert, sowie das Vorhandensein physikalischer Transmitter (Luft, Licht usw.). Mit dieser Voraus – setzung ist – für jeweils andere Erkenntnisinteressen – der heuristische Wert anderer Mediendefinitionen, die etwa von Mensch – Medien sprechen (Beth/Pross 1976) oder Sprache oder Luft selbst als Bestandteil des Mediensystems ansehen (Knilli 1979), in keiner Weise bestritten; sie sind lediglich für unsere Zwecke eher irreleitend, verführen insbesondere dazu, Medienwissenschaft als eine alles usurpierende Universalwissenschaft zu konzipieren, in der letztlich auch Meteo – rologie, Physik, Linguistik, Semiotik und vieles andere 'aufgehoben' sind.

Diese Vorklärung vorausgesetzt, verdient "Medium" in angemessener Ausschöp – fung des Wortsinns genannt zu werden, was für und zwischen Menschen ein (bedeutungsvolles) Zeichen (oder einen Zeichenkomplex) mit Hilfe geeigneter Transmitter ver – mittelt, und zwar über zeitliche und/oder räumliche Distanzen hinweg. Demnach sind die historisch frühesten Medien mutmaßlich Aufschrei – besysteme, wie sie in frühen Gesellschaftsformationen etwa zur Registration von Hochwassern oder Sternenständen benutzt wurden. Es handelt sich hier vorerst um Speicherungssysteme zur zeitlichen Kumulation von Beobachtungen mit dem Ziel der Komplexitätsreduktion, konkret: nämlich um die Bemühung, aus der wiederholten Beobachtung Gesetzmäßigkeiten über das Auftreten von Hochwas – sern oder Sternenständen abzuleiten, um für den Ackerbau bzw. die Schiffahrt daraus zu profitieren. Aufschreibesysteme eignen sich – wie die Benutzer ver – mutlich sogleich erkannt haben – darüber hinaus als Mittel zur Kommunikation über räumliche Distanzen hinweg, also als Instrument zur Reduktion des Zeit – und Energieaufwands von Kommunikation.

Diese instrumentelle und finale Argumentation eignet sich für die genealogische Bestimmung des Begriffs (und läßt sich historisch gut untermauern), hilft aller – dings dann nicht mehr viel weiter. Denn sind Medien gesellschaftsgeschichtlich erst einmal vorhanden, beginnen sie – wie alle sozialen Hervorbringungen –, ihr 'Eigenleben' zu führen. Sie entwickeln sich mit einer gewissen Eigendynamik; ihre ursprünglichen Zwecke können zeitweilig oder partiell außer Sicht geraten und durch selbstproduzierte Zwecke überformt werden; machtpolitische und ökonomische Interessen an ihrer Kontrolle formieren sich; sie binden Menschen an sich und bewerkstelligen durch diese Menschen soziale Rückwirkungen; sie bilden eigene Traditionen und Normen aus und produzieren Instanzen, die über deren Einhaltung wachen; und so weiter, und so fort.

Die Weiterentwicklung gesellschaftlicher Einrichtungen, so sie erst einmal auf den historischen Plan getreten sind, läßt sich also vielfach nicht mehr geradlinig einer instrumentell – finalen Logik subsumieren. Für technische Artefakte und Verfah – ren beispielsweise ist des öfteren eindrucksvoll gezeigt worden, daß ihre Ent – wicklung keineswegs nur dem "demand – pull – Prinzip" folgt, sondern daß ein neues Niveau technisch – ingenieurwissenschaftlicher Möglichkeiten zu Innovatio – nen führen kann, die sich ihre Zwecke und Verwendungszusammenhänge gleich –

sam ex post erst 'suchen' (was auch für einige Medientechniken – etwa für die Photographie oder den Phonographen – zutrifft). Und umgekehrt gilt für Zwecke und Verwendungsweisen, daß diese sich im Lauf der Zeit von den historisch ursprünglichen weitgehend entkoppeln können; soziale Hervorbringun – gen können ihrer materiell – dinglichen Gestalt nach fortexistieren, dabei aber neu entstehenden Zielen dienen und in veränderte Praxen eingelassen sein. Medien scheinen in dieser Hinsicht mit einer besonders großen 'Bandbreite' ausgestattet zu sein, weil ihre Transportmittel – Funktion eine außerordentliche Vielfalt und Variabilität in bezug auf das 'Transportgut' zuläßt. Zwecksetzungen und Verwendungsformen der gesellschaftlichen Errungenschaft "Medien" scheinen damit historisch leichter veränderlich zu sein als diejenigen anderer Errungen – schaften – es mag sich um Rentenversicherungsanstalten, Kühlschränke oder Gastwirtschaften handeln.

Medien heben sich von anderen sozialen Hervorbringungen aber noch durch einen anderen Aspekt von 'Eigenleben' ab: durch die Tatsache nämlich, daß sie sich – hunderte von Malen wurde es bereits festgestellt – nicht neutral zu dem verhalten, was sie vermitteln. Sie nehmen Einfluß auf ihr 'Transportgut', und zwar nicht nur technisch in Gestalt des kommunikationstheoretisch so genannten "Rauschens" (sei es als Verwitterung von Tontafeln oder als Kratzer auf der Schallplatte), sondern in Gestalt einer sehr weitgehenden Umformung im Sinne einer – je nach Medium: mehr oder weniger umfassenden – Subsumtion des "Inhalts" unter alle Parameter sozialer Relevanz, kultureller Normierung, juristi – scher und politischer Regulation usw. usf., die dem Medium historisch zuge – wachsen sind.

Diese Umformung ist nichts Akzidentielles, d.h. aus dem "Inhalt" im Wege der Interpretation oder Analyse nachträglich wieder zu Entfernendes. Für die Medien, mit denen Medienwissenschaft sich faktisch befaßt, ist daher das herkömmliche Kommunikationsmodell – es mag noch so viele "Einflußfaktoren" abbilden, die in avancierteren Varianten unentwirrbar von oben und unten in Pfeilform auf den "Kanal" weisen – schlicht nicht zu gebrauchen. Denn jedenfalls wird in diesen Modellen ein, mehr oder weniger beschädigter, "Inhalt", ein "Kommunikat" über ein Medium transportiert – genau jenes aber ist die Crux der medienwis – senschaftlichen Mediendefinition.

Denn bei allen für Medienwissenschaft einschlägigen Medien, behaupten wir, läßt sich die Frage nicht beantworten, was eigentlich das "Kommunikat" sei. Bei einem Film: Ist es das Drehbuch oder die Intention des Regisseurs oder die originäre darstellerische Interpretation oder alle drei oder zwei von den Dreien? Beim Fernsehen: Ist bei den von Kepplinger ausgewerteten Politiker – Sequenzen (Schmitt – Sasse berichtet den Vorgang noch einmal in diesem Band) das "Kommunikat" die Aussage des Politikers oder die Absicht des Kameramanns, ihn sympathisch oder unsympathisch zu zeigen? Im Hörfunk: Ist das "Kommunikat" der Text eines *Status Quo* – Songs oder das Sendekonzept des Moderators, in dem dieser Song gespielt wird, oder das subkulturelle Identifikationsangebot für die Teens oder die an die Hörer gerichtete Kaufaufforderung des Plattenpro – zenten, der den Moderator zum Abspielen der Platte gedungen hat? Mit weite – ren Fragen dieser Art ließen sich noch Seiten füllen, aber diese genügen ver – mutlich, um Konsens darüber zu erzielen: man kann offenbar auf dieser Ebene nicht argumentieren, man kann über ein gemutmaßtes "Kommunikat" nicht ent – scheiden, es sei den voluntaristisch.

Wo stehen wir? Einerseits ist, wie gezeigt, der "Inhalt" eines "Kommunikats", das über ein Medium transportiert wird, analytisch nicht auszumachen. Andererseits ist – paradox genug – empirisch leicht belegbar, daß Medien Einrichtungen sind, an deren einem Pol "Input" erfolgt (weshalb beharrlich von "Medienpro – dukten" die Rede ist) und an deren anderem Pol ein "Output" "ankommt", "empfangen wird", "verstanden wird", "wirkt" etc. Dieses Rätsel gilt es zu lösen.

Man kommt der Lösung näher, wenn man noch einmal auf die historische Genealogie von Medien zurückgeht: Die Invention von Medien beruht auf der – gesellschaftsgeschichtlich notwendig gewordenen – funktionalen Zwecksetzung, über Speicher – und Kommunikationsmittel zur Komplexitätsreduktion sowie zur Reduktion des Zeit – und Energieaufwands zu verfügen. Es besteht kein Zweifel, daß Medien auch heute diesen Zwecksetzungen immer noch dienen und gerecht werden: Wenn Firma A bei Firma B per Telex 100 Meter verzinkte Regenrinne bestellt, so wird man diesen Auftrag in Firma B ohne jede medientheoretische Scholastik verstehen und – Bonität vorausgesetzt – erfüllen; wenn mir der Verkehrsfunk wegen eines Staus die U 40 empfiehlt, benötige ich keinerlei hermeneutisches Spezialistentum, um eine Stunde eher am Ziel zu sein... Aber das ist das im medienwissenschaftlichen Verständnis weniger Interessante.

Interessanter ist, daß ab einem bestimmten historischen Zeitpunkt die Komplexität gesellschaftlicher Organisationsformen und die Komplexität der von jedem Gesellschaftsmitglied notwendigerweise zu durchschauenden (gedanklich zu beherrschenden) natürlichen, technischen und sozialen Umwelt Institutionen erforderlich werden, die eine mehr oder weniger einheitliche, jedenfalls auf einem gewissen Mindestniveau vereinheitlichte Interpretation gesellschaftlicher Wirklichkeit gewährleisten. Ab einem gewissen Entwicklungsstand reichen perso – nale Agenten und das Mittel personaler Kommunikation (namentlich Geistliche und Predigten) hierzu nicht mehr aus; es werden Mittel zur Reduktion der immer komplexer werdenden Realität und zur Effektivierung der Kommunikation nötig. Auf der 'historischen Tagesordnung' stehen Instanzen, die einerseits kraft ihrer ikonischen oder symbolischen Funktionen unmittelbare Anschauung und sinnliche Erfahrung (partiell) ersetzen und komplexe Wirklichkeitsausschnitte auf kleine, das Wesentliche hervorhebende 'Informationspakete' reduzieren können; und die andererseits derartige Ersetzung – und Reduktionsmechanismen 'rational' anbieten: d.h. speicherbar, also wiederholbar und kumulierbar, sowie hierarchisch distribuierbar, also initialisiert und kontrolliert von wenigen und rezipiert von vielen. – Iterativ werden die sogenannten Kulturtechniken Lesen und Schreiben zunächst klassen – und schichtenweise, dann gesellschaftweit verbreitet; die ersten "Massen" – Medien können entstehen, nach und nach treten weitere (teils nicht mehr an Literalität gebundene) hinzu.

Kurzum: Ab dem historischen Moment, als es entwicklungsgeschichtlich nicht mehr ausreicht, daß sich jeder bloß eine (aus praxeologischen Gründen: meist ziemlich zuverlässige, 'realitätstüchtige') Vorstellung von seiner unmittelbaren Alltags – und Lebensumgebung macht, tritt auch die Notwendigkeit ein zu ver – hindern, daß sich jeder seine Vorstellungen von der Realität 'dahinter' einfach so nach eigenem Gutdünken macht – oder positiv formuliert: tritt der gesellschaftliche Bedarf nach Instanzen auf, die für eine einigermaßen verbindli – che Realitätskonstruktion sorgen.

Freilich kann nur von "einigermaßen verbindlich" die Rede sein. Denn es eignet nun einmal den Medien, daß sie nicht – wie Pipelines 'echtes' Rohöl von X nach Y befördern – 'echte' Wirklichkeit transportieren. Schon auf der Seite derer, die Zugang zum "Input" – Pol eines Mediums haben, handelt es sich ja um – meistens arbeitsteilig hergestellte – Realitätskonstruktionen, in die die Abstraktion von Zeichenprozessen, induviduell – subjektive Interpretationen, vor –

gängige Zurichtungen auf das 'Medienspezifische', antizipatorische Rücksicht – nahmen auf das, was die juristisch – ökonomischen gate – keeper des Mediums durchlassen, und hundert andere Faktoren eingehen. Und analog wird auf der Seite deren, die am "Output" – Pol sitzen, nicht bloß "verstanden", "decodiert", sondern der "Output" trifft auf lebendige, aktive Subjekte mit einer je eigenen Wirklichkeitsinterpretation, mit Vorlieben und Abneigungen, Gewohnheiten, Interessen, Vorurteilen, Fähigkeiten, Träumen, Zielen, Erfahrungen... Diese ganze komplizierte Doppelseitigkeit wird noch einmal überformt dadurch, daß das jeweilige Medium für beide Seiten nicht als black – box existiert, sondern seinerseits Bestandteil der Realitätskonstruktion ist, ihm also aus Erfahrungen und Lernprozessen stammende Bedeutung, Autorität, Skepsis, Aufmerksamkeit, Regelverständnis, Zurückhaltung... zugewiesen wird.

Eine brauchbare Definition von "Medium" muß – zusammengefaßt – also erstens weiter sein als das, was im Lasswell'schen Sinn der vorwiegend technisch verstandene "channel" ist (ohne freilich alle physikalischen und anthropologischen Voraussetzungen von Kommunikation schlechthin umfassen zu müssen). Zweitens reicht es nicht aus anzunehmen, daß einem empirisch vorfindlichen "Kommunikat" durch das Medium lediglich etwas abgezogen (Kommunikationsstö – rung/Informationsverlust/"Rauschen") bzw. etwas hinzugefügt (soziale Wertigkeit, kultureller Code was auch immer) würde. Denn es ist – außer auf dezi – sionistischem Wege – nicht auszumachen, was der "Inhalt" eines "Kommunikats" in einer konkreten medialen Kommunikation ist. Daraus folgt drittens, daß "Kommunikat" nur das Resultat zweier Realitätskonstruktions – Handlungen auf der "Input" – und auf der "Output" – Seite des "channels" sein kann. Der Begriff "Medium" macht infolgedessen nur einen Sinn, wenn er sowohl den Kanal wie auch die Konstruktionshandlungen auf dessen beiden Seiten umfaßt.

In massenmedialer Kommunikation mit "dispersem" Publikum auf der Rezep – tionsseite konstituieren die beiden Realitätskonstruktionen nicht – wie in der älteren Kommunikations – und Zeichentheorie unterstellt – ein *gemeinsames* Kommunique. Alle Anzeichen sprechen dagegen, daß ein bestimmter medialer "stimulus" eine bestimmte (vorhersagbare) "response" erzeugte; alle Anzeichen sprechen ebenso dagegen, daß – jedenfalls in der Masse der Fälle – eine medial – kommunikative Aktivität gemeinhin mit einer "hermeneutischen" beant – wortet würde: der Empfänger schert sich, lax gesprochen, im allgemeinen einen Teufel um Intentionen, Prinzipien und Verfahrensweisen des Absenders, er pflegt sich seine Medien – Realität nach seinen eigenen Maßgaben 'eigensinnig' zurechtzulegen.

Gleichwohl regieren in massenmedialer Kommunikation nicht allein Zufall, Beliebigkeit und Willkür – das 'rettet' die Medienwissenschaft. Der Grund liegt in der gesellschaftsgeschichtlich eingelassenen Eigenschaft der Medien, Agenturen sozialer Bedeutungsproduktion und Wirklichkeitsinterpretation zu sein. Die historisch tradierte – und wenigstens von einem Teil des medialen "Programms" notwendig immer wieder zu reproduzierende – Fähigkeit der Medien, eine lebenspraktisch nützliche Konstruktion von Realität anzubieten, verbürgt auf sei – ten der Empfänger das prinzipielle Vermögen und die allgemeine Bereitschaft, mediale Kommunikationen so 'in Empfang zu nehmen', daß sie deren potentiel – len lebenspraktischen Nutzen auch tatsächlich realisieren. Die Vorstellung von einer "Rekonstruktion" der "Botschaft" ist hiermit nicht durch die Hintertür wie – der eingeführt; viel eher handelt es sich wohl um die Re – Konstruktion (eines Ausschnitts) von Realität, auf die sich der Absender – qua gemeinschaftlicher Sozialität – mutmaßlich bezieht und die zu re – konstruieren Nutzen für die eigene Lebenswirklichkeit abzuwerfen verspricht[2] – wobei anderer, 'eigensinnig' gestifteter Nutzen nicht ausgeschlossen ist, sich nicht einmal störend auswirken muß, aber durchaus kann.

Unterstützt wird dieser Prozeß erstens dadurch, daß einzelnen Medien (hier im Sinne von sozialen Organisationen) traditionell und im gesellschaftlichen Alltags – verständnis bestimmte (historisch wandelbare) Eigenschaften zugeschrieben werden – Zuverlässigkeit, Aktualität, Unterhaltsamkeit, Vertrauenswürdigkeit, Unbestechlichkeit ... –; zweitens dadurch, daß einzelne Medien (hier im Sinne ihrer technisch – dinglichen Verfaßtheit) zum Beispiel durch Zugangsbarrieren (Eintrittspreise, Anschaffungskosten) oder durch ihrer technischen Körperlichkeit eingeschriebene Handlungsanweisungen (Rationalität, Konzentration) auch bestimmte Haltungen des 'In – Empfang – Nehmens' mit determinieren.

Um es abschließend noch einmal zuzuspitzen: Dieser Medien – Begriff läßt in keinem Einzelfall medialer Kommunikation eine Vorhersage darüber zu, in wel – chem Verhältnis das Realitätskonstrukt der "Input" – Seite und dasjenige der "Output" – Seite zueinander stehen (und wir behaupten, daß keine Mediendefini – tion eine zuverlässige Vorhersage zu liefern imstande ist); in jedem Einzelfall ist die ganze Bandbreite von Kongruenz bis Reziprozität möglich. Doch bildet dieses Medien – Modell die empirisch belegbare Tatsache ab, daß grosso modo ein nennenswerter Anteil medialer Kommunikationsprozesse Realitätskonstruktionen hervorbringt, die auf der "Input" – wie auf der "Output" – Seite relativ ähnlich sind.

3. Medienwissenschaft

Anerkennt man dieses Medien – Modell für einen Augenblick (weniger, um 'endlich' die 'gültige' Mediendefinition in die Tasche zu stecken, als vielmehr ein heuristisches Hilfsmittel zu haben, um fruchtbar nach Perspektiven von Medien – wissenschaft fragen zu können), dann ergibt sich eine Reihe bedeutsamer wis – senschaftstheoretischer und methodologischer Konsequenzen. Wir sehen als wichtigste an:

1.

Medienwissenschaft müßte sich bei Zugrundlegung dieses Medienverständnisses schleunigst von der belastenden Hypothek trennen, die sie durch ihre Herkunft aus der Literaturwissenschaft seit Anbeginn mit sich herumschleppt: von der Kategorie des "Werks" im philologischen Verständnis. Medienwissenschaft müßte sich konsequenterweise lossagen von der vielfach praktizierten Tradition, lediglich eine Verlängerung der Literaturwissenschaft in neue Gegenstandsareale hinein (und mit 'sanft' angepaßten Methoden) zu sein. Das komplexe Interaktionsver – hältnis einer zweifachen Realitäts – Konstruktion auf beiden Seiten eines wie auch immer beschaffenen "Kanals" macht die Vorstellung von einer *zentral* gesetzten, als Ausgangspunkt eines gerichteten Vermittlungsprozesses begriffenen Instanz "Werk" obsolet. Die auf der Seite der Rezeptionstheorie wohl durchgesetzte Überwindung von stimulus – response – Modellen erfordert im medienwissenschaftlichen Denken ihr Pendant auf der Produkt(ions) – Seite: ein Produkt oder seine 'Machart' oder gar die Intention (Befähigung, "Genie") seines Schöpfers zum theoretischen Ausgangspunkt einer Kette von Wirkungen zu erheben, läßt sich mit den geschilderten medientheoretischen Voraussetzungen schlicht nicht mehr in Einklang bringen. Was immer in einer systemtheoretischen Sicht auf "Medium" an Wirkungen auffindbar sein mag – seien es Wirkungen beim Rezipienten, Wirkungen auf andere Medienprodukte, Wirkungen auf die

Beschaffenheit des (technischen) Mediums selbst oder seiner (sozialen) Organisationsform –, kann legitimerweise nicht als Funktion eines Werks begriffen werden; aus diesem Dilemma hilft auch die forschungsstrategische Fokussierung auf größere Einheiten (statt "Einzelwerk" dann eben "Programm") nicht heraus.

Natürlich bedeutet dies auch in gewisser Weise den Abschied von traditionellen hermeneutischen, interpretativen Methoden – und doch wird damit, wie wir gleich zu zeigen beabsichtigen, die Hermeneutik keineswegs begraben. Denn mit der Verabschiedung der Zentralkategorie "Werk" geht zwangsläufig einher, die anhaltende Verdinglichung der Gegenstände medienwissenschaftlicher Forschung zu überwinden. Es war die – wenn man euphemistisch davon sprechen darf – Wissenschaftstheorie der Theaterwissenschaft, die die beanspruchte Sonderstellung der Disziplin immer wieder aus der vermeintlich einzigartigen Transitorik der Theater–Aufführung hergeleitet hat[3]; Theaterwissenschaft habe es, im Gegensatz zu Literatur–, Film–, Kunstwissenschaft usw., mit einem flüchtigen Gegenstand zu tun. Diese Argumentationsfigur verkennt, daß alle übrigen Medienprodukte – in konsequent medienwissenschaftlicher Perspektive – sich eben auch nur jeweils in medialen Kommunikationsprozessen aktualisieren: Ein Film ist für sich genommen nichts als eine belichtete Rolle Zelluloid oder ein magnetisiertes MAZ–Band, ein Buch ein Stapel bedrucktes Papier, eine Schallplatte eine geprägte Kunststoffscheibe. Medienwissenschaftlich, eben nicht philologisch, sind sie weder in ihrer physikalischen Beschaffenheit noch in ihrer semiotischen Zei–chenträger–Eigenschaft allein interessant; sie sind es nur im Prozeß der Interaktion zwischen der auf ihnen gespeicherten Realitätskonstruktion und der Realitätskonstruktion auf der "Output"–Seite. Diese Aussage weist freilich nur die Auffassung zurück, man habe, weil man über Film, Buch, Band oder Platte als Ding verfügt, zugleich auch den 'Kern' der ganzen Sache erwischt (vgl. etwa Kittler 1986). Diese 'ontologische' Fixierung, die folgerichtig fast alle Kraft darauf ver(sch)wendet, den vermeinten "Inhalt" durch quantitativ–empirische Inhaltsanalyse–Verfahren zu 'objektivieren' oder durch computergestützte Pro–tokollierungen endgültig dingfest zu machen, scheint uns in der Tat einen Feti–schismus zu indizieren, der an medientheoretischen Maximen ziemlich entschieden vorbeigeht.

Von dieser Kritik aber völlig unbeührt bleiben Sinn und Notwendigkeit herme–neutischen Herangehens in der Medienwissenschaft! Das klingt paradox, ist erkenntnistheoretisch aber nur folgerichtig: Gerade wenn es nicht das 'Ding' Film, Band, Platte 'per se' ist, das als selbsttätiger Urheber von Wirkungen in Frage kommt; und wenn – wie oben argumentiert – Realitätskonstruktionen diesseits und jenseits des "Kanals" grosso modo nicht völlig anarchisch–willkür–lich sich zueinander verhalten, gerade dann kommt es darauf an, die Konstrukte nicht nur auf der Rezipientenseite, sondern auch auf der Produzentenseite mit geeigneten interpretativen Methoden zu verstehen. Mehr noch: der verstehende Nachvollzug von Konstruktionsleistungen auf der Rezipientenseite erfordert zwingend, offenzulegen (und zu dokumentieren), auf welchem Weg man als Forscher selbst zu seiner Konstruktion gelangt ist (ein Desiderat, das noch längst nicht jede hermeneutische Methodik einzulösen scheint). Hermeneutische Pro–duktanalysen (wie sie in diesem Band beispielsweise Koebner emphatisch vertritt) sind durch das Gesagte mithin nicht entlegitimiert; im Sinne medienwissenschaftlichen Methodenverständnisses scheint uns lediglich sinnvoll, erstens 'Produkt–Fetischismus' zu vermeiden und zweitens stets zu reflektieren, daß Produktanalyse sich als ein, aber eben nur ein Element im Ensemble ver–schiedener Analyseschritte verstehen müßte.

Produktanalyse sollte sich – das ist noch hinzuzufügen – allerdings zweier Gefahren bzw. Begrenzungen bewußt sein. Erstens der Tatsache, daß sich auf dem Weg hermeneutischer Verfahren tatsächlich nicht alle Bedingungen rekonstruieren lassen, die in ein 'endgültiges' Medienprodukt eingehen; selbst bei einem ausgefeilten und umfänglichen Analyseinstrumentarium, das wohlfundierte Kenntnisse von Produktionsbedingungen, rechtlichen, ökonomischen und ideologischen Restriktionen, technischen Gegebenheiten usw. usf. einbezieht, müssen diejenigen Ebenen und Elemente ausgeblendet bleiben, die im Produkt (absichtsvoll) keine Spuren hinterlassen. Fischer weist in diesem Band am Beispiel der "Schnitte für den Papierkorb" eindringlich darauf hin. Auch aus dieser Sicht findet die Auffassung, daß Produktanalyse sich als ein Element in einem medienwissenschaftlichen Set von Analyseinstrumenten verstehen sollte, also noch einmal Unterstützung. – Zweitens mag Produktanalyse, gerade weil sie sich aus gutem Grund zuvorderst den 'paradigmatischen' (z.B. auch in künstlerischer Hinsicht vorbildlichen oder besonders auffälligen) Vertretern eines Mediums oder Genres zuzuwenden pflegt, besonders dazu verleiten, den überwunden geglaubten 'Kanonisierungs–Drang' der Philologien zu imitieren, zumindest aber Standards und Normen zu projizieren, die oft genug lediglich sozio–kulturelle Normen der Forscher selbst sind, und dabei hierarchische Raster zu produzieren bzw. zu tradieren, die völlig ungerechtfertigte Selektionsmechanismen in Gang setzen. von Thienen zeigt am Beispiel der Unterscheidung von "U–" und "E–Musik" in diesem Band, wie verhängnisvoll solche Vorurteilsstrukturen nicht nur für die historische Forschung sein können; und Fischer wirft zu Recht die Frage auf, ob die möglicherweise dahinter steckenden Bedürfnisse der Forscher, soziale Definitionsmacht auszuüben, denn schon ausreichend reflektiert sind.

2.

Selbstverständlich gelten die genannten Warnungen auch für die andere Seite der Forschungsstrategie, für die Untersuchung von Rezeptionsprozessen. Ernstgenommene medienwissenschaftliche Methodologie setzt voraus, sich nicht im Besitz ausgeklügelter hermeneutischer Verfahren und daher 'zutreffender' Interpretationen zu fühlen, um dann – tunlichst unter Zuhilfenahme 'objektiver' Meßstrategien – zu 'prüfen', ob beliebige Rezipienten 'richtig' oder 'falsch' liegen. Nicht nur die Diskussion um 'harte' und 'weiche' Methoden, wie sie in diesem Band vornehmlich von Charlton/Neumann und Rogge geführt wird, verweist mit einigem Nachdruck auf den Bedarf an medienwissenschaftlicher Methodenreflexion; auch das von Fischer benannte Desiderat einer medienwissenschaftlichen Ethik – Fischer hat keine Vorbehalte, von "Moral" zu sprechen! – wird man nicht schnellfertig beiseite schieben können.

Das geforderte Ernstnehmen der eigenen, aktiven, interessegeleiteten Konstruktionsleistung von Rezipienten verlangt erstens, tatsächlich offen – nämlich ohne unausgesprochen selegierende Vorurteile über wünschenswerte und unerwünschte Motive – nach den erwarteten Gratifikations fragen zu können, aus denen vorgefundene Rezeptionshaltungen hervorgehen (von Thienen). Es verlangt zweitens, sich den Nutzungsgewohnheiten und Realitätskonstruktionen im Mediengebrauch mit derselben Sorgfalt qualitativer Methodik zu nähern, die man in Hinsicht auf Medienprodukte gemeinhin für selbstverständlich zu halten pflegt. Will sagen: die nicht selten anzutreffende Variante, ein beobachtetes Rezeptionsdatum mit einem quantitativen sozialstatistischen Datum auf dem Weg einer Plausibilitätsaussage eilfertig zu verknüpfen ("Anspruchslose TV–Unterhaltung wird von ungelernten Arbeitern überdurchschnittlich häufig gesehen, weil diese eine anstrengungslose Ablenkung von ihrem monotonen Arbeitsalltag besonders schätzen"), dürfte kaum mehr dem methodologischen state of the art entsprechen.

Drittens – und sicher nicht zuletzt – verlangt das Ernstnehmen der aktiven Rezipientenleistung endlich auch, als forschendes Subjekt erkennbar Stellung zu nehmen zu den Realitätskonstrukten auf beiden Seiten des medialen Kommuni – kationsprozesses, Stellung zu nehmen anhand offenzulegender eigener politischer, moralischer, ästhetischer oder anderer jeweils einschlägiger Maßstäbe. Denn die medientheoretisch behauptete relative Selbständigkeit der Konstruktionen auf beiden Seiten, die Zurückweisung behavioristischer stimulus – response – Modelle bedeutet u.E. keineswegs, daß damit beide Seiten völlig entkoppelt und jede nur für sich selbst verantwortlich wäre. Wenn in medienwissenschaftlichem Verständ – nis die glatte Ableitung von Wirkungen aus Ursachen auch unzulässig erscheint, so braucht man sich wissenschaftstheoretisch deshalb durchaus nicht auf einen ziemlich populär gewordenen "anything goes" – Standpunkt zu stellen, der neben Wirkungen auch gleich Folgen und ergo Verantwortlichkeiten leugnet. Und unter Hinweis auf Jürgen Hofmanns Kritik an der rollentheoretischen Durcheinander – würflung von Akteuren und Zuschauern[4] – die umfassende Durcheinanderwürf – lung von Tätern und Opfern kam bald in Mode – ist daran zu erinnern, daß auch elaborierte Medientheorie die Unterscheidung zwischen denen, die an der "Input" – Seite, und jenen, die nur an der "Output" – Seite von Medien sitzen, immer noch relativ zuverlässig ermöglicht.

3.

Noch? Möglicherweise ist die offenkundige Anziehungskraft der "anything goes" – Position für viele Intellektuelle nicht allein Ausdruck des allgemein im Vor – marsch befindlich Neo – Positivismus, dem "Standpunkt und Perspektive" allemal ideologieverdächtig sind. Offensichtlich führt die technische Entwicklung auf dem Gebiet der Medien(wissenschaft) zunehmend zu einer Verunsicherung und zum Ungenügen analytischer Systeme und Begrifflichkeiten, so daß die Grundlage für begründete Standpunkte ebenfalls unsicher scheint. Die Rede von den neuen technischen Möglichkeiten interaktiver (massen)medialer Kommunikation und von der zunehmenden Perfektion fiktiver Realitätskonstrukte insbesondere der Bild – medien, die ausschließlich auf elektronischem Weg erzeugt werden und das gewohnte reale 'Vorbild' für ein "Abbild" überflüssig machen (vgl. dazu Zielinski und Bartels in diesem Band).

Walter Benjamin (der neben Max Weber in diesem Band – wie wir finden: – erfreulich häufig als 'Vordenker' von Medienwissenschaft zitiert wird) hat die Möglichkeiten zur technischen Reproduktion von Kunst mit einer emphatischen Demokratisierungs – und vor allem Politisierungshoffnung verbunden (Benjamin 1963). Es fragt sich, ob nicht zwei oder drei Jahrzehnte Erfahrungen schon mit 'herkömmlichem' Fernsehen – hätte er sie erlebt – Benjamin zum Widerruf seiner Entauratisierungs – These veranlaßt hätten: Was diesem, nach verbreiteter Einschätzung, bedeutenden technischen Medium an Wahrnehmungsstrukturie – rungen, Handlungsimperativen, sozialen Einflußmechanismen und mentalen Inter – ferenzpotentialen anscheinend unabtrennbar anhaftet – das ist ja in der Tat kaum anders zu begreifen denn als "Aura". Und läßt man die Vielfalt von Beobachtungen Revue passieren, die bei der Nutzung des jüngsten Massenpro – dukts des "Elektronikzeitalters", des Home Computers, gemacht wurden: die Bedienungs –, mehr noch die Benutzungszwänge, die Neigung zur Anthropo – morphisierung der "Maschine", die scheinbar selbstinduktiven Geschwindigkeits –, Leistungs – und Speicherplatzwettbewerbe... (vgl. Janshen in diesem Band) – dann haben wir es hier, wie es scheint, mit der nächsten Generation aura – erzeugender Artefakte zu tun.

Was aber geschieht, wenn sich der "auratische" Chip und der "auratische" Bild –
schirm zu einem Medienprodukt verbinden, das den "Abschied(s) von der Mühsal
des Mimetischen" (Hein 1987) mit der elegantesten Leichtigkeit bewerkstelligt?
Gewiß ist der Einwand richtig, daß die bevorstehende technische Möglichkeit zur
umfassenden Fingierbarkeit von Realität nichts weiter ist als die konsequente
Fortführung einer Entwicklung, die mit den Vorgängen um Welles' Hörspiel vor
genau 50 Jahren erstmals schlagzeilenträchtig registriert wurde (und damals wie
heute nichts als ein folgen –, also sinnloses kulturkritisches Echo erzeugte). Und
es kann ja in der Tat nicht darum gehen, daß sich Medienwissenschaft als
Augurenclub versteht, der in der Tradition der Warnungen vor dem Roman, dem
Stummfilm, dem Tonfilm, dem Fernsehen (und was der historischen Medien –
debatten mehr waren) nun die Warnungen vor den computergestützten Simula –
tionsmedien ausstößt.

So weit, so richtig. Gleichwohl bleibt Verunsicherung aufgrund des Eindrucks,
daß die technische Entwicklung gegenüber ihrer analytisch – begrifflichen Durch –
dringung mit Hile (nicht nur) der Medienwissenschaft weit im Vorsprung ist; daß
die Wissenschaft zu den jüngsten technischen Innovationssprüngen noch nicht
einmal adäquate Fragen formuliert, geschweige denn befriedigende Antworten
gefunden hat. Wie – zum Beispiel – läßt sich die Kategorie des "Medienpro –
dukts" neu konzeptualisieren, wenn man es nicht mehr mit Filmen, Sendungen,
Durckerzeugnissen und nicht mehr mit Rezeptionsprozessen zu tun hat, die bei –
derseits der empirischen und hermeneutischen Rekonstruktion zugänglich sind,
sondern mit interaktiven Animationsspielen, deren 'Kern' Programmkommandos
sind und die eine mit zunehmender technischer Perfektion tendenziell unendliche
Anzahl individueller Spiel – /Film – Realisationen zulassen? Wie handhabt man
gegenüber solchen Produkten die gewohnten, aus konventioneller Produktions –
technik abgeleiteten Begriffe wie "Einstellung" oder "Montage"? Wie weit kommt
man noch mit einschlägigen Kategorien der "Darstellung", "Abbildung",
"Fiktionalität" und des "Realismus"?

Resultiert aus der veränderten technischen Herstellung eine völlig neue Qualität
medialer Produkte, oder handelt es sich nur um eine Vervollkommnung von
Bildern, gegenüber deren scheinbarer Evidenz Medienwissenschaftler und vor
allem Medienpädagogen sich schon immer größeres Mißtrauen gewünscht haben?
– An welchem Referenzsystem wird man einen Computer – Animations – Film
messen, der gar nicht mehr vorgibt, Abbild irgendeiner 'echten' Realität zu sein
– und der zunächst so rezipiert werden wird, als bilde er 'echte' Realität ab?
Oder erobern sich Bildmedien damit nur Möglichkeiten, die die Literatur sich
längst erschloß? – Wer wird – mit allen Vorbehalten – der 'Täter' genannt
werden können, wenn ein Benutzer ein interaktives Animationsspiel in eine –
wiederum mit allen Vorbehalten – (moralisch, politisch, humanistisch...) 'uner –
wünschte' Richtung steuert: der Programmierer oder der Benutzer? Oder unter –
stellt eine solche Fragestellung die gleichen falschen Parameter wie die gängige
Fernsehkritik?

Noch scheint die neue technische Medienwirklichkeit wissenschaftlich einiger –
maßen unbegriffen zu sein: nicht einmal auf den Begriff gebracht. Und infolge –
dessen mangelt es vorläufig an Wertungskriterien und Urteilsvermögen. Wo es
vormals (wenn auch immer vom politischen Gusto abhängig) zumindest konsistent
möglich war, ästhetisch mit Kategorien des Realismus, politisch mit Kategorien
der Aufklärung zu argumentieren, tendiert so manches Axiom angesichts der
neuen Gegenstände dazu, wenn nicht zu versagen, so doch unzuverlässig zu
werden.

Einleitung

"Ob sich Medienwissenschaft in diese epochalen Umwälzungen analytisch einschalten kann und – falls ja – mit welchen Erkenntnisinteressen und gesellschaftlichen Aufträgen, ist bislang wenig geklärt, nicht einmal ausgiebig erörtert", schreibt Kübler in diesem Band. Auf die Medienwissenschaft kommt hier, glauben wir, eine Reihe von Herausforderungen zu. Nicht nur Herausforderungen, die die Dimensionen 'disziplinärer Wissensfortschritt' und 'gesellschaftliche Anwendbarkeit' betreffen. Sondern Aufgaben, von deren Lösung es mit abhängt, ob Medienwissenschaft das Erbe jener kritisch – aufklärerischen Wissenschaftstradition anzutreten und fortzuführen vermag, aus der sie entstanden ist; oder ob sie den Weg geht, der ihr von mancher Seite offenbar zugedacht ist: Akzeptanzbesorgungsagentur zu werden und "die Software – Produktion für eine Industriegesellschaft ohne Programm" (Bartels in diesem Band) zu übernehmen.

4. Wissenschaftstheorie und – praxis der Medienwissenschaft

In mehreren Beiträgen dieses Bandes wird auf den Beginn medienwissenschaftlicher Forschungen in den literaturwissenschaftlichen Disziplinen verwiesen, wobei die oft zitierte "Legitimationskrise" der Philologien und die in dieser Situation gesteigerte Hoffnung auf gesellschaftliche Legitimation schon allein aus quantitativen Gründen (die Massenhaftigkeit der Verbreitung von Medienprodukten schien erhöhte 'Politikrelevanz' zu verbürgen) entscheidende Impulse lieferten. Die Anfänge der Medienwissenschaft unterm Dach vor allem der Germanistik erforderten zunächst ein gewisses Fingerspitzengefühl ihrer Protagonisten, um die Widerstände konventioneller denkender Fachvertreter nicht unnötig anzustacheln, wie etwa aus Helmut Kreuzers konsensuell – persuasivem Vorwort zum Tagungsband des Düsseldorfer Germanistentags 1976 (Kreuzer 1977) noch heute anschaulich herauszulesen ist. Wie der Sturm eines Elefanten in einen Porzellanladen mußte seinerzeit Faulstichs Rede davon erscheinen, die Literaturwissenschaft sei "tendenziell aufgehoben", ein "Paradigmawechsel" habe bereits stattgefunden (Faulstich 1979, 9) – dem Autor wird dieser Vorstoß noch heute vorgehalten (auch in diesem Band), und zwar mutmaßlich nicht nur, weil er irrtümlich, sondern auch, weil er 'untaktisch' war.

Über letzteres aber ließe sich streiten. Denn rückblickend darf man (vom Resultat her, nicht von der Intention der Akteure) gewiß von einer ganz gelungenen 'Arbeitsteilung' zwischen der 'seriösen' und der 'enfants terribles' – Abteilung der nachrückenden Germanisten – Garde sprechen: die einen beruhigten den durch die Studentenrevolte ohnehin aufgeschreckten Ordinarien – Typus der Nachkriegs – (und oft genug ja auch noch: der Vorkriegs –) Generation, integrierten sogar einen Teil in neue literaturwissenschaftliche Konzepte; die anderen machten die neu entdeckten Fragestellungen so lange 'heiß', bis auch fast dem letzten Schöngeist die Einsicht dämmerte, daß fortgesetzte Verweigerung die Gefahr bedeutete, auf dem Abstellgleis zu landen.

Diese 'Anekdote' der Fachentwicklung, die wir ohnehin nur salopp anspielen, nicht analytisch entfalten können, wird hier lediglich noch einmal in Erinnerung gerufen, weil sie auf einen wesentlichen Tatbestand wissenschaftsgeschichtlicher Entwicklung verweist: darauf nämlich, daß Fachgeschichte neben einer wissenschaftslogischen immer auch eine wissenssoziologische Dimension hat. Zweifellos ist die – auch in mehreren Beiträgen dieses Bandes geäußerte – Beobachtung richtig, daß wissenschaftliche Spezialgebiete entstehen, wenn die Entdeckung neuer oder die Veränderung bekannter Gegenstände dies nahelegen, und daß die Ausdifferenzierung zu eigenen Disziplinen erfolgt, wenn die überkommene disziplinäre Einbindung zum methodischen, forschungsstrategischen und/oder for schungsorganisatorischen Hemmnis wird (vgl. etwa Stehr/König 1975, Oeser 1976). Der Erfolg oder Mißerfolg der Verankerung eines Spezialgebiets oder einer Disziplin hängt zusätzlich aber nicht unbedeutend davon ab, ob die Prot – agonisten der Verselbständigung die 'richtigen' fachlichen und wissen – schaftspolitischen Koalitionen schließen, wirksame Netzwerke aufbauen, personelle und finanzielle Ressourcen attrahieren können usf. (vgl. etwa Weingart 1974).

Dieser Tatbestand verweist auf die Frage nach der Disziplin Medienwissenschaft zurück. Es gibt guten Grund anzunehmen, daß die Debatten über den Gegen – stand der Medienwissenschaft – bei allen Kontroversen und Lücken –, über ihr methodisches Inventar, ihre vorrangigen Forschungsaufgaben, adäquate For – schungsstrategien und über gesellschaftliche Bedarfe, die sie befriedigen könnte, weit genug fortgeschritten sind, um über den Nutzen einer selbständigen Disziplin wissenschaftslogisch Konsens herstellen zu können (vom Sonderfall der Abgren – zung zur Publizistik, wovon noch zu reden ist, vielleicht abgesehen). Dies reicht aber, wie gesagt, nicht aus. In das Wissenschaftssystem, in die Wissenschaftspraxis ist bekanntlich eine ganze Reihe von Steuerungs – und Strukturierungselementen eingelagert, die 'rein' rationale, wissenschaftslogisch begründete Entscheidungen zu überformen vermögen: wissenschafts – und finanzpolitische Interessen, Repu – tationsmechanismen, bürokratische Restriktionen und vieles andere mehr. Damit ist zum einen gesagt, daß die an einer disziplinären Institutionalisierung Interes – sierten sich nicht allein auf die Durchschlagskraft ihrer 'guten Argumente' ver – lassen können, wie etwa die Fälle Osnabrück, aber auch Berlin[5] zeigen. Zum anderen ist damit die Bedeutung einer selbständigen Disziplinbildung aber noch einmal unterstrichen: es scheint, daß es der Entwicklung der Medienwissenschaft gut täte, wenn die 'taktische' Phase der 'Duldung' in anderen Disziplinen mit der fortgesetzten Koalitionenbildung in allen Ressourcen – und Berufungsfragen, mit dem anhaltenden Legitimierungszwang, nicht selten eben auch mit 'Graben – kriegen' zwischen den Disziplinvertretern endlich überwunden würde. Eine gedeihliche Entwicklung, gar großzügige Ausstattung und langfristige Sicherung der Medienwissenschaft wäre (siehe Osnabrück) damit keineswegs garantiert; aber – um es auf den gescholtenen Begriff zu bringen –: es ist aus wissen – schaftspraktischen und wissenssoziologischen Gründen allemal leichter, im 'eige – nen Haus' in relativer Ruhe an der Entwicklung von Paradigmen zu arbeiten, als unterm fremden Dach fortgesetzt um "Paradigmenwechsel" kämpfen zu müssen.

Der heikelste wissenschaftslogische Punkt in der Disziplin – Definition scheint – wie angedeutet – immer noch eine überzeugende Abgrenzung zur und Arbeits – teilung mit der Publizistik – bzw. Kommunikationswissenschaft zu sein. Daß der Forschungsgegenstand im großen und ganzen derselbe sei, wurde (und wird auch in diesem Band) mehrfach festgestellt; freilich ist das, auch im Blick auf andere disziplinäre Ausdifferenzierungen, kein zwingendes Argument. Allerdings scheint uns der Vorschlag nicht restlos zu überzeugen, daß die Medienwissenschaft sich primär mit den (und zwar im gattungslogischen Sinn so angesehenen) ästhe – tisch – fiktionalen Medienprodukten beschäftigen solle, während die Publizistik stärker auf die nicht – fiktionalen Genres fokussiere. Zum einen käme dies einer irritierenden ex – post – Ausgrenzung von bereits vorgelegten Forschungen gleich, die sich nicht ohne Grund eher der medienwissenschaftlichen als der publizistik – wissenschaftlichen 'Schule' zuordnen; zum anderen – und wesentlich wichtiger – ist auf dem gegenwärtigen Stand der Erkenntnis die Abgrenzung zwischen fik – tional und nicht – fiktional (vgl. Abschnitt 2 dieser Einleitung) bzw. zwischen ästhetisch und nicht – ästhetisch organisiert außerordentlich bestreitbar, wie Kloepfer in diesem Band mit bemerkenswerter Eingängigkeit darlegt.

Es bleibt bei gegebenem Kenntnisstand wohl nichts anderes übrig als das, was Hickethier in diesem Band tut: Medienwissenschaft vorläufig induktiv – beschrei – bend – und nicht deduktiv – normierend – als die wissenschaftliche Beschäfti – gung mit Forschungsfeldern zu beschreiben, die von der Kommunikationswissen – schaft nicht bestellt worden sind. Deskriptiv, und wiederum nicht nomologisch, läßt sich gewiß bemerken, daß kommunikationswissenschaftliche Ansätze stärker auf systematisch – organisatorische Aspekte der Massenmedien reflektieren, wobei die 'Herstellung' von Kommunikaten und deren 'Verbrauch' (Gebrauch) wichtige Forschungszweige darstellen; wenn man so will, liegt die Konzentration eher auf syntaktischen und semantischen Dimensionen massenmedialer Kommunikation. Medienwissenschaftliche Ansätze konzentrieren sich demgegenüber stärker auf alltagspraktische und handlungstheoretische Aspekte, wobei die medienspezifischen Strukturierungen von Kommunikaten und deren Apperzeptionen wichtige Gesichtspunkte darstellen; wenn man so will, stehen eher pragmatische Dimen – sionen medialer Kommunikation im Vordergrund. Aber auch diese Beschreibung, die keine Definition sein will, deutet allenfalls fließende Übergänge an, was in der Tat der Gemeinsamkeit des Gegenstands beider Disziplinen geschuldet ist.

Wenngleich es aus wissenschaftspraktischen Gründen manchem wünschendwert erscheinen mag, die disziplinäre Abgrenzung (übrigens nicht nur gegenüber der Publizistikwissenschaft) begrifflich klarer und sachlich 'härter' vornehmen zu können[6], liegt in den 'offenen Grenzen' der Medienwissenschaft im status quo u.E. eben auch eine große Chance: die Chance, tatsächlich ein Ort der Interdisziplinarität zu sein.

Alle medientheoretischen Überlegungen sprechen ja dafür, daß Medienwissen – schaft die universelle Integration geisteswissenschaftlich – hermeneutischer, humanwissenschaftlicher und sozialwissenschaftlicher – einschließlich ökonomi – scher und juristischer – Ansätze leisten müßte. Medienwissenschaft 'beerbt' die traditionellen Geisteswissenschaften um hermeutisch – interpretative Verfahren in der Produktanalyse, nimmt aber zugleich auch ein doppeltes Erbe aus der Her – meneutik und aus der verstehenden Soziologie an, um Rezeptionsprozesse umfassend begreifen zu können. Sie kommt dabei ohne die Adaption von Ergebnissen der theoretischen und experimentellen Psychologie und auch der (Wahrnehmungs –)Physiologie nicht aus. Mediengebrauch als aktive und soziale Handlung der Rezipienten erschließt sich nur in bewußter Einbeziehung von theoretischen Konzeptionen und praktischen Methoden der Soziologie – nicht allein der Kultursoziologie –, wie sich Medien in ihrer technischen Dinglichkeit und den darin vergegenständlichten Handlungsstrukturen kaum angemessen erfassen lassen ohne die fruchtbaren Konzeptualisierungen und Resultate der Techniksoziologie. Sowohl die (weitehend erst noch zu schreibenden) Gattungs – geschichten der Medien als auch die Kulturgeschichte der Medienverwendung bedarf selbstredend der Zusammenarbeit mit den historischen Wissenschaften, und insbesondere wenn – wie wir oben argumentiert haben – die genealogische Betrachtung für die Medientheorie von Bedeutung ist, dann spielt der interdiszi – plinäre Austausch mit der Ethnologie und Volkskunde eine wichtige Rolle. Nicht zuletzt erheischt das Eingelassensein von Medien in gesamtgesellschaftliche Strukturen das adäquate Verständnis innerer Funktionsprinzipien, Steuerungs – und Kontrollmechanismen, wobei der Rekurs auf die Politische Ökonomie, öko – nomische und Politik – Wissenschaften, Rechtswissenschaft usf. notwendig ist. Schließlich sei daran erinnert, daß – einschlägigen Aversionen zum Trotz – manche medienwissenschaftliche Gegebenheit die wenigstens oberflächliche Kenntnis technisch – ingenieurwissenschaftlicher Zusammenhänge erfordert.

Unbestreitbar ist eine Fortsetzung der wissenschaftstheoretischen Diskussion um das Fach Medienwissenschaft mit dem Ziel einer klareren Konturierung der Disziplin notwendig; dieser Band will ja nicht zuletzt dazu beitragen. Zu hoffen bleibt, daß dabei nicht das anderweitig beobachtete "Abschottungs – Syndrom" auftaucht (vgl. Weingart 1974), sondern interdisziplinäre Bezüge erhalten und ausgebaut werden – nicht nur in der fachtheoretischen Programmatik, sondern auch im wissenschaftspraktischen Alltag, also in der Personalrekrutierung, bei Berufungen, in der Formulierung von Studienplänen, bei der Themenvergabe für Abschlußarbeiten usw. usf. Es eignet eben gerade dem Gegenstand der Medien – wissenschaft, echte Interdisziplinarität – was mehr bedeutet, als freibeuterisch und eklektisch sich an den Resultaten anderer Disziplinen zu bedienen – nicht nur zu ermöglichen, sondern gerade zu erfordern. Und das generelle Erkenntnisziel medienwissenschaftlicher Forschung impliziert die Chance, die – auch in diesem Band wieder und wieder beschworene – Dichotomie empirisch – sozialwissenschaftlicher und kritisch – hermeneutischer Verfahren integrativ zu überwinden. Die Praxis der Medienwissenschaft – nicht ihre Wissenschaftstheorie – wird zeigen, welche dieser Chancen in welchem Umfang realisiert werden.

5. Zu diesem Band

Jedem Sammelband, auch wenn er sich um eine große Breite von Themen und eine Vielfalt von Standpunkten bemüht, liegt mehr oder weniger implizit ein vorgängiges Verständnis des Gegenstands, eine Zielstellung, eine Konzeption zugrunde, die die Auswahl von Beiträgen und Autor/inn/en steuern; das gilt natürlich auch hier. Den Vorzug nutzend, daß Herausgeber das erste Wort nehmen dürfen, haben wir in den vorangegangenen Kapiteln einen größeren Teil der Vorüberlegungen transparent zu machen versucht, die uns beim Konzipieren dieses Bandes geleitet haben. Nachzutragen bleiben einige Hinweise auf den Inhalt und die Gliederung dieses Bandes.

Die Beiträge sind in einer lockeren Dreigliederung angeordnet, absichtlich ohne daß sie durch eine kenntlich gemachte Kapitel – oder Abteilungs – Struktur von – einander getrennt würden. Am Anfang stehen vier Beiträge, die Kategorien, Begriffe, Probleme, Gegenstände und Methodenfragen von Medienwissenschaft im problemorientierten Überblick darstellen. Ihnen folgen sieben Aufsätze, die For – schungsgegenstände, – strategien und – ziele jeweils anhand exemplarischer Themata, Medien oder (multi)diziplinärer Zugänge ins Auge fassen. Den Abschluß bilden drei Beiträge, die schwerpunktmäßig nach dem politisch – sozia – len Standort von Medienwissenschaft und den daraus sich ergebenden Ent – wicklungsperspektiven und – herausforderungen fragen. Auf eine strenge Kapitelgliederung wurde verzichtet, weil die Anordnung, wie wir sie vorgenom – men haben, zwar einen argumentativen Sinn macht, weil aber alle Beiträge jeweils Lesarten im Licht anderer Scherpunktsetzungen nicht nur ermöglichen, sondern sogar gebieten: Die Überblicksbeiträge befassen sich sehr wohl auch mit methodischen oder Gegenstandsfragen im einzelnen, wie umgekehrt die bei – spielsweise an einzelnen Medien orientierten Aufsätze auch Grundsätzliches zu medientheoretischen, heuristischen oder methodologischen Problemen beitragen. Die Standortbestimmungen bearbeiten ihrerseits durchaus detaillierte forschungs – strategische Fragen, wie umgekehrt Aufsätze mit methodologischem Schwerpunkt sehr wohl die Fachperspektive in toto thematisieren; und so weiter. Die Gliede – rung verfolgt – mit einem Wort – lediglich ein vermutetes Leserinteresse, von resümierenden Überblicken zu detaillierteren Einzelfragen und schließlich zu perspektiv – orientierten Ausblicken fortzuschreiten; sie stellt weder eine Hierar –

chie der Beiträge dar, noch verbietet sie eine Lektüre nach eigenem Gusto des Lesers oder der Leserin.

In der so gewählten Anordnung steht der Problemaufriß KÜBLERS vorn; der Autor benennt in fachgeschichtlicher Perspektive wesentliche "Herausforderungen und Desiderate der Medienwissenschaft" (Untertitel). Er klagt u.a. begriffliche Klarheit in Hinsicht auf Grundkategorien der Medienwissenschaft sowie eine Fortentwicklung der medienwissenschaftlichen Methodendebatte ein. HICKE – THIER nimmt in dem folgenden Beitrag das Kategorien – Problem auf; er zeigt anhand der Begriffsgeschichte von "Medium", wieweit die Diskussion um die – von ihm wohlweislich mit Fragezeichen versehene – "Basiskategorie" bisher entfaltet wurde und anhand welcher (anderer) Kategorien sich Medienwissenschaft ihrer akademischen Identität zu versichern suchte. Die Aufsätze von Kloepfer und Charlton/Neumann treiben die Reflexion über die Gegenstände und adäquaten Methoden von Medienwissenschaft, jeder auf seine Weise, noch ein Stück weiter: KLOEPFER argumentiert mit Hilfe der grundlegenden Kategorien "Mimesis", "Diskurs" und insbesondere der pragmatischen Dimension "Sympraxis" dafür, Medienästhetik als Gegenstand von Medienwissenschaft nicht auf bestimmte (genrespezifisch definierte) Medienprodukte zu begrenzen. Darstellungs – und rezeptionsästhetische Fragestellungen seien nicht zu trennen, Ästhetik sei als ubiquitäre "Steigerungsform" zu begreifen. CHARLTON und NEUMANN disku – tieren im ausholenden Überblick die – auch für Medienwissenschaft – para – digmatische Kontroverse um "quantitative" versus "qualitative", "empirische" versus "hermeneutische" Methoden.

ROGGES Beitrag steht an dieser Stelle gleichsam als Gelenkstück zwischen der Methodendiskussion und den folgenden exemplarischen Untersuchungen. Der Verfasser reflektiert anhand der Erfahrungen in der Feldforschung methodische Probleme wie praktische Erträge einer ganzheitlich vorgehenden Medienwissen – schaft. Techniksoziologisch nähern sich die beiden folgenden Aufsätze zwei unterschiedlichen Gegenständen an: ZIELINSKI stellt ein Ensemble heuristischer Instrumente zur Erforschung audio – visueller Apparate dar. Er entfaltet die – wie uns scheint: außerordentlich fruchtbare – Kategorie des "Apparats", in der das mediale Produkt, sein Herstellungsprozeß (insbesondere in der Dimension seiner sozialen Organisation), das technische Medium, der Distributionsprozeß und nicht zuletzt der mentale "Apparat" der Rezipienten zusammengedacht wer – den können. VON THIENEN hebt in seiner Untersuchung technikvermittelter Musiken insbesondere darauf ab, medien – und wirkungssoziologisch auf den sozialen Prozeß der Technik – bzw. Produktverwendung zu fokussieren, anstatt vom "Transport" einer "Botschaft" auszugehen, die dann – so der Autor – oft genug auch noch mehr normativ als deskriptiv "entschlüsselt" wird.

Die Konzentration auf den Rezeptionsprozeß teilt SCHMITT – SASSE, der in seinem Beitrag darstellt, welche Chancen sich medienwissenschaftlicher Wir – kungsforschung durch die Aufnahme neuerer wahnehmungspsychologischer Ansätze und Forschungsergebnisse bieten können. Daß die Beschränkung des Forschungsgegenstandes auf nur eine mediale Präsentationsform sowohl produk – tionswirksame Medienkonzepte als auch die reale vielfältige Mediennutzung von Produzenten und Rezipienten verfehlt, zeigt PRÜMM am historischen Beispiel der zwanziger Jahre in seinem Umriß eines Forschungsfelds "Intermedialität und Multimedialität".

Die beiden letzten exemplarischen Untersuchungen in diesem Teil reagieren – jede auf ihre Weise – gleichsam auf die von Fischer am Schluß dieses Bandes erhobene Forderung an die Medienwissenschaft, praktische Relevanz zu demon –

strieren. JANSHEN zeigt am beschleunigten Vordringen der sogenannten Neuen Medien in den Privatbereich, daß hier nicht nur eine neue Rationalisierung und Zentralisierung, kurz: Politisierung der Privatsphäre vollzogen wird, sondern daß umgekehrt auch der Bedarf an einer aktiv gestaltenden "Technologiepolitik fürs Privatissmum" entsteht, zu der Medienwissenschaft ihren Teil beizutragen aufge-rufen ist. KOEBNER widmet sich der akademisch-pädagogischen Seite der Medienwissenschaft; anhand von Erfahrungen mit und Perspektiven von universitärer Ausbildung zeigt er am Beispiel des film- und fernsehwissenschaftlichen Studiums, welche Fähigkeiten gefragt, welche Organisa-tionsformen benötigt und welche praktischen Aussichten erwartet werden.

Am Schluß des Bandes stehen also drei Beiträge, die die Herausforderungen und Perspektiven für Medienwissenschaft vor allem im Licht des gesellschaftlich-politischen Standorts der Disziplin thematisieren. FAULSTICH demonstriert exemplarisch an verschiedenen Medien, welche gesellschaftlichen Interessen sich in und an ihnen artikulieren und welchen Nutzen eine Medienwissenschaft davon haben könnte, dieser Interessen fortwährend eingedenk zu sein. BARTELS ent-wickelt in seiner historischen Typologie des Wechsels gesellschaftlich dominanter Medien, wie literarische Fiktion zugunsten eines neuen, von der Forderung nach Mimesis befreiten, visuellen Fiktionstyps aufgehoben wird; er plädiert für eine (sich dem ökonomisch-politischen Vereinnahmungs- und Funktionalisierungs-druck damit bewußt widersetzende) medienwissenschatliche Grundlagenforschung, die die Beziehungen zwischen Fiktionstypen und dominanten Medien und die von ihnen erzeugten "semiologischen Brüche" jenseits der kulturkritischen Klage über die mediale Zerstörung 'der' Kultur untersucht, die nur die "literarische" meint. FISCHER entwickelt aus seiner doppelten Perspektive des Medienschaffenden und Medienforschers einen Standpunkt kritisch-materialistischer, auf praktische Intervention orientierten Selbstreflexion, der weit mehr ist − und auch dies ist gewiß schon wichtig − als die eindrückliche Warnung vor der Funktionalisierung und Instrumentalisierung der Medienwissenschaft durch die, denen die Fachent-wicklung aus anderen als wissenschaftlichen Gründen am Herzen liegt. Fischers Plädoyer mag, wer will, als ersten Baustein einer kritischen Ethik der Medien-wissenschaft verstehen, ohne die Medienwissenschaftler zukünftig kaum mehr nach einer − so notwendigen − Medienethik werden rufen können.

Der Durchgang durch die − mehr oder weniger konsistente, mehr oder weniger plausible − Gliederung wäre unvollständig ohne den Hinweis, daß Herausgebertätigkeit immer auch den 'Mut zur Lücke' erfordert. Eine Reihe von Beiträgen, die in unserer ursprünglichen Konzeption vorgesehen waren, sind nicht zustande gekommen; in den meisten Fällen, weil die eingeladenen Beiträ-ger/innen sich wegen zeitlicher Restriktionen nicht in der Lage sahen, für diesen Band zu schreiben. Wir bedauern insbesondere, daß in diesem Sammelband eine organisationssoziologische Analyse eines Massenmediums fehlt; damit entfällt ein für uns wesentlicher Bestandteil einer sich auch sozialwissenschaftlich verstehen-den, politisch-ökomisch fundierten Medienwissenschaft. Wir vermissen ferner einen Beitrag, der sich den Problemen medienwissenschaftlich-historischer For-schung anhand der Geschichte eines einzelnen Mediums oder anhand von Fragen der Programmgeschichtsschreibung hätte widmen können. Ausgefallen ist leider auch ein Aufsatz, der Stand und Perspektiven der Medienforschung in den (bzw. gefördert durch die) öffentlich-rechtlichen Rundfunkanstalten beschreibt; wegen der Bedeutung dieser Forschungen, die die universitäre Medienwissenschaft in beeindruckender Weise ergänzen, wäre uns ihre Repräsentanz in diesem Band ausgesprochen sympathisch gewesen. Schließlich sind wir unseren selbstgesetzten Ansprüchen insoweit nicht gerecht geworden, als in diesem Sammelband nur eine einzige Frau vertreten ist. Die notorische (und im medienwissenschaftlichen

Bereich gar noch besonders ausgeprägte) Unterrepräsentanz von Frauen in Hochschulen und Instituten erklärt zwar, aber entschuldigt nicht, daß dieses skandalöse Mißverhältnis sich auch in diesem Buch widerspiegeln muß, zumal es – beispielsweise – eine entwickelte feministische Filmforschung in der Bundesrepublik gibt, deren Vertreterinnen in diesem Band mehr als willkommen gewesen wären. Eine erkleckliche Anzahl von Einladungen hat leider in keinem Fall zum Erfolg geführt.

Es bleibt, der Beiträgerin und den Beiträgern Dank zu sagen für die Mühen, denen sie sich unterzogen haben. In den Vorgesprächen, die wir mit ihnen und den weiteren ins Auge gefaßten Autor/inn/en geführt haben, zeigte sich immer wieder, daß namentlich die Medienforscher/innen in den Hochschulinstituten schwer zumutbaren Arbeitsbedingungen und kaum erfüllbaren Arbeitsbelastungen ausgesetzt sind; um so mehr ist anzuerkennen, daß – von zwei Ausnahmen abgesehen[7] – für diesen Band sämtlich Originalbeiträge produziert wurden. Spezieller Dank gilt mehreren Beiträgern für ausführliche Gespräche, fachlichen Rat und wertvolle Hinweise in der Vorbereitungsphase dieses Bandes. – Zu danken haben wir des weiteren den Kolleg/inn/en der Redaktion TheaterZeit – Schrift (TZS); ohne ihre engagierten Diskussionsbeiträge und sachlichen Recher – chen bei der Vorbereitung des TZS – Hefts *Medienwissenschaft* hätte dieses Buch so nicht konzipiert werden können. Ralf Dose schließlich sind wir für inhaltli – chen Beistand und redaktionelle Hilfestellung in der Schlußphase der Herstellung dankbar.

Anmerkungen

1 Vgl. den Nachweis von Berg (1984), wie sich gesellschaftliche Medienverständnisse nicht nur in Abhängigkeit von "makro – sozialen" Veränderungen wandeln, sondern auch im Hinblick auf histo – risch je spezifische Medien – Ensembles mit jeweils "neuen" und "alten" und jeweils unterschiedli – chen dominanten Medien.

2 Es scheint nicht nur, aber vor allem auch im Hinblick auf Kommunikations – und Interaktions – prozesse fruchtbar zu sein, vom alltagspraktisch 'vernünftigen', d.h. in bezug auf die Bewältigung gewöhnlicher Lebenssituationen nutzenorientierten und erahrungsgeprägten, Verhalten von Menschen auszugehen. Vgl. unsere ähnlich strukturierte Argumentation in Hinsicht auf alltägliches Kommuni – kationsgeschehen in Bohn/Meyen – Skupin/Müller 1985.

3 Der Theaterwissenschaft wäre – hätte sie denn gewollt – in diesem Punkt ihre 'kopernikanische Wende' durch Bergs Aufsatz von 1984 beschieden gewesen, in dem die "Transitorik" als Theater – Definiens gültig zurückgewiesen wird. Aber sie wollte nicht: es ist kennzeichnend für die wissen – schaftstheoretische Schlafmützigkeit und indolente Gleichgültigkeit der führenden Vertreter dieser Disziplin, daß Bergs Vorstoß hier ohne nennenswertes Echo geblieben ist.

4 "Der 'Akteur' handelt und der 'Spektateur' schaut zu, der Schauspieler stellt etwas dar und der Zuschauer sich etwas vor, der Mensch auf der Bühne spielt mit seiner ganzen Person und der im Publikum nur mit seinen Gedanken – (...) Aber das paßt weder dem Theatermann, der die (sub – ventionierte) Disproportion beschönigen will, noch dem Theoretiker, der die (privilegierende) Ungleichheit zwischen Handelnden und Erkennenden im Hinblick auf die von Arbeitern und Aus – beutern zu 'Rollenhandeln' nivellieren muß, ins Konzept." (Hofmann 1973, 932f.)

5 Am Berliner Insitut für Theaterwissenschaft wurde die praktische Realisierung film – und fern – sehwissenschaftlicher Studienanteile durch die Berufung zweier Professoren über Jahre hinaus ver – zögert, namentlich weil ein einzelner Hochschullehrer des Instituts unter dem Vorwand wissen – schaftstheoretischer Bedenken auf Kollisionskurs ging und durch zahlreiche taktische Winkelzüge

und 'geschicktes' Antichambrieren in der Wissenschaftsverwaltung lange Zeit Erfolg hatte. Eine der beiden Stellen ist heute (November 1988) noch immer unbesetzt.

6 Eine klarer definierte Aufgabenteilung zwischen Publizistik – und Medienwissenschaft könnte auch dazu beitragen, das fruchtlose Gerangel um 'Zuständigkeiten' und die Vorwürfe hinsichtlich gegen – seitiger 'Usurpationen' zu überwinden und damit an die Stelle weitgehender Abgrenzung und Ignorierung endlich interdisziplinäre Kooperation zu setzen (vgl. auch Hickethier in diesem Band).

7 Karl Prümms Aufsatz ist erstmals in TheaterZeitSchrift (1987), H. 22 erschienen. Doris Janshens Beitrag ist die von der Verfasserin grundlegend überarbeitete Fassung eines erstmals in den Ver – braucherpolitischen Heften, Nr. 1, Dezember 1985, erschienenen Aufsatzes.

Bibliographie

G. Anders 1956: Die Antiquiertheit des Menschen. München

D. Baacke (Hrsg.) 1974: Kritische Medientheorien. Konzepte und Kommentare. München

H. Bausinger 1986: Volkskultur in der technischen Welt. Frankfurt/New York

W. Benjamin 1963: Das Kunstwerk im Zeitalter seiner technischen Reproduzierbarkeit. Frankfurt

J. Berg 1984: Das Autonomie – Mißverständnis der Theaterwissenschaft. In: TheaterZeitSchrift (1984), H. 8, S. 35 – 43

P.L. Berger/T. Luckmann 1969: Die gesellschaftliche Konstruktion der Wirklichkeit. Frankfurt

Bestandsaufnahme Film – und Fernsehwissenschaft. Dokumente einer Tagung. Hrsg. von der Gesellschaft für Film – und Fernsehwissenschaft. Münster 1987

H. Beth/H. Pross 1976: Einführung in die Kommunikationswissenschaft. Stuttgart u.a.

R. Bohn/R. Ruppert 1983: ...nichts zu verlieren als ihre Disketten. Über soziale Folgen der Informationstechnologie. In: TheaterZeitSchrift (1983), H. 5, S. 59 – 97

R. Bohn/U. Meyen – Skupin/E. Müller 1985: Theater, Spektakel, Unterhaltung. Prolegomena zu einer "Spektakel – Theorie". In: TheaterZeitSchrift (1985), H. 13, S. 2 – 16

P. Bourdieu 1974: Zur Soziologie der symbolischen Formen. Frankfurt

Center for Educational Research and Innovation 1972: Interdiciplinarity. Paris

Faulstich, Werner (Hrsg.), 1979: Kritische Stichwörter Medienwissenschaft, München 1979.

M. Guntau 1987: Der Herausbildungsprozeß moderner wissenschaftlicher Disziplinen und ihre sta – diale Entwicklung in der Geschichte. In: Berichte zur Wissenschaftsgeschichte 10 (1987), S. 1 – 13

J. Habermas 1969: Strukturwandel der Öffentlichkeit. Neuwied/Berlin

P.U. Hein 1987: Fabrik oder Theater. In: A. Silbermann (Hrsg.): Die Rolle der elektronischen Medien in der Entwicklung der Künste. Frankfurt, S. 71 – 81

T. Heinze (Hrsg.) 1987: Qualitative Sozialforschung. Erfahrungen, Probleme und Perspektiven. Opladen

J. Hofmann 1973: Das Theater mit der Rollentheorie (zu Uri Rapp: Handeln und Zuschauen). In: Das Argument (1973), H. 83, S. 927 – 937

B. Joerges (Hrsg.) 1988: Technik im Alltag. Frankfurt

R. Jokisch (Hrsg.) 1982: Techniksoziologie. Frankfurt

F. Kittler 1986: Grammophon Film Typewriter. Berlin

F. Knilli 1979: Stichwort "Medium". In: Faulstich 1979, S. 230 – 251

J. Kolbe (Hrsg.) 1969: Ansichten einer künftigen Germanistik. München

J. Kolbe (Hrsg.) 1973: Neue Ansichten einer künftigen Germanistik. München

H. Kreuzer (Hrsg.) 1969: Literarische und naturwissenschaftliche Intelligenz. Dialog über die "zwei Kulturen". Stuttgart

H. Kreuzer 1975: Veränderungen des Literaturbegriffs. Göttingen

H. Kreuzer (Hrsg.) 1977: Literaturwissenschaft – Medienwissenschaft. Heidelberg

H. Kreuzer 1987: Die Erforschung des Fernsehens. Der Siegener Sonderforschungsbereich zu Bild – schirmmedien. Eine Projektbeschreibung. In: TheaterZeitSchrift (1987), H. 22, S. 16 – 22

H. – D. Kübler 1987: Medienwissenschaft auf dem Prüfstand. Einige wissenschaftsgeschichtliche, terminologische und methodologische Anmerkungen. In: TheaterZeitSchrift (1987), H. 22, S. 114 – 123

G. Maletzke 1976: Ziele und Wirkungen der Massenkommunikation. Hamburg

G. Maletzke 1980: Kommunikationsforschung als empirische Sozialwissenschaft. Berlin

M. McLuhan 1970: Die magischen Kanäle. Understanding Media. Frankfurt

Medienwirkungsforschung in der Bundesrepublik Deutschland. Hrsg. v. d. Deutschen Forschungs – gemeinschaft. Teil I. II. Weinheim 1986

B. Mettler – Meibom 1987: Soziale Kosten in der Informationsgesellschaft. Überlegungen zu einer Kommunikationsökologie. Frankfurt

J. Meyrowitz 1987: Die Fernseh – Gesellschaft. Wirklichkeit und Identität im Medienzeitalter. Weinheim

O. Negt/A. Kluge 1972: Öffentlichkeit und Erfahrung. Zur Organisationsanalyse von bürgerlicher und proletarischer Öffentlichkeit. Frankfurt

E. Oeser 1976: Wissenschaft und Information. Systematische Grundlagen einer Theorie der Wis – senschaftsentwicklung. München

J. Paech 1987: Es war einmal: Medienwissenschaft in Osnabrück. In: TheaterZeitSchrift (1987), H. 22, S. 30 – 40

H. Pross 1972: Medienforschung. Darmstadt

H. Pross/C.D. Rath (Hrsg.) 1973: Rituale der Massenkommunikation. Gänge durch den Medienalltag. Berlin

K. Renckstorf 1977: Neue Perspektiven in der Massenkommunikationsforschung. Beiträge zur Begründung eines alternativen Forschungsansatzes. Berlin

G. Ropohl 1979: Eine Systemtheorie der Technik. Zur Grundlegung der Allgemeinen Technologie. München/Wien

G. Ropohl (Hrsg.) 1981: Interdisziplinäre Technikforschung. Berlin

J. Schmitt – Sasse 1987: Parforce durch den Medienwissenschafts – Park. Ein kommentierter Über – blick. In: TheaterZeitSchrift (1987), H. 22, S. 5 – 15

N. Stehr/R. König 1975: Wissenschaftssoziologie. Kölner Zeitschrift für Soziologie und Sozialpsy – chologie. Sonderheft 18/1985

R. Warning (Hrsg.) 1979: Rezeptionsästhetik. Theorie und Praxis. München

P. Weingart (Hrsg.) 1974: Wissenschaftssoziologie. 2 Bde. Frankfurt

R. Williams 1972: Culture and Society 1780 – 1950. Harmondsworth 1961 (zuerst 1958; deutsche Ausgabe: Gesellschaftstheorie als Begriffsgeschichte. Studien zur historischen Semantik von Kultur. München)

R. Williams 1974: Television. Technology and Cultural Form. London

B. Winston 1986: Misunderstanding Media. London/New York

Youth in the Electronic Environment = youth & society 15 (1983), No. 1

S. Zielinski (Hrsg.) 1983: Tele – Visionen, Medienzeiten. Beiträge zur Diskussion um die Zukunft der Kommunikation. Berlin

S. Zielinski 1986: Zur Geschichte des Videorecorders. Berlin.

W.Ch. Zimmerli (Hrsg.) 1976: Technik – Oder: wissen wir, was wir tun? Basel

Hans-Dieter Kübler

Auf dem Weg zur wissenschaftlichen Identität und methodologischen Kompetenz

Herausforderungen und Desiderate der Medienwissenschaft

1. Eklektizistische Traditions – und Selbstverständnisrekonstruktion

"Wir haben die Presse letztlich zu untersuchen einmal dahin: was trägt sie zur Prägung des modernen Menschen bei? Zweitens: Wie werden die objektiven überin – dividuellen Kulturgüter beeinflußt, was wird an ihnen verschoben, was wird an Massenglauben, an Massenhoffnungen vernichtet und neu geschaffen, an 'Lebensge – fühlen' – wie man heute sagt –, an möglicher Stellungnahme für immer vernichtet und neu geschaffen? (...) Sie werden nun fragen: Wo ist das Material für die Inangriffnahme solcher Arbeiten. Dies Material sind ja die Zeitungen selbst, und wir werden nun, deutlich gespro – chen, ganz banausisch anzufangen haben damit, zu messen, mit der Schere und mit dem Zirkel, wie sich denn der Inhalt der Zeitungen in quantitativer Hinsicht ver – schoben hat im Lauf der letzten Generation, nicht am letzten im Inseratenteil, im Feuilleton, zwischen Feuilleton und Leitartikel, zwischen Leitartikel und Nachricht, zwischen dem, was überhaupt an Nachrichten gebracht wird und was heute nicht mehr gebracht wird (...) Und von diesen quantitativen Bestimmungen aus werden wir dann zu den qualitativen übergehen. Wir werden die Art der Stilisierung der Zeitung, die Art, wie die gleichen Probleme innerhalb und außerhalb der Zeitungen erörtert werden, die scheinbare Zurückdrängung des Emotionalen in der Zeitung, welches doch immer wieder die Grundlage ihrer eigenen Existenzfähigkeit bildet, und ähnliche Dinge zu verfolgen haben und darnach schließlich in sehr weiter Annähe – rung die Hoffnung haben dürfen, der weittragenden Frage langsam näher zu kom – men, welche wir zu beantworten uns als Ziel stecken" (Weber 1911, nach Langen – bucher 1986, 23f.).

Mit diesen eindringlichen Worten warb Max Weber auf dem Ersten Deutschen Soziologentag in Frankfurt 1910 bei seinen Kollegen für die Beachtung und Inangriffnahme eines unbearbeiteten Gegenstandsfeldes, mithin für eine neue Teildisziplin, der "Soziologie des Zeitungswesens", die er gleichwohl für ergiebig hielt, eine Fülle übergreifender und verallgemeinerbarer Fragen zu beantworten. Denn die Presse habe (massen)kulturelle Verschiebungen in Gang gesetzt, die die "ganze Art, wie der moderne Mensch von außen rezipiert", prägen und "seine Eigenart" belasten. Dies sei unbedingt zu untersuchen.

Heute wird Webers Rede als eine der bedeutendsten Gründungsdokumente deutscher *Zeitungswissenschaft*, wie es O. Groth (1895 – 1965) schon prognostiziert hatte ("Wenn sich einmal die Zeitungswissenschaft ihres Gegenstandes und ihrer Aufgabe bewußt sein wird, dann wird sie sich an Max Webers Leistung erin – nern."), allerdings auch als Mahnung, welche Chancen wissenschaftlicher Er – kenntnisgewinnung, mindestens der kontinuierlichen Sozialregistratur, durch die politischen Zeitläufte immer wieder verschüttet werden und infolge wissen – schaftstheoretischer Verengung brachliegen. Denn ob sich die derzeit vorwiegend empirisch – analytisch verstehende und medienzentrierte *Publizistikwissenschaft*, die sich laut ihrer üblichen Disziplinbezeichnung auch für Kommunikation zuständig hält, wenn auch mit erklärten oder meist nur hingenommenen Einschränkungen (Saxer 1980), ist nicht unbestritten (Langenbucher 1986).

Offensichtlich kannte Webers weites, kulturhistorisch und gesamtgesellschaftlich orientiertes Verständnis von sozialwissenschaftlicher Forschung weder eine diszi – plinäre Beschränkung des Gegenstandes noch eine Kanonisierung approbierter Methoden; seinen "verstehenden" Prämissen lagen vielmehr rekonstruierende und interpretierende Verfahrensweisen nahe: Die Presseerzeugnisse – die Medien – produkte heute, worunter jene infolge der medientechnischen Entwicklung zu subsumieren sind – erachtete er nicht nur eingehender, objektspezifischer Ana – lysen für wert, er betrachtete sie auch als Quellen und Zeugnisse für die Struk – tur und Dynamik eines gesellschaftlichen, nämlich des kulturell – kommunikativen Subsystems, aber auch – eingedenk der genannten Weiterungen – für die der Gesellschaft insgesamt und forderte entsprechende, darauf zielende Unter – suchungen. Und noch eins: Deren quantitativen Modi genügten ihm nicht, viel – mehr sollten sie durch qualitative erweitert, vertieft und ergänzt werden, weil nur so die "weittragende Frage" schrittweise beantwortet werden könne. Mit diesen Postulaten scheint zum einen – allerdings noch recht vage und kursorisch – die ideologiekritische Sicht der Medien auf, wie sie später in diversen Nuancen von den Vertretern der sogenannten Kritischen Theorie – mit anderen Be – gründungen und radikaleren Intentionen, versteht sich – expliziert und fallweise exemplifiziert wurde. "Phänomene zu *deuten*, nicht Fakten zu ermitteln, zu ord – nen, zu klassifizieren, gar als Information zur Verfügung zu stellen", erachtete etwa Th.W. Adorno (und mit ihm wohl auch die anderen Verfechter) als ihm "gemäß" und "als objektiv geboten", wie er in einem autobiographischen Essay kurz vor seinem Tode bekannte (Adorno 1970, 113); und unter diesen Vorzei – chen wurden auch massenkulturelle Erscheinungen in die erklärtermaßen speku – lative Deutung einbezogen, mehr noch: zum kollektiven (Zerr)Spiegel ideologi – scher Strömungen und Strategien erhoben.

Zum anderen zeichnet sich in dieser Rede der bereits schwelende "Wertur – teilsstreit" (v. Ferber 1970) ab, jene prinzipielle Kontroverse über Tendenz und Qualität soziologischen Wissens, Bedingungen und Grenzen seiner Rekonstruktion, damit seiner Tragweite und Aussagefähigkeit und schließlich über die Verant – wortung und Position des sozialwissenschaftlichen Forschers, die sich im soge – nannten "Positivismusstreit" während der sechziger Jahre wiederum grundsätzlicher und heftiger revitalisierte (Adorno u.a. 1970), endlich in der Diskussion um Va – lidität und Reichweite quantitativer und qualitativer Methoden zu Beginn der achtziger Jahre ihren nur noch methodologischen, vorläufig letzten Ausläufer fand (Gerdes 1979; Hopf/Weingarten 1979). Diese tangierte freilich den main stream sozialwissenschaftlicher Forschung kaum noch oder allenfalls insoweit, als die umstandslos integrierten, nunmehr geschätzten qualitativen Methoden zur Opti – mierung des ohnehin zu Erforschenden und der Methodenvarietät beizutragen versprachen und versprechen (Bonß 1982). Die dominante Publizistik – und Kommunikationswissenschaft erlaubte sich sogar für die Sparte der sogenannten Wirkungsforschung in einem fast offiziellen Gutachten eine strikte Ablehnung, weil solche "'weiche' Verfahren der Datenerhebung (z.B. ... unstrukturierte Interviews)" nur "Studien mit ungesicherter Beweiskraft" hervorbringen (DFG 1976, 6; vgl. dazu auch Charlton/Neumann in diesem Band). Nur zwei der Gut – achter plädierten für eine unvoreingenommene Prüfung und Abwägung der jeweils erzielbaren Validität.

Für die inhaltsanalytische Aufarbeitung gerade von massenmedialen Produkten hatte S. Kracauer – wiederum einer der potentiellen Väter medienwis – senschaftlicher Tradition, da er als Soziologe, Filmhistoriker und –kritiker Viel – falt und Zusammenhänge möglicher Perspektiven und Methoden in sich verei – nigte – bereits in den fünfziger Jahren die qualitative Methode als Herausfor – derung postuliert (Kracauer 1959; Ritsert 1972). Kracauer setzte sich mit dem positivistischen Standardwerk der Inhaltsanalyse, Berelsons Buch "Content Analysis in Communication Research" (1952), auseinander und bemängelte, daß dessen Maxime, nämlich nur den manifesten Inhalt zu zählen und zu messen, allenfalls für Meldungen vom Typ der Berichterstattung über ein Eisenbahnunglück tauge, darum jedoch die latenten Sinnstrukturen und verschiedenen Interpretationsdi – mensionen, die "multiplen Connotationen", wie er sagt, verfehle. "Patterns" und "wholes" habe die qualitative Inhaltsanalyse aus den seriellen Produkten zu eru – ieren, aber auch Einzelfälle, "Merkmale und Beziehungen individualistischer Na – tur" wollte er nicht außer Acht lassen (zit. nach Ritsert 1972, 19ff.). So griff auch er auf, was Weber antizipiert hatte. Beide Theoreme sind aus den jeweils tangierten Disziplinbildungen nicht mehr wegzudenken und werden immer wieder einmal, wenn auch mit unterschiedlicher Brisanz und Behauptungschance, virulent.

Insofern trat die hierzulande anfänglich tonangebende geisteswissenschaftliche Zeitungswissenschaft, die sich heute nur noch in München einer indolenten Be – harrung rühmen kann, bestenfalls das partielle, wenn nicht das uneinsichtig am – putierte Erbe Webers an (Bohrmann/Sülzer 1973; Beth 1976). Ihre vornehmlich universalistische und anthropologisch gründelnde Perspektive mißverstand sowohl das breite kultursoziologische Anliegen Webers – er hatte ebenso auf die "Machtverhältnisse" hingewiesen, "welche die spezifische Zeitungspublizität schafft", wie auf den Tatbestand, daß "die Presse heute notwendig ein kapitalistisches, privates Geschäftsunternehmen" auf zwei Märkten sei, wie auf die bereits erwähnten gesellschaftlichen und kulturellen Metamorphosen –, als sie auch dem multivariaten erfahrungswissenschaftlichen Vorgehensvorschlag nichts Konstruktives abgewinnen konnte. "Restaurativ" entwickelte sie nicht nur ihre wissenschaftlichen Konzepte, reaktiv, wenn nicht affirmativ gebärdete sie sich auch gegenüber den akuten medialen Verhältnissen und ihren gesellschaftlichen Triebkräften (ebd.). Daher scheint es nicht ganz abwegig (und könnte sogar ratsam sein), wenn sich die sich allmählich konturierende und konsolidierende Medienwissenschaft min – destens zu einem beträchtlichen theorieorientierten Teil auf Webers Postulat beruft bzw. es in ihre anstehende Theorie – und Methodenbildung einbezieht, sofern sie sich zu klären anschickt,

- welchen erkenntnistheoretischen Sinn und welche objektspezifische Reichweite sie mit der Untersuchung der Medienprodukte verbindet, soll heißen: wie (weitgehend) sie deren Konstitution, Struktur und Dynamik zu rekonstruieren vermag und sich dabei der Erkenntnisse und Methoden anderer befaßter Disziplinen versichert;
- welche Theorien und Erklärungsmodelle sie für die Substanz, Qualität und Funktion der medialen und inhaltlichen Erscheinungsweisen aufbietet; sämtli – che Versionen der Widerspiegelung, ästhetischen Mimesis, der Sprach – generierung und Kommunikationsbildung, der Bildaktualisierung und –erfah – rung etc. stehen an; und
- welche objektspeziellen Methodiken sie stiftet, vor allem begründet im Spannungsfeld zwischen quantitativen und qualitativen Verfahrensweisen, das sie sowohl von ihrer eigenen methodischen Tradition, von ihrer hermeneuti – schen Herkunft her, als auch in ihrem zu entwickelnden Gegenstandsver – ständnis essentiell berührt.

Solche theoretischen und methodologischen Abklärungen dürften künftig verstärkt erforderlich sein; vor allem wären sie dann unabdingbar, wenn sich die Medien – wissenschaft als eigenständige, klar konturierte und respektierte Disziplin im ohnehin eng besetzten Konzert der Wissenschaften konstituieren und behaupten will – worüber, also über Sinn, Erfordernis und Ertrag einer solchen Absicht, man durchaus geteilter Meinung sein kann. In ihrer gegenwärtigen Forschungs – und Lehrpraxis operiert sie nämlich, soweit erkennbar, eher als unspezifische, eklektizistische Sammelbezeichnung für all jene Unterfangen medienbezogener Art, die sich nicht den angestammten Wissenschaften, insbesondere der Literaturwissenschaft einerseits, der Publizistikwissenschaft andererseits zu – oder unterordnen wollen bzw. können. Entsprechend aleatorisch fällt die Wahl der angewendeten Methoden aus, eine Tradition oder gar ein Kanon existiert weder hinsichtlich spezifischer Gegenstände noch innerhalb wie immer abzugrenzender Teildisziplinen. Und das ist nicht nur gut so, es ist auch notwendig (wie noch zu zeigen sein wird).

Allerdings: heimliche oder auch hier und da artikulierte Soupçons von seiten der etablierten Wissenschaften scheinen auf dem medienwissenschaftlichen Tun immer noch zu lasten, auch wenn sich gelegentlich schon, etwa bei der einsetzenden Aufarbeitung der Mediengeschichte (Projektgruppe Programmgeschichte 1986; Bobrowsky/Langenbucher 1987), interdisziplinäre Kooperationschancen abzeichnen. Als mehr oder weniger geduldete Teildisziplin firmiert die Medienwissenschaft nach wie vor in der *Germanistik* (oder in inzwischen ergangenen affinen Fach – strukturierungen), mehr und mehr dürfte ihre Perspektiven und Fragestellungen in die überkommene Gegenstandsbetrachtung einbezogen werden, dann aber eher additiv, wie etwa in der sozialhistorischen Erweiterung der Literaturgeschichts – schreibung (vgl. z.B. Glaser 1980ff.), nicht selten aus wertender Absicht, wenn die obligaten Vergleiche zwischen Film und Literatur angestellt werden (Schneider 1981).

Jedenfalls haben sich die Hoffnungen und Bestrebungen, mit der Perspekti – venöffnung vollziehe sich ein grundsätzlicher Paradigmenwechsel im Sinne Kuhns (1978) – wobei die prinzipielle wissenschaftstheoretische Frage obendrein unerörtert bleiben muß, ob denn solche Erweiterungen und Verschiebungen des Gegenstandsfeldes in den Geisteswissenschaften überhaupt mit den Kuhnschen naturwissenschaftlich geprägten Begriffen erfaßt werden (in diesem Sinne vgl. auch Hickethier in diesem Band) –, (noch) nicht erfüllt: "Das Ende der Literaturwissenschaft ist *(nicht)* in Sicht", muß man heute gegen W. Faulstichs (1979, 18) – und wohl auch anderer – optimistische Vision, aber auch kategorische Diktion einwenden; und unentschieden darf auch bleiben, ob selbst die Mehrheit der Verfechter einer Medienwissenschaft diesen Exitus gewollt hätten.

Ohnehin nur programmatisch wird umrissen, wodurch sich der apostrophierte Paradigmenwechsel erweise; Faulstich nennt vage die "neuen Gegenstände" und "neue Verfahren", letztere vor allem auf die voranschreitende "Empirisierung" der Literaturwissenschaft nach Maßgabe Groebens (1980; siehe auch Kreuzer/Viehoff 1981) bezogen. Ungeklärt blieben (und sind es weitgehend bis heute) dabei nicht nur Konturen und Konstituenten des Gegenstandes; anders formuliert: die bekannten Aporien von Literatur werden nur durch die, womöglich noch ver – trackteren, von Text und Medien eingetauscht, und für die Methodik stehen Prüfungen und Anerkennungen über Gegenstandsadäquanz und besondere Reichweiten (nach wie vor) aus (Linz 1983).

Schonungslos angeprangert wurden diese Dilemmata bereits in den sechziger Jahren, zu Zeiten der "Krise der Germanistik" (vgl. etwa: Kolbe 1969 und 1973); und ob sie in der Substanz überwunden oder nur durch allmählich wieder couragiertere Betriebsamkeit überdeckt worden sind, bleibt zweifelhaft; etliche Beobachter fürchten bereits wieder restaurative Tendenzen in die werkimmanente Beschaulichkeit der fünfziger Jahre — zumal die separierte Linguistik sich als angewandte Wissenschaft unerschrocken den vorherrschenden Technologi — sierungsschüben durch Computer, Informatik und künstliche Intelligenz andient (Weingarten/Fiehler 1988). Der zunächst eher programmatische Austausch von Begriffen oder Etiketten vermag weder disziplinäre Traditionen und Terrainsicherungen noch — eigentlich erst recht nicht — gesellschaftliche Machtverhältnisse zu verrücken.

Pragmatisch, damals eher als politisch verstanden, erfolgte das Aufmerk — samwerden der Germanistik auf die Medien im wesentlichen eben während jener berüchtigten "Krise", die einerseits aus der Erkenntnis und der Beschämung über die eilfertigen Verdrängungen der faschistischen Vergangenheit erwuchs (Lämmert u.a. 1968), andererseits sich aus der Befürchtung nährte, die Germanistik könne sich abermals der gesellschaftlichen Verantwortung entziehen und sich in apoliti — scher Indifferenz einigeln. Daß diese in der Ära studentischer Rebellion und zaghafter staatlicher Reformen nicht nur abgelehnt, sondern geradezu als Verrat am (geforderten) wissenschaftlichen Selbstverständnis gebrandmarkt wurde, war damals mindestens für die rebellischen Protagonisten selbstverständlich — für die etablierten, leiseren Fachvertreter indes nie und nimmer, und entsprechend unausgetragen blieb die Kontroverse. Immerhin: so weitreichende und achtungs — volle Ansprüche trug man damals an die Wissenschaft, zumal an die 'deutscheste' (und damals als bedeutsamste erachtete) heran; an ihrem Prestige und ihrem gesellschaftlichen Einfluß zweifelte kaum jemand — ein fast schimärisches, euphemistisches Bild, wenn man es mit dem gegenwärtigen Zustand der Ohn — macht und dessen Beklagensritualen vergleicht (Oellers 1988).

In der "Aufklärung" der Massen über die mannigfaltigen, abgefeimten "Ver — blendungs — und Manipulationszusammmenhänge", in der "Ideologiekritik" also, der auch die ehedem unantastbaren, autonomen und 'reinen' Kunstwerke un — terzogen werden müßten, da — wie die Vertreter der Kritischen Theorie beredt und schlagend belegt hatten — im Zeitalter der "Kulturindustrie" und Massenbeeinflussung selbst das erhabenste ästhetische Produkt nicht mehr vor kommerzieller Verwertung, ideologischer Indienstnahme und massenwirksamer Zurichtung gefeit sei, erblickte man die vordringlichste Aufgabe, um die postu — lierte gesellschaftliche Verantwortung wahrzunehmen. Hier und so kamen die Medien ins Spiel, nicht um ihrer empirischen Erfassung und Beschreibung willen, sondern als ideologiekritische Deutungs — und Erklärungsphänomene, um damit Machtverhältnisse, Bewußtseinsdeformation und Kulturverzerrung der Gesellschaft insgesamt zu erschließen. (Die damals schon empirisch ausgerichtete Publizistik — wissenschaft hat diesen Strang wissenschaftlicher Medienbetrachtung nie berück — sichtigt, geschweige denn anerkannt; erst kürzlich charakterisierte diese "marxistische Re — Ideologisierung" einer ihrer prominenten Repräsentanten als "unverhältnismäßig" intensive, gleichwohl temporäre Irritation für die Publizistik — wissenschaft, die mit der "Rückbildung marxistischer Positionen (...) zu Rand — phänomenn" ausgestanden sei und wohl auch keine nachhaltende erkenntnistheo — retische Spuren hinterlasse (Saxer 1980, 529).)

Für manche germanistische Fachvertreter dürften die politischen Entste — hungsmotive der Medienwissenschaft gleichfalls nicht vergessen sein, obwohl (oder gerade weil) darüber derzeit keine Diskussionen geführt werden (mit Ausnahme vielleicht anläßlich der staatlich verordneten Schließung einschlägiger, ehemals pionierhafter Studiengänge (Paech 1987)). Insgeheim müssen sie wohl weiterhin als Stigmata für suspekte Unwissenschaftlichkeit und übereilte Modernitätsver – beugung, mindestens für bedenkliche, weil fachüberschreitende Kompetenzan – maßung herhalten – alles Risiken, denen man sich in Phasen verordneter Mar – ginalisierung und Selbstgenügsamkeit nicht mehr auszusetzen braucht. Oder wel – cher Medienwissenschaftler hätte in den letzten Jahren einen der renommierten Germanistik – Lehrstühle erklommen?

Allenfalls aus der Verlegenheit heraus, infolge der rabiat gekappten Kapazitäten für die (ohnehin nur partiell berücksichtigte, lieber geflissentlich ignorierte) Lehrerausbildung nun für die nach wie vor vorhandenen beträchtlichen Stu – dent/inn/en – Zahlen berufliche Alternativen reklamieren zu müssen, reflektiert man auf den freilich recht vagen und spekulativ umrissenen Mediensektor und bezieht dafür medienwissenschaftliche Anteile ins Studium mit ein, wie sich etwa in der wachsenden Zahl der Veranstaltungen zeigt (Stiftung Deutsche Kine – mathek 1978ff.; Bachorski u.a. 1988; Faulstich 1988). Tragfähige systematische Konzepte oder gar strukturierte Kooperationsformen mit den anderen, ebenfalls für den Mediensektor ausbildenden Disziplinen, etwa mit der sich in jüngster Zeit stark verbreitenden Journalistik, die sich als ausbildungsorientierter Zweig der einstmals praxisfernen Publizistikwissenschaft etabliert, sind kaum erkennbar. Überdies müßten solche Koordinationen und Arbeitsteilungen darauf abzielen, zum einen die sich abzeichnende, von den technologischen Innovationen indu – zierte Ausdifferenzierung der Berufsfelder (vielleicht auch nur der einschlägigen Berufslabels) zu sondieren und nach der Maßgabe von Studium und Qualifikation aufzunehmen, zum anderen aber auch die speziellen Kapazitäten und Kompe – tenzen der zu beteiligenden Fächer so einzubringen, daß Übereinstimmungen über unverzichtbare Grundqualifikationen und inhaltliche Standards möglich wer – den. In Perioden rapiden und einschneidenden Wandels sind solche konsensfä – higen Orientierungen und Basen besonders dringlich. Stattdessen scheint eher ein recht beliebiges Kaleidoskop ad hoc, vielfach eigennützig initiierter, bestenfalls hypothetischer Berufsoptionen zu überwiegen, das letztlich den Absolvent/inn/en alle Launen und Unwägbarkeiten des Arbeitsmarktes aufbürdet. Von einer berufsqualifizierenden Kompetenz ist die Medienwissenschaft – soweit ersichtlich – noch weit entfernt, vermutlich strebt sie dieses Attribut aber auch gar nicht mehr an.

Praxisbezüge ganz anderer, viel radikalerer Art und Tendenz visierte das kritische Wissenschaftsverständnis bei der Gründung der Medienwissenschaft als seine zweite vordringliche Aufgabe an, damals fast ausschließlich für die didaktische Praxis, also für die Ausbildung von Lehrer/inne/n. Irritationen und Revisionen, für manche Traditionsbewahrer sogar revolutionärer Qualität, bargen diese Vor – stöße schon: nämlich die Problematisierung des normativen Kunstbegriffs und die Infragestellung des hergebrachten, ästimierten Gegenstandes, letztere noch durch den formalen und/oder strukturalistischen Begriff von Sprache einer sich selb – ständig und bald universalistisch verstehenden Linguistik forciert. Mit einem sich allmählich erweiternden und unvoreingenommenen Blick auf die tatsächlichen kulturell – ästhetischen Bedürfnisse, Gewohnheiten und Kompetenzen der Mehr – heit, wie sie die Literatursoziologie, vor allem aber die bereits auftrags – und kommerzbezogene Medien – und Marktforschung eruierte, geriet der traditionelle, von der Werkimmanenz eher implizit umschriebene, letztlich elitäre Kanon ins Wanken, zumindest der kritische Deutschunterricht – etwa in der Reihe "projekt deutschunterricht" (Ide 1971ff.) und der Zeitschrift "Diskussion Deutsch" – for – derte die Anerkennung und Berücksichtigung der von der Mehrheit genutzten und goutierten Literatur (und Medien) ein: nämlich der Unterhaltungs –, Mas –

sen – oder Trivialliteratur einschließlich anderer textlicher Formen – wenn auch oft nur, um das Urteil für die respektierte Kunst einerseits, für die gesellschaft – liche, will heißen: ideologische Tendenz der Produkte andererseits zu schärfen. Und wenn sich schon das Literarische nicht mehr unangefochten hochschätzen und definieren ließ, dann durfte auch der Text als exklusive Materialisation von Literatur bezweifelt werden (wie es die freilich stets peripheren Disziplinen für das Theater, den Film und – ganz zu Beginn – für die volkstümlichen ästhetischen Formen schon immer, indes wenig beachtet taten). Der Literaturbe – griff löste sich mithin (ein wenig) sowohl von der Text – und Buchform, erstreckt sich seither – wenn auch eher hypothetisch – auf andere mediale Manifestationen, ein weiter Textbegriff kündigt sich an, als er sich auch – gleichfalls eher programmatisch – von den kanonisierten Prämissen der Ästhetik emanzipierte und nunmehr um rationalere, transparentere Prädikationen ringt, wie sie maßgeblich von der sogenannten Rezeptionsästhetik (Warning 1979) vorge – bracht wurden. Aber im Grunde waren (und blieben) es funktionale Erweite – rungen, Arrondierungen eines mehr und mehr als unzulänglich empfundenen Gegenstandsfeldes – entsprechend etwa der aufgeschlossenen "Konzeption von Textwissenschaft (eines H. Kreuzer), die die Kanonisierungen und Diskrimine – rungen der Kritik, d.h. die ästhetisch – normative Ausgrenzung einer 'anerkannten' Literatur zwar als Untersuchungsobjekt wichtig findet, aber als Abgrenzung ihres Gegenstandsbereichs außer Kraft setzt und dank ihrem kommunikations – wissenschaftlich – semiotischen Ansatz die Einbeziehung von Film und Fernsehen ebenso zuläßt, ja fordert wie die der gedruckten Texte" (Kreuzer 1975, 74). Daher wird zu prüfen sein,

– welche Qualitätsmaßstäbe von Wissenschaftlichkeit sich die Medienwissenschaft selbst setzt bzw. welche sie von seiten der beerbten Disziplinen akzeptiert, zumal sich diese unausweichlich an den Schnittlinien zwischen sozial – und geisteswissenschaftlichen Prämissen, zwischen beschreibenden und verstehenden Intentionen herauskristallisieren; doch da sich wissenschaftliche Qualität und disziplinäres Selbstverständnis letztlich in Methodologie und Methodik erwei – sen, formuliert sich hier die wichtigste und vordringlichste Aufgabe, die kaum noch angegangen ist.

Damit verquickt und noch nicht systematisch erschlossen sind die normativ – ästhetischen Fragen,

– also ob und inwieweit der überkommene Kunstvorbehalt bzw. Triviali – tätsverdacht uneingestanden oder bestenfalls partiell expliziert aufrechterhalten wird und die Erkenntnisinteressen beeinflußt. Allein schon bei der fakul – tativen Gegenstandswahl und – definition sind diese Fragen im Spiel: Prämissen, die die massenmedialen Produkte insgeheim zum Unikat erheben, mithin ihren notorischen Seriencharakter ignorieren und partikularisieren, also aus ihrem konstitutiven Medien – bzw. Programmumfeld herauslösen, orien – tieren sich immer noch am traditionellen Kunstideal und verfehlen partiell ihren Gegenstand. Aber auch bei möglichst adäquater Annäherung an ihn können sich Dilemmata ergeben: Phänomenologische, kunstsinnige Betrachtungen sind für viele Medienprodukte nicht nur unangebracht, sie 'lohnen' sich womöglich im einzelnen auch nicht. Deshalb werden eher deren Strukturen, Entwicklungsdynamiken, wechselseitige Adaptionen, Interferenzen und Imitationen eruiert; doch bei deren sich bald herausstellenden Uniformität und nur noch in oberflächlichen Variationen ergehenden Abwandlungen droht der Ermittlungs – und Deutungsbedarf sich rasch zu erschöpfen, so daß sich manch einer erleichtert oder enttäuscht wieder den traditionell interpretierbaren Kunstobjekten und dem infiniten hermeneuti – schen Zirkel zuwendet.

– Außerdem wäre das Verhältnis zur Praxis (und damit auch die Wahrnehmung gesellschaftlicher Verantwortung) schonungslos und grundsätzlich zu themati – sieren. Zahl und Verbreitung medialer Produkte können allein nicht als Ausweis und Legitimation verstärkter wissenschaftlicher Bemühungen genügen (wiewohl viele Disziplinen nicht einmal solche quantitativen Relevanzen vor – zuweisen haben). Max Weber auf der einen, die kritischen Initiatoren der Medienwissenschaft auf der anderen Seite – und letztere vor allem – strebten weiterreichende Erkenntnisse und Praxisbezüge an. Just dann, wenn diese infolge des generellen gesellschaftlichen Wandels und der Misere der akademischen Ausbildung prekär geworden sind, bedürften sie eigentlich in – tensivster und gründlichster Klärungen. Und diese müßten obendrein bis an die Wurzeln gehen: Denn die fortschreitende Mediatisierung verlangt und erwirkt zugleich die expansive Kommerzialisierung der gesamten Kulturproduktion, soll heißen: die Durchdringung und Zurichtung nahezu aller Kultursegmente gemäß den Maximen von Kapital und Profit. Als forcierte Großtechnologie absorbieren nämlich ihre Investitionen enorme Kapitalsum – men, die sich auf dem anwachsenden Markt amortisieren sollen; Vorausset – zungen und Zwecke sind daher faktisch nicht mehr zu trennen, sondern greifen als zunehmend eigenmächtigere Entwicklungsdynamik ineinander. Natürlich läßt sich auch die Wissenschaft nicht unberührt; in gewissem Maße ist sie als Instrument der Marktsondierung und – disponierung – unter dem unverfänglichen, allfälligen Prädikat der Akzeptanz – gefragt; nachhaltiger als markt – und interessenkonforme Mediaforschung, die sich deshalb ungleich heftiger ausgebreitet hat als alle akademische Wissenschaft (Bessler 1986); doch je mehr diese infolge öffentlicher Restriktionen gezwungen ist, ihre Forschungsalimentation bei der Medienindustrie selbst einzuwerben, desto enger dürfte die Affinität zu deren Vorgaben und Zwecken werden. Hie und da mögen noch freiwillige Avancen und Subalternitäten von seiten der Wissenschaftler hinzukommen, denn die Faszinationen und Gratifikationen der Branche widerstehen nur die wenigsten. Sie verkörpert ja noch eine der wenigen lukrativen in dieser Gesellschaft und wird es auf absehbare Zeit wohl auch bleiben. Jedenfalls könnte sich so der ehemals kritische Impetus der Medienwissenschaft ins Gegenteil verkehren; die dann involvierten Pra – xisbezüge stabilisieren und optimieren just jene Strukturen, von denen die Medienwissenschaft ursprünglich nicht nur Kultur und Wissenschaft, sondern auch die Adressaten der Medien sukzessive befreien wollte.

– Schließlich harrt der geöffnete und erweiterte Textbegriff noch systematischer Rekonstruktion. Daß ein Text ein Kompositum von Zeichen, vielleicht sogar ein kompliziertes Meta – Zeichen verkörpert, mag für heuristische Belange einleuchten. Wenn indes solche komplexe und vertrackte semiotische Systeme analysiert werden sollen, geraten etliche Lücken und Verkürzungen in den Blick: Spezifika von Text und Bild (offenbar ist es doch nicht unter dem Textbegriff subsumierbar), vollends ihre Wechselbeziehungen werden theore – tisch erst umrissen und sind demgemäß noch voller Inkonsistenzen (Berghaus 1986; Muckenhaupt 1986). Empirisch sind sie längst noch nicht so weit erkundet, daß eine anerkannte und handhabbare Methodik vorgelegt werden könnte. Im Endeffekt stellen sich die meisten Analysen audiovisueller Kom – munikate als Textanalysen heraus, auch wenn sie komplette Erfassungen für sich beanspruchen (Linz 1983; Siegrist 1986). Oft schleicht sich der Vorzug des verbalen Textes unbemerkt ein, entweder auf seiten der Gegenstandswahrnehmung oder als methodisches Instrumentarium. Ungeklärt

bleibt jedenfalls, ob dieser Vermittlungsmodus epistemologisch unumgänglich, mithin apriorisch, ist oder ob er lediglich einer unbeachteten Tradition folgt. Zumindest bei der Entwicklung und Begründung ihrer Methodik wird Medienwissenschaft also ganz elementar werden müssen (und schon oft ventilierte Diskussionen – etwa die über die phylogenetische und phänomenologische Priorität von Text und Bild – neu führen müssen).

Als schon erprobte und halbwegs praktikable Methoden erboten sich dabei die Erfahrungen und Vorbilder der *Filmanalyse* (Knilli 1971; Prokop 1971); besonders mit didaktischer Absicht wurden Kompendien zur Beschreibung und Entschlüsselung der Filmsprache entwickelt, die mindestens einfachste und gröbste Instrumentarien, den Konditionen und Usancen der Produktionstechnik freilich entnommen, zur Verfügung stellten. Filmprotokolle als eine Art rekonstruierter Drehbücher gelten seither als übliche Verfahren, ohne daß zwischen den unter – schiedlichen Modalitäten von Filmproduktion und – rezeption, genauer noch: zwischen der verbalisierten, äußeren Sequenzstruktur und dem subjektiven "Film im Kopf" hinreichend geschieden wurde. Denn so wenig jene den Film zu re – präsentieren vermag, allenfalls sein strukturelles, oft genug lückenhaftes Profil, bildet sich dieser in der zudem reduzierten Reproduktion des Herstellungspro – zesses ab.

Gleichwohl: mit diesem Transfer erfuhr die lange Zeit unbeachtete Filmwis – senschaft eine, wenn auch recht instrumentell intendierte, Anerkennung in der Medienwissenschaft, vielfach firmiert sie bereits als ihre prominenteste Sparte – wobei deren historischer Fundus, das Niveau ihrer ästhetischen Reflexion (etwa in Hochphasen des Strukturalismus), vor allem aber deren soziologische Situ – ierung nur von wenigen Insidern aufgearbeitet wird (Gesellschaft für Film – und Fernsehwissenschaft 1987). Kein Wunder, der traditionelle Kinofilm erlebt gegenwärtig seine Aufwertung zum Kunst – und Kulturgegenstand, er literarisiert sich für die einen, ästhetisiert sich für die anderen. Nur als medienhistorische Arabeske mag es anmuten, daß just das Medium, welches für den Niedergang des Films vornehmlich verantwortlich gemacht wird, das Fernsehen nämlich, durch solche analytischen Zugangsweisen mit aufgewertet wurde; das Fernsehspiel war deshalb auch die am vorrangigsten behandelte Gattung hierzulande (Hicke – thier 1980). In bescheidener, nämlich idealer Weise eifert die Wissenschaft mithin der materiellen Alimentierung der Kinobranche durch das Fernsehen nach; diese gebar ja jenes Supramedium, den sogenannten amphibischen Film, der zugleich Omen für andere mediale Interferenzen darstellen könnte.

Aber auch die durch die analytische Projektion induzierten Prämissen sind me – thodologisch noch wenig expliziert, etwa die Frage, wie sich Singularität und Kontextualität bei Film und Fernsehen unterschiedlich verhalten. Solange Film noch das häufigste Trägermedium im Fernsehen war, ließ sich diese Übertragung außerdem von der Materialseite her rechtfertigen – wiewohl sie alle anderen Gesichtspunkte vernachlässigte. Seit die elektronische und damit im Vergleich zum Film eher synthetische Produktionsform in allen Fernsehprogrammen über – hand nimmt und augenscheinlich ästhetische Innovationen mit Absicht oder auch nur zufällig zeitigt, fallen die Insuffizienzen der filmanalytischen und außerdem produktionsorientierten Kategorien noch stärker ins Gewicht.

Medienwissenschaft hätte es per definitionem mit allen Medien und Zei – chenmanifestationen zu tun: vom singulären, ästhetisch verdichteten Buch – stabentext über das einzelne Bild (in welchem Aggregatzustand auch immer) oder gar über das besondere Tongefüge bis hin zum komplexen, multisemiotisch kombinierten Zeichensystem, in der Regel in kontextueller programmlicher

Situierung. Anfangs sollte der erweiterte, flexible Textbegriff als übergreifende, vereinheitlichende Kategorie all diese Manifestationsformen umfassen; er hätte zugleich die analytische und methodologische Herkunft von den Philologien wachgehalten und potentielle oder erforderliche Zusammenhänge immer wieder angestoßen. Er hätte aber auch andere Disziplinen, besonders bildende Kunst und Musik, ausgegrenzt; will heißen: deren Implikationen sind im Textbegriff kaum oder gar nicht berücksichtigt worden.

Heute favorisiert man eher den Medienbegriff in dieser verbindenden Funktion und benutzt ihn weitaus vorbehaltloser, unvoreingenommener und ohne ständigen Rekurs auf die wissenschaftsgeschichtlichen Traditionen. Ob man sich des Preises dafür gewärtig ist, darf bezweifelt werden: Denn der Medienbegriff erweist sich als noch vager, in seiner disziplinären Verortung als noch disparater und dementsprechend für die Analyse als noch dezisionistischer als der ohnehin schon diffuse Textbegriff: Ausdruck der gestiegenen Selbständigkeit und Identität der Medienwissenschaft oder Signum einer sich zwar pragmatisch und bereichsspezi – fisch entfaltenden, theoretisch aber noch wenig explizierten und inkonsistenten Disziplin – wofür nicht zuletzt natürlich der rapide und einschneidende Um – bruch der Medienentwicklung verantwortlich ist?

2. Konturen des Gegenstandsfeldes und Probleme der Methodik

"Die Umwälzung des Überbaus, die viel langsamer als die des Unterbaus vor sich geht, hat mehr als ein halbes Jahrhundert gebraucht, um auf allen Kulturgebieten die Veränderung der Produktionsbedingungen zur Geltung zu bringen", diagnostizierte W. Benjamin 1936 in seinem berühmten Essay *Das Kunstwerk im Zeitalter seiner technischen Reproduzierbarkeit* (1970, 10).

Inzwischen ist sie unaufhaltsam weitergegangen, hat sich in Ausmaß und Tiefe horrend verschärft; als zunehmend gesellschaftlich relevanter und profitabler Produktionsfaktor, Investitions – und Konsummarkt zugleich ist der sogenannte Überbau selbst zur Produktivkraft geworden (oder hat sich derart eng mit dem herrschenden 'Unterbau' verquickt, daß die hergebrachte Unterscheidung, ohnehin eine abstrakte, nicht mehr greift). Diese Einsicht umschreibt im Kern das, was heute euphorisch oder verlegen mit der geschichtsmächtigen Metapher 'Informa – tionsgesellschaft' belegt wird. Gleich an oder mit welchen Parametern diese Umwälzung, die sogenannte zweite oder dritte industrielle Revolution (Steinmül – ler 1981; Friedrich/Schaff 1982), identifiziert wird, die (Re)Produktion von Zei – chen, Symbolen und Medien, kommunikationstheoretisch gesprochen: von Informationen (und Unterhaltungsformen), erobert sich einen wachsenden Anteil an der gesellschaftlichen Wertschöpfung und eine steigende Relevanz für die kollektive Bewußtseinsbildung; forciert und verbreitet von der Informations –, Computer – und Nachrichtentechnologie erstreben diese symbolischen, mediati – sierten Realitäten virtuelle Autonomie, sie empfehlen sich als allverwendbar und – verfügbar, suggerieren Omnipräsenz und – potenz.

Damit universalisiert sich das Gegenstandsfeld vollends; kein Bereich und ent – sprechend keine wissenschaftliche Disziplin mehr bleiben von diesen Ver – änderungen und Implikationen unberührt. Insgeheim ist die Informatik – freilich auch eher als programmatisches Etikett denn in ihren realen Kapazitäten – zur neuen Universalwissenschaft aufgerückt; jedenfalls unterstellen dies nicht zuletzt ihre sich vermehrenden Subdisziplinen. Jede damit befaßte Wissenschaft gerät unausweichlich in die theoretische Zwickmühle, das Gesamte als interdependentes Gefüge programmatisch im Auge zu behalten und zugleich sich solche Teilge –

biete auszuwählen und zu definieren, die sich als Subsysteme einigermaßen adäquat, also ohne gravierende Amputationen, Reduktionen und Verzerrungen, analysieren lassen, um damit die eigenen Kompetenzen und Möglichkeiten nicht ständig zu überfordern, sondern angemessen, ergiebig und kontrollierbar einzu – setzen.

Am Beispiel des 'Mediums', des Begriffs wie vor allem des realen Substrats, sei diese Problematik verdeutlicht, nicht um der terminologischen Rabulistik willen, sondern als symptomatischer Fokus für Analyse und Theoriebildung. Man braucht dabei nicht so weit auszuholen und sämtliche Mediatisierungsprozesse in der Zivilisationsgeschichte einbeziehen zu wollen (Beth/Pross 1976; Knilli 1979) – auch wenn es der Systematik halber angeraten sein mag und – hier kreuzt sich analytischer Impetus mit der empirischen Entwicklung – voraussichtlich alle Kommunikationsformen von der anstehenden technischen Offensive betroffen sein werden, mithin analytisch neu verhandelt werden müssen (Mettler – Meibom 1987; Kübler 1988; Steinmüller 1988).

Eingebürgert hat sich etwa die Besonderung der Massenmedien, spätestens seit Maletzkes Standardwerk (1963) hierzulande anerkannt und in genügenden Kom – pendien memoriert. Von der Publizistikwissenschaft werden sie – entgegen ihrem zweiten Etikett als Kommunikationswissenschaft – fast ausschließlich als ihr eigentlicher Objektbereich betrachtet, entsprechend bergen die sogenannten neuen Medien, sofern und soweit sie die überkommenen Strukturen übersteigen, erhebliche analytische Schwierigkeiten für sie (Meier/Bonfadelli 1987). Die historisch vorgängigen Medien, die der personalen, direkten Kommunikation dienen und mit oder ohne technische Unterstützung (zwecks Speicherung oder Verbreitung) auskommen, das Buch, der Brief, das Telefon auf der einen, sämt – liche Formen des Theaters und der szenischen Darstellung auf der anderen Seite, bleiben von diesen systematischen Sondierungen der Massenkommunikation gemeinhin ignoriert. Zu Recht reklamierte sie die von der Literaturwissenschaft ausgehende Medienwissenschaft als zusätzliche Untersuchungsfelder – gemäß der Erkenntnis und dem Anspruch, Formen, Manifestationen und Instrumente der gesellschaftlichen Kommunikation insgesamt zu erfassen (Faulstich 1979). Ob sich aber mit der generellen Definition als Medien übergreifende, einheitliche Ein – sichten gewinnen ließen, die anderweitig nicht zu erlangen gewesen wären, ob diese pauschale Gleichsetzung nicht Spezifik unbegriffen läßt oder sie nur in eine pragmatische Addition einreiht, dies wäre in gründlichen und transparenten Zwischenbilanzen nunmehr zu prüfen.

Namentlich bei der gesellschaftlich organisierten Kommunikation impliziert der Medienbegriff vielerlei, jedenfalls mehr als die bloße Erscheinungsweise. Ein Massenmedium – das Fernsehen etwa – umfaßt sowohl in der alltäglichen wie auch in der analytischen Sprache zum einen die organisierte, hochgradig verge – sellschaftete und arbeitsteilige Produktionsstruktur, die Sendeanstalt, den Verlag, mit all den sozialen, betriebswirtschaftlichen, institutionellen Komponenten, mit internen Hierarchien, Prozessen und Ideologie wie mit diversen externen Rela – tionen (Negt/Kluge 1972), sodann die technische Infrastruktur, aus der Sicht der Rezipienten vor allem die Empfangs – und Wiedergabegeräte, aus der Perspek – tive von Produktion und Distribution natürlich die gesamte technische Apparatur der Herstellung und Verteilung, die bei einem ambitionierten Begriff der Me – dientechnik, zumal angesichts deren wachsender Einflußpotentiale analytisch nicht außer Acht gelassen werden dürfen, und schließlich die semiotischen, sinnlich erfahrbaren Manifestationen auf dem Bildschirm, das Programm mithin, das für die verschiedenen Beteiligten ebenfalls unterschiedliche Bedeutungshorizonte stif – ten dürfte (Kübler 1979). Wird über 'das' Fernsehen insgesamt geurteilt und über dessen weitreichende Folgen für die Gesellschaft und die Individuen räso – niert, wie es kurante, verkaufsträchtige Globalverdikte wiederholt tun, sind in der Regel alle drei Dimensionen impliziert, freilich mit differierender Gewichtung und oft genug auch nach anfallender Opportunität der Argumente. Für die hie – sige öffentliche Diskussion sind sie sicherlich nicht unbeteiligt daran, daß die eigentlich vielversprechende Idee des vergesellschafteten Fernsehens, wie sie der Struktur des öffentlich – rechtlichen Rundfunks zugrundeliegt, im Bewußtsein kaum verankert ist und stets das Fernsehen als ganzes – ungeachtet seiner jeweiligen Organisationsform – angeprangert wird: Das kommerzielle Fernsehen der USA avancierte insgeheim zum gemeinsamen, beanstandeten Prototyp, längst bevor private Kanäle hierzulande eingeführt waren, und nahm damit die medienpolitische Wende zumal im kollektiven Bewußtsein der Besorgten vorweg. Auch dies ist eine wissenssoziologische Prämisse, derer sich eine vorwiegend phänomenologisch verfahrenden Medienwissenschaft gewärtig sein muß.

Vornehmlich auf die medialen Präsentationsformen zielt etwa die Unterscheidung zwischen "Speicher – und Aufführungsmedien"; mit ersteren sind die Printmedien gemeint, mit letzteren Film, Radio und Fernsehen (Saxer 1977, 675). Doch diese terminologische Opposition erweist sich als nicht ganz konsequent, vor allem als inkonsistent, was die Vergleichbarkeit anlangt. Speicherungsformen schließen die Aufführungsmedien ebenfalls ein, und gerade eine Sparte der sogenannten neuen Medien, also Innovationen auf dem Sektor elektronischer, lasergesteuerter Spei – cherung, entwickeln und vervielfältigen diverse Kapazitäten. Für die Wahrneh – mung des Fernsehbildes ist es gänzlich unerheblich, ob die Bilder terrestrisch, über Kabel oder via Satellit verteilt werden oder von der häuslichen Konserve kommen; allenfalls das begleitende Rezeptionsbewußtsein mag variieren.

Intendiert ist mit besagter Differenz wohl der Hinweis auf divergente Re – zeptionsmodalitäten, die von der Eigenart und dem Grad der Codierung des jeweiligen Zeichensystems konstituiert werden. Beim schriftlichen Text liegt die konkrete Aktualisierung ganz auf seiten des Rezipienten; die Rezeptionsästhetik hat Anforderungen und Spielräume des Lesens vielfach ausgelotet und zu erklä – ren versucht (Grimm 1975; Warning 1979). Die elektronischen Medien aktuali – sieren von sich aus das Geschehen bzw. Aufgenommene, doch nicht so weit, daß der Rezipient keinerlei Rezeptionsaktivitäten mehr zu tätigen hätte. Mithin differieren auch die Grade der Wahrnehmung, des Involviertseins, des Verstehens letztlich, und sprachliche Konstrukte sind daran maßgeblich beteiligt. Der "Film im Kopf" rekurriert fortwährend auf Begriffe im Kopf (Ballstaedt, 1977; Muk – kenhaupt 1973). Außerdem dürfte der interpersonale Austausch, der Transfer sogenannter "parasozialer Interaktionen" (Teichert 1972 und 1973), bei den Sendetypen verschieden ausfallen: entsprechend den imputierten Hand – lungskonfigurationen, die sich entweder nur auf den medialen, in der Regel fik – tionalen Rahmen beziehen oder darüber hinausreichen und den Zuschauer direkt einbeziehen. Solche vorerst nur heuristischen Überlegungen sind noch nicht weit genug vorangetrieben, zumal wenn man sie mit der breiten, ergiebigen Diskussion in der Rezeptionsästhetik vergleicht (Kübler 1983). Daß sie für die Produktions – technik von Belang, für Akzeptanzstrategien sogar von hohem Kalkulationswert sind, belegt die steigende Zahl sogenannter Beteiligungs – , Mitmach – und Publikumssendungen in den sogenannten Aufführungsmedien. Sie arrangieren exakt die Grade der (oft nur fingierten) Partizipation, lenken aber so die Re – zeptionsweisen.

Hinsichtlich Hörfunk und Fernsehen wird man endlich zwischen Modalitäten der akustischen Rezeption, also des Hörens der visuellen und der audiovisuellen differenzieren müssen – eine in der Medienrezeptionsforschung kaum noch beachtete, geschweige denn bearbeitete Selbstverständlichkeit. Gesprochene Texte – so weisen die wenigen Studien aus – scheinen auch bei der audiovisuellen Rezeption für das geordnete Verstehen elementar, wenn nicht vorrangig zu sein. Die gängige Rede von der Macht der Bilder müßte auch in dieser Hinsicht relativiert werden (Fritz 1984, 174ff.).

Unterschiedliche Handlungskonfigurationen markieren mit dem Blick auf die medientechnische Entwicklung zugleich den Übergang, der sich zwischen den herkömmlichen Programm–Medien und der sich zunehmende verbreitenden und funktional ausdifferenzierenden, sogenannten interaktiven Medien abzeichnet. Auch diese Termini sind gewiß noch vorläufig, vielleicht sogar der einschlägigen Werbung geschuldet, denn Programme, wenn auch vorwiegend operativer Art, beinhalten die sogenannten interaktiven Medien ebenso. Und wenn künftig Nutzer am heimischen Personalcomputer oder Terminal in filmische Spielhandlungen eingreifen können, diese in den Grundlinien nach ihren (allerdings vorprogrammierten) Präferenzen manipulieren können, dann sind sogar beide Programmtypen am Werk (Fritz 1988). Immerhin: der Eindruck, sich nicht mehr nur etwas Veranstaltetem, Fertigem zumal als kollektives Publikum aussetzen zu müssen, es lediglich als Ganzes goutieren oder ablehnen zu können, wird von dem Bestreben und dem Versprechen verdrängt, selbst aktiv, persönlich entscheidender, kommunikativer Partner (eines wie immer gearteten, mediatisierten Gegenübers) und damit im wachsenden Maße selbstverfügend und autonom zu sein. Der Videorecorder mit Programm–, Zeit– und (begrenzter) Abspielvarianz empfahl sich bereits als Vorstufe, die nachkommenden elektronischen Geräte, allesamt Kombinationen aus Mikro– und Opto–Elektronik, komplettieren und vervielfältigen diese Möglichkeiten (Zielinski 1986; vgl. auch Zielinski in diesem Band).

Bereits vor dem Ende der Ära überkommener Massenkommunikation wähnen sich daher einige Beobachter; die organisierten, weitgehend vergesellschafteten Großmedien mit einem möglichst breiten Publikum und standardisierten, möglichst generellen Programmen werden sukzessive von kleineren, spezielleren und flexibleren Medien verdrängt – entsprechend der fortschreitenden Pluralisierung und Differenzierung der Gesellschaft in besondere Lebenswelten mit eigenen Bedürfnissen, Vorlieben und Gewohnheiten; und die technischen Innovationen werden außerdem direktere, wirksamere Rückkoppelungs– und Beteiligungschancen ermöglichen (Maletzke 1987, 246f.). Mediale Manifestationen und Rezeptionsformen rücken so noch enger zusammen – auf der phänomenologischen Ebene zumindest. Denn wie sie von der Produktion aufgrund der ebenso expansiven Kommerzialisierungen immer intensiver, aber auch subtiler gesteuert werden, wird aus diesem Blickwinkel nicht ersichtlich. Und ob sich hinter den diversifizierten Oberflächen nicht ungleich konzentriertere, global operierende Produktionsmechanismen verbergen bzw. ob und wie sich diese mit den spezialisierten Medienagenturen vertragen werden – denn die Zeichen des internationalen Marktes stehen auch bei der Medienbranche auf Fusion, diverse Kapitalverflechtung und Rationalisierung von Produktion wie von Produkten – läßt sich auf diese Weise ebensowenig erschließen (Schiller 1984; Röper 1987). Kurios mutet es freilich schon an, daß just die Medien zum Gegenstand wissenschaftlicher Forschung erhoben werden, die bald in dieser Form nicht mehr oder nicht mehr allein existieren werden. Weist diese Einsicht auf die eher historischen, rekonstruierenden Intentionen von Medienwissenschaft hin? Und was die Optimierung von Rezeptionsmodalitäten, soll heißen, von: Attraktivitätsimpulsen von Sendungen, angeht, so ist daran Medienforschung, freilich anderer Art, gleichfalls involviert, eben auf der anderen Seite.

Was also sind die speziellen Gegenstände besagter Medienwissenschaft, was begrenzt und was konstituiert sie? Sind es 'nur' die medialen Repräsentanzen, die Texte und Programme also, oder mehr – immer mit Blick auf den obliga – torischen (kooperierenden oder konkurrierenden) Verbund mit den anderen befaßten Disziplinen? Oder sind es gravierende methodologische und methodische Differenzen, die ein anderes Verständnis und Vorgehen als die der Publizistik – wissenschaft begründen – worauf noch einzugehen sein wird? In der Frühphase der Massenkommunikation, 1948 etwa, schlug H.D. Lasswell mit seiner inzwi – schen berühmten Formel eine Gliederung der Objektfelder und damit – wohl eher aleatorisch – einige wissenschaftliche Akzentuierungen vor; der Medienwissenschaft heute käme demnach vor allem das 'Was', also Programme und Inhalte, zu; doch da es ihr just um die medialen Implikationen dieser geht, müßte sie sich auch mit den 'Kanälen' befassen. Diese verstand Lasswell gemäß den damals üblichen Vorgaben der Nachrichtentheorie eher technologisch – instrumentell, nicht als semiotisch bedeutsamer, strukturell gehaltvoller Aspekt der Inhaltskonstitution (Merten 1974). Die bestehende Publizistikwissenschaft tut sich ebenfalls noch schwer mit solchen Implikationen, weshalb Saxer noch jüngst die Einbeziehung semiotischer Gesichtspunkte und Analyseverfahren anriet. Nicht mehr länger sollte sie sich um den "kulturwissenschaftlichen Aspekt" verkürzen und sich einseitig als Sozialwissenschaft begreifen – als deskriptiv – empirische Sozialwissenschaft auf systemtheoretischem Fundus, wie man hinzufügen muß: "Die Theorie von den Zeichensystemen und – prozessen als elementar sinnver – mittelnden ist daher für die Erkenntnis des publizistikwissenschaftlichen Gegen – standes ebenso unentbehrlich wie diejenige von der Systemhaftigkeit der publizi – stischen Strukturen und Prozesse" (Saxer 1981, 44).

Semiotik wird hier mithin als komplementäre Disziplin der Kommunikate po – stuliert, nicht die Medienwissenschaft; in ihren literatur – und sprachwissen – schaftlichen Aspekten wäre sie lediglich Teildisziplin jener (Bentele 1981; Nöth 1985); doch im wissenschaftlichen Konzert ist Semiotik hierzulande noch weniger vertreten und respektiert als Medienwissenschaft – ganz im Gegensatz zu anderen Ländern. Als virtuell universelle Wissenschaft von der medialen Kom – munikation wäre Medienwissenschaft quer, unterhalb oder oberhalb, einer me – dienorientierten Semiotik anzusiedeln; eine Ausrichtung, die diese allenfalls in Ansätzen bisher erreicht hat. Man sieht, die "Frage nach den adäquaten Basis – theorien" (Saxer 1981, 40) ist nicht nur ein "Dauerproblem" der "transdiziplinär" verfahrenden Publizistikwissenschaft, vielmehr auch eines der Medienwissenschaft, und erst recht eines hinsichtlich des Verhältnisses der beiden zueinander. Oder handelt es sich am Ende nur noch um eine mit den autoritätsheischenden Eti – ketten verfochtene Auseinandersetzung um Forschungsterrains, Stellen und Forschungsgelder, wie es der Linguist E. Straßner (1985) in seinem "Sondergut – achten" zur DFG – Enquête – Kommission zum Stand des bundesdeutschen Me – dienwirkungsforschung anmahnte?

Benjamins berühmter Essay brachte schon in den dreißiger Jahren, also vor der hiesigen Etablierung der Publizistikwissenschaft, gänzlich andere Kategorien ins Spiel, für ihn zugleich Faszinosa des bahnbrechenden Kulturwandels wie auch Warnzeichen für dessen tendenziell problematische Richtung. Mit der ausgrei – fenden, sich intensivierenden "technischen Reproduzierbarkeit" verflüchtigt sich bekanntlich nicht nur die Aura des Kunstwerks, faßlich in den Attributen der Einmaligkeit und Konstanz, vielmehr treten an ihre Stelle unbeschränkte Wie – derholbarkeit und sich zunehmend beschleunigende Flüchtigkeit, die als "Signaturen einer Wahrnehmung" gewertet werden müssen, "deren *Sinn für das Gleichartige in der Welt* so gewachsen ist, daß sie es mittels der Reproduktion auch dem Einmaligen abgewinnt" (ebd., 19). Mithin komplettiert die sich gewaltig durchsetzende Technik für die mediale Repräsentanz und Wahrnehmung jene egalisierenden Momente, die die Warenstruktur in Produktion und Distribution kategorial verankert hat.

Benjamins Thesen waren wohl ihrer Zeit noch voraus (wiewohl es in der Kunst – und Medienbetrachtung immer wieder Neigungen gibt, einstmals ver – dächtigte, wenn nicht verworfene mediale Formen im nachhinein aufzuwerten, also zu Kunstprodukten zu adeln; der Film erlebt derzeit eine solche Höher – schätzung – nicht zuletzt unter dem Einfluß der Medienwissenschaft). Denn selbst die modernen Medien zu Zeiten Benjamins, also Fotografie, Film und Radio, realisierten sich durch bestimmte materielle Träger, die konstant und wenig flexibel waren. Entsprechend beständig entwickelten sich die semiotischen und ästhetischen Formen, so daß ihre gattungs – oder texttypologischen Parame – ter heute für die Mediengeschichtsschreibung fast ebenso beschreibbar und klas – sifizierbar erscheinen wie die traditionellen literarischen Gattungen (Schmidt 1986; Kübler 1987a). Deren mannigfaltige und wechselhafte Forschungsgeschichte kann hier nicht rekapituliert werden (Hempfer 1973). Hervorzuheben sind die sich verbreitenden Einsichten in die Dynamik der Gattungskonstitution einerseits und in die (wie immer geartete) Teilhabe der Rezipienten/Leser an der Gattungskonstruktion andererseits. Ob man sie so weit öffnen und Gattungen entwear als anthropologische Gegebenheiten in weitgehend beliebigen formalen Objektivationen ansehen soll, wie es Staiger, Hamburger und Sengle ehedem postulierten, oder ob man sie als nur noch empirisch eruierbare, d.h. von kollektiver Wahrnehmung und Einschätzung bestimmte Größen konzipieren soll (Schmidt 1986), scheint fraglich und kann erst recht nicht hier entschieden wer – den.

Immerhin treffen sich solche Theoreme mit dem fortschreitenden realen Trend der Immaterialisierung medialer Kommunikation, einfacher formuliert: der voranschreitenden Ablösung bestimmter Medien und Formen von fixen materiel – len Trägern und/oder die verstärkte Variabilität medialer Repräsentanzen – freilich auf der exklusiven technischen Basis von Micro – und Optoelektronik. Will man eine historische Tendenz konstruieren, wird man das Fernsehen als Pionier solcher synthetischen Medien einstufen dürfen. Es absorbierte (und mo – difizierte) zahlreiche früher eigenständige kulturelle Ausdrucksformen zumal auf dem Gebiet der populären Unterhaltung (Hickethier 1979), aber auch im Informations – und Bildungssektor. Die sogenannten neuen Medien, die ja alle – samt Weiterentwicklungen, Kombinationen und Vernetzungsformen des Fernse – hens bzw. des Bildschirms verkörpern, werden diese Tendenzen fortführen und potenzieren: die unaufhaltsame Entkoppelung von Medien, Gehalten und Formen, die Entspezifizierung von Ästhetik, wodurch Codes und Reize immer stärker als eigentlich inhaltliche Momente firmieren, die schleichende Vermischung über – kommener Kategorien und Orientierungen, etwa die zwischen Privatheit und Öffentlichkeit, zwischen personaler und mediatisierter Kommunikation, zwischen unmittelbarer und vermittelter Wirklichkeitserfahrung etc.

Ob sich Medienwissenschaft in diese epochalen Umwälzungen analytisch ein – schalten kann und – falls ja – mit welchen Erkenntnisinteressen und gesell – schaftlichen Aufträgen, ist bislang wenig geklärt, nicht einmal ausgiebig erörtert (vgl. dazu auch Fischer in diesem Band). Zur Zeit ist sie dafür weder von der Theorie noch vom methodischen Knowhow gerüstet. Deutlich noch Kind der Philologien, neigt sie mehrheitlich eher zu rekonstruierenden, historiographischen Projekten – abseits der gravierenden medientechnischen Innovationen und kor – respondierenden gesellschaftspolitischen Entscheidungen. Als Dokumentations – und Rekonstruktionsagentur der sich allmählich beschließenden Ära der

Massenkommunikation scheint sie sich, freilich unausgesprochen, zu verstehen (wie es etwa auch zur Begründung des derzeit prominentesten und vielverspre – chendsten Projekts, des Sonderforschungsbereichs der Deutschen Forschungsge – meinschaft unter dem Titel "Ästhetik, Pragmatik und Geschichte der Bild – schirmmedien (Schwerpunkt: Fernsehen in der Bundesrepublik Deutschland)" in Siegen und Marburg, heißt). Prognostische und kommunikationspolitisch entscheidende Aufgaben sind ihr bislang nicht zugedacht, sie ressortieren in anderen Disziplinen und vor allem bei anderen als akademischen Agenturen (Bessler 1986) – wobei man allerdings bei diesen Aufträgen sehr genau prüfen müßte, welchen Zwecken ihre Forschungsergebnisse tatsächlich dienen: oft genug weniger der Datenermittlung und Entscheidungsvorbereitung denn der Legitima – tion dieser oder jener pragmatisch, soll heißen: interessengelenkten Entscheidung und der Akzeptanzsicherung solcher medientechnischen Innovationen beim Pu – blikum. Solcher Verdacht keimt beispielsweise bei der Durchsicht der jüngsten Begleitforschungen zu den Kabelpilotprojekten auf (Kübler 1987b).

Innerhalb so abgesteckter Koordinaten, nämlich des Vorzugs der Rekonstruktion, der ästhetisch – kulturwissenschaftlichen Prioritäten, der – wenn auch noch vagen – Präferenz für die Ebene der Kommunikate bzw. der medialen Repräsentanzen und der akademischen Positionierung, d.h. einer weitgehend eigenständigen Finalitätsbestimmung außerhalb oder allenfalls am Rande gesellschaftlicher Ver – wertungszusammenhänge, scheinen Medienwissenschaftler – soweit erkennbar – mit allen konventionellen Methoden zu experimentieren, rubrizierbar unter dem Spektrum der deskriptiv – empirischen einerseits und der hermeneutisch – ideo – graphischen andererseits – oder, wie etwa von dem Sozialwissenschaftler Th. P. Wilson (1973) für die hiesige Wissenschaftstradition etwas mißverständlich gekennzeichnet, unter das "normative" und das "interpretative Paradigma". Mitunter kann man sich des Eindrucks nicht erwehren, daß sozialwissenschaftli – che, deskriptiv – statistisch verfahrende Methoden von Medienwissenschaftlern höher eingeschätzt, ihre Befunde für valider und gewichtiger gehalten werden als die mittels interpretativer Zugänge gewonnenen (zur Kritik vgl. auch Rogge in diesem Band). Womöglich rührt sich dabei jener schon seit jeher bohrende Un – terlegenheitskomplex der Geisteswissenschaften und Philologien, der quantitativen, naturwissenschaftlich verifizierten Resultaten stets eine höhere szientifische Dignität attestiert. Die einschlägigen Dispute in den Geisteswissenschaften sind seit W. Dilthey nicht weniger Legion als in den Sozialwissenschaften.

Außerdem mögen die 'profaneren' Gegenstände der Medienwissenschaft dazu animieren, sie mit den nüchternen, vermeintlich wertfreien Methoden der So – zialwissenschaften zu erkunden: Singularität versus Serialität, ästhetische Autono – mie versus kontextuelle Interdependenz und strukturelle Determiniertheit drängen sich als kontroverse Parameter auf, die allerdings noch nicht hinreichend ex – pliziert und methodologisch aufgearbeitet sind. Denn der prinzipielle hermeneu – tische Vorlauf läßt sich in keinem Fall eliminieren, nicht bei der Erhebung 'so – zialer Tatsachen', wie die jüngste Debatte über das Verhältnis von quantitativen und qualitativen Methoden in den Sozialwissenschaften erweisen konnte, erst recht nicht bei der Erkundung kommunikativer Phänomene: Wenn empirische Erhebungen jener letztlich auf kommunikativ – symbolische Rekonstruktionen der Beteiligten, der Probanden wie der Forschenden, rekurrieren, wenn die Vermitt – lung über solcherart entstandene 'Texte' dabei unumgänglich ist (Gross 1981), dann können sich die Erkundungen dieser nicht erneut den Trugschluß leisten, Erkenntnisse und Befunde im unmittelbaren, gleichsam physischen Zugriff, also unter Umgehung von Verstehensprozessen, gewinnen zu können (Soeffner 1979; Winkler 1981). Hermeneutik bleibt mithin auf der methodologischen Ta – gesordnung, natürlich für die Forschenden zuerst. Und inwieweit sie auch unweigerlich Wertung impliziert, zumal selbst die trivialsten Kommunikate noch ästhetische Dimensionen enthalten, vor allem aber auch emotionale Be—findlichkeiten berühren, ist methodologisch ebenfalls noch nicht genügend expli—ziert (vgl. etwa die Fragestellungen von Kloepfer und Schmitt—Sasse in diesem Band). Eine grundsätzliche "Methodendiskussion" steht mithin der Medienwissen—schaft noch bevor. Bislang dürfte sie von dem noch recht jungen Alter, der erst spärlichen Etablierung als wissenschaftliche Disziplin und der verständlichen Aufgeschlossenheit, wenn nicht Faszination für empirische Verfahren aufgehalten oder übertönt worden sein, ebenso wie die Disparatheit und tendenzielle Uni—versalität des Gegenstandsfeldes nicht gerade zur methodologischen Reflexion ermutigt.

Rücken Perzeptions— und Verstehensprozesse medialer Kommunikation in den Blick, kann die alltägliche Rezeption von Medien allerdings nicht ausgeklammert bleiben. Ist sie ein legitimes und erschließbares Feld der Medienwissenschaft, oder ressortiert sie nicht angemessener bei der Mediensoziologie und/oder — psychologie? Anders gefragt: Ist Medienwissenschaft die Supra—Disziplin der beiden, die sich bei der Erforschung der Rezeption soziologischer und psycholo—gischer Methoden bedient, oder verfügt sie über spezielle medienwissenschaftli—che, die aus ihrer textwissenschaftlichen Herkunft stammen? Analog scheint abermals der Disput zwischen empirischer Rezeptionsforschung und Rezeptions—ästhetik in der Literaturwissenschaft auf (Groeben 1980; Warning, 1979; Jauß 1977; Köpf 1981). Diese rekurriert auf die Kommunikate, ihre Strukturen und impliziten Rezeptionskonstrukte, jene konzentriert sich auf empirisch vorfindliche, sozialwissenschaftlich erhebbare Rezeptionsprozesse — und gerät damit nolens volens in die bereits skizzierten Aporien erfahrungswissenschaftlicher Realitäts—rekonstruktion.

Organisatorische und technische Konditionen medialer Kommunikation, na—mentlich von Massenkommunikation, separieren die Rezeption nach wie vor von der Produktion; analytisch wird man auch die Kommunikate von der Rezeption bis zu einem gewissen Grade trennen müssen, soll heißen: die Rezeption beschreibt partiell ein eigenständiges Untersuchungsfeld — wie es von der empirisch verfahrenden Rezeptionsforschung wahrgenommen und erfaßt wird. Tatsächlich realisieren sich Rezeptionsprozesse über eine Vielzahl evidenter und latenter Vermittlungen, die es theoretisch wie empirisch zu ergründen gilt. Schüfe sich Medienwissenschaft im Bereich der Rezeption spezielle Untersuchungsfelder, für die sie infolge ihrer Herkunft und Kompetenz eine besondere Affinität und Methodik entwickeln könnte, böten sich diese Aufgabengebiete an. "Vermittlung", umschrieb einmal der (damals Konstanzer) Soziologe M. Kohli versuchsweise bei der Sondierung des Spannungsfeldes zwischen "Fernsehen und Alltagswelt" (1977), sei der "'Grenzübergang' zwischen gegensätzlichen Wirklichkeiten", der des Alltags und der des Fernsehens mithin — wobei sich über die Qualität und den Grad dieser Gegensätzlichkeit durchaus streiten läßt. Vermittlung wird ferner als das "Handeln des Rezipienten gegenüber den Medienangeboten" definiert, d.h. als die "Herstellung eines Zusammenhangs zwischen dem Dargestellten und den eigenen Handlungsorientierungen". "Niedrige oder fehlende Vermittlung heißt, daß die beiden Wirklichkeiten getrennt bleiben (...) Hohe Vermittlung heißt, daß die 'andere Welt' (...) vom Zuschauer auf seine Alltagswelt bezogen wird, daß er etwas von ihr über die Grenze zurück in den Alltag mitnimmt." Demnach wird dieser "soziale Prozeß" der Vermittlung von der Struktur, Dramaturgie, von den Themen und Figuren der jeweiligen Sendung mitgesteuert (Kübler 1983). Ent—sprechend steigt oder sinkt die ihr gewidmete Aufmerksamkeit (Brenne/Teichert 1976), verstärken oder vermindern sich Identifikation, Betroffenheit und/oder Einfühlungsvermögen. Solche Theoreme verlangen nach theoretischer

Ausformulierung und weiterer empirischer Verifizierung, sie sind derzeit erst heuristisch umrissen (Fritz 1984, 107ff.; Kübler 1987a).

Analog zur wissenschaftstheoretischen Diskussion wird die methodologische der Medienwissenschaft noch eine Fülle von Problemen zu klären und dann metho – disch zu operationalisieren haben. Sie wird sich um die Konstitution und Be – schaffenheit ihres Gegenstandsfeldes kümmern, vor allem eine externe (Kommu – nikat – Ebene) wie interne Strukturierung (Unikat versus Serie) vornehmen und die dabei unausweichlichen Implikationen bedenken müssen. Dynamik und ten – denzielle Universalität des Gegenstandes lassen solche Diskussionen jedoch wohl nie als geklärt und abgeschlossen erwarten, sondern als sich stets neu stellende Aufgabe. Dabei sind vor allem interdisziplinäre Vorgehensweisen gefragt, aber auch vertretbare und begründbare Spezialisierungen. Keine der befaßten Diszi – plinen kann für sich die Universalkompetenz (mehr) reklamieren; tut sie es dennoch, setzt sie sich dem berechtigten Vorwurf der Anmaßung und des Dilet – tantismus aus. Denn der potentiell universelle Charakter des Gegenstandsfeldes verlangt immer wieder Vorstöße in Richtung möglichst ganzheitlicher, mindestens umfassender und generalisierbarer Zugriffsweisen. Diesen so stets drohenden Widerspruch wird man allenfalls mit unkonventionellen Organisations – und Ar – beitsweisen medienwissenschaftlicher Forschung parieren können, aber im her – kömmlichen Wissenschaftsbetrieb, zumal unter den derzeit herrschenden finan – ziellen Restriktionen, wird sich dies nur schwer durchsetzen lassen. So dürfte das medienwissenschaftliche Anliegen noch lange Programm und Aufruf bleiben, trotz der objektiv wachsenden Untersuchungsfelder und Probleme, aber auch nicht nur in wissenschaftsinterner Hinsicht!

3. Ausblick: Praxis – Aporien

"Bloß schriftliche und mündliche Kritik muß gegenüber wirklichen Produkten eines industriellen Großapparats fast immer unwirksam bleiben. Produkte lassen sich wirksam nur durch Gegenprodukte widerlegen. Fernsehkritik muß von dem geschichtlichen Körper des Fernsehens ausgehen, das heißt vom Fernsehen als Produktionsbetrieb", befanden 1972 O. Negt und A. Kluge in ihrer *Organisationsanalyse von bürgerlicher und proletarischer Öffentlichkeit* (1972, 181f.).

Recht kategorisch, wenn nicht einseitig entschieden sie ein weiteres grundsätzli – ches Dilemma der Medienwissenschaft: das zwischen Theorie und Praxis, zwi – schen Kritik und Handeln zugunsten aktiver Partizipation, tatkräftiger Einmi – schung, revolutionärer Strukturveränderung. Das Ideal bürgerlicher Öffentlichkeit sollte auch in den und für die modernen Medien wiederhergestellt oder erst einmal verwirklicht werden (siehe auch Habermas, 1969). Es sind programmati – sche Worte geblieben, heute allenfalls noch um ihrer Unerschrockenheit und Gewißheit bewundert oder gar belächelt.

Die herrschaftliche Etablierung und ökonomische Besonderung des Mediensektors ist ungerührt vorangeschritten, hat sich sogar noch forciert und ist heute fester gefügt und unangreifbarer als jemals zuvor – auch wenn sich – wie erwähnt – auf der Rezeptions – und Nutzungsseite Diversifikationen und bescheidene Partizipationschancen anbahnen. Wie versteht und legitimiert Medienwissenschaft ihr Praxisverhältnis heute? Gar nicht (mehr) oder nur bezogen auf die Rezipienten, das Publikum, da sie ja für sich (noch) kaum Ausbildungsfunktionen reklamieren kann? Also bleiben letztlich 'nur' medienpädagogische Ambitionen, gerichtet an (professionelle) Multiplikatoren oder an die 'Endverbraucher' unmittelbar? Das würde – verglichen mit dem Anspruch Negts und Kluges –

einerseits eine strikte Bescheidung des praktischen Impetus bzw. eine andere Praxis bedeuten (Kübler 1987c). Zwar ist in den siebziger Jahren mitunter ebenfalls postuliert worden, mittels medienpädagogischer Projekte die herrschen – den Öffentlichkeitsstrukturen zu stürzen, mindestens zu unterminieren, doch sol – che überzogene, wenn nicht unverantwortliche Losungen waren zum Scheitern verurteilt, blieben in verbaler Radikalität stecken. Andererseits verlangt medien – pädagogische Praxis didaktische Planung und Reflexion – ein Unterfangen mithin, von dem sich Medienwissenschaft gerade, freilich unter Mißachtung ihrer akademischen Provenienz, sukzessive lossagt.

Aber die These von Negt und Kluge läßt auch erkennen, welche Wertschätzung und Kommunikationschance sie einem in ihrem Sinne revolutionierten Fernsehen beimessen. Gegenüber solcherart produzierten, kritischen Sendungen nimmt sich in ihren Augen jede wissenschaftliche Kritik und Analyse kläglich unattraktiv aus (die sie gleichwohl selbst betreiben); jedenfalls erreicht sie nicht die gewünschte Masse von Adressaten, die für das Fernsehen selbstverständlich ist. Und ob sie ihre qualitative Anliegen mittels ihrer schriftlichen Möglichkeiten genügend plausibel und anschaulich vermitteln kann, vor allem so, daß sie die erstrebten Änderungen bewirken oder wenigstens anstoßen, dürfte mehr als zweifelhaft sein. Dies kennzeichnet das Praxis – Dilemma der Medienwissenschaft von der anderen Seite. Sie wird es wohl kaum befriedigend überwinden können.

In den siebziger Jahren hielt man die Veränderung der überkommenen Struk – turen sowohl innerhalb der Institutionen als auch zwischen ihnen noch für mög – lich, als eine erreichbare konstruktive Alternative. Heute sind die Visionen und Bestrebungen deutlich gestutzt. Wer produktive Medienkritik, sprich: eigene mediale Produktion betreibt, dem werden die Bedingungen und Modifikationen weithin von den Medienbetrieben diktiert; jedenfalls sind die Spiel – und Expe – rimentierräume merklich eng geworden und werden peinlichst kontrolliert. B. Wembers Versuche müssen als (einige der letzten) entmutigenden Beispiele gelten (vgl. medium 1982). So verwundert es kaum, wenn Medienwissenschaft sich vornehmlich als akademische, soll heißen praxisferne Disziplin zumal mit eher rekonstruierenden und dokumentierenden Intentionen versteht. Ob sie damit noch "künftig" werden, d.h. sich als gesellschaftlich verantwortliche Wissenschaft in die Entwicklungen und Entscheidungen hiesiger Kommunikations – und Me – dienverhältnisse nachdrücklich einmischen kann, wird die Zukunft weisen; Skepsis bleibt angesagt.

Bibliographie

Th.W. Adorno 1969: Wissenschaftliche Erfahrungen in Amerika. In: Ders.: Stichworte. Kritische Modelle 2. 2. Aufl. Frankfurt, S. 113 – 148

Th.W. Adorno u.a. 1970: Der Positivismusstreit in der deutschen Soziologie. 2. Aufl. Neu – wied/Berlin

Arbeitsgruppe Bielefelder Soziologen (Hrsg.) 1973: Alltagswissen, Interaktion und gesellschaftliche Wirklichkeit. 2 Bde. Reinbek

J. Aufermann u.a. (Hrsg.) 1973: Gesellschaftliche Kommunikation und Information. 2 Bde. Frankfurt

H. – J. Bachorski u.a. 1988: Eine alte Wissenschaft – zeitgemäß. Übersicht über neue Studienan – gebote in der bundesrepublikanischen Germanistik. In: Mitteilungen des Deutschen Germanisten – verbandes 35 (1988), H. 1, S. 2 – 10

S. – P. Ballstaedt 1977: Probleme audiovisueller Informationsvermittlung. In: Kommunikationspro – bleme bei Fernsehnachrichten. Bd. 3 der Politischen Medienkunde. Hrsg. v. H. Friedrich. Tutzing, S. 54 – 65

W. Benjamin 1970: Das Kunstwerk im Zeitalter seiner technischen Reproduzierbarkeit. 4. Aufl. Frankfurt

G. Bentele (Hrsg.) 1981: Semiotik und Massenmedien. München

B. Berelson 1952: Content Analysis in Communication Research. Glencoe

M. Berghaus 1986: Zur Theorie der Bildrezeption. Ein anthropologischer Erklärungsversuch für die Faszination des Fernsehens. In: Publizistik 31 (1986), H. 3 – 4, S. 278 – 295

H. Bessler 1986: Mediennutzungsforschung und Wirkungsforschung. In: Deutsche Forschungsge – meinschaft 1986, S. 117 – 128

H. Beth 1976: Kommunikationswissenschaft (Publizistik) in der Bundesrepublik Deutschland. In: Beth/Pross 1976, S. 9 – 34

H. Beth/H. Pross 1976: Einführung in die Kommunikationsforschung. Stuttgart

M. Bobrowsky/W. R. Langenbucher (Hrsg.) 1987: Wege zur Kommunikationsgeschichte. München

H. Bohrmann/R. Sülzer 1973: Massenkommunikationsforschung in der BRD. In: Aufermann u.a. 1973, Bd. 1, S. 83 – 120

W. Bonß 1982: Die Einübung des Tatsachenblicks. Zur Struktur und Veränderung empirischer So – zialforschung. Frankfurt

F. Brenne/W. Teichert 1976: Häufigkeit und Intensität von Fernsehkontakten – Möglichkeiten zum Ausbau der kontinuierlichen Zuschauerforschung. In: Media Perspektiven (1976), H. 12, S. 601 – 624

Deutsche Forschungsgemeinschaft (Hrsg.) 1986: Medienwirkungsforschung in der Bundesrepublik Deutschland. Enquête der Senatskommission für Medienwirkungsforschung. 2 Bde. Weinheim

W. Faulstich 1979a: Einleitung: Thesen zum Verhältnis von Literaturwissenschaft und Medienwis – senschaft. In: Faulstich 1979b, S. 9 – 25

W. Faulstich (Hrsg.) 1979b: Kritische Stichwörter zur Medienwissenschaft. München

W. Faulstich 1988: Medienwissenschaft und Medienpraxis. Überlegungen zum geplanten Siegener Medienstudiengang. In: Mitteilungen des Deutschen Germanistenverbandes 35 (1988), H. 1, S. 10 – 14

Ch. v. Ferber 1970: Der Werturteilstreit 1909/1959. Versuch einer wissenschaftsgeschichtlichen In – terpretation. In: Topitsch 1970, S. 165 – 180

G. Friedrichs/A. Schaff (Hrsg.) 1982: Auf Gedeih und Verderb. Mikroelektronik und Gesellschaft. Wien u.a.

A. Fritz 1984: Die Familie in der Rezeptionssituation. Grundlage zu einem Situationskonzept für die Fernseh – und Familienforschung. München

J. Fritz 1988: Programmiert zum Kriegspielen. Weltbilder und Bilderwelten im Videospiel. Frank – furt/New York

K. Gerdes (Hrsg.) 1979: Explorative Sozialforschung. Stuttgart

Gesellschaft für Film – und Fernsehwissenschaft (Hrsg.) 1987: Bestandsaufnahme Film – und Fernsehwissenschaft in der Bundesrepublik Deutschland. Münster

H.A. Glaser (Hrsg.) 1980ff.: Deutsche Literatur. Eine Sozialgeschichte. 10 Bde. (geplant). Reinbek

M. Grewe – Partsch/J. Groebel (Hrsg.) 1987: Mensch und Medien. München u.a.

G. Grimm 1975: Literatur und Leser. Theorien und Modelle zur Rezeption literarischer Werke. Stuttgart

N. Groeben 1980: Rezeptionsforschung als empirische Literaturwissenschaft. 2. Aufl. Kronberg/Ts.

P. Gross 1981: Ist die Sozialwissenschaft eine Textwissenschaft? In: Winkler 1981, S. 143 – 167

J. Habermas 1969: Strukturwandel der Öffentlichkeit. 4.Aufl. Neuwied/Berlin

K.W. Hempfer 1973: Gattungstheorie, Information und Synthese. München

H. – A. Herchen 1983: Aspekte der Medienforschung. Frankfurt

K. Hickethier 1979: Fernsehunterhaltung und Unterhaltungsformen anderer Medien. In: v. Rüden 1979, S. 40 – 72

K. Hickethier 1980: Das Fernsehspiel der Bundesrepublik Deutschland. Stuttgart

C. Hopf/E. Weingarten (Hrsg.) 1979: Qualitative Sozialforschung. Stuttgart

H. Ide (Hrsg.) 1979ff.: Projekt Deutschunterricht. 12 Bde. Stuttgart

H. R. Jauß 1977: Ästhetische Erfahrung und literarische Hermeneutik. München

F. Knilli (Hrsg.) 1971: Semiotik des Films. München

F. Knilli 1979: Medium. In: Faulstich 1979b, S. 230 – 251

M. Kohli 1977: Fernsehen und Alltagswelt. In: Rundfunk und Fernsehen 25 (1977), H. 1/2, S. 70 – 85

J. Kolbe (Hrsg.) 1969: Ansichten einer künftigen Germanistik. München

J. Kolbe (Hrsg.) 1973: Neue Ansichten einer künftigen Germanistik. München

G. Köpf (Hrsg.) 1981: Rezeptionspragmatik. Beiträge zur Praxis des Lesens. München

S. Kracauer 1959: The Challenge of Qualitative Content Analysis. In: Public Opinion Quarterly 16 (1959), No. 4, S. 631 – 641

H. Kreuzer 1975: Veränderungen des Literaturbegriffs. Göttingen

H. Kreuzer/R. Viehoff (Hrsg.) 1981: Literaturwissenschaft und empirische Methoden. Göttingen

H. – D. Kübler 1979: Fernsehen. In: Faulstich 1979b, S. 85 – 126

H. – D. Kübler 1983: Fernsehgenres und Nutzenansatz. Überlegungen zu einer (Rezeptions –)Pragmatik des Fernsehens. In: Herchen 1983, S. 9 – 34

H. – D. Kübler 1987a: Tendenzen des Fernsehens in den 80er Jahren. Methodologische und struk – turtypologische Überlegungen zur Programmanalyse. In: Der Deutschunterricht 39 (1987), H. 5, S. 52 – 77

H. – D. Kübler 1987b: Medienwirkungsforschung: eine Bestandsaufnahme. In: epd/Kirche und Rundfunk, (1987), Nr. 58, S. 3 – 7; Nr. 60, S. 3 – 8, Nr. 61, S. 4 – 9

H. – D.: Kübler 1987c: Zirkuläre Problemproduktion. Das Fach Medienpädagogik behauptet sich. In: medium 17 (1987), H. 1, S. 51 – 53

H. – D. Kübler 1988: Telematisierung, sprachlicher Wandel und Technisierung des Wissens. In: Weingarten/Fiehler 1988, S. 137 – 158

Th.S. Kuhn 1978: Die Struktur wissenschaftlicher Revolutionen. 3. Aufl. Frankfurt

E. Lämmert u.a. 1968: Germanistik – eine deutsche Wissenschaft. 3. Aufl. Frankfurt

W.R. Langenbucher (Hrsg.) 1986: Publizistik – und Kommunikationswissenschaft. Ein Textbuch zur Einführung in ihre Teildisziplinen. Wien

M. Linz 1983: High Noon. Literaturwissenschaft als Medienwissenschaft. Tübingen

G. Maletzke 1963: Psychologie der Massenkommunikation. Hamburg

G. Maletzke 1987: Aspekte der Medienzukunft: Wertewandel, Nutzungstrends, Veränderungen im Angebot. In: Grewe – Partsch/Groebel 1987, S. 239 – 251

medium 1982: Was soll's? Vergiftet oder arbeitslos? 12. Jg., H. 7

W. Meier/H. Bonfadelli 1987: "Neue Medien" als Problem der Publizistikwissenschaft. In: Rundfunk und Fernsehen 33 (1987), H. 2, S. 169 – 184

K. Merten 1973: Vom Nutzen der Lasswellformel – oder Ideologie in der Kommunikationswissen – schaft. In: Publizistik 18 (1973), S. 143 – 165

B. Mettler – Meibom 1987: Soziale Kosten in der Informationsgesellschaft. Überlegungen zu einer Kommunikationsökologie. Frankfurt

M. Muckenhaupt 1986: Text und Bild. Grundfragen der Beschreibung von Text – Bild – Kommuni – kationen aus sprachwissenschaftlicher Sicht. Tübingen

O. Negt/A. Kluge 1982: Öffentlichkeit und Erfahrung. Zur Organisationsanalyse von bürgerlicher und proletarischer Öffentlichkeit. Frankfurt

W. Nöth 1985: Handbuch der Semiotik. Stuttgart

N. Oellers (Hrsg.) 1988: Germanistik und Deutschunterricht im Zeitalter der Technologie. Vorträge des Deutschen Germanistentages 1987 in Berlin. 4 Bde. Tübingen (im Druck)

J. Paech 1987: Es war einmal: Medienwissenschaft in Osnabrück. In: TheaterZeitSchrift (1987), H. 22, S. 30 – 40

Projektgruppe Programmgeschichte 1986: Zur Programmgeschichte des Weimarer Rundfunks. Materialien zur Rundfunkgeschichte. Bd 2. Frankfurt

D. Prokop (Hrsg.) 1971: Materialien zur Theorie des Films. München

J. Ritsert 1972: Inhaltsanalyse und Ideologiekritik. Frankfurt

H. Röper 1987: Formationen deutscher Medienmultis 1987. In: Media Perspektiven (1987), H. 8, S. 481 – 495

P. v. Rüden (Hrsg.) 1979: Unterhaltungsmedium Fernsehen. München

49

U. Saxer 1977: Literatur in der Medienkonkurrenz. In: Media Perspektiven (1977), H. 12, S. 673 – 685

U. Saxer 1980: Grenzen der Publizistikwissenschaft. In: Publizistik 25 (1980), H. 4, S. 525 – 543

U. Saxer 1981: Thesen zum Verhältnis von Semiotik und Publizistikwissenschaft. In: Bentele 1981, S. 39 – 49

H.I. Schiller 1984: Die Verteilung des Wissens. Information im Zeitalter der großen Konzerne. Frankfurt

S.J. Schmidt 1986: Mediengattungstheorie Fernsehen. In: Sonderforschungsbereich 1986, S. 26 – 52

I. Schneider 1981: Der verwandelte Text. Wege zu einer Theorie der Literaturverfilmung. Tübingen

H. Siegrist 1986: Textsemantik des Spielfilms. Tübingen

H. – G. Soeffner (Hrsg.) 1979: Interpretative Verfahren in den Sozial – und Textwissenschaften. Stuttgart

Sonderforschungsbereich der Universität – Gesamthochschule Siegen (Hrsg.) 1986: Ästhetik, Pragmatik und Geschichte der Bildschirmmedien. Schwerpunkt: Fernsehen in der Bundesrepublik Deutschland. Siegen

W. Steinmüller (Hrsg.) 1988: Verdatet und vernetzt. Sozialökologische Handlungsspielräume in der Informationsgesellschaft. Frankfurt

Stiftung Deutsche Kinemathek (Hrsg.) 1978ff.: Film und Fernsehen in Forschung und Lehre. Berlin

E. Straßner 1986: Sondervotum. In: Deutsche Forschungsgemeinschaft 1986, S. 143 – 146

W. Teichert 1972: 'Fernsehen' als soziales Handeln (I). Zur Situation der Rezeptionsforschung: Ansätze und Kritik. In: Rundfunk und Fernsehen 20 (1972), S. 421 – 439

W. Teichert 1973: 'Fernsehen' als soziales Handeln (II). Entwürfe und Modelle zur dialogischen Kommunikation zwischen Publikum und Massenmedien. In: Rundfunk und Fernsehen 21 (1973), S. 356 – 382

E. Topitsch (Hrsg.) 1970: Logik der Sozialwissenschaften. 6. Aufl. Köln/Berlin

R. Warning (Hrsg.) 1979: Rezeptionsästhetik. Theorie und Praxis. 2. Aufl. München

M. Weber 1911: Zu einer Soziologie des Zeitungswesens. ach: Langenbucher 1986, S. 18 – 24

R. Weingarten/R. Fiehler (Hrsg.) 1988: Technisierte Kommunikation. Opladen

Th.P. Wilson 1973: Theorien der Interaktion und Modelle soziologischer Erklärung. In: Arbeits – gruppe Bielefelder Soziologen 1973, Bd. 1, S. 54 – 79

P. Winkler (Hrsg.) 1981: Methoden der Analyse von Face – to – Face – Situationen. Stuttgart

S. Zielinski 1986: Zur Geschichte des Videorecorders. Berlin

Knut Hickethier

Das "Medium", die "Medien" und die Medienwissenschaft

Werner Faulstich,
der in vielem anderer Meinung ist,
in kritischer Verbundenheit
zugedacht.

1. "Medium" – eine Basiskategorie?

Die Zeiten programmatischer Wissenschaftsdefinition sind vorbei, die Proklamation eines "Paradigmawechsels von der Literaturwissenschaft zur Medienwissenschaft" (Faulstich 1982, 11), wer würde sie heute ernsthaft noch so wagen? Nicht weil Resignation sich breit machte über eine nicht gelungene Umkrempelung einer Wissenschaft, sondern aus Einsicht in die ganz andere Struktur wissenschaftlicher Disziplinbildung, mehr noch, weil der konstituierende Begriff des "Mediums" sich immer deutlicher als eine erst noch zu bestimmende Kategorie erweist – auch wenn alle glauben zu wissen, was damit gemeint ist. Denn zu fragen ist, ob der Begriff des "Mediums", besser: der "Medien", tatsächlich eine Basiskategorie der Medienwissenschaft ist.

Zu einem Sammelband, der sich einer "zukünftigen" Medienwissenschaft widmet, gehört die rhetorische Geste, mit Verve alles bisher Erreichte für mangelhaft zu erklären, gar falsch im Ansatz oder in den treibenden Interessen. Denn nur so kann man sich offenbar als wissenschaftliche Avantgarde eines ja doch erst entstehenden Faches verstehen, kann mit einem eloquent vorgetragenen Verriß glänzen. Wegen ihrer Folgenlosigkeit ermüden solche Rundumschläge jedoch auf Dauer. Entwürfe, ja Utopien sind notwendig, müssen aber in ihren Perspektiven auch selbst eine eigene "Folgenabschätzung" mitbedacht haben über das, was sie erreichen wollen. Sie müssen zudem anknüpfen an dem, was als "Stand der Wissenschaft" bisher erreicht ist, soll es eine Chance geben, daß der vorgeschlagene Weg auch wirklich beschritten wird.

Die geringe Institutionalisierung der Medienwissenschaft hat dazu geführt, daß sich bisher kaum "Schulen" im Sinne unterschiedlicher Paradigmen herausgebildet haben, wie dies Lutz Hachmeister auf eindrucksvolle Weise am Beispiel der Entwicklung der Geschichte der Publizistikwissenschaft demonstriert hat (Hachmeister 1987, Baum/Hachmeister 1982). Daß dies in der Medienwissenschaft in vergleichbarer Weise bisher nicht geschehen ist, ja eine wissenschaftstheoretische Diskussion bislang nur in Rudimenten erkennbar ist, kann jedoch nicht dazu führen, daß nun ins Beliebige hinein "Entwürfe" konstruiert werden. Die Vielfalt der einzelnen, meist individuellen medienwissenschaftlichen Anfänge drängt im

51

Gegenteil nach einer Konsolidierung eines Faches, das sich seiner Umrisse, sei — ner Gegenstände und Methoden noch nicht sicher ist. Dennoch gibt es auch eine nun schon bald zwanzigjährige Entwicklung dessen, was sich Medienwissenschaft nennt oder sich doch dazu zählt. Und jeder Neuentwurf von Medienwissenschaft muß deshalb immer auf dieser faktischen Wissenschaftsgeschichte sich gründen und ist, auch dort, wo er diese zu negieren versucht, auf sie angewiesen (vgl. auch Oeser 1976, 23).

Die einfachste Form, den Medienbegriff als Basiskategorie der Medienwissen — schaft zu behaupten, wäre es, den Satz von Marshall McLuhan: "the medium is the message" zur unumstößlichen Grundlage der Medienwissenschaft zu erklären (McLuhan 1970). Seine Popularität hat er jedoch gerade dadurch gewonnen, daß er nichts erklärt, aber jeder zu wissen glaubt, was damit gemeint ist. Als Be — gründung einer Wissenschaft ist er unbrauchbar, es sei denn, Medienwissenschaft wolle sich als Temperaturkunde von "heißen" und "kalten" Medien verstehen.

Der Medienbegriff, den die Massenkommunikationstheorien amerikanischen Ursprungs zur Verfügung stellen, ist trotz aller Unterschiede im Detail ein technisch geprägter. Die Praxis der Medienwissenschaft hat demgegenüber in der Folge der Bemühungen um eine kritische Medientheorie zu Beginn der siebziger Jahre einen sehr viel umfassenderen, mehrdimensionalen benutzt, der auch Gestaltungsprozesse, ästhetische Konzeptionen, Darstellungs — und Prä — sentationsweisen, der die Seite der Angebotsproduktion und die der Rezeption mit umfaßt sowie die Institutionen, in denen die Medien gesellschaftlich organi — siert sind. Dieser Widerspruch zwischen einem theoretisch engen und einen in der Wissenschaftspraxis entstandenen weiten Medienbegriff bestimmt nicht nur die hier gestellte Frage nach den Kategorien, sondern auch das Verständnis von Medienwissenschaft insgesamt.

2. Medien — nur technische Verbreitungsmittel?

In einem Stichwortartikel "Medium" hat Friedrich Knilli Begriffsbestimmungen zusammengetragen (Knilli 1979, vgl. auch Knilli 1974, S.18ff.). Ausgehend von publizistikwissenschaftlichen Definitionsversuchen (Pross 1972) und informa — tionstheoretischen Bestimmungen (Meyer — Eppler 1959) zieht er den Bogen zu kommunikationssoziologischen Ansätzen (Dröge 1972, Holzer 1971 und 1973). Einen zentralen Platz nimmt Gerhard Maletzkes Begriff der Massenkom — munikation ein, den dieser Mitte der sechziger Jahre in seinem Buch "Psycholo — gie der Massenkommunikation" mit einer weit ausstrahlenden Wirkung im Wissenschaftsbereich entwickelt hat und der den damaligen Stand der amerikanischen Massenkommunikationsforschung wiedergibt (Maletzke 1963). In — nerhalb der Definition des Begriffs "Massenkommunikation" ist dort auch der Begriff "Medien" verankert:

"Unter Massenkommunikation verstehen wir jene Form der Kommunikation, bei der Aussagen öffentlich (also ohne begrenzte und personell definierte Empfängerschaft), durch technische Verbreitungsmittel (Medien), indirekt (also bei räumlicher oder zeitlicher oder raumzeitlicher Distanz den Kommunikationspartnern) und einseitig (also ohne Rollenwechsel zwischen Aussagenden und Aufnehmenden) an ein disperses Publikum (...) gegeben werden" (Maletzke 1963, 32).

Medien werden also als technische Verbreitungsmittel verstanden, ganz im Sinne der Lasswell — Formel, wobei der englische Begriff "channel" hier mit "Medium" übersetzt und gleichgesetzt wird. Der Medienbegriff ist eingebunden in den Definitionskontext "Massenkommunikation" (vgl. dazu auch die Darstellung von Definitionen und Massenkommunikationsmodellen der amerikanischen Forschung bei Silbermann/Krüger, 1973, auch "Massenkommunikationsmittel" bei Koszyk/Pruyß 1981).

Aus dem massenkommunikationstheoretisch definierten Medienbegriff fallen zugleich eine Reihe von 'Medien' heraus, die den gesetzten Bedingungen nicht genügen, etwa wenn vom "Medium Sprache" oder vom "Medium Literatur" die Rede ist. Auch das Theater und eine Reihe anderer Veranstaltungsmedien wären nur bedingt welche, weil ihnen letztlich die Technizität der Vermittlung bestritten werden kann.

Umgekehrt hat es nun zahlreiche Definitionsbemühungen gegeben, den Begriff des "Mediums" für den einen oder anderen Gegenstandsbereich zu retten, weil dieser für eine spezielle Disziplin einerseits traditionsgemäß von Bedeutung war und andererseits der Medienbegriff forschungspolitisch nützlich erschien. (Am ausgeprägtesten ist dies in der Etablierung eines pädagogischen Medienbegriffs zu erkennen.) Oder auch weil die kulturelle Praxis der Fixierung einer grundsätzlichen Differenz zwischen ihnen und den Massenmedien widersprach (etwa zwischen Film, Fernsehen, Radio und Theater).

Für alle derartigen Ansätze hat Knilli grundsätzlich darauf verwiesen, daß jegliche Form einer Kommunikation eines Mittlers, eines 'Mediums' bedürfe, und seien es nur die durch das Sprechen in Schwingungen versetzte Luft und die Sprechwerkzeuge beim Sprechenden sowie zum Emfang das Ohr beim Hörenden und die jeweilig entsprechenden Hirnpartien zur Verarbeitung und Entschlüsselung der empfangenen Signale (Knilli 1979, 235). Da die sich daraus ergebenden Medienketten bei Rundfunk und Fernsehen beispielsweise recht kompliziert geworden sind und entsprechenden Umfang einnehmen, hat Knilli deshalb, darin Meyer–Eppler folgend, zwischen "Ortsmedien" (linienhaft, flächenhaft und räumlich gespeicht) und "Zeitmedien" (mit Zeitkoordinate und unterschiedlicher Anzahl von Ortskoordinaten) unterschieden.

Letztlich geht es auch Knilli um die Bestimmung des 'Mediums' als einem Informationsträger bzw. –vermittler, der die verschiedensten Informationen von einem 'Erzeuger' zu einem 'Empfänger' transportiert. Doch diese technische Informationsumwandlung hat die Medienwissenschaft als solche nie interessiert, Kommunikations– und Medientechnologie ist den meisten Medienwissenschaftlern – schon von ihrer wissenschaftlichen Herkunft her – kein Thema. Die Speicherung von Literatur in einem binären oder anderen Code, die Transformation von Musik in Spannungsschwankungen oder Wellenlinien auf der Schallplatte, ist ihnen gleichgültig: die technische Vermitteltheit interessiert nur dort, wo sie Auswirkungen auch auf die ästhetische Struktur des Vermittelten, auf die ästhetische Bedeutungsproduktion und die Wahrnehmung hat.

Damit eröffnet sich ein Dilemma: Der Medienbegriff als ein bloß technisch sich verstehender, wie er innerhalb des Begriffssystems der Massenkommunikationsforschung verwendet wird, reicht nicht aus, weil er wesentliche Dimensionen des Gegenstandsbereiches nicht erfaßt, die aber den eigentlichen Kern medienwissenschaftlicher Arbeit ausmachen. Unbefriedigend bleibt, diesen Mangel in der Gegenstandsbestimmung einfach durch Addition von Mediengeschichte (als gesellschaftlicher Dimension) und Medienpädagogik (quasi als Praxisersatz) ausgleichen zu wollen (vgl. Knilli 1979).

In Abwehr des technisch verstandenen Medienbegriffs setzt Ende der sechziger Jahre eine Definitionsentwicklung ein, die die Medien gesellschaftlich bestimmt und den bloß technischen soweit negiert, daß er

- mit dem Begriff der Manipulation austauschbar wird (Enzensberger 1970),
- durch den des Apparats ersetzt wird (das Medium als "der vorfindliche Typus von Apparat als Inbegriff technischer Verfahrensweisen") (Knödler – Bunte 1971, 388),
- im Begriff der besonderen Form der Öffentlichkeitsherstellung und der Erfahrungsvermittung aufgeht (Negt/Kluge 1972) bzw.
- sich ganz im Begriff der Produktion (als "Produktion von spezifischer Ideologie und spezifischen Verkehrsverhältnissen") auflöst (Dröge 1974, 78).

Spätestens Mitte der siebziger Jahre ist nach der Diskussion der "kritischen Me – dientheorien" der Medienbegriff ein anderer (vgl. Baacke 1974). Er ist ein gesellschaftlich bestimmter, wenn auch zugleich ein in der öffentlichen Diskussion umstrittener:

"Die Medien sind unauflöslich eingebettet in den gesellschaftlichen Gesamt – zusammenhang von Produktion und Reproduktion. Als Gegenstand der Erkenntnis erscheinen die Medien jeweils in ihrer bestimmten Form, sie sind also gleichsam der Erkenntnis vorausgesetzt in ihrer konkreten Erscheinung. Auf der anderen Seite aber ist die konkrete Erscheinung des Mediums nur ein Moment in seiner eigenen Geschichte wie in der Gesellschaft. Weder läßt sich die konkrete Erscheinung des Mediums als sein Wesen supponieren, noch springt es heraus aus der historischen Fixierung seiner Genese" (Knöd – ler – Bunte 1971, 378).

Mit der Ausweitung des Medienbegriffs zu einem gesellschaftlichen Begriff ver – schob sich das Gegenstandsfeld von der Beschäftigung mit den "Medien" zu einer Beschäftigung mit der gesellschaftlichen Kommunikation im ganzen und damit zur Beschäftigung mit der Gesellschaft insgesamt. Medientheorie und Medienge – schichte drohten sich damit in allgemeine Gesellschaftstheorien aufzulösen und das Spezifische ihrer Möglichkeiten aus dem Blick zu verlieren. Diese Gefahr der Verallgemeinerung und damit der Unschärfe läßt sich an der Verwendung des Kommunikationsbegriffs exemplarisch aufzeigen.

An der gesellschaftlichen Einbettung der Medien hält auch Medienwissenschaft fest. Während die Publizistikwissenschaft darunter heute vor allem wieder die Institutionalisierungen der Medien meint ("Medien sind komplexe institutionali – sierte Systeme um organisierte Kommunikationskanäle von spezifischen Lei – stungsvermögen" (Saxer 1980, 532)), geht es Medienwissenschaft vor allem um die gesellschaftliche Bedingtheit der konkreten Vermittlungsformen und – weisen selbst, so wie es sich schon in der Formulierung von Knödler – Bunte andeutet. Innerhalb des gesellschaftlich formulierten Feldes massenmedial bedingter Kom – munikation macht sie nicht die Gesellschaft als Ganzes, sondern die Besonder – heiten dieser Kommunikation am Gegenstand der dabei benutzten medialen Produkte zu ihrem Gegenstand.

3. Ein Mediensystem – als System der Medien?

Dem Dilemma der Enge des bloß technisch verstandenen Begriffs einerseits und der Notwendigkeit andererseits, Medien weitläufig als gesellschaftliche Phänomene aus einer Gesellschaftstheorie heraus ableiten zu müssen, wollen seit einiger Zeit

Ansätze entgehen, die die Medien als "Systeme" beschreiben, bzw. als Teile eines Systems, das zugleich als Gegenstand der Medienwissenschaft behauptet wird. Dabei wird ein solcher Systembegriff weniger als Theoriekonzept innerhalb der medienwissenschaftlicher Diskussion vorgestellt, sondern als Ordnungsrezept für die Wissenschaft.

Als Beginn systematischer Medienforschung wird das Mediensystem gesetzt. Die Vorstellung von Wissenschaftsbildung ist hier, daß aus einer gesetzten oder deduzierten Systematik heraus abgrenzbare Systemfelder entstehen, die dann sukzessiv durch Einzelbeiträge erforscht und ausgefüllt werden, und sich auf diese Weise konstruktivistisch nach und nach ein Gesamtsystem ergibt, das wissen – schaftlich den Gegenstand abbildet. Zwölf Medien als "Subsysteme" des Systems Literaturbetrieb listet beispielsweise in alphabetischer Reihenfolge Werner Faul – stich auf: Buch, Computer, Fernsehen (Kabel –, Satellitenfernsehen), Film, Heft – chen, Hörfunk, Plakat (graphische Literaturmedien), Schallplatte, Theater, Video, Zeitschrift, Zeitung. Dabei soll hier gar nicht der Zusammenhang zwischen den Medien, der Literatur und dem Literaturbetrieb diskutiert werden – etwa ob die These: "Das Medium (Kino –)Film beispielsweise ist heutzutage primär und überwiegend ein Literaturmedium" (Faulstich 1986/87, S. 128), zutrifft oder in der Verkürzung falsch ist – wichtiger ist hier die angedeutete Systembildung der Medien.

Schon auf den ersten Blick ist die unterschiedliche Wertigkeit der Medien innerhalb dieses Systems zu erkennen. Doch die Problematik beginnt sehr viel früher mit der Abgrenzung der einzelnen Medien innerhalb dieses Systems, also damit, ob es überhaupt unterschiedliche Medien sind, die hier benannt werden. Läßt sich z.B. ein Segment "Video" bilden, oder stellt es als Speichermedium eine Einheit mit dem (in der Systematik nicht existenten) Segment "Bildplatte" dar, ist "Video" als Speichertechnik von seiner Geschichte her nicht andererseits ein Teil des "Fernsehens", das wie andere Teilformen dieses Mediums zu einem bestimmten, ökonomisch und kulturell definierten Zeitpunkt eine besondere Ausformung erfahren hat? Und ist die "Bildplatte" nicht wiederum ein Subsystem der "Schallplatte"? Ist "Video" als Markt von Kassetten ein dem Kinomarkt ver – gleichbarer, und wo bleiben die Audiokassetten, sind diese wiederum dem Seg – ment "Schallplatte" zuzuordnen? Ist die Technik das Unterscheidungskriterium oder die ökonomische Struktur? Oder die Reichweite und der Verbreitungsgrad? Müßte es dementsprechend auch eine Btx – Forschung, eine Medienwissenschaft der Holographie oder ein Institut für Telefax geben? Oder scheiden diesen "Medien" schon aus, weil sie keine "Literaturmedien" (Faulstich) sind?

Schon die Systematisierung der Medien allein nach technischen Gesichtspunkten erweist sich also als problematisch, wobei weitere Kriterien, z.B. gesellschaftliche oder ästhetische, noch gar nicht angelegt sind.

Der Vorschlag bei der Neugründung eines Fachbereichs Kommunikationswissen – schaften an der FU Berlin Ende der siebziger Jahre beispielsweise, aus den Instituten für Publizistikwissenschaft und für Theaterwissenschaft eine Reihe kleiner Institute, sortiert nach den Medien (Fernsehen, Film, Radio, Zeitung und Zeitschrift usf.), neu zuzuschneiden, scheiterte nicht nur an der Existenz gewachsener Wissenschaftsstrukturen, sondern vor allem auch an der Schwierig – keit der Abgrenzung der wissenschaftlichen Gegenstände, die im weiteren Verlauf der Medienentwicklung sich als immer problematischer erweist. Denn das, was wir als Medien bezeichnen, ist durch eine Vielzahl von unterschiedlichen Fakto – ren bestimmt, grenzt sich nach unterschiedlichen Kategorien voneinander ab und verändert sich im historischen Verlauf zum Teil grundlegend. Überlagerung und

wechselseitige Durchdringung, Vermischung der Gestaltungsformen und Vermitt –
lungsweisen prägen zunehmend die Entwicklung der Medien. Die Bildung eines
Systems mit überschneidungsfrei sich voneinander abgrenzenden Subsystemen, das
ein konsensfähiges Ordnungsgefüge für die Wissenschaft stiftet und das zugleich
Forschungsimpulse gibt, erscheint deshalb nicht möglich (vgl. auch Kübler 1987).

Eine Systematik der Medien der Gegenstandskonstitution einer Wissenschaft
zugrundelegen zu wollen, widerspricht zudem dem Prinzip einer dynamischen
Wissenschaftskonzeption (vgl. Oeser 1976), weil sie zwangsläufig zur Festschrei –
bung eines Gegenstandskanons führt, der dann aufgrund eines vorher festgelegten
Systems nur noch auszufüllen ist. Die historisch begrenzte Wirksamkeit des
Versuchs Walter Hagemanns, die Fundierung der Publizistikwissenschaft durch die
Konstruktion einer Systematik zu leisten, steht als wissenschaftsgeschichtliche
Erfahrung gegen alle Versuche, auch Medienwissenschaft durch ein System der
Medien begründen zu wollen. Einer solchen Fixierung stünden auch die rapiden
Veränderungen, denen die Medien selbst unterworfen sind, ebenso wie der
Wandel der Erkenntnisinteressen in den Wissenschaften selbst entgegen.

4. Paradigmenwechsel – Methodenwechsel?

Die Forderung nach einer Veränderung der Literaturwissenschaft zur
Medienwissenschaft (von den anderen Wissenschaften, die sich mit den Medien
beschäftigen, ist nicht die Rede, weil sie offenbar widerrechtlich die Medien
"usurpiert" haben – so Faulstich in diesem Band) ist kein Paradimenwechsel,
sondern meint einen Wechsel der Wissenschaften selbst. Denn der allseits
beliebte Gebrauch des Paradigma – Begriffs in den Geistes – und Sozialwis –
senschaften verdeckt, daß er seinen Ursprung in einem ganz anders organisierten
Wissenschaftsgebiet (nämlich den Naturwissenschaften) mit einer ganz anderen
Materialität seiner Gegenstände hat. Seine Übertragbarkeit ist deshalb begrenzt.
Gerade daß die Paradigmen von einzelnen so verschieden formuliert werden,
zeigt, daß es sich nicht wirklich um die von Kuhn als Wissenschaftsepochen
konstituierenden Phänomene handelt, sondern um Gegenstands – und Metho –
denbestimmungen.

Der geforderte Paradimenwechsel von der Literaturwissenschaft zur Medienwis –
senschaft meint deshalb die Ersetzung der einen Wissenschaft durch die andere.
Medienwissenschaft aber entsteht nicht dadurch, daß sie anderen Wissenschaften
die Berechtigung ihrer Gegenstände und ihrer Verfahrensweisen bestreitet. For –
sches Formulieren hat hier völlig überflüssigerweise in den als traditionell und
überalterte gescholtenen Wissenschaften viele Ängste entstehen lassen. Merkwür –
digerweise wird aber die Debatte um die Wissenschaftszuständigkeiten nur in
Richtung Literatur – und Theaterwissenschaft, nicht aber in Richtung Publizi –
stikwissenschaft geführt, obwohl doch wegen des gemeinsamen Objektfeldes
Massenmedien mit ihr eine sehr viel genauere Auseinandersetzung nötig ist. Oder
meint der geforderte Paradigmenwechsel gar einen von der Literatur – zur Pu –
blizistikwissenschaft?

Daß erst im Wechsel hin zur Medienwissenschaft, die "Literatur'wissenschaft'" sich
zu einer "wirklichen Wissenschaft (verändert)" (Faulstich 1987, 63) (man denke
sich dies wieder analog für die anderen sich mit den Medien beschäftigenden
Wissenschaften) – diese These wird erst verständlich, wenn man weiß, daß
damit eine sich auf der Basis empirischer Methoden begründende
Medienwissenschaft gemeint ist. Aber warum ist der Gegenstandswechsel von der

Literatur zu den Medien zugleich zwingend ein Methodenwechsel von den hermeneutisch – interpretativen zu quantitativen?

Medienwissenschaft bedient sich auch empirischer Methoden, das ist ganz unstreitig. Aber sie bedient sich ihrer nicht ausschließlich, denn als eine Wissenschaft, die sich vorrangig mit den Medienprodukten und ihrer Ästhetik auseinandersetzt, bedient sie sich auch interpretativer Verfahren. Ästhetische Er – fahrung ist nicht allein mit einem sozialwissenschaftlichen Methodenrepertoire zu erfassen, das hat eine Vielzahl von Produktanalysen gezeigt, die sich empirisch – sozialwissenschaftlicher Methoden bedienten. Dennoch ist umgekehrt für spezifi – sche Fragestellungen die empirische Überprüfung notwendig, ja unumgänglich. Insbesondere in der analytischen Durchdringung größerer Materialeinheiten haben sich empirische Methoden bewährt. Die Verbindung von quantitativen und qualitativen Verfahren ist deshalb anzustreben, die verschiedenen Methoden sind in ihrer unterschiedlichen Brauchbarkeit auszuloten. Medienwissenschaft als eine empirische und interpretative Wissenschaft kann nicht vorschnell auf einzelne Methoden verzichten.

Medienwissenschaft als eine der Gesellschafts – und Kulturwissenschaften bestimmt ihre Gegenstände und Methoden aus der kulturellen und im weitesten Sinne kulturpolitisch geführten Diskussion der Gesellschaft heraus (selbst dort, wo sie sich bewußt gegen diese stellt oder sie zu negieren versucht), sie entsteht aus den sich historisch verändernden Konstellationen, in gesellschaftlicher Rede und Gegenrede, und sie entsteht vor allem aus der Praxis medienwissenschaftli – cher Arbeit selbst. Von diesen Bedingungen kann sie sich nur unter Zerstörung ihres Gegenstandes und unter Preisgabe der Wirkungsmöglichkeit in die Gesell – schaft hinein lösen.

Daß sich für einzelne Medien – Segmente die medienwissenschaftliche Forschung in ihren Zielen und Methoden verständigen muß, daß diese sich damit auch um einzelne Medien herum zentriert und sich infolgedessen beispielsweise eine Film – und Fernsehforschung, eine Radioforschung oder eine Presseforschung, richtiger: unterschiedliche Richtungen und Ansätze in diesen Forschungen, her – ausgebildet haben, ist einleuchtend. Dies entspricht auch dem wissenschaftstheo – retisch bereits erforschten Prozeß der Bildung wissenschaftlicher Spezialgebiete, wie er von Whitley und Edge/Mulkay beschrieben wird, wie auch der all – gemeinen wissenschaftlichen Disziplinbildung und – entwicklung (vgl. Merton 1985, auch Spiegel – Rösing 1973). Diese auf einzelne Medien sich ausrichtenden Forschungszweige lassen sich jedoch nicht von vornherein in eine Systematik bringen, die sich auf einer systematischen Entfaltung des Medienbegriffs be – gründet und sich auf eine empirische Ausrichtung festlegt. Die wachsende Gegenstandsbreite wird dazu führen, daß sich innerhalb der Medienwissenschaft Teildisziplinen verselbständigen, insbesondere bei der Beschäftigung mit dem Kino und dem Fernsehen sind dazu bereits Ansätze zu erkennen (vgl. Bestands – aufnahme 1987).

5. Medien oder Kommunikation – Ordnungsbegriffe für Wissenschaftsentwicklungen?

Die Durchsetzung des Medienbegriffs innerhalb der Gesellschaft Ende der sech – ziger, Anfang der siebziger Jahre steht im engen Zusammenhang damit, daß sich das Fernsehen als Instanz von Öffentlichkeit immer deutlicher ins gesellschaftli – che Bewußtsein schob: mit der wachsenden Verbreitungsdichte in den sechziger Jahren (1960: 4,6 Mio. angemeldete Geräte; 1970: 16,6 Mio. Geräte) ging die Vervielfachung der Programme in Umfang und Zahl und vor allem eine Zu –

nahme der gesellschaftlichen Konflikte um das Fernsehen einher. War das Medium Hörfunk in den fünfziger Jahren noch relativ leicht in das überkommene System von Öffentlichkeitsformen integriert worden und hatte das Kino sich durch seinen Niedergang selbst aus der Rolle eines dominierenden Mediums herausgenommen, so schien die Ausbreitung des Fernsehens eine grundsätzliche strukturelle Veränderung der Öffentlichkeit, ja der Kultur insgesamt zu bedeuten. Dieter Prokop hat diesen qualitativen Sprung in der Mediennutzung für die USA beginnend mit den dreißiger Jahren ausgemacht (Intensivierung durch Medienverbund statt Medienkonkurrenz), und analog läßt sich dies für die sechziger Jahre in der Bundesrepublik feststellen (Prokop 1979, 17ff.).

Der Streit um Funktion und Wirkungsweise der 'Medien' (und damit war vor allem das Fernsehen gemeint) strich die 'gesellschaftliche Relevanz' der Medien heraus und forderte die Wissenschaften auf, sich damit auseinanderzusetzen. In den Sozialwissenschaften, aber dann auch in den Geisteswissenschaften, die seit Mitte der sechziger Jahre in eine Krise ihres Selbstverständnisses geraten waren, schien deshalb jüngeren Wissenschaftlern die Auseinandersetzung mit diesem gesellschaftlich als wichtig ausgewiesenen Gegenstand als ein Weg zur Neuformulierung verschiedener Disziplinen. 'Medien' meint also aus dieser Situation heraus zunächst einmal und vor allem Fernsehen, und in der weiteren Entwicklung der Medienforschung dann Kinofilm, weil relativ rasch erkannt wurde, daß zahlreiche Aspekte des Fernsehens nicht analysierbar waren ohne den Rekurs auf das Kino und seine Gestaltungsformen und – mittel. Ebenso ging bei der Thematisierung der konstitutionellen Aspekte des Fernsehens der Weg der Medienforschung zwangsläufig hin zum Rundfunk.

Innerhalb der Wissenschaften stand zu Beginn der Auseinandersetzung mit den Medien auch nicht der Versuch der Etablierung einer neuen Wissenschaft, sondern die Reorganisation und Veränderung bereits vorhandener Wissenschaften. Vor allem in der Literaturwissenschaft, aber auch in kleineren Fächern wie der Theaterwissenschaft spielte dies eine Rolle. Darin ist eine Flexibilität der Wissenschaften zu erkennen, sich auf veränderte Realitäten einzulassen, eine Flexibilität, die – wissenschaftsgeschichtlich gesehen – der allgemeinen Neuorientierungsphase innerhalb der Wissenschaften zu Beginn der siebziger Jahre entspricht, wie sie Jutta Gerjets für die Bundesrepublik beschrieben hat (Gerjets 1982, 89f.).

Auffällig ist jedoch, daß gerade im Bereich der Medienforschung diese Entwicklung ohne eine staatliche Forschungspolitik lanciert wird (wie sie Gerjets für andere Disziplinen beschreibt), sondern aus Bewegungen innerhalb der Geisteswissenschaften selbst entsteht. (Die verstärkten Forderungen nach der Empirisierung der Medienwissenschaft, wie sie heute verstärkt erhoben wird, wo die 'Wachstumsbranche Medien' auf quantifizierbares Optimierungswissen angewiesen ist, scheint die aus kritischen Impulsen heraus entstandenen medienwissenschaftlichen Ansätze wieder verdrängen zu wollen.)

In dem wissenschaftsgeschichtlich sehr vielfältigen Geflecht von Impulsen, Ansätzen und Konzeptionen lassen sich, grob vereinfacht, zwei große Richtungen ausmachen, die sich aus der veränderten Medienlandschaft ergaben. Dabei ist hier vor allem der Blick auf die universitäre Medienforschung gerichtet und vernachlässigt die von den Massenmedien (insbesondere von Radio und Fernsehen) initiierte Medienauftragsforschung mit ihrem fast durchweg demoskopischen Untersuchungsverfahren.

"Medium"

Die soziologisch orientierte Beschäftigung mit den Massenmedien setzte mit der von Gerhard Maletzke initiierten Rezeption amerikanischer Massen – kommunikationsforschung Mitte der sechziger Jahre ein (Maletzke 1963) und fand in der Soziologie selbst (Zoll/Hennig 1970, Zoll 1971, Holzer 1969 und 1971) und dann in der Publizistikwissenschaft statt, die sich von der eher geisteswissenschaftlich orientierten Zeitungswissenschaft zu einer sozialwissen – schaftlich sich begründenden Kommunikationswissenschaft entwickelte (vgl. Maletzke 1967, auch 1980). Neben dem Methodenwandel (Durchsetzung empi – risch – sozialwissenschaftlicher Methoden) konzentrierte sich hier das Gegenstandsverständnis auf die durch die Massenmedien beschriebene Komm – unikation, wobei die dabei benutzten Medien entweder als Institution oder als Transmissionsriemen zwischen den Kommunikationspartnern verstanden wurden und Inhalte, Formen etc. mehr und mehr vernachlässigt bzw. auf die Ebene statistischer Repräsentanzen reduziert wurden. Nicht zufällig stehen deshalb hier kommunikationssoziologische Ansätze im Vordergrund.

Die geisteswissenschaftlich – philologische Beschäftigung mit den Massenmedien hat ihren Ausgangspunkt in den Literaturwissen – schaften bzw. in der Theater –, Kunst – und Musikwissenschaft und nähert sich den Medien über einzelne Medienprodukte, die zunächst einer dann mehr und mehr sich methodisch er – weiternden Werkanalyse unterzogen werden. Am Werk wurde exemplarisch das Medienspezifische herausgearbeitet, also das, was die Fernseh – erienfolge von der Zeitungsromanfolge oder vom Heftchenroman, was Fernsehspiel und Hörspiel vom literarischen Kunstwerk Roman oder Drama unterschied. Auch hier wurde zunächst vom Begriff der Massenkommunikation ausgegangen, aber es wurden nicht die Kommunikationspartner, sondern stattdessen das Medienprodukt und damit das Medium selbst in den Blick gerückt. Man beschäftigte sich kritisch mit einzelnen Produkten, versuchte dann auch immer stärker, unter Rückgriff auf ältere medienvergleichende Arbeiten der Literatur –, Theater – und Publizistikwissenschaft, herauszuarbeiten, was Fernsehen und Film von den älteren Medien Buch und Theater unterschied (seltener was diese miteinander verband).

Zur gleichen Zeit, Anfang der siebziger Jahre, entdeckte man, daß die literari – sche Produktion längst schon eine für verschiedene Medien war und der Schriftsteller sich zum "multimedialen Wortproduzenten" (Fohrbeck/Wiesand 1972) verwandelt hatte, daß Schauspieler ebenso multimedial arbeiteten und nicht anders auch Regisseure und Komponisten. Schien die Gegenstanserweiterung der Literatur – und Kunstwissenschaften deshalb zwangsläufig, so lag das Schwerge – wicht hier auf der Erkundung dessen, was diese literarische Produktion für Film, Funk und Fernsehen in ihren Ergebnissen unterschied von der für den Buch – und Pressemarkt, wobei man die Produktion für die Druckmedien selbst in der Regel nicht unter medienanalytischem Aspekt sah. Der Medienbegriff blieb vor – rangig auf die audiovisuellen Medien konzentriert. Die Kennzeichnung dieser Zugangsweisen als Medienwissenschaft hat darin ihren Ausgangspunkt.

Dabei wird 'Medienwissenschaft' zunächst als Bezeichnung eines Defizits gebraucht ("Es gibt noch keine Medienwissenschaft"), und selbst als dann seit den achtziger Jahren sich eine Medienwissenschaft an den Universitäten verstärkt zu institutionalisieren beginnt, geschieht dies in den tradierten Disziplinen, also als Medienwissenschaft innerhalb der Literaturwisschaft oder als Teil der Theater – wissenschaft. Eigenständige Studiengänge und Institute bleiben eine Rarität, wer – den sogar, wie z.B. in Osnabrück, wieder abgebaut.

Natürlich ging und geht es bei der literatur – und kunstwissenschaftlichen Me – dienforschung immer auch um 'Kommunikation', so wie es bei der

Auseinandersetzung mit dem Roman, dem Drama, dem Gedicht oder mit der Aufführung in der Theaterwissenschaft immer auch um Kommunikation zwischen Autor und Leser, zwischen Autor, Regisseur, Schauspieler und Zuschauer handelt. Weil dies selbstverständlich schien, diente für den neuen Gegenstandsbereich nicht der Begriff der 'Kommunikation' als Kennzeichnung, sondern der des Me‐diums, selbst wenn bei einem umfassenden Verständnis des Medienbegriffs dieser immer schon auch für das Buch und das Theater zu gelten gehabt hätte.

Die literatur‐ und kunstwissenschaftliche Verwendung des Begriffs 'Medien' meinte und meint nun aber nicht das bloß technisch verstandene "Verbreitungs‐mittel", wie Maletzke den Medienbegriff definiert hatte. Vielmehr schließt der Begriff auch die Gestaltung von Stoffen und Inhalten sowie die Ästhetik im weitesten Sinne mit ein. Das literatur‐ und theaterwissenschaftliche Interesse am Medium Fernsehen ist zunächst in den Produkten, in den hier vorzufindenden Erzähl‐ und Darstellungsweisen, in der Verwendung von Kamera und Montage als die Erzählung und Darstellung gestaltende und strukturierende Mittel be‐gründet und darin, wie durch die besondere Form der Übermittlung die ästheti‐sche Wahrnehmung des Werks in ganz neuer Weise geprägt wird. Es interes‐sierte ja nicht das Technische der Verbreitungsmittels an sich (wer hat sich schon um Zeilenzahl des Bildschirms und um Frequenzmodulationen bei der Übertragung gekümmert?), sondern die ästhetischen Aspekte in den Massenme‐dien standen im Vordergrund: z.B. die Veränderung des Erzählens durch die kameraästhetischen Möglichkeiten, die Veränderung des Schauspielens in den Medien, die anderen Bedeutungen der Musik in den Medien.

6. Die Auseinandersetzung mit den Kunstformen

Die Konzentration auf künstlerische Formen des Fernsehens, des Films und des Hörfunks war und ist deshalb nicht Ausdruck beklagenswerter Borniertheit 'traditioneller' Wissenschaftler, sondern hatte ihre Ursache darin, daß man in der Literatur‐ und Theaterwissenschaft immer schon sich auf die künstlerische Gestaltung, ja auf die Kunst selbst konzentrierte. Diese Disziplinen waren und sind letztlich Kunstwissenschaften. Dies bedeutet nicht eine Beschränkung allein auf das künstlerische Werk, oder gar auf "das Ästhetische", sondern schließt seit der Methodendiskussionen der sechziger und siebziger Jahre als kommunikativen Aspekte, ihre gesellschaftlichen Bedingungen, und auch die Einbeziehung explizit nichtkünstlerischer Produkte mit ein. Auch wenn die Etablierung der Medienforschung innerhalb der Literaturwissenschaft vorrangig über die Massen‐literaturforschung und ihre Ausweitung erfolgte, so war die Hinwendung zu den Medien vor allem eine zu den Kunstformen in den Medien. Die Kritik an den Serien, mit der sich die literatur‐ und theaterwissenschaftliche Medienforschung Anfang der siebziger Jahre ihren ersten Gegenstandsbereich absteckte, hatte beispielsweise ihre Basis letztlich in der Kritik an der mangelnden Kunsthaftigkeit der Serien. Der ideologische Charakter der Serien, die vermutete Manipulation des Publikums durch sie wurde in enger Verbindung mit der ästhetischen Nor‐mierung und mit der fehlenden Originalität in den Gestaltungsweisen gesehen (vgl. Knilli 1971, Schanze 1972).

Aus diesem Ansatz heraus entstand auch die enge Verbindung der literatur‐ und theaterwissenschaftlichen Medienforschung mit der Medienkritik, daraus resultierte ihre gesellschaftliche Wirksamkeit zu dieser Zeit (vgl. z.B. die in die Medienproduktionspraxis hineinreichenden Beiträge von Thomas Koebner und Friedrich Knilli in jenen Jahren). Auch wenn am prinzipiellen Unterschied zwi‐schen Kritik und Wissenschaft festzuhalten ist, hat es auch seitdem immer wieder

enge Berührungen zwischen der Medienwissenschaft und der Medienkritik gege –
ben, haben beide von einander, wenn auch häufig unreflektiert, profitiert. Die
Bemühungen um die Veränderung der Serienproduktion Mitte der siebziger Jahre
(Serienwerkstatt in Tonbach 1973, veränderte Serienproduktion beim ZDF) stehen
dafür als Beispiel (vgl. auch Hickethier 1988). Die Wirksamkeit medienwissen –
schaftlicher Kritik hatte ihre Basis damals nicht in empirisch – sozialwissen –
schaftlich erhobenen Befunden, sondern resultierte aus interpretativen Ansätzen.

Das kann man verdammen, wenn man die Einschaltquote und die Nutzungsdauer
als alleiniges Kritierium der gesellschaftlichen Relevanz eines Produktes setzt und
die wissenschaftliche Gegenstandswahl von Nutzungshäufigkeiten abhängig machen
will. Wenn etwa daraus eine Gegenstandshierarchie entsteht, die nur aus der
Häufigkeit ihrer Rezeption der Serienfolge Vorrang gibt vor dem als einzelnes
Werk geschaffenen Fernsehspiel, dem Hörfunkmagazin vor dem Hörspiel, wäre
dies das Ende einer der Medienproduktion gegenüber sich unabhängig und kri –
tisch verhaltenden Medienwissenschaft. Denn die Konzentration der Literatur –
und Kunstwissenschaften auf die Kunst war ja immer auch eine Konzentration
auf die avanciertesten gestalterischen Möglichkeiten innerhalb eines ästhetischen
Bereichs. In deren Erforschung steckte also immer auch das Ausloten der Spiel –
räume und Möglichkeiten, auch der Grenzen einer Form der gesellschaftlichen
Kommunikation, während in der Analyse der als trivial eingeschätzten, vor allem
seriellen Unterhaltungsformen (von der Heftchenliteratur bis zu den Fernseh –
serien) die Wiederholung des Gleichen oder doch Ähnlichen mit Recht vermutet
wurde und ihr deshalb weniger Aufmerksamkeit zuteil wurde. Medienwissenschaft
muß sich deshalb den Medienprodukten gegenüber differenzierend verhalten; den
Medien per se "Mittelmäßigkeit" zu bescheinigen, die auch hinter allen
avancierten Bemühungen um Kunst stecke, da diese "sich den Schleier des Pro –
gressiven umbinden, um den Speichel der Affirmation zu verbergen" (Faulstich
1982, 21), ist fatal, weil sie damit von vornherein alle Bemühungen um Verän –
derung als vergeblich denunziert.

Die Hinwendung der Medienwissenschaft zu ihren Gegenständen, auch zu den
enger eingegrenzten der Produkte und Produktformen, hat immer auch "das einer
Sache kraft ihrer Substanz und Mittel objektiv Mögliche" zu umfassen (Paul
1979, 330). So wie in der Kunst insgesamt, steckt auch in der Kunst in den
Medien eine Utopie. Das begründet auch das breite medienwissenschaftliche
Interesse an den Kunstformen in den Medien – wie dem Kinospielfilm, dem
Fernsehspiel, dem Hörspiel – sowie das Selbstverständnis, kritische Instanz zu
sein und darin eine gesellschaftliche Funktion auszuüben. Die Nähe der Me –
dienwissenschaft zur Medienkritik und zur Kulturkritik ist deshalb nicht negativ
als ein Relikt eines quasi vorwissenschaftlichen Zustandes zu begreifen, sondern
als Möglichkeit und Verpflichtung des Einwirkens auf die Medienproduktion. Wo
Kulturproduktion immer mehr zum "Wirtschaftsfaktor" und zum Objekt von
Politik wird, kann sich eine Kulturwissenschaft nicht selbst zur Optimierungswis –
senschaft degenieren, sondern muß sich als gesellschaftliche Institution der Kritik
begreifen, die an einem emphatischen Begriff von Kultur festhält.

Wenn Dieter Henrich darin recht hat, daß die Kunsttheorien heute nicht mehr
ihren Ursprung in der Philosophie haben, sondern in den Einzelwissenschaften
(Henrich 1982, 14f.), dann ist es auch Aufgabe der Medienwissenschaft, Theorien
über die Kunst in den Medien zu entwickeln und die Geschichte dieser Künste
zu schreiben. Ein Sammelband über die "Theorien der Kunst", der nicht auch die
Kunst im Fernsehen und im Radio umgreift, ist vom medienwissenschaftlichen
Verständnis aus heute undenkbar (vgl. als Beispiel Henrich/Iser 1982).

Genauso wie die Fixierung auf Massenhaftigkeit und Reichweite als alleiniges Kriterium abzulehnen ist, ist die Beschränkung auf die Kunstproduktion innerhalb der Medien falsch. Medienwissenschaft hat ihren Ausgangspunkt im Produktan – gebot der Medien, in ihren Programmen, und ihr Gegenstandsgebiet sind deshalb vorrangig die Programmformen in ihrer Vielfalt. Aber im Gegensatz zu einer sozialwissenschaftlich sich begründenden Publizistik – und Kommunikationswis – senschaft, die mit empirischen, sozialwissenschaftlich – statistischen Methoden ihren Gegenstand erforscht, stehen bei einer sich auf das Programm mit seinen Erscheinungsformen konzentrierenden Medienwissenschaft die Vermittlungsstruk – turen, also die Ästhetik der Medien im Vordergrund, wobei die Bedingungen und Folgen des Programms und der durch ihn zustandekommenden Kommuni – kation Bestandteil des medienwissenschaftlichen Gegenstandes sind.

7. Medienwissenschaft – Kommunikationswissenschaft

Die literatur – und theaterwissenschaftliche Medienforschung ging, wenn man ihre Entwicklung seit dem Ende der sechziger Jahre verfolgt, von der Analyse des einzelnen Produkts aus und suchte von dort aus den Gegenstandskanon zu erweitern. War das Einzelprodukt zunächst exemplarisch verstanden, stellte sich rasch die Frage nach dem größeren Produktzusammenhang, für den es exempla – risch stand, und von dort aus ging das Analyseinteresse zu Fragen übergreifender Erzähl – und Darstellungsstrategien und zur Analyse von Genres, Werkkontexten über, um sich dann Programmzusammenhängen und den institutionellen Kontex – ten zu widmen.

Nicht zufällig nahm die soziologisch orientierte Kommunikationswissenschaft um – gekehrt ihren Ausgang vom institutionellen Zusammenhang, um über Orga – nisationsanalysen der Institutionen und über die Rezeptionsforschung sich dann wieder dem Vermittelten zuzuwenden, dem Produkt, und eine Erweiterung und Differenzierung inhaltsanalytischer Methoden zu betreiben.

Medienwissenschaft und Kommunikationswissenschaft berühren und überschneiden sich in ihrem Gegenstandsbereich, eine bei der Einheit des gemeinsamen Objekts der Massenmedien letztlich zwangsläufige Entwicklung. Dennoch lassen sich einige Aspekte benennen, in denen sich Unterschiede zwischen den Richtungen erkennen lassen:

1. So ist z.B. in der Medienwissenschaft das Interesse an Zeitung und Zeitschrift als Untersuchungsgegenstand deutlich geringer ausgeprägt als in der Publizistik – wissenschaft, während Film und Fernsehen bevorzugt werden. Dies hat seine Ursache in den unterschiedlichen Ausgangspunkten der Richtungen, in der Zei – tungswissenschaft einerseits und in der an Film und Fernsehen primär interes – sierten literatur – und theaterwissenschaftlichen Medienforschung andererseits.

2. Konzentriert sich die Publizistikwissenschaft soziologischer Provenienz stärker auf journalistische Aspekte, etwa die Nachrichtenproduktion und die politische Berichterstattung, so bevorzugt die Medienwissenschaft die fiktionalen Pro – grammbereiche, die Spiel – und Unterhaltungsproduktion. Insbesondere auf die Spielfilm –, Fernsehspiel – und Hörspielforschung konzentriert sich die Medien – wissenschaft – eine Folge der Affinität dieser Programmbereiche zu den tra – dierten Gegenständen der Literatur – und Theaterforschung.

3. In den verwendeten Methoden lassen sich bei allen Überschneidungen in der Medienwissenschaft eine Bevorzugung hermeneutischer Ansätze feststellen, wäh –

rend in der Kommunikationswissenschaft die Benutzung empirisch – sozialwis – senschaftlicher Verfahren überwiegt.

Annäherungen gibt es vor allem im Bereich der historischen Forschung. Zwar sind die Wegstrecken auch hier unterschiedlich abgesteckt: die Publizistikwissen – schaft nähert sich der Mediengeschichte über die Institutionengeschichte und kommt von dort auch zu den anderen sektoralen Feldern, etwa der Rezeptions – und Programmgeschichte, und zielt alles umgreifend auf eine Kommuni – kationsgeschichte (vgl. Lerg 1982 und Bobrowsky/Langenbucher 1987), während die literatur – und theaterwissenschaftliche Medienforschung zunächst bei der Historizität von Dramaturgien, Erzählkonzepten und Darstellungsweisen ansetzt (etwa in der historisch verfolgten Linie trivialer Unterhaltungsmuster bei Knilli 1971) und von dort über die Geschichte einzelner Programmformen sich eben – falls zur Programmgeschichte und zur Rezeptionsgeschichte hin vorschiebt (vgl. dazu auch die Beiträge zur Programmgeschichte in Bobrowsky/Langenbucher 1987).

Annäherungen bestehen auch in der Untersuchung der Technikgeschichte als Teil der Mediengeschichte. Als separater Teil der Mediengeschichtsforschung ist die Technikgeschichte sowohl in der Publizistikwissenschaft (unter stärker institutio – nellen Aspekten) als auch in der Medienwissenschaft (unter dem Aspekt der Determinierung von Gestaltungsmitteln) auf Interesse gestoßen (z.B. bei Zielinski 1986, Jossé 1984).

Die Gegenübersetzung von Kommunikations – und Medienwissenschaft zeigt also neben Unterschieden durchaus auch gemeinsame Entwicklungen und Berüh – rungspunkte. Dennoch ist zu konstatieren, daß es innerhalb der Kommunika – tionswissenschaft eher eine Abwehr gegenüber medienwissenschaftlichen Ansätzen gibt, wie ihr überhaupt der Begriff der Medienwissenschaft suspekt erscheint. Manfred Rühl beispielsweise formuliert 1985 diese Abneigung: "Medien ist ein ebenso geläufiger wie schwammiger Begriffstitel, der keine sonderliche Reflexion erfährt, auch nicht als Mediaplanung, Mediamix, als Mediengesetz oder auch als Medienwissenschaft. Gerade Erfahrungen dieser Art sollten die Kommu – nikationswissenschaft veranlassen, auf den umgangssprachlich vermeintlich einsichtigeren Firmentitel Medienwissenschaft zu verzichten" (Rühl 1985, 235).

Die Abwehr äußert sich vor allem in einem Nicht – zur – Kenntnis – Nehmen der außerhalb der Publizistikwissenschaft entstandenen medienwissenschaftlichen For – schung, und dies nicht nur, weil sich die Publizistikwissenschaft zur Kommunikationswissenschaft mit einem entsprechend weiten Gegenstandsbegriff gewandelt hat, sondern auch weil dieser Medienwissenschaft der publizistikwis – senschaftliche 'Stallgeruch' fehlt. Wenn Lutz Hachmeister beispielsweise eine Geschichte der Kommunikationswissenschaft vor allem als Geschichte der Insti – tute und ihrer Ordinarien oder Leiter und deren Schulen schreibt (Hachmeister 1987), dann äußert sich darin das Selbstverständnis einer ganzen Disziplin, die nur akzeptiert mag, was aus den eigenen wissenschaftlichen 'Schulen' und Insti – tutionen heraus sich entwickelt, und alle anderen wissenschaftlichen Ansätze nicht zur Kenntnis nimmt. Davon ist die Medienwissenschaft in ihrer Zwischenstellung zwischen den Disziplinen weit entfernt, nicht zuletzt auch, weil ihr diese Institu – tionalisierung fehlt. Hachmeisters Arbeit macht auf eindringliche Weise die Me – chanismen einer Wissenschaftskonstitution in ihren teilweise fragwürdigen Bedin – gungen deutlich, seine Arbeit ist zugleich auch eine wissenschaftsimmanente Kritik solcher Konstitutionsprozesse. Auch ihm sind, obwohl seine Darstellung den Zeitraum bis Ende der siebziger Jahre umfaßt, die medienwissenschaftlichen Ansätze nicht einmal eine Fußnotenerwähnung wert.

8. Eine selbständige Medienwissenschaft?

Ein gravierender Unterschied zwischen Medien – und Kommunikationswissen – schaft markiert sich darin, daß die Kommunikationswissenschaft sich als selbständiges wissenschaftliches Fach mit eigenen Institutionen und Studiengängen darstellt, während die Medienwissenschaft eine Teildisziplin innerhalb der Literaturwissenschaft oder einem integrierten Bestandteil der Theaterwissenschaft oder einer anderen Kunstwissenschaft bildet. Dies hat seine Ursache in der Genese der Medienwissenschaft, stellt jedoch die Frage nach der Notwendigkeit einer Verselbständigung. Helmut Kreuzer hat bereits Mitte der siebziger Jahre dieses Problem bezogen auf die Fernsehforschung erörtert. Für ihn gibt es keine "eigene gemeinsame Wissenschaft" der "Fernsehspezialisten", da die mit dem Fernsehen befaßten Techniker, Ökonomen, Pädagogen, Soziologen, Psychologen, Naturwissenschaftler und Philologen "ihrer jeweiligen Disziplin einen zusätzlichen Gegenstandsbereich (erschließen), der unter Umständen eine Erweiterung der Fragestellungen und Methoden des Faches bedingt (aber auf der Basis der schon entwickelten)" (Kreuzer 1975, 30). Die Disziplinen treten über den gemeinsamen Gegenstand in Beziehung zueinander, werden gegenseitig und wechselweise zu Hilfswissenschaften füreinander. Erst wenn sich durch den neuen Gegenstand relevante Fragen ergeben, "die von den bestehenden Wissenschaften nicht gestellt oder mit ihren Methoden nicht beantwortet werden können, kann eine neue Wissenschaft entstehen; aber auch das beeinträchtigt die Legitimität des Er – kenntnisinteresses der älteren Wissenschaften gegenüber dem neuen Gegenstand nicht" (Kreuzer 1975, 30f.).

Neue Wissenschaften entstehen durch Abspaltung von älteren, eben dann, wenn, wie Kreuzer sagt, die Erkenntnis zunimmt, daß das Verbleiben innerhalb der älteren Wissenschaft sich als hemmend erweist und die Erforschung des neuen Gegenstandes an die durch diese Wissenschaft gesetzten Grenzen stößt. Die Zeitungswissenschaft ist ebenso wie die Theaterwissenschaft auf diese Weise in der ersten Hälfte dieses Jahrhunderts entstanden, die eine durch Abspaltung aus der Wirtschaftswissenschaft, die andere aus der Philologie. Diese Abspaltungen waren auch Folge hermetisch und eng verstandener Disziplinen. Die von Kreuzer angesprochene Veränderung der tradierten Disziplinen hatte durch die Ausein – andersetzung mit den neuen Gegenständen nicht stattgefunden, auch blieb die Beschäftigung mit diesen Medien in den anderen Wissenschaften eher marginal, so daß die gedachte vielfältige Annäherung an solche komplexen Gegenstände wie die Presse und Theater nicht zustande kamen. So entstand in der Zeitungsforschung schon früh die Notwendigkeit, sich auch mit philologischen Methoden der Inhalte und Formen der Presse anzunehmen, wie umgekehrt die literaturwissenschaftliche Theaterforschung im Über – den – Text – Hinausgehen ihre eigentliche Aufgabe sah. Daß weite Teile der Theaterforschung sich mit nichtliterarischen Aspekten beschäftigten, auch der Natur des Gegenstandes nach beschäftigen mußten, führte zwangsläufig dazu, sich von der 'Mutterwissenschaft', der Literaturwissenschaft, zu emanzipieren.

Das Ergebnis war zum einen die ungehinderte Erforschung der nichtliterarischen Aspekte (Erforschung der Aufführung als zentralem theaterwissenschaftlichen Gegenstand, Erforschung der Institutionen, der Theaterproduktion im weitesten Sinne, der Technikgeschichte, der Rezeption, des Publikums usf.), hatte aber auch andere Folgen. Die Abspaltung führte – ähnlich dies auch in anderen Fächern wie der Ethnologie, der Religionswissenschaft etc. – zum einen zu einer Abkoppelung von den breiter geführten Methodendiskussionen in den großen Disziplinen. Und nicht immer gab es, wie bei der Ethnologie, auch ein Rückwirken der kleinen auf die großen Fächer durch ganz neue Konzeptionen.

Zum anderen provozierte die Abspaltung in aller Regel die Etablierung einer neuen Arbeitsteilung. Die Literaturwissenschaft fühlte sich durch die Existenz der Theaterwissenschaft des Problems enthoben, nichtliterarische Aspekte des Thea – ters zu thematisieren und reduzierte die Analyse des Theaters wieder auf die Analyse des dramatischen Textes und die Aufführung, die Inszenierung war ihr ein zu vernachlässigendes Übel. Die Veränderung der Wissenschaft durch den neuen Gegenstand blieb also aus.

Das neu gebildete Fach blieb in seinen personellen und materiellen Ressourcen begrenzt, die Methodendiskussionen der großen Disziplinen wurden oft nur nachvollzogen, die Suche nach einer eigenen Methodik führte zu keinem emphatisch vorzeigbaren Ergebnis. Die Methodenvielfalt des Faches war und ist nicht von vornherein nur negativ zu bewerten.

Nicht zufällig hat sich deshalb die Medienforschung innerhalb der Theaterwis – senschaft sehr viel durchgreifender als in der Literaturwissenschaft etablieren können, war doch das Fach mit seiner unbewältigten Vergangenheit, der mit der Institutionalisierung praktizierten Nazifizierung des Faches diskreditiert und in seinem Selbstverständnis ungefestigt. Doch sind nicht nur legitimatorische Gründe anzuführen. Die schon am Gegenstand Theater erprobte Auseinandersetzung mit dem Produktionsbereich einerseits und dem Rezeptionsbereich andererseits, vor allem der frühzeitige Verzicht auf bloße Textorientierung und eine Beschäftigung mit nichtliterarischen Ausdrucksmitteln, boten eine breitere Zugangsmöglichkeit auch zu den Massenmedien, als dies bei der Literaturwissenschaft der Fall war. Hinzu kamen die vielfältigen Wechselbeziehungen zwischen Theater, Kino und Fernsehen, die darauf drängten, neben dem Theater auch Film und Fernsehen mitzuuntersuchen.

Doch ist der Bezug auf die historischen Beispiele wissenschaftlicher Disziplinbil – dung durch Abspaltungen ein Beispiel, eine Anregung für die Medienwissenschaft, ergibt sich eine Notwendigkeit, es ähnlich zu machen?

Die Situation ist heute grundsätzlich anders: Die Veränderungen, die die Medien innerhalb der Gesellschaft bewirken, sind heute ungleich größer als zu Beginn des Jahrhunderts. Und symptomatisch ist auch, daß sich in den zwanziger und dreißiger Jahren selbständige Wissenschaften der Presse und des Theaters, also von sehr viel länger schon existierenden Medien, herausbilden, nicht jedoch Wissenschaften der damals neuen Medien Film und Radio. Film – und Radio – forschung ist, ähnlich wie Jahrzehnte zuvor die Presse – und Theaterforschung, Sache einzelner innerhalb ganz anders gearteter Disziplinen. Neben der gestie – genen Dringlichkeit von Medienforschung angesichts unzähliger ungelöster Pro – bleme in den Medien und im Umgang mit ihnen besteht eine größere Offenheit der verschiedensten Disziplinen für eine Auseinandersetzung mit den Massenme – dien. Medienforschung ist deshalb breiter angelegt. Auch hat sich die Wissen – schaftsorganisation innerhalb der Hochschule selbst verändert, ist die Hermetik der alten Fakultäten längst gesprengt. Die Entwicklung neuer Studiengänge in den Grenzbereichen zwischen den traditionellen Disziplinen, gerade auchin der Thematisierung oder der Einbeziehung der Medien, hat eine größrere Offenheit und Flexibilität geschaffen.

Gleichwohl lassen sich auch hier Begrenzungen erkennen, die aus dem Ungleichgewicht der Disziplinen entstehen, die sich mit den Medien beschäftigen. Das Übergewicht der Thematisierung des Adaptionsproblems (insbesondere der Literaturverfilmung) ist dafür nur ein Beispiel. Ebenso gehört dazu die Fixierung auf fiktionale Programmformen und die Vernachlässigung anderer. Vor allem der

Zusammenhang von technischen und ästhetischen Dimensionen in der Medien – produktion, die Folgen technischer Innovationen für die Vermittlungsstrukturen sind noch wenig untersucht.

Die Verselbständigung der Medienwissenschaft ist deshalb notwendig, sie muß aus dem 'Unterschlupf' bei anderen Fächern heraustreten, muß die sich verstreuen – den Tendenzen integrieren, muß einen zentrierenden Ort bilden. Sie kann sich aber, das macht die skizzierte Differenz im Gegenstands – und Methodenver – ständnis deutlich, auch nicht als eine Teildisziplin der Publizistikwissenschaft verstehen, die sich ohnehin bei allen Überschneidungen in ihrem Disziplinver – ständnis als "Humanwissenschaft" (Rühl) nicht irritieren lassen will. Gerade wegen der Entgrenzung ihres Gegenstandes durch die Ausweitung auf Kommunikation insgesamt kann sie nicht auch noch eine Irritation durch die Medienwissenschaft zulassen, selbst wenn diese durch eine Empirisierung sich bis zur Selbstaufgabe verändern würde. Wenn es stimmt, daß, wie es Ulrich Saxer formuliert hat, "die deutsche Publizistikwissenschaft ihren Gegenstandsbereich auf seinen heutigen Umfang (nach dem Prinzip) vergrößert hat, (daß) man als dasjenige der Beset – zung universitär herrenlosen Territoriums charakterisieren" kann (Saxer 1980, 530), dann hat die Medienwissenschaft in ähnlicher Weise Territorien besetzt, die die Publizistikwissenschaft aus ihrem Gegenstandsverständnis heraus vernachlässigt und mißachtet hat: die medialen Produkte.

Neben einer sich verselbständigenden Medienwissenschaft wird es dennoch auch weiterhin eine Medienforschung in den verschiedenen anderen Disziplinen geben und geben müssen. Denn so, wie die avanciertesten Medien heute die Leistungen der verschiedenen Künste und anderen Medien integrieren und zu Eigenem umschmelzen, so ist die Erforschung von Teilaspekten der Medien nur sinnvoll vor einem nicht – medienbezogenen fachspezifischen Hintergrund, der die media – len Besonderheiten erst sichtbar macht. Die Kompetenzen für die Erforschung von einzelnen Aspekten der Medien sind notwendig breit gestreut: die musik – wissenschaftliche wird ebenso gebraucht wie die linguistische, die der fremdspra – chigen Literaturwissenschaften ebenso wie die der Pädagogik, der Psychologie und der Soziologie usf. Deutlich zeigt sich z.B., daß insbesondere von der Kunstwis – senschaft selbst eine stärkere Auseinandersetzung mit den Medien geführt werden muß, um im Bereich der Beschreibbarkeit visueller Phänomene zu einer neuen Begrifflichkeit zu kommen, die die Bildphänomene bei Film und Fernsehen erfaßbar macht. Die Erforschung der Medien muß immer auf dem Stand der neuesten fachwissenschaftlichen Methoden und Ergebnisse sein. Verselbständigung und Integration in den bestehenden Wissenschaften sind deshalb notwendig.

9. Was kennzeichnet Medienwissenschaft?

Die Grenzen einer Wissenschaft und damit ihre Identität werden nicht per Dekret entschieden, sondern bilden sich innerhalb der wissenschaftstheoretischen Diskussion in der Wissenschaft selbst heraus. Ein Konsens wird dabei angestrebt, aber er ist nicht von vornherein erwartbar, sondern stattdessen eine'"Bandbreite' zueinander in Beziehung stehender Problembeschreibungen. Drei Aspekte sollen hier diskutiert werden, die nicht Anspruch auf Vollständigkeit erheben, die aber einen Anfang einer solchen identitätsstiftenden Debatte sein sein können: Me – dienspezifik, Mediengeschichte und Programmforschung.

"Medium"

Die Medienspezifik – Wesensbestimmung der Medien?

Parallel zur wachsenden gesellschaftlichen Dominanz des Fernsehens und der ökonomischen wie politischen Virulenz um dieses Medium hat sich die Medien – wissenschaft herausgebildet, das Fernsehen ist ihr erster und wichtigster Gegen – stand. Im Mittelpunkt standen und stehen dabei die Sendungen des Fernsehens, steht das Programm als das eigentliche Produkt des Mediums. Am Programm wird auch die neue Qualität deutlich, die das Fernsehen für die gesellschaftlichen Medien bedeutet: in ihm, in seinen unterschiedlichen Programmformen, im Pro – gramm als Struktur selbst findet eine breite Adaption der Formen, Inhalte und Traditionen der älteren Medien statt, sie verschmelzen zu neuen Formen. Vor allem das Kino ist ohne das Fernsehen als seine Weiterentwicklung nicht denk – bar, das Fernsehen nicht ohne das Kino mit der Entwicklung filmischer Aus – drucksformen. Die Entwicklung des Kinos und des Fernsehens, zunächst gegen – einander angetreten, schießt zu einem neuen audiovisuellen Medium zusammen, das sich unterschiedliche Distributionswege (Kino, Fernsehen, Video, Kabel, Satellit usf.) sucht, das sowohl in der Produktion als auch in der Konsumtion sich ständig weiterentwickelt, und dessen technologische Entwicklung vorläufig noch nicht an einem Endpunkt angekommen ist (vgl. Zielinski 1989).

Mit dem Fernsehen hat sich auch die Frage nach den Medien verändert. Die Bestimmung der Medien hat sich seit dem Einsetzen des Kinos vor allem diffe – renzästhetischer Verfahren bedient: die Medien definierten sich gegeneinander vor allem über die Differenz ihrer Kunstformen. Die Herausbildung des Kinos als eigenständiges Medium erfolgte über die medientheoretische Abgrenzung gegenüber dem schon bestehenden, vor allem gegenüber dem Theater (vgl. Balázs 1930, Arnheim 1932, Stepun 1932). Ebenso definiert sich das Radio über das Hörspiel im Gegensatz zum Theater und zum Film (vgl. Kolb 1932, Soppe 1978), und es ist kein Wunder, daß die frühe fernsehtheoretische Debatte eine Medienbestimmung nach dem gleichen Muster versuchte (vgl. Hickethier 1980).

Ziel war dabei immer, die Medien dadurch gegeneinander sich definieren zu lassen, daß das jeweils Spezifische an ihnen herausgearbeitet wurde, und spezi – fisch war das, worüber die anderen Medien nicht verfügten. So definierte sich das Kino gegenüber dem Theater durch seine Aufhebung der raumzeitlichen Einheit von Produktion und Rezeption der Darstellung, durch die fotografische Fixierung der Darstellung auf einen Träger und durch seine filmsprachlichen Besonderheiten, über die Kameraästhetik mit ihrer wechselnden Größe des Abgebildeten auf der Leinwand, durch Schnitt und Montage. War der Stummfilm noch ganz aus dem Bild, aus dem Visuellen heraus sich zu bestimmen (vgl. Ba – lázs 1924), so schien das Radio Komplement dazu zu sein und ganz auf das Akustische abzuzielen und sich darin von den bisherigen Medien abzugrenzen sowie dadurch, daß die Auflösung der raumzeitlichen Einheit von Produktion und Rezeption in der räumlichen Distanz weiter getrieben wurde und in der zeitli – chen Dimension durch die Liveübertragung zugleich zurückgenommen wurde. Ebenso definierte man das Fernsehen in Abgrenzung der elektronischen Kamera gegenüber der filmischen durch die Betonung des Live – Aspektes usf. (Eckert 1953).

Bei all diesen Bestimmungen des Spezifischen, der Medienspezifik, suchte man nach dem "Wesen" des jeweiligen Mediums, definierte das "Filmische" und das "Audiophone" gegenüber dem "Theatralischen" und dem "Literarischen". Daß die geisteswissenschaftlichen Gattungsbestimmungen seit der Jahrhundertwende mit ihren Bemühungen um "das Dramatische", "das Epische" und "das Lyrische" Pate gestanden hatten, war offenkundig.

Doch die Geschichte medientheoretischer Bemühungen zeigt die Brüchigkeit eines solchen Unterfangens mehrfach. Schon die Kinodebatte (die ja ganz im Gegensatz zu ihrer heutigen Rezeption nicht eine war, die vorrangig um das Verhältnis von Kino und Literatur ging; Kaes 1978) argumentierte ja in ihrem differenzästhetischen Vorgehen nicht immer mit denselben Kriterien: bis etwa 1926/28 ist die ästhetische Bestimmung des Kinospielfilms eine schauspielerbe – zogene: Aus den neuen Möglichkeiten, den Menschen darzustellen, wird das Neue und Besondere des Kinos abgeleitet. Erst nach dem ungeheuren Eindruck, den die Eisenstein – Filme 1926 in Westeuropa machten, wird die Kameraästhetik zum Kriterium des Filmspezifischen. Deutlich ist dies bei Béla Balázs zu erken – nen, wenn man seine filmtheoretischen Bücher *Das Gesicht des Menschen* von 1924 und *Der Geist des Films* von 1930 miteinander vergleicht. Wird für Balázs die Montage 1930 zum alles entscheidenden Kriterium, so spielt sie bei Kracauer als medienbestimmendes und mediendefinierendes Kriterium dreißig Jahre später keine Rolle mehr. Ganz im Gegenteil wird die Montage völlig negiert (Kracauer 1973). Die ästhetischen Entwicklungen des Kinofilms sowie der veränderte kul – turelle Kontext führte also zu jeweils unterschiedlichen Kriterien in der Bestimmung des Medienspezifischen.

Die Bestimmung des Medienspezifischen des Kinofilms durch die Mittel der Kamera und der Montage war jedoch von besonderer Bedeutung, weil hier aus der Technik des Kinofilms die Medienspezifik abgeleitet wurde. In der unter – schiedlichen Technik sahen deshalb auch beim Radio und beim Fernsehen die frühen Medientheoretiker die Basis für die Abgrenzung der Medien gegeneinan – der.

Noch krasser war das Scheitern der Definitions – Bemühungen um die Medienspezifik beim Fernsehen. Der Live – Charakter, den frühe Fernseh – theoretiker als fernsehspezifisch hervorhoben, wurde zum einen durch die Prak – tiker selbst als nicht haltbar, als eine "Live – Ideologie" schon bald ausgemacht (Gottschalk 1954), zum anderen durch die Technik selbst ad absurdum geführt. Denn die Liveproduktion verlor ihre Bedeutung mit der Etablierung des magnetischen Aufzeichnungsverfahrens (MAZ) und der Einführung filmischer Produktionsverfahren. Die Bestimmung des Medienspezifischen hatte also nichts anderes getan, als einen historischen Stand der Medientechnik zu verabsolutieren und darin das "Wesen" des Mediums zu sehen.

Eine frühe wissenschaftstheoretische Reflexion hätte den funktionalisierenden Mißbrauch solcher Bemühungen um "Wesensbestimmungen" der Medien kritisch herausarbeiten müssen, wie er schon in der nationalistischen Mediendebatte betrieben wurde. Die Diskussion um das "arteigene" Hörspiel, um das "arteigene" Fernsehspiel immer vor dem Hintergrund der Gegenüberzetung von "arteigenen" und "artfremden" Formen und schloß letztlich auch die Aus – schließung, die "Ausmerzung" "entarteter" Kunst ein. "Wesensbestimmungen" lie – ferten dafür die argumentative Basis, wobei sich das "Medienspezische" leicht auch in die Diskussion des Spezifischen "deutscher Medien" hineinverlängern ließ.

Das Beispiel ließe sich als historisch und durch keine aktuelle Praxis gerechtfer – tigt darstellen. Doch zeigt sich daran besonders deutlich die Unbrauchbarkeit von "Wesensbestimmungen". Die Entwicklung gerade der audiovisuellen Technologien lassen heute mehr denn je alle Versuche obsolet erscheinen, das Spezifische einzelner Medien aus der Technik heraus zu bestimmen und das dann auch noch als "Wesen" der Medien zu erklären.

"Medium"

Wozu auch soll die Bestimmung des Wesens der Medien, des jeweils Me‐
dienspezifischen gut sein, wozu nützt es? Als Kategorie zur Beurteilung der
Produkte des Mediums dient es wenig: entweder ist die Bestimmung des Me‐
dienspezifischen so allgemein, daß es für alle Produkte, die ein Medium in sei‐
nem Programmangebot hat, zutrifft, dann kann es nicht mehr als Unter‐
scheidungskriterium zwischen diesen Produkten dienen. Als Kriterium für die
Unterscheidung zwischen Produkten verschiedener Medien, also des Medien‐
vergleichs, ist es jedoch, gerade wenn es sich auf die Technik der Medien als
Definitionsbasis bezieht, in aller Regel so banal, daß die Definition nicht mehr
aussagekräftig und in ihrer Verabsolutierung wieder falsch ist.

Die Debatte über die Kino‐Fernseh‐Koproduktionen und der Versuch, "We‐
senseigenschaften" des Kinos gegenüber denen des Fernsehens abzugrenzen, zeigt
die ganze Problematik. "Kino und Fernsehen sind bei phänotypischer Verwandt‐
schaft ihrem Wesen nach völlig verschieden" behauptete Andreas Meyer 1977 in
einer umfangreichen Abhandlung (Meyer 1977, auch Ludin 1978). Seine Defini‐
tionen umfassen sowohl die institutionellen Unterschiede (kommerzielles Kino
gegen öffentlich‐rechtliches Fernsehen) wie grundsätzliche Zuschreibungen
(Ausdrucksmedium Kino gegen Transportmedium Fernsehen) über die gestalteri‐
schen Verschiedenheiten ("Fernsehen ist die Rückverwandlung von visueller in
akustische Erfahrung (Hörfunkderivat). Kino ist Schock, den die überwältigende
Evidenz des Bildes, das sinn‐voll ist, beim Betrachter auslösen kann") bis zu
Unterschieden in der Rezeption. Sieht man sich Meyers Argumentationsmuster
genauer an, so setzt er in seinen Wesensbestimmungen einer polemisch‐kriti‐
schen Sicht des bundesdeutschen öffentlich‐rechtlichen Fernsehens in seiner
Verfassung Mitte der siebziger Jahre ein idealisiertes, ahistorisches Bild von Kino
gegenüber, das so nicht einmal in den besten Zeiten des Hollywoodkinos existiert
hat.

Schon der Versuch, seine Kriterien auf konkrete Medienprodukte, etwa die Ko‐
produktionen der siebziger Jahre, anzuwenden, zeigt die Unbrauchbarkeit solcher
"Wesensbestimmungen". "Wesensbestimmungen", das zeigt das Beispiel, sind fast
immer Kampfbegriffe gewesen, sind normative Setzungen, um spezifische ästheti‐
sche Konzepte durchzusetzen und andere zu attackieren und auszuschließen. Als
analytische Begriffe sind sie nicht brauchbar. In der Analyse der historisch
unterschiedlichen Bestimmungen der Spezifik der einzelnen Medien kann
Medienwissenschaft deshalb die jeweilige kulturelle Bedingtheit dieser Definitionen
sichtbar machen. Zugleich relativiert sie damit auch gegenwärtige Zuweisungen
und Ansprüche. Denn in der Summe der einmal möglich gewesenen Zuweisun‐
gen zeigt sich ein ungleich breiteres Spektrum, als es die Gegenwart der Medien
mit ihrem Verständnis von der jeweiligen Spezifik der einzelnen Medien vermu‐
ten läßt. Damit wird die Diskussion um die Spezifik der Medien zu einem Auf‐
zeigen der Möglichkeiten, die in der Benutzung eines Mediums enthalten sind,
zugleich auch derjenigen, die erst noch entwickelt werden.

Mediengeschichte

Medien sind nur im historischen Kontext zu bestimmen, sie sind als Instrumente
gesellschaftlicher Vermittlung nur im Kontext der Gesellschaft zu definieren und
verändern sich historisch. Dem Radio etwa eine "Propaganda‐Neigung" als "we‐
senhaft" nachzusagen, erscheint deshalb problematisch, ebenso die "ureigenen
Wesensmerkmale" des Theaters zu bestimmen (Faulstich in diesem Band). Die
Kette solcher ‐ gescheiterter ‐ Bestimmungsversuche ist lang, und Hermann
Reichs Theorie des Mimus als Beispiel für eine solche Wesensbestimmung des
Theaters ist dafür nur ein, wenn auch kurioses Beispiel.

Die Bestimmung der Medien über die Geschichte führt zur Mediengeschichte, und die Bemühungen vor allem des Studienkreises Rundfunk und Geschichte, insbesondere von Wilhelm Treue, Winfried B. Lerg, Werner Kahlenberg und Lutz Heckmann, haben der Mediengeschichtsschreibung neuen Boden gewonnen. Die dabei auf den Tagungen und in den *Mitteilungen* des Studienkreises ge – führten methodischen Diskussionen zur Historiographie des Rundfunks haben dabei anregenden Charakter über den Rundfunk hinaus für die Medienge – schichtsschreibung insgesamt bekommen, weil hier nicht nur auf neue Weise Fragen der Technikgeschichte, der Organisations – und Institutionsgeschichte sowie der Rezeptionsgeschichte formuliert werden, sondern weil bei der Rund – funkgeschichte auch das Problem der Materialbewältigung aufs Neue gestellt ist (vgl. Projektgruppe Programmgeschichte 1986). Daß sich die Rundfunk – geschichtsschreibung sektoral nach den vereinfachten Aspekten des Massenkom – munikationsschemas gliedert und von daher auch die Übertragbarkeit auf andere Medien neben Rundfunk und Fernsehen sich anbietet, stellt die Frage nach Basiskategorie "Medien" neu.

Denn ganz selbstverständlich ist Mediengeschichtsschreibung vor allem eine Geschichte entlang eines Mediums: Film – oder Radiogeschichte, Theater – oder Fernsehgeschichte, wobei das Medium als eine durch die Zeiten geschichtsstif – tende Identität vorausgesetzt wird. Dabei wird jedoch meist verdeckt, daß die neuen technischen Medien diese Kontinuität dadurch besitzen, daß sie zugleich gesellschaftliche Institutionen sind und als Institutionen (im ganz materiellen Sinne) die Kontinuität hergestellt haben. Rundfunkgeschichtsschreibung beginnt deshalb auch als Geschichte der einzelnen Sender, so wie Theatergeschichte als Geschichte einzelnen Bühnen sich formuliert hat. Aber was bildet unabhängig davon die Identität des Mediums? Ist nicht das, was die ersten Filmvorführungen Skladanowksys im Berliner Wintergarten 1985 kennzeichnet, so grundverschieden vom heutigen Kino etwa des neuen Hollywood? Steht nicht das frühe Kino dem zeitgenössischen Varieté und Theater sehr viel näher als der heutigen Kinoindu – strie, und bestehen zwischen dieser und dem gegenwärtigen Fernsehen nicht sehr viel mehr Gemeinsamkeiten?

Infrage gestellt werden soll damit nicht die Historizität der Medien, nicht der geschichtliche Prozeß, sondern das, was als Identität in der Mediengeschichts – schreibung angenommen wird: das Medium. Denn trotz aller methodischen Skepsis am Konstrukt "Mediengeschichte" ist die Historiographie der Medien gleichwohl notwendig. Weniger aus einem "akademischen Historismus" heraus, wie ihn Hans Ulrich Gumbrecht festzustellen glaubt (Gumbrecht 1988), als vielmehr aus der Erkenntnis, daß ohne historische Fundierung auch die Gegenwart der Medien nicht verstehbar ist. Mediengeschichtliche Ansätze werden seit Beginn der siebziger Jahre immer auch aus der Kritik der Gegenwart heraus formuliert, sie haben die Geschichte als Herausforderung der Gegenwart verstanden, auch wenn dies oft umstritten war. Mediengeschichte will aber auch nicht, wie Gum – brecht meint, "die Tradition der Literaturwissenschaft ersetzen" (Gumbrecht 1988), sondern intendiert – gerade durch die Vielfältigkeit der hier thematisierten Aspekte – letztlich eine eigenständige Medienwissenschaft.

Programmforschung

Die Rundfunkgeschichtsschreibung hat jedoch auch zugleich ein Arbeitsfeld sichtbar gemacht, das genuin zum Gegenstand der Medienwissenschaft gehört, das aber gleichzeitig auch von der Kommunikationswissenschaft in Angriff genommen wird, weil es innerhalb der sektoral aufgegliederten Arbeitsfelder der Me – dienforschung ein, vielleicht sogar das entscheidende Verbindungsstück darstellt:

das Programm. Programmgeschichtsschreibung ist deshalb ein in den letzten Jahren mehrfach eingeklagtes Arbeitsgebiet (Lerg 1986, Hickethier 1982 und 1987). Nicht allein die einzelnen Produkte mit ihrer Formengeschichte, sondern der Zusammenhang der verschiedenen Produkte in den Programmen rückt hier in seiner historischen Entwicklung in den Blick. Und in einigen Forschungszusammenhängen wird auch bereits an der Erforschung dieser Zu – sammenhänge gearbeitet: An der Programmgeschichte des Hörfunks in der Weimarer Republik arbeitet seit einigen Jahren die Arbeitsgruppe Programm – geschichte des Deutschen Rundfunkarchivs unter Leitung von H.O. Halefeldt. Der Sonderforschungsbereich Bildschirmmedien an der Universität Siegen unter – sucht (unter anderem) die Programmgeschichte des Fernsehens. Programm – geschichtsschreibung als medienhistoriografische Unternehmung ist dabei jedoch nur ein Teil eines übergreifenden Unternehmens, das sich erst in seinen Umris – sen andeutet und das mit der Begriff der Programmforschung zu benennen ist.

Damit ist von der Gegenstandsausweitung der nächste Schritt der Medienwissen – schaft getan: ausgehend von der Analyse des einzelnen Medienprodukts entwik – kelt sie sich weiter zur Erforschung von größeren Werkkontexten, Genres und Programmeinheiten, von dort zu einzelnen, mit den Produkten verbundenen Problemen, die quer zu den sektoralen Feldern der Massenkommunikation sich verhielten. Programmforschung zielt auf die Untersuchung einzelner Teilpro – gramme bis hin zur Analyse von Gesamtprogrammen.

Programmforschung zielt weiter, ausgehend von der Erforschung der Programme in den Massenmedien, vor allem in den beiden Rundfunkmedien Radio und Fernsehen, auch auf die Erforschung anderer Programmzusammenhänge, etwa im Kino oder im Theater, wo die Spielplananalyse immer schon eine Aufgabe gewesen ist, aber über bloß quantitative Verfahren in der Theaterstatistik im Grunde nie hinausgekommen ist. Dabei zeigen gerade die Spielplanstatistiken, daß diese empirischen Untersuchungen Spielplanstrukturen nicht adäquat beschreiben können, sondern daß es dazu auch interpretativer Verfahren bedarf, die auf möglichst unterschiedlichen Ebenen des Materials angewendet werden müssen. Programmforschung meint auch die Erforschung von Programmzusammenhängen in der Verlagsproduktion sowie in allen Formen der Präsentation von kulturellen Angeboten.

Programmforschung ist damit eine Klammer – neben anderen – für das, was Medienwissenschaft einmal sein kann.

10. Ausblick

Der Begriff des "Mediums" dient, so zeigt der Durchgang durch die Pro – blemstellungen, nicht als eine Basiskategorie der Medienwissenschaft, andererseits bietet sich kein anderer Begriff an, der konsensfähig wäre, um das Gegen – standsverständnis der Wissenschaft in ihrem Namen zu spiegeln. Man sollte trotz aller Widersprüche deshalb bei ihm bleiben, weil sich Gegenstands – und Me – thodenverständnis einer Wissenschaft immer in ihrer Praxis darstellen. Denn nur diese, die Praxis der Wissenschaft, ist entscheidend.

Die Zukunft der Medienwissenschaft im Kontext der Wissenschaften liegt darin, daß sie sich ihrer Möglichkeiten, aber auch ihrer Grenzen bewußt wird: sie kann an Identität nur gewinnen, wenn sie ihre Zukunft im völligen Austausch ihrer Methoden vermutet: im Grenzland traditioneller Disziplinen angesiedelt, muß sie die unterschiedlichsten Methoden miteinander verbinden können. Sie hat die

Chance, ihren Gegenstand weder philologisch noch soziologisch einzuengen, son – dern die beiden großen kulturwissenschaftlichen Konzepte für sich zu nutzen, sie auf dem speziellen Feld der Medien in ihrer Durchdringung und gegenseitigen Stimulierung zu neuer Wirksamkeit kommen zu lassen. Damit kann Medienwis – senschaft ihrem Gegenstand in seiner Komplexität gerechter werden, als dies bei einer einseitigen Fixierung auf ein Konzept möglich ist, und kann neue Erkenntnisse gewinnen.

Die Zukunft der Medienwissenschaft liegt deshalb zum einem in ihrer institu – tionellen Verselbständigung, zum anderen darin, daß sie auch innerhalb der bestehenden Disziplinen weiterhin vorhanden ist. Nur so kann sie Brücken zwi – schen den verschiedenen Disziplinen bilden.

Ihre Zukunft liegt darin, daß sie an ihren bisherigen Arbeitsgebieten und Gegenstandsfeldern festhält, diese erweitert und fortentwickelt. So wie sie sich schon von der Analyse des einzelnen Medienprodukts über Werkkontexte und Genrezusammenhänge zu übergeordneten Programmkomplexen entwickelt hat, wird sie umgekehrt auch in die ästhetische Formenwelt intensivere Arbeit in – vestieren müssen, in der Analyse der Vermittlungsweisen und der ästhetischen Gestaltungsweisen die medialen Veränderungen untersuchen müssen. Filmsprache ist als Film – und Fernsehsprache unter Einbeziehung der Videoästhetik in neuer Weise beschreibbar zu machen. Ebenso wird Medienwissenschaft sich den ver – schiedensten Einzelaspekten der medialen Vermittlung widmen, weil nur über deren detaillierte Kenntnis ästhetische Erfahrung beschreibbar ist.

Die Zukunft der Medienwissenschaft liegt nicht zuletzt darin, daß sie sich selbst als Wissenschaft in ihrem Gegenstands – und Methodenverständnis, in ihren gesellschaftlichen Bedingtheiten und ihren Möglichkeiten der gesellschaftlichen Einflußnahme stärker als bisher reflektiert. Darin kann Medienwissenschaft durchaus von der Publizistik – und Kommunikationswissenschaft lernen, die immer wieder wissenschaftstheoretische Debatten über sich selbst geführt hat und weiter führt. Eine solche Tradition muß sich auch in der Medienwissenschaft herausbilden. Dieser Band kann deshalb nur als ein erster Anfang in diese Richtung verstanden werden.

Der Ball ist aufzunehmen und weiterzuspielen.

Bibliographie

R. Arnheim 1932: Film als Kunst. Berlin
D. Baacke (Hrsg.) 1974: Kritische Medientheorien. Konzepte und Kommentare. München
B. Balázs 1924: Der sichtbare Mensch. Berlin
B. Balázs 1930: Der Geist des Films. Berlin
A. Baum/L. Hachmeister 1982: Zur Soziologie der Kommunikationswissenschaft. In: Rundfunk und Fernsehen 30 (1982), H. 2, S. 204 – 215
K. Bayertz 1981: Wissenschaftstheorie und Paradigmabegriff. Stuttgart
Bestandsaufnahme Film – und Fernsehwissenschaft 1987: Dokumente einer Tagung. Hrsg. v. d. Gesellschaft für Film – und Fernsehwissenschaft. Münster
M. Bobrowsky/W.R. Langenbucher (Hrsg.) 1987: Wege zur Kommunikationsgeschichte. München (Schriftenreihe der Gesellschaft für Publizistik – und Kommunikationswissenschaft 13)
F. Dröge 1972: Wissen ohne Bewußtsein. Materialien zur Medienanalyse. Frankfurt
F. Dröge 1974: Medien und gesellschaftliches Bewußtsein. In: Baacke 1974, S. 74 – 106

"Medium"

G. Eckert 1953: Die Kunst des Fernsehens. Emsdetten

D.O. Edge/M.J. Mulkay 1975: Fallstudienzu wissenschaftlichen Spezialgebieten. In: N. Stehr/R. König (Hrsg.): Wissenschaftssoziologie. Kölner Zeitschrift für Soziologie und Sozialpsychologie. Sonderheft 18 (1975), S. 197 – 229.

H.M. Enzensberger 1970: Baukasten zu einer Theorie der Medien. In: Kursbuch Nr. 20 (1970), S. 159 – 186

W. Faulstich (Hrsg.) 1979: Kritische Stichwörter Medienwissenschaft. München

W. Faulstich 1982: Medienästhetik und Mediengeschichte. Mit einer Fallstudie zu "The War of the Worlds" von H.G. Wells. Heidelberg (= Reihe Siegen 38)

W. Faulstich 1986/87: Systemtheorie des Literaturbetriebs. In: Zeitschrift für Literaturwissenschaft und Linguistik (1986), H. 62, S. 125 – 133 und (1987), H. 63, S. 164 – 169

W. Faulstich 1987: Bestseller und Medienwissenschaft. In: TheaterZeitSchrift (1987), H. 22, S. 61 – 68

K. Fohrbeck/A. Wiesand 1972: Autorenreport. Reinbek

J. Gerjets 1982: Forschungspolitik in der Bundesrepublik Deutschland. Köln

H. Gottschalk 1954: Fernsehspiel und Fernsehfilm. In: Rundfunk und Fernsehen 2 (1954), H. 1

H.U. Gumbrecht 1988: Über allen Wipfeln ist Ruh. Literaturwissenschaft jenseits der Literatur. In: Frankfurter Allgemeine Zeitung v. 20.7.1988

L. Hachmeister 1987: Theoretische Publizistik. Studien zur Geschichte der Kommunikationswissen – schaft. Berlin

D. Henrich 1982: Theorienformen moderner Kunsttheorie. In: Henrich/Iser 1982, S. 11 – 32

D. Hendrich/W. Iser (Hrsg.) 1982: Theorien der Kunst. Frankfurt

K. Hickethier 1980: Das Fernsehspiel der Bundesrepublik. Stuttgart

K. Hickethier 1982: Gattungsgeschichte oder gattungsübergreifende Programmgeschichte? Zu einigen Aspekten der Programmgeschichte des Fernsehens. In: Studienkreis Rundfunk und Geschichte. Mitteilungen (1982), H. 3., S. 144 – 155

K. Hickethier 1987: Hohlwege und Saumpfade. Unterwegs zu einer Programmgeschichte. In: M. Bobrowsky/W.R. Langenbucher (Hrsg.): Wege zur Kommunikationsgeschichte. München, S. 389 – 412

K. Hickethier 1988: Fernsehspielforschung in der Bundesrepublik und in der DDR. 1950 bis 1985. Bern/New York

H. Holzer 1969: Massenkommunikation und Demokratie in der Bundesrepublik Deutschland. Opladen (=Struktur und Wandel der Gesellschaft 7)

H. Holzer 1971: Gescheiterte Aufklärung. München

H. Holzer 1973: Kommunikationssoziologie. Reinbek

H. Jossé 1984: Die Entstehung des Tonfilms. Beitrag zu einer faktenorientierten Mediengeschichts – schreibung. Freiburg/München

A. Kaes (Hrsg.) 1978: Kino – Debatte. München

F. Knilli (Hrsg.) 1971: Unterhaltung der deutschen Fernsehfamilie. München

F. Knilli 1974: Die Literaturwissenschaft und die Medien. In: Jahrbuch für Internationale Germanistik 5 (1974), H. 1, S. 9 – 44

F. Knilli 1979: Medium. In: Faulstich 1979, S. 230 – 251

E. Knödler – Bunte 1971: Zu einem gesellschaftlichen Begriff des Mediums. In: H.K. Ehmer (Hrsg.): Visuelle Kommunikation. Beiträge zur Kritik der Bewußtseinsindustrie. Köln, S 374 – 390

R. Kolb 1932: Das Horoskop des Hörspiels. Berlin

K. Koszyk/K.H. Pruyß 1981: Handbuch der Massenkommunikation. München

S. Kracauer 1973: Theorie des Films. Frankfurt

H. Kreuzer 1975: Veränderungen des Literaturbegriffs. Göttingen

H. – D. Kübler 1987: Medienwissenschaft auf dem Prüfstand. Einige wissenschaftsgeschichtliche, terminologische und methodologische Anmerkungen. In: TheaterZeitSchrift (1987), H. 22, S. 114 – 124

W.B. Lerg 1982: Programmgeschichte als Forschungsauftrag. Eine Bilanz und eine Begründung. In: Studienkreis Rundfunk und Geschichte. Mitteilungen (1982), H. 1, S. 6 – 17

M. Ludin 1978: Die Amphibien dürfen nicht sterben. In: medium, 8 (1978), H. 11, S. 9 – 12

G. Maletzke, 1963: Psychologie der Massenkommunikation. Hamburg

G. Maletzke 1967: Publizistikwissenschaft zwischen Sozial– und Geisteswissenschaften. Berlin
G. Maletzke 1980: Kommunikationsforschung als empirische Sozialwissenschaft. Berlin
M. McLuhan 1970: Die magischen Kanäle. Frankfurt
R.K. Mertion 1985: Entwicklung und Wandel von Forschungsinteressen. Frankfurt
A. Meyer 1978: Auf dem Wege zum Staatsfilm. In: medium 7 (1977), H. 10, S. 27–30, H. 11, S. 14–19 und H. 12, S. 15–21
W. Meyer–Eppler 1959: Grundlagen und Anwendungen der Informationstheorie. Heidelberg
E. Oeser 1976: Wissenschaft und Information. Systematische Grundlagen einer Theorie der Wis–senschaftsentwicklung. München
A. Paul 1979: Theater. In: Faulstich 1979, S. 316–355
O. Negt/A. Kluge 1972: Öffentlichkeit und Erfahrung. Frankfurt
Projektgruppe Programmgeschichte (Hrsg.): Zur Programmgeschichte des Weimarer Rundfunks. Frankfurt (= Materialien zur Rundfunkgeschichte 2)
D. Prokop 1979: Faszination und Langeweile. Die populären Medien. Stuttgart
H. Pross 1972: Medienforschung. Darmstadt
M. Rühl 1985: Kommunikationswissenschaft zwischen Wunsch und Machbarkeit. In: Publizistik 30 (1985), H. 2/3, S. 229–246
U. Saxer 1980: Grenzen der Publizistikwissenschaft. In: Publizistik 25 (1980), H. 4, S. 525–543
H. Schanze 1972: Fernsehserien: Ein literaturwissenschaftlicher Gegenstand? Überlegungen zu einer Theorie der medialen Möglichkeiten. In: Zeitschrift für Literaturwissenschaft und Linguistik 2 (1972), H. 6, S. 79–94
A. Silbermann/U.M. Krüger 1973: Soziologie der Massenkommunikation. Berlin/Köln/Mainz
A. Soppe 1978: Der Streit um das Hörspiel. Berlin
I. Spiegel–Rösing 1973: Wissenschaftsentwicklung und Wissenschaftssteuerung. Frankfurt
F. Stepun 1932: Theater und Kino. Berlin
R.D. Whitley 1975: Konkurrenzformen, Autonomie und Entwicklungsformen wissenschaftlicher Spe–zialgebiete. In: N. Stehr/R. König (Hrsg.): Wissenschaftssoziologie. Kölner Zeitschrift für Soziologie und Sozialpsychologie, Sonderheft 18 (1975), S. 135–164
S. Zielinski 1986: Zur Geschichte des Videorecorders. Berlin
S. Zielinski 1989: Am Ende der Geschichte von Kino und Fernsehen: Ansätze zu einer Geschichte der Audio–Vision. In: Aspekte der Filmgeschichtsschreibung. Berlin (in Vorbereitung)
R. Zoll (Hrsg.) 1971: Manipulation der Meinungsbildung. Opladen
R. Zoll/E. Hennig 1970: Massenmedien und Meinungsbildung. München

Rolf Kloepfer

Medienästhetik

Polysensitivität - Semiotik und Ästhetik. Ein Versuch

I. Vermittlung und Eigenleistung

"Why is the reflection in that canal more beautiful than the objects it reflects? The colours are more vivid, and yet blended with more harmony; the openings from within into the soft and tender colours of the distant wood, and the intersection of the mountain lines, surpass and misrepresent truth" (Shelly 1965, 154).

Das Naturschöne verbessert durch optische Verdoppelung und Brechung, gestei-gert in seiner Ansehnlichkeit dadurch, daß es mittelbarer empfangen wird, intensiviert durch die repräsentative Verfälschung. Die Medialisierung als Mittel, die sinnliche Wahrnehmung 'gefälliger' zu machen, richtet sich am 'Objekt' aus – aber wie wäre 'Objektivität' denkbar: Flora und Fauna in einer geographi-schen Lage mit einer Sonneneinstrahlung, die durch die Luftbeschaffenheit modifiziert wurde? Und auch diese Auswahl entspräche einem Beschreibungstyp, welcher von dem 'Umweg' über 'Landschaft' mitgeprägt ist – ein Konzept, mit dem wir über Literatur und Malerei seit Jahrhunderten etwas als Wirklichkeit zu sehen gelernt haben.

Es geht nicht darum, Vermittlung, Medialität, Zeichenhaftigkeit zu Gunsten der sogenannten Unmittelbarkeit abzulehnen, sondern sich klar zu werden, worin man immer schon eingelassen ist. Um es einfach zu sagen: 'Wirklichkeit' ist ein Vermittlungsgefüge, das sich für eine Gemeinschaft als günstig, nützlich, tragfähig etc. erwiesen hat, eine 'Konstruktion', die sich in der Geschichte verfestigte. Das Metaphernfeld des Wirkens, Strukturerstellens, Vertextens ist nicht zufällig eines der wirkungsvollsten unserer Geschichte. Unmittelbar erscheint etwas, dessen Vermittlung selbstverständlich gegeben ist, gänzlich habitualisiert, unbewußt, spontan, automatisiert, vielleicht sogar als Reflex, aufgrund eines instinktiven Restes oder endlich aufgrund vorgegebener Apperzeptionsbedingungen. Was unmittelbar erscheint, ist im Grunde oft extrem vermittelt. Neurologen oder Semiotiker können dies leicht beweisen.

Im Ursprung gibt es unsere *Polysensibilität*, deren interne Spannung die spezifisch menschliche Wirklichkeitskonstitution ausmacht: Gleichzeitig sieht man mit zwei Augen, hört mit zwei Ohren, tastet mit zwei Händen und vielleicht dazu noch den Lippen, riecht, schmeckt möglicherweise dazu, fühlt die Wärmeausstrahlung und spürt spezifische Gewichtigkeit. Der Wahrnehmungssynkretismus wird durch unsere Beweglichkeit im Raum, durch den Umgang mit dem Wahrnehmbaren potenziert. Gedächtnis und die beiden kreativen Formen der Einbildungskraft (Erinnerung und Phantasie) steigern erneut. Die Potenzierung durch Zeichen wiederholt die Struktur dessen, was an Verarbeitungssystemen bereits vorgegeben ist.

Es geht nicht darum, aus der Vermittlung heraus –, sondern angemessen hin – einzukommen. Hierbei gibt es eine ebenso elementare wie folgenreiche Erweiterung. Wir sehen an der Farbe, daß die Herdplatte heiß ist, riechen es am Geruch der verbrennenden Speisereste, hören es am Zischen der Feuchtigkeit auf ihr. Synästhesie ist – wie Ersetzungs –, Verschiebungs – oder Anti – zipationsästhesie – Voraussetzung von zeichenhaftem Umgang mit Wirklichkeit und damit auch von Kunst.

Die Ersatzmöglichkeiten im Rahmen der Polysensibilität sind immens. Sie sind eine der Grundlagen unserer Lernfähigkeit und uns alltäglich vertraut: Man sieht am Telefon die situationsbedingten Gesichtszüge des fernen Anderen nach Maß – gabe der Stimme; man weiß mit einem Blick, daß man jenen Apfel nicht bekommt, weil sich der Ast, von dem aus wir ihn fassen könnten, unter unserem Gewicht zu sehr nach unten biegen würde... Wir wollen dies das natürliche *Prinzip des Ersatzes* nennen. Insbesondere die Fernsinne Auge und Ohr ersetzen die anderen Sinne. Man 'sieht' Gestank und Wohlgeschmack, was bekanntlich zu interessanten Phänomenen der kulinarischen Anästhesie führt. Man 'hört' die Art des Regens, das Gewicht des Nachbarn auf der Holztreppe, das Alter des schreienden Kindes gegenüber.

Zeichen sind u.a. Ersatzformen: Statt dem Objekt die Anzeige "luftgetrockneter Mailänder Schinken". Alle Möglichkeiten der Polysensibilität und des Ersatzes wiederholen sich in den Zeichensystemen. Auch ein Bild läßt analog den Geruch, das Gewicht, die Unstabilität etc. 'sehen'. Selbstverständlich wird die Nutzung der Polysensibilität in Zeichenprozessen semiotisch abgesichert. Dies geschieht auf der Grundlage eines analogen Prinzips, das wir gleich als *Polysemiosis* genauer beschreiben wollen.

Deshalb braucht uns der Grad an Vermittlung nicht zu schrecken, den das höchstentwickelte Medium aufweist: das Fernsehen. Da es die komplexeste Me – dienform ist, läßt sich vieles, was wir an ihm entwickeln , auf andere Medien übertragen. Das Fernsehen baut auf den vielfältigen Kodes auf, welche Malerei, Theater, Printmedien, Foto, Radio, Film, u.v.m. entwickelt haben. Es wird daher oft argumentiert, daß wir erst mehr wissen müßten über unvermittelte Wahr – nehmung, über die historischen Wirklichkeitskonstrukte, über die primär vorhan – denen Zeichensysteme, über die zugrundeliegenden ästhetischen Kodes etc. bevor wir das 'Amalgam Fernsehen' untersuchen können. Dies ist jedoch nur eine sophistisch verschleierte Flucht vor dem eigentlichen Problem.

Der Polysensitivität entspricht nämlich das komplementäre Vermögen der Poly – semiosis. Betrachten wir zuerst die Einheit beider Prinzipien. An der Mutterbrust nähren wir uns mit Milch, wärmen wir uns gleichzeitig, erfahren zunehmend erfahren, sind Teil eines Schall – und Lichtraums... und begreifen Hingabe, schmecken Verweigerung, hören Aggression oder verweigern häßliche Blendung. Die Ergänzung ist sowohl Prinzip im Sinnlichen wie im Semiotischen, wie vor allem zwischen beiden Hemisphären. Wahrnehmungs – und Zeichenvermögen entwickeln sich gemeinsam. Was nun die Polysemiosis betrifft, so ist der Grund für alle späteren Vereinzelungen. Es gibt also nicht erst einzelne Kodes, die man addieren kann, sondern umgekehrt eine polysemiotische Einheit, die künstlich differenziert und zu scheinbar autonomen Kodes raffiniert wird. Weil wir in einem 'sprechenden' Kontext kommunizieren – so und so und dies oder jenes essend, so und so sitzend, im Raum so und so proxemisch verbunden –, weil wir die Gesten und die Mimik sehen, die begleitenden Handlungen wie die Intonation etc. verstehen, deshalb haben die Worte in Texten relativ genaue Bedeutung. Außerdem sind diese in sich polyfunktional und durch variierende

Wiederholung abgesichert. Kein Wunder, daß Kommunikation funktioniert bei dem Maß an Absicherung.

Die Polysemiose nutzt Polysensibilität. Im Film sehen wir durch ein Fenster das schmerzliche Schreien eines Kindes mit Windpocken, sehen, daß die Windeln stinken, sehen, daß ein Mann der Mittelklasse mit Anspruch auf 'In – sein' sie widerwillig wechselt, sehen, daß er wütend Hilfe erwartet jenseits der geschlos – senen Tür etc. und die Musik spielt dazu. 'Reine Wahrnehmung' isolieren zu wollen wäre ebenso sinnlos wie eine isolierte, eindeutige Bedeutung. Wir aber lachen möglicherweise spontan und assozieren den Film *Drei Männer und ein Baby*.

Was aber klappt da eigentlich? Nicht der Transport von Bewußtseinsinhalten über einen Kanal mit dem Frachtschiff Botschaft, sondern Gestalten zur wech – selseitigen Erweckung der Vermögen zwischen den Partnern auf polysensibler und polysemiotischer Basis werden angeboten. Hierbei ist semiotisch die Steuerung der jeweils eigenen und fremden Bewußtseinsleistung. Wenn man Bescheid weiß, hört man innerlich das "froufrou" der Röcke, die beim "Cancan" gebauscht und geschwenkt werden – zumindest wenn man will – auch wenn man dies Stück Kultur nie unmittelbar erleben durfte, sondern nur medial. Es lohnte sich die Verwunderung über dieses Leistungsvermögen. Eine tiefgehende und zunehmend systematische Verwunderung wäre eine Voraussetzung für Medienästhetik.

Wenn demnach – wie die Alten seit Platon und Aristoteles sagen – Kom – munikation Seelenführung ist und wenn diese – erfreulich oder gefährlich – gesteigert werden kann durch Kunst, dann ist die Frage: Was ist und leistet bei dieser gesteigerten Führung das Ästhetische? Vorsichtig können wir antworten: Die angenehme oder anregende oder freudige oder sonstwie positive Erregung eben jener grundlegenden Vermögen. Sie regt die Anregbarkeit an, sie potenziert die Potenz, sie aktualisiert mächtig Möglichkeiten etc. Aristoteles bemerkt ver – wundert am Beginn seiner Poetik die Freude beim Betrachten von so etwas Abstoßendem wie einem Kadaver, wenn er nur kunstfertig vermittelt ist. Nicht das Objekt, sondern der vermittelte Umgang ist die Quelle des Genusses.

Womit wir wieder beim Anfang wären.

Die Vermitteltheit ist Grundlage der positiv erfahrenen Selbständig – bzw. Selbsttätigkeit. Warum ist sonst – so fragt sich Aristoteles – das sich hinter der Bühne vollziehende Grauenhafte erschreckender als das unvermittelt Ge – zeigte? Aber nicht jede Vermittlung potenziert, sondern nur diejenige, welche der Selbsttätigkeit im Bewußtsein systematisch Anlaß gibt. Entsprechend dem schö – nen, etymologischen Metaphernspiel Schellings kann man zusammenfassen: Wahrnehm –, Empfind – oder Einseh*bares*, Erkennbares, Wunderbares – kurz etwas, das eine Möglichkeit in sich 'trägt' – wird durch den Empfind –, den Aufmerk – oder sonstwie in seiner Möglichkeit Gleich*samen* wirklich. Das Furchtbare bedarf des Furchtsamen um wirklich zu werden.

Daß der Farbenblinde nicht nur Schwierigkeiten mit Farben hat, sondern mit vielem, was man über Farbtönungen lernt, sieht wohl jederman ein. Daß dies für alle Bereiche der Sensibilität gilt, viel zu wenige. Daß spezielle Sinne für Künste oder Geschichte und viele Kulturbereiche mehr zu entwickeln sind, wird oft sogar von denen vergessen, die dafür bezahlt werden. Die Tatsache, daß Zeichen – und schon gar ästhetische – nur wirklich für den sind, der den Sinn dafür entwickelt hat, bedeutet jedoch nicht, daß dieser auch reflexiv wissen muß, wann er was wie gelernt hat. Das meiste lernen wir unbewußt. Das gilt auch für unsere (fernseh)ästhetische Kompetenz.

Die ästhetischen Theorien der fast zweieinhalb Jahrtausende Reflexion haben in der Regel eines gemeinsam: Sie verweisen darauf, daß die Wirkbarkeit, welche in einem Objekt angelegt ist, deshalb im Menschen besonders wirksam werden kann, weil dies einem tiefen Bedürfnis entspricht, einem Drang, einem Trieb, einer Notwendigkeit, einer Funktionslust – oder wie die Bezeichnungen lauten mögen. Ob dies sich als Nachahmung, Einfühlung, Abstraktion oder als sonstige innere Tätigkeit vollzieht, ist kontrovers, nicht jedoch die Steigerung eines grundlegenden Vermögens. Die Freude im Umgang mit Kunst hat immer etwas mit *Eignung* zu tun – sei es *Aneignung* (im Blick auf das, was über Kunst er – faßt wird), sei es die Erfahrung des eigenen Vermögens (im Blick darauf, wofür ich selbst *geeignet* bin). Bewußtsein beinhaltet immer 'etwas'. Selbst ein Gefühls – zustand wie Melancholie hat einen Inhalt. Deshalb sind beide Seiten der Me – daille 'Eignung' immer gleichzeitig gegeben – auch wenn wir uns dessen gar nicht gewahr werden.

Ästhetische Verfahren geben demnach die glückliche Erfahrung von Eignung im doppelten Sinne des Wortes – allerdings sei jetzt schon betont, daß ihre Synergieleistung auch für etwas benutzt werden kann, was man sich nach einem bestimmten Wertesystem nicht aneignen sollte, und Fähigkeiten entwickeln kann, die wir dementsprechend lieber nicht unser eigen nennen würden. Das Ästheti – sche sollte dem Wahren und Guten entsprechen und der Gerechtigkeit dienen – was das auch jeweils sein mag – es tut dies selbstverständlich nicht automatisch. Ganz im Gegenteil! Daher die Warnung vor dem Ästhetischen seit Jahrtau – senden, ob es nun dramatisch, musikalisch, erzählerisch, lyrisch oder eben filmisch oder fernsehhaft auftritt.

Schließen wir diesen Gedankengang vorläufig. Medienästhetik ist nicht als Summe aller möglichen sonstigen Ästhetiken anzugehen, sondern holistisch: Die Ganzheit von Wahrnehmung und Zeichenverarbeitung ist medial extrem gesteigert und genau diese Prinzipien solcher Steigerung hat die Medienästhetik zu erfassen, in diesem Fall: die Fernsehästhetik.

II. Die Macht der Medialisierung

Nach diesen Ausführungen ist klar, warum die Festlegung von Medienästhetik auf irgendeinen Programmbereich sinnlos ist. Wie das Poetische bzw. Literarische in allen Textarten wichtig werden kann, so auch das Ästhetische in allen Fern – sehgenera. Mehr noch: Unterscheidung nach Fiktion vs. Nichtfiktion, Unterhal – tung vs. Information u.ä.m. sind nur begrenzt brauchbar. Wenn wir – in extre – mer Verkürzung – die freudige Eignung als Grundlage des Ästhetischen annehmen, dann kann sie selbstverständlich genau so bei der Übertragung eines Fußballspiels, einer Parlamentsdebatte, einem Interview wie bei den *Piraten* mit Erol Flynn ermöglicht werden.

Bevor wir auf die Überlegungen des ersten Teils zurückkommen, müssen zwei Überlegungen skizziert werden, die mehr das Fernsehen als andere Medien betreffen:

1. Für das Fernsehen werden Ereignisse ästhetisch gestaltet in Politik, Kultur und Sport (ganz abgesehen davon, daß manche teilweise von ihm finanziert werden). Selbst wenn sie – wie bspw. die Olympiade – im Grunde unmedial erscheinen

("Was hat Slalom mit Fernsehen zu tun?"), durchdringt ihre mediale Aufberei-
tung und Vermarktung doch alles: Es ist zu vermuten, daß die meisten Men-
schen "Skifahren" mit den spannenden Fernsehbildern assoziieren und daß die
Leistungen zunehmend aufgrund von Sponsorfinanzierung oder für erwartete
Verträge ermöglicht werden, die nur finanziell von Interesse sind, weil es das
Medium gibt. Man kann das als mediale Selbstinduktion bezeichnen.

2. Diese hat ihr qualitatives Äquivalent in der Entwicklung von immer me-
diengerechteren Kommunikationsformen, die entsprechende Verhaltensformen
bedingen. Fernsehspot und Videoclip, die medienspezifischsten Genres, werden
Modelle für Produktionen im Film oder in den Printmedien. Die Kinderspiele,
das Fahrverhalten, die Mode, der Urlaub, ja Familienfeste werden zunehmend
medial beeinflußt. Man filmt sich bei Großmutters Geburtstag nach der entsprechenden Ästhetik so gut man kann. Hierbei ist weniger wichtig, was man zum
Ereignis macht, als welche Wahrnehmungsgewohnheiten damit habitualisiert und
aufgewertet werden. Dazu gehört schließlich die Verfügbarkeit: Ein medialisiertes
Ereignis ist weniger eines, das man auf Kassette speichern kann, sondern das als
speicher- und medial reproduzierbar wahrgenommen wird. Was Platon im
Phaidros schon an der Schrift kritisierte, gilt hier potenziert: Man verwechselt die
Konservierbarkeit im künstlichen Gedächtnis mit Erinnerung.

Genau hier – in der Speicherbarkeit – liegt jedoch das technologisch Spezifische. Sie wird durch die Digitalisierbarkeit erneut potenziert. Denn es ist nicht
nur ein blitzschneller Zugriff auf alles möglich, was je medial erfaßt wurde,
sondern alles dies wird integrier-, kombinier- und ineinander transformierbar.
Fernsehregie kann an die Stelle eines Spiels, einer Rede, einer Katastrophe das
gespeicherte Äquivalent setzen und dieses mit Dokumenten, Kommentaren,
Computeranimationen so aktualisieren, daß das 'originale Ereignis' verzichtbar
erscheint.

Dies sei nicht als medienkritische Karikatur verstanden. Wir müssen uns die
Potenz des Mediums vor Augen führen, um darin die Rolle des Ästhetischen
genauer bestimmen zu können. Nur dann kann man sich radikal genug fragen:
Warum macht der Rezipient die unendliche Steigerung des "Als-ob" mit?
Nehmen wir nur die Wetternachrichten eines französischen Senders, die eine
halbe Minute dauern und fragen uns: Wieso läßt sich der Zuschauer blitzschnell
von einem Ort der Welt zu einem anderen schalten, von einem Ereignis zu
einem anderen, von einer Zeitstufe zu einer anderen, von einer Vorstellungsform
zu einer anderen, von einem Genre zu einem anderen, aus Wirklichkeit in Fiktion, in Modell etc.?

Es wird hier offenbar komplementär zur oft bemerkten Passivierung des Fern-
sehers eine Leistungsbereitschaft behauptet, die es besser zu begründen gilt. Die
Macht dieses Mediums beruht auf einer Zustimmung, einer spezifischen Teilnahme, einer praktischen Gutheißung aller Beteiligten, die – so behaupten wir
– grundlegend etwas mit dem Ästhetischen zu tun hat.

Und dies ganz radikal: Der Zuschauer ist bereit, unendlich viel auf kleinstem
Raum, in kürzester Zeit und vor allem in kaum angemessen beschreibbarer Tiefe
nicht nur wahrzunehmen, sondern immer weiter zu verarbeiten. Und dies mehr
als in jedem Alltag, mehr als bei jeglicher Arbeit, mehr als in anderen Medien.
Der Fernseher integriert ja nicht nur alle alltäglichen Erfahrungsmodalitäten,
sondern auch viele wissenschaftliche vom Elektronenmikroskop bis zum
Unterwasserrichtmikrophon und alle möglichen künstlerischen. Dies alle funktioniert nur, weil der Zuschauer bereit und fähig ist, es wirken zu lassen. Seine

Fernsehanlage muß stärker seinen eigenen Anlagen entsprechen, als wir gemein –
hin annehmen. Wir vermuten, daß er das Wechselverhältnis so mächtig werden
läßt, weil mit der Entwicklung des Mediums das Positive am Wahrnehmen und
Verarbeiten mitentwickelt wurde, eben das Ästhetische.

III. Wo steckt das Ästhetische?

Im ersten Teil sprachen wir von der Zweiseitigkeit der Eignung, die im Grunde
des ästhetischen Genusses liegt. Aneignung ist wohl so etwas Grundlegendes wie
Essen und Trinken oder Sprechen und Lachen. Sich selbst dabei als geeignet zu
erfahren ist Ursache aller möglichen Formen von Glück. Auch das Wort Genuß
hat diese Zweiseitigkeit – zumindest etymologisch: Es ist der freudig erfahrene
Nutzen von etwas für uns. Das Vehikel dieser Zweiseitigkeit ist der Fernseher,
genauer: Das, was im Verlauf der Zeit übertragen wird.

Über den Kasten wird etwas dargestellt, präsentiert, abgebildet, modelliert –
oder wie man die Referenz jeweils nennen will. Dies ist die *Mimesis* – Dimen –
sion. Sie nutzt und erweitert, was für uns Be – Deutung sein kann. Ihr entspricht
die Semantik i.e.S., der man sich bislang dominant gewidmet hat. Im Dargestell –
ten hat man auch das Ästhetische gesucht. Dies ist nicht falsch, doch greift es zu
kurz. Wie bei Roman, Lyrik oder Theater ist auch hier bspw. Fiktion, ist eine
bestimmte Konstellation wie das erotische Dreieck, ist Landschaft eine mögliche,
jedoch beileibe nicht hinreichende Bedingung des Ästehtischen – und schon gar
kein Definitionsmerkmal. Der Abschuß eines Airbus kann Computerspiel, histo –
risches Faktum, Element einer Komödie sein... als Ausschnitt einer möglichen
Welt kann er allen Kommunikationsformen genügen. Aber wenn es einem Ka –
meramann gelingt, einen wirklichen Abschuß mit vielen Opfern und in allen
Details zu filmen, dann ist das so viel wert wie der Film des Challenger – Un –
falls. Ist dieser Wert ein dokumentarischer oder ein ästhetischer? Es ist klar, daß
man so nicht mehr fragen darf.

Der Apparat tönt, spricht, schallt, zeigt, führt vor, demonstriert. Unsere Katze
intereressiert sich für die Vögel und ängstigt sich vor dem, was da mit Geschrei
in den Blick springt. Sie läuft weg. Das Mimetische führt über die Vermittlung
zur (Flucht –)Handlung. Ebensowenig wie wir die Mimesis mit Wirklichkeit
gleichsetzen dürfen, erschöpft sich die Vermittlung im Technischen. Die Ver –
mittlung ist relativ autonome Instanz, weil sie die Strukturen von Diskursen hat.
Mit der Dimension des *Diskurses* umfassen wir alles, was den Strom der Reden,
Geräusche, Musiken, der Bilder, Gestalten, Texte ordnet. Es wäre schwierig zu
sagen, inwiefern Diskurs der Syntax entspricht, denn ihm ist spezfisch, daß er
multikodal funktioniert, daß er vieldimensional simultan und sukzessiv ist, daß er
vor allem auf jeweils vorausgesetzten Diskursen aufbaut, die er medienspezifisch
verarbeitet: Jeder weiß, daß die Transformation eines Fotos in einen Kohlkopf
Element einer Karikatur ist, der eigenartige Quietsch – und Platzgeräusche
durchaus entsprechen... und daß gelacht werden darf, vor allem, wenn man
nachträglich versteht, warum der Blickwinkel des Fotos mit dem Froschauge in
die erhabene Höhe führte. Liegt das Ästhetische im Diskurs? Es gilt das Gleiche
wie bei der Mimesis: Er kann, muß aber nicht die Bedingung sein.

Vor dem Fernseher sind wir da, präsent, haben Eindrücke, denken uns was,
schwitzen und trinken Bier, ärgern uns über Störungen, haben Vorstellungen etc.
und sind ganz praktisch auf den Fernseher und auf alles Mögliche bezogen. Die
Pragmatik erforscht die Relation der Zeichen zu den Zeichenbenutzern. Hierbei
müssen wir unterscheiden, was am Beispiel der Katze gezeigt wurde (die Reak –

tion auf einen abgeschlossenen Zeichenprozess), von den Handlungen während dem Zeichenprozess, die wir von den Zeichen selbst gesteuert vollziehen. Diese pragmatische Dimension haben wir *Sympraxis* genannt (vgl. Kloepfer 1985, 1986a, 1986b und 1987). Sie umfaßt das Um – zu, welches das Was der Mimesis und das Wie des Diskurses im Kommunikationsprozess anbietet. Wir eignen uns fernsehend etwas an und erleben *hic et nunc* unsere Eignung. Wir sehen das Fußballspiel und *erfahren* was über Mannschaften, Strategien, Reaktionen des Publikums etc., gleichzeitig sorgen Spiel und vor allem der Diskurs dafür, daß wir *gespannt* sind, daß wir die Ungerechtigkeit des Elfmeter *beurteilen*, daß wir das Schauspiel des 'Gefoulten' *entlarven*, daß wir die Komik des Freudenknäuls nach dem Tor *erleben*, als steckten wir – wohlgezoomt – mittendrin. Entspricht das Ästhetische der Sympraxis? Ebensoviel oder – wenig wie der Mimesis und dem Diskurs. Sie ist eine mögliche Grundlage.

Eine Theorie der Mimesis, des Diskurses und der Sympraxis im Fernsehen wäre demnach noch keine Fernsehästhetik. Wir haben das Problem vor Jahren ganz analog bei der Suche nach dem Narrativen als dem Ästhetischen dargestellt, welches sich mit Erzählungen realisiert (vgl. Kloepfer 1979a). Nicht in, sondern zwischen den Dimensionen, die wir heuristisch trennten, realisiert sich das Ästhetische. Es ist – so fassen wir vorwegnehmend zusammen – eine spezifi – sche Form ihrer Synergie.

Damit müssen wir eine Trennung als irrelevant ablehnen, die weit verbreitet ist und viel Verwirrung schafft: die in Produktions –, Darstellungs – und Rezep – tionsästhetik. Es ist klar, daß die kulturellen Bedingungen, welche zur Produk – tionszeit gegeben waren, wichtig sein können, doch jeder Künstler versucht gerade diese vermittels des Ästhetischen zu neutralisieren. Entsprechend läßt sich die Größe eines Kunstwerks u.a. daran ablesen, inwieweit es einen Rezipienten aus seinen kulturellen Bedingungen löst. Und das Amalgam von 'Werkstrukturen' und solchen der dargestellten Welt zeigt in der Regel wenig mehr als die Unsicherheit der Forscher, unterschiedliche Zeichensysteme zu korrelieren.

Genreästhetik, wie unsere Fernsehästhetik, muß semiotisch und kann deshalb nur wirkungsorientiert sein. Etwas ist nur Zeichen, weil es ein Wirkungspotential für jemanden birgt, ist immer Element von 'Seelenführung'.

IV. Sympraxis, Thema und Komposition – Rekapitulation mit Eisenstein

Medienästhetische Ansätze spiegeln oft die der Literatur –, Film – oder Kunst – wissenschaft. Diese intellektualisierten das Kunstwerk seit langem. 'Seelenführung' war tabu oder als Manipulation verschrien. Man hatte vergessen, daß seit Ari – stoteles die Mimesis der Sympraxis untergeordnet war, denn was ist die auf Horror und Mitgefühl aufbauende Katharsis anderes als die intensivste Form von sympraktisch bedingter Wirkung, welche ermöglicht wird durch eine bestimmte Auswahl in der Mimesis und die Gestaltung im Diskurs? Auch die Theorien des Lachens geben seit der Antike Einblicke in die Wechselwirkung von Mimesis, Diskurs und Sympraxis. Fernsehästhetik kann nicht als eine Art Summe aller anderen möglichen Ästhetiken entworfen werden, doch die allen Ästhetiken ge – meinsame Basis teilt auch sie. Daher hierzu eine Art Exkurs.

Daß *Mimesis* selbst ambivalent ist, wußte bereits Aristoteles. *Etwas* wird nach – geahmt, modelliert, abgebildet..., aber *jemand* ahmt – verstehend in Psyche, Geist, Gemüt, Sinn oder sonstwo – nach, modelliert sich etwas, bildet in, mit, an, durch, aus sich möglicherweise Analoges. Diesen Aspekt nannten wir –

wenn er zeichenbedingt ist – *Sympraxis*. Wir haben das an anderen Stellen ausgeführt und wollen hier mit einem klassischen Theoretiker soweit nötig zusammenfassen: mit Eisenstein.

Sein *Potemkin* stellt zehn Tage des Herbst 1917 dar: einen revolutionären Kampf. Das ist die Mimesis. Er komponiert Dargestelltes in Blickwinkeln, Detailaufnahmen, subjektiver Kamera. Das ist der Diskurs. Er baut damit syste – matisch Eindrücke und Reaktionen im Zuschauer auf: die Sympraxis. Das Ganze hat seine ästhetische Struktur und diese ist die Grundlage möglicher Wirkungen. Ob diese mit der Absicht Eisensteins genau übereinstimmt, ist sekundär[1]. Daß dies Angebot nach den historischen Bedingungen der Rezeption unterschiedlich wirkt, ist selbstverständlich[2].

Von Interesse ist die Radikalität, mit welcher Eisenstein Sympraxis neben Mimesis und Diskurs (für ihn vor allem *Montage*) fordert:

"Der Zuschauer fühlt sich zuerst nicht auf die Odessa – Werften des Jahres 1905 versetzt. Aber wenn die Soldatenstiefel unerbittlich abwärts schreiten, weicht er unwillkürlich mit zurück. Er will aus dem Kugelbereich heraus – kommen. Und sieht er den Kinderwagen der wahnsinnig gewordenen Mutter auf die Mole hinunterrollen, so hält er sich krampfhaft an seinem Kinosessel fest. Er will nicht ins Meer stürzen" (IV, 182)[3].

Die Reaktionen sind bei einem Kind manifester als bei einem Erwachsenen (I, 187), doch sind die fiktiv bedingten Sympraxen im Erwachsenen nicht weniger wirklich. Eisenstein beobachtete sie zuerst beim Theater[4]:

"Ein erwachsener Zuschauer ahmt die Schauspieler mimisch verhaltener nach, aber wohl gerade deswegen wesentlich stärker *fiktiv*, das heißt, er erlebt ohne faktischen Anlaß und ohne reale Mitwirkung der Handlung die wundervolle Skala erhabener Gefühle, die ihm das Drama vor Augen führt; oder er läßt den niedrigen und verbrecherischen Trieben seiner Zuschauernatur nicht minder fiktiv freien Lauf – abermals nicht durch Beteiligung, sondern einzig durch dieselben realen Gefühle, die die *fiktive* Teilnahme an den auf der Bühne verübten Missetaten begleiten. (...) So gibt die Kunst (vorerst im spe – ziellen Fall der Schauspielkunst) dem Betrachter also die Möglichkeit, auf dem Weg des Miterlebens *fiktiv* Heldentaten zu vollbringen; *fiktiv* große see – lische Erschütterungen durchzumachen; fiktiv den Edelmut eines Karl Moor zu teilen, sich mit Franz Moor der Last niedriger Instinkte zu entledigen, mit Faust sich als ein Weiser zu fühlen, gottbesessen mit der Jungfrau von Orleans, leidenschaftlich mit Romeo zu sein, sich von Qualen innerer Pro – bleme mit der liebenswürdigen Unterstützung durch Brand, Rosmer oder den dänischen Prinzen Hamlet zu befreien. Ja, mehr noch! Als Ergebnis einer solchen *fiktiven* Handlung erlebt der Zuschauer vollkommen reale, konkrete Befriedigung. Nach Verhaerens 'Morgenröte' fühlt er sich als Held. Nach Calderons 'Standhaftem Prinzen' spürt er sein Haupt vom Glorienschein siegreichen Märtyrertums umgeben. Nach 'Kabale und Liebe' zerfließt er förmlich vor Edelmut und Mitleid mit sich selbst" (I, 189).

Daß sich der 'intellektuelle' Rezipient – schon gar der 'wissenschaftliche' – wappnet und jegliche Beteiligung zu verweigern sucht, ist bekannt. Ihm bietet der erfahrene Autor spezielle Sympraxen an, damit er gleichzeitig seine 'intellektuelle Distanz' und sein selbstverständlich gesuchtes 'Dabeisein' verwirklichen kann; meist ist deren Grundlage eine Form der Ironie.

Doch schon beim Theater, mehr noch beim Film stellt Eisenstein erschreckt die Frage, warum jemand Praxis suchen soll, wenn doch über Sympraxis und die gesamte ästhetische Struktur so Erstaunliches möglich ist:

> "Denn wo diese Möglichkeit – nämlich eine Befriedigung fiktiv zu erreichen – geboten wird, wer sollte sie dann über den Weg der realen, echten, tatsächlichen Verwirklichung dessen suchen, was man für billiges Geld, ohne sich auch nur zu rühren, von Theatersesseln aus haben kann, von denen man sich mit dem Gefühl absoluten Befriedigtseins erhebt!" (I, 190)

Diese Frage stellt sich beim Fernsehen extem (s.u. Teil V). Eisenstein erfaßt Sympraxis als Teil von Montagediskurs und im Hinblick auf die Komposition seit 1923 mit dem Ausdruck "Montage der Attraktionen" (I, 217ff. u.a.). Vorweg: Er kommt auf den Begriff – die Sache gibt es nebenher von jeher – aus der Beobachtung in Varieté, Zirkus und eben der Montage im Film (I, 220). Mehr als zwanzig Jahre nach den Experimenten und der Definition stellt Eisenstein sich dar als der Ingenieurstudent, der an die "wissenschaftliche Erforschung der Geheimnisse" der Kunst ging (I, 193) und bemerkt: "Hätte ich damals mehr über Pavlov gewußt, ich glaube, ich hätte die 'Theorie der Montage der Attraktionen' als 'Theorie der künstlerischen Reizerreger' bezeichnet". (Man stoße sich nicht an einer Terminologie, die im Behaviorismus noch extremer wird, sondern achte auf das Argument!). Da der Zuschauer das Material der Kunst ist, geht es entspre – chend darum, die Einwirkungen auf ihn systematisch zu organisieren" (I, 193)[5]:

> *"Eine Attraktion (im Theater) ist jedes aggressive Moment des Theaters, d.h. jedes seiner Elemente, das den Zuschauer einer Einwirkung auf die Sinne oder Psyche aussetzt, die experimentell überprüft und mathematisch berechnet ist auf bestimmte emotionelle Erschütterungen des Aufnehmenden. Diese stellen in ihrer Gesamtheit ihrerseits einzig und allein dar, daß die ideale Seite des Gezeigten, die eigentliche ideologische Schlußfolgerung aufgenommen wird. (Der Weg der Erkenntnis 'über das lebendige Spiel der Leidenschaften' ist der spezifische Weg des Theaters)"* (I, 217f.).

Und dann zählt Eisenstein Elemente aus dem Guignol – Theater auf (vom "Aus – stechen der Augen" bis zur modernen Mauerschau per Telefon). Hierbei zeigt er die Ambivalenz des Ästhetischen gerade dann, wenn es stark sympraktisch bedingt ist[6]. Attraktion ist nicht Kunststück oder Trick (wie beim Zirkus):

> "In seiner terminologischen Bedeutung steht der Begriff (sc. Kunststück oder Trick) – da er etwas Absolutes und in sich Vollendetes bezeichnet – in direktem Gegensatz zur Attraktion, die ausschließlich auf etwas Relativem basiert, nämlich der Reaktion des Zuschauers" (I, 218f.).
> *Dieser Zugang verändert in radikaler Weise die Möglichkeiten (...) An die Stelle der statischen "Widerspiegelung" eines aufgrund des Themas notwendig vorgege – benen Ereignisses und der Möglichkeit seiner Lösung einzig und allein durch Wirkungen, die logisch mit einem solchen Ereignis verknüpft sind, tritt ein neues künstlerische Verfahren – die freie Montage bewußt ausgewählter, selbständiger (auch außerhalb der vorliegenden Kompositon und Sujet – Szene wirksamen) Einwirkungen (Attraktionen), jedoch mit einer exakten Intention auf einen bestimmten thematischen Endeffekt – die Montage der Attraktionen"* (I, 219).

Also nicht Autor – Absicht, Abbildungseffekte u.ä., sondern das System der At – traktionen bestimmt die Wirkung einer Inszenierung. Auch im Theater des 19. Jahrhunderts wurden Attraktionen gebraucht z.B. für einen "Schlußeffekt", doch man hat sie von der Logik – wir würden sagen: von der Mimesis her –

motiviert und dazu noch unbewußt. Sie waren "etwas Akzessorisches, Schmückendes" (I, 220). Schon immer gab es eine "intuitiv – künstlerische Komposition von Einwirkungen", doch nun wird gesucht "die wissenschaftliche Organisation von sozial nützlichen Reizerregungen": "Psychologie mit den Kunstmitteln der Darstellung" (I, 225). Regie, Komposition ist "die Organisation des Zuschauers mit Hilfe organisierten Materials" (I, 237).

Also "die Fabrik als Schauspielelement und nicht als 'Gefäß'" (vgl. Ziehharmonika, Klosett etc. (II, 130)). Erst so gesehen, gefilmt, nein: über den Film erfahrbar gemacht, ist eine Fabrikhalle ein "Reizerreger".

"Das Studium der Reizerreger und ihrer Montage mit interpretierender Zielrichtung kann ein erschöpfendes Material für die Frage nach der Form liefern. Der Inhalt ist – meinem Verständnis nach – ein Komplex von kettenförmig aufeinander bezogenen Erschütterungen, denen das Publikum in einer bestimmten Reihenfolge ausgesetzt werden soll (grob gesagt: so und so viel Prozent an Material, das die Aufmerksamkeit fesseln soll, so und so viel Prozent, um Zorn zu erregen usw.). Aber dieses Material muß nach einem Prinzip organisiert sein, das zu diesem gewünschten Effekt auch wirklich hinführt" (I, 228).
"Form aber ist nun die Realisierung dieser Absichten im Detailmaterial und zwar auf dem Wege einer Erschaffung und Auswahl solcher Reizerreger, die die notwendigen Prozentsätze, d.h. die konkretisierende und faktische Seite eines Werkes hervorzurufen vermögen" (I, 229).

Eisenstein unterscheidet noch "Attraktionen des Augenblicks", d.h. historisch sehr limitierte Sympraxen von "ewigen". Hier hätten die historischen Ästhetiken ihre Aufgabe!

Es ist sicher, daß ein zentraler Unterschied zwischen "Attraktion" und *Sympraxis* der zwischen "bedingten nützlichen Reflexen" (vgl. auch II, 130) und selbstbestimmter, der Möglichkeit nach freiwilliger – wenn auch oft nicht reflexiv faßbarer – innerer Handlung ist. Historisch mag gelten, daß *Streik* sie wie "ein Traktor, der die Psyche des Zuschauers mit der geforderten Klassenzielsetzung umpflügt" (I, 235), doch ist dies nur eine Form der Arbeit mit der Seele des Zuschauers. Die "Kunst der Einwirkung" (II, 132) ist von Eisenstein ganz auf die revolutionäre Situation hin formuliert: Er beschreibt "taktische Manöver in der Attacke auf den Zuschauer, die unter der Losung des Roten Oktober geritten wird" (II, 133).

Eisenstein betrachtet ebenso das Komische, das Entsetzliche oder das Pathos als ein Produkt, das mit Methoden der Attraktion in die Seele des Zuschauers komponiert wird (I, 274f.). Pathos als das, was den "Zuschauer außer sich geraten" (II, 172), das Gleichgewicht verlieren läßt, was ihn bis zum Schwindel und an die Grenzen des Erträglichen – die er jedoch frei verlassen kann – bewegt, ... Pathos ist eines der Mittel, den Zuschauer in ein dem Autor gleiches "Verhältnis zum Inhalt" zu setzen (II, 174)[7]. Pathos ist – wie alle diese umfassenden Sympraxen – eine komplexe Relation (ebenso: Einstellung, Stimmung, Rollenübernahme etc auf weniger komplexer Ebene). Eisenstein unterscheidet sehr genau Stufen der Sympraxen am Beispiel des Pathos:

1. Identifikation mit dem "außer sich geratenen Helden" (der rhythmisch spricht, der Bilder gebraucht etc.),
2. Übernahme der Struktur der Umwelt des Helden, die außer sich gerät, d.h. die so komponiert ist wie die Bedingung für Pathos im Helden (Naturalismus),

3. Selbständigkeit der Struktur der Komposition selbst, die pathetisch ist (z.B. Rhythmuswechsel in der Prosa, in der Abfolge der Episoden oder in der Mon – tage: Odessa – Treppe im *Potemkin*).

In diese dritte Stufe reiht sich Eisenstein selbst ein: Die Struktur der filmischen Komposition ist identisch mit der des "vom Pathos ergriffenen Menschen" (II, 179). Wenn demnach jemand den Film angemessen sieht, vollzieht er sehend alle systematisch notwendigen Elemente, um an sich den spezfischen Pathos zu voll – ziehen. Wenn die "inhaltlich – thematischen Elemente" (wie z.B. im *Potemkin* der revolutionäre Ausbruch) alle Elemente der Komposition durchdrungen haben, dann gibt es einen "Sprung", einen "Übergang aus der Quantität in die Qualität" (II, 184). Der Aufbau ist dann wirklich pathetisch, wenn "er uns zwingt, seinen Ablauf in uns zu wiederholen, wenn er uns zwingt, *die Momente der Ver – wirklichung der Entstehung* der Gesetzmäßigkeit dialektischer Prozesse zu *erleben*" (II, 185). Die Gesetzmäßigkeit des Themas wird demnach durch die Komposition zur Gesetzmäßigkeit der Erfahrungsstruktur, welche durch die Kunst dem Rezi – pienten angeboten wird. Nicht zufällig nennt Eisenstein dieses Pathos "die höchste Form des Organischen" (II, 186).

Wenn Eisenstein von der "Emotionalisierung des Gedankens" spricht und sagt: "Der abstrakte Denkprozess ist in die Lebendigkeit praktischer Wirklich – keit/Wirksamkeit zu tauchen" (III, 244), dann ist das ein Programm, das nicht nur für ihn zutrifft, sondern im Prinzip auf jegliche Kunst. Selbstverständlich müssen wir uns bei einer solchen Aussage klar sein, daß der *Prozeß* das Ent – scheidende ist – weshalb bereits Wilhelm Worringer (1908) überzeugend nach – gewiesen hat, daß dem Hyper – Naturalismus eines Eisenstein komplementär ästhetische Prozesse gegenüberstehen, die gerade vom Involviertsein zur Abstraktion führen.

V. Die nur scheinbar unendliche Aufgabe

Wenn – wie gesagt – das Fernsehen alle möglichen Kommunikationsformen in sich aufnimmt, gleichgültig ob sie dominant ästhetisch genutzt werden oder nicht, dann erscheint Fernsehästhetik als unendliche Aufgabe. Dies um so mehr, als ja alle Ästhetiken als spezifische Synergieformen der Spannung von Mimesis, Dis – kurs und Sympraxis erscheinen. Abgesehen davon, daß die Theorie eines Instinktes wie dem Nestbau auch schon unendlich ist, daß es demnach nur um relativ funktionstüchtige Modelle geht, gibt es immanente Vereinfachung: Wie wir uns grundlegend polysensibel verhalten und so effizienter Wirklichkeit erstellen, wie wir uns grundlegend polysemiotisch verhalten und so effizienter kommuni – zieren, so sind wir auch immer schon *polyästhetisch* eingestellt.

Niemals könnten wir ästhetische Kompetenz erwerben, wenn der Alltag nicht bereits polyästhetisch vorgeprägt wäre, wenn wir erzählend nicht bereits Drama – tisches realisierten, mit Fotos oder mit bestimmten Musikstücken Theatralik und mit Liedern die Prinzipien der Show erlernten, mit dem Theater wiederum Ma – lerei oder mit dem Film schließlich u.a. Prinzipien des Lyrischen. Das Fernsehen ist daher auch eine Kommunikationsform, welche ununterbrochen auf alle schon erlernten Formen rekurriert und diese damit auch am Leben erhält. Daher ist eine Trennung nur heuristisch sinnvoll. Ist etwa das Erzählerische aus Spielfilm, Nachrichten oder Werbespot wegzudenken? Und doch erfaßt es die Narrativik wohlweislich am Modell der komplexesten Romane.

Wir müssen auch umgekehrt fragen: Hat das Erzählen des ausgehenden 19. Jahrhunderts nicht Strukturen des Films vorgebildet und der Roman der letzten Jahrzehnte ästhetische Gewohnheiten ermöglicht, die nun dominant im Fernsehen nachzuweisen sind? Man denke an jene Leistungen, die vorhin bei den französischen Wetternachrichten skizziert wurden: Sie sind längst in der Literatur erprobt. Allerdings: Wie wenige lesen diese Literatur, wie wenig Zeit widmen sie ihr und wie wenig thematisiert sie die Öffentlichkeit!

Fernsehästhetik ist demnach nicht eine zusätzlich zu addierende, auch nicht als Summe vorhandener und schon gar nicht als qualitativ gänzlich neue Ästhetik zu denken, sondern als eine spezifische Transformations –, Reduktions – oder Steigerungsform. Was wird medienspezifisch gesteigert im Rahmen des Ästhetischen?

Die Frage tut so, als wüßten wir nicht nur, was das Ästhetische ist, sondern auch, welche ungeahnten Möglichkeiten wir demnächst im Fernsehen erleben könnten. Gehen wir von dem Beispiel Shellys aus:

Eindrücke können ästhetisch beeindruckend präsentiert werden. Ein ganz 'normaler' Apfel wird glänzend, mit einem Tautropfen benetzt, in schönem Spätsommerlicht in Großaufnahme gezeigt, gesehen aus der Perspektive eines Kindes – um beim Beispiel Eisensteins zu bleiben –, die Sonnenstrahlen brechen ihr Licht in der weichgezeichneten Umgebung des Apfels. Dazu hören wir einen leichten Wiener Walzer im Hintergrund, je nach Einbettung der Miniszene in einen Spielfilm oder einen Werbespot (denkbar wären auch die Nachrichten, die eine Reportage über die diesjährige Apfelernte bringen) wird die Sprecher- möglichkeit ausgenutzt: man kann ein zärtlich plauderndes Paar vernehmen, spielende Kinderstimmen und Vogelgezwitscher hören und/oder eine neutrale Reporterstimme.

Genau wie es die Linse des Photoapparates, das Richtmikrophon, die Beschreibung in einer Erzählung oder die Verse eines Gedichtes vermögen, einen Ausschnitt der Wirklichkeit so aufzunehmen und zu verarbeiten, daß Ungesehenes, Unerhörtes wahrnehmbar wird, indem wichtige Elemente stärker und störende weniger zur Geltung kommen, vermag es der Bildschirm, durch entsprechende Inszenierung Eindrucks'reinheiten' zu erzeugen, die fast unendlich kombinier- und intensivierbar sind. Dies als schon bestehende Möglichkeit, die bislang noch hauptsächlich für kinofilmästhetische Zwecke genutzt wird, denn die Ein – Wirkung auf den Rezipienten durch die große Leinwand, durch bessere Bildqualität und durch optimale Beschallung kann effektiver geschehen als am kleinen Bildschirm. Jedoch wird durch die hochausflösenden Bildschirmsysteme (High Definition Television, HDTV), die schon in Japan benutzt werden, in einigen Jahren das Fernsehen über ähnliche technische Möglichkeiten verfügen wie das Kino. Das hochauflösbare Bild wird so groß projizierbar, daß der Unterschied zum Kino immer geringer wird.

Fernsehästhetik wird sich daher kaum von künftiger Filmästhetik unterscheiden. Wie man früher wegen einer bestimmten kulturellen Kommunikationsform ins Kino ging, so schaltet man jetzt entweder den entsprechenden Kanal oder die entsprechende Uhrzeit ein, die man auf Kassette gespeichert hat und führt das Ergebnis einem entsprechenden Publikum vor. Die Spielfilmästhetiken inner- und außerhalb des Fernsehens gleichen sich einander an. Differenzierung, Abweichung wie etwa die neue Nutzung des Schwarz – Weiß – Films, die Erhöhung der Informationsdichte, alle Steigerungsformen der Mimesis und Sympraxis – Dichte durch polysensible, – semiotische und – ästhetische Verfahren lassen, möglicherweise, eine extreme Differenzierung mit rasch durchgreifenden In-

novationen zu. Vergessen wir hierbei nicht die entsprechend umgekehrt abstra –
hierenden Verfahren der Stilisierung und der Parodie... Diesen produktiven
Angleichungsmöglichkeiten stehen jedoch Antagonismen von nicht weniger großer
Dynamik gegenüber:

- gegenüber der *Genreselektivität* die *Vereinheitlichung* (Mischmasch aller Genres,
  die blitzschnell gleichgeschaltet werden können),
- gegenüber der *Erhöhung* der Information (Mimesis) und der *Vertiefung* bzw.
  Differenzierung der Beteilungungsformen (Sympraxis) das Gesetz der *Wieder –
  holung* und der *Redundanz*, was nicht nur aus Kostengründen und zur Füllung
  der Kanäle weltweit wirkt, sondern dem polymedialen Konsum entspricht
  (gleichzeitig etwas hörend, sieht man etwas anderes, tut etwas drittes und
  unterhält sich dabei mit der zufällig anwesenden Nachbarin),
- gegenüber der Möglichkeit von *Archivierung* und Erweiterung des kollektiven
  Gedächtnisses die Ästhetik der *Aktualität* und des *Live*, welches alle genann –
  ten Verfahren dazu benutzt, eine einzige umfassende Sympraxis zu entwickeln:
  das Gefühl, dabei zu sein,
- gegenüber schließlich der *Autonomie* des Ästhetischen, bei dem der Rezipient
  frei ("interesselos") den ihm entsprechenden Genuß wählen kann, die *All –
  ästhetisierung*, bei der ein Soßenbinder mehr an Kulturgütern verbraucht als
  ein Gymnasiallehrer fürs Abitur in einer Woche vermitteln kann.

Daher sprachen wir oben von Transformations –, Reduktions – und Steige –
rungsformen. Eine Oper für die Senfreklame ist kein neues Phänomen, denn
schon das neunzehnte Jahrhundert schrieb das große Werk nicht nur für Klavier,
sondern für eine Flöte um, sodaß es jedermann jederzeit haben, halten und
gebrauchen konnte. Wie Satie die "musique d'ameublement" erfand – inzwischen
ein großer finanzieller Erfolg – haben wir längst die audiovisuelle Kunst der
Raumfüllung. Statt Tapeten bewundern wir wandelbare HD – Großbilder, statt
Reklame Fernsehwände, die unsere fröhlichtümelnden Städte zum noch
beliebteren Tummelplatz verändern sollen.

Bevor wir jedoch solchen Visionen nachgehen, ist zu fragen: Welches sind denn
die Fernsehgenres, die medienspezifisch die neue Ästhetik am intensivsten ent –
wickeln? Es sind wohl Fernsehspot, Videoclip, der Sport und die Show. Solche
Genres müssen erst mal à fond analysiert werden, wobei gleichzeitig die ständige
analytische Beobachtung der Veränderungsprozesse in den Medien stattfinden
sollte...

Anmerkungen

1 Vgl. dazu Eisenstein 1984, IV, 182: "Der szenische Effekt wird bei uns immer scharf durchdacht;
ebenso der ideelle Effekt. Wir beginnen niemals einen Film, ohne zu wissen warum. 'Potemkin' war
eine Episode aus dem revolutionären Heldenkampf, in der Absicht gedreht, die Massen zu
elektrisieren." Heute werden "die Massen" diese Wirkung nicht spüren; die Rezpetionsbedingungen
haben sich gewandelt; das ästhetische Potential des Films ist jedoch gegeben, beschreibbar und
Wirkungen in bestimmbaren sozio – kulturellen Kontexten voraussagbar.

2 Eine Schlachthaussszene wird notwendigerweise von dort Arbeitenden anders rezipiert als von
Textil – oder Metallarbeitern oder gar Büroangestellten; vgl. Eisenstein 1974, I, 228.

3 Wir zitieren Eisenstein im folgenden nach der vierbändigen Ausgabe: Bd. I 1974, Bd. II 1973,
Bd. III 1975, Bd. IV 1984, alle München.

4 Ich habe das postmoderne Theater als dominant sympraktisch an einem Beispiel beschrieben (vgl. Kloepfer 1984), die entsprechende Theorie für den Roman des 18. Jhdts. ist zusammengefaßt in: Kloepfer 1989.

5 "Als Hauptmaterial der Arbeit des Theaters wird der Zuschauer herausgestellt; die Formung des Zuschauers in einer gewünschten Richtung (Gestimmtheit) – die Aufgabe jedes utilitären Theaters (Agitation, Reklame, Gesundheitsaufklärung usw.). Werkzeuge zur Bearbeitung sind alle Bestandteile des Theaterapparats (das "Gemurmel" Ostuzevs nicht mehr als die Farbe des Trikots der Prima – donna, ein Schlag auf die Pauke ganz genauso wie der Monolog Romeos, die Grille hinter dem Ofen nicht weniger als die Salve unter den Sitzen der Zuschauer), die in all ihrer Verschiedenar – tigkeit auf eine Einheit zurückführbar sind, die ihr Vorhandensein legitimiert, auf ihren Attrak – tionscharakter" (I, 217). Es wird Eisenstein früh klar, daß es "zwei Denksysteme" gibt – analytische und synthetische, intellektuelle und gefühlsmäßige oder wie man sie nennen will – und daß beide zu "attrahieren", d.h. sympraktisch zu nutzen sind (I, 192).

6 "Eine Attraktion im formalen Sinne bestimme ich als selbständiges und primäres Konstruktions – element einer Aufführung – als die molekulare (d.h. konstitutive) Einheit der Wirksamkeit des Theaters und des Theaters. (...) "Konstitutiv" insofern, als es schwierig ist abzugrenzen, wo das Gefesseltsein durch die edle Gesinnung des Helden aufhört (das psychologische Moment) und das Moment seiner Anmut als Person beginnt (d.h. seine erotische Wirkung). Der lyrische Effekt einer Reihe von Szenen bei Chaplin ist nicht zu trennen von der Attraktivität der spezifische Mechanik seiner Bewegungen; ebenso ist schwer die Grenze zu ziehen, wo in den Martyriumsszenen des religiösen Pathos in sadistische Befriedigung übergeht usw." (I, 218).

7 Das Zeichengesteuerte im Erleben, Erfahren, Außer – Sich – Geraten interessiert mich seit Jahr – zehnten. Der Grund ist das Ungenügen der Literaturwissenschaftler, die nur auf Mimesis (Referenz, Erkenntnis, historisch, sozial oder philosophisch erfaßbare "Darstellungswirklichkeit") ausgerichtet sind und ansonsten vom Diskurs nur noch "Stil" erfassen. "Rezeptionsästhetik im Sinne von Iser, Warning und anderen versucht ansatzweise dem Dilemma zu entgehen, daß die wichtigste Dimen – sion des Kunstwerks unterschlagen wird. Daß jedoch bspw. eine Leerstelle durch den Kontext ein sehr präzises Sympraxisangebot ist, wird gern übersehen (vgl. Klopfer 1979b). Daß das Ästhetische ein Spannungsverhältnis der drei Dimensionen ist, habe ich am Beispiel der Erzähltheorie entwik – kelt (vgl. Kloepfer 1979a). Es ist im Zusammenhang von Medienästhetik müßig, auf die vielen Analysen zu verweisen, wo ich gerade i.S.v. Eisenstein versuche, die sympraktisch ermöglichte Er – fahrung von Extase (Rimbaud), "wahnsinnigem" Aufbruch herrschender Wirklichkeitskonzepte (Cer – vantes), ja dem Schwindel über die Unsicherheit der Wirklichkeitskonstruktion überhaupt (Borges) oder der Radikalität von Verzweiflung (Valle Inclán) und der Rolle der Aufklärung (Diderot) nachzugehen. Der geneigte Leser kann ja Bibliographie und Kontakt zum Autor unter der Adresse "Universität Mannheim, Lehrstuhl Romanistik III, Schloß EW 209, 6800 Mannheim 1" bekommen.

Bibliographie

S.M. Eisenstein 1973 – 1984: Schriften. Bd. I 1974, Bd. II 1973, Bd. III 1975, Bd. IV 1984. Mün – chen

R. Kloepfer 1979a: Dynamic Structures in Narrative Literature: "The Dialogic Principle". In: Poetics Today 1 (1979), No. 4, S. 115 – 134.

R. Kloepfer 1979b: Fluchtpunkt Rezeption. Gemeinsamkeiten szientistischer und hermeneutischer Konzeptionen in Bielefeld und Konstanz. In: Bildung und Ausbildung in der Romania I – III. Hrsg. v. R. Kloepfer. München, S. 621 – 657

R. Kloepfer 1984: Das Theater der Sinnerfüllung: Double & Paradise Serapionstheater (Wien) als Beispiel einer totalen Inszenierung. In: Das Drama und seine Inszenierung. Hrsg. v. E. Fischer – Lichte. Tübingen, S. 199 – 218

R. Kloepfer 1985: Mimesis und Sympraxis: Zeichengelenktes Mitmachen im erzählenden Werbespot. In: Narrativität in den Medien. Hrsg. v. R. Kloepfer/K. – D. Möller. Mannheim/Münster, S. 141 – 181

R. Kloepfer 1986a: Die zunehmende Orientierung des europäischen Fernsehens an der Ästhetik des Werbespots. In: Kodikas/Kode 9, S. 367–378 (Kurzfassung des gleichnamigen Vortrags, der in den europ. Hauptsprachen zum Kongreß "El Espacio Cultural Europeo", Madrid, 17.–19.10.1985 publiziert wurde.)

R. Kloepfer 1986b: Der gemischte Schrecken des Erkennens – Sympraxis in Valle – Incláns "Tirano Banderas". In: Festschrift für Blüher. Hrsg. v. V. de Toro. Tübingen (In Vorbereitung auch in: Beiheft zur Iberoromania. Akten des Valle – Inclán Kolloqiums. Hrsg. v. Wentzlaff – Eggebert. Bamberg)

R. Kloepfer 1987: Sympraxis – Semiotics, Aesthetics, and Consumers' Participation. In: Marketing and Sings. New Directions in the study of Signs for Sale. Hrsg. v. J. Umiker – Sebeok /Th.A. Sebeok. Berlin, S. 123 – 148

R. Kloepfer 1989: Für eine Geschichte der Literatur als Kunst – Sympraxis am Beispiel Diderots. In: Modelle des literarischen Strukturwandels. Hrsg. v. M. Tietzmann. Tübingen.

P.B. Shelley 1965: Complete Works. Vol. 7. Hrsg. v. R. Ingpen/W.E. Peck. London/New York.

W. Worringer 1908: Abstraktion und Einfühlung. Ein Beitrag zur Stilpsychologie. (Neuausgabe München 1976)

Michael Charlton • Klaus Neumann

Der Methodenstreit in der Medienforschung: Quantitative oder qualitative Verfahren?[1]

1. Wer ritzt wen? Über 'harte' und 'weiche' Methoden

Hand in Hand mit der Fortentwicklung der Computertechnik fand in den Sozialwissenschaften nach dem 2. Weltkrieg eine geradezu explosionsartige Ausweitung und Verfeinerung der rechnergestützten Datenanalyseverfahren statt. Die Zeiten, zu denen es noch möglich war, wenigstens für Teildisziplinen einen einigermaßen umfassenden Überblick über die gebräuchlichen statistischen Auswertungsverfahren in einem Einzelbeitrag zusammenzustellen, sind längst vorbei.

Nicht ganz so stürmisch verlief die Entwicklung im Bereich der interpretativen Methoden. So tauchen qualitativ orientierte Arbeiten in nennenswerter Zahl erst seit dem Ende der siebziger Jahre unter den Beiträgen zur "Annual Conference of International Communication Association" auf. Aber auch die "interpretativen Verfahren in den Sozial – und Textwissenschaften" sind – wie z.B. die Beiträge in dem gleichnamigen, von Soeffner (1979) herausgegebenen Buch zeigen – in einem ständigen Differenzierungsprozeß begriffen. Auch liegen zu den einzelnen, für die Medienwissenschaften relevanten Bereichen einführende Darstellungen und Spezialmonographien in großer Zahl vor. (Über Neuerscheinungen will der Literaturdokumentationsdienst NEQTAR[2] regelmäßig informieren.) Einen kenntnisreichen Beitrag zur Praxis medienwissenschaftlicher Forschung, die einem interpretativen Paradigma verpflichtet ist, gibt Rogge (in diesem Band).

Macht man sich unsere Einschätzung zu eigen, daß sowohl die quantitativen als auch die qualitativen Verfahren in den letzten Jahren einen hohen Entwicklungsstand erreicht haben, so verwundert die Härte der Auseinandersetzung zwischen den Anhängern der beiden Richtungen. Als ein prominentes Beispiel für das Ringen um die richtigen Forschungsmethoden kann der Diskussionsverlauf in der Enquête – Kommission der Deutschen Forschungsgemeinschaft zum Sand der Medienwirkungsforschung in der Bundesrepublik Deutschland gelten (vgl. Deutsche Forschungsgemeinschaft 1986). Die Kommissionsmehrheit warnt vor der Verwendung von qualitativen Verfahren mit deutlichen Worten: "Aus ähnlichen Gründen sind Schwächen der Methode empirischer Studien zu beklagen. Der für Wirkungsuntersuchungen per definitionem unabdingbare Kausalnachweis, d.h. die Zurechnung beobachtbarer Wirkungen zu Medienursachen, wird oft nicht strikt genug durchgeführt. Gerade in letzter Zeit mehren sich in einigen Forschungsbereichen – durch den zunehmenden Einsatz von 'weichen' Verfahren der Datenerhebung (z.B. unstrukturierte Interviews) – Studien mit ungesicherter Beweiskraft" (Deutsche Forschungsgemeinschaft 1986, 6). Hier wird das qualitative, unstrukturierte Interview also ganz unverhohlen als (zu) 'weich' bezeichnet, weil es einen Kausalnachweis nicht gestattet.

Als einziges Kommissionsmitglied moniert Straßner in seinem Sondervotum diese Abwertung des qualitativen Ansatzes, weil sie seiner Meinung nach von falschen Voraussetzungen ausgeht. "Es bleibt außer Beachtung, daß die in den Naturwis – senschaften üblichen kausalen Fragestellungen in den Kulturwissenschaften problematisch sind. Nicht Kausalität, sondern Finalität bestimmt hier die Ergeb – nisse (...)" (Deutsche Forschungsgemeinschaft 1986, 144). Straßner hat in dieser Auseinandersetzung jedoch einen schweren Stand, da bereits durch die Bezeich – nung 'Medienwirkungsforschung' der kausalanalytische Ansatz der Kommissions – mehrheit vorausgesetzt wird. Die Begriffe 'Wirkung', 'Quantifizierbarkeit', 'Härte', 'Kausalbeziehung', sind sämtlich einer physikalisch – reduktionistisch orientierten Medientheorie entlehnt. Straßner selbst spricht daher auch in seinen eigenen Arbeiten von "Rezeptionsanalysen" (Straßner 1982; diese andere Gegen – standsbestimmung konnte ihn aber offensichtlich nicht vor der vernichtenden Kritik aus dem Lager der 'harten' Methodiker schützen, siehe hierzu Schulz 1983).

Sind nur die quantitativen Verfahren 'hart' oder haben die qualitativen Verfahren auch ihre Qualitäten? In der Physik gibt es eine einfache Methode um festzustellen, welche Substanz härter ist als eine andere: die Ritzprobe. Derjenige Stoff ist härter, der den anderen ritzen kann, wenn man beide aneinander reibt. In der Medienwissenschaft ergibt sich allerdings die Schwierigkeit, daß (einige) Verfechter qualitativer Verfahren ganz offensichtlich ein nicht – physikalistisches Bewertungsverfahren reklamieren. Ist eine Ritzprobe bei so verschiedenen Kern – annahmen überhaupt noch möglich? Oder kann eine weitere Klärung dieser Streitfrage nur auf dem Hintergrund der impliziten anthropologischen und wissenschaftstheoretischen Vorannahmen beider Richtungen erfolgen?

Tatsächlich halten einige Methodiker – besonders in der Psychologie – die paradigmatische Gegenüberstellung von quantitativer und qualitativer For – schungsrichtung "für eine Fehlentwicklung, die der Forschungspraxis nicht ent – spricht" (Rudinger u.a. 1985, 14). Bei näherem Hinsehen wird jedoch deutlich, daß die von Rudinger u.a. (1985) und anderen (z.B. von Reichardt/Cook 1979 und Westmeyer 1987) postulierte Vereinbarkeit von quantitativen und qualitativen Ansätzen an einen ganz bestimmten Verwendungszusammenhang des Wortes 'qualitativ' gebunden ist, nämlich qualitativ i.S. von qualitativen *Daten*.

Ganz offensichtlich ist es daher notwendig, *vor* jeder weiteren Bewertung des Methodenstreits die Bedeutungsvarianten der Begriffe 'quantitativ' versus 'qualitativ' näher zu untersuchen. Erst im Anschluß daran kann mit Aussicht auf Erfolg die Frage nach der Rationalität und damit auch nach der 'Härte' der fraglichen Verfahren gestellt werden.

2. Kampflinien. Streit um Worte oder Streit um Weltbilder?

Im folgenden sollen drei recht unterschiedliche Hintergrundannahmen vorgestellt werden, von denen Methodiker und Medienwissenschaftler ausgehen können, wenn sie von quantitativen bzw. qualitativen Verfahren sprechen.

2.1 Kein Streitfall: Qualitative Daten

Wenn Rudinger u.a. (1985) von qualitativen Daten sprechen, dann meinen sie solche Beobachtungen, die zwar empirisch nachweisbar, aber nicht metrisch meßbar sind. Auch mit Daten, die lediglich die Zuordnung eines Falles zu einer

Ereignisklasse erlauben, so wird argumentiert, läßt sich in einem hypothetisch –
deduktiven Wissenschaftsmodell arbeiten. Qualitative Daten und ein nomologi –
sches Wissenschaftsverständnis schließen sich also keineswegs aus.

Es kann zwei Gründe geben, warum ein Forscher eine Theorie mit Hilfe von
qualitativen Daten überprüfen muß:

(a) Entweder lassen sich die aus der *Theorie* abgeleiteten Hypothesen selbst nur
qualitativ (im Sinne von kategorial) formulieren. Dies ist z.B. bei Piagets Theorie
zur kognitiven Entwicklung der Fall, die den Entwicklungsfortschritt nicht als
quantitatives 'Mehr', sondern als qualitatives 'Anders' beschreibt. Mit Hilfe von
statistischen Prozeduren läßt sich dann überprüfen, ob die Daten bestimmten
theoretisch vorhergesagten Verlaufsformen folgen (z.B. in Piagets Theorie dem
entwicklungslogischen Sequenzmodell, das keine Rückschritte auf bereits über –
wundene Strukturen zuläßt).

(b) Zum anderen finden sich qualitative Daten im nomologischen Er –
klärungszusammenhang überall dort, wo die *Beobachtungsmethode* nur kategoriale
oder ordinale Beschreibungen zuläßt, obwohl aus theoretischer Warte der
Gegenstandsbereich grundsätzlich quantifizierte Urteile erlaubt. So sind
Schätzurteile oder Vergleichsprozesse häufig nur in groben Abstufungen (eher
gleich/eher ungleich) zu erhalten. In diesen Fällen können über Skalierungs –
verfahren oder mit Hilfe einer Latent – class – Analyse die Daten so aufbereitet
werden, daß auch quantitative Hypothesen überprüfbar sind. Vielfach werden
qualitative Daten auch direkt nach dem linearen statistischen Modell, wie z.B.
der Regressionsanalyse, ausgewertet. Dies ist immer dann möglich, wenn die
Daten in alternative Klassen (0; 1) aufgeteilt werden können, z.B. indem aus
mehrklassigen Kategorien Dummy – Variablen gebildet werden.

Ein *Beispiel* für die Integration von quantitativen und qualitativen Aspekten in
einer medienwissenschaftlichen Untersuchung stellt die Arbeit von Schnee –
wind/Beckmann/Engfer (1983, 123ff.) zu ökologischen und innerfamilialen
Determinanten der Fernsehnachfrage bei Kindern dar. Die Autoren fassen die
Kriteriumsvariable "Fernseh – Nachfrage" als latente Variable auf, in die sowohl
quantitative (Häufigkeit der Fernsehnutzung) als auch qualitative Nut –
zungsmerkmale (Genre – Präferenzen der Kinder, die mit Hilfe eines Sortier –
verfahrens erfaßt wurden) eingehen. Der Einfluß des ökologischen Kontexts sowie
der familialen Interaktion auf diese Nachfragevariable wird anschließend mittels
einer multivariaten Kausalanalyse nachgewiesen.

In einem solche Untersuchungsdesign besteht in der Tat *kein* grundsätzlicher
(qualitativer) Unterschied zwischen 'qualitativen' und 'quantitativen' Daten. Beide
Datensorten finden in einem quantifizierenden Untersuchungsrahmen Verwen –
dung. Die Bezeichnungen 'qualitativ' und 'quantitativ' stellen keine Streitlinie dar,
sondern sie sind spezifizierende Begriffe der Beschaffenheit der Daten auf dem
gemeinsamen Hintergrund eines hypothetisch – deduktiven Wissenschaftsmodells.
Wo also – wenn eben nicht hier – ist der Streit zwischen den beiden 'Para –
digmen' quantitative versus qualitative Forschung anzusiedeln?

2.2 Schon kritischer: Kausalität versus Finalität

In der kontroversen Diskussion anläßlich der Erarbeitung der DFG – Enquête
gibt Straßner zu bedenken, daß in der Medienforschung eine finalistische Be –
trachtungsweise angemessener sei als eine kausalistische, handelt es sich bei der

Produktion und Rezeption von Massenmedien doch um sinn – konstituierende bzw. – rekonstruierende Handlungen. Der Methodenstreit wird solcherart in erkenntnistheoretischer Weise reflektiert: Der quantitativen Methode ist ein deterministisches Menschenbild zuzuordnen, der qualitativen Methode ein fi – nalistisches. Die Frage nach der entsprechenden Methode ist demnach an die Frage nach der gegenstandsangemessenen Konzeptualisierung des Forschungs – gegenstandes gebunden. Für unsere Fragestellung: Ist der Medienrezipient ein reizkontrolliertes Wesen oder eine aktiv – handelnde Person?

Das Etikett 'quantitative Forschungsmethoden' wird in der Wissenschaftssprache häufig als Kürzel für 'wissenschaftliche Erklärungen nach dem *kausal – nomologi – schen* Hempel – Oppenheim – Schema' (vgl. Hempel/Oppenheim 1953) verwandt. Im kausal – nomologischen Modell kommt der *Quantifizierbarkeit* eine entschei – dende Bedeutung zu, da "nur quantitative, deterministische Nahwirkungsgesetze (...) als Kausalgesetze bezeichnet werden" können (Stegmüller 1970, 167). Wie das Zitat verdeutlicht, muß die kausal – nomologische Forschungsstrategie per definitionem von einem reizkontrollierten, umweltdeterminierten Menschen aus – gehen. In pointierter Form wurde dieses Menschenbild von dem Psychologen Skinner (1973) vertreten.

Methodisch korrespondiert mit dem deterministischen Modell vom Menschen die statistische Zerlegung der Kriteriumsunterschiede in Varianzkomponenten. Ein – zelne Bedingungsfaktoren (unabhängige Variable) werden daraufhin untersucht, welchen Beitrag sie zur Determination der Verhaltensvarianz (abhängige Va – riable) leisten. Allerdings können aus dem allgemeinen linearen Modell noch keine kausalen Schlüsse abgeleitet werden. Um die gefundenen Zusammenhänge auch kausal interpretieren zu können, ist darüber hinaus eine zeitliche Kompo – nente im Untersuchungsansatz notwendig. Nach der herrschenden Vorstellung zum naturwissenschaftlichen Kausalitätsbegriff (vgl. wiederum z.B. Stegmüller 1970) ist Kausalität als regelmäßige Ereignisfolge über die Zeit definiert. Kausale Wirkursachen können somit nur solche Ereignisse sein, die regelmäßig zeitlich vor dem verursachten Ereignis liegen. Aus der Notwendigkeit, in kausalen Er – klärungen den Zeitfaktor zu berücksichtigen, folgt, daß bei dieser Aufgabenstel – lung nur Versuchspläne mit replizierten Messungen ('echte' follow – up – Unter – suchungen) verwendet werden können. In der Literatur zur Messung und Erklä – rung von Veränderungen finden sich zahlreiche entsprechende Verfahren (z.B. die cross – lagged – panel – Analyse; die Sequenzanalyse; die Zeitreihenanalyse; die linearen Strukturgleichungsmodelle; vgl. Möbus/Nagl 1983). Wie aus Abschnitt 2.1 hervorgeht, können quantitative Methoden im Sinne von kausaldeterministischen Analysen sowohl mit quantitativen als auch mit qualitativen *Daten* durchgeführt werden.

Während der Kausalitätsbegriff in der eben genannten Form seit der Aufklärung Bestand hat, gehen die *finalistischen* Vorstellungen in der empirischen Forschung auf keine gleichermaßen etablierte Denktradition zurück. Besonders die naturwissenschaftlich ausgerichtete Psychologie hat sich immer wieder heftig gegen Konzepte gewehrt, die dem Menschen eine Eigenbewegung zuschreiben (und Vergleichbares läßt sich sogar für die klassische Psychoanalyse nachweisen, vgl. Mischel 1980). Etwas mehr Akzeptanz fand die Idee des aktiven Subjekts ledig – lich in der Wahrnehmungs – und Denkpsychologie (vgl. Bischof 1966), wo teil – weise Überlegungen aus der Biologie aufgegriffen wurden (hier wären neben den Arbeiten von Weizsäckers (1947) besonders Piaget, Neisser und in neuerer Zeit der Biologe und Philosoph Maturana (1982) zu nennen). Erst als Folge der 'kognitiven Wende' in der Psychologie der letzten zwanzig Jahre konnten sich Handlungstheorien, die ein aktives Subjekt postulieren (z.B. Groeben/Scheele

1977; Groeben 1986; v. Cranach u.a. 1980) etablieren. Eine andere Entwicklung nahm hier die Soziologie als eine weitere Grundlagendisziplin der Me – dienwissenschaft. In der soziologischen Theorietradition haben Handlungstheorien einen angestammten Platz (z.b. Berger/Luckmann; Mead; Parsons; Schütz; We – ber).

In jüngster Zeit kann der 'radikale Konstruktivismus' – wie er von Maturana und anderen vertreten wird (vgl. Schmidt 1987a) – als Metatheorie zu einigen dieser neuen psychologischen Ansätze angesehen werden. (Zum Angriff des genetischen Strukturalismus durch die Maturana – Gruppe vgl. v. Glasersfeld 1981 und 1982). Der Mensch wird hier als offenes, selbstreferentielles System konzi – piert, das aufgrund seiner Struktureigenschaften zu einer spontanen Eigenbewe – gung fähig ist. An die Stelle von determinierenden Einflüssen einer äußeren Realität tritt die aktive Konstruktionsleistung des Subjekts. Im Verlauf seiner Auseinandersetzung mit der Realität werden vom Subjekt Handlungs – und Denkstrukturen aufgebaut, die sich bewähren können (viability, v. Glasersfeld 1982) Andere Handlungs – und Vorstellungsweisen werden aufgegeben, weil sie mit den Zwängen der Realität (constraints) kollidieren. Da der Mensch die Re – alität nur konstruierend erfährt, kann niemals "Realität an sich", sondern nur die Realitätskonstruktion Gegenstand einer empirischen Analyse sein. Wissenschaftli – che Erklärungen müssen somit Strukturrekonstruktionen enthalten, die die Eigenschaften des autopoietischen d.h. sich selbst verfassenden 'Systems Mensch' zu einem bestimmten Zeitpunkt oder über viele Zeitpunkte hinweg (genetischer Strukturalismus) beschreiben.

Das in den Humanwissenschaften bekannteste und am weitesten explizierte Bei – spiel für eine strukturelle Beschreibung ist Piagets Stufentheorie der kognitiven Entwicklung des Menschen. Auf dem Hintergrund des allgemeinen menschliche Adaptationsprozesses beschreibt Piaget die formalen Merkmale der vom Indivi – duum in einer bestimmten Entwicklungsstufe ausgeführten Operationen und – ansatzweise – auch die Struktureigenschaften, die zu einer Transformation des kognitiven Apparats von der Stufe n in eine Stufe $n+1$ führen.

Verlangt dieser theoretische Ansatz auch nach besonderen methodischen Kon – sequenzen? Obwohl Piaget über eine immense Zahl von empirischen Fallbe – obachtungen berichtet, stellt er sein methodisches Vorgehen nur am Rande vor. Die ausführlichste Passage zu seiner Methodologie findet sich in seinem Buch "Das Weltbild des Kindes" (Piaget 1980, 13ff.). Die dort beschriebene "methode clinique" ist eindeutig ein qualitatives Verfahren.

Einzelne konkrete methodische Konsequenzen aus finalistischem Menschenbild und der dazugehörigen Wahl qualitativer Methodik sind aber – wie zu zeigen sein wird – weder in der Soziologie noch in der Psychologie bzw. der Me – dienwissenschaft mit der notwendigen Schärfe gezogen worden. Zwar ist das Bild des seine Realität aktiv konstruierenden Subjekts in der neueren me – dienwissenschaftlichen Forschung breit akzeptiert worden (vgl. z.B. Wartella 1979; Collins 1981 und 1987; oder Sturm 1982, die ganz explizit ihre Arbeiten als in der Tradition von Piaget stehend verstanden wissen will), eine gegen – standsangemessene Methodologie hat sich jedoch bis heute nicht durchsetzen können.

Ein besonders illustratives Beispiel für das Mißverhältnis von Theorie und (kon – trärer) Methodenwahl stellt die Forschung zur Realitätswahrnehmung durch Kleinkinder beim Fernsehen dar. Hier wird zwar explizit entweder auf die Ar – beiten, die Piaget selbst zum Animismus – Phänomen (Piaget 1980) bzw. zur

Entwicklung des moralischen Urteils beim Kinde (Piaget 1976) verfaßt hat, oder auf neuere theoretische Entwürfe aus der sozial – kognitiven Piaget – orientierten Schule (Kohlberg 1974; Selman 1980) zurückgegriffen. Die von diesen Autoren entwickelten Stufenbeschreibungen werden jedoch ausschließlich als Prädiktoren zur Vorhersage des Verständnisses von Medieninhalten oder von formalen Gestaltungsmerkmalen (vgl. hierzu Meyer 1983) herangezogen. Die soziale Urteilsfähigkeit wird als "Filter" verstanden, durch den der Medien"reiz" im kindlichen Denkapparat hindurch muß, um dann seine "Wirkung" auf das Kind entfalten zu können. Damit ist unter der Hand das alte Reiz – Reaktions – Den – ken wieder eingeführt, gegen das sich die Piaget – Schule heftig gewehrt hat (eine kurze, aber präzise Darstellung dieser Kontroverse findet sich bei Furth 1972, 104 – 157). Der Aspekt der aktiven Realitätskonstruktion ist auch im neo – be – havioristischen Reiz – Kognitions – Reaktions – Schema nicht unterzubringen (weiterführende Argumente finden sich bei Charlton/Neumann 1986, 54ff.; Phil – lips/Orton 1983). Die Ergebnisse derartiger Studien sind zwar in der Regel hochsignifikant, aber trivial. Wie Brandtstädter (1982 und 1984; vgl. auch Holz – kamp 1986) gezeigt hat, werden mit solchen Versuchsplänen lediglich apriorische Annahmen der Form "alle Junggesellen sind ledig" pseudo – empirisch überprüft. Die im Pre – Test verwendeten diagnostischen Verfahren zur sozial – kognitiven Urteilsbildung prüfen, wie Kinder eine Geschichte verstehen (häufig verwendet die Holly – Story von Selman/Byrne 1974). Die 'abhängige Variable' stellt das Verständnis einer Fernsehgeschichte dar (so z.B. bei Faber u.a. 1982). Ein signifikanter Zusammenhang zwischen beiden Maßen zeigt daher nicht mehr, als daß Kinder eine Geschichte wie die andere Geschichte rezipieren. (Es soll an dieser Stelle nicht verschwiegen werden, daß der eine Autor zu dieser Er – kenntnis erst *nach* einer eigenen empirischen Untersuchung kam, die diesem Muster folgt (Charlton u.a. 1979)).

Das mechanistische Mißverständnis in bezug auf die konstruktivistische An – thropologie sensu Piaget ist weit verbreitet. Widersprüche zwischen Zielsetzung und Methode sind bei der Wahl eines quantitativ – deterministischen For – schungsdesigns im beschriebenen Forschungskontext unvermeidlich. Für die 'Paradigma – Diskussion' qualitative *versus* quantitative Methoden bedeutet dies, daß die bislang eindeutig erschienene Streitlinie zwischen den beiden Richtungen gleichsam unter der Hand aufgehoben wird: Die Wahl der quantitativen Metho – dik bricht die finalistische Handlungstheorie eines aktiven Subjekts.

Inzwischen ist die Diskussion um Kausalität *versus* Finalität im bereits erwähnten Ansatz des "radikalen Konstruktivismus" bzw. der Systemtheorie weitergetragen worden. In diesem Ansatz kommt es ebenfalls zu einer Kombination von kon – struktivistischer Theorie und rechnerunterstützten Datenanalyseverfahren, diese Kombination geschieht jedoch im Gegensatz zum obigen Beispiel der Forschung zur Realitätswahrnehmung durch Kleinkinder beim Fernsehen in *theo – riekonsistenter* Weise. Wie kann dies begründet werden und zu welchen Konse – quenzen führt eine solche Position im Rahmen unserer 'Paradigmen – Streit – Debatte'? Zur Beantwortung dieser Fragen muß man sich noch einmal den wissenschaftstheoretischen Hintergrund von kausalen Erklärungen vergegenwärti – gen.

Der entscheidende Fortschritt des Kausalitätsbegriffs der Aufklärung gegenüber dem der Antike ist der, daß explizit auf den Gedanken einer den Dingen inhä – renten kausalen Wirkkraft verzichtet wurde. Kausalität sollte ausschließlich als Regelmäßigkeit im zeitlichen Ablauf der Ereignisse verstanden werden.

Die Theorie offener, autopoietischer Systeme nimmt von dieser vor allem von Hume ausgearbeiteten Vorstellung Abschied. Statt dessen führt die neuere Wis – senschaftsphilosophie im Rahmen der Systemtheorie (wieder) den Begriff der kausalen "Wirkmöglichkeit" ("causal powers" nach Harré/Madden 1975; Bhaskar 1975 und 1979) bzw. der kausalen Tendenz ("causal tendencies", Ans – combe/McGeach 1973) ein. Dieser dezidiert nicht – Humesche Kausalitätsbegriff findet besonders in den Kognitionswissenschaften rasche Verbreitung. Nicht mehr der Zusammenhang zwischen abhängigen und unabhängigen Variablen, sondern *Strukturmodelle* werden auf ihre empirische Bewährung hin überprüft. Die renommierten amerikanischen Sozialpsychologen Manicas und Secord bringen dieses neue Wissenschaftsverständnis auf die kurze Forme: "Instead of the usual characterization $R_1 = f(S_1)$ or $R_1 = f(S_1...S_n)$, where R is the dependent variable that is some function of an independent variable S or a set of S's, we write 'if S_i then ceteris paribus, i necessarily acts in virtue of its structure N.'" (Manicas/Secord 1983, 402; vgl. Manicas/Secord 1984; Margolis u.a. 1986). Folgt man diesen Autoren, so wird die *(Computer –)Simulation von Struk – tureigenschaften* komplexer, empirisch beobachtbarer Systeme in den Sozialwissenschaften an die Stelle des Experiments treten, und Varianzdeterminationskoeffizienten werden durch "goodness – of – fit" – Schätzungen abgelöst werden. Dies geschieht nicht etwa deshalb, weil immer wieder neue Methoden gerade 'in' sind, sondern weil das Paradigma des aktiven, realitätsverarbeitenden Subjekts eine neue Wissenschaftstheorie zwingend erfor – derlich macht.

Die Systemtheorie hat inzwischen auch Eingang in die Massenkommu – nikationsforschung gefunden. Besonders das Institut für Empirische Literatur – und Medienforschung an der Universität Siegen (LUMIS) hat in jüngster Zeit damit begonnen, eine an der radikal – konstruktivistischen Theorie Maturanas orientierte Medienforschung in der Bundesrepublik zu etablieren (vgl. Köck 1986; Schmidt 1987b). Ähnliche Bestrebungen finden sich auch in den USA (Krippendorf 1984) und in Kanada (Tomm 1987).

Allen diesen Ansätzen ist gemeinsam, daß sie von einer Konzeption der Text – Rezipienten – Interaktion ausgehen, die den Leser/Hörer nicht als reizkon – trollierten Automaten, sondern als sich selbst steuerndes System bzw. zielorien – tiertes Subjekt definiert. Daher kann die Textwirkung auch niemals als Eigen – schaft des Textes allein verstanden werden. Ein Text hat – zumindest potentiell – nach dieser Auffassung soviele Bedeutungen, wie er Leser hat (v. Glasersfeld 1983; Groeben 1980; Schmidt 1987b). Prototypisch für die konstruktivistische Forschung sind empirische Verfahren zur *Kalkülrekonstruktion* von Rezipienten, wie z.B. die Struktur – Lege – Technik von Scheele/Groeben (1988), die dem Rezipienten Raum geben, seine subjektiven Lesarten und Bewertungen zu be – gründen.

Mit dieser neuen Wendung in der Theorieentwicklung ist ein Diskussionspunkt erreicht, an dem sich die 'eindeutige' Streitlinie der Begriffspaare quantitativ *versus* qualitativ, kausal *versus* final, an der sich noch der Methodenstreit inner – halb der DFG – Enquête – Kommission ausgerichtet hat, auflöst. Statistische Ver – fahren können in theoriekonsistenter Weise mit dem konstruktivistischen Men – schenbild verknüpft werden. So bezeichnen sich im übrigen die Anhänger einer konstruktivistischen Rezeptionstheorie ihrem Selbstverständnis nach auch als empirisch – kausalistisch arbeitende (Literatur –)Wissenschaftler. Durch die neue – ren Entwicklungen in der Systemtheorie ist das Begriffspaar kausal *versus* final nur noch bedingt geeignet, um ein mögliches quantitatives bzw. qualitatives Vorgehen voneinander zu unterscheiden. Die Trennlinie verläuft nun entlang dem

Begriffspaar (in einer ersten Annäherung) Determinismus *versus* Selbstkonstruk‐
tion. Es bedarf jeweils im Einzelfall einer sorgfältigen Analyse, inwieweit die
gewählte Methode mit dem grundlegenden Gedanken von der Eigenkonstruktion
der Realität durch den Leser/Hörer vereinbar ist.

2.3 Im Brennpunkt: Hermeneutik versus Empirie

Für viele Medienwissenschaftler verläuft die wirkliche 'Kampflinie' um den ad‐
äquaten oder inadäquaten theoretischen bzw. methodischen Ansatz zwischen den
hermeneutisch und empirisch arbeitenden Forschern. Die bislang dargestellte
Auseinandersetzung um qualitative Daten oder aktive Systeme halten die meisten
wohl eher für Nebenschauplätze. Tatsächlich wird der Streit um die Hermeneutik
als Methode sowohl unter Literaturwissenschaftlern wie auch in der Publizistik,
der Soziologie und der Psychologie seit nunmehr vielen Jahrzehnten mit großem
Genuß ausgetragen, ohne daß ein Ende oder gar ein Sieg irgendeiner Richtung
absehbar wäre. Angesichts der Fülle von klassischen Standardwerken und neueren
Publikationen wollen wir uns von vornherein bei der nun folgenden Darstellung
dieser Kontroverse auf einen *Teilaspekt* beschränken. Uns scheint für die Ent‐
wicklung der Medienwissenschaft als einer eigenständigen Disziplin mit sehr un‐
terschiedlichen wissenschaftlichen Traditionen die Debatte *zwischen* Sozial‐ und
Literaturwissenschaftlern wichtiger zu sein als die Kontroverse *innerhalb* der
Stammdisziplinen. Diesem um Interdisziplinarität bemühten Diskurs waren in
neuerer Zeit einige Themenhefte der Zeitschrift 'Poetics' gewidmet, außerdem
berichtet der von Ibsch und Schramm (1987) herausgegebene Band über ein
Symposion, das im Herbst 1986 zu dieser Frage Stellung genommen hat. Die
Diskussion kreist immer wieder um dieselben Fragen: Müssen literarische Texte
interpretiert werden? Müssen Rezipientenäußerungen interpretiert werden? Gibt
es eine "objektive" Textbedeutung jenseits der individuellen Rezeptionsvarianten?
Welche Bedeutung kommt dem sozialen Kontext zu, in den Produzent oder
Rezipient einen Text hineinstellt?

Der Versuch, diese für alle Medienwissenschaften wichtigen Fragen unter einer
gemeinsamen Perspektive darzustellen, hat allerdings seinen Preis. Bei der Be‐
handlung des Themas 'Medieninhalte und Rezeptionsweisen' aus interdisziplinärer
Sicht wird es sich als notwendig erweisen, auf die Unterscheidung zwischen
*Kunst*werk und *trivialer* Medienbotschaft zu verzichten. Aus sozialwissenschaftlicher
Sicht (vgl. Oevermann 1986) lassen sich so verschiedene Phänomene wie der
ästhetische Ausdruck eines Bildes, der Sinngehalt einer Nachricht und die Be‐
deutung einer sozialen Handlung unter einen weitgefaßten Textbegriff
zusammenfassen. 'Text' steht hier für den Ort eines verwendeten symbolischen
Ausdrucks im Gesamt aller sozialen Austauschprozesse.

2.3.1 Notwendigkeit der Interpretation

In der literaturwissenschaftlichen und in der sozialwissenschaftlichen For‐
schungstradition wird dem Interpretationsproblem unterschiedliche Bedeutung zu‐
gemessen. *Sozialwissenschaftler* schenken diesem Problem gewöhnlich eher wenig
Aufmerksamkeit, aber selbst innerhalb dieser Disziplin lassen sich nicht viele
Autoren finden, die die Notwendigkeit zur Interpretation von Medienaussagen
bzw. Texten schlichtweg leugnen. Ein häufig zitierter Vertreter dieser Auffassung
ist Berelson (1952), der meint, Texte seien eben schwarze Zeichen auf weißem
Grund und müßten wie physikalische Ereignisse gemessen werden. Weiter ver‐
breitet jedoch ist die nicht ganz so extreme Ansicht, daß Medieninhalte und

Textbedeutungen durch Personen mit gesundem Menschenverstand leicht einzu – schätzen sind (Langer/Schulz v. Thun/Tausch 1974) bzw. sogar mit Hilfe von rechnergestützten Klassifikationsverfahren inhaltlich analysiert werden könnten. Auch bei der Bewertung der Rezipientenäußerung – sei es eine verbale Aussage oder eine Verhaltensänderung im Anschluß an die Rezeption (z.B. aggressives Verhalten von Kindern nach dem Betrachten eines Westernfilms) – sehen die meisten Psychologen und empirisch arbeitenden Kommunikationswissenschaftler keinerlei Probleme. Rezipientenäußerungen sind "verbale Daten" (Huber/Mandl 1982), die wie andere Ereignisse auch mehr oder weniger exakt beobachtet und quantifiziert werden können. Verhaltensänderungen lassen sich mit Hilfe des Meßinstruments "Beobachter" problemlos erfassen (Fassnacht 1979). Obwohl die empirische Medienwirkungsforschung nach mehreren Jahrzehnten intensiver Arbeit zur Frage der Gewaltwirkungen, der Wirkungen von politischen Kampagnen und Werbemaßnahmen nur enttäuschend geringe Effekte der Medien auf den Rezi – pienten nachweisen konnte (vgl. Cook/Kendzierski/Thomas 1983; McGuire 1986), wird der Bedeutungsproblematik immer noch viel zu wenig Aufmerksamkeit ge – schenkt.

Anders als in der sozialwissenschaftlich orientierten Massenkommunika – tions – forschung wird das Interpretationsproblem in der *Literaturwissenschaft* ausführlich diskutiert. Selbst von Empirikern wird hier die Interpretationsbedürftigkeit von *Texten* nicht bestritten (vgl. Schmidt 1983). Gerade die an den Verstehensprozeß gebundene Interpretationsleistung des Lesers führt die empirische Literatur – wissenschaft zu ihrer Forderung, dem Rezipienten – als Alltagsinterpreten des Textes – mehr Aufmerksamkeit zu widmen. An die Stelle des Textes, der in seiner Aussage nur schwierig zu bestimmen ist, tritt die *Rezipientenreaktion* als Gegenstand der literaturwissenschaftlichen Analyse. Mit dieser Neubestimmung wäre freilich nicht viel gewonnen, wenn nun wiederum die Rezipientenäußerung selbst als ein Interpretandum verstanden würde. Für Groeben (1987) stellt sich dieses Problem jedoch nicht: Rezipientenäußerungen können (im Gegensatz zu literarischen Texten) mit Hilfe der Alltagskompetenz des Forschers als normalem 'native speaker' ohne weiteres richtig verstanden werden (S. 80f.). Der empirische Zugang zum medienwissenschaftlichen Gegenstand scheint somit gesichert. Ein besonderes interpretatives Analyseverfahren zum Verstehen von Rezipientenäußerungen ist nicht notwendig – so die These.

Wenn Bredella (1980 und 1987) bezweifelt, ob das Verstehen der Antworten des Rezipienten auf die Frage des Wissenschaftlers *ohne* Auslegungsmethode möglich ist, so rüttelt er an den Grundfesten jeder empirisch – nomologischen Humanwissenschaft. Der von den Empirikern vorgeschlagene Weg, statt der nicht exakt bestimmbaren Textbedeutungen die angeblich objektiv bestimmbaren Rezeptionslesarten von Rezipienten zu analysieren, wird als Scheinlösung kriti – siert. Die Meinung von Bredella läßt sich mit Hilfe von philosophisch – sprachanalytischen Untersuchungen zur Interpretationsbedürftigkeit von Hand – lungen stützen. Wie Lenk (1978) gezeigt hat, gibt es überzeugende Argumente dafür, nicht nur verbale Äußerungen, sondern auch alle menschlichen Handlungen als Interpretationskonstrukte aufzufassen. Das 'objektiv' gemessene Rezipienten – verhalten als Ausgangsmaterial für eine empirische Literaturwissenschaft könnte sich unter dieser Perspektive als schöner Traum erweisen (weiterführende Argu – mente bei Charlton 1987).

2.3.2 Rationalitätsstandards für die Interpretation

Die Frage nach der Rolle von rationalen Verfahrensstandards für die Interpretation von Texten, anderen Medienaussagen oder Kunstwerken wird zumindest in Europa seit langem mit großer Klarheit gestellt. Wie der aktuelle Diskussionsstand zeigt (vgl. etwa Paternack 1983), wird dadurch das Spektrum an Meinungen zwar nicht geringer, jedoch sind den Kombattanten die jeweiligen Implikationen ihrer Positionen voll bewußt. Weitgehend geteilt ist die Ausgangsthese, daß das Textverstehen neben sinn – konstituierenden auch sinnrekonstruierende Elemente enthält. Die Möglichkeit einer *materialen, objektiven Textbeschreibung* wird daher auch von einem Teil der Forscher anerkannt. Pasternack (1983) schlägt für die "logische Seite des Verstehens" (Dilthey) normative Operationen zur Textexplikation vor, die anerkannte wissenschaftliche Standards (Explizitheit, Intersubjektivität, Operationalisierbarkeit, Systematik und Konsistenz) befolgen sollen. Labroisse (1987) plädiert dafür, textbezogene Hypothesen einer falsifikatorischen Prüfungsmethode, wie sie Popper (1973) ansatzweise skizziert hat, zu unterziehen.

Auch Groeben (1987), der sich mehr für die Lesarten von Rezipienten als für die Textbedeutung interessiert, anerkennt die Möglichkeit einer material – objektiven Textbeschreibung in bezug auf syntaktische und "basis – semantische" Textdimensionen. Für Groeben stellt diese materiale Textexplikation jedoch keinen Selbstzweck dar. Sie sollte nur als Kriterium für die Beurteilung der Angemessenheit der sinn – konstituierenden Lesarten konkreter Rezipienten dienen. So verstanden kann die objektive Textbeschreibung nicht positiv festlegen, was ein Text bedeutet, sondern nur negativ ausschließen, wie dieser keinesfalls gedeutet werden sollte. Wenn die Ebene der syntaktischen und "basis – semantischen" Elemente verlassen wird, dann sind nach Groeben (1980, 74ff.) die Voraussetzungen für eine intersubjektiv gültige Bestimmung des Bedeutungsgehalts nicht mehr gegeben. Auch die in den Sozialwissenschaften weit verbreitete Inhaltsanalyse empfiehlt Groeben (1980, 83ff.) nur dann als Methode zur Textanalyse, wenn es sich um "Autor – Leser – homologe Texte" handelt, die dem Rezipienten wenig Spielraum für eine eigenständige, schöpferische Bedeutungsverleihung lassen.

Gegen jegliche materiale Textinterpretation richtet sich eine Allianz aus zwei sehr unterschiedlichen Lagern. Auf der einen Seite wendeten die der Hermeneutik verpflichteten Teilnehmer der oben angeführten Tagung ein, daß ein Interpret den Sinn eines Textes nicht aus allgemeinen Regeln und Konventionen ableiten könne (Bredella 1987). Textverstehen sei immer ein Akt der "kreativen Transformation" (Bredella 1987, 197). Auch Steinmetz (1987) gibt zu bedenken, daß textbezogene Hypothesen allein niemals den Sinn eines literarischen Werkes freilegen können und spricht in diesem Zusammenhang von einem "falsch verstandenen Popperianismus" (Steinmetz 1983, 154). Dennoch redet Steinmetz etwa einem rational nicht mehr darstellbaren Dekonstruktionismus amerikanischer Prägung das Wort. Die Wahl des angemessenen Analyserahmens für die Interpretation läßt sich zwar nicht durch ein methodisch normiertes Analyseschema bestimmen, jedoch können post hoc dialogische Verfahren zur Sicherung von Intersubjektivität durchaus sinnvoll eingesetzt werden (Steinmetz 1983, 162).

Auf der anderen Seite wollen die empirischen Literaturwissenschaftler (Schmidt 1980, 1983, 1987b; Groeben 1972, 1980 und 1987; Köck 1986) ebenfalls gerade diesem *subjektiven Konstruktionsprozeß des Lesers* ihre Beachtung schenken. Indem jedoch z.B. Schmidt Anschluß an die kognitive Textverarbeitungsforschung (vgl.

im deutschsprachigen Raum Mandl 1981; Eigler 1984; Herrmann 1985) sucht, oder indem Groeben die von ihm selbst deutlich mitgeprägte psychologische Forschung zu 'subjektiven Theorien' mit in die Literaturwissenschaft einbringt, beschreiten sie einen gänzlich anderen Weg.

Groeben (1980) stellt eine große Zahl von Verfahren zur Erfassung des Spiel − raums subjektiver Rezeptionen vor (semantisches Differential, cloze procedure, semantisch − hierarchische Klassifikation zur Erhebung wahrgenommener Text − Strukturen u.a.). Während für Groeben in einem nächsten Schritt die subjektiven Rezeptionen durch einzelne Leser immerhin zu einer Rekonstruktion des Werk − sinns verwendet werden dürfen, wenden sich die konstruktivistisch orientierten Autoren (Schmidt 1987b; v. Glasersfeld 1983) gegen jegliche Bedeutungsverlage − rung in den Text. Die Bedeutung ist aus konstruktivistischer Perspektive keine objektive Texteigenschaft. Sie entsteht immer nur im Leser als Ergebnis der durchgeführten kognitiven Operationen. Zwischen den empirisch vorgehenden Literaturwissenschaftlern besteht also weniger eine Einigkeit über das Ziel als über die Methode der Analyse. Zugelassen sollen nur solche Verfahren werden, die empirische Aussagen über operational definierbare Merkmale und Folgen des Rezeptionsprozesses erlauben.

Wie wir gesehen haben, gibt es in der Frage des einem Text bzw. einer durch Medien vermittelten Aussage innewohnenden Sinns zwischen hermeneutisch und empirisch arbeitenden Forschern Übereinstimmungen, die auf den ersten Blick überraschen können, wenn man von der Unversöhnlichkeit des quantitativ − qualitativen Lagerdenkens ausgeht. Von beiden Positionen aus läßt sich zu einer strikten Betonung des Konstitutionsaspekts gelangen, einmal unter dem Ge − sichtspunkt der Kreativität im Akt des Verstehens (Bredella 1987), das andre Mal unter dem Gesichtspunkt des Subjektivität jeder Erfahrungsbildung (v. Gla − sersfeld 1983).

2.3.3 Text und Kontext

Die *Nahtstelle* zwischen moderner − empirischer wie hermeneutischer − Literaturwissenschaft und sozialwissenschaftlicher Medienforschung wird bei der Behandlung der Text − Kontext − Einbettung besonders deutlich. Die Kontextbe − zogenheit von Medienaussagen läßt sich dabei unter zwei Gesichtspunkten behandeln.

2.3.3.1 Beziehung von Gesamttext und Textteil

Grundlegendes Axiom der traditionellen Hermeneutik ist die wechselseitige Be − zogenheit von Gesamtkunstwerk und Einzelaussage; methodisch schlägt sich dies in der Analysefigur des "hermeneutischen Zirkels" nieder. Wie Schmidt (1975) bemerkt, kennt auch die empirische kritisch − rationalistische Forschungstradition einen Bezug zwischen Teil und Ganzem, nämlich den von Beobachtungssatz und Theorie. Allerdings wird u.a. durch Poppers (1969) Kriterium der "Wahrheitsähnlichkeit" ein infiniter Rekurs vermieden. Gerade die Konzeption eines grundsätzlich niemals abschließbaren Deutungsprozesses, wie sie von qualitativ − hermeneutisch arbeitenden Forschern (Steinmetz 1987; Bredella 1987) vertreten wird, stößt bei Empirikern in der Regel auf Widerspruch.

Logische und empirische (Hörmann 1983) Argumente legen zumindest auf der Ebene des einzelnen Satzes (als Ganzes) und seiner Wörter (als Teile) nahe, von einer Eigenständigkeit des Wortes gegenüber seinem Kontext auszugehen. "Die Bedeutung eines Wortes kann nicht von Kontext zu Kontext verschieden sein, sondern ist vielmehr eine Eigenschaft des Wortes selbst, unabhängig von jedem Kontext: denn darauf, daß wir die Bedeutung der in einem Satz vorkommenden Wörter unabhängig von ihrer Verwendung in *diesem* Satz kennen, beruht unser Verstehen des Satzes. Wenn die Bedeutung eines Wortes von Kontext zu Kontext verschieden wäre, dann müßte sich dies nach einer allgemeinen Regel rich — ten, damit wir die Sätze überhaupt verstehen könnten, in denen das Wort vor — kommt: und dann bestünde in dieser allgemeinen Regel die *eine*, gemeinsame Bedeutung des Wortes. Wir sagen zwar von einem mehrdeutigen Wort, daß es in verschiedenen Kontexten verschiedene Bedeutungen hat. Aber dabei handelt es sich eben um den Fall, daß wir nicht sicher sind, in welchem Sinne die betref — fenden Sätze zu verstehen sind. Die Bedeutung eines mehrdeutigen Wortes wird nicht durch den Kontext *bestimmt* ('determined'); vielmehr ist es so, daß wir aus dem Kontext der Äußerung Hinweise entnehmen können, in welchem Sinne das Wort gemeint ist" (Dummet 1973, dt. Übersetzung von Muckenhaupt 1986, 142). So wie es also einen objektiven Wortsinn geben *muß*, ließe sich folgern, so muß auch der objektive Sinn einer einzelnen Aussage im Gesamt eines ganzen Textes festlegbar sein. Zwar sind einzelne Äußerungen noch häufiger als einzelne Worte für sich genommen mehrdeutig. Ihr Sinn kann jedoch durch die Beachtung des Handlungszusammenhanges im Gesamttext bestimmbar werden. Jede einzelne Äußerung bzw. jeder einzelne Interakt kann zwar eine — gleichwohl begrenzte — Anzahl von verschiedenen Bedeutungen haben. Dennoch müßte der Kontext (die Sequenz der Interakte über eine gewissen Zeit hinweg) Anzeichen dafür liefern, welche eindeutige Bedeutung einer Äußerung an dieser konkreten Stelle des Handlungsverlaufs nur zukommen kann. Aus diesen Überlegungen heraus hat Oevermann (Oevermann u.a. 1979; Oevermann 1983 und 1986) seine Methode der 'objektiven' oder 'strukturalen' Hermeneutik entwickelt. Nicht mehr der infi — nite Rekurs des hermeneutischen Zirkels, sondern gerade die strenge *Sequenzia — lität* der Deutung von Äußerungen/Interakten in der natürlichen Reihenfolge ihres Auftretens im Text soll bei der objektiven Hermeneutik sicherstellen, daß die pragmatischen Restriktionen, denen die Satzverwendung folgt, logisch rekon — struiert werden können.

2.3.3.2 Beziehung von Text und sozialgeschichtlichem Verwendungszusammenhang

Oevermann mißt dem inneren Kontext einer Äußerung bzw. eines Interaktes, d.h. der Einbettung in die Sinnstruktur der Interaktionssequenz, ein größeres Gewicht für die Interpretation zu als dem weiteren Kontextwissen, das über den aktuell zu interpretierenden Text hinausgeht. Das In — Beziehung — Setzen eines Textes zu außertextuellen Elementen wird sowohl in der literaturwissenschaftlichen (z.B. Steinmetz 1987) als auch in der sozialwissenschaftlichen Tradition (Habermas 1983, 38f.) gefordert. Allerdings unterscheiden sich die Ziele hier doch beträcht — lich. Habermas (1983) argumentiert, daß man einen Text nur dann verstehen kann, wenn man die Gründe, *"warum"* der Autor sich berechtigt fühlte, bestimmte Behauptungen (als wahr) vorzubringen, bestimmte Werte und Normen (als richtig) anzuerkennen, und bestimmte Ereignisse (als wahrhaftig) auszudrük — ken (bzw. anderen zuzuschreiben) (S. 39) auf dem Hintergrund des sozialge — schichtlichen Kontexts rational rekonstruiert hat. In der Literaturwissenschaft wird dagegen gerade als entscheidender Fortschritt gegenüber der überwundenen Tra — dition des 'new criticism' angesehen, daß die Autorenintention nicht mehr zum Gegenstand der Interpretation gemacht werden soll (vgl. Link 1976; Schmidt 1983). Hier steht eine Auseinandersetzung mit den Vertretern einer rekon —

struktiven sozialwissenschaftlichen Methode (ein Überblick findet sich bei Sewart 1985) noch aus.

In vielen genuin literaturwissenschaftlichen Ansätzen werden Literaturproduktion, –rezeption und –interpretation als soziale Handlung konzipiert (s. hierzu be – sonders Ihwe 1976, 1980 und 1985). Die Analyse der Textverwendung (und Bildverwendung, vgl. Muckenhaupt 1986) läßt sich aber ohne eine Rekonstruktion der Handlungsbedingungen und –gründe des Autors nicht durchführen. Auch in der sozialwissenschaftlich orientierten Medienforschung hat die handlungs – theoretische Betrachtung des Medienproduktions– und –rezeptionsprozesses eine beachtliche Tradition (siehe hierzu Neumann/Charlton 1988). Medienkonsum wird hier als soziale Handlung begriffen, die in die Routinen der alltäglichen Prozesse zur Lebensbewältigung eingebettet ist, daraus ihre Motivation bezieht und auf diese zurück wirkt. Methodisch folgen diese Arbeiten der Ethnomethodologie oder Konversationsanalyse (Bachmair 1984/1985; Lull 1987; Rogge 1980) oder der strukturalen Hermeneutik (Lenssen/Aufenanger 1986; Charlton/Neumann 1986).

Weil sowohl hermeneutisch als auch empirisch orientierte Wissenschaftler sich bei ihren Analysen verstärkt den sozialen Prozessen bei der Produktion und Rezep – tion von Texten zuwenden, gewinnen die universalpragmatisch – rekonstruktiven Methoden vermutlich zunehmend an Bedeutung. Pasternacks Beurteilung, daß diese in den Sozialwissenschaften entwickelte Methodologie für die Textwissenschaften ohne Bedeutung sei (Pasternack 1983, 190), sollte auf dem Hintergrund dieser Entwicklung so nicht mehr aufrechterhalten bleiben. Zwischen der qualitativ – ganzheitlichen Hermeneutik und der quantitativ – analytischen Empirie scheint durchaus Platz für einen aus der linguistischen Pragmatik hervorgegangenen "dritten Weg" (Sewart 1985) vorhanden zu sein.

3. Noch einmal: Wer ritzt wen?

Wie steht es nun mit der Über – oder Unterlegenheit von qualitativer bzw. quantitativer Methode? Wenn wir auf die Argumente und Positionen der ver – schiedenen Forschergruppen zurücksehen, so fällt die Beantwortung dieser Frage nicht leicht. Wir haben gesehen, daß sich im Laufe der Zeit zwischen den Fronten ein reiches Leben entwickelt hat. Wir stießen auf qualitative Daten, die im Rahmen des kausal – nomologischen Forschungsprogramms ihren Platz haben, und auf finalistische Konzeptionen, die sich einerseits nicht mehr mit den eta – blierten quantitativen Methoden vertragen, sich andererseits aber doch auch wieder unter eine dem Kausalprinzip verpflichtete nomologische Forschung sub – sumieren lassen. Wir haben festgestellt, daß es in manchen theoretischen Fragen (z.B. über die Möglichkeit einer objektiv – materialen Textinterpretation) zwischen empirisch und hermeneutisch eingestellten Wissenschaftlern Koalitionen über die angeblich 'paradigmatischen' Grenzen hinweg gibt und daß sich Forscher aus beiden Lagern einer gemeinsamen Idee verpflichtet fühlen, nämlich Text – produktion und – rezeption als sozialen Prozeß aufzufassen. Diese Entwicklung wiederum hat uns zu der (begründeten?) Spekulation veranlaßt, daß möglicher – weise in Zukunft die qualitativen und die quantitativen Methoden durch Metho – den zur rationalen Rekonstruktion von Handlungsstrukturen Konkurrenz bekom – men werden.

Wenn die 'Härte' der für die Ritzprobe ausgewählten Verfahren in ihrer ra – tionalen Begründetheit liegen soll, dann, so können wir zusammenfassen, sind wir auf keine eindeutigen 'Testsieger' gestoßen.

Anmerkungen

1 Diese Arbeit wurde teilweise aus Mitteln der Deutschen Forschungsgemeinschaft (SFB 321: Mündlichkeit und Schriftlichkeit, Teilprojekt B7) gefördert.
2 Zu beziehen über Klaus B. Jensen, Department of Comparative Literatur, University of Copenhagen, Njalsgade 80a, DK – 2300 Copenhagen S.

Bibliographie

G.E.M. Anscombe/P.T. McGeach 1973: Three philosophers. Oxford
B. Bachmair 1984/1985: Symbolische Verarbeitung von Fernseherlebnissen in assoziativen Freiräumen. 2 Bde. Kassel
B. Berelson 1952: Content analysis in communication research. Glencoe
N. Bischof 1966: Erkenntnistheoretische Grundlagenprobleme der Wahrnehmungspsychologie. In: Handbuch der Psychologie. Bd.1,1. Hrsg. v. W. Metzger. Göttingen, S. 21 – 78
R. Bhaskar 1975: A realist theory of science. Leeds
R. Bhaskar 1979: The possibility of naturalism. Brighton
J. Brandtstädter 1982: Apriorische Elemente in psychologischen Forschungsprogrammen. In: Zeitschrift für Sozialpsychologie 13 (1982), S. 267 – 277
J. Brandstädter 1984: Apriorische Elemente in psychologischen Forschungsprogrammen. Weiterführende Argumente. In: Zeitschrift für Sozialpsychologie 15 (1984), S. 151 – 158
L. Bredella 1980: Das Verstehen literarischer Texte. Stuttgart
L. Bredella 1987: Das Verstehen und Interpretieren literarischer Texte. Erziehung zur Objektivität oder zur Kreativität. In: Ibsch/Schramm 1987, S. 107 – 136
M. Charlton 1987: Möglichkeiten eines sozialwissenschaftlichen Handlungsbegriffs für die psychologische Forschung. In: Zeitschrift für Sozialpsychologie 18 (1987), S. 2 – 18
M. Charlton/G. Kaeser/U. v. Kiekebusch 1979: Moralische Urteilsfähigkeit und die Wirkung von Comics auf Kinder. In: Zeitschrift für Entwicklungspsychologie und Pädagogische Psychologie 11 (1979), S. 313 – 321
M. Charlton/K. Neumann 1986: Medienkonsum und Lebensbewältigung in der Familie. Methode und Ergebnisse der strukturanalytischen Rezeptionsforschung. Weinheim
W.A. Collins 1981: Recent advances in research on cognitive processing – television viewing. In: Journal of Broadcasting 25 (1981), S. 327 – 334
W.A. Collins 1987: Fernsehen: Kognitive Verarbeitungsprozesse. In: Unterrichtswissenschaft 15 (1987), S. 410 – 432
T.D. Cook/D.A. Kendzierski/S.V. Thomas 1983: The implicit assumptions of television research: An analysis of the 1982 NIMH Report on television and behavior. In: Public Opinion Quarterly 47 (1983), S. 161 – 201
M. v. Cranach u.a. 1980: Zielgerichtetes Handeln. Bern
Deutsche Forschungsgemeinschaft (Hrsg.) 1986: Medienwirkungsforschung in der Bundesrepublik Deutschland. 2 Bde. Weinheim
M. Dummet 1973: Frege. Philosophy of Language. London
G. Eigler 1984: Textverarbeiten und Textproduzieren. In: Unterrichtswissenschaft 12 (1984), S. 301 – 318
R.J. Faber/R.M. Perloff/R.P. Hawkins 1982: Antecedents of children's comprehension of television advertising. In: Journal of Broadcasting 26 (1982), S. 575 – 584
G. Fassnacht 1979: Systematische Verhaltensbeobachtung. München
H.G. Furth 1972: Intelligenz und Erkennen. Die Grundlagen der genetischen Erkenntnistheorie. Frankfurt
E. v. Glasersfeld 1981: Einführung in den radikalen Konstruktivismus. In: Die erfundene Wirklichkeit. Hrsg. v. P. Watzlawick. München. S. 16 – 38
E. v. Glasersfeld 1982: An interpretation of Piaget's constructivism. In: Revue Internationale de Philosophie 36 (1982), S. 612 – 635

E. v. Glasersfeld 1983: On the concept of interpretation. In: Poetics 12 (1983), S. 207 – 218

N. Groeben 1972: Literaturpsychologie. Literaturwissenschaft zwischen Hermeneutik und Empirie. Stuttgart

N. Groeben 1980: Rezeptionsforschung als empirische Literaturwissenschaft. Tübingen

N. Groeben 1986: Handeln, Tun, Verhalten als Einheiten einer verstehend – erklärenden Psychologie. Tübingen

N. Groeben 1987: Verstehen, Erklären, Bewerten in einer empirischen Literaturwissenschaft. In: Ibsch/Schramm 1987, S. 65 – 106

N. Groeben/B. Scheele 1977: Argumente für eine Psychologie des reflexiven Subjekts. Darmstadt

J. Habermas 1983: Rekonstruktive vs. verstehende Sozialwissenschaften. In: J. Habermas: Moralbewußtsein und kommunikatives Handeln. Frankfurt, S. 29 – 52

R. Harré/E.H. Madden 1975: Causal powers. A theory of natural necessity. Oxford

C.G. Hempel/P. Oppenheim 1953: The logic of explanation. In: Readings in the philosophy of science. Hrsg. v. H. Feigl/M. Brodbeck. New York, S. 319 – 352

Th. Herrmann 1985: Allgemeine Sprachpsychologie. München

H. Hörmann 1983: Was tun die Wörter miteinander im Satz? oder wieviele sind einige, mehrere und ein paar? Göttingen

K. Holzkamp 1986: Die Verkennung von Handlungsbegründungen als empirische Zusammenhangsannahmen in sozial – psychologischen Theorien. In: Zeitschrift für Sozialpsychologie 17 (1986), S. 216 – 238

G.L. Huber/H. Mandl 1982: Verbale Daten. Weinheim

E. Ibsch/D.H. Schramm 1987: Rezeptionsforschung zwischen Hermeneutik und Empirie. Amsterdam

J.H. Ihwe 1976: The philosophy of literary criticism reconsidered: on the 'logic' of 'interpretation'. In: Poetics 5 (1976), S. 339 – 372

J.H. Ihwe 1980: Conversations about literature or: when you and I and the literary scholar talk about a literary text. In: Poetics 9 (1980), S. 457 – 507

J.H. Ihwe 1985: Konversationen über Literatur. Braunschweig

W.K. Köck 1986: Biosystems theory and empirical aesthetics. In: Poetics 15 (1986), S. 401 – 437

L. Kohlberg 1974: Stufe und Sequenz: Sozialisation unter dem Aspekt der kognitiven Entwicklung. In: Zur kognitiven Entwicklung des Kindes. Hrsg. v. L. Kohlberg. Frankfurt, S. 7 – 255

K. Krippendorf 1984: An epistemological foundation for communication. In: Journal of Communication 34 (1984), S. 21 – 36

G. Labroisse 1987: Interpretation als Diskurs. Überlegungen zur Verwissenschaftlichung Literatur – interpretativer Aussagen. In: Ibsch/Schramm 1987, S. 155 – 170

J. Langer/F. Schulz v. Thun/R. Tausch 1974: Messung komplexer Merkmale in Psychologie und Pädagogik. München

H. Lenk 1978: Handlung als Interpretationskonstrukt. Entwurf einer konstituenten – und beschreibungstheoretischen Handlungsphilosophie. In: Handlungstheorien interdisziplinär. Bd. 2,1. Hrsg. v. H. Lenk. München, S. 271 – 350

M. Lenssen/St. Aufenanger 1986: Zur Rekonstruktion von Interaktionsstrukturen. Neue Wege zur Fernsehanalyse. In: Handlung und Sinnstruktur. Hrsg. v. St. Aufenanger/M. Lenssen. München, S. 123 – 204

H. Link 1976: Rezeptionsforschung. Eine Einführung in Methoden und Probleme. Stuttgart

J. Lull 1987: World families watch TV. Beverly Hills

H. Mandl (Hrsg.) 1981: Zur Psychologie der Textverarbeitung. München

P.T. Manicas/P.F. Secord 1983: Implications for psychology of the new philosophy of science. In: American Psychologist 38 (1983), S. 399 – 413

P.T. Manicas/P.F. Secord 1984: Implications for psychology. Reply to comments. In: American Psychologist 39 (1984), S. 922 – 926

P.T. Margolis/R. Harré/P.F. Secord (Hrsg.) 1986: Psychology: designing a discipline. Oxford

U. Maturana 1982: Erkennen: Die Organisation und Verkörperung von Wirklichkeit. Braunschweig

W. McGuire 1986: The myth of massive media impact: savagings and salvagings. In: Public communication and behavior. Hrsg. v. G. Comstock. Orlando, S. 175 – 259

M. Meyer (Hrsg.) 1983: Children and the formal features of television. München

Th. Mischel 1980: Zum Verständnis neurotischen Verhaltens: Vom 'Mechanismus' zur 'Intentionalität'. In: Th. Mischel: Psychologische Erklärungen. Frankfurt, S. 180 – 229

C. Möbus/W. Nagl 1983: Messung, Analyse und Prognose von Veränderungen. In: Enzypklopädie der Psychologie. Serie I: Forschungsmethoden. Bd. 5: Hypothesenprüfung. Hrsg. v. J. Bredenkamp/H. Feger. Göttingen, S. 239 – 470

M. Muckenhaupt 1986: Text und Bild. Grundlagen der Beschreibung von Text – Bild – Kommunikation aus sprachwissenschaftlicher Sicht. Tübingen

K. Neumann/M. Charlton 1988: Handlungstheoretische Ansätze in der Massen – kommunikationsforschung. Forschungsberichte des Psychologischen Instituts der Universität Freiburg. Nr. 45

U. Oevermann 1983: Zur Sache. Die Bedeutung von Adornos methodologischem Selbstverständnis für die Begründung einer materialen soziologischen Strukturanalyse. In: Adorno Konferenz, 1983. Hrsg. v. L. v. Friedeburg/J. Habermas. Frankfurt, S. 234 – 289

U. Oevermann 1986: Kontroversen über sinnverstehende Soziologie. In: Handlung und Sinnstruktur. Hrsg. v. St. Aufenanger/M. Lenssen. München, S. 19 – 83

U. Oevermann u.a. 1979: Die Methodologie einer 'Objektiven Hermeneutik' und ihre allgemeine forschungslogische Bedeutung in den Sozialwissenschaften. In: Soeffner 1967, S. 352 – 434

G. Pasternack 1983: Interpretation as methodical procedure – methodological fundaments of normed hermeneutics. In: Poetics 12 (1983), S. 185 – 205

D.C. Phillips/R. Orton 1983: The new causal principle of cognitive learning theory: Perspectives on Bandura's 'Reciprocal determinism'. In: Psychological Review 90 (1983), S. 158 – 165

J. Piaget 1980: Das Weltbild des Kindes. Frankfurt (Original 1926)

J. Piaget 1976: Das moralische Urteil beim Kinde. Frankfurt (Original 1932)

K.R. Popper 1969: Logik der Forschung. Tübingen

K.R. Popper 1973: Objektive Erkenntnis. Ein evolutionärer Entwurf. Hamburg

C.S. Reichardt/T.D. Cook 1979: Beyond qualitative vs. quantitative methods. In: Qualitative and quantitative methods in evaluation research. Hrsg. v. C.S. Reichardt/T.D. Cook. Beverly Hills, S. 5

J. – U.Rogge 1980: Objektive und subjektive Hintergründe der Medienrezeption. In: Der Medienmarkt für Kinder in der Bundesrepublik. Hrsg. v. K. Jensen/J. – U. Rogge. Tübingen, S. 252 – 347

G. Rudinger u.a. 1985: Qualitative Daten. München

B. Scheele/N. Groeben 1988: Dialog – Konsens – Methoden. Tübingen

S.J. Schmidt 1975: Literaturwissenschaft als argumentierende Wissenschaft. München

S.J. Schmidt 1980: Grundriß der empirischen Literaturwissenschaft. Teilband I. Braunschweig

S.J. Schmidt 1983: Interpretation today – introductory remarks. In: Poetics 12 (1983), S. 71 – 81

S.J. Schmidt (Hrsg.) 1987a: Der Diskurs des radikalen Konstruktivismus. Frankfurt

S.J. Schmidt 1987b: Text – Rezeption – Interpretation. In: Ibsch/Schramm 1987, S. 23 – 46

K.A. Schneewind/M. Beckmann/A. Engfer 1983: Eltern und Kinder. Stuttgart

W. Schulz 1983: Rezension zu: E. Straßner: Fernsehnachrichten. In: Rundfunk und Fernsehen 31 (1983), H. 3 – 4, 459ff.

R.L. Selman 1980: The growth of interpersonal understanding. New York

R.L. Selman/D.F. Byrne 1974: A structural – developmental analysis of levels of role – taking in middle childhood. In: Child Development 45 (1974), S. 803 – 806

J.W. Sewart 1985: Beyond explanation and understanding: the refiguration of social theory. In: Studies in Symbolic Interaction. Vol. 6. Hrsg. v. L. Denzin. San Francisco, S. 31 – 58

B.F. Skinner 1973: Wissenschaft und menschliches Verhalten. München

H. – G. Soeffner (Hrsg.) 1979: Interpretative Verfahren in den Sozial – und Textwissenchaften. Stuttgart

W. Stegmüller 1970: Das Problem der Kausalität. In: Erkenntnisprobleme der Naturwissenschaft. Hrsg. v. L. Krüger. Köln, S. 156 – 173

H. Steinmetz 1983: On neglecting the social function of interpretation in the study of literature. In: Poetics 12 (1983), S. 151 – 165

H. Steinmetz 1987: Literaturwissenschaftliche Interpretation? In: Ibsch/Schramm 1987, S. 137 – 154

E. Straßner 1982: Fernsehnachrichten. Eine Produktions – , Produkt – und Rezeptionsanalyse. Tübingen

H. Sturm 1982: Der rezipienten – orientierte Ansatz in der Medienforschung. In: Publizistik 27 (1982), S. 89 – 97

K. Tomm 1987: Introduction to: The ecology of observing systems. Conference theme session. 37th Annual Conference of the International Communication Association. Vortrag. Montreal

E. Wartella 1979: The developmental perspective. In: Children communicating: Media and development of thought, speech, understanding. Hrsg. v. E. Wartella. Beverly Hills/London, S. 7 – 19

V. v. Weizsäcker 1947: Der Gestaltkreis. 3. Aufl. Stuttgart

H. Westmeyer 1981: Zur Paradigmadiskussion in der Psychologie. In: Bericht über den 32. Kongreß der Deutschen Gesellschaft für Psychologie in Zürich. 1980. Hrsg. v. W. Michaelis. Göttingen, S. 115 – 126

Jan-Uwe Rogge

Erfahrungen mit einem am Alltagshandeln, an der Alltags- und Familienwelt orientierten medienwissenschaftlichen Vorgehen

Fragestellungen, Probleme, Gegenstandsbereiche und Perspektiven

Es geht mir in der Darstellung nicht darum, eine mit kulturwissenschaftlichen Kategorien argumentierende Medienforschung zu 'erklären', und es kommt mir auch nicht darauf an, über Sinn und Zweck von Gegensatzpaaren (z.B. Wirkung versus Rezeption, inhaltsanalytisch versus rezeptionsorientiert) nachzudenken – eine an Alltag, Medienkultur und einem perspektivischen Medienumgang orien‐ tierte Forschung erschließt sich zuvörderst in der Durchführung von Projekten oder in der Begegnung mit den zu erforschenden gesellschaftlichen Subjekten. Will Verunsicherung, wissenschaftliches Räsonieren oder das Aufstellen von Forschungsprogrammen nicht zum Selbstzweck geraten, gar handlungsunfähig machen, bedarf es einer Forschungspraxis, deren zentraler Begriff Reflexivität ist. Damit wird eine Position bezogen, die "darauf besteht, daß jede Untersuchung der Prozesse des Verstehens und Herstellens von Sinn selbst wieder ein zu analysierender Vorgang eines solchen Prozesses ist" (Weingarten/Sack 1976, 8). Nicht um ein Reden über eine wie auch immer sich definierende Medienfor‐ schung oder eine sich ständig reproduzierende Diskussion des Forschungsstandes geht es an dieser Stelle, sondern darum, wie in einigen Forschungsprojekten konkret und nachvollziehbar mit Problemen, Verunsicherungen und Anforderun‐ gen umgegangen wurde. Will eine vom Mediennutzer und dessen Handlungsorientierungen aus argumentierende Forschung aber mehr sein als die Sammlung ergötzlicher Anekdoten, dann muß sie ihre Vorgehensweise reflek‐ tieren, offenlegen und nachvollziehbar gestalten. In diesem Ineinander von Reflexion und Praxis liegt die Stärke solcher Vorgehensweise. Ausgehend von einer kurzen, keinesfalls vollständigen, sich auf relevante Ansätze konzentrieren‐ den Skizze einer rezipientenorientierten Medienforschung geht es mir darum, in Form eines Werkstattberichtes Möglichkeiten und Grenzen einer ganzheitlich argumentierenden Medienforschung aufzuzeigen.

Forschungsbemühungen

In der Medienforschung stand im allgemeinen nicht der Alltag, die Selbstver‐ ständlichkeit und die fraglose Normalität von Medienangeboten und dem me‐ dienbezogenen Handeln im Vordergrund, sondern das Besondere, das Außerge‐ wöhnliche, ja das Bedrohliche der Medien. Das zeigen die Schwerpunkte, die sich beim Überblick über fast fünfzig Jahre Medienforschung herauskristallisieren: Werbung und Massenmedien, Medieneinfluß und Politik, Kind, Familie und Fernsehen. Es charakterisiert die bisherige Forschung weithin, daß sie medien‐ zentriert arbeitet – genauer: medium zentriert, denn fast ausnahmslos steht ein einzelnes Medium im Mittelpunkt. In den letzten beiden Jahrzehnten war es das Fernsehen, das – in der Forschung weit mehr als in der Wirklichkeit – alle anderen Medienangebote in die Bedeutungslosigkeit abgedrängt hat; gängige Be‐ griffe wie Fernsehfamilie, Fernsehkindheit usw. machen dies deutlich. So ist denn ein Bericht über den Stand der gegenwärtigen Medienforschung häufig ein Bericht über die Fernsehforschung und innerhalb dieser Forschung dominieren Untersuchungen über den Inhalt bestimmter Sendungen oder über die von solchen Inhalten ausgehenden Wirkungen auf Einstellungen, Normen und Werte.

Am ehesten noch treten Forschungsergebnisse über die Auswirkungen der Medien auf den Alltag in der ersten Phase der amerikanischen Medienforschung zutage. Schon die frühen, noch auf den Rundfunk bezogenen Arbeiten von Waples (1940) und Herzog (1944) können als Vorläufer für einen uses – and – gratifications – Ansatz in Anspruch genommen werden, der von den Aktivitäten der Rezipienten ausgeht und der in den sechziger Jahren genauer von Katz ausformuliert wurde. In der Frühphase des Fernsehens wurde u.a. gefragt nach Gründen für die Anschaffung des Geräts, nach der Funktion für das Familienleben, nach Einflüssen auf die Kommunikation in der Familie und vor allem auf die Eltern – Kind – Interaktionen, nach den Auswirkungen auf die häuslichen Aktivitäten, den Veränderungen der Freizeitgewohnheiten und der Umstrukturierung von Tagesabläufen.

Weiss (1968) faßt die Forschung über die Auswirkungen des Fernsehens auf die Familienwelt mit dem Satz zusammen: "In general, television has not had any marked or sweeping effects on family life." Er relativiert seine Feststellung aber indirekt dadurch, daß Auswirkungen nur dann richtig eingeschätzt werden könnten, wenn die Strukturen in den untersuchten Familien vor der Einführung des Fernsehens genauer analysiert wären. Zudem weist er darauf hin, daß alle Untersuchungen weder nach Herkunft Persönlichkeit noch nach Schicht und Bildung differenzieren würden.

Seit den siebziger Jahren sind nun einige Untersuchungen entstanden, die sich speziell mit der "Fernsehfamilie" befaßten. So sehen Rosenblatt und Cunningham (1976) die Fernsehhäufigkeit einer Familie als Indikator für familiäre Spannungen. James Lull (1980a und 1980b) unterscheidet sozial – orientierte von ziel – orientierten Familien und stellt fest, daß die erste Gruppe das Fernsehen eher zur emotionalen Beruhigung, die zweite eher zu ideologisch – pädagogischen Ausrichtung nutzt. In der westdeutschen Forschung fällt die nachhaltige Konzentration auf das Verhältnis von Heranwachsenden zum Fernsehen (und vice versa) auf. Selbst grundlegende und – am gegenwärtigen Forschungsstand gemessen – immer noch bedeutende Untersuchungen wie die von Maletzke (1959) beschränkten sich überwiegend auf die Altersgruppe der Jugendlichen und auf das Medium Fernsehen. Maletzke analysierte den Eingriff dieses Mediums in das Familienleben und stellte die Frage, ob das neue Medium das Familienleben zerstört oder ob es umgekehrt die Familie zusammenführt. Er kommt zu dem Schluß, daß ein negativer Einfluß zu verzeichnen sei, nimmt dabei aber bildungs – und schichtenspezifische Differenzierungen vor und weist darauf hin, daß das Fernsehen bei Kommunikationsstörungen nur auslösender Faktor sei, während die Ursachen tiefer lägen. Fülgraff (1965) untersucht empirisch das Urteil der Eltern über das Fernsehen und die Beziehungen von Fernsehen – Familie – Gesellschaft. Auch Fülgraff betont, daß die Einflüsse des Fernsehens abhängig sind von den vorgegebenen Bedingungen, mithin den familialen Lebenswelten. Sie stellt die These auf, daß das Fernsehen mit seinen Angeboten vor allem in strukturell geschwächten Familien großen Einfluß ausüben könne. Stückrath/Schottmeyer (1967) greifen Maletzkes Fragestellungen auf, ohne seinen Forderungen nach Differenzierung voll Rechnung zu tragen. Sie kommen zu dem Ergebnis, daß das Fernsehen zwar Langeweile vertreibe, sie aber gleichzeitig in neuer und verschärfter Form erzeuge.

Erst die Studie des Hans Bredow – Instituts (1968) rückt vom For – schungsmittelpunkt Kind und Fernsehen ab und untersucht das *Fernsehen im Leben der Erwachsenen*. Die Studie geht ein auf die Situation beim Zuschauen, auf Meinungen und Attitüden zum Fernsehen, auf die Motive der Auswahl von Sendungen. Die – überwiegend positiven – Einstellungen gegenüber dem Fern – sehen werden schichtenspezifisch differenziert; für einzelne Schichten werden die Nachteile des Fernsehens stärker betont. Ähnlich wie in der zusammenfassenden Kritik von Weiss wird auch in der Bredow – Studie betont, daß die Auswirkungen des Fernsehens nur dann angemessen interpretiert werden können, wenn die Si – tuation vor dem Kauf der Fernsehgeräte ausreichend berücksichtigt werde, wenn die Kritik an der vom Fernsehen bestimmten Kommunikation also nicht vor der Folie einer nur vermuteten heilen Familienwelt abläuft.

Die Tagesablaufstudien, die Anfang der siebziger Jahre vom ZDF durchgeführt wurden, bieten statistisches Material zum Zeitbudget und zur Reichweite von Medienangeboten und belegen quantitativ die Bedeutung von Medien im Alltag von Kindern, Jugendlichen und Familien. Aussagen über das Wie und das Warum eines medienbezogenen Handelns lassen sich jedoch nur in Ansätzen finden. Neue Erkenntnisse in dieser Richtung brachten vor allem der uses – and – gratifications – approach, der z.B. in der Israel – Studie (Katz u.a. 1973; Teichert 1976), der Schweden – Studie (Rosengren/Windahl 1976) oder der Leeds – Studie (Braun 1979) umgesetzt wurde, der aber auch für die Auf – satzsammlung *Wie Kinder mit dem Fernsehen umgehen* (Sturm/Brown 1979) bestimmend ist.

Die von der Arbeitsgemeinschaft für Kommunikationsforschung durchgeführten Expertengespräche zur Medienforschung Ende der siebziger und Anfang der achtziger Jahre haben die Forderung nach alltagsnäherer Forschung, nach quali – tativen Erhebungsmethoden (z.B. Fernsehtagebücher), nach Berücksichtigung weiterer Variablen (wie Haushaltsformen, Nutzungstypen, regionale Abhängigkeit) und Langzeitstudien deutlich werden lassen (Arbeitsgemeinschaft für Kommunikationsforschung 1980, 1981). Und auch Forschungsberichte und Über – legungen zur Wirkungsforschung von Schulz (1982), Sturm (1982) und Früh/Schönbach (1982) heben nachhaltig auf die Bedeutung komplexer Ansätze in der Medienforschung ab. Solch Schwerpunktverlagerung wurde in einigen Forschungsprojekten sichtbar, die sich seit Mitte der siebziger Jahre verstärkt um den Fernsehalltag kümmerten. So untersuchte das Institut für Publizistik der Freien Universität Berlin (1976) die Abhängigkeit zweier Familien von regel – mäßigen 'TV – Rationen', den Zusammenhang von Arbeit und Freizeit und die Rhythmisierung des Arbeitstages durch ein medienbezogenes Handeln (Bauer u.a. 1976). Hunziker u.a. (1975) beschrieben das *Fernsehen im Alltag der Familie*. Die Autoren kommen zu zwei wichtigen Schlußfolgerungen: zum einen, daß die familiale Fernsehnutzung eher additiv geschehe, d.h., daß es keine einheitliche Nutzung in der Familie gebe; zum anderen, daß die familiale Interaktion durch das Fernsehen nicht besonders beeinflußt werde. Dieses Fazit wird von Hunziker (1976) allerdings relativiert. Beeinträchtigungen der interpersonellen Beziehung durch das Fernsehen gelten nur zwischen den Generationen; innerhalb einer Generation kann das Fernsehen dagegen kommunikationsfördernd wirken.

Im gleichen Jahr erbrachte die Studie *Vier Wochen ohne Fernsehen* wichtige Einblicke in den Zusammenhang zwischen der Situation am Arbeitsplatz und dem Medienverhalten (Bauer u.a. 1976). Auch in den Untersuchungen von Psy – data und des Hans Bredow – Instituts – beide sind ausführlich bei Kellner (1978) zitiert – zur Bedeutung des Fernsehens für die familiale In – teraktionsqualität wird die Auffassung vertreten und belegt, daß das Fernsehen interpersonale Kommunikation zurückdränge. In der Diskussion zur Einführung neuer Medien – soweit sie rein technische und wirtschaftliche Erörterungen hinter sich läßt – spielt dieser Gesichtspunkt eine wesentliche Rolle. In Analy – sen und Gutachten ist verschiedentlich gefordert worden, die Frage der Nutzung künftiger Medien in den Zusammenhang der gesamten Kommunikation, also auch der nicht – medialen, zu stellen (Maletzke 1982, Bausinger/Warneken 1980). Im – merhin läßt sich feststellen, daß im Kontext dieser Diskussion häufiger als bisher wieder die Gesamtheit der Medien ins Blickfeld kommt. Insbesondere die Verschiebung innerhalb der Medienlandschaft erinnert nachhaltig daran, daß es neben dem Fernsehen eine große Anzahl anderer Medien gibt, die teilweise in Konkurrenz zu ihm, teilweise aber auch im Verbund untereinander stehen. Ver – wiesen sei hier auf die Langzeitstudie zur Mediennutzung und Medienbewertung, die von Berg/Kiefer (1987) vorgelegt wurde; sowie Untersuchungen zum Vielse – her, Vielhörer und Vielnutzer (Kiefer 1987) oder die Familienstudien, die im Rahmen der verschiedenen Kabelprojekte stattfanden (vgl. Hurrelmann u.a. 1988, Kaase u.a. 1988, Schmidt 1988). Obgleich in den letzten Jahren vielversprechende Ansätze zur Erforschung des alltäglichen Medienkonsums in der Familie vorgelegt wurden (Charlton/Neumann mit ihrem strukturanalytischen Ansatz; vergleiche die Übersicht bei Hochwald 1983), werden bei der Erfassung des Medienalltags in Familien immer wieder Desiderate sichtbar, die nach neuen Erhebungstechniken, Fragestellungen und Vorgehensweisen im Feld verlangen.

Verunsicherung und Betroffenheit

Nach einem Vortrag über den Medienalltag in Familien, den ich an einigen Fallbeispielen veranschaulicht hatte, kam eine Zuhörerin zu mir und erzählte, daß sie es schwer habe mit einer verstehend – deutenden Medienwissenschaft. "Das, was Sie gesagt haben, hat man doch irgendwie immer schon gewußt. Ich meine, manches ist doch einfach selbstverständlich, einfach banal, was Sie da sagen. Das weiß man doch!" Und dann fügte sie fragend hinzu: "Gehört da nicht Mut dazu, solche Selbstverständlichkeiten, solch Alltagskram als Wissenschaft zu verkaufen?" Zugegeben: das war irritierend, obwohl ich ähnliche Anmerkungen in der Praxis der Feldforschung immer wieder hören muß: "Was, damit beschäftigt ihr euch, wie wir leben oder fernsehen. Das ist doch uninteressant. Wer will denn das wissen?" Einige Wochen nach dem Vortrag rief mich besagte Zuhörerin nochmals an: Ihre Enttäuschung sei verflogen, meinte sie, weil sie gemerkt habe, wie viel empirische und analytische Arbeit in der Gewinnung und der Darstel – lung von Ergebnissen sichtbar würde, wie ihr die Darstellungen ein genaueres Hinsehen auf eine eher "ach so normale Wirklichkeit" ermöglicht hätten, wie sie Dinge, in diesem Fall: die Medien, jetzt strukturierter, d.h. gelassener und problemorientierter zugleich, vor allem aber: ganzheitlicher sähe. An solch posi – tiver Kritik hat man zweifelsohne weniger zu kauen als an den Vorwürfen der Banalität.

Ich verstehe die Irritationen durchaus, die sich angesichts einer qualitativen Me – dienalltagsforschung breit machen. Vor allem die zu erforschenden Rezipienten fühlen sich nicht selten durch den 'weichen' Forschungsprozeß ernst genommen, weil sie ihre alltägliche Lebensweise schildern und medienbezogene Handlungsmuster darstellen können, sogar in die Auswertung der Interviews und teilnehmenden Beobachtungen hin und wieder mit einbezogen und zu Kommen – taren über die Ergebnisse angehalten werden. Solch Untersuchungsansatz hat veränderte Rollenzuweisungen für den Forscher und den zu Erforschenden zur Folge, bedeutet Unmittelbarkeit und Berührungen, bringt Nähe und damit auch Ängste auf beiden Seiten mit sich. Nicht zuletzt gilt dies aber für den Forscher, der seine Unsicherheiten, subjektiven Probleme und Irrationalitäten gerne hinter dem Anspruch wissenschaftlicher Objektivität, Rationalität und Omnipotenz ver − bergen, doch niemals bearbeiten konnte.

Die Erforschung des Medienalltags stellt sich für mich als der Versuch dar, wissenschaftliche Praxis im alltäglichen Leben zu verankern. Der Bezug zur Re − alität, die ganzheitliche Betrachtung gesellschaftlicher Phänomene werden wichtigste Kriterien. Nicht um die Reproduktion, um pure Deutung einer all − täglichen Praxis, um die Kapitulation vor einer komplexer werdenden Realität geht es, sondern um den Stellenwert des historisch − biografischen Moments menschlicher Subjektivität; es geht darum, sich in seiner wissenschaftlichen Praxis an menschlichen Handlungen zu orientieren. Damit wird nicht einer Ähnlichkeit oder gar Gleichstellung wissenschaftlicher Erkenntnis mit dem Alltagswissen, mithin einem Rückfall hinter die Aufklärung das Wort geredet; behauptet wird nur, daß sich die Relevanz methodologischer Diskussionen oder methodischer Instrumentarien nicht nur aus formalisierten Regeln überprüfbarer Genauigkeit ergeben könnenWenn es um das Verstehen, Deuten, Strukturieren und Begrün − den von (in diesem Fall: medienbezogenen) Handlungsorientierungen geht, läßt sich Zuverlässigkeit und Genauigkeit nicht allein durch die Befolgung formaler methodologischer Prinzipien erreichen, beides ist nur durch die Offenlegung der Datengewinnung und − interpretation sowie den kritischen Diskurs mit den betroffenen Subjekten annäherungsweise zu erreichen (Moser 1975).

Wenn qualitative Untersuchungsanlagen, eine sich an der verstehenden Durch − dringung der medienbezogenen Sozialisation und eine sich im Alltag gründenden Forschungspraxis, wenn die methodologischen 'Softies', zu denen ich mich durchaus zähle, mit dem Banner des Irrationalismus, den Hinweisen auf metho − dische Ungenauigkeit und Willkür oder dem Vorwurf der Beliebigkeit und Banalität konfrontiert werden, liegt dies auch daran, daß solch Wis − senschaftsverständnis die Gefahren eines unreflektierten Theoriemonotheismus, erkenntnistheoretischen Dogmatismus oder eines Verlusts an methodologischer Kreativität ständig vor Augen führt. Der Vorzug einer sozial − und kulturwissenschaftlichen Theorie − und Methodendiskussion − gerade was die Erforschung alltäglicher Lebensweise anbetrifft − liegt in einem produktiven Infragestellen bisher praktizierter ('harter') Ansätze sowie einer reflektierten, d.h. produktiven Auseinandersetzung mit längst bekannten und praktizierten, aber in der Wissenschaftsöffentlichkeit verdrängten Methoden (z.B. komplexer For − schungsansätze: biografische Methode; ideografischer Ansätze: Einzelfallstudie; 'weicher' Erhebungsmethoden: narrative Interviews, teilnehmende Beobachtungen etc.).

Theorienvielfalt ist für die Wissenschaft, den Erkenntnisprozeß dann notwendig und fruchtbar, wenn sich dahinter kein kriterienloser Pluralismus oder eine friedliche Koexistenz von Methoden versteckt. In diesem Sinne akzeptiere ich denn auch Paul Feyerabends (1975) Feststellung: "Vernunft und Wissenschaft gehen oft verschiedene Wege. Ein heiterer Anarchismus ist auch menschen − freundlicher und eher geeignet, zum Fortschritt anzuregen, als 'Gesetz − und Ordnungs' − Konzeptionen. (...) Der einzige allgemeine Grundsatz, der den Fort − schritt nicht behindert, lautet: Anything goes." (Mach', was du willst.) Theoreti − scher Anarchismus meint niemals postmodernistischen Holismus, erkenntnistheo − retische Gleichgültigkeit oder methodische Schrankenlosigkeit. Er enthält vielmehr die Aufforderung, komplexe Methoden für künftige Forschungsbemühungen unter sich ständig ändernden gesellschaftlichen wie forschungspolitischen Rahmenbe − dingungen zur Verfügung zu stellen und *zu praktizieren*. Denkverbote und Be − rührungsängste, gar ein ständiges Darüberreden, "was man alles machen müßte",

113

scheinen fehl am Platze, denn eine wie auch immer geartete Einförmigkeit, Formalisierung und Praxislosigkeit von Erkenntnis begrenzt die kritisch – produk – tive Kraft von Wissenschaft.

Es trifft natürlich zu, daß der theoretische Anarchismus allzu häufig einem Ba – lanceakt über ein freischwebendes Seil gleicht, bei dem sich die (vermeintlichen) Sicherheiten nicht mehr allein aus den bekannten Regeln wissenschaftlicher Ob – jektivität herleiten können. Nur im Mut zu ständigen Reflexionen, in der Bereitschaft zum Diskurs und zur Offenlegung des Entstehungszusammenhangs von Daten liegt die Chance, Intersubjektivität nicht aus den Augen zu verlieren. Und da der Feldforscher als Subjekt Teil der Entstehung 'weicher' Daten ist, gehört die Reflexion über die subjektiven Anteile mit in den Generierungs – und Interpretationsprozeß von Daten (Jeggle 1983). Wenn ich die Arbeit im Feld, die Gewinnung von Daten als einen Seiltanz bezeichne, dann liegt die Intersubjektivität im Offenlegen dieses Balanceaktes – mit all seinen Unsicher – heiten, Ängsten und Unzulänglichkeiten. Wissenschaftliche Genauigkeit zeigt sich ja nicht *in* den Forschungsergebnissen. Popper wies auf solch szientistisches Mißverständnis hin. Für ihn ergibt sich die Objektivität wissenschaftlicher Sätze aus ihrer intersubjektiven Nachprüfbarkeit (Popper 1971). Doch ist das einfacher gesagt als getan: Die wissenschaftliche oder publizistische Öffentlichkeit ist an *Ergebnissen* interessiert, je allgemein verständlicher und spektakulärer, umso mehr wird ihnen Aufmerksamkeit gewiß. Methodologische oder methodische Fragen bleiben in vielen Veröffentlichungen auf ein Minimum reduziert. Das führt dazu, daß die Prozesse der Datenherstellung und – auswertung, die ja zeitaufwendiger und mühsamer sind, ausgeblendet bleiben. Damit sind aber wichtige Teile der Subjektivität eines Forschers von Ausgrenzung betroffen.

Offenlegung bedeutet aber zugleich, sich verletzlich zu zeigen, Subjektivität preiszugeben. In einer auf Konkurrenz sich gründenden Wissenschaftspraxis ver – langt das eine Portion Mut; Mut, der nicht einfach da ist, sondern gelernt wer – den muß, will man nicht Masochist sein. Mir ist dieser Mut in den letzten Jah – ren deshalb leichter geworden, weil meine Arbeit Resonanz findet, weil ich um die Solidarität von Kollegen weiß, denen es ähnlich geht – vor allem solcher Kollegen, die sich ebenfalls in der Feldforschung abmühen. Denn unübersehbarer wird die Kluft zwischen jenen Wissenschaftlern, die in Forschungszusammenhän – gen stehen, und solchen, die diese Möglichkeiten nicht wahrnehmen können oder wollen. Diese Kluft führt zu einer unterschiedlichen Auffassung von Praxis: für die einen löst sich Praxis eher in der Theorie der Praxis auf, letztlich ein stän – diges und reproduzierendes Darüberreden; für die anderen bedeutet Feldfor – schung, lebenspraktische Erfahrungen auf dem Begriff zu bringen und zu syste – matisieren, auf dem Durchgang wissenschaftlicher Ergebnisse durch die gesell – schaftliche Praxis zu bestehen. Ob man diese sich abzeichnende Kluft durch ein Transparentmachen der Datenherstellung und deren Deutung aufzuheben vermag, muß dahingestellt bleiben; gleichwohl will ich mich bemühen, einige Essentials meines Balanceakts darzustellen.

Produktion und Rezeption

Die Öffnung der Volkskunde für sozialwissenschaftliche, empirisch fundierte Methoden in den letzten zwanzig Jahren (und diese Öffnung ist durch die Integration komplexer Forschungsansätze im letzten Jahrzehnt nur noch um – fangreicher geworden) hat auch eine Erweiterung des bis dahin vorherrschenden Kanons zur Folge gehabt (Bausinger 1980). Die damit zusammenhängenden Diskussionen in der Volkskunde sind zu umfassend, zu kontrovers, als daß sie hier auch nur angerissen werden könnten. Versuche, Bemühungen mit Kurzfor — meln zu charakterisieren, sind zum Scheitern verurteilt, dokumentieren letztlich Gleichgültigkeit, sich mit durchaus vorhandenen Problemen einer manchmal mit Universalansprüchen auftretenden Volkskunde auseinanderzusetzen.

Zweifellos hat das Ludwig — Uhland — Institut für Empirische Kulturwissenschaften an der Universität Tübingen entscheidenden Anteil bei der Umorientierung der Volkskunde hin zu einem sozialwissenschaftlichen Unternehmen zur Analyse all — täglicher Lebenswelten und Kulturen gehabt. Auch Medien als Teil der Alltags — welt wurden mit Beginn der siebziger Jahre thematisch integriert. Unbestreitbarer Vorteil war es, daß es ansatzweise gelang, die Betriebsblindheit mancher Me — dienforscher dadurch zu umgehen, daß man Medien zwar als einen bedeutsamen Teil alltäglicher Lebensweisen bestimmte, Medien gleichwohl nicht zum Bezugs — punkt der Untersuchungen machte. Solche Relativierung meint ja nicht das Anerkennen einer Wirkungs — oder Einflußlosigkeit massenmedialer Angebote, vielmehr werden Aneignungs — und Mediatisierungsprozesse in gesamt — gesellschaftliche und individuelle Rahmenbedingungen gestellt, mithin nicht die *Wirkung an sich* sondern die *Wirkung für sich*, also in konkreten sozialen Zu — sammenhängen gesehen. So meint die Beschreibung medienbezogener Hand — lungskonzepte, das Anerkennen eines Alltagswissens über Medien doch nicht, die Medienforschung sei deshalb am Ende, weil ja nun nachgewiesen sei, daß die Menschen mit den Medien umgehen könnten. Entscheidender ist doch, warum und unter welchen Bedingungen sich solch Konzepte und Alltagswissen ausbilden und welche Folgen diese für den je spezifischen Alltag, für die kommunikative und emotionale Handlungsorientierung eines Menschen haben.

Nun entwickelten sich die Beziehungen von Medienforschung und Volkskunde in einer Phase, als sich in der Medienforschung Überlegungen durchsetzten, das medienzentrierte durch ein nutzer — und rezipientenorientiertes Paradigma zu *ergänzen*, nicht aber zu ersetzen. Dies macht ein Blick in die Historie der Volkskunde überdeutlich. Ihr Beitrag zur Erforschung der Medienlandschaft lag zunächst bei Inhalts — und Kommunikatoranalysen. Eine kulturwissenschaftliche ausgerichtete Rezeptionsforschung setzte erst Ende der siebziger Jahre ein. Die ersten, von der Deutschen Forschungsgemeinschaft geförderten Projekte, die von Klaus Jensen und mir durchgeführt wurde, umfaßten Produkt — und Rezeptions — analysen in ihrer wechselseitigen Ergänzung. Es ging um eine Bestandsaufnahme des Medienmarktes für Kinder in der Bundesrepublik und in der DDR sowie um eine Analyse des Familienbildes in den Medien (Jensen/Rogge 1980; Rogge/Jensen 1987; Rogge 1987a und 1987b). Ausgehend von Annahmen des symbolischen Interaktionismus gingen wir in den Untersuchungen davon aus, daß ein Medienprodukt dann zu einem Medium für Kinder, Jugendliche und Erwachsene wird, wenn es von den Produzenten wie der gesellschaftlichen Um — welt eine objektive und/oder durch den Rezipienten eine subjektive Bedeutung zugewiesen bekommt. Diese Bedeutung ergibt sich jeweils aus der herrschenden Medienthematik, dem gesellschaftlichen oder lebensgeschichtlichen Kontext, in dem die Nutzer stehen. Diese Definition soll verdeutlichen, daß ein Medienmarkt nur dann angemessen zu analysieren ist, wenn Produktions — und Rezeptions — aspekte, d.h. Form —, Inhalts — und Funktionsuntersuchungen wie tatsächlicher Gebrauch dieser Medien, gleichermaßen berücksichtigt werden. Nur so war es möglich, von monokausalen Vereinfachungen zu komplexen Fragestellungen zu gelangen, um z.B. die Analyse 'objektiver Medienwirklichkeiten' durch die 'sub — jektive Wirklichkeit der Medien' zu ergänzen, damit zu einer umfänglichen Erfassung der medienbezogenen Sozialisation beizutragen.

Für die Analyse 'objektiver Medienwirklichkeiten' scheinen u.a. Inhaltsanalysen notwendig zu sein. Wir bezeichneten diese jedoch als Produktanalysen, um damit anzudeuten, daß viele der bisher praktizierten inhaltsanalytischen Vorgehensweisen (Ritsert 1972) zu kurz greifen, um die gesellschaftliche Totalität von Medien zu erfassen. Denn nur Produktanalysen (Prokop 1977) werden den drei Seiten der gesellschaftlichen Formbestimmtheit von Medien gerecht: ihrer Inhalts –, Form – und Funktionsseite. Den Medien kommt eine objektive, gesellschaftlich vermit – telte Bedeutung zu, eine Bedeutung, die aus der historischen Vergegenständli – chung menschlicher Arbeit resultiert. Der Prozeß der Aneignung dieser Gegen – standsbedeutungen durch den Rezipienten ist jedoch kein reproduktiver Akt. Er ist vielmehr als eine Art "zweite Produktion" (Bitomsky 1972) zu betrachten. Es erscheint deshalb notwendig, den Rezipienten, seine Handlungs – und Inter – pretationsmöglichkeiten bereits in der Produktanalyse zu antizipieren. Die Inhalte verlieren damit die Funktion einer unabhängigen, alles erklärenden Variablen. Die Produktanalyse ist demnach implizit eine Kritik ander quantitativen Inhaltsanalyse, eine um den Aspekt des Nutzers ergänzte qualitative Inhaltsana – lyse. So hat nach der Dominanz der quantitativen Inhaltsanalyse und ihrer Prä – missen, der Reduktion selbst audio – visueller Medien auf manifeste, sprich meßbare Inhalte, die von Kracauer geforderte, von Ritsert theoretisch fundierte und operationalisierte qualitative Inhaltsanalyse neue Impulse für die Untersu – chung von Massenmedien gebracht. Denn Produktanalysen gingen über eine Un – tersuchung des manifesten Inhalts hinaus und hoben auf die Relevanz des latenten Inhalts wie der gesamtgesellschaftlichen Rahmenbedingungen ab, analy – sierten mithin nicht den Inhalt an sich, sondern den Inhalt in konkreten gesell – schaftlich vermittelten Bedeutungszusammenhängen (Ritsert 1972, Prokop 1977).

Mediale Inhalte werden in vielen Untersuchungen durch zwei Herangehensweisen bestimmt: Entweder begreift man sie als Agenten des Wandels kultureller, sozi – aler und politischer Normen, Medien werden zur Ursache, zur Quelle für neue Haltungen, Sichtweisen und Meinungen, die die gesellschaftlichen Prozesse und die individuelle Lebensweise nachhaltig prägen. Oder man sieht in den Medien einen Verstärker für gesellschaftliche, politische und soziale Tendenzen. Medien bauen dann eine je spezifische Wirklichkeit auf, die für die Rezipienten handlungsrelevant werden kann.

Im Einklang mit angelsächsischen Analysen der Massenkultur hat die Tübinger Forschungsgruppe in zwei Projekten versucht, die thematischen wie ästhetischen Strukturen des Medienmarktes bzw. die medial inszenierten Wirklichkeiten (z.B. das Bild von Familie und Kindheit) als Ausdruck bzw. Abbild von gesellschaftli – chen Normen und Werten zu beschreiben, wobei Medieninhalte, gesellschaftlicher Wandel (z.B. Veränderungen in Familie und Kindheit) und soziale Kontrolle in *einem* Zusammenhang gesehen wurden. Gesellschaftliche Veränderungen, aber auch Traditionen und Ungleichzeitigkeiten spiegelten sich in den medialen Szenarien wider. Allgemeiner: Medien und ihre Themen bilden als das gesellschaftliche Besondere – wenn auch komplex und nicht immer eindeutig bestimmbar – gesellschaftlich Allgemeines ab. Doch haben wir zugleich vor einer Gleichsetzung von produzierten Intentionen und entsprechender Aneignung gewarnt. Die massenhafte Nutzung bestimmter immer wiederkehrender Inhalte und Genres gibt zwar Hinweise auf psychosoziale Erwartungen und Befindlich – keiten, über die konkrete Aneignung und Verarbeitung solcher Inhalte ist damit genauso wenig gesagt wie über unmerkliche Veränderungen im Alltag durch Mediatisierungsprozesse. Um diese zu beschreiben, bedarf es gesonderter Rezeptionsanalysen.

So haben Klaus Jensen und ich Ende der siebziger Jahre den sich abzeichnenden Kindermedienverbund am Beispiel von *Heidi* und *Biene Maja* analysiert und auf die langfristigen Einflüsse (d.h. medienbezogene Wissens – und Handlungskon – zepte) der damit verbundenen ästhetischen Umsetzungen aufmerksam gemacht (Jensen/Rogge 1980). Die Entstehung des kommerziellen Medienverbundes wurde in Zusammenhang gebracht mit entsprechenden ökonomischen und medienpoliti – schen Entwicklungen sowie mit einem veränderten Bild von Kindheit, wie es sich seit Mitte der sechziger Jahre herausschälte. Wie sich der inhaltliche Substanz – verlust der Kindermedien innerhalb des Medienverbundes (Stereotypisierung, Klischeebildung, Actionstrukturen, Höhepunktdramaturgie, Reduktionismus, Eska – pismus) auf medienbezogene Konzepte der Kinder auswirkte, zeigte sich dann in parallelen Rezeptionsuntersuchungen, die sich über einige Jahre hinzogen. Der mit bestimmten Formen des Medienverbundes einhergehende formalästhetische Reduktionismus zeigte sich in einem – wie wir es vereinfacht nannten – *Biene – Maja – Konzept*, soll heißen: Noch bis in die siebziger Jahre hinein ori – entierten sich Zeichentrickkonzepte von Kindern vor allem an der Ästhetik von Disney – Filmen. Disney war ein Synonym für den Animationsfilm. Dieses hat sich von Beginn der achtziger Jahre an unter zwei Perspektiven verändert: Einerseits bildeten sich unter dem Einfluß japanischer Produktionen à la *Biene Maja* mit ihrer Teilanimation und ästhetischen Vereinfachung entsprechende Wissenskonzepte zum Zeichentrickfilm bei Kindern heraus, die eine Form – und Erzählstrukturen als langweilig erscheinen ließen; andererseits entwickelten sich durch die Endlosfolgen, mit der die *Biene Maja* viele Bereiche kindlicher Lebenswelten durchdrang, ein Waren – und Medienhunger, der im medien – übergreifenden Fortsetzungsprinzip seine ökonomische Entsprechung fand. Solch Endlosprinzip, das auch nichtmediale Bereiche einbezog, ging auf das von Kin – dern geschätzte Wiederholungsprinzip als Möglichkeit einer besseren Durchdrin – gung von Wirklichkeit suggestiv ein. Um diese 'unmerklichen' Veränderungen im Alltag oder in sinnlichen Aneignungsformen wahrzunehmen, den Stellenwert der Medien als Faktor in der historisch – biografischen Entwicklung von Kindern zu bestimmen, waren aber Rezeptionsanalysen notwendig, die langfristig konzipiert waren (Rogge 1982 und 1986). Der Raum läßt nur einige knappe theoretische Erläuterungen darüber zu, welche Aufgaben den Rezeptionsstudien zukommen. Sie spüren sowohl den objektiven als auch den subjektiven Bedingungen der Mediennutzung nach. In Anlehnung an Lorenzer (1974) werden sie in soziolo – gisch orientierte Bedingungsanalysen und in psychoanalytisch orientierte Struk – tur – und Prozeßanalysen aufgeteilt (Charlton/Neumann 1986). Entsprechend dem Zusammenwirken von Produktions – und Rezeptionsstudien ergänzen sich die Bedingungs –, Struktur – und Prozeßanalysen ebenfalls, wobei die Reichweite der Zugriffe ebenso unterschiedlich einzuschätzen ist wie ihre Erkenntnisgrenzen und – möglichkeiten. Der Bedingungsanalyse geht es um eine Beschreibung der Le – benswelt des Nutzers, der alltäglichen Situation von Rezipienten, um deren In – terpretation von Lebenswelt, ihren Problem – und Konfliktlösungsstrategien, ihren Freizeitaktivitäten, um den Zusammenhang von Bedürfnis, Interesse, sozialer Lage und Mediennutzung. Solch bedingungsanalytische Dimensionen haben wir in zahlreichen Einzelfallstudien konkretisiert (Jensen/Rogge 1980; Rogge 1985; Jensen/Rogge 1986 und 1989).

Struktur – und Prozeßanalysen zeigen demgegenüber Motivstrukturen des Objekts auf, rekonstruieren frühkindliche Erlebnisse und lebensgeschichtliche Zusammen – hänge, denn die Nutzung von Medien, von Produkten des kommerziellen Me – dienverbundes sind niemals nur Abbild der aktuellen und äußeren Situation, sondern vor allem lebensgeschichtlich, sozial – und medienbiografisch zu erklären (Rogge 1982 und 1986).

Medienalltag und Familie

Diese Erweiterung des Blickwinkels in der Rezeptionsforschung – knapp um – rissen als der Wechsel von stimulus – response – geprägten Wirkungsmodellen hin zu einem bedürfnis – bzw. handlungsorientierten Nutzeransatz – hat nicht nur auf wichtige soziokulturelle oder intraindividuelle Variablen im medialen An – eignungsprozeß aufmerksam gemacht, sondern zugleich die Notwendigkeit 'wei – cher' Erhebungsmethoden, eines komplexen methodischen Instrumentariums sowie neuer Untersuchungsschwerpunkte vor Augen geführt. Gefordert waren Analysen, die die Medien als Bestandteile des Alltags verorten, Medien in ihrer 'fraglosen Normalität' beschreiben und interpretieren oder die die psychosozialen Folgen von übergreifenden Mediatisierungsprozessen analysieren. Vor diesem Hintergrund müssen zwei weitere Projekte gesehen werden ("Medienkultur", "Alte und neue Medien im häuslichen Alltag"), die von 1981 an am Ludwig – Uhland – Institut durchgeführt wurden. Auch wenn die beiden Projekte auf den Medienalltag in verschiedenen Haushaltstypen abhoben, wurde in der Untersuchungsanlage nicht übersehen, daß das medienbezogene Handeln von Familienmitgliedern nicht allein durch das spezifische Familiensystem, sondern genauso von anderen Teilsystemen mitgeprägt wird (Arbeitswelt, Vereinszugehörigkeit, Tätigkeit in Organisationen, Verwandtschaftssystem, peer – group etc.). Schon die in pretest – Phasen durchge – führten Interviews und die damit einhergehenden Auswertungen zeigten, daß beispielsweise die Akzeptanz neuer Medienangebote beeinflußt wird durch die berufliche Tätigkeit des Haushaltsvorstandes, daß elektronische Spiele für Her – anwachsende genauso wie ihre Präferenzen für den "neuen" Horrorfilm subkul – turelle Stile ausdrücken, daß viele ausländische Familien einen Videorecorder kaufen, um innerhalb der Verwandtschaft an Prestige zu gewinnen. Mit der Konzentration auf Familien sollten also nicht Außenbindungen oder Außenein – flüsse ausgeblendet werden; es handelte sich vielmehr um eine notwendige Focussierung, die durchaus einen Einblick in die Verarbeitung und Einwirkung transzendierender Strukturen verspricht. Die hier implizit angesprochene Mehr – Ebenen – Analyse war im methodischen Vorgehen integriert. Der Leitfaden für die narrativen Familieninterviews ging auf die Aspekte der Lebenswelt, der peer – group und anderer Teilsegmente des Alltags ein. Je nach Relevanz je konkreter Ebenen ließ er es zu, das geplante Interview entsprechend zu strukturieren und abzuändern. Da zudem eine umfassende, viele Teilbereiche einbeziehende Daten – und Faktensammlung für die einzelnen Haushalte und die jeweiligen Mitglieder angestrebt wurde, konnte in der Interpretationsphase ver – sucht werden, das gewonnene Material auf dem Hintergrund der aktuellen wie biografischen Situation eines Haushalts zu deuten. So blieb der einheitliche Charakter des Datenmaterials erhalten, wurde versucht, den Zusammenhang mehrerer Ebenen am Einzelfall zu deuten; das medienbezogene Handeln von Haushaltsmitgliedern als Ausdruck/Zeichen für je konkrete Bedingungen verschiedenster Lebensweltsegmente zu nehmen. Aber gerade die Mehr – Ebe – nen – Analyse verlangte die Untersuchung von Einzelfällen, daß sie einerseits eine neue Datenqualität bereitstellte, da es andererseits – nimmt man die Vorläu – figkeit solcher Forschungsergebnisse ernst – für die Feststellung repräsentativer Zusammenhänge (in Bezug auf die Kombination von medienbezogenem Handeln und den verschiedensten Ebenen der Alltagswelten) noch zu früh ist. Gleichwohl haben wir versucht, Einzelfälle nicht nur für sich zu betrachten, sondern sie auf der Basis und vor dem Hintergrund vorliegender Sozialstatistiken zu diskutieren.

Erforschung des Medienalltags

Neugier und Ängste

Somit stellt der von uns im Feld (in den Projekten "Medienkultur" und "Medienalltag") angewendete rezipientenorientierte Untersuchungsansatz eine erhebliche Erweiterung des Nutzenansatzes dar: Der Rezipient geht zwar aktiv mit den
Medien um, hat Erwartungshaltungen oder Kommunikationsansprüche, handelt
gemäß seinen Bedürfnissen und Interessen. Aber sein gegenwärtig-konkretes
medienbezogenes Handeln geht eben nicht nur in aktuellen Alltagserfahrungen
auf, weil sich medienbezogene Handlungspotentiale als Einheit aus Alltags-und
Basiswissen darstellen, in die lebensgeschichtlich geprägte Erfahrungen mit eingehen. Frühe (auch medienbezogene) Eindrücke werden nicht einfach kumuliert,
sondern werden als Wissensvorrat abgelagert und prägen entscheidend lebenszeitlich spätere Aneignungsstile.

Forschungspraktisch heißt das u.a., massenmediale Sozialisation als lebenslangen
Prozeß zu begreifen, medienbezogene Handlungspotentiale diachron, d.h. orientiert an individuellen Lebensläufen zu betrachten, den Zusammenhang von
Lebenslauf, familialer Umwelt und perspektivischer Wahrnehmung des Medienangebots zu beschreiben, subjektive Medienwirklichkeit in ihrer Konstituierung
durch sinnhaftes Handeln zu erläutern. Kernpunkte des Forschungsvorhabens sind
somit auf die Mediennutzung bezogene handlungstheoretische Konzepte, wie sie
in den letzten Jahrzehnten innerhalb der kognitionspsychologischen Handlungstheorie, der Familienpsychologie, -therapie und -soziologie, des symbolischen
Interaktionismus, der verstehenden Soziologie und der Ethnomethodologie diskutiert worden sind (vgl. die Übersicht von Neumann/Charlton 1988). Ein hand-
lungsorientiertes Verständnis der Medienrezeption hat allerdings Konsequenzen
für die Untersuchungsanlage und -instrumentarien. Methodische Konzepte, die
sich weder an Handlungen orientieren noch die Analyse des medienbezogenen
Handelns in natürlichen Situationen berücksichtigen, Methoden mit hohem Her-
stellungsanteil mithin (weil sich hier das Medien*verhalten* am genauesten messen
läßt), werden *handlungs*theoretischen Grundannahmen in keiner Weise gerecht.
Nicht mehr das Experiment kann die ausschließliche Instanz im Vorgehen sein,
vielmehr wird angestrebt, Daten über das alltägliche medienbezogene Handeln in
einem alltäglichen Feld zu erheben. Eine qualitativ orientiert Feldforschung (repräsentative Einzelfälle; direkte/indirekte, systematische/unsystematische teilnehmende Beobachtung, strukturierte/unstrukturierte narrative Interviews) ist der
Zielsetzung und der Problemstellung des Projekts angemessener.

Dies bedeutet aber auch, daß sich die intersubjektive Nachprüfbarkeit des methodischen Instrumentariums innerhalb der Feldforschung nicht so sehr auf die
Generierung der Daten (z.B. die Situation der Interviews oder der teilnehmenden
Beobachtung) als vielmehr auf die Offenlegung und das Durchschaubarmachen
des Entstehungsprozesses der Daten bezieht. Deshalb sollen jene methodischen
Instrumentarien skizziert werden, die in den Forschungsprojekten zur Anwendung gekommen sind, Es setzte sich aus vier Komponenten zusammen: dem
standardisierten Fragebogen, den qualitativen Interviews, den teilnehmenden
Beobachtungen sowie den Medientagebüchern. Auf letztere kann hier nicht
eingegangen werden.

Fragebögen wurden an alle Haushaltsmitglieder verteilt und dienten der Erfassung statistischer Angaben. Die qualitativen Interviews wurden - soweit
möglich - innerhalb der gesamten Familie durchgeführt. Die Anwesenheit
möglichst aller Haushaltsmitglieder während des Interviews ermöglichte Einblicke
in familiale Kommunikationsstrukturen. Durch offene Fragestellungen war es den
Interviewten möglich, eine personenspezifische Darstellung ihres Alltags zu geben.

Durch Befragungen und Beobachtungen haben wir untersucht, welche konkreten Verhaltensweisen und zugehörigen kognitiv – emotionalen Stile im Umgang mit den Medien bestimmend sind, wie die Nutzung verschiedener Medienangebote in Alltagshandlungen eingreift und in Alltagsvollzüge integriert wird, in welchen settings mit den Medien umgegangen wird, welche Formen der Interaktion wäh – rend des Aneignungsprozesses vorherrschen, welche Nutzungsstrategien sich ein – geprägt haben und welche Medienangebote aus welchen Gründen subjektiv am bedeutsamsten sind.

Den Interviews lag ein Leitfaden zugrunde, der u.a. auf folgende Aspekte einging:

- die Schilderung der persönlichen und politischen Situation aus der Sicht des Familienmitglieds;
- die Schilderung der Familienwelt (Sorgen, Wünsche, Hoffnungen; Erzie – hungsgrundsätze; Wohnsituation; Freizeit, Hobbies; Tagesablauf der Famili – enmitglieder; Unterschiede und Entwicklungen in Bezug auf die eigene Kindheit);
- die Bedeutung der Massenmedien für die Familie (Medienkonsum allgemein: technische Verfügungskapazität, Nutzungsfrequenz, Nutzungsinhalte; das Wissen über Medien; das wichtigste Medium; Zeitpunkt der Nutzung; Re – zeptionsstrategien; Zusammenhang zwischen Medien – und Familienleben; medienbezogenen Wissens – und Handlungskonzepte; kognitiv – emotionale Umgangsweisen);
- bevorzugte Medien (welche Sendungen, Beiträge, Produkte?, Gründe und Zeitpunkt der Nutzung; Verarbeitung der Inhalte);
- sonstige Freizeitaktivitäten.

Die Interviews wurden entlang der Lebens – und Familiengeschichte durchge – führt. Die Segmentierung der Interviews erfolgte entweder nach Jahrzehnten (z.B. fünfziger, sechziger, siebziger Jahre) oder nach relevanten Lebenseinschnitten (Geburt eines Kindes, Berufs – und Wohnungswechsel, Kinder verlassen das Elternhaus etc.).

Es kann an dieser Stelle nicht um eine Rekonstruktion des gesamten Erhe – bungsvorgangs gehen, gleichwohl will ich auf einige Probleme hinweisen, die die subjektiven wie objektiven Fehler, Schwächen und Schwierigkeiten solcher Feld – forschung vor Augen führen. Nur durch die ständige Reflexion und Analyse subjektiver Anteile im Forschungsprozeß ist es möglich, Objektivität nicht aus dem Blickfeld zu verlieren. Vier knappe Beispiele aus der Werkstatt einer Feldforschung mögen solch kritische Punkte veranschaulichen:

- Die ersten Familieninterviews, die ich Ende der siebziger Jahre machte, ha – ben mein medienwissenschaftliches Erkenntnisinteresse entscheidend verändert, haben zu einer umfassend – ganzheitlichen und konkret – anschaulichen Be – trachtungsweise des medienbezogenen Handelns in Familien geführt, mich auch von der Notwendigkeit kommunikationspädagogischer Familienberatung überzeugt. Das Feld hat mich geprägt und verändert, wie ich das Feld par – tiell verändert habe. So wurden erst durch die Interviews in manchen Fami – lien medienbezogene Themen relevant, brachen latente Konflikte hervor (Rogge 1985).
- Gerade der letzte Punkt machte mir in der Anfangszeit erhebliche Schwie – rigkeiten, weil ich – aufgrund eigener persönlicher Konfliktsituationen – das Aufbrechen von familiären Auseinandersetzungen durch das Umgehen von Fragen verhindern wollte. Dieser Eiertanz hörte erst auf, als mir die

Übertragungsprozesse klar wurden, ich mir eigene Ängste und Unsicherheiten zugestand, um sie als produktive Kraft für meine Arbeit zu nutzen. In der letzten Zeit versuche ich, subjektive Anteile und Probleme im Entstehungs – prozeß von Daten durch die Einbeziehung eines Supervisors durchsichtiger und begreiflicher zu machen.

– Das hilft nicht immer. Schwierigkeiten habe ich nach wie vor, wenn es darum geht, die Aneignung von Horror und Pornographie im Familienkontext teil – nehmend zu beobachten, spielt doch hier der Alp meiner Kindheit bei dem, was und wie ich sehe, eine zentrale, soll heißen: reglementierende Rolle. Mein 'Familienfilm' im Kopf spielt mir nicht selten einen Streich, wird aus dem Forscher von heute das Kind von gestern mitsamt den Phantasien und der normativen Enge dreißig Jahre zuvor. Hinzu kommt ein weiteres Pro – blem: Wie weit darf ich einen Prozeß teilnehmend begleiten, ohne ein – zugreifen? Wenn ich Jugendliche oder auch Kinder bei der Rezeption medial inszenierter Gewalt beobachte und feststelle, wie ein bestimmter Nutzungstyp Gewaltklischees ständig braucht, um sich eigener Identität zu versichern, dann stellt sich die Frage, ob man solche 'Nutzungstypen' nicht als Beleg für eine höchst anschauliche Materialsammlung (miß –)braucht, ihn zur Bestätigung von theoretischen Einschätzungen nimmt oder ob man beratend in das Feld eingreift oder eingreifen läßt. Ähnliches gilt im übrigen bei der Beobachtung von jenen Familien, die – aus je verschiedenen psychosozialen Dispositionen heraus – Medien brauchen, um ein gestörtes Familiensystem vordergründig aufrecht zu erhalten.

– So wenig der 'synthetische Durchschnittszuschauer' als Beleg für einen gelebten Medienalltag hergibt, so häufig stellt sich für mich zunehmend die Frage, ob nicht hinter den Orchideen meiner Fallbesprechungen die Normalität verschwindet, ob es mir mithin gelingt, das Alltägliche hinter der faszinierenden Fassade des Einzelfalles aufzuzeigen.

Verstehen und Deuten

Nicht die Datenerhebung, vielmehr der Umgang mit den Daten, ihre Inter – pretation stellt sich als entscheidendes, auch zeitliches Problem der Feldforschung dar. Interviews dauern nicht selten länger als fünf Stunden, teilnehmende Beob – achtungen bringen neben schriftlichen Aufzeichnungen eine Vielfalt an weiterem Material (Video – und Tonbandaufzeichnungen, Dokumentation von szenischen Abläufen etc.). Es bedarf eindeutiger Vorüberlegungen und festgelegter Zu – gangsweisen, um im Material nicht zu 'ertrinken'. Ein formaler Grundsatz bestand zunächst darin, daß die Interviews von zwei Forschern nach einem fest – gelegten Kategoriensystem ausgewertet wurden.

Den Interpretationen liegt ein verstehend – interpretativer Ansatz zugrunde. Die – ser sucht den Rezipienten, in diesem Fall ein Haushaltsmitglied, in seiner All – tags – und Lebenswelt, seinen individuellen und sozialen Bedingungen und Voraussetzungen auf und versucht, jene Strukturen zu beschreiben, die für das alltägliche (Medien –)Handeln bedeutsam sind. Ausgangspunkt der Untersu – chungen wie der Interpretation von Daten ist so die Komplexität jener Welten, in denen der Rezipient bzw. die Familie verhaftet ist. Verstehend oder interpretativ ist dieser Zugriff deshalb, weil er nicht von konkreten Situationen abstrahiert, sondern das medienbezogene Handeln immer auf Lebenssituationen oder – geschichten bezieht. Die Datenerhebung und – auswertung hat die Auf – gabe, sprachliche Äußerungen oder beobachtbare Handlungen zu interpretieren, um verallgemeinerbare und gesetzmäßige Muster von Alltagshandlungen freizule – gen. Die Interpretation bleibt somit nicht in der je individuellen oder je unmit –

telbaren subjektiven (Lebens –)Wirklichkeit stehen, sondern soll die Beziehung zwischen beobachtbaren Phänomenen und zugrunde liegenden Mustern beschrei – ben und erklären. Nicht einer bloßen Reproduktion von Wirklichkeit wird damit das Wort geredet: Ziel eines verstehend – interpretativen Ansatzes sind Aussagen über die Genese eines subjektiven Medienhandlungspotentials, das sich im Schnittpunkt von persönlicher Biografie und soziokulturellen Bedingungen und in Abhängigkeit von historisch – gesellschaftlichen Zusammenhängen herausbildet (Heinze/Klusemann 1979).

Dabei unterschieden wir in Anlehnung und Weiterentwicklung von Interpreta – tionsansätze, wie sie das CCCS in Birmingham (z.B. Clarke u.a. 1979) entwickelt hatten, drei aufeinanderfolgende Interpretationsschritte: einen indexiv – beschrei – benden, einen homologisch – erklärenden sowie einen diachron – historischen. Im indexiven Zugriff ging es dann um eine beschreibende Bestandsaufnahme und Inventarisierung der Familienwelt. Neben einer Auflistung soziokultureller, – ökonomischer und – ökologischer Rahmenbedingungen wurden folgenden interpretationsleitenden Fragen u.a. wichtig: Wie erfahren und begreifen sich die Familienmitglieder aus ihrer Sicht? Wie sehen die kommunikativen und emotio – nalen Beziehungen aus? Welches Familienklima herrscht vor? Welche Alltags – theorien zur Erziehung existieren, wie werden sie umgesetzt? Gibt es explizite oder implizite medienbezogene Wissens – und Handlungskonzepte? Welche inner – und außerhäuslichen Aktivitäten werden praktiziert? Zum indexiven Schritt zählte auch die Beschreibung medienbezogener Rituale und Routinen, Genrepräferenzen, Nutzungsvorlieben, um Einblicke in konkrete medienbezogene Aneignungsprozesse und Nutzungssituationen zu erhalten. Am Ende dieses ersten Zugriffs auf das Material standen *Kernaussagen*, in denen die Handlungsmuster der einzelnen Haushaltsmitglieder enthalten sind, oder es wurden Szenen bzw. Situationen vorgestellt, in denen sich Wissens – und Handlungskonzepte der Familie konkretisierten.

Auf der homologisch – erklärenden Ebene geht es um eine Theorie – geleitete Interpretation und Erklärung von Kernaussagen und Szenarien von Familien. Dabei erfordert die Deutung medienbezogener familialer Handlungsmuster aus unserer Sicht ein systemtheoretisches Verständnis von Familie; d.h. konkrete Rezeptionsweisen eines jeden Haushaltsmitglieds sind vor dem Hintergrund seiner Sozialisation und seiner Rolle im Gefüge einer je konkreten Familie zu interpretieren. So kann man beispielsweise davon ausgehen, daß bereits das Zu – sammenfinden der Ehepartner mit dem Wunsch nach gegenseitigem Ausgleich eigener Defizite verbunden ist. Die Geburt eines Kindes bedeutet dann die ent – scheidende Veränderung des dualen ehelichen Systems zu einem familiären. Auch dies kann als (un –)bewußtes Bemühen um Homöostase innerhalb einer Familie gedeutet werden. Die Familie als System zu verstehen, zu interpretieren und zu behandeln, ist gemeinsamer Nenner vieler familientherapeutischer Ansätze. Dabei heißt System, daß alle Ereignisse (also auch medienbezogene) in einer Familie stets systemischen Charakter haben, d.h. unter (unterschiedlicher) Beteiligung aller Familienmitglieder vonstatten gehen. Die Familie ist beschreibbar durch vertikale (zwischen den Generationen) und horizontale (innerhalb der Genera – tionen) Beziehungssysteme. Einige Grundannahmen bilden den theoretischen Hintergrund: Der Mensch interagiert immer; diese Interaktionen weisen Struktu – ren, Prozesse und Ereignisse auf, von denen Handeln, Denken und Fühlen abhängig sind; Störungen zeigen sich in der Struktur, den Prozessen oder Ereig – nissen (Hess/Handel 1975). Innerhalb der Familie gibt es Subsysteme: Eltern, Kinder, Koalitionen und Individuen (Minuchin 1978). Entscheidend für die familiale Bewältigung von Anforderungen ist die klare Abgrenzung dieser Sub – systeme voneinander. Selbstdifferenzierung, Selbstabgrenzung und Generations –

grenzen sind für ein Zusammenleben Bedingung. Unter dieser Voraussetzung ist Einheit und das Akzeptieren von (notwendigen) Widersprüchen erst möglich (Stierlin 1977). Die Grenzen müssen klar sein, denn sie haben "die Funktion, die Differenzierung des Systems zu bewahren" (Minuchin), ein undifferenziertes ('verkleistertes') Familien–Ich zu verhindern. Damit ist eine der wichtigsten Lösungen für innerfamiliäre Schwierigkeiten angesprochen. Auf Medien bezogene familiale Verhaltensweisen sind so stets hinsichtlich ihrer (intra–)individuellen wie interaktionellen Funktionen zu begreifen. Um diese aber zu verstehen, ist die Rekonstruktion je subjektiver Familienwirklichkeiten notwendig. Nur so lassen sich Fragen beantworten wie: Gibt es Beziehungen zwischen dem kommunikati– ven und emotionalen Klima auf der einen und medienbezogenen Nut– zungsroutinen auf der anderen Seite? Welche Funktionen nehmen die Medien im Haushaltsgefüge ein? Wie ist das Verhältnis von Familien– und Medienerzie– hung?

Dieser homologisch–erklärende Zugriff setzt eine Mehr–Ebenen–Analyse des medienbezogenen Handelns in Familien ebenso voraus wie eine umfängliche Datensammlung über die einzelnen Haushaltsmitglieder. Nur dann bietet dieser Schritt Gewähr dafür, daß Medienalltagsforschung nicht bei der Erfassung von alltäglichen Theorien der Menschen in Familien steckenbleibt.

Der letzte Interpretationsschritt geht davon aus, daß das familiale Zusam– menleben als dynamischer, sich entwickelnder Interaktionszusammenhang begriffen wird. Jede Familie hat ihre Geschichte, Gegenwart und Zukunft, jede Familie durchläuft verschiedene Zyklen, hat ihre 'Karrieren'. Familiale Lebens– und Alltagswelten konstituieren sich durch ihre spezifischen Vorstellungen, Erwartun– gen und Bedürfnisse, die eingebettet sind in einen Wechselprozeß objektiv vor– handener soziokultureller Rahmenbedingungen, in biografisch geprägte Wissens– und Handlungskonzepte der Familienmitglieder und ihre subjektiven Deutungs– prozesse. Das je Spezifische und Besondere von Familienwelten findet seinen Ausdruck in immer wiederkehrenden Figuren und Themen. Für die Erklärung der Komplexität und Vielschichtigkeit familialen Zusammenlebens (und des medienbezogenen Umgangs) ist deshalb das Verstehen medienspezifischer Tradi– tionen, Erfahrungen und Sinnkonstitutionen unerläßlich. Es geht also darum, medienbezogene Handlungspotentiale an Biografien entlang zu untersuchen, das Ineinander von frühen und lebenszeitlich späteren Lebenserfahrungen bei Familienmitgliedern zu untersuchen: Wie baut sich also eine Familie *ihre* mediale Wirklichkeit auf? Wie sieht der Medienalltag in verschiedenen familiären Zyklen aus? Existiert ein medienbezogenes Familien–Ich, nach dem Medien eingeschätzt und mit ihnen umgegangen wird? Wie gehen Familien mit veränderten medien– bezogenen Kompetenzen der Kinder um? Bestehen Zusammenhänge zwischen frühen Alltagserfahrungen, nicht der Sprache zur Verfügung stehenden Klischees sowie der Hinwendung und Verarbeitung von medialen Inhalten? Welche lebensgeschichtlichen und gesellschaftlichen Erfahrungen sind für Brüche im medienbezogenen Handeln verantwortlich? Die Interviews haben die Relevanz solcher Fallstudien im historisch–biografischen Zugriff aufgezeigt. Das medien– bezogene Handeln in verschiedenen Haushaltsformen geht nämlich nicht auf in mechanistischen Wechselbeziehungen zwischen den aktuellen Alltagserfahrungen von Familienmitgliedern und den sich daraus ableitenden Kommunikations– bedürfnissen. In den gegenwärtigen Medienumgang bzw. die aktuelle Wahrneh– mung des Medienangebots gehen immer früher erworbene und sedimentierte Wissens– und Handlungskonzepte mit ein, so daß das momentane medienbezo– gene Handeln nicht mehr völlig offen oder sogar beliebig ist; d.h. beispielsweise, daß nie das gesamte Medienangebot zur Handlungsdisposition steht. Hier haben retrospektive Fragen ihren Stellenwert. Es geht dabei nicht um die Beantwortung der Frage, wie z.B. *das* Medienverhalten vor zehn oder fünfzehn Jahren *wirklich* war (hier sind Sozialstatistiken wesentlich genauer und unverzichtbar), sondern darum, welche Bedeutung z.b. ein je spezifisches Medium für den je konkreten Nutzer hatte. Retrospektive Fragen haben demnach die Aufgabe, die subjektive Bedeutsamkeit, die Medien *für* den Einzelnen hatten, herauszuarbeiten, um zu Aussagen über die Genese des je spezifischen Medienhandlungspotentials zu kommen.

Während es der ersten Ebene um eine paraphrasierende Rekonstruktion des spezifischen Einzelfalles geht, stellt die homologisch – erklärende Ebene auf der Basis theoriegeleiteter Überlegungen Beziehungen zwischen medienbezogenen Handlungsmustern und der jeweiligen aktuellen Familienwelt her. Die diachron – erklärende Ebene argumentiert biografisch, indem sie die Entwicklung und Her – ausbildung von medienbezogenen Alltags – und Wissenskonzepten in den Mittelpunkt stellt. Alle drei Schritte sind im Zusammenhang zu sehen, weil nur so ein verstehend – interpretativer Ansatz umgesetzt werden kann, der sich nicht in der immanenten Deutung des Alltagsbewußtseins verliert, sondern dieses in aktuelle gesellschaftliche wie historisch – biografische Gesamtzusammenhänge stellt.

Praxis und Theorie der Praxis

Für eine qualitativ ausgerichtete Feldforschung kann es nicht bei einer In – terpretation und Veröffentlichung von Daten bleiben. Es geht vielmehr auch um eine Rückbindung der Ergebnisse an das Feld, eine Beziehung zur gesell – schaftlichen Praxis – nicht im Sinne von Verhaltens'therapie', sondern von Handlungsorientierung. Wenn die wissenschaftliche Erforschung des Alltags einen Beitrag zur Systematisierung von alltäglichen Wissens – und Handlungskonzepten darstellt, strukturiert sie Erfahrungen, bringt sie Lebensweisen auf den Begriff, stellt sie die Ergebnisse den zu erforschenden Subjekten wieder zur Verfügung. Wer immer einen Widerspruch zwischen verstehender und gesellschaftskritischer Wissenschaft – mit welcher Absicht auch immer – konstruiert, der übersieht, daß es gerade kritische (aber auch positivistische) Theorien sind, die durchaus scharfsinnige Analysen liefern, aber nicht selten bei der Lösung konkreter gesellschaftlicher Probleme versagen, weil sie auf der Ebene der wissenschaft – lichen Theorie stehenbleiben und nicht auf dem Durchgang der Ergebnisse zur gesellschaftlichen Praxis beharren. So löst sich denn Praxis in eine Theorie der Praxis auf, oder Theorie wird zum Alibi für eine gescheiterte gesellschaftliche Praxis (Moser 1975). Gesellschaftliche Praxis mit dem Ziel einer Handlungsän – derung bzw. – orientierung setzt voraus, die erforschten Subjekte in den Auswertungsprozeß der Daten (soweit möglich und gewünscht) einzubeziehen, ihnen aber auf alle Fälle die Deutung und die Interpretation von Daten zur Verfügung zu stellen. Solche kommunikative Validierung trägt zum Durchschau – barmachen der Dateninterpretation bei, zwingt den Forscher zu genauen Deu – tungen, zugleich stellt er Alltagswissen als auf den Begriff gebrachte Lebenspraxis dem Feld wieder zur Verfügung. Forschung, pädagogisches und beratendes Han – deln sind somit eng aufeinander bezogen, stellen ein notwendiges Ineinander einer verstehend – deutend – beratenden Praxis dar, die durch das "Anstoßen reflexiver Selbstbesinnung kausal erklärbares Verhalten in verstehbares Handeln (transformiert) und den Subjekten dadurch die Verantwortung für ihr Geschick (wieder gibt)" (Gröschke 1983).

Erforschung des Medienalltags

Hart und weich, zuverlässig und gültig

"Durchs Bestreben, sich an hieb – und stichfeste Daten zu halten," schreibt Adorno in den *Soziologischen Exkursen*, "droht der empirischen Sozialforschung die Beschränkung aufs Unwesentliche im Rahmen unbezweifelbarer Richtigkeit. Oft genug werden die Gegenstände durch Methoden vorgeschrieben, statt daß die Methode dem Gegenstand sich anmäße" (Adorno 1956). So ist denn auch die Wahl für ein 'hartes' oder 'weiches' Untersuchungsdesign vor allem eine Frage des Untersuchungsziels und des – gegenstands. Methoden und Unter – suchungsanlagen, die Problem und Gegenstand dem Instrumentarium unterordnen, sind als problematisch zu beurteilen. Wenn es in einem Projekt zunächst nicht um das Aufzeigen repräsentativer Populationszusammenhänge oder um die Kau – salbeziehungen einer kleinen Zahl von Variablen geht, sondern um die Analyse konkreter sozialer Strukturen und psychosozialer Strukturen, die in größere, komplexere Zusammenhänge eingebunden sind, dann werden 'weichere' Unter – suchungsanlagen geradezu erforderlich. Auch wenn dabei Fragen der Variablen – kontrolle, der Repräsentativität und der Datenerhebung nicht grundsätzlich gelöst sind (Koolwijk/Wieken – Mayser 1975), bieten sich solcherart Konzepte für Untersuchungen an, in denen der einheitliche Charakter des Untersu – chungsobjekts durch die Daten gewahrt bleiben soll. Eine so verstandene Feld – forschung umfaßt zweierlei: zum einen das Feld als eine je spezifische Umwelt, eine komplexe Wirklichkeit; zum anderen als eine Phase im Forschungsprozeß, in der es um die Erarbeitung von Fragestellungen, die Adäquanz von komplexen Erhebungsmethoden durch die Genese von Modellen geht. Die Faszination sol – cher Feldforschung macht es aus, daß sie nicht streng zwischen Untersuchungs – anlage und Datenerhebung und – auswertung trennt, sondern die methodischen Schritte als Einheit und hermeneutischen Prozeß begreift. Feldforschung, die lebenspraktische Erfahrung systematisieren, Aspekte der Lebenspraxis verstehen und strukturieren will, muß ein kontinuierlicher Prozeß mit vielfältigen Methoden sein, d.h. auch, daß 'harte' Konzepte dann angebracht sind, wenn das Aufzeigen repräsentativer zusammenhänge und Kausalbeziehungen möglich und gegenstandsangemessen ist. Das Verhältnis von 'harten' und 'weichen' Daten ist demnach weder ein über – noch ein untergeordnetes noch ein vor – bzw. nachgeordnetes, sondern abhängig vom Untersuchungsziel und – gegenstand.

Zuverlässig und gültig sind beide Vorgehensweisen – je auf ihre Weise: Sieht man die innere (Datenerhebung) und die äußere Validität (Generalisierbarkeit) sowie die Kontrolle über die zu manipulierenden Variablen als die wesentlichen methodologischen Grundprobleme bei der Feldforschung an, bleibt die Feststel – lung, daß auch die neueren quasi – experimentellen oder gar 'harten' Un – tersuchungsanlagen die Probleme der Repräsentativität, der Messung und der Variablenkontrolle auf je spezifische Weise nicht oder nicht auf zufrie – denstellende Weise gelöst haben.

Hinzu kommt, daß gerade die 'harte' Methode mit ihrem Streben nach Ob – jektivität häufig eine nebensächliche Genauigkeit produziert. Nicht einem Ir – rationalismus wird hier das Wort geredet. Wissenschaftliche Erkenntnis zeichnet sich durch überprüfbare Genauigkeit aus – aber der damit verbundene Aufwand muß in Relation zur Bedeutsamkeit der Fragestellung stehen, dies vor allem dann, wenn Fragen der Relevanz, des Bezugs zur Wirklichkeit bedeutender sind als der Triumph der Genauigkeit. Auch für den Feldforscher sind objektive, richtige, genaue und nachprüfbare Ergebnisse das Ziel. Aber für ihn können sich Objektivität und Intersubjektivität nur auf die Rahmenbedingungen der Daten – generierung beziehen. Diese müssen für den Leser rekonstruierbar, durchsichtig und einsehbar sein, denn komplexe Erhebungssituationen (wie bei den narrativen

Interviews oder den teilnehmenden Beobachtungen) lassen sich nicht wiederholen. Zugleich bringt die Einlassung des Forschers in sein Feld Probleme mit sich, er ist an der Entstehung von Daten als forschendes Subjekt beteiligt. Dies gilt allerdings auch für den mit 'harten' Methoden arbeitenden Forscher. Allein das Interesse an Objektivität, die Anwendung vermeintlich genauer Methoden bringt das Subjekt nicht aus dem Erhebungsprozeß oder schützt vor Übertragungpro – zessen. Diese können nur begrenzt und reflektiert werden, wenn die Irrationalität des Forschers "nicht von vornherein geleugnet wird, sondern als Wirklichkeit kritisierbar bleibt" (Jeggle 1983).

Fallstudie und Repräsentativität

Der Begriff Medienalltag sollte den ganzheitlichen Horizont und die Komplexität des Problems deutlich werden lassen. Daraus muß sich aber ein methodischer Zugriff ergeben, der sowohl den ganzheitlichen Aspekt als auch den verstehend – interpretativen Ansatz des medienbezogenen Handelns einlöst. Mit der Einzel – fallstudie hat die Sozialwissenschaft ein Instrumentarium zur Hand, das eine be – stimmte Art darstellt, "das Forschungsmaterial so zu ordnen, daß der einheitliche Charakter des untersuchten sozialen Gegenstands erhalten bleibt. Anders ausge – drückt ist die Einzelfallstudie ein Ansatz, bei dem jede soziale Einheit als ein Ganzes angesehen wird" (Goode 1968). Im Gegensatz zu nomothetischen Methoden, denen es mit ihren hohen Realisationsanteilen mehr um das Erfassen analytischer Kategorien oder den Vergleich mit allgemeinen Sätzen geht, be – schreibt eine ideografische Methode wie die Einzelfallstudie einen Gegenstand in seiner Komplexität und in seinen Bedingungen. Ideografische Methoden sind dann notwendig, wenn Bedingungszusammenhänge oder Generalisierungen (noch) nicht klar oder möglich sind. Ein Zugriff wie die Einzelfallstudie zwingt den Forscher – ganz im Sinne des verstehenden Ansatzes – die Beobachtungen und Erzählungen im Bezugssystem des Betroffenen zu sehen, die Angaben und Daten im Rahmen des einzelnen, seiner Umwelt und Lebensgeschichte zu ordnen, zu deuten und zu strukturieren. Trotz begrenzter Validität oder eingeschränkter Repräsentativität ist die Einzelfallstudie kein bloßes Hilfsmittel sondern anerkanntes Instrumentarium, das zu eine systematischen Sammlung und Ordnung von Material, zur Theorie – und Modellbildung, zu am Einzelfall bestätigten Fragestellungen dienen kann. Probleme der Validität sind durch die Bestimmung einer 'oberen Grenze' der Validität ebenso einzugrenzen wie Fragen der Gene – ralisierbarkeit.

So haben wir versucht, unser Sample aus Familien, Kindern und Jugendlichen auf dem Hintergrund von bundesdeutschen und/oder baden – württembergischen Repräsentativbefragungen zu gewichten, die Ergebnisse durch die Replikation an anderen Befragungen mit ähnlichen Fragestellungen zu vergleichen. Im Vorder – grund unserer Arbeit stand freilich keine Beschäftigung mit repräsentativ ausge – wählten Gruppen, vielmehr eine Untersuchung darüber, was einzelne Rezipienten bzw. Haushaltstypen, die nach festgelegten soziodemografischen Kriterien durch eine Zufallsstichprobe bestimmt wurden, in einem medienbezogenen Aneig – nungsprozeß, also in einer bestimmten Zeit, einem bestimmten Raum unter je spezifischen soziokulturellen wie psychosozialen Rahmenbedingungen machen. Bei der Explikation von Einzelfällen ging es dann nicht um statistische Reprä – sentativität, vielmehr um eine Repräsentativität im Zusammenhang mit anderen Rezipienten. Wenn wir Einzelfälle (z.B. Problemhaushalte: Alleinerziehende, Ar – beitslose oder depressive Familienmitglieder) exemplarisch erforschen, versuchen wir, diese Einzelfälle mit anderen Fällen (aus unserem Sample oder anderen Untersuchungen) zu verknüpfen. Solche Zusammenhänge sind nicht immer stati –

stisch repräsentativ, gleichwohl sind Bezüge möglich und zulässig, die wir dann entsprechend ausgeführt haben.

Eine am Einzelfall konkretisierte Mehr – Ebenen – Analyse kann veranschaulichen, daß im medienbezogenen Handeln vielfach sich bedingende und bewirkende Zusammenhänge bestehen (vgl. die Falldarstellungen bei Rogge/Jensen 1986, Rogge 1985, 1968 und 1987a, Jensen/Rogge 1989). Deshalb läßt die Aussage über einen Einzelfall, d.h. ein Bedingungsfeld, auch immer Aussagen über andere Bedingungsfelder zu – allerdings müssen diese immer neu bestimmt und interpretiert werden. Repräsentativität als formales Prinzip gebietet eine Schein – sicherheit; Repräsentativität in einer mit Einzelfällen arbeitenden Feldforschung ist dagegen von Bedingungsfeld zu Bedingungsfeld als spezifische Beziehung vom Besonderen zum Allgemeinen ständig neu zu bedenken. Nur so läßt sich die Realitätsgeltung der Ergebnisse erweitern und bestätigen. Die Verallgemeinerung unserer Forschungsergebnisse basiert somit auf der Analyse verschiedenster Ein – zelfälle und deren Replikation an anderen Untersuchungen. So sind zuverlässige Aussagen über Unterschiede im medienbezogenen Handeln verschiedenster Haushaltstypen möglich geworden. Dabei gebe ich offen zu, daß das eine oder andere Ergebnis durch weitere Einzelfälle erhärtet und modifiziert werden muß. Wenn wir – wie im Zusammenhang mit den Problemhaushalten (Rogge/Jensen 1986) – erste vorläufige Verallgemeinerungen versucht haben, so auch deshalb, weil uns der Bezug zur Realität in den Ergebnissen (z.B. die psychosoziale Bedeutung der Medien in familialen Konfliktsituationen) wichtiger war als die letztendliche Genauigkeit von Daten. Wenn an repräsentativen Einzelfällen (auf der Grundlage eines Stichprobenverfahrens) Probleme im medienbezogenen Handeln deutlich werden, – und zwar nicht als *Probleme an sich, sondern für sich*, d.h. in nachvollziehbaren gesellschaftlichen wie individuellen Zusam – menhängen – dann kommt es einem abstrakt – kritischen Verhalten gleich, mit dem öffentlichen Aufzeigen von medienbedingten Problemen so lange zu warten, bis solch kritische Punkte mit allem methodischen Aufwand statistisch – repräsentativ nachgewiesen sind. Hier geht es nicht darum, Spekulationen an die Stelle von konkreter Beweisführung zu setzen, gar wissenschaftliche Erkenntnis und Genauigkeit durch Postmania zu ersetzen, aber wenn sich medienbedingte Probleme in konkreten Bedingungsfeldern zeigen, gilt es diese zu dokumentieren. Politischer und pädagogisch – beratender Handlungsbedarf liegt dann allemal vor. Oder muß die wissenschaftliche Erforschung des Medienalltags auch erst ihr Tschernobyl – Erlebnis haben?

Bibliographie

Th.W. Adorno 1956: Soziologische Exkurse. Frankfurt
Arbeitsgemeinschaft für Kommunikationsforschung (Hrsg.) 1980: Mediennutzung/Medienwirkung. Berlin
Arbeitsgemeinschaft für Kommunikaitonsforschung (Hrsg.) 1981: Medienforschung/Medienpolitik. Berlin
W. Bauer u.a. 1976: Vier Wochen ohne Fernsehen. Berlin
H. Bausinger 1980: Zur Spezifik volkskundlicher Arbeit. In: Zeitschrift für Volkskunde 76 (1980), H. 1, S. 1ff.
H. Bausinger/B.J. Warneken 1982: Gutachten zum Kommunikationsatlas Baden – Württemberg. In: Jahrbücher für Statistik und Landeskunde von Baden – Württemberg, S. 5ff.
K. Berg/M. – L. Kiefer (Hrsg.) 1987: Massenkommunikation III. Frankfurt
H. Bitomsky 1972: Die Röte des Rots von Technicolor. Neuwied

M. Charlton/K. Neuman 1986: Medienkonsum und Lebensbewältingung in der Familie. Weinheim
J. Clarke u.a. 1979: Jugendkultur als Widerstand. Frankfurt
P. Feyerabend 1975: Wider den Methodenzwang. Frankfurt
W. Früh/K. Schönbach 1982: Der dynamisch – transaktionale Ansatz. In: Publizistik 27 (1982), H. 1/2, S. 74ff.
B. Füllgraff 1965: Fernsehen und Familie. Freiburg
W.J. Goode 1968: Einzelfallstudie. In: R. König (Hrsg.): Beobachtung und Experiment in der Sozialforschung. Köln, S. 299ff.
D. Gröschke 1983: Subjekt und Lebensgeschichte. In: Psyche 37 (1983), H. 5, S. 440ff.
Hans – Bredow – Institut 1968: Das Fernsehen im Leben der Erwachsenen. Hamburg
T. Heinze/H. – W. Klusemann 1979: Das biografische Interview als Zugang zu einer Bildungs – geschichte. In: D. Baacke/T. Schulze (Hrsg.): Aus Geschichten lernen. München, S. 182ff.
H. Herzog 1944: What do we really know about daytime sereal listeners? In: P.F. Lazarsfeld/F.N. Stanton (Hrsg.): Radio Research 1942 – 43. New York, S. 3ff.
R. Hess/G. Handel 1975: Familienwelten. Düsseldorf
K. – H. Hochwald 1983: Neue Medien – Auswirkungen in Familie und Erziehung. Münster
P. Hunziker u.a. 1975: Fernsehen im Alltag der Familie. In: Rundfunk und Fernsehen 23 (1975), H. 3/4, S. 284ff.
P. Hunziker 1976: Fernsehen und interpersonelle Kommunikation in der Familie. In: Publizistik 21 (1976), H. 2, S. 180ff.
B. Hurrelmann u.a. 1988: Familie und erweitertes Medienangebot. In: Media Perspektiven (1988), H. 3, S. 152ff.
U. Jeggle 1983: Probleme mit der Feldforschung. In: Tübinger Korrespondenzblatt (1983), Nr. 24, S. 6ff.
K. Jensen/J. – U. Rogge 1980: Der Medienmarkt für Kinder in der Bundesrepublik. Tübingen
K. Jensen/J. – U. Rogge 1986: Überlegungen zu einer Theorie des alltäglichen Umgangs mit Massenmedien in Familien. In: U. Jeggle u.a. (Hrsg.): Tübinger Beiträge zur Volkskultur. Tübingen, S. 301ff.
K. Jensen/J. – U. Roge 1989: Every day life and the family uses of tv. In: J. Lull (Hrsg.): World families watch tv. Beverly Hills (im Druck)
M. Kaase u.a. 1988: Erwartungen und Reaktionen auf das Kabelfernsehen. In: Media Perspektiven (1988), H. 5, S. 297ff.
H. Kellner 1978: Das Fernsehen als Sozialisationsfaktor. Mainz
M. – L. Kiefer 1987: Vielseher undd Vielhörer. In: Media Perspektiven (1987), H. 11, S. 677ff.
J. v. Koolwijk/M. Wieken – Mayser (Hrsg.) 1975: Techniken der empirischen Sozialforschung. Bd. 2: Untersuchungsformen. München
A. Lorenzer 1974: Die Wahrheit der psychoanalytischen Erkenntnis. Frankfurt
J. Lull 1980a: Family communication patterns and the social uses of television. In: Communication Research (1980), Nr. 3, S. 319ff.
J. Lull 1980b: The social uses of television. In: Human Communication Research (1980), Nr. 3, S. 197ff.
G. Maletzke 1959: Fernsehen im Leben der Jugend. Hamburg
G. Maletzke 1982: Probleme der Wirkungsforschung bei Film und Fernsehen. In: Media Perspektiven (1982), H. 12, S. 741ff.
S. Minuchin 1978: Familie und Familientherapie. Freiburg.
H. Moser 1975: Aktionsforschung als kritische Theorie der Sozialforschung. München
K. Neumann/M. Charlton 1988: Handlungstheoretische Ansätze in der Massenkommunikationsforschung. Freiburg (Forschungsberichte des Psychologischen Instituts)
K. Popper 1971: Logik der Forschung. Tübingen
D. Prokop (Hrsg.) 1977: Produkt – Analysen. Frankfurt
J. Ritsert 1972: Inhaltsanalyse und Ideologiekritik. Frankfurt
J. – U. Rogge 1982: Die biografische Methode in der Medienforschung. In: medien + erziehung 26 (1982), H. 5, S. 273ff.
J. – U. Rogge 1985: Heidi, PacMan und die Video – Zombies. Reinbek

J. – U. Rogge 1986: Familienalltag und Medien. In: Familie und soziale Arbeit. Gesamtbericht über den 71. Deutschen Fürsorgetag 1986. Frankfurt, S. 411ff.

J. – U. Rogge 1987a: "... da kann ich mich richtig fallenlassen." Über den Umgang mit Familien – serien. In: medium 17 (1986), H. 3, S. 22ff.

J. – U. Rogge 1987b: Tagträume oder warum Familienserien so beliebt sind. In: H.G. Wehling (Hrsg.): Medienpolitik. Stuttgart, S. 145ff.

J. – U. Rogge/K. Jensen 1986: Über den Umgang mit Medien in Familien. In: Aus Politik und Zeitgeschichte (1986), Nr. 3, S. 11ff.

J. – U. Rogge/K. Jensen 1987: Lernen, Helfen. Fleißig – Sein. Köln

P.C. Rosenblatt/M. Cunningham 1976: TV watching and family tension. In: Journal of marriage and the family (1976), H. 2, S. 105ff.

C. Schmidt 1988: Programmvermehrung durch Kabelfernsehen: Änderungen im Kommunikations – verhalten. In: Media Perspektiven (1988), H. 5, S. 311ff.

W. Schulz 1982: Ausblick am Ende des Holzwegs. In: Publizistik 27 (1982), H. 1/2, S. 49ff.

H. Stierlin 1977: Das erste Familiengespräch. Stuttgart

F. Stückrath/G. Schottmayer 1967: Fernsehen und Großstadtjugend. Hamburg

H. Sturm/J.R. Brown (Hrsg.) 1979: Wie Kinder mit dem Fernsehen umgehen. Stuttgart

H. Sturm 1982: Der rezipientenorientierte Ansatz in der Medienforschung. In: Publizistik 27 (1982), H. 1/2, S. 89ff.

W. Weiss 1986: Effects of the mass media. In: Handbook of Social Psychology. Bd. 5: Reading. S. 77ff.

W. Teichert 1976: Dem Publikum auf der Spur. In: Bertelsmann Briefe (1976), Nr. 87, S. 3ff.

D. Waples u.a. 1940: What reading does to people. Chicago

E. Weingarten/F. Sack 1976: Ethnomethodologie. Frankfurt

Siegfried Zielinski

Im Spannungsfeld von Technik und Kultur: Audio-visuelle Apparate im Focus medienwissenschaftlicher Forschung[1]

I.

Als Francis Ford Coppola 1979 vor der Academy of Motion Pictures, Arts and Sciences seine Vision eines künftigen elektronischen Kinos entwarf[2], hielten viele Filmpraktiker, Kritiker und Wissenschaftler ihn schlicht für ver – rückt. Dabei war seine Vorstellung vom Regie – Künstler, der – kultursoziologisch dem Maler – oder Dichtergenie vergangener Jahrhunderte verwandt – seine in Bildern und Tönen formulierbaren Imaginationen einer 'intelligenten' und 'sensiblen' Compu – teranordnung quasi einhaucht, die dann für ihn die objektivierende Umsetzung übernähme, nicht einmal konsequent bis zum denkbaren Fluchtpunkt hin formu – liert. Denn an ihrem Ende hätte das Ineinsgehen von Filmzuschauer und – regisseur stehen müssen. Die traditionellen künstlerischen Produzenten würden obsolet innerhalb einer computergestützten audio – visuellen Apparatur, in der Imaginationen ohne verbale oder über Tastaturen eingegebene Vermitt – lungsschritte, sondern alleine durch den mentalen Anstoß von einem komplexen Image – und Tonsimulator solange objektiviert würden, bis sie den Vorstellungen des Maschinenbenutzers entsprächen.

Knapp ein Jahrzehnt später, nachdem z.B. Artefakte für synthetische Musik – kompositionen, Artefakte für die umfassende akustische Simulation, bereits den Massenmarkt erobert haben, wird die Vision Coppolas zumindest von denjenigen nicht mehr verlacht, die sich handwerklich und gedanklich auf die Verknüpfung herkömmlicher Film – wie Fernsehtechnologie mit neuen elektronischen Repro – duktionstechniken und schnellen Rechenmaschinen eingelassen haben. In den mit ästhetischen, politischen, sozialen, wirtschaftlichen oder juristischen Medien – prozessen befaßten Wissenschaften hingegen ist kaum im Ansatz eine intellektu – elle Vorbereitung auf jene tiefgreifenden Veränderungen zu beobachten, in denen künftig raum – zeitliche Objektivationen als audio – visuelle Imaginationen ver – wirklicht und strukturiert werden. Dabei sind schon diejenigen Dimensionen markant, die längst über das Laborstadium hinausgewachsen und in die traditio – nelle Medientopologie implementiert sind. Betrachten wir skizzenhaft nur einige Ausschnitte aus der gegenwärtigen *Gründerzeit der neuen Medien* (Kluge 1985). Wobei wir uns an die herkömmliche Trennung von kinematographischem und televisionärem Apparat halten, die zunehmend akademisch und ideologisch wird, aber die Verständigung erleichtert.

1. Im Kinozusammenhang sind zu beobachten:

Elektronisierung und Computerisierung der filmischen Produktion.
Die Herstellung von Filmischem mit der Rechenmaschine als zentralem Hilfsmittel und Artefakten der Videotechnik ist nur zurückgestellt, was den kompletten Produktionsprozeß anbetrifft. Schnelle Rechner in oder ohne Verbindung mit Videotechnologischem erobern aber sukzessive immer mehr Teilbereiche, von Videoscripts anstelle herkömmlicher Drehbücher und computergesteuerten Kame –

ras (wie z.B. der 'Skycam') über die Videokontrolle beim Drehen mit herkömmlicher Filmtechnik, die Zeitkodierung der einzelnen photographischen Aufnahmen, den computergestützten Schnitt bis hin zur Simulation tendenziell beliebiger tonaler und visueller Oberflächen mit Hilfe von hochlei – stungsfähigen Computern, der dreidimensionalen *Computeranimation.*

In diesem Prozeß der Simulation wird der komplexe kinematographische (resp. der televisionäre) Aufnahmeapparat, der traditionell filmische Wahrnehmung organisierte, ersetzt. An die Stelle von Kameras (und ihrer Subelemente: Filter, modifizierende Objektive, Blenden etc.), unterschiedlichen Trägermaterialien, architektonischem Design, Maske, Kostümierung, natürlichen Lichtverhältnissen oder Kunstlicht u.v.a.m. tritt die algorithmische Operation des Rechners. Einstellungsgrößen (die Distanz von Wahrnehmendem und Wahrzunehmendem), Perspektiven, Kamera – und Hand – lungsachsen, Einstellungslängen, Geschwindigkeiten, Licht – und Schattenverhältnisse etc. sind zu berechnen, zu formalisieren und in ein funktionierendes Programm umzusetzen. Einzelne Program – mierer übernehmen dabei die Funktionen von hochgradigen Spezialisten, deren aller Fähigkeiten die Universalmaschine Computer zu simulieren hat.

Qualitative Veränderungen in der Projektion/Perzeption.
Die das menschliche Maß in ihren Dimensionen sprengende Leinwand ist nicht mehr Regel, son – dern wird zusehends zur Ausnahme. (Neuere Projekte für Kinoerlebnisse im räumlichen Superlativ, wie das kanadische 70mm – System IMAX oder die gigantische Kinokugel 'La Géode' im Pariser Parc de la Villette, die im wahrsten Sinne des Wortes auch die traditionelle *Einrahmung* der Ima – ges sprengt, negieren diese Tendenz nicht sondern bestätigen sie vehement.) Kinoräume, in denen die Gefangenheit des Zuschauers zwischen Projektionskabine und Leinwand ganz aufgehoben wird zugunsten einer Filmreproduktion vom Magnetband, sind zwar hierzulande noch Ausnahmen bei besonderen (Video –)Anlässen. In einigen Ländern der sogenannten Dritten Welt werden sie frei – lich schon planmäßig als Ersatz für das traditionelle Kino implementiert. Jener *erotisierte Ort* Kino, von dem Roland Barthes einst schwärmte (bezeichnenderweise bei seinem Verlassen), bietet sich uns heute in der Regel als Peep – Show mit Sammelkabine an.

Qualitative Verschiebungen in der Distribution.
Spielfilm ist längst nicht mehr nur lediglich ein multimediales Verwertungsobjekt in dem Sinne, daß neben die Kinoauswertung nur andere Verwertungsbereiche hinzugetreten sind. In sämtlichen ent – wickelten kapitalistischen Ländern verliert das Kino gegenwärtig die Spitzenstellung in der Auswertungshierarchie und gibt sie an die elektronischen Verteiler ab. Noch gravierender sind die Strukturveränderungen in solchen Nationen, die bis in die achtziger Jahre hinein noch über keine satte Infrastruktur mit Lichtspieltheatern verfügt haben. Hier (wie z.B. in Indien) ist zu beobachten, daß mit Hilfe der Videodistribution ein historisches Niveau in der Spielfilmdistribution schlicht übersprungen wird (vgl. Datt 1980). Hinzu kommen mit den Direktsatelliten Verteilsysteme, bei denen das Trägermaterial des Films überhaupt nicht mehr transportiert zu werden braucht, sondern die auf ihm enthaltenen Informationen verschickt, d.h. gesendet werden können.

Verschiebungen bei den Eigentumsverhältnissen.
Kino ist zu einem Element innerhalb der Verwertungsstrategien international agierender Medien – konglomerate geworden. Die horizontale Konzentration in der Ausbeutung des Spielfilms als Ware wird seit Jahren durch einen forcierten Prozeß vertikaler Konzentration ergänzt. Und, noch mar – kanter in unserem Zusammenhang: Unternehmen mit Aktionsschwerpunkt im elektronischen Markt machen sich anheischig, zumindest auch die Stocks der großen Filmhändler und – produzenten zu übernehmen. Die spektakulären Inbesitznahmen von MGM/United Artists durch den Fernseh – unternehmer Ted Turner sowie von 20th Century Fox durch Rupert Murdoch waren auf diesem Weg nur die Anfänge einer neuen Ära. – (Über *colorization, die Einfärbung alter Schwarzweiß – Klassiker für die elektronische Verwertung, zu lamentieren* ohne gleichzeitig über die strukturellen Voraussetzungen dafür zu reden, ist hilflose Kulturkritik.)

Audio – visuelle Apparate

Zuspitzung des Bestsellerprinzips und Erhöhung der Abhängigkeit vom Fernsehen.
Der globale Kinomarkt wird jährlich von gut einer Handvoll Großproduktionen bestimmt. Dies ist bekannt, und Alf Mayer (1988) hat kürzlich erst eindrucksvoll vorgeführt, welche Auswirkungen dies auf die Abspielsituation in der Bundesrepublik hat. Uns interessieren hier aus diesem Zusammenhang weniger die quantitativen Relationen als zwei qualitative Aspekte: Unterhalb der großen Box – Office – Hits, die gezielt für die Durchlauferhitzer Kino synthetisiert werden, wird Spielfilm mittlerweile wesentlich für die elektronischen Verteiler produziert. Ganze nationale Filmkulturen werden auf Gedeih und Verderb an die gefräßige Zeitverwertungsmaschine Fernsehen gebunden und befinden sich in weitestgehender Abhängigkeit von seiner vorgeblichen Gönnerhaltung gegenüber dem Kinematographischen. Und die ganz wenigen bundesdeutsch – nationalen Produkte, die in den letzten Jahren die Kinokassen zum Klingeln brachten, zeichneten sich obskurerweise dadurch aus, daß sie das Fernsehen in Sujets und Stars quasi nur in das Kino hinein verlängerten. Mit Otto, Schimanski, Diddi Hallervorden oder jüngst Loriot feiert das elektronische Medium der Privatheit Triumphe der Anerkennung im öffentlichen Kino – Raum!

2. Zum Fernsehzusammenhang

Die Veränderungen, die auf die Auflösung klassischer Strukturen verweisen, sind hier ähnlich markant. Betrachten wir das Medium insgesamt und lassen wir in anderen Zusammenhängen durchaus wichtige Differenzierungen, z.B. zwischen kommerziellen im nicht profit – orientierten Anbietern, außer Acht, so lassen sich beobachten:

Eine apparative Entwicklung hin zur Steigerung des Illusionspotentials.
TV – Empfänger verlieren tendenziell ihren Objektcharakter. Die Reproduktionsflächen für das Visuelle werden stetig vergrößert und in der geometrischen Form der Kinoleinwand angepaßt, par – allel zur Steigerung der Imageauflösung; die akustischen Dimensionen werden durch Ste – reotükalität und Raumklangdecoder erweitert, und der Möbelcharakter verschwindet immer mehr zu Gunsten eines in die High Fidelity – Anlage integrierten multifunktionalen Ton – Bild – Gene – rators. Die TV – Images erhalten die Rahmung, wie sie einst für die kinematographischen typisch war.

Die Elektronisierung der Produktion.
ist in großen Segmenten des Programms abgeschlossen (z.B. im aktuellen Bereich) und befindet sich in den traditionell filmisch orientierten Segmenten (z.B. Fernsehspiel, Fernsehfilm) deutlich auf dem Vormarsch. Dieser Prozeß wird ergänzt durch eine zunehmende Integration audio – visueller *Simulationen*, nicht nur zwischen den einzelnen Sendungen, sondern auch innerhalb derselben. Der wachsende Einsatz bewegter dreidimensionaler Computerimages geht einher mit einer Ablösung der dominierenden Bewegungsrichtungen auf dem Bildschirm: Bewegungen in der Horizontalen werden ersetzt durch die jähe Flucht in die Tiefe oder/und die aggressive Bewegung direkt auf den Zu – schauer zu.

Die Bezeichnungspraxis ist zunehmend gekennzeichnet durch Diskontinuität.
Ganze Kanäle werden ausschließlich mit konservierter Zeit gefüllt, mit dem Spielfilm als attraktiv – stem Zentrum. Kontrastiert wird diese Entwicklung durch die tendenziell mit den Ereignissen zusammenfallende zensurierte Unmittelbarkeit der "Current Affairs" Programme sowie der Erzeu – gung mediengerechter Ereignisse für die Live – Übertragung (Rede – Schau – Inflation). Am deut – lichsten zeichnen sich jedoch neue Qualitäten in den rhythmisierten Bilderteppichen der Videoclips ab. In diesen postmodernen *Montagen der Attraktionen* wird hemmungslos ein Großteil bisheriger visueller Kultur dekonstruiert und für die private Mobilität neu aufbereitet, von den photographi – schen Aufnahmen des Vietnamkriegs (z.B. in "19") bis hin zu den poetischen Bildcollagen Cocteaus, wie sie derzeit für das Marktimage der Gruppe "Squeeze" ausgebeutet werden.

TV – Nutzung findet zunehmend dezentralisiert statt.
Entsprechungen hat die Tendenz zur Diskontinuität in *Artefakten für die erweiterte TV – Rezeption:* der 'Remote Control' (der automatischen Fernbedienung) wie den Zeitmanipulationsmaschinen Videorecorder und Bildplattenspieler. Mit ihrer instrumentellen Hilfe kann der Nutzer nicht mehr nur in die temporäre Struktur des Gesamtprogramms eingreifen und sie nach Gutdünken für sich umstrukturieren. Der Rhythmus des einzelnen Kommunikats kann beliebig verändert werden. Seine Abfolge ist nicht mehr zwangsläufig linear, sondern sie kann spatial gestaltet werden. Der nach wie vor stark zentralisierten Form der Produktion und Lieferung von Fernsehbotschaften tritt eine Dezentralisierung in der Rezeption gegenüber.[3]

Television wird zunehmend ökonomisiert und internationalisiert.
Wir beobachten eine eindeutige Entwicklung des globalen Fernsehens vom Kulturgut zum *Wirt – schaftsgut.* Öffentlicher Einfluß und kultureller Anspruch werden marginalisiert zu Gunsten der Dominanz marktwirtschaftlicher Rationalitäten. Industrialisierung und Warenwerdung schreiten mit großen Schritten voran. Was Fernsehen im westlichen Europa in den nächsten Jahren sein wird, bestimmen (neben den US – amerikanischen Programmhändlern) eine Handvoll internationaler Agenten: Berlusconi, Bertelsmann, Kirch, Maxwell, Murdoch.

In zwei besonders hervorstechenden sozio – technischen Prozessen lassen sich darüber hinaus signifikante Merkmale für die Aufhebung beider traditioneller Medienzusammenhänge in einem neuen Niveau finden:

1. Mit dem *Hochauflösenden Fernsehen (High Definition TeleVision* oder *HiVision*, wie es die Japaner adäquater bezeichnen, weil darin das Fern – Sehen bereits nicht mehr enthalten ist), mit dem die Qualität der elektronischen Images auf das Niveau des 35mm – Films angehoben werden soll, wird Filmisches aller Art erstmals radikal multimedial disponierbar. Nicht die schlichte Verbesserung der Oberflächenqualität von TV – Images, die stärkere *Telepräsenz* von Wirklichkeits – Oberflächen, sondern dies ist der Hintergrund und die Motivation für die neue Technologie: Mit der *globalen Normierung* für visuelle Reproduktionen und Simulationen im HDTV – Standard verfügte die Industrie über das Master – Pro – dukt, das beliebig (z.B. auch auf elektronischem Wege) verteil – und einsetzbar wäre. Und genau auf diesem Hintergrund ist der gegenwärtig noch vorwiegend negativen Propaganda der Kinoindustriellen gegen die neue Technologie zutiefst zu mißtrauen. Sie hat verschleiernde Funktion[4]. (Daß umgekehrt bei Filmema – chern durchaus Vertrauen in das Hochzeilenfernsehen vorhanden ist, zeigen 1987/88 nicht nur erste abgeschlossene Spielfilm – Experimente in Italien, Japan und den U.S.A. Auch Wim Wenders hat für seine und Alecans Lichtspielorgie "Himmel über Berlin" die Post – Production – Dienste der *videothec electronic tv*, des ersten kompletten HDTV – Studios in der Bundesrepublik, in Anspruch genommen.)

2. Rechenmaschine, Mikroelektronik und digitalisierte Ton – /Bildwelten lassen sich zu einem neuen medialen Bastard verknüpfen: dem Computerspiel mit filmischer Imagequalität, dem *interaktiven Computer – Spiel – Film.* Dessen drama – turgische Struktur ist nicht mehr alleine und wesentlich durch chronologische, linear – narrative Muster bestimmt, sondern durch das Aufeinandertreffen von programmierten Sujet – wie Handlungsofferten des Rechners und den Imagina – tionen, die in den Köpfen der Nutzer solcher Techniken vorhanden sind. Im Rahmen eines vorgegebenen Programms erhielte er z.B. unterschiedliche Lösungsofferten für einen filmischen Konflikt, für die er je nach Lust und Laune optieren könnte. Die technische Realisierung einer solchen *Multiple – Choice – Dramaturgie*[5] stellte schon heute kein Problem mehr dar. Für rudimentäre For – men reichte die einfache Kombination eines Bildplattenspielers (oder auch

134

beschränkter: eines Videorecorders) mit Computerzugang aus. Im Anwen – dungsbereich des sogenannten *instructional television* können wir bereits recht entwickelte Formen solcher 'Interaktiven Videos' beobachten[6]. Und es ist nur eine Frage der Speicherkapazitäten, wie komplex die Optionsmöglichkeiten orga – nisiert werden können. – Es gibt meines Erachtens keinen Anlaß, über solche Projektionen zu erschrecken. Denn in nicht – industrieller Perspektive arbeitet diejenige Film – Avantgarde, die sich der Auflösung traditioneller Erzähl – Struk – turen verpflichtet fühlt, seit langem mit ähnlicher Zielsetzung: Das filmische Angebot ist nicht chronologisch interpretativ determiniert, sondern es bietet dem (in diesem Falle intellektuellen und filmblickgeübten) Zuschauer vielfältige Ein – fallsmöglichkeiten an. Die eher in einem spatialen Nebeneinander angeordneten Multiple – Story – Konstruktionen einiger weniger zeitgenössischer Filmemacher sind die kunstvollen Entsprechungen zur nächsten Stufe der *Industrialisierung des Bewußtseins*, die mit den standardisierten *Multiple – Choice – Dramaturgien* beschritten werden wird. Mit dieser Perspektive, an der kräftig geforscht und experimentiert wird, und für welche diejenige Wissenschaft, die sich an der möglichst detaillierten rechnergestützten Filmanalyse versucht, potentiell wertvolles Spielmaterial liefern wird, sind wir gar nicht mehr so weit von der angerissenen Vision Coppolas entfernt.

Wir können das Ende von epochebestimmenden Qualitäten in der Praxis der Reproduktion von bewegten Bildern und Tönen beobachten. Was sich allmählich an deren Stelle schiebt, ist begrifflich noch nicht zu fixieren, weil es noch nicht ausreichend begriffen ist. Lediglich im Sinne eines Arbeitskonzepts bezeichnen wird das neue Niveau als *Audio – Vision*. Es kann als *Fluchtpunkt* medialer Ent – wicklung des 20. Jahrhunderts interpretiert werden, als *Amalgam* quasi, in dem qualitativ unterschiedliche Stränge der Bild – Ton – Reproduktion aufgehoben werden.

II.

Auch jenseits weiterreichender Spekulationen oder Projektionen in die Zukunft der Bild – und Tonstellerei läßt sich festhalten: Apparatives greift zunehmend in die Art und Weise ein, wie Kommunikate entstehen, gestaltet sind, in Wa – renform verkleidet, verteilt und für die Befriedigung der Schaulust oder des Be – dürfnisses nach Zerstreuung, Orientierung, Legitimation und Bildung benutzt werden. Ein Denken ohne Apparate war schon seit der Etablierung zumindest der ersten industriellen Medientechniken unangebracht und bequem – eine Faulheit, gegen die sich spätestens seit den Futuristen zu Beginn des Jahrhun – derts bezeichnenderweise nicht zuvorderst (Kultur)Wissenschaftler, sondern in erster Linie Kulturproduzenten selbst vehement wendeten; mit Brecht und Ben – jamin haben wir nur zwei hervorragende, aber auch relativ späte Vertreter dieser Anklage. Im Zeichen der unendlichen Reproduzier – bzw. Simulierbarkeit von Audio – Visionen ist ein solches Denken schlicht anachronistisch. (Ein Urteil, das nicht aberkennen will, daß auch anachronistisches Denken mitunter wertvolle Anregungen vermitteln kann.)

Unser Plädoyer gilt einer künftigen Medienwissenschaft, in deren Focus die Apparate (in einem umfassenden, noch zu erklärenden Sinne) stehen. Nicht als Ersetzung, sondern als Ergänzung und Bereicherung andersartiger Focussierungen und die Gefahr vermeidend, einem apparatefixierten Fortschrittsglauben zu ver – fallen. Eine solche Orientierung sollte dazu in der Lage sein, Geschichte, Theo – rie und Praxis der Medien sinnvoll aufeinander zu beziehen und alle drei Dimensionen in Forschung wie Lehre zu integrieren. – Welches ist der Gegen –

stand einer derart ausgerichteten Wissenschaft, und unter welchen methodischen Prämissen kann sie arbeiten? Wir konzentrieren uns in der folgenden Skizze auf die Verbindung der historischen mit der theoretischen Dimension, welche die intellektuelle Grundlage des Ansatzes bildet[7].

Sein Technik – bzw. Apparatebegriff speist sich aus durchaus unterschiedlichen Traditionen, die aber in wichtigen Aspekten synthesefähig sind. Eckpfeiler bilden 1. Kultur – und Geschichtsansichten des marxistisch orientierten *Cultural Studies Approach*, wie er vor allem in Großbritannien entwickelt wurde; 2. fortgeschrit – tene Ansätze in der *Technikgeschichtsschreibung* respektive der systemtheoretischen Fundierung des Gegenstandsbereiches Technik; und 3. Medien – und Ge – schichtskonzeptionen in Verbindung *struktur* – und *psychoanalytischer Tradition*, insoweit diese darauf insistieren, daß die Artefakte und apparativen Anordnungen auch Bedeutungträger, signifikant auch für jeweils spezifische Entwicklungsniveaus von Geschichte sind.

Zu 1.

Grundlegend und stetiger Bezugspunkt für den *Cultural Studies Approach* ist das veröffentlichte Lebenswerk des englischen Kulturwissenschaftlers Raymond Williams[8]. Aus der Fülle seiner Literatur –, theater – und mediengeschichtlichen wie kultursoziologischen Arbeiten sind für unseren Zusammenhang zwei Essen – tials besonders interessant: sein Begriff von Kultur und seine unmittelbar damit verknüpfte Konzeption der Entwicklung von Medien technisch vermittelter Kommunikation, besonders und exemplarisch von ihm entfaltet am Beispiel des Fernsehens (vgl. Williams 1974). Wobei wir beide komplexe Denkzusammenhänge hier zweckgerichtet gehörig kastrieren.

In Übereinstimmung mit einschlägigen Ansätzen in der bundesdeutschen Diskus – sion hat Kultur danach "keinen eingegrenzten Wirklichkeitsbereich mit festen Gegenständen" (etwa nur historisch herausragende ästhetische Objektivationen), sondern sie wird als "System mit *Beziehungsqualität* zwischen Lebensbedingungen, Lebenstätigkeit und tatsächlicher individueller Entwicklung verstanden", wie es G. Bollenbeck (1984, 249) formulierte. In dieser Gesamtheit kultureller Beziehungen ist der traditionelle Kanon künstlerischer Werte einbegriffen; diese Konzeption hebt aber vor allem ab auf die Einbeziehung derjenigen "Elemente der Lebens – weisen" (Williams 1983, 45) von Menschen, die gemeinhin auf der Basis von normativ – ästhetischen Begriffen ausgegrenzt werden: "die Organisierung der Produktion, die Struktur der Familie, der Aufbau bestimmter, die ge – sellschaftlichen Beziehungen regulierender oder sie widerspiegelnder Ein – richtungen, die charakteristischen Kommunikationsformen zwischen den Mit – gliedern einer Gesellschaft" (ebd.). Als *Beziehungsqualität* und als Ausdruck von sich verändernden *Lebensweisen* hat Kultur in diesen Konzeptionen *Interaktions* – wie *Prozeßcharakter*.

Aus den gängigen Thematisierungen des Verhältnisses von Technik und Kultur im Zusammenhang medialer Prozesse interpretiert Williams zwei Pole heraus, die in ihrem defizitären Kern für ihn identisch sind: *technological determinism* einer – seits und das Konzept der *symptomatic technology* andererseits (Williams 1974, 13). In der ersten Konzeption werde Technik als souveräne Determinante gesellschaftlicher Entwicklung begriffen; thematisch konkretisiert: Die technischen Medien haben den modernen Menschen hervorgebracht, ihn mit seinen heutigen Charakteristika *geschaffen*. Der technologische Determinismus setze Innovationen im Prozeß der technisch vermittelten Kommunikation als von der Forschung und Industrie zur Verfügung gestellte Produkte und Verfahren, die selbständig

Veränderungen im sozio – kulturellen Bereich bewirken. In der Konzeption hin – gegen von der Technik als Symptom werde der *akzidentelle* Charakter der Inno – vation betont. Die Determinante werde in eine anderer strukturelle Dimension (oder auch mehrere) verlegt, wie z.B. die Ökonomie und/oder die Politik, die dann wiederum selbständig die Gesellschaft und die Menschen modellieren, mit der Technik als vermittelndem Nebenprodukt. Die zusammenfassende Kritik Williams': Beide Konzeptionen lösen in ihrem erkenntnistheoretischen Kern die Technik aus dem komplexen interdependenten Prozeß Gesellschaft heraus und setzen sie letztendlich *autonom*. Dagegen stellt er – im Falle des Fernsehens – einen Begriff des Medium als *sozialer Praxis*, plädiert für die Notwendigkeit, Entwicklung von Fernsehkommunikation *einschließlich ihrer technischen Genese* als sozialgeschichtlichen Prozeß zu re – konstruieren.

Zu 2.

Die Artefakte sind in ihrer materiellen Eigenart nicht bei sich selbst zu lassen, sondern sie sind in ihrer, nur durch intellektuelle Gewaltakte auflösbaren, Einheit von *Entstehung/Herstellung* und *Verwendung* zu betrachten. Paradigmatischen Stel – lenwert für ein derartiges *modernes* Verständnis von Technik in historischer und theoretischer Perspektive haben die Arbeiten Günter Ropohls[9]. Die vielfältigen Aspekte eines derart gewandelten Technikbegriffs hat er in einer "interdiszi – plinären Synthese" abzubilden versucht. Danach umfasse die Technik "die gegen – ständlichen Artefakte, deren Entstehung und deren Verwendung, wobei die Verwendung technischer Gebilde wiederum der Hervorbringung neuer Artefakte dienen kann. Das Beziehungsgeflecht zwischen Entstehungs – , Sach – und Ver – wendungszusammenhängen hat eine naturale, eine humane und eine soziale Dimension: Technik ereignet sich zwischen der Natur, dem Individuum und der Gesellschaft. So stellen Natur, Individuum und Gesellschaft gleichermaßen die Bedingungen, denen die Technik unterliegt, wie sie den Folgen der Technik ausgesetzt sind" (Ropohl 1979, 43). Worauf es ihm (und uns) bei der Konzeption dieses Beziehungsgeflechts ankommt, kennzeichnet er mit einer zentralen Aussage Weingarts, die in nahezu identischer Fassung auch bei Williams mit dem Bezugsgesichtspunkt Fernsehen enthalten ist: die Absicht nämlich, "jenen trivialen Auffassungen (zu) begegnen, denen 'die Technik entweder als eine an sich unproblematische Resultante oder umgekehrt als eine selbst nicht weiter pro – blematisierte Determinante' außertechnischer Phänomene erscheint" (nach Ropohl 1979, 44).

Zu 3.

Gerade mit dem Kino als Focus hat es in der Verbindung struktur – / psychoanalytischer Denktradition wertvolle Entwürfe gegeben, die hierzulande noch wenig diskutiert worden sind, geschweige denn systematisch Eingang in den mediengeschichtlichen und – analytischen Diskurs gefunden haben[10]. Theresa Hak Kyung Cha hat 1980 einen Sammelband mit dem schlichten Titel *Apparatus* herausgegeben, in dem wichtige Diskutanten dieses Ansatzes versammelt sind: u.a. Roland Barthes[11], Christian Metz[12] und vor allem Jean – Louis Baudry mit seinen beiden Aufsätzen zum *Cinematic Apparatus*[13].

Was für unseren Zusammenhang an diesen Denkvorlagen so interessiert, ist zum einen die Akzentuierung der fundamentalen Bedeutung der Maschinerie für den gesamten Wirkungsprozeß Kino, die Plazierung des Apparates als dritter Basis – kategorie zwischen der Industrie auf der einen und dem Film(text) auf der anderen Seite; woraus sich jene triadische Konstruktion ergibt, innerhalb derer die Bedeutung kinematographischer wie auch anderer massenmedialer Prozesse

137

produktiv zu interpretieren ist (vgl. Heath 1976/1981, 202). Und es ist – direkt mit dem ersten Aspekt verknüpft – eine Auffassung des Apparates, die den fortgeschrittenen Konzeptionen der Technikgeschichtsschreibung wie dem Cultural Studies Approach nahe liegt, und deren Technikverständnis zugleich bereichert durch die zentrale Bedeutung, die dem *Subjekt* innerhalb des medialen Prozesses zugewiesen wird. Am Beispiel des Kinos: Der Apparat wird definiert als Gebilde mit einer komplexen Struktur, innerhalb derer die technische Basis der Filmaus – rüstung, die konkreten Bedingungen der Projektion im Kino, der Film selbst und schließlich die 'mentale Maschinerie' des Zuschauers zusammenwirken (Flitter – man – Lewis 1987, 180f.).

Daß die Synthesefähigkeit der unterschiedlichen Theorietraditionen kein Wunschdenken, sondern praktikabel ist, haben in den vergangenen Jahren neben den Beiträgen des britischen Film – und Medientheoretikers Stephen Heath z.B. Aufsätze Jean – Louis Comollis gezeigt, beginnend mit seiner berühmten Arti – kelserie in den *Cahiers du Cinéma* schon zu Beginn der siebziger Jahre und vorläufig kulminierend in seinen 'Maschinen des Sichtbaren'[14].

"What happened with the invention of cinema? It was not sufficient that it be technically feasible, it was not suffient that a camera, a projector, a strip of images be technically ready. *Moreover, they were already there, more or less ready, more or less invented, a long time already before the formal invention of cinema,* 50 years before Edison and the Lumière brothers. (...) The tools al – ways presuppose a machine, and the machine is always social before it is technical" (Comolli 1980, 121f.; Herv. S.Z.).

Präziser noch Stephen Heath, dessen Ausführungen nicht nur implizit, sondern auch explizit durch das Gedankenmaterial Williams' geprägt sind:

"The process is that of a relation of the technical and the social *as cinema.* (...) Cinema does not exist in the technological and then become this or that practice in the social; its history is a history of the technological and social together, a history in which the determinations are not simple but multiple, interacting, in which the ideological is there from the start – without this latter emphasis reducing the technological to the ideological or making it uniquely the term of an ideological determination" (Heath 1980, 6).

Und die Konzeptionsbildung in dieser Tradition ist nicht beim *Cinematic Appa – ratus* stehengeblieben. In der angelsächsischen Medientheorie der letzten Jahre sind auch bereits Versuche unternommen worden, das Fernsehen analog in den, an einem komplexen Apparatebegriff orientierten, Diskurs einzubeziehen. Her – ausragend in dieser Hinsicht sind John Ellis' "Visible Fictions" von 1982 und die Beiträge in Robert C. Allen's Kompilationsband "Channels of Discourse" von 1987, die besonders eindrucksvoll die Suche nach produktiven Medieninter – pretationen zwischen marxistischen und strukturalistischen Akzentuierungen, zwi – schen den für die Medienanalyse gegenwärtig wichtigsten Disziplinen Semiotik, Narrativik, Psychoanalyse, Ideologiekritik und feministischer Theorie doku – mentieren.

III.

Mit einem Apparatebegriff, der kulturell dimensioniert ist, und einem Kulturbe – griff, der auch das Technische wesentlich enthält – in diesem Spannungsver – hältnis von Technik und Kultur läßt sich reiz – und sinnvoll Medienentwicklung re – konstruieren[15]. Die gewaltigen und teils gewalttätigen Umbrüche, denen au – dio – visuelle Bezeichnungspraxis gegenwärtig unterliegt, bilden dabei die Folie für die Tätigkeit des Zerlegens und des Wiederzusammensetzens, des Analysierens und des Synthetisierens. Im Zusammenhang von Konstruktionsmerkmalen und Gegenstand der Auseinandersetzung läßt sich eine interessante, den historischen Blick mit – bestimmende, Analogie feststellen: Die zunehmend lineare, zentrali – sierte und kontinuierliche Strukturen zu Gunsten von Spatialität, De – zentralisierung und Diskontinuität verlassende Bezeichnungspraxis der Medien korrespondiert mit einer Geschichtsbetrachtung, deren Leitlinien nicht mehr der rational – lineare Fortschritt und die Eindimensionalität des historischen Prozesses sind, sondern die Multifunktionalität und – dimensionalität. – Betrachten wir zum Schluß in einer lockeren Skizze, wie sich die angedeuteten theoretischen Prämissen niederschlagen, am Beispiel der Entwicklung der Apparate Kino, Television und Audio – Vision.

Methodisch übergreifend ist zunächst das Prinzip der *Integration* zum Tragen zu bringen, im Gegensatz zu Verfahren der Ausgrenzung. Geschichtsschreibung in dieser Perspektive hat ständig zu montieren, das Credo auf anderer Ebene um – setzend, das Godard einst für seine Methode des *politisch Filmemachens* heilig war: "Das einzelne Image ist nichts. Es ist die Beziehung zwischen den Images, die zählt" (nach Hak Kyung Cha 1980, o.S.). Die Beziehungen, an denen dabei zu arbeiten ist, sind auf zwei Ebenen angesiedelt. Zum einen sind die bisherigen Kino – und TV – Geschichten in ihren Schnitt – und Berührungspunkten zu re – konstruieren. Denn: Als *spezifische historische und kulturelle Formen* sind die audio – visuellen Medien untereinander verschieden, weisen aber (im umfassenden Sinne) sprachliche Gemeinsamkeiten auf, die sie zusammen von anderen media – len Repräsentationen unterscheiden[16]. Zum anderen – und dies ist der weit schwierigere Teil des Unternehmens – ist ein ganzes Netz von gesellschaftlichen Dimensionen abzubilden, die in der jeweiligen medialen Form spezifisch gebro – chen werden:

– *im Apparat Kino als Fluchtpunkt des 19. Jahrhunderts*, als Projektionsfläche der durch das Zeitalter der Industrialisierung gehetzten Massenwünsche und – bedürfnisse, als medialer Erfüllung jener sozialen Form, deren Entwicklung sich schon in den Jahrzehnten zuvor vehement angekündigt hatte.
– *Im Fernsehen als Fluchtpunkt für die durch zwei Weltkriege, Wirtschaftskrisen globalen Ausmaßes und das Öffentlichkeitsprinzip völlig pervertierende Formen politischer Herrschaft getriebenen (auto –)mobilisierten Privat – Individuen*, das schließlich ebenfalls tendenziell aufgehoben wird
– *in der Audio – Vision als medialem Fluchtpunkt für das ausgehende 20. Jahr – hundert*, in dem Flexibilität, Kompatibilität, Disponibilität, narzißtisch geprägte Intimität, Asozialität und (nicht mehr primär physische, sondern durch Informationstechnologie vermittelte) Mobilität zu herausragenden Werten generieren.

"Es ist nicht das Wichtigste, neue Dinge zu entdecken, es ist das Wichtigste, neue Beziehungen zwischen existierenden Dingen herzustellen." (Paik 1984, o.S.) Dieses Motto des kongenialen Imagebearbeiters Nam June Paik ist der Leit – gedanke. Die Untersuchungsfelder, aus denen Verallgemeinerungen, wie die in den obigen drei Niveaubeschreibungen enthaltenen, gewonnen werden können, sind (unsystematisch zusammengestellt und geschichtliche Prioritäten in der Auf – listung nicht berücksichtigend): Der Makro – und der Mikrokosmos des Woh – nens, Zusammenhänge von psychischen Dispositionen mit fundamentalen Verän – derungen ökonomisch – technologischer Paradigmen wie Maschinisierung, Mechanisierung und Elektrifizierung, die Entwicklung des gesellschaftlichen

Reichtums und dessen Verteilung, die Veränderung der organisierten Zeitstruk-
turen und des individuellen Zeitbewußtseins, die Industrialisierung des Militäri-
schen und die Militarisierung des Industriellen, der Niedergang der abendländischen Massenreligionen mit ihren Inszenierungspraktiken und Neubestimmungen
der Philosophie aus dem Geist der Technik, Kunstprojektionen der Avantgarde
wie Industrialisierungsprozesse der Alltagskultur... Solche Diskurse im Ansatz
freizulegen und in ihren Verknüpfungen im Hinblick auf die Dominanz spezifischer medialer Formen zu deuten, ist die Aufgabe einer derartigen
Geschichtsschreibung der Audio-Vision. Sie enthält ein Programm, das – mit
Modifikationen – durchaus auch für die Untersuchung anderer Praxen der
medialen Repräsentation geeignet scheint und bei dem davon auszugehen ist, daß
es noch viele Medienwissenschaftler zu beschäftigen vermag.

Anmerkungen

1 Im Text sind Passagen einer Projektskizze enthalten, die im März 1988 in der Akademie der
Künste anläßlich einer Arbeitstagung der Gesellschaft für Film- und Fernsehforschung (GFF)
vorgetragen wurde.
2 Wir haben einen Vortragstext Coppolas von 1980 benutzt, der in der Sache identisch, aber
pointierter und ausgefeilter als der von 1979 ist.
3 Am Beispiel des Videorecorders hat der Verfasser das hier vorgeschlagene Untersuchungskonzept
bereits ausprobiert. Vgl. ausführlich: Zielinski 1986
4 Diese Kritik richtet sich vor allem gegen die bundesdeutsche Diskussion, soweit sie überhaupt
veröffentlicht stattfindet. In internationalen Fachpublikationen läßt sich hingegen in den letzten
beiden Jahren deutlich verfolgen, wie auch von seiten der Filmindustrie längst die HDTV-
Perspektive ernsthaft geplant und vororganisiert wird. (Vgl. exemplarisch etwa die Beiträge im
Organ der US-amerikanischen Society of Motion Pictures and Television Engineers.)
5 Theoretisch haben wir uns vor ca. sechs Jahren erstmals mit solchen Perspektiven beschäftigt.
Vgl. dazu den Aufsatz *Treasures and Pleasures von Thomas David Boehm* in: Zielinski 1983
6 Vgl. z.B. eine Produktübersicht in: Nature Vol. 333, 26. May 1988, p. 379
7 Weil es notwendig geworden zu sein scheint (s. den Beitrag Ludwig Fischers in diesem Band),
hier der explizite Verweis darauf, daß zu den Denkvoraussetzungen für uns selbstverständlich auch
die kritischen Theorieentwürfe gehören, die in der Bundesrepublik bis zur Mitte der siebziger Jahre
entwickelt worden sind (Dröge, Holzer, Negt/Kluge, Prokop u.a.)
8 Williams starb Anfang 1988, kaum bemerkt von der etablierten Kulturkritik und -wissenschaft in
der Bundesrepublik. Ein Kurzportrait verfaßte anläßlich seines Todes Christina Ujma für Das
Argument Nr. 168/1988, S. 171f. Eine kleine Auswahl seiner (monographischen) Schriften enthält
die Bibliographie.
9 Grundlegend vor allem seine Systemtheorie von 1979, leichter handhabbar das didaktisch hervor-
ragend durchorganisierte Buch von 1985.
10 Zu den wenigen Ausnahmen mit filmgeschichtlichem Akzent gehört das Projekt Joachim Paechs
in Kooperation mit dem Deutschen Filmmuseum zur filmischen Wahrnehmung (vgl. Paech 1985 und
auch Paech 1988, besonders S. 64-84); außerdem mit Einschränkungen: Koetz 1986. Den
französischen, US-amerikanischen und britischen Theoriezusammenhang eigenartigerweise ausblen-
dend, ist sicher in einem weiteren Sinne hier auch die Arbeit Friedrich Kittlers von 1986 zu
berücksichtigen, der der Verfasser jedoch mit Vorbehalten gegenübersteht. Aspekte davon (die
Rezension wurde leider stark gekürzt) sind nachzulesen in einer Besprechung des Argument (in
Heft 3/1988).
11 Sein Aufsatz ist meines Wissens der einzige aus der Sammlung, der ins Deutsche übersetzt
worden ist, und zwar in der Filmkritik Nr. 7/1976 unter dem Titel: Beim Verlassen des Kinos.
12 Sein Aufsatz, *The Fiction Film and its Spectator: A Metapsychological Study*, erschien im
Französischen zuerst 1975 (in: Communications No. 23), ist aber auch Bestandteil des englischen
Kompilationsbandes, den wir benutzen (Metz 1982).

13 *Ideological Effects of the Basic Cinematographic Apparatus* (erstmals in No. 1/1976 der Camera Obscura), im französischen Original unter dem Haupttitel *Le Dispositif* erschienen in: Communica – tions Nr. 23/1975. Beide Aufsätze, wie auch ein Teil der anderen hier erwähnten, sind ebenfalls enthalten in dem Film Theory Reader von Rosen (1986).

14 Die Artikelserie erschien unter dem Titel *Technique et ideologie* in den Cahiers du Cinéma No. 229, 230, 231, 233, 234/5, 241, in den Jg. 1971 und 1972. *Machines of the Visible* in: de Laure – tis/Heath 1980.

15 Wir fragen hier bewußt nicht danach, ob und wo eine derartige Medienwissenschaft ihre aka – demisch etablierte Heimat haben kann. Aus den Erfahrungen mit einer Studentenschaft, die neben ihrer medienwissenschaftlichen Orientierung in vielerlei Disziplinen ausgebildet wird, in Natur –, Technik – und Geistes – /Gesellschaftswissenschaften, können wir jedoch behaupten, daß sie sich nicht nur bewährt, sondern für beide Seiten, Lernende und Lehrende, Attraktivität besitzt.

16 Wir beziehen uns hier grundlegend auf Metz (1973, 254ff.). Der Bezug ist ausgeführt im Vor – tragstext der GFF – Tagung (vgl. Anm. 1). Die Dokumentation der Vorträge soll im Frühjahr 1989 in Berlin (edition sigma) erscheinen.

Bibliographie

R.C. Allen (Hrsg.) 1987: Channels of Discourse. London

R. Barthes 1966: Die strukturalistische Tätigkeit. In: Kursbuch (1966), Nr. 5, S. 190 – 196

T. Bennett u.a. (Hrsg.) 1981: Popular Television and Film. London

G. Bollenbeck 1984: Vom Nutzen eines weiten Kulturbegriffs. In: Das Argument (1984), H. 144, S. 245 – 259

F. Coppola 1980: Electronic Cinema. In: Video 80. San Francisco International Video Festival 1980

G. Datt (Hrsg.) 1984: Indian Cinema – The next Decade. Bombay

J. Ellis 1982: Visible Fictions. Cinema – Televison – Video. London/Boston/Melbourne/Henlay

S. Flittermann – Lewis 1987: Psychoanalysis, Film and Television. In: Allen 1987, S. 172 – 210

Th. Hak Kyung Cha (Hrsg.) 1980: Apparatus. Selected Writings. New York

S. Heath 1976: Jaws, Ideology and Film Theory. In: The Times Higher Education Supplement v. 26.3.1976. ach: Bennett u.a. 1981, S. 200 – 205

S. Heath 1980: The Cinematic Apparatus: Technology as Historical and Cultural Form. In: De Lauretis/Heath 1980, S. 1 – 13

S. Heath 1981: Questions of Cinema. Bloomington

H. Holzer 1975: Theorie des Fernsehens. Hamburg

F. Kittler 1986: Grammophon Film Typewriter. Berlin

A. Kluge 1985: Die Macht der Bewußtseinsindustrie und das Schicksal unserer Öffentlichkeit. Zum Unterschied von machbar und gewalttätig. In: K. v. Bismarck u.a.: Industrialisierung des Bewußt – seins. München, S. 51 – 129

M. Koetz 1986: Der Traum, die Sehnsucht und das Kino. Film und die Wirklichkeit des Ima – ginären. Frankfurt

T. De Lauretis/S. Heath (Hrsg.) 1980: The Cinematic Apparatus. London/Basingstoke

A. Mayer 1988: Die im Dunkeln – Zur Wirtschaftslage der Kinobranche. In: epd – Film (1988), H. 2, S. 25 – 28

Ch. Metz 1973: Sprache und Film. Frankfurt

Ch. Metz 1982: Psychoanalysis and Cinema. The Imaginary Signifier. Hrsg. v. S. Heath/C. Mac Cabe. Houndmills/Basingstoke/Hamshire/London (3. Aufl., 1985)

J. Paech 1985: Unbewegt bewegt – Das Kino, die Eisenbahn und die Geschichte des filmischen Sehens. In: Kino – Express. Hrsg. v. U. Meyer. München/Luzern

J. Paech 1988: Literatur und Film. Stuttgart.

N.J. Paik 1984: Art & Satellite. Berlin

G. Ropohl 1979: Eine Systemtheorie der Technik. Zur Grundlegung der Allgemeinen Technologie. München/Wien

G. Ropohl 1985: Die unvollkommene Technik. Frankfurt

Ph. Rosen (Hrsg.) 1986: Narrative, Apparatus, Ideology. A Film Theory Reader. New York

R. Williams 1961: Culture and Society 1780 – 1950. Harmondsworth (Erstveröffentlichung 1958, deutsche Ausgabe 1972: Gesellschaftstheorie als Begriffsgeschichte. Studien zur historischen Semantik von Kultur. München)

R. Williams 1974: Television – Technology and Cultural Form. London

R. Williams 1983: Innovationen. Über den Prozeßcharakter von Literatur und Kultur. Hrsg. und übersetzt von H.G. Klaus. Frankfurt

S. Zielinski (Hrsg.) 1983: TeleVisionen – Medienzeiten. Berlin

S. Zielinski 1986: Zur Geschichte des Videorecorders. Berlin

Volker von Thienen

Die soziale Bindung und funktionale Vielfalt von technikvermittelten Musiken

(Technik)Soziologische Annäherungen an ein von der Medienforschung vernachlässigtes Medium: die Tonträger

Zunehmende Tonträger – Produktion und Gegenwärtigkeit von Musik

Technikvermittelte Musik ist insbesondere nach dem Zweiten Weltkrieg in den industrialisierten Ländern zunehmend zu einer ständigen Geräuschquelle gewor – den; ihr sich zu entziehen, bestehen zumindest in städtischen Ballungsräumen für den einzelnen z.T. nur begrenzt Chancen (Blaukopf 1980). Gegen die Zumu – tungen von Musik, mit denen Konsumenten mittlerweile in Kaufhäusern und Lebensmittelfilialen konfrontiert werden, gegen ihre Nutzung als ständig munter plätscherndes Hintergrundgeräusch während der Arbeit, gegen die zunehmende Allgegenwart eines bestimmten Typus frisch – fröhlich – naiv – zynischer Schlager – musik, die, sobald Menschen in größerer Zahl als Anbieter und potentielle Käufer zusammenkommen, stets auch gegenwärtig ist – gegen diese schleichen – den technikgestützten Veränderungen von Lebensverhältnissen scheint eine kriti – sche Sensibilität kaum vorhanden. Eher muß wohl davon ausgegangen werden, daß die Ubiquität musikalischer Massenware als normal empfunden wird auch deshalb, weil aus scheinbar natürlichen Bedürfnissen die Nachfrage nach Musik weiter steigt, für die ein sich ausweitender Anbietermarkt Möglichkeiten der Befriedigung bereitstellt[1].

Die Schallplatte, neuerdings die CD, auch die Musikcassette und die privat be – spielte Leercassette, selbst schon einschließlich der dazugehörigen Hardware (Stereoanlage inklusive Recordern aller Art), bilden hier ja nur einen – wenn auch gewichtigen – Teil einer sich weiter ausweitenden musikindustriellen Struktur. Zu ihr zu zählen sind auch aktuelle Entwicklungen in Hörfunk und Fernsehen: sei es beim stattfindenden Rennen der Hörfunksender, mit eigenen Musikkanälen Werbemittel zu akquirieren; sei es durch die Einrichtung eigener Musikkanäle beim Fernsehen, die teilweise nichts anderes als Videoclips verbreiten[2]. All diese medialen Aufblähungen haben zuvorderst auch den Zweck, den Kaufreiz zum Erwerb von Produkten der Musik – und Elektronikindustrie zu steigern. Mit einigem Erfolg: Trotz mancher Stagnationstendenzen in den letzten Jahren befindet sich die Unterhaltungsindustrie auf der Wachstumsschiene, nicht zuletzt durch die erst einsetzende Umrüstung auf digitale Tonträger und Ver – mittlungstechniken. Darüber hinaus nimmt auch der via Hörfunk konsumierte Musikanteil weiter zu. Nicht nur hat die Anzahl der hierzulande täglich durch – schnittlich mit eingeschaltetem Tuner/Radio verbrachten Stunden 1985 erstmals nach 1964 wieder die entsprechenden – seit Jahren einigermaßen stagnierenden – Einschaltziffern beim Fernsehen übertroffen (iwd 1987); auch der Anteil empfangener Musiksendungen nimmt dabei weiter zu. Dies alles sind weitere Bausteine einer industriellen Musiklandschaft, innerhalb derer dem Tonträger – markt nach wie vor zentrale Bedeutung zukommt: 1986 wurden an ihm – ohne Hardware – in der Bundesrepublik 2,3 Mrd. DM umgesetzt. Verkauft wurden

50 Mio. Singles, 82,7 Mio. Langspielplatten, 61,9 Mio. Musikcassetten und 13,4 Mio. Compact Discs[3]. Dies entspricht noch nicht den Verkaufserfolgen, die diese Industrie Mitte bis Ende der siebziger Jahre erzielen konnte. Insbesondere dank der CD aber befindet sie sich – nach einem Einbruch von 1980 bis 1984 – wieder deutlich im Aufwind. Die digitale Umrüstung wird dabei für weitere Nachfrage auch im Hardware – Bereich sorgen. Allein in der Bundesrepublik verfügen die Haushalte über gegenwärtig rund 26 Mio. Schallplattenapparate, weltweit sind nahezu 800 Mio. Cassettenrecorder im Gebrauch, und es werden jährlich 2 Mrd. Musikcassetten und 1,2 Milliarden Leercassetten verkauft. Vor gut 25 Jahren existierte diese Technik noch nicht, der Tonbandmarkt hatte ökonomisch eher eine marginale Bedeutung. In welchem Maße von einer Durchdringung der Gesellschaft durch Tonträger gesprochen werden kann, machen Verkaufszahlen im Längsschnitt deutlich: so stieg in den USA zwischen 1950 und 1978 der Umsatz an Tonträgern von 189 Mio. US-Dollar auf 4.131 Mio. Dollar, wobei mindestens bis 1970 der Zuwachs des Bruttosozialproduktes relativ um durchschnittlich vier Prozent übertroffen wurde (Dranov 1980, 100f.); in der BRD stieg die Zahl produzierter Schallplatten von 4 Mio. Stück im Jahre 1949 auf 180 Mio. im Jahre 1975 (Blaukopf 1977, 27). Hierbei wiederum ist zu beachten, daß bereits seit Mitte des letzten Jahrzehnts bis zum Jahre 1950 der Umfang des Musikhörens beträchtlich zugenommen hatte, wie dies die folgende Graphik verdeutlicht:

Das von der Wirkungsforschung vernachlässigte Medium Tonträger

Dies freilich sind alles nur Daten, die erahnen lassen, wie spezifische technische Geräte und die mit ihnen abgespielten Programme innerhalb weniger Jahrzehnte Teil des Alltags geworden sind. Unter Wirkungsaspekten ist natürlich von größerer Relevanz, in welchem Umfang und auf welche Weise diese Erzeugnisse der Kulturindustrie konsumiert und rezipiert werden, insbesondere aber: welche sozialen Veränderungen mit ihnen, vielleicht sogar durch sie mittel – und langfristig eingetreten sind und eintreten werden. Hier wiederum ist besonders er –

klärungsbedürftig der schon seit einer Reihe von Jahren hohe Anteil von Schallplatte, Musikcassette und Musikprogrammen des Hörfunks am Medienkon-sum speziell von Jugendlichen im Alter zwischen 14 und 23 (Pape 1974, 47; Zeppenfeld 1978, 28f.; Zimmer 1982, 150f.; zuletzt auch Bonfadelli 1986, 9ff.) – also einem Alter, das sozialisationstheoretisch mit der Phase der Bildung des Selbstvertrauens, der moralischen Identität und auch des Gefühlslebens verbunden wird (P. H. Mussen u.a. 1969, 605ff.; A. W. Petrowski 1977, 157ff.). Diese an-teilsmäßig hohe Bedeutung des Tonträgermarkts am Medienkonsum jüngerer Menschen wird in empirischen Untersuchungen auch für die achtziger Jahre bestätigt[4].

Die Wirkungsforschung scheint von solchen Daten vergleichsweise unberührt zu sein. An der Situation, wie sie Zeppenfeld (1978, 5) charakterisierte, daß nämlich das Medium Schallplatte eine "notorisch geringe Beachtung" in der Wirkungsfor-schung finde und diese, wie Baacke (1985, 17) ausführte, zwar viel über die Folgen des Fernsehens auf junge Menschen diskutiere, derweil die Jugendlichen signifikant mehr mit dem Schallplattenspieler, Recorder und Walkman beschäftigt seien als mit dem Fernsehapparat – an dieser Situation hat sich wohl bis heute nichts geändert[5]. So ist es gewiß nicht zufällig, daß die von der Deutschen For-schungsgemeinschaft eingerichtete Senatskommission für Medienwirkungsforschung in ihrer Enquete den (Musik–)Unterhaltungssektor allgemein (zu dem die Plat-ten– und Cassettenindustrie meist bruchlos zugerechnet wird) und die Musik-produktion und –rezeption im besonderen nur gelegentlich streift, sich von den ihrem Bericht zugrunde gelegten über zweihundert Studien keine einzige speziell mit dieser Thematik befaßt (Deutsche Forschungsgemeinschaft 1987). Fernsehen und Printmedien, überhaupt die sprachlich–begrifflich geprägten Vermittlungs-formen, dominieren eindeutig. Freilich reflektiert sich in solcher Ausgrenzung eines zumindest ja ökonomisch wie in der quantitativen Rezeption offenkundig bedeutsamen Mediensektors aus dem Gegenstandsbereich der Wirkungsforschung, wie ihn die Senatskommission vorgenommen hat, nur eine allgemeinere Tendenz der Medienforschung. Ablesbar ist dies nicht allein an der Zahl der Veröffent-lichungen und Untersuchungen zur "Wirkung" etwa primär sprach– oder hand-lungsgebundener Fernsehsendungen im Verhältnis zu solchen, denen es schein-bar allein nur um die Vermittlung eines Karajan–Konzertes oder von beliebter Volksmusik geht, sondern auch am Ort des Erscheinens: So gibt es zwar durch-aus wichtige empirieorientierte Studien zur technikgestützten Musikrezeption und –wirkung, sie erscheinen in aller Regelmäßigkeit aber eher in kleinen Spezial-reihen und in einem breiten wissenschaftlichen Publikum kaum bekannten Ver-lagen, wenn sie nicht gar nur – und das gilt insbesondere für soziologische Studien zu bestimmten Sparten der Musik – in Taschenbuch–Reihen veröffentlicht werden, die sich nahezu ausschließlich an die Anhänger dieser Musik selbst wenden und von ihrer Aufmachung her auch signalisieren, eher den Fan als den wissenschaftlich Interessierten ansprechen zu wollen. Fast möchte es scheinen, als lebten in solchen Ausgrenzungen, in der Pflege gleichsam von Ta-buzonen, die die Forschung nicht überschreiten dürfe, ohne unseriös zu werden, alte schichtenspezifisch fundierte Vorurteile gegenüber spezifischen Formen von Musik und Freizeitbeschäftigung fort. Von solchen Vorurteilen wird noch zu sprechen sein.

Insgesamt macht es der Stand der Forschung, will man sich näher mit dem Medium Tonträger und seinen Wirkungsformen beschäftigen, also notwendig, den offenkundig beschränkten Untersuchungsbereich der Medienforschung zu über-schreiten und Forschungsergebnisse anderer Fachdisziplinen heranzuziehen. Für die Wirkungsforschung im Bereich Tonträger sind dies – weil eben Musiken die auf ihnen primär gespeicherten Informationen darstellen[6] – insbesondere die

Musiksoziologie, –psychologie und –pädagogik, teilweise auch die soziologische Jugendforschung[7]; in diesen Disziplinen wurden in den letzten Jahrzehnten und Jahren durchaus eine Reihe wichtiger theorie– wie empirieorientierter Studien erstellt, die auch für die Medienforschung von erheblichem Belang sind, allerdings von ihr bislang kaum rezipiert wurden. Da mit der zunehmenden Verbreitung der Tonträger auch gravierende Veränderungen sowohl in der Musik–produktion als auch in der Quantität und Qualität der rezipierten Musik einhergingen, hat speziell die Musiksoziologie versucht, diese Wandlungsprozesse zu erfassen und ansatzweise auch erklärend zu analysieren; auf solche speziell in der Musiksoziologie entwickelten Erklärungsansätze wird noch näher eingegangen. Wenn darüber hinaus die Jugendforschung und Jugendpädagogik vor allem in den letzten Jahren sich zunehmend der Frage des Umgangs mit Tonträgern und der Bedeutung von Musiken für Jugendliche zugewendet haben, so allein schon aufgrund des offenkundigen Stellenwerts des Musikhörens im Zeitbudget Jugendlicher (Wiechell 1977; Vierholz 1981; Baacke 1985; Kleinen 1985; Voulième 1987; Bonfadelli 1986; Zinnecker 1987). Erklärungsbedürftig erscheint hier die Rolle von Schlager –, Pop – und Rockmusik und der sie erzeugenden Unterhaltungsindustrie für die Sozialisation Jugendlicher, ihre Lebensstile und Orientierungsmuster, in langfristiger Perspektive auch der damit möglicherweise einhergehende Wandel gesellschaftlicher Normsysteme und Sozialisationsverläufe.

Zur Notwendigkeit einer techniksoziologischen Fundierung der Wirkungsforschung

Vielen musiksoziologischen, –psychologischen und –pädagogischen Untersuchungen ist freilich nun wieder eigen, daß sie auf eigentümliche Weise der technischen Seite der von ihnen analysierten Wandlungserscheinungen ein eher nur geringes Augenmerk schenken (vgl. hierzu auch die Kritik von Zielinski in diesem Band) – insgeheim hier die Ausgrenzungen so mancher Forschung im Mediensektor teilend, die sich auf die Wirkung spezifischer sprachgebundener Informationen oder/und – schon umfassender – Bildfolgen, Schnitte, Bildinhalte konzentriert, ohne doch die je spezifische Verknüpfung der 'Software', des vermittelten Programms, mit den in die Technik als 'Hardware' schon eingelassenen Nutzungsstrukturen noch weiter zu analysieren. Wirkungsforschung im Medienbereich ist vielfach im engeren Sinn Forschung über die Wirkung von *Programmen*; deren Verschränkung und Vermittlung mit technisch–ökonomischen und gesellschaftlichen Ausdifferenzierungsprozessen droht durch eine Orientierung an – in einem weiteren Sinn – behavioristisch fundierten Analyseansätzen immer wieder, aus dem Blick zu geraten. So wissen wir aufgrund detailreicher Befunde mittlerweile eine Menge über die Komplexität von Wirkungsweisen gesendeter Informationen auf die Rezipienten in Abhängigkeit von den sozialen Kontextbedingungen der Informationserzeugung und –verarbeitung, ohne daß hier aber noch langfristige Wirkungszusammenhänge in der Entstehung und Nutzung der Medien erkennbar würden. Langfristig orientierte Analyseversuche hingegen tendieren offenkundig häufig dazu, die z.T. noch kümmerlich erfaßten empirischen Ausgangsdaten weltanschaulich einseitig überzuinterpretieren[8].

Die folgenden Ausführungen gehen davon aus, daß zum Verständnis der langfristigen Wirkungszusammenhänge, in die die Produktion und Nutzung von Musik(en) eingespannt ist, die Einbeziehung technisch–ökonomischer und sozioökonomischer Entwicklungen dringend erforderlich ist. Dabei von Musik*en* zu sprechen – und nicht nur von Musik – dürfte umso zwingender sein, als jenseits der musikgeschichtlich vorfindbaren Varianz unterschiedlichster Kompositionstraditionen und Einbettungen der Ausübung von Musik in soziale Handlungsstrukturen (Blaukopf 1984, 17)[9] sich die Produktions– und Rezep–

tionsformen von Musiken mit der Form ihrer technischen oder nicht – technischen Vermittlung stark unterscheiden können. Es macht also z.B. durchaus einen Unterschied, ob eine Symphonie oder ein Rock – Song im Konzertsaal, in einem Fußballstadion oder zu Hause allein vor den Lautsprechern und hier wiederum konzentriert oder im Hintergrund gehört wird; und umgekehrt ist die Produktion von Musiken – auch in der scheinbar noch wenig technisch geprägten Konzertpraxis – wiederum hochgradig vermittelt mit den ökonomisch – sozial geschaffenen Strukturen des Musikmarktes und der technischen Reproduzierbarkeit von Musiken. Genau diese Ausgangslage übersieht Musiksoziologie und Musikpsychologie, wenn sie etwa nach "den" Rezeptionsformen von Klassik – oder Popliebhabern forscht und dabei vergißt, daß Musikhören (auch derselben Werke und Lieder) im Verhältnis zu unterschiedlichen Produktions – und Reproduktionsweisen dieser Musik sehr unterschiedliche Formen der konzentrativen Auseinandersetzung, der Einbettung in soziale Handlungen und Verwendungszusammenhänge, schließlich auch des – mehr oder weniger – untergründigen Gesteuertwerdens durch die Produzenten und Verwender von Musiken ausmachen kann.

Der hier gewählte Ansatz versucht demgegenüber an eine Forschungstradition anzuknüpfen, die mit dem Namen Max Webers verbunden ist. Seine musiksoziologischen Schriften stehen für ein Untersuchungskonzept, das gerade die Interdependenzen zwischen technischer, sozialer und musikalischer Entwicklung versucht herauszuarbeiten. Die Hinweise Webers (1972, 53 und 67ff.) auf die Bedeutung der Notenschrift und des Instrumentenbaus für die okzidentale Musikentwicklung machen auf den tiefen Hiatus zwischen technischer Entwicklung, Kompositionsentwicklung, Orchesteraufbau und des Publikums gegenüber Musik(en) aufmerksam – eine Forschungsperspektive, die in der weiteren sozialwissenschaftlichen Beschäftigung mit den gesellschaftlichen Produktions – und Verwendungsformen von Musiken zumindest in Deutschland – mit Ausnahme insbesondere der Arbeiten von Blaukopf – leider kaum aufgegriffen wurde.

Es geht damit im folgenden also zum einen um Wirkungszusammenhänge, die französische Wissenschaftler mit dem Begriff der "Discomorphose" (Hennein 1978, 25; nach Blaukopf 1984, 244f.) zu fassen versucht haben: um Veränderungs – und Anpassungserscheinungen der Musikproduktion und – rezeption im Verhältnis zu technischen Innovationsprozessen. Zugleich geht es aber darum, die Rolle der Technik im Wandel der Nutzung der Tonträger nicht einfach zu unterstellen, sondern näher zu prüfen: inwieweit ist es die Technik, die Änderungen im Sozialverhalten provoziert und induziert, oder inwieweit wird die Nutzung von Technik präformiert oder doch zumindest beeinflußt von sozialen und vielleicht schichtspezifisch unterschiedlich verankerten Grundorientierungen und Handlungsmustern? Gibt es – und wenn ja, welche – gesellschaftlichen Kontinuitäten von der Einführung des Phonographen bis zur heutigen Nutzung der CD im Auto, im tragbaren Koffergerät (meist männlicher) Jugendlicher oder im Walkman? Sind diese neueren Erscheinungsformen Indikatoren für die gesellschaftliche Durchsetzung einer technikgestützten Unterhaltungsindustrie, an der spezifisch Jugendliche hängen 'wie Süchtige an der Nadel' – und wäre also der Erfolg der Tonträger speziell seit den fünfziger Jahren als Erfolg einer Industriekultur zu interpretieren, der es gelang, Jugendliche durch immer neue Angebote ablenkender Unterhaltungsware von sich abhängig zu machen und dabei, um im Bilde zu bleiben, Rundfunk und Fernsehen sozusagen als Dealer nutzten? Und wenn nein, welche andere Trends lassen sich als "Wirkung" der langfristigen Tonträger – Entwicklung und – Nutzung ausmachen?

Diese Fragen sollen im folgenden in vier Abschnitten näher behandelt werden:

1. In einem ersten Kapitel wird auf der Basis technikgeschichtlicher Befunde zunächst einmal versucht, das Wirkungsverhältnis zwischen technischen Innovationen (auf dem Tonträgersektor) zu sozialen Nutzenerwartungen über technikvermittelte Musik näher zu bestimmen. Gezeigt wird, daß auf der einen Seite "die" Technik die Produktion und Distribution von Musik in erheblichem Maße beeinflußte, auf der anderen Seite aber Art und Umfang der Nutzung der Tonträger auch oftmals hochgradig von sozialen Wertsetzungen und Handlungsorientierungen abhängig sind, die schon vor Entwicklung der Tonträger – Technik ausgebildet wurden. Dies gilt insbesondere hinsichtlich der Scheidung zwischen E – und U – Musik, die in die Technik und ihre Nutzung inkorporiert wurde, teilweise damit diese Scheidung noch verstärkend.

2. Die Einschätzung der Wirkungen, der "Folgen" dieser Entwicklung, erscheint in manchen musiksoziologischen Schriften deshalb nicht unproblematisch, weil sie selbst, orientiert an einer musik – und bildungsgeschichtlichen Tradition, gewissermaßen nur verurteilend reproduzieren, was die Geschichte der Tonträger äußerlich darstellt, nämlich seine zunehmende Bedeutung als "Unterhaltungs"ware. Einige Aussagen und Ergebnisse dieser "Wirkungs/Nutzungs" – Forschung werden vorgestellt und hinsichtlich ihrer theoretischen Ausgangsannahmen diskutiert. Der bildungsgeschichtliche Ansatz, der die Durchsetzung einer unterhaltungsgeprägten Tonträger – Kultur als industriell erzeugten Verfalls eines gesellschaftskritischen Potentials deutet, erscheint dabei deshalb unzureichend, weil ihm aufgrund der eigenen Bewertungskategorien der sinnverstehende Zugang zu seinem Untersuchungsgegenstand – der vermehrten Nutzung von technikvermittelter Musik speziell auch durch Jugendliche in den letzten Jahrzehnten – nur relativ einseitig möglich ist.

3. Notwendig erscheint hingegen, die Anwendung der Tonträger und ihrer Wirkungen soziologisch in einer weitergehenden Perspektive zu sehen – d.h. der Differenz unterschiedlichster Nutzungformen in ihrem je verschiedenen sozialen und individuellen Bezügen Rechnung zu tragen. Einige Ergebnisse einer weniger theoretisch festgelegten Wirkungsforschung werden vorgestellt. Diese Ergebnisse sind allerdings also so leicht weltanschaulich einordnungsfähig und auch weniger eindeutig als viele bildungsgeschichtlich orientierte Wirkungsanalysen zur Entwicklung des Tonträger – Marktes. Besonderes Augenmerk wird in diesem Abschnitt auf die Nutzung der Tonträger durch Jugendliche nach dem zweiten Weltkrieg gelegt – einer Entwicklung , die in ihrer Bedeutung und ihren langfristigen Bedingungs – und Folgedimensionen noch nicht hinreichend analysiert erscheint.

4. Abschließend und zusammenfassend wird versucht, unter Bezug auch auf aktuellere Erscheinungen der Tonträgerproduktion und – nutzung die langfristige Wirkung des Mediums "Schallplatte" an zwei teilweise gegensätzlichen Trends festzumachen: einer technikgestützten Ästhetisierung der Musikrezeption und teilweisen Entgeschichtlichung des musikalischen Materials; zugleich aber auch eines Weiterbestehens von Funktionen technikvermittelter Musik für die Identitätsfindung von Individuen und sozialen Gruppen, Funktionen, die sich schwerlich dem Begriff der Unterhaltung subsumieren lassen.

Zu den Durchsetzungsbedingungen der Ware "Tonträger" im historischen Rückblick

Jegliche Alltagserfahrung heute scheint dafür zu sprechen, daß vielleicht nicht die Arten und Weisen, in der speziell Unterhaltungsmusik gehört wird, einem 'natürlichen' Bedürfnis der Menschen folgen, wohl aber, daß Menschen grund – sätzlich Musik hören und ausüben wollen. Und weil Musik so alt ist wie die Menschheit, scheint der Erfolg der Musikindustrie zumindest auf der Ebene des 'Primärzwecks' der Schallplatte, gespeicherte Töne reproduzierbar zu machen, leicht erklärlich. Wenn schon für die Altsteinzeit musikalische Tätigkeiten nach – weisbar sind, Professionalisierungstendenzen sich schon – wie z.B. die Bibel berichtet – im babylonischen Reich Nebukadnezars II. und noch früher bei den Ägyptern finden, Musik in seinen weltlichen wie kirchlichen Ausprägungen auch im Mittelalter Bestandteil der Lebenswelt war, dann waren, rein äußerlich be – trachtet, die Bedingungen für den Erfolg des Mediums Schallplatte von Anfang an denkbar günstig. Dies umso mehr, als das Bürgertum Musik als Kunstform fest etabliert hatte und die Ausübung von Musik sich mit der Vorstellung eines bevorzugten Lebensstils eng verband. Bedenkt man weiterhin die lange Tradition der Volksmusik, von Gesang, Tanz und Frühformen des Schlagers etwa im Gas – senhauer[10], so erscheint die Erfolgsgeschichte technikvermittelter Musikproduktion und – rezeption bis heute klare bedürfnisverankerte Voraussetzungen zu haben.

Ein näherer Blick in die Geschichte des Mediums "Tonträger" und der entspre – chenden technisch – ökonomischen Infrastruktur zeigt aber die Notwendigkeit zur Differenzierung. Hierbei ist daran zu erinnern, daß alle Musik vor der Erfindung der Schallplatte immer eine des "Hier und Jetzt" war: Nur die im Augenblick von Menschen gespielte oder gesungene Musik war bekannt – wiederholbar nur im Gedächtnis oder lesbar in der Notenschrift. Die Möglichkeiten, Musik zu produzieren und insbesondere zu rezipieren, waren deshalb weitgehend an die besondere Gelegenheit gebunden, daß Menschen zusammenkamen. Wollte man Musik hören, ohne daß andere sie erzeugten, so mußte gesungen oder selbst zum Instrument gegriffen werden; das musikalische Ereignis selbst war einmalig und unverrückbar in die Vergänglichkeit der Zeit eingespannt. Zugleich war es vielfach ein hochkommunikatives Ereignis physischer Präsenz.

Daß *dies* auch anders sein könnte und eine Veränderung anstrebenswert, war – gewiß auch in Ermangelung der Vorstellung, es könne technisch realisiert werden – keineswegs ein solches existentes Bedürfnis. Technikgeschichtlich ist es übrigens auch gar nicht ungewöhnlich, daß – wie bei der Erfindung des Phonographen und später des Grammophons – zunächst einmal nicht klar schien, wozu und in welchem Umfang die neue Technik genutzt werden könne. Anfänglich überwog der Schauder darüber, daß es gelungen war, menschliche Stimmen wieder und wieder hören zu können[11]. Kein Wunder, daß manche Teufelswerk vermuteten, das sich am trefflichsten denn auch auf dem Jahrmarkt der Sensationen vorfüh – ren ließ[12]. Nach Bekanntwerden der technischen Möglichkeit der halbwegs iden – tischen Reproduktion von Stimmen und Tönen dauerte es deshalb einige Jahre, bis in einem ökonomisch – technischen Suchprozeß die Verwendungsformen der neuen Technik gefunden und stabilisiert worden sind. Bei Edison, Musterbeispiel eines ökonomisch – praktischen Erfinders, stand noch die potentielle Nutzung des Phonographen im Büro für Diktierzwecke an erster Stelle möglicher Anwen – dungsformen. Zwar sah er auch Verwendungsmöglichkeiten seiner Erfindung zum Zwecke der Wiedergabe von Musik, doch sprachliche Reproduktionszwecke do – minierten eindeutig. Edisons Drehwalze eignete sich auch kaum für die mas – senhafte Reproduktion derselben Aufnahme. Hierfür wurden bekanntlich erst mit der gerade hundert Jahre alten Erfindung der Schallplatte durch Emil Berliner die Voraussetzungen geschaffen. Dieser hatte aber jahrelang große Schwierigkei –

ten, Geldgeber für die Produktion der Schallplatte und des Grammophons zu finden. Andere Nutzungsformen als die, es etwa in sprechende Puppen einzu – bauen, welche dann in Raritätenkabinetten vorgeführt werden mochten, konnte sich die um Investitionen gebetene Geschäftsphantasie damals zunächst nicht vorstellen.

Mag sich nun der relativ lange Raum zwischen Erfindung und wirtschaftlicher Nutzung des neuen Mediums damit erklären lassen, daß die zunächst involvierten und angesprochenen Unternehmen über keine Orientierungs – Tradition verfügten, die sie den Musikmarkt als ökonomisch lohnendes Betätigungsfeld hätten sofort erkennen lassen, so deutete sich allerdings, nachdem Grammophon und Phono – graph erst einmal in Verbindung mit 'interessanter' Software produziert und mittels übrigens einer aufwendigen Werbung bekannt gemacht worden waren, alsbald das wirtschaftliche Potential der Tonträgerindustrie an: So wurden allein in Deutschland schon zur Jahrhundertwende mehrere Millionen Platten verkauft.

Trotz solcher schnellen Erfolge, trotz einer relativ raschen Konsolidierung der Musikindustrie auf internationaler Basis und der Ausbildung transnational arbei – tender Schallplatten – Konzerne, ist allerdings die Geschichte der Schallplatte so wenig eine einbahnige Erfolgsgeschichte wie ihre heutigen Formen der Nutzung ihr gleichsam schon von vornherein eingeschrieben gewesen sind. Mehrfach gibt es Bruchstellen, an denen sich allein schon aufgrund technischer Veränderungen die Nutzungsform der Tonträger ändert: so schon durch die Integration des Elektromotors in den zuvor handbetriebenen Plattenspieler, so später mit Erfin – dung der Jukebox und der Langspielplatte. Alle diese Erfindungen dienen diffe – renten Zwecken der Nutzung – der individuellen Bequemlichkeit (und tontech – nischer Qualität) beim Abhören der Platte im ersten Fall, der massenhaften Verbreitung der Ware Schallplatte in den unteren Sozialschichten im zweiten Fall, der Speichermöglichkeit von Stücken der Klassik auf einer Platte (um hier der Konkurrenz durch den Rundfunk zu begegnen) im dritten Fall.

Will man dabei etwas über die langfristige Wirkung des Mediums Schallplatte aussagen, so empfiehlt es sich noch jenseits aller Rezeptionsfragen, einen Blick in des Repertoire – die 'Software' – der zu unterschiedlichen Zeitpunkten ge – speicherten Musikarten zu werfen. Die vorliegenden technikgeschichtlichen Stu – dien geben hierüber aber bislang leider nur sehr begrenzt Auskunft. Immerhin sprechen die bekannten Daten dafür, daß in den ersten beiden Jahrzehnten die – ses Jahrhunderts die Vorteile der Schallplatte zunächst darin gesehen wurden, ein breiteres bürgerliches Publikum mit berühmten Stimmen, Dirigenten, Orchestern oder auch ansonsten kaum zu hörenden Stücken bekannt zu machen – und umgekehrt zunehmend zu deren Reputation beizutragen. Ein Grund hierfür war offenkundig auch der, daß es die Platte lange Zeit schwer hatte, als 'seriöses' Medium überhaupt wahrgenommen zu werden: über Jahrzehnte wurde sie gleichsam als technisches Unikum für Erwachsene in Spielzeug – und Fahrrad – läden verkauft. Die anfängliche Dominanz klassischer Repertoiranteile bei der Schallplattenproduktion ist also auch vor dem Hintergrund zu sehen, daß die neuen Techniken einem zahlungskräftigen Käuferpublikum zugänglich zu machen waren, was aber hieß, deren Geschmack und Nutzenerwartungen treffen zu wol – len.

So wurden vor dem Ersten Weltkrieg beispielsweise "Stimmen pur" auf Platte gespeichert, der Notensätze beigelegt wurden. Zu Hause konnte dann der be – kannte Künstler persönlich am Klavier begleitet werden. Sehr früh setzten auch Versuche ein, den potentiellen Käufer trotz der offenkundigen Nachteile, die die neue Technik aufgrund ihrer begrenzten Speichermöglichkeiten hier mit sich

brachte, Gesamtwerke anzubieten: So wurden u.a. 1906 Verdis *Troubadour* (be –
stehend aus 20 Platten) und *Ernani* (23 Platten) produziert, damit auf ein zah –
lungskräftiges bürgerliches Käuferpublikum zielend[13].

Eine stärkere Ausdifferenzierung des Tonträger – Marktes in die heutige Form
des U – und E – Sektors erfolgte im engeren Sinn wohl erst nach dem ersten
Weltkrieg, ohne daß daraus geschlossen werden dürfte, es habe schon prinzipielle
Strukturidentitäten in der Wirkungsform damaliger technikgestützter Musik mit
der heutigen gegeben. Vielmehr ist zu berücksichtigen, daß auch die sukzessive
Verbreitung und Nutzung der Tonträger als "Unterhaltungs"medium eingebettet ist
in eine schon vor Erfindung der Schallplatte im 19. Jahrhundert sich entwik –
kelnde Musikindustrie; diese hatte die Ablösung älterer Volksliedtraditionen zu –
gunsten einer primär Unterhaltungszwecken dienenden Musikrezeption in spe –
zifischen Sozialzusammenhängen – nicht aber in der später individuierten Form
– mit dem Errichten von Konzertsälen, Musikcafés, Vergnügungstheatern sowie
dem Ausbau eines auf die Verbreitung von Noten und Texten spezialisierten
Verlagswesens, das in England wie in Deutschland teilweise in Millionenauflage
Großstadtlieder, Balladen und Schlager verbreitete (Urban 1979, 44ff.; Schütte
1987, 36ff.), gefördert. Ihre massenhafte Durchsetzung verdankt die Schlager –
Platte nicht zufällig auch der Jukebox Anfang der dreißiger Jahre, die das billige
Hören 'selbst gewählter' Musik als Hintergrundmusik in eben bestimmten
Sozialzusammenhängen (insbesondere Lokalen) erst ermöglichte. Mit der Durch –
setzung der Jukebox in den Jahren 1932 bis 1936 schnellte die Zahl verkaufter
Platten von 6 Mio. auf 35 Mio. (vgl. Haas/Klever 1959, 160; v. Thienen 1987,
79). Die gesellschaftliche Funktion des "unterhaltenden", zerstreuenden, von der
Sphäre der Arbeit ablenkenden Hintergrund – Entertainments konnte die Platte
(und konnte ein darauf abgestelltes Programm der "Hits") also erst allmählich
unter technisch – ökonomischen Bedingungen ihrer breitenwirksamen Bekanntma –
chung wahrnehmen, wobei auch hier an ältere Formen der Musikrezeption –
etwa der Kapelle im Biergarten, die, wie später die Jukebox, "beliebte" Melodien
präsentierte – angeknüpft wurde; auch war es bei Musik – und Tanzveranstal –
tungen für die niederen Schichten im 19. Jahrhundert nicht unüblich gewesen,
daß diese für jedes Stück, zu dem sie tanzten, einzeln ihren Groschen zu
entrichten hatten (Kayser 1975, 17).

Gerade dieser historische Rekurs macht deutlich, daß der Gebrauch neuer
Technik(en) wie schon ihre über viele Einzelstufen erfolgenden konstruktiven
Veränderungen immer wieder an gesellschaftlich bereits existente Nutzungsstruk –
turen von Musik anknüpft, in allgemeine gesellschaftliche Wandlungsprozesse
eingebettet ist und diese nicht einfach nur von technischen Innovationen oder
wirtschaftlichen Kalkülen einbahnig umgepolt werden, obwohl gerade im U – Be –
reich von einer mindestens temporär starken Beeinflussung der ästhetischen Form
der Ware U – Musik durch technisch gesetzte Standards ausgegangen werden
muß.

Dies gilt insbesondere hinsichtlich der zeitlichen Begrenzung der Speichermög –
lichkeiten auf der Schellack – Platte, was auf die Unterhaltungsmusik wesentlich
größeren Einfluß genommen hat als auf die E – Musik. Zwar orientierte sich
schon vor den zwanziger Jahren die plattenproduzierende Industrie im allgemei –
nen an den Speichermöglichkeiten des Mediums, mußten auch im E – Bereich
geeignete Stücke gefunden oder als gekürzte Fassungen wiedergegeben werden;
gleichwohl wurde, wie erwähnt, schon frühzeitig versucht, Gesamtwerke des E –
Sektors zu offerieren. Mit Einführung des Rundfunks war aber dann die Mög –
lichkeit gegeben, auch längere Werke des E – Repertoires ohne technisch be –
dingte Pausen einem breiteren Publikum zugänglich zu machen – wesentlicher

Anlaß für die Schallplattenindustrie, nach dem zweiten Weltkrieg die Langspiel –
platte einzuführen. In jedem Fall hat die über Jahrzehnte begrenzte Spieldauer
der Platte auf die Ästhetik eines ja schon weitgehend festgelegten Repertoires
wesentlich weniger Auswirkungen haben können als im Unterhaltungsbereich, der
seine Programme vielfach erst neu schuf. So ist der Übergang vom Country
Blues zum klassischen Blues im wesentlichen bedingt durch die ökonomische
durchgesetzte Norm, diese Musik auf Platte speicherbar machen zu können. War
die Länge eines Stückes des Country Blues davon abhängig, welche Improvisa –
tionen dem/der Sänger/in und dem mitsingenden Publikum einfielen, so die
Länge der Stücke des klassischen Blues von der Speichergrenze der Schallplatte
(Jones 1975, 141). Der klassische Blues wiederum ist Vorläufer des Rhythm and
Blues und Rock'n'Roll, teilweise auch des Beat – also wesentlichen Trägern der
zunehmenden Verbreitung der Schallplatte als "Unterhaltungs"software insbeson –
dere nach dem Zweiten Weltkrieg. Darüber hinaus wächst mit der zunehmenden
Verfeinerung der technischen Produktion von Musik den Aufnahme – und
Tontechnikern eine immer wichtigere Rolle in der ästhetischen Ausgestaltung des
Tonmaterials zu, die umgekehrt auf die Rezeptionsweisen gehörter Musik nicht
ohne Einfluß bleibt. High Fidelity ist im Kern die Durchsetzung spezifischer
Klangvorstellungen, nicht nur, wo es 'ohren'fällig ist, im Bereich der syntheti –
schen U – Musik, in der es kein von der mediengespeicherten Information noch
zu abstrahierendes Original mehr gibt, sondern auch im E – Bereich, wo der
Tontechniker mitbestimmt, welche Orchestergruppen hervorgehoben werden, wie
analytisch oder ganzheitlich ein Werk wiedergegeben wird u.a. Es ist zu erwarten,
bislang aber kaum hinreichend analysiert, daß die tontechnische Bearbeitung des
Materials in der Pop – und Rockmusik, teilweise stilisiert als spezifischer
"Sound", so wenig ohne Einfluß auf die Hörgewohnheiten und Erwartungshal –
tungen des Publikums geblieben ist wie das – teils technikinduzierte – Schema
des Blues, wie selbstverständlich auch das weitgehende Festhalten am tonalen
Grundschema in der Pop – und Schlagermusik jenseits aller Repertoire – Ent –
wicklung in der E – Musik seit Schönberg.

Aber auch die Hörerwartungen des die E – Musik präferierenden Publikums
dürften von der Repertoire – Entwicklung auf dem Schallplatten – Sektor sowie
auch der Repertoire – Politik der Hörfunksender nicht unbeeinflußt geblieben
sein, ohne daß dabei bewußte Strategien der Unterhaltungskonzerne oder Pro –
grammgestalter bei den Sendern zur Ausschaltung 'kritischer' (avantgardistischer)
Musik unterstellt werden müßten. Gerade weil die Schallplatte sich an ein mög –
lichst breites und kaufkräftiges Publikum wandte, verstärkte ihre Verbreitung
konservierende musikästhetische Rezeptionshaltungen sowohl im U – als auch im
E – Sektor – mit Ausnahme jener Sparten, in die aus Sicht des Publikums die
musikalische Experimentierfreude, die zugleich z.T. auch Spaß machen konnte,
zumindest aber wichtig für die Identifikationsfindung von Individuen in sozialen
Gruppen werden konnte, abgewandert war: in den Jazz, in den Blues, später den
Rock'n'Roll und Rock, noch später in den New Wave.

Langfristig betrachtet, hat damit die seitens der Kulturindustrie betriebene Ver –
kaufspolitik, die an Erwartungshaltungen des Publikums anknüpfte, in erheblichem
Maße zu einer schichtenspezifisch geprägten Trennung des Musiklebens in einen
E – und einen U – Bereich beigetragen. Zwar hat auch diese in der bürgerlichen
Gesellschaft vorgenommene Trennung ihre feudalen Vorläufer, hat die Nutzung
unterschiedlicher Musiken und Formen des Ausübens von Musik durch unter –
schiedliche Gruppen und Klassen in Europa wie in anderen Kulturkreisen eine
lange Tradition und erfuhr als gesellschaftliche Trennung von Musik in zwei
grundsätzliche, einander scheinbar in jedem Detail unterschiedene Formen der
Wahrnehmung und Herstellung von Musik ihre spezifische Ausformung in der

Entwicklung bürgerlichen Selbstverständnisses und bürgerlicher Ideologiebildung im 19. Jahrhundert (vgl. Kuhnke/Miller/Schulze 1976, 42ff.); die rigide Scheidung in eine obere "E" – Musik, die verbunden war mit einem spezifischen bürger – lichen Kulturanspruch und Bildungsideal, und eine untere "U" – Musik[14], der von Anfang an gerade durch die mit ihr verbundenen Zerstreuungs – und Ablen – kungseffekte auch das Attribut des musikalischen Anspruchslosen anhaftete, wurde aber in den Usancen, Produktions – und Vertriebsformen der Schallplattenindu – strie ebenso verstärkend reproduziert wie in der Kulturpolitik der öffentlich – rechtlichen Sender. Die Separierung in einen 'seriöseren' E – Bereich und den 'leichteren' U – Sektor wird bis heute fortgetragen: in den internen Unterneh – mensstrukturen der Plattenkonzerne, den Verkaufsstrategien, im Design der pro – duzierten Ware (und den jeweils für notwenig befundenen erklärenden Textbei – lagen), schließlich teilweise auch in den Vertriebsformen mittels beispielsweise spezialisierter Läden – von der programmatischen Trennung von Hörfunksendern in solche, die den ganzen Tag über nur das eine oder das andere ihren Hörern präsentieren, ganz zu schweigen[15].

In langfristiger Perspektive hat dabei die umsatzmäßige Bedeutung des U – Sek – tors immer mehr zugenommen. Wenn von der Wirkung von Tonträgern gespei – cherter Musik die Rede ist, dann ist unter den heutigen Verhältnissen zuallererst an Schlager –, Pop –, Rockmusik zu denken – eine Entwicklung, die in dieser Form sich erstmals in den dreißiger Jahren in den USA abzuzeichnen begann, im Kern aber erst in den fünfziger Jahren in der uns geläufigen Form eines dominierend jugendlichen "Unterhaltungs"publikums einsetzte. Wirkungsforschung, die diesen Wandel analysieren will, wird neben naheliegenden – aber nicht ausreichenden – Erklärungsmustern wie einer zunehmenden Kaufkraft breiter Bevölkerungsschichten oder dem Umstand, daß der Hörfunk ab den fünfziger Jahren immer mehr eine 'Lokomotiv' – Funktion dabei übernahm, Hits durch – zusetzen (Schmidt – Joos 1960, 91ff.), weitere Erklärungsfaktoren dafür suchen müssen, daß ab den Fünfzigern eine signifikante relative Verjugendlichung der Tonträger – Nutzung eintritt.

Tendenzen einer kulturgeprägten Wirkungsbewertung der Tonträger – Nutzung

Nun zeigt die Auswertung vorhandener speziell musiksoziologischer Schriften zur Wirkung technikvermittelter U – Musik zunächst einmal, daß ein nicht ungewich – tiger Teil dieser Arbeiten offenbar der Frage nach den Ursachen des Erfolgs der Tonträger nach 1950 kein sonderliches Interesse abzugewinnen vermag. Dies wiederum nicht, weil sie den eingetretenen Wandel selbst geflissentlich übersähe – ganz im Gegenteil häufen sich angesichts der nicht mehr zu übersehenden Bedeutung der Pop – und Rockmusik für jüngere Menschen seit Anfang der siebziger Jahre empirische Untersuchungen über den Umgang mit und der Nut – zung von technikvermittelter Musik gerade durch Jugendliche. Aber die rigide Zunahme in der Nutzung der Tonträger scheint ihr offenkundig leicht erklärlich – diese folge der Logik der Durchsetzung des Bedarfs nach Unterhaltung durch eine über vielfältige Manipulationsmittel verfügende Industrie, die wiederum eingespannt sei in gesellschaftliche Wandlungsprozesse, die etwa durch höhere Arbeitsbelastungen und/oder das Aufkommen hedonistischer Lebensorientierungen gekennzeichnet seien und in deren Rahmen auch die Nutzungserwartungen (ju – gendlicher) Musikhörer weitestgehend konsumtive und unkritische Züge annäh – men.

Auffällig dabei ist wiederum, daß speziell die Funktionen des U – Sektors in der empirischen Forschung mit Vokabeln beschrieben werden, die von vornherein negativ belegt sind:

- So passe der Beat die Jugendlichen in die kapitalistische Wirtschaftsform ein: Es "brauchen sich die Erzieher gar nicht zu bemühen, die Jugend in der bestehenden Ordnung zu erhalten; die Vergnügungsindustrie sorgt selbst dafür, ohne Argumente und Diskussion, einfach dank der diktatorischen Preisung ihrer Apparate" (Baacke 1968, 107).
- So mache die Berieselung des Hörerpublikums mit immer den gleichen Harmonien die jugendlichen Rock – Hörer kritik – und sprachunfähig: "Der hohen Bekanntheitsqualität von Musik entspricht eine geringe Differenzierung der musikalischen Wahrnehmung". Empirische Studien belegten "die massen – hafte Unfähigkeit zu differenzierter Wahrnehmung gerade der beliebtesten und verbreitetsten Stücke". Die Rock – Hörer haben "vom Musikgeschäft in ihre Köpfe geprügelte Klischeevorstellungen von Rock – und Pop – Musik, die ihnen in immer kleineren Happen immer wieder bestätigt werden. (...) die musikalischen und inhaltlichen Gemeinplätze der Industriemusik deformieren die musikalische Wahrnehmungsfähigkeit derart, daß alles Altbekannte für gut und alles Neue für häßlich, unverständlich und langweilig gehalten wird" (Zimmer 1981, 149).
- Das Hören speziell jugendlicher Pop – Hörer sei 'zerstreut, atomistisch, motorisch – reflexiv oder allenfalls sentimental – assoziativ'; es "unterliege mangelnder Bewußtheit" und diene der 'Flucht' von "Musiksüchtigen" (Wie – chell 1977, 108f.).
- Die Popular – Musik wirke ähnlich wie "Alkohol und Rauschgift", sei 'sedati – tiver Pillenersatz' (Fritsche 1980, 78).
- In der U – Musik werde in allen ihren Spielarten durch die immergleiche Wiederholung von Grundharmonien eine falsche, puerile Versöhnung mit der gesellschaftlichen Struktur geschaffen: Es "läßt sich von den Themen der Schlagermusik und des Jazz – die Unterschiede zwischen beiden sind fließend, und gegenteilige Betonungen der Fanatiker (sic!) sollten nicht zu ernst genommen werden (also auch nicht anhand des musikalischen Materials überprüft; V.v.T.) – sagen, daß sie, aus veraltetem Material bestehend, ein harmonistisches Bild der Welt bereiten. Ihr Ideologisches wird vollends evi – dent an der Scheinhaftigkeit der Variation. (...) Der Stolz auf die Spon – taneität der Darbietungen dieser Art ist (...) unberechtigt, da es sich aus – schließlich um melodische Wendungen handelt, die formelhaft immer wie – derkehren. (...) Wo jedoch das Thema in einem Jazz – Solo erscheint, wird es lediglich zitiert als seine eigene Parodie. Der tobende Beifall, mit dem die Zuhörer solche Zitate, und übrigens die Zitate anderer populärer Melodien, die in keinem Zusammenhang mit dem Dargebotenen stehen (sic!), quittieren, zeigt die Infantilität (sic!) dieser Art von musikalischer Reaktionsweise" (Csi – pák 1975, 195).

Weitere Beispiele für diese Art einer signifikanten sprachlichen Abqualifizierung und Verurteilung des U – Hörers ließen sich ohne große Schwierigkeit in großer Zahl anbringen. Ihre Problematik liegt nicht darin, grundsätzlich immer Falsches auszusagen: daß auf die zerstreuenden Effekte vieler technikvermittelter Musik aufmerksam zu machen sei, daß den Merkmalen von Eskapismus, die unver – kennbar etwa mit dem Hören beliebter Pop – und Rocktitel verbunden sind, nachzugehen sei, ist nicht zu bestreiten. Problematisch ist vielmehr – neben der Suggestion, mit solcher Kritik sei schon alles begriffen – die dabei oft latent unterstellte Behauptung, daß sich der U – Sektor qualitativ grundlegend vom E – Sektor unterscheide und mit solcher Charakterisierung des Hör – Publikums ein

Spezifikum des Unterhaltungssektors als Resultat seiner industriellen Durchdringung aufgespürt sei: An Belegen für eine dergestalt problematische Ausrichtung der Wirkungskritik auf einen technikvermittelten Musiktypus fehlt es in der Musiksoziologie jedenfalls beileibe nicht; so, wenn behauptet wird, daß der Starkult kennzeichnend für die Unterhaltungsindustrie sei, falsche Identifikation mit dem Idol schaffe (Kayser 1975, 28ff.; Rauhe 1972, 11ff.): als ob nicht ebenso und vielleicht noch mehr die Verbreitung der Musikware im E – Sektor von Anfang an an die Kultivierung des Stars gebunden wäre, die Geschäftserfolge der Plattenindustrie von Furtwängler über Karajan und Pogorelich zunehmend an das Argument gebunden, der hochbegabte, genialisch reproduzierende "Künstler" – Star schaffe "das" Werk oder zumindest interpretiere es ganz neu[16]; so in der Neigung mancher Kritiker der Unterhaltungsindustrie (Fritsch 1980, 77f.), die manipulative Wirkung der Schlager in ihren – gewiß meist simple Botschaften vermittelnden – Texten zu suchen, dabei aber über den immerhin diskussionswürdigen literarischen Wert beispielsweise doch nicht weniger Librettos der hochkulturellen klassischen Oper großzügig hinwegsehend. Jenseits der generalistisch gar nicht abzuhandelnden Frage der Wirkung von Texten in Verbindung mit Musik erscheint hier verräterisch ausgeblendet, daß auch und gerade die Rezeption älterer E – Musiken unter den Verhältnissen ihrer kommerziell – technischen Reproduktion von einer Entwertung ihres sprachlichen Gehalts begleitet ist: den heutigen Hörern, die die *Matthäus – Passion* von Platte oder Kassette abspielen, dürfte es auf ihren religiös – textlichen Gehalt nur noch selten ankommen.

Zu den abbrebriavierten Bildern einer solchen bildungs – und kunstgeschichtlich verankerten Wirkungsforschung gehört denn auch die Überzeugung, der anspruchsvolle "Klassik" – Hörer höre anders als der Unterhaltungs – Hörer: jener nehme strukturell wahr, erkenne gar den kompositorischen Aufbau des von ihm rein aus kontemplativen, wenn nicht gar historisch – kritischen Gründen vollkonzentriert durchhörten Werkes und nehme selbstverständlich jede Abweichung vom musikalischen Schema sofort wahr. Gewiß gibt es diesen Hörer – in der E – und U – Musik aber gleichermaßen und allermeist verbunden mit der Fähigkeit, selbst ein Musikinstrument zu spielen (vgl. Dalhaus 1984, 24ff.). Insgesamt übersieht eine solche bildungsgeschichtlich orientierte Wirkungsforschung geflisentlich den den E – und U – Bereich übergreifenden Rollenwechsel von Musiken, den Blaukopf als Übergang von der "*heteronomen Disziplinkunst* der feudalen Gesellschaft" zur "*autonome(n) Genußkunst* der bürgerlichen Gesellschaft" (1972, 71) bezeichnet hat und der weder die Volksmusik noch die Kunstmusik in ihren Funktionen – und schon gar nicht in ihrer technikvermittelten Form – unberührt läßt.

Insgesamt bleibt Wirkungsforschung dieser Art im Bannkreis jener technikvermittelten Ausdifferenzierung in einen U – und E – Sektor, wie wir sie oben als kennzeichnend für die Tonträger – Geschichte und verwurzelt im bürgerlichen Bildungs – und Kunstbegriff bezeichnet haben. Verständlich wird die eigentümliche Ausblendung der Rezeptions – und Nutzungsformen der E – Musik – einige gäben ja allen Stilisierungen, durch die der spezielle Kulturcharakter der technikvermittelten E – Musik – Praxis aufrechterhalten werden soll, zum Trotz, konsequenterweise längst Anlaß, auf diesen Begriff zu verzichten und im Zusammenhang von technikvermittelter Musik nur noch von U – Musik zu sprechen –, wenn der Einfluß berücksichtigt wird, den die – in vielem Standards setzenden – musiksoziologischen Schriften Adornos in den letzten Jahrzehnten gespielt haben. Gerade an den Aporien seiner wirkungstheoretischen Annahmen kann, wie im folgenden zu zeigen versucht wird, mit dem Ziel einer empirisch aufgeklärten und doch nicht theorielosen Wirkungsforschung angeknüpft werden.

Dabei ist zunächst zu berücksichtigen, daß der von Adorno zusammen mit Horkheimer entwickelte Begriff der "Kulturindustrie" (Horkheimer/Adorno 1971) auf eine systemare Analyse der industriellen Prägung *allen* Musikgeschehens zielt. Adorno ist auch — im Gegensatz zu manchen seiner Adepten — gewiß nicht zu unterstellen, er habe die kulturindustrielle Einbindung der E – Musik insbeson – dere bis Schönberg übersehen. Gleichwohl bleibt seine Befassung mit den Mu – sikformen, die traditionell dem U – Bereich zugerechnet werden, eigentümlich kompatibel mit Spielarten einer konservativen Kulturkritik, die sich ihres Urteils über den heutigen Unterhaltungsbetrieb vor aller intensiven Beschäftigung mit ihren Funktionsbedingungen und Folgen immer schon sicher ist.

Adorno kam, ausgehend von sozialgeschichtlichen und kunstästhetischen Bewer – tungskatagorien, bekannterweise zu einer negativen Bewertung von Jazz und Unterhaltungsmusik, denen er — weil kompositorisch das tonale Grundschema und die Harmonik des 18. und frühen 19. Jahrhunderts weitgehend nicht verlas – send — kunstästhetische Rückständigkeit vorwarf, die sie eben für ihren Einsatz für falsche gesellschaftliche Zwecke — Ablenkung und Zerstreuung, zugleich auch Dressierung für die Erfordernisse der kapitalistischen Arbeitswelt — tauglich machen soll (Adorno 1969a, 25ff.). Ihr sei eine Unterhaltungsindustrie konstitutiv beigesellt, die sich die gesellschaftliche Wirksamkeit von Musik manipulativ zu – nutze macht. Für sie "bedeutet" die "musikalische Standardisierung immer festere Dauerherrschaft über die Hörermassen und ihre 'conditioned reflexes'. (...) würde der Versuch, mit etwas anders Geartetem durchzudringen, in der leichten Musik überhaupt noch gewagt, so wäre er durch die ökonomische Konzentration vorweg hoffnungslos" (Adorno 1969c, 149). Insbesondere der U – Sektor – die Proble – matik seiner Definition wie seiner Unterscheidung von der sogenannten E – Mu – sik unter formalen wie ästhetischen Kategorien ist Adorno natürlich geläufig – steht hier also unter dem Verdacht, nicht nur für die Zwecke der Kulturindustrie dienstbar zu sein, sondern im Sinne einer durch die Individuen hindurch wirk – samen Affekt – und Gedankenkontrolle die bestehenden falschen sozioökonomi – schen Strukturen zu verewigen. Metzger, Schüler Adornos und in seinen musik – soziologischen Arbeiten in der Beurteilung der Unterhaltungsmusik zu ähnlichen Konsequenzen kommend, hat dies noch lapidarer zusammengefaßt: "Rock, Beat, Pop" sind "die Musik der Herrschenden, und wenn die Beherrschten sie für ihre Musik oder gar für den Ausdruck einer sei's auch nur 'inneren' Revolte halten, so ist dies Ideologie im authentischen Sinn falschen Bewußtseins" (Metzger 1980, 268). Metzger dehnt hier auf neuere Formen der Unterhaltungsmusik aus, was Adorno in einer vernichtenden Kritik (1969c) bereits am Jazz kritisiert hatte: eine nur suggerierte Spontaneität und Improvisationsfähigkeit, eingespannt in einen kulturindustriellen Komplex, der sich seine Anhänger mittels falscher Identifikation schaffe.

Zu fragen ist einerseits, inwieweit solch vernichtende Urteile von irgendeiner tieferen Kenntnis der Sache gespeist sind. Sandner (1979) hat darauf verwiesen, daß Adornos Kenntnis über Jazz sich im wesentlichen auf den Swing eines Paul Whitman beschränkt habe: was ungefähr soviel heißt, wie wenn ein Kritiker der bürgerlichen Kunstmusik diese an Flotow messen würde oder die avantgardisti – sche Moderne in Andrew Lloyd Webber repräsentiert sähe. Zu fragen ist ande – rerseits, inwieweit die von Adorno vorgenommene ästhetiktheoretische Ausrich – tung am autonomen Kunstwerk und seine Entwicklung speziell vom 18. Jahrhundert bis zu Schönberg die neueren Strukturen von Musikproduktion und – rezeption *wirkungssoziologisch* wirklich in den Griff bekommt (vgl. Boeh – mer 1975, 231f.). Richtig ist gewiß, daß, verglichen mit dem Kompositionsstan – dard, den die neuere 'obere' Musik, angefangen mit der Wiener Schule bis zu Nono und Cage, gesetzt hat, ein Großteil der Unterhaltungsmusik — wenn auch gerade nicht immer der Jazz – im allgemeinen beachtenswert stabil doch auf tonalen Grundstrukturen aufbaut: radikale Stringenz und Konsistenz des musikalischen Ausdrucks, Bewußtheit auch des Zusammenhangs von musikalischer Gestalt und gesellschaftlichen Lebensverhältnissen, ist in der neueren 'E – Musik' sicher in exemplarischer Form vorgedacht und vorgeführt worden.

Gleichwohl führt die fast schon vorbehaltlose Klassifizierung aller anderen Musik – vom selbst wieder höchst differenzierten Jazz über den Rock bis zum in seiner Art unübertrefflichen deutschen Schlager – als Unterhaltungsmusik zu soziologisch problematischen Vereinfachungen gerade auch in Bestimmung ihrer Funktionen. Dies macht sich deutlich schon in der von Adorno (1969a, 25ff.) vorgenommenen Unterscheidung verschiedener Hörertypen (des Experten, des guten Zuhörers, des Bildungshörers usw. bis zum Unterhaltungshörer): unterderhand wird hier suggeriert, daß ihnen auch bestimmte unterschiedlich bevorzugte Musikarten zuzuordnen wären. So favorisieren der Experte und der gute Zuhörer, u.a. vornehmlich durch besondere Konzentrationsfähigkeit beim Hören und beim strukturellen Erkennen von Musik charakterisiert, eo ipso die 'obere' Musik, der zerstreuungssüchtige, sich selbst entfremdete Hörer hingegen den musikalischen Schund der Kulturindustrie[17].

So heuristisch hilfreich solche Typisierungen zunächst erscheinen mögen, sie werden für die Wirkungsforschung dann problematisch, wenn sie für schon bestätigte Aussagen über die Realität genommen werden, weil sie mit dem Nebeneinander unterschiedlicher Rezeptionsformen, des konzentrierten und vielleicht auch sachverständigen Hörens einerseits und des zerstreuten Mithörens andererseits, ernsthaft nicht mehr rechnen, den 'Unterhaltungshörer' pauschal einer nicht nur musikalisch minderbemittelten Bevölkerungmasse zurechnen, die selbstverständlich für die von ihr reproduzierten Unterdrückungsmechanismen, wie eilfertig betont wird, nichts kann. Problematisch an Adornos Bestimmung der Funktionen der Unterhaltungsindustrie ist also zum einen der latent vorgenommene Rückschluß von der inneren Struktur eines Musikstücks auf dessen Rezeption und Wirkung: nur wenn eindeutig dem "Werk" selbst eine spezifische Wahrheit immanent ist, kann diese von dem "richtigen Hörer" auch wieder entschlüsselt werden. Alle anderen Rezeptionsformen hingegen, die nicht zufällig andere Musiken bevorzugen, stehen mindestens tendenziell schon unter dem Verdikt eines von der Kulturindustrie geformten falschen Bewußtseins. Mit der Möglichkeit, daß musikalischen Informationen unterschiedliche Wahrheiten entnommen werden, die sich nicht entlang des E – und U – Schemas bewegen, wird hingegen praktisch nicht gerechnet. Niemann (1974, 50ff.), Karbusicky (1975, 288ff.) wie Etzkorn (1982, 557) verweisen hier zurecht darauf, daß gerade mit der Ausbreitung technikvermittelter Musik durch die Medien ein zunehmendes *Nebeneinander* verschiedenster Rezeptionsformen von Musik(en), der 'Kenntnisse' unterschiedlicher Musikarten und der Nutzung von Musiken für verschiedenste Zwecke verbunden ist. Zum anderen ist wirkungsgeschichtlich mit einem solchen Ansatz der Differenz in der Wahrnehmung und Nutzung technikvermittelter Musik gerade auch nach dem Zweiten Weltkrieg nicht mehr Rechnung zu tragen, erscheinen alle Spielarten der U – Musik als bloß industriell erzeugte Moden auch dann, wenn sie nachweislich gar nicht industriell erzeugt sind und sich teilweise gegen erhebliche gesellschaftliche und auch ökonomische Wiederstände durchgesetzt haben.

Volker von Thienen

Die soziale Eingebundenheit technikgestützter Musikpraxis

Wirkungsgeschichtliche Forschungen zur Verbreitung und Nutzung der Tonträger werden sich, wollen sie dem statthabenden langfristigen gesellschaftlichen Wandel in seinen differenten Erscheinungsformen Rechnung tragen, der auf diese Nut – zung Einfluß nimmt und zugleich auch von ihr mitgeprägt wird, in eine gewisse Distanz bringen müssen zu normativen Vorstellungen über eine 'richtige' Rezep – tion technikvermittelter Musik, eingebettet womöglich in Theorievorstellungen über eine 'wahre' Gesellschaft. Wenn man einmal nicht unterstellt, mit dem Aufkommen des Warenprinzips und der Indienstnahme speziell der technikver – mittelten 'Kunst' und Musik sei alle Entwicklung im Kern an ihr Ende gekom – men, wenn man einmal unterstellt, die Prinzipien der Ökonomie seien zwar wirksam, nicht aber in ihrer Wirkung so total, daß alle Sozialbeziehungen und aller sozialer Wandel allein aus ihnen ableitbar wären, dann ist dies sicher mit einer Preisgabe mancher Wertungssicherheit über die Rolle der Musikmedien für den 'Systemerhalt' erkauft, dann muß wohl auch über den wissenschaftlichen Sinn der Einordnung von technikvermittelter Musik (oder von Medienprogrammen schlechthin) in 'gute' und 'schlechte' neu nachgedacht werden. Zugleich aber ist damit die Chance eröffnet, Wandlungserscheinungen innerhalb der bürgerlichen Gesellschaft im Detail zu erfassen, die in ihren längst internationalen Dimensio – nen deren Kern allmählich modifizieren, wenn nicht auflösen; dazu wiederum sind Erklärungskategorien notwendig, die nicht ohne weiteres im Inventar bürgerlicher Bildungs – und Kunstbegrifflichkeit zu finden sind. Schon helfen mag es in diesem theoretisch dann zunächst unsicheren Gelände, daran zu erinnern, daß alle Produktion und Rezeption von medienvermittelten Informationen, so atomistisch sie zum Teil dem äußeren Anschein nach sind, immer in speziellen Sozialzusammenhängen geschieht, in die die beteiligten Akteure eingespannt sind, ohne die sie als Subjekte gar nicht sein könnten. Erst in diesen Sozialbeziehun – gen erschließt sich der Sinn der mitgeteilten Botschaft und kann, weil diese ja nicht einheitlich für alle Individuen sind, die Bezugssysteme der Bewertung also variieren, sehr unterschiedlich ausfallen.

Dies zeigt sich auch in einer Reihe empirieorientierter Studien zur Rezeption, Nutzung und Bewertung neuerer technikvermittelter Musik. So etwa in Analysen von Kaden u.a., die nach dem Erklärungswert sozialer Determinanten sowie musikalischer Aktivitäten und Vorbildungen auf die Bewertung von unterschied – lichen Musikarten fragen (Kaden 1985, 300ff.): Sie belegen, daß positive Beat – Urteile mit Aktivitäts – Erfahrungen in der Rezeption von Beat – Musik und Teilnahme an öffentlichen Beat – Veranstaltungen stärker korrelieren als entspre – chende musikalische Vorerfahrungen und Aktivitätsniveaus bei der Bevorzugung von klassischer Musik: "Sind es bei Beat – Musik namentlich praktisch – usuelle Gepflogenheiten, die dem Urteilsverhalten ihre Spuren einkerben, so geben bei klassischer Musik 'ideologieintensive', verinnerlichte Wertorientierungen den Maßstab an" (Kaden 1985, 319f.). Interessant auch dürfte sein (und gerade die traditionelle Aufteilung in U – und E – Musik in Frage stellend), daß bei Klas – sik – Liebhabern durchaus Affinitäten auch zur Volksmusik und zum Schlager vorfindbar sind, während dies bei den Beat – Proponenten weniger der Fall ist. Insgesamt ordnet Kaden den Beat (einem in der DDR auch in den Achtzigern noch gepflegten Begriff) aufgrund von empirischen Bewertungs – und Rezeptionsbefunden als "kein echtes U – Genre, wohl aber als eine Art Ge – genentwurf zur E – Musik" ein (Kaden 1985, 321).

Gerade Befunde dieser Art können wertvolle Korrektivhinweise geben gegenüber musiksoziologischen Annahmen, die, wie etwa bei Adorno, empirisch unter – schiedliche Formen der Rezeption zu schnell allein, basierend auf ästhetischen

Urteilen (vgl. de la Motte – Haber 1985, 152ff.), daran gemessen haben, inwieweit diese dem Niveau und Anspruch der besten Beispiele einer autonomen Kunst angemessen sind. Begrifflich Rockmusik und Jazz als Gegenentwurf zu traditio – nelleren Musikarten zu fassen, erscheint theoretisch deshalb auch fruchtbar zu sein, weil im Anschluß an diese selbst natürlich noch sehr generalistische Kate – gorie immerhin Erklärungsansätze dafür entwickelt werden können, weshalb sich bestimmte soziale 'Bewegungen' einer Jugendkultur mit der Entfaltung der Un – terhaltungsindustrie verbinden können. Ein möglicherweise identitätsstiftender oder mindestens – fördernder Charakter bestimmter Spielarten von Musik für bestimmte soziale Gruppen ist für die Theoriebildung bei Adorno ja nicht zufällig kaum von Interesse. Die Kategorie der "sozialen Gruppe" und der "so – zialen Bewegung" als Vermittlungsorgane sind von sekundärem Erklärungswert, wenn Gesellschaft und Individuen – wie immer diese sich zusammentun mögen – gleichsam kurzgeschlossen sind: "In der individualistischen Gesellschaft (...) verwirklicht nicht nur das Allgemeine sich durch Zusammenspiel der Einzelnen hindurch, sondern die Gesellschaft ist wesentlich die Substanz des Individuums" (Adorno 1969b, 10). Mit einem so totalen Gesellschaftsbegriff werden aber ten – denziell die Differenzen der musikalischen Strukturen neuerer Erzeugnisse der Unterhaltungsindustrie so wenig mehr erklärbar wie ihr Entwicklungscharakter und ihre unterschiedliche Wahrnehmung und Einbettung in verschiedene Sozial – bezüge. Auch rückt durch die Orientierung an Musik als zunächst potentieller Kunstform, die insoweit wahrheitsfähig ist, die Frage aus dem Blickfeld, was Musik denn leistet, wenn sie gar nicht Kunst in diesem Sinn sein will, Ge – genentwurf vielleicht sogar zu einer bürgerlichen Welt sein möchte, die Musik gerade durch ihre Bannung in die Kunst um einen Teil ihrer potentiellen Wir – kungen bringt.

Die soziale Eingebundenheit der Produktion wie Verwendung technikgestützter Musik zeigt sich indessen deutlich auch in den bereits vorhandenen empirischen Studien. Dabei muß noch beispielsweise als nicht ausreichend geklärt gelten, inwieweit die Nutzung der Tonträger und der musikliefernden Medien bestimmt ist durch schichtenspezifische Sozialisationsmuster: So kommen beispielsweise Murdock (1973), Dollase u.a. (1974), Jost (1976) und Wiechell (1977) zu z.T. unterschiedlichen Ergebnissen über den Einfluß schichtenspezifischer Wahrneh – mungs – und Orientierungsmuster auf die Musikrezeption. Manche scheinbar unvereinbaren Ergebnisse sind aber wohl auch der Differenz der Untersu – chungsmethoden und der untersuchten musikalischen Praktiken zu verdanken (vgl. Zimmer 1981, 153ff.): So spricht der Befund eines vorwiegend mittelschicht – geprägten Rock – und Jazz – Publikums (Dollase 1972 und 1979) nicht gegen unterschiedliche Musikpräferenzen und usuelle Verwendungsformen technik – gestützter Musik bei unterschiedlichen sozialen Gruppen (Wiechell, Jost, Murdock). Zu berücksichtigen sind auch in starkem Maße Einflüsse des Le – bensalters, die sich mit schichtenspezifischen Orientierungsmustern verknüpfen (Baacke 1972, 1983ff.), insbesondere aber ländergeprägte Differenzen: Viele Indikatoren sprechen etwa für eine stärkere Trennung musikalischer Präferenzen nach Schichtenmerkmalen in Großbritannien als in der Bundesrepublik, wobei die Ausbildung einer "Gegenkultur" als Ausdruck der Auseinandersetzung mittel – schichtgeprägter Jugendlicher mit ihrer Erwachsenen – Umwelt bezeichnet wird, die Entwicklung einer "Subkultur" (mit anderen Widerstandsformen) hingegen eher der Arbeiterjugend zugerechnet wird[18] (Clarke u.a. 1979, 111).

Die vorliegenden Daten sowohl als auch manche Erfahrungsberichte zeigen nicht nur, wie ökonomische und soziostrukturelle Merkmale auf die Verwendung von technikvermittelten Musiken einwirken; sie belegen auch die sozialen Attribuie – rungen und Etikettierungen spezifischer Musikpräferenzen, wobei sich schichten –

spezifische Orientierungen mit solchen der Konstituierung 'neuer' Gruppenziele und Wertmuster überlagern. Die versuchte Zuordnung von bestimmten Musik − gattungen (Klassik, Pop usw.) zu bestimmten gesellschaftlichen Großgruppen erweist sich so nicht nur als problematisch, weil sie der Gegenwart und (wenn auch oft oberflächlichen) Kenntnis sehr unterschiedlicher Musikarten gerade in den Zeiten einer Veralltäglichung musikalischer Präsenz durch die verschiedenen Medien nicht mehr Rechnung trägt; eine solche Zuordnung wird vielmehr auch den Verästelungen und Ausdifferenzierungen der Rezeption und Präferenzbildung innerhalb der einzelnen Musiksparten und über ihre Grenzen hinweg nicht mehr gerecht, die wiederum mit der Konstitution und Einübung von Lebensstilen, Kommunikationsformen durch gesellschaftliche 'Kleingruppen' sich verbinden. Dies ist für die Pop − und Rock − Kultur des öfteren festgestellt worden, wo die Vorlieben für spezifische musikschaffende Gruppen und Musiken als Medium der Abgrenzung gegenüber anderen sozialen Gruppen ebenso eingesetzt werden wie Kleidung, Haartracht, Verwendungsformen und Neubildungen der Sprache usw. (Clarke u.a. 1979, 133ff.; Diederichsen u.a. 1983, 47ff.). Einer Musiksoziologie, die dies nicht zur Kenntnis nimmt, drohen die unterschiedlichen Bedeutungen und Selbstbilder, die sich mit der Bevorzugung spezifischer Einzelrichtungen im Rock, im Pop, im Jazz, aber auch in der E − Musik verbinden, in ihrer soziolo − gischen Dimension verloren zu gehen. Aber auch ein techniksoziologischer An − satz, der dies nicht zur Kenntnis nähme, würde wichtige Elemente der Nutzung der Tonträger übersehen. Rein äußerlich ließe sich nämlich sehr wohl ein lang − fristiger Trend zu immer individuelleren Rezeptionsformen nicht übersehen: von der Musikbox zum Walkman, auf dem mehr oder minder 'individuell' zusam − mengestellte Popmusik abgespielt wird, vom Versuch in größeren Gruppen ge − meinsam gehörter Schallplatten − Konzerte in den zwanziger Jahren zu der per Kopfhörer oder auch über die Stereoanlage abgehörten Kantate im Wohnzimmer, während der/die Mann/Frau fernsieht. Solche Erscheinungsformen individuali − sierter Rezeption von Musik, gestützt auf eine Technik und eine Warenform, die dieses im Softwareangebot wie in der Ausstattung der technischen Geräte fördert, sind aber daraufhin abzuklopfen, inwieweit nicht durch diese äußeren Formen einer Funktionalisierung des Hörprozesses auf subjektive Bedürfnisse hindurch soziale Selbstbilder und Handlungsorientierungen, gruppenspezifisch verankert, neu konsolidiert werden. Dazu sind freilich zum einen die Deutungsmuster, die mit dem Hören spezifischer Musik verbunden sind (und dem individuellen Akt der Rezeption immer schon vorlagern) zu beachten, wie sie beispielsweise über ge − sellschaftliche Umfelder einer sei es durch Medien, sei es durch Primärerfahrung bekannten Konzertpraxis, vermittelt werden. Jeder 'grenzüberschreitende' Besucher von Konzerten indessen weiß, daß sich die Zusammensetzung des Publikums bei einem John Cale, den Beastie Boys oder Barclay James Harvest ebenso signifi − kant ändert wie bei Karajan, dem Alban − Berg − Quartett oder dem English Concert, und kann die unterschiedlichen Rezeptionsformen von Musiken studie − ren. Darüber hinaus gehen lebensweltlich verankerte Orientierungen und Hand − lungsnormen, gehen die orientierungsstiftenden Leitbilder der primären und sekundären Sozialisierungsinstitutionen (Familie, berufliches Umfeld usw.) sowie von gesellschaftlichen Gruppen in die Nutzungsformen der Tonträger ebenso ein wie die Interpretationsangebote, die Musikzeitschriften, Rundfunk − und Fern − sehsendungen, schließlich heute auch die Video − Clips zum 'richtigen' Umgang mit technikvermittelter Musik unterbreiten.

Die daraus resultierenden Differenzen der Nutzung und Wirkung der Tonträger bei den Nutzern selbst empirisch zu erfassen, verlangt allerdings ein hochsensi − bles methodisches Instrumentarium insbesondere dann, wenn man annimmt, daß die Wahl und wertmäßige Beladung unterschiedlicher Musiken nicht beliebig und vom musikalischen Material bzw. seiner Vermittlung und Präsentation unabhängig ist. Schwierig ist ihre objektivierende Erfassung insbesondere deshalb, weil sie die Befragten in die Lage versetzen müßte, ihre Kenntnis von Musik und Empfin – dungen beim Musikhören oder – teilnehmen in Sprache umzusetzen und an den jeweiligen Musikstrukturen deutlich machen zu können – ein, wie oben ange – deutet, angesichts des komplizierten Verhältnisses von Sprache und Musikwahr – nehmung schwer lösbares Problem. Die insbesondere hinsichtlich des U – Sektors in der Musiksoziologie immer wieder beklagte Sprachlosigkeit des (jugendlichen) Publikums und speziell der "Unterschicht" – Hörer dürfte gleichwohl zu einem guten Teil Resultat eines nicht ausreichenden wissenschaftlichen Befragungs – Instrumentariums sein. Differenzen in der Wahrnehmung und Unterscheidungsfä – higkeit der Musikrezipienten können dann nicht mehr erfaßt werden aus dem Fehlschluß heraus, daß, wer nicht den Erwartungen an die sprachliche Aus – drucksfähigkeit der untersuchenden Wissenschaftler entspricht, auch undifferenziert wahrnehmen und empfinden müsse.

In welchem Umfang sich indessen musikalische Präferenzen mit gesellschaftlichen Leitbildern und Abgrenzungen von Individuen und sozialen Gruppen gegenüber der wahrgenommenen Umwelt verbinden, ist vielfach belegt. Instruktiv sind hier etwa die Untersuchungen von Dollase u.a. (1978) zum Jazz – Publikum ebenso wie die von Behne (1980) zu den jugendlichen Pop – und Schlager – Hörern. Daß sich Klassik – und Opernliebhaber gleichermaßen für besonders gebildet, ordentlich sowie relativ konservativ halten, ist dabei im Kern ebensowenig über – raschend wie das Selbstbild der Jazz – Liebhaber als kritisch und liberal (Behne 1980, 60)[19]. Überraschender schon ist, daß die Schlager – Hörer sich selbst am häufigsten mit 'negativen' Bewertungen wie "sentimental", "passiv", "unkritisch", "ungebildet" belegen. Zum einen deutet sich hier an, wie gesellschaftliche "Ima – ges" auf das Selbstbildnis von Individuen durchschlagen; zum anderen bleibt allerdings zu fragen, ob nicht Items, die als Korrelat zu diesen Selbstbild – Kon – struktionen hätten dienen können, in der Untersuchung leider fehlen: Vielleicht hätte sich ein 'positiveres' Gesamtimage in der Selbstwahrnehmung der Schla – ger – Hörer dann ergeben, wenn auch Attribute wie "zufrieden", "lebenslustig", "unkompliziert" (mit ihren jeweiligen Gegensätzen) herangezogen worden wären.

Auch solche Verknüpfung von Musikpräferenzen mit gesellschaftlichen Zuord – nungen, Leitbildern, Images von Lebensstilen und Gruppenidentitäten ist nicht neu[20] und durch die Musikindustrie einfach geschaffen worden. Schon vor allen tontechnischen Verbreitungsmedien waren unterschiedliche Musikkulturen in dif – ferente soziale Entstehungs – und Nutzungszusammenhänge eingebunden und dies in aller Regel in abgrenzenderem Maß als mit der Entstehung der technikver – mittelten Massenmusik – der Bürger des frühen 19. Jahrhunderts kam mit der musikalischen Praxis des Landvolkes ähnlich selten in Berührung wie dieses mit der Kunstmusik. So sehr also festzustellen sein wird, daß sich durch die Ver – breitung der Tonträger und die Verlagerung des Musikgeschehens auf den alltäglichen Konsum die sozialen Zuschreibungen und Etikettierungen in vielem gelöst haben von den sozialen Orten einer jeweils abgegrenzten Musikpraxis, so sehr wird man sich hüten müssen, diese als bloßes Resultat jener Images, Moden schaffenden Industrie anzusehen. Dies gilt gerade auch für die seit den fünfziger, insbesondere aber sechziger Jahren einsetzende verstärkte Nutzung von Tonträ – gern durch Jugendliche im Zeichen von Gegen – und Subkulturen.

Theoretisch klärungsbedürftig allein schon ist der empirisch vielfach belegte, aber noch wenig wirklich geklärte Umstand der unterschiedlichen Interessen an Musik nicht nur zwischen Generationen (was hinsichtlich der Arten präferierter Musik immer noch sozialisationstheoretisch abgeleitet werden kann), sondern zwischen verschiedenen Altersstufen hinsichtlich des Musikhörens überhaupt[21]. Immerhin läge hier die Annahme nahe, die massenhafte Durchsetzung technikvermittelten Musikhörens speziell ab Mitte der fünfziger Jahre sei historisch keineswegs verwunderlich, da zuvor doch nur technisch wie ökonomisch die Möglichkeiten dazu gefehlt hätten. Verkürzend naturalistisch wäre eine solche Hypothese aber, wie näheres Nachdenken zeigt, deshalb, weil sie altersspezifische Konsumneigungen und Verhaltenspräferenzen, bloß weil das Altern selbst natürlich ist, nicht zugleich auch als ebenfalls gesellschaftlich geformte und geprägte analysiert. Insoweit ist jede Theoriebildung über die Erfolgsgeschichte technikvermittelten Musikhörens auch auf sozialgeschichtlich aufgeklärte Theorien über die Bedingungen der Sozialisation, der Ausbildung psychischer Strukturen und der Genese sozialer Gruppen, schließlich der Entfaltung der Produktions – und Reproduktionssphären nicht nur im Kapitalismus, sondern – weil nur der Vergleich hier über die Verallgemeinerbarkeit von Hypothesen Auskunft geben kann – gerade auch in älteren Gesellschaftsformationen und zentralistischen Staaten, verwiesen.

Bezogen auf den gerade durch die Konstituierung und Integration von "Jugend" als eigenständigem Wirkungsfaktor expandierenden Musikmarkt nach dem Zweiten Weltkrieg heißt dies – wie hier nur angedeutet werden kann – auch, daß den Bedingungen sowohl individueller und gruppenmäßiger Ausgrenzung gegenüber überkommenen Lebenswelten als auch der Bereitschaft zur Identifikation mit ihnen im historischen Verlauf näher nachgegangen werden müßte (vgl. Baacke 1985). Eigentümlich wenig analysiert jedenfalls ist bislang, daß die Entwicklung der Jugendkulturen seit den fünfziger Jahren frappierend eng verknüpft ist mit spezifischen Musikarten und Formen des Musizierens, wie vor allem der Ausweitung der "Unterhaltungsindustrie", zugleich auch mit der Veränderung und Aufweichung bürgerlicher Familienstrukturen und der Entstehung eines neuen Jugendkultes als gesellschaftlichem Orientierungsmuster verbunden ist. Nicht Jugend wird hier neu konstituiert – vielmehr ist "'Puerilisierung' des Erwachsenwerdens" eine soziale Schöpfung des späten 19. Jahrhunderts (v. Trotha 1988, 258ff.) – , es handelt sich jedoch mindestens um die temporäre Umstellung und Anpassung an als jugendlich apostrophierte Verhaltensweisen, Umgangsformen, Kleidungs – und Aussehensregeln durch Erwachsene und um die sich auch hiervon mindestens teilweise wieder absetzenden jugendlichen Gegen – und Subkulturen.

Die Emanzipation jugendlicher Sexualität (bekanntlich ist Rock'n'Roll ein Slangausdruck der Schwarzen für den Beischlaf), als wie immer frei man sie beurteilen mag, die Genese eigener Jugendkulturen mit spezifischen Normen und der Freiheiten, diese zur Disposition zu stellen. Sie wurden in den musikvermittelten Jugend'bewegungen' teilweise vorweggenommen und mit ihnen durchgesetzt. Bestimmungen der Funktion von Rockmusik als "Versuch einer Versöhnung von Protest und Genuß", wie sie Voullième vorgenommen hat, können hier als Ansatz für weitergehende sozialgeschichtliche Untersuchungen dienen, die sich nicht länger vom Begriff der "Unterhaltung" blenden lassen und endlich die ganz unterschiedlichen gesellschaftlichen Einbettungen medienvermittelter Musik analysieren. Dies könnte auch zu einer exakteren theoretischen Erfassung von Protestbewegungen und Jugendkultur führen, die – bei aller sonst schon geleisteten Aufklärung – jugendsoziologisch noch erstaunliche Defizite aufweist[22]. Techniksoziologisch wie wirkungsgeschichtlich wäre hierbei aber auch die Frage der Funktion der "Unterhaltungs"industrie im Zusammenhang mit der jeweiligen Entstehung anderer Protestformen neu zu stellen. Bislang jedenfalls gibt es für die Annahme, daß diese, auch wenn bestens mit ihnen verdient wurde, als Ausfluß eines übermächtigen unterhaltungsindustriellen Komplexes anzusehen wären, nicht hinreichend validierte Daten. Ganz im Gegenteil scheint die Regel eher die zu sein, daß die spezifischen, mit Protest verbundenen musikalischen Ausdrucks –

formen zunächst außerhalb des industriellen Zentrums entwickelt wurden und sodann, erwiesen sie sich in Periphermärkten als interessant, (z.T. nicht ohne erhebliche Widerstände) in Konzernpolitiken einverleibt wurden.

Nicht zufällig auch dürften die Jugendkulturen immer wieder verbunden gewesen sein mit der Intention des Neuanfangs. Jeder, so meinte teilweise der Beat, jede und jeder, so meinte der Punk, solle spielen können und das möglichst sofort. Technische Fertigkeiten, auch aufwendige Produktion seien schon Teil eines Systems, das es frisch und spontan zu bekämpfen gälte. Dies aber ist auch die Ideologie der Unterhaltungsindustrie, die in diesem Zusammenhang ihren Namen zu Recht trägt. Mit der massenhaften Verbreitung der Schallplatte, die in den fünfziger Jahren ihren Anfang nahm, wurde gleichzeitig das System des schnellen Ersatzes etabliert[23]. Gewiß hatte auch dies schon, wenn auch begrenzt, in Jahr – zehnten zuvor seine Vorläufer; effizient wurde es aber erst mit der Gleichschal – tung von Jugendkultur und Musikproduktion. Der Hit hat traditionslos neu zu sein, so sehr er und umso mehr er in seinem musikalischen Aufbau nichts Neues bietet.

Davon, vom Glauben an die Möglichkeiten des Neubeginns, der vieles besser machen könne, waren und sind oft auch jene bewußteren Rock – und Jazz – musiker überzeugt, die an frühere Traditionen anknüpften. Insgeheim teilt der Protest, gerade weil er mit der Vergangenheit abrechnen will, die er oft gar nicht kennt, das industrielle Schema der Mode, deren Geschichtsblindheit Adorno an den des Positivismus erinnerte, der in der heutigen Wirkungsforschung viele Verfechter hat (Adorno 1969b, 154). Es sei dahingestellt, mit welchen Wissen – schaftstraditionen der Positivismus bricht und welche er fortsetzt. Lohnenswert könnte es jedenfalls darüber hinausgehend sein, der Frage auch empirisch – rekonstruktiv einmal verstärkt nachzugehen, inwieweit die allmähliche Ablösung autoritärer Vaterschaft, die Aufwertung von Jugendlichkeit als innovativem – und tendenziell anti – autoritärem – Lebensalter, die gesellschaftliche Approba – tion des Jugendalters als der schönsten Lebensphase, welche die Geschichte des Rock so auffällig widerspiegelt, nicht sein Pendant in einer Umstellung der industriellen Produktionsstruktur hat, die zunehmend auf den flexiblen, von kei – nen falschen Rücksichten auf's Alte gebundenen Elan der Jungen setzt. Wäre dem so, so hätten freilich die gewiß vielfach auch harmlosen Widerspenstigkeiten und Proteste gegen die Gesellschaft eine sehr listige industriekapitalistische Funktion. Daß diese erhalten bleibt, würde gerade durch die auf Dauer gestellte jugendliche Ambition, den Neuanfang zu wagen, erreicht; daß dabei gleichzeitig auch alte Zöpfe abgeschnitten werden können, sozialer Wandel in durchaus nicht immer schlechtem Sinn mit einer weiteren Ausdehnung der Ökonomie verbunden werden kann, bestätigt nur die Offenheit des Systems. Durchaus auch ließe sich eine solche These verbinden mit der von v. Trotha (1988, 269ff.) im Anschluß an Gilles (1980, 187ff.) formulierten Annahme, daß die seit den Sechzigern einsetzenden Jugendbewegungen im Kern auf eine Wiederabschaffung der Jugendphase hinauslaufe. So ist es sicher zutreffend, daß die seit dem letzten Jahrhundert einsetzende Etablierung von Jugend zunächst auf eine verstärkte Kontrolle der Heranwachsenden durch gesellschaftliche Instanzen abzielt (Gilles 1980, 149ff.), deren Ziele die Jugendbewegungen z.T. moralisierend internalisie – ren, deren Ansprüche sie aber im Protest auch gegen deren Urheber wenden. Die Reintegration der Jugend verläuft aber bezeichnenderweise nicht nur entlang der Linie einer sukzessiven (Wieder –)Anerkennung der Jugendlichen als frühe Erwachsene, sondern auch in einer Verjugendlichung des Erwachsenendaseins.

Multifunktionalität und Entgeschichtlichung als langfristige Tendenzen der Entfaltung der Tonträger–Industrie

Nun ist auch die Umstellung auf das stets Neue des Programms natürlich keine Erfindung der letzten Jahrzehnte; allenfalls die Umschlagsgeschwindigkeit wird selbst noch beschleunigt. So wie viele Unterhaltungsware auch schon vorheriger Jahrhunderte ihren Reiz daraus bezog, daß sie bloß neu war, so werden in der Ausweitung der technischen Infrastruktur auch nur die ökonomischen Konse–quenzen dergestalt gezogen, daß das Neue als Neues schneller produziert und vermittelt werden kann. Der Plattenspieler, der Cassettenrecorder bieten gegen–über anderen Massenmedien hier nur den Vorteil einer technisch ermöglichten verbreiterten Nutzungsstruktur: das Neue kann individuell erfahren werden, zeit–lich wie räumlich losgelöst von den Zwängen eines Programms, das von anderen festgelegt wird, wie beim Hörfunk und Fernsehen. Die Spannbreite der Soft–ware–Nutzung, die gerade dem Tonträgermarkt eigen ist, darf davon nicht los–gelöst betrachtet werden; auch, daß die lange Geschichte der Musik und sozial vielfältig differenzierter Musikerfahrung mit dazu beigetragen hat, daß das An–gebot an gespeicherter Musik für den Privatgebrauch, verglichen etwa mit dem Filmsektor, als zum Teil hochgradig spezialisiert und differenziert angesehen werden muß.

Umso mehr ist aber der in der Literatur – inbesondere in Erfahrungsberichten von Insidern – dargestellte Konnex zwischen Protest, Identitätsbildung von sozialen Gruppen und Musiknutzung noch zu klären und zu untersuchen, ob es sich dabei um eine eher nur lose Verbindung handelt oder Musiken und Mu–sikpraktiken nicht zufällig das Medium zwischen individuellen Akteuren bilden, das sie – auf welcher Basis auch immer – verbindet, zumindest eine solche Verbindung empfinden läßt. Daß daran die Kulturindustrie wiederum Anteil hat, über Presse und Rundfunk Interpretationen liefert, warum etwas wie zu verstehen sei, welche Musik mit welchen Lebenseinstellungen und welchen Realitäts–interpretationen verbindet, steht außer Zweifel. Der Übergang vom Protest zur Mode ist fließend, gerade unter dem Einfluß einer Medienlandschaft, die Mei–nungen und Einstellungen vermittelt und miterzeugt. Ständig Neues präsentieren zu müssen, ist das Gesetz der Tonträger–Industrie wie der ihr verbundenen Hörfunkprogramme, HiFi–Organe und Musikzeitschriften. Alle je unterschiedli–che Bereitschaft, einzelnes auch zu kritisieren, den Wert der x–ten "Neu"–Auflage der Beethovenschen Fünften in Frage zu stellen oder den musikalischen Gehalt des neuesten Pop–Sellers, kann daran wenig ändern.

Gleichwohl sind soziologisch die Bedingungen der Resonanz je unterschiedlicher Musiken und Musikstile bei unterschiedlichen Publika nicht hinreichend mit der Annahme ihrer medienindustriellen Erzeugung und Durchsetzung zu erklären; umso mehr, als Hits nicht völlig beliebig zu produzieren sind, nicht bloß Resul–tante sind ihrer Verankerung in den Gehörgängen des Publikums durch ständige Wiederholung. Noch im Faktum, daß beispielsweise die Anfänge des englischen Punk Mitte der siebziger Jahre zum Teil bewußt inszeniert wurden, indem nach dem Motto 'Cash from Chaos' darauf spekuliert wurde, sich radikal gebärdende Musik (*God save the Queen*) werde alle Chancen haben, in den Charts zu stei–gen, zeigt sich zwar einerseits die Anfälligkeit der Jugendkultur für den Protest mit Leerformeln; andererseits deutet sich in der 'Erfolgs'geschichte des Punk aber an, wie kurzschlüssig es wäre, allein schon deshalb bei aller Widerständig–keit und den Widerstand als Pose übenden Rockmusik wie dem Punk allein auf die Abhängigkeit von, ja Steuerung durch ökonomische Verwertungskalküle zu schließen. Die Geschichte des Punk läßt sich nicht auf dessen kommerziell ge–plante Kalküle allein reduzieren, die politische Botschaft ist nicht allein marktstrategisch entworfen, sondern ist vermengt mit lebensweltlich verankerten Realitätswahrnehmungen der beteiligten Gruppen. Darüber hinaus stellt der im Punk angelegte Protest gegen Formen hochspezialisierten Synthetik – Rocks, der experimentellen Neuverknüpfung unterschiedlichster musikalischer Grundstruktu – ren, nicht zuletzt auch des Versuchs der Schaffung neuer Produktions – und Vertriebsformen von Schallplatten eben einen – wenn auch häufig begrifflich wenig entfalteten – Widerstand gegen die bestehenden Marktmechanismen dar. In ihm retten sich Residuale einer aktivitätsorientierten Kritik fort, denen die E – Musik auch in ihren avantgardistischen Spielarten – gewiß aus ihrem Ge – sellschaftsbild heraus konsequent – längst enträt, vom Großbetrieb der an – spruchsvollen Musik ganz zu schweigen: so kann aus dieser Perspektive heraus gesagt werden, daß manche Platte eines Nick Cave oder der Wipers mehr Ge – sellschaftskritik enthält als die gesamte Plattenproduktion der Berliner Philhar – moniker während des letzten Jahrzehnts.

Wann und unter welchen Bedingungen technikvermittelte Musik identitätsvermit – telnden Charakter hat, zum Ausdruck auch von Lebensansprüchen, – haltungen und – stilen wird, ist gerade unter der Rahmenbedingung einer immer noch sich ausbreitenden technikvermittelten Massenmusik (Kleinen 1984) kaum generali – stisch auszumachen[24]. Wenig spricht jedenfalls dafür, Musik würde unter dem Vorzeichen ihrer zunehmenden Präsenz zu einem reinen Konsumgut, das den Alltag gleichsam in ein weiches Kissen bettet. Blaukopf (1980) und Kleinen (1984) verweisen zwar zurecht auf die veränderten Bedingungen der Musikrezeption unter dem Vorzeichen ihrer Veralltäglichung. Der Wirkung dieser Rahmenbedingungen müßte aber gerade empirisch spezifizierend nachgegangen werden, indem die einzelne Nutzung *unterschiedlicher* Medien und Programme in unterschiedlichen Handlungskontexten analysiert wird: sind Plattenspieler, Rund – funk, Kassettenrecorder für ihre Anwender wirklich voll funktional äquivalent, werden nicht vielleicht (eigene) Platten und Kassetten anders gehört und rezi – piert als Rundfunkmusik? Zeichnet sich nicht der Gebrauch von Musik weniger durch Homogenisierung als durch Ausdifferenzierung für unterschiedlichste soziale und inviduelle Zwecke aus, nimmt technikvermittelte Musik in ihren Funktionen nicht zu, ohne die alten Funktionen von Musiken restlos aufzulösen?

Viele Anzeichen sprechen dafür. Insoweit decken alle gerade auch in langfristig – rekonstruktiver Absicht entwickelten Hypothesen über die Funktion von Musik immer nur Teilbereiche der Verbindungen ab, welche technikvermittelte Produktion als Rezeption von Musik mit sozialen Handlungsorientierungen und – formen eingeht. Abschließend sollen deshalb zwei langfristig scheinbar gegen – läufige Trends der Tonträger – Nutzung gekennzeichnet werden, die aber im Charakteristikum der Ausdifferenzierung ihren Fluchtpunkt finden. Als ein Trend lassen sich Merkmale einer zunehmenden (wissenschaftlich – industriell geprägten) Instrumentalisierung und zugleich Entgeschichtlichung kennzeichnen – hierauf wird in den beiden nächsten Abschnitten kurz eingegangen. Als ein anderer Trend wird in einem dritten Abschnitt die Möglichkeit der Fortexistenz dem Gebrauch von (technikvermittelter) Musik verbundener spiritueller Gefühlslagen diskutiert – eines individuell und in Gruppen verankerten Erlebens von Musik, das durch seine stark subjektiv – emotionalen Komponenten hochgradig als identifikationswürdig wahrgenommen werden kann.

Affektkontrolle/Instrumentalisierung der Musik

Eisler vermutete (1973, 300ff.), daß der emotionale Resonanzboden, den Musik anspreche, in historischer Sicht ursprünglich erregbarer gewesen sei als in der Neuzeit, in der in wachsendem Maß Musikrezeption mit Affektkontrolle einher –

gehe. Dies ist in anderer Nuancierung im 19. Jahrhundert auch von einem Mu—sikästhetiker wie Hauslick vermutet worden, der gegenüber der schon bei Ari—stoteles vorfindbaren Auffassung, Musik sei eine sittlich—positive Funktion zuzuschreiben, deren potentiell aufregende und enthemmende Wirkungen betont:

"Sowie die physischen Wirkungen der Musik im geraden Verhältnis stehen zur der krankhaften Gereiztheit des ihnen entgegenkommenden Nervensystems, so wächst der moralische Einfluß der Töne mit der Unkultur des Geistes und Charakters. Je kleiner der Widerhall der Bildung, desto gewaltiger das Dreinschlagen solcher Musik. Die stärkste Wirkung übt Musik bekanntlich auf Wilde (...). Es ist wahr, der Ruf der Trompete erfüllt das Pferd mit Muth und Schlachtbegier, die Geige begeistert den Bären zu Ballettversuchen, die zarte Spinne und der plumpe Elephant bewegen sich horchend bei den ge—liebten Klängen. Ist es dann aber wirklich so ehrenvoll, in solcher Gesell—schaft Musik—Enthusiast zu sein? Auf die Thierproduktionen folgen die menschlichen Cabinetsstücke. Sie sind meist im Geschmack Alexander's des Großen, welcher durch das Saitenspiel des Timotheus zuerst wütend gemacht, hierauf durch den Gesang des Antigenidis wieder besänftigt wurde. So ließ der minderbekannte König von Dänemark Ericus bonus, um sich von der gepriesenen Gewalt der Musik zu überzeugen, einen berühmten Musikus spielen, und zuvor alles Gewehr entfernen. Der Künstler versetzte durch die Wahl seiner Modulationen alle Gemüther zuerst in Traurigkeit, dann in Frohsinn. Letzteren wußte er bis zur Raserei steigen. 'Selbst der König brach durch die Thür, griff zum Degen und brachte von den Umstehenden vier ums Leben.' (...) Die Betrachtung (...), daß die berühmtesten dieser musikalischen Trophäen dem grauen Alterthum angehören, macht wohlgeneigt, der Sache einen historischen Standpunkt abzugewinnen" (Metzger 1980, 297f.).

Hauslick stellt also auf den Einfluß von sozialen Bildungsprozessen auf die Wirkung von Musik ab, was durchaus vereinbar wäre etwa mit der Musiktheorie Riemanns, die davon ausgeht, daß die Funktionalität von Musik nie allein aus deren innerer Gestalt abgeleitet werden kann; für die Wirkung klanglicher Er—scheinungen muß vielmehr die in der Rezeption durch den Hörer aktualisierte — und historisch variable — "Vorstellung der Tonverhältnisse" als konstitutiv ange—sehen werden[25]. Während Hauslick aber eher die die Musikrezeption über—formenden Sozialisationsprozesse betont — der gebildete "Geist" also die Emo—tionen eingrenzt, die von Musik erregt werden können —, dient bei Eisler der Gebrauch von Musik selbst der Affektkontrolle. Beide zunächst scheinbar wider—sprüchlichen Thesen sind dann nicht mehr konträr, wenn der geschichtstheoretisch inspirierte Gegensatz zwischen Emotion und Ratio aufgelöst wird. Speziell Eislers — leider nicht im näheren verfolgte — Annahme, daß Musikeinsatz und Affektkontrolle langfristig aufeinander zuliefen, erhält seine Anschlußfähigkeit für die weitere Theoriebildung erst unter den Nutzungsformen technikvermittelter Musik, und zwar in zweierlei Richtung: zum einen für die Analyse der individu—ellen 'instrumentellen' Verwendung von Musik zur kontrollierten Stimulanz und Abdämpfung von Emotionen, sei es durch das individuelle Auflegen von Platten, die bestimmte Gefühle erregen sollen, sei es im gemeinsamen Hören von Musik, um sich in Stimmung zu versetzen; zum anderen im gezielten Einsatz von Organisationen, mit Musik bestimmte Wirkungen erzeugen zu wollen (oder, vor—sichtiger, zu ergründen, ob solche Wirkungen zu erzielen sind)[26]. Solche ziel—gerichtete Nutzung von Musik hat viele Dimensionen, reichend von der Ver—wendung als Signal— und Informationsträger bei Filmen (de la Motte—Haber 1985, 233ff.) bis zur Musiktherapie und zur funktionellen Musik, wie sie in Kaufhäusern, am Arbeitsplatz usw. eingesetzt wird[27]. All diese Entwicklungen setzen die technische Reproduzierbarkeit von Musik vielfach voraus und sind

wiederum eingespannt in die Genese und Ausdifferenzierung wissenschaftlich –
technischer und sozio – ökonomischer Systeme, die mit dem Prinzip der
objektivistischen Erkundung und Analyse von Wirkungen das daraus resultierende
Wissen instrumentell nutzen – bis in die Bedingungen der individuellsten Er –
regungen hinein.

Entgeschichtlichung/Ästhetisierung

Der analytische Zugriff auf Musik löst sich, je mehr er nach den Effekten und
Wirkungen fragt, immer mehr von einem Interesse an ihrer inneren Gestalt;
nicht wie sie historisch geworden ist, will erkundet werden, sondern was in ihr
welche Reaktionen hervorruft. Dem korrespondiert eine technisch – ökonomische
Entwicklung, die in ihrer ganzen Struktur bis in die Produktionsbedingungen der
Tonträger hinein sukzessiv Musiken von ihren historisch – sozialen Wurzeln ab –
schneidet. Dies ist im Kern schon der Umstellung der musikalischen Praxis auf
die Voraussetzungen und Folgen ihrer tontechnischen Reproduzierbarkeit imma –
nent. Breh (1980, 13) verweist zwar zum einen zurecht darauf, daß erst durch
die Erfindung der Tonträger eine Verbreitung des Repertoires in der Gesell –
schaft möglich wurde, das Kennenlernen vieler Werke der Kunstmusik ansonsten
auf urbane Ballungsräume beschränkt war, insoweit also erst mit der Schallplatte
und später dem Rundfunk eine "Demokratisierung" der Musikrezeption einsetzen
konnte. Zugleich ist aber mit der technisch ermöglichten Loslösung der Rezep –
tion von der Produktion von Musiken eine Ablösung der Musikpraxis aus histo –
risch – sozialen Kontexten verbunden, wird Musik ästhetisiert und tendenziell in
ihrer Warenform ihres Ereignischarakters entledigt (vgl. Blaukopf 1984, 249; v.
Thienen 1987, 87ff.). Hierauf macht auch Kleinen (1983, 11) aufmerksam, wenn
er darauf verweist, daß z.B. manche Volksmusik, indem sie zum Unterhaltungsgut
wurde, ihrer Würde beraubt wurde. Der für alle Musiken unter dem Gesichts –
punkt ihres Zwecks, für die technische Reproduktion verfügbar zu sein, egalisie –
rende Effekt im Repertoire wird nun verstärkt durch technische Aufnahmever –
fahren, die das Material analytisch auseinandernehmen und neu zusammensetzen.
Damit sind zwar neue künstlerische Möglichkeiten geboten, reichend heute bis
in die simulative Erzeugung und Rekombination von Klängen, Instrumenten,
Musikfetzen mittels Computer auch zu Hause – eine Entwicklung, die in ihrer
Bedeutung noch kaum abgeschätzt werden kann (Wankemüller 1987). Mit der –
speziell mit Erfindung des Tonbands gegebenen – Möglichkeit der Zerlegung
des Originals in Fragmente wird aber zugleich der Originalitätscharakter von
Aufnahmen generell fragwürdig (Struthers 1987, 244), verflüchtigt sich in die
nichtssagenden Angaben auf manchen Covern über die verschiedenen, weltweit
gestreuten Tonstudios, wo die einzelnen Tracks erstmals aufgezeichnet oder spä –
ter gemischt wurden.

Tendenzen der Enthistorisierung und Ästhetisierung sind der Umstellung der
Musikpraxis auf die Bedingungen tontechnischer Reproduzierbarkeit von Anfang
an eigen, so sehr dies wiederum seine historischen Wurzeln in der bürgerlichen
Ästhetisierung des Kunsterlebnisses hat; die chinesische Oper oder das andische
Volkslied vor dem Lautsprecher in der eigenen Wohnung genießen zu können,
ist Moment der Freiheit und Freizügigkeit in deren ganzer Ambivalenz. Und die
neuere tontechnische Entwicklung fördert dies weiter, indem sie auf die möglichst
exakte Reproduktion der Geräusche setzt. Dies gilt insbesondere, wenn der
Tonträgermarkt Engpässe in der Softwareentwicklung erlebt, die neuen Lieder
und Stars oder die wieder ausgegrabenen Werke früherer Jahrhunderte nicht
ausreichend Marktanreize bieten.

Das Neue deshalb im Hardwarebereich zu suchen und auszurufen, ist keine Er-findung der letzten Jahre, wird aber zunehmend perfektioniert. Die technische Umrüstung und Neugestaltung der gesamten Medienlandschaft ist ohnehin insge-heim Reflex auch der andauernden Krise des 'Software'-Bereichs, der freilich davon selbst wieder nicht unberührt bleibt. In der Tonträger-Landschaft speziell, übergreifend aber auch auf die anderen Medien, heißt dies: immer perfektere Reproduktion von Tönen, Geräuschen, Klangfarben und Dynamiksprüngen. Auch die Wiedergabetreue wurde freilich schon früh als ein gewichtiges Verkaufs-argument genutzt: etwa bei der Umstellung auf das elektrische Aufnahmeverfah-ren in den zwanziger Jahren. Der Begriff der "High Fidelity" selbst wurde bereits ab 1934 in den Vereinigten Staaten marktstrategisch eingesetzt[28]. Der Spaß am Effekt, am losgelassenen Geräusch, das wegen seiner sensorischen Wirkungen genossen wird, ist deshalb auch keineswegs auf die CD-Ära beschränkt, sondern hat seine Vorläufer. Tschaikowsky's 1812-Ouvertüre war schon vor Ende der vierziger Jahre wegen ihrer Kanonenschläge ein absoluter Renner des Platten-marktes, ähnliches wiederholte sich bei Einführung der Stereophonie. Trotzdem aber wird man – ähnlich wie schon bei Einführung der Platte – nicht sagen können, daß der Wunsch nach qualitativ möglichst hochstehender technischer Reproduktion den Produzenten selbst wie einem breiteren Publikum von Anfang an ganz selbstverständlich gewesen wäre; insbesondere war er nicht auf die ein-getretene Richtung hin spezifiziert. Dagegen spricht die lange Anlaufzeit der Stereophonie, mit der schon in den dreißiger Jahren experimentiert wurde, die aber erst ab Mitte der fünfziger Jahre auf dem Markt eingeführt wurde und sich erst mit der Verfügbarkeit einer preisgünstigen Hardware durchsetzte. Dagegen spricht auch der Mißerfolg der Quadrophonie, das hinsichtlich der Möglichkeit einer räumlichen Abbildung von Musik zwar erhebliche Vorteile bot, nicht zu-letzt aber wohl daran scheiterte, daß die Konsumenten dahinter – was es natürlich auch war – den Versuch einer interessierten Industrie vermuteten, neue Geschäfte machen zu wollen.

Mit der Umstellung auf die Hardware-Orientierung beim Musikhören, die mit der Stereophonie gravierend einsetzte und seitdem zu einem immer wichtigeren Element der Unterhaltungsindustrie wurde, ändert sich schleichend auch die Rezeption des Musikangebots, wird dessen Ästhetisierung und Enthistorisierung verstärkt. Erst jetzt auch ist die Entwicklung eines neuen Typus des Musikhörens möglich: des HiFi-Freaks. Gekennzeichnet ist er – ich übertreibe nur tenden-ziell – dadurch, daß es ihm um die wirklich perfekte Widergabe von Ge-räuschen in der eigenen Wohnung geht, völlig unabhängig davon, was diese besagen sollen. Der HiFi-Freak hat deshalb eine sehr teuere Anlage, aber nur relativ wenige Schallplatten, die er hört, weil nur diese seinem Standard einer guten Aufnahme entsprechen. Dieser Standard wiederum wird durch eine Anlage bzw. den "Stand der Technik" festgelegt, wie er von darauf spezialisierten Zeit-schriften definiert wird.

Gewiß ist der HiFi-Freak, verglichen mit dem Durchschnittshörer, die Aus-nahme, speziell unter Jüngeren aber wohl soziologisch keineswegs so unbedeu-tend, wie es scheinen möchte. Im Kern bildet er auch nur die Speerspitze von Entwicklungen, die sowohl den Musikmarkt als auch die Musikrezeption stark verändern und möglich wurden aufgrund technischer Weiterentwicklung und ihrer gesellschaftlichen Verankerung als Bedarf. Technische Innovationen befördern hier auch Veränderungen der Rezeption. Dies gilt insbesondere hinsichtlich des Lautstärke-Faktors, in dem Musik gehört wird. Die hierauf bezogenen Präfe-renzen selbst waren – und sind sicher noch – sozial überformt. Je höher im Sozialstatus, desto leiser sollte in der Umgebung die Musik klingen. Kein Restaurant, das als gepflegt gelten will, darf sich erlauben, die empfindlichen

Technikvermittelte Musik

Ohren seiner Kundschaft mit Lärm zu verstören. Umgekehrt war es ein Kenn –
zeichen proletarischen Geschmacks, daß in den von Arbeitern besuchten Pubs die
ohnehin schon dudelige Musik besonders kräftig alle Unterhaltung begleitete: laut
war die Maschinenhalle, in der man arbeitete, laut war auch die in der Freizeit
bevorzugte Ablenkung (Heister 1974, 52f.). Seine Fortsetzung fand diese sozial
geschichtete Ästhetik der differenten Lautstärkepräferenzen auch in der Rock –
musik. Ohnehin ist das, was sie an Aggressivität und Dominanz vermitteln wollte,
in Konzerten wie Discos mit Lautstärke verbunden gewesen. Konzentration wurde
technisch in Form von Dezibel unausweichlich, Distanz zugleich zunächst
erschwert. Erst der gewieftere Rockkonzert – Besucher weiß denn auch 'leise'
Töne sehr wohl zu unterscheiden, kann als sanft empfinden, was dem ungeübten
schierer Lärm sein muß. Nicht zufällig darum auch pflegen Heavy Metal – Bands,
deren Publikum sich bevorzugt aus der Arbeiterschicht zusammensetzt, eine
besonders laute Gangart. Solche Differenz kennt schließlich auch die E – Musik:
der Gourmet bevorzugt, wofür sicher noch andere Gründe sprechen, die Kam –
mermusik.

Mit der Etablierung der Unterhaltungselektronik als ökonomisch wichtiger,
eigenständiger Entwicklungsgröße nun verändert sich auch das Verhältnis zur
Ware Schallplatte als Träger von Musik. Das gesamte Musikgeschehen wird
technologisch aufgeschlossen und überformt, indem der Verlauf der Technik
zunehmend mehr bestimmt, was als Musik überhaupt anhörenswert ist und in
welcher Form. Ablesbar ist das schon in der Musikkritik, die vielfach, angeblich,
weil der Konsument dies verlangt, über die technische Aufnahmequalität der von
ihr besprochenen Platten genauso zu geben hat und dieses Urteil genauso wiegt
wie das künstlerischen Rangs. Im Rockbereich gar gibt es Plattenrezensionen,
die bei der Wiederveröffentlichung älterer Aufnahmen auf eine inhaltliche
Beschreibung ganz verzichten; was zählt, ist einzig noch, ob der Transfer auf
Digitalband technisch gelang. Nicht wenige gut verkaufte Platten der letzten
Jahre dürften ihren Erfolg primär den Fertigkeiten von Tonmeistern verdanken.
Die musikalische Qualität älterer Aufnahmen wiederum wird gleichsam von ihrer
tontechnischen Restaurierbarkeit für den letzten technischen Standard mitbe –
stimmt. Ein Glück deshalb, daß mindestens die Aufnahmequalität vieler älterer
Stereoaufzeichnungen aus den fünfziger und sechziger Jahren die späterer Jahre
aufgrund der damals noch praktizierten Zwei – Mikrofon – Technik übertraf: das
Alte kann als das Neue erlebt und verkauft werden, so wie eine darauf
spezialisierte Presse Lautsprecher dafür preist, daß sie einen Vorhang aufgehen
ließen, hinter dem man das Altbekannte plötzlich ganz anders und neu verneh –
men könne. Auch wenn sich deshalb manche Klemperer – und Fritz – Rainer –
Einspielungen noch am Markt halten mögen und sogar eine gewisse Renaissance
erfahren, auch wenn viele ältere Aufnahmen des Jazz, Rythm and Blues und
Rock die Wiederentdeckung sicherlich viel eher verdienen als viele neue, so
bleibt als Tendenz, daß technische Standards zunehmend festlegen, was musika –
lisch als veraltet anzusehen ist. Im Wissen darum wird das Bemühen von Diri –
genten wie von Karajan verständlich, noch möglichst schnell viel digital gespei –
chert einzuspielen – die 'Überlebenschancen' steigen damit.

Fraglich ist freilich, ob dies ausreicht. Mit der stetigen technischen Vervoll –
kommnung musikalischer Reproduktion verändert sich paradoxerweise ja auch das
geschichtliche Verhältnis zum musikalischen Ereignis. Paradox ist dies deshalb,
weil – Benjamin (1961) spürte dies – die technische Reproduktion identischer
Reproduktion anstrebt, um den Augenblick (ob als bildliche oder tonale Auf –
zeichnung) unverrückbar in der Geschichte festzuhalten. Genau die Verrückbar –
keit durch Erinnerung, durch das Fortspinnen von Geschichten als kollektiver
Gedächtnis – und Interpretationsleistung wird technisch damit limitiert. Das ana –

loge Bandrauschen, das jede Kopie von der Kopie zunehmend – technisch gesehen – schlechter werden ließ, markierte physikalische Grenzen, die Spuren der Vergänglichkeit zu tilgen. Alte Aufnahmen von Caruso, Furtwängler, Tosca – nini, ja noch der Callas verweisen gerade auch durch ihre technischen Mängel auf ihre geschichtliche Verortung. Ihr Zauber, ihr Geheimnis ist davon nicht völlig zu lösen; sie blieben fern, auch wenn ihre Kunst mittels Grammophon in die Wohnstube geholt wurde. Knacken und Knistern der Wiedergabe mußten deshalb nicht stören und wurden von den alten Wiedergabeapparaturen auch weitgehend verschluckt. Fragwürdig wäre es gewiß, diesen Mängeln nachzutrauern (Schreiber 1985, 82f.); es bleibt allerdings zu konstatieren, daß die Auflösung einer "technischbedingten Aura", die immer perfektere Reproduktion, alles geschichtlich differente (und dies ist Technik immer *auch*) als indifferentes Pro – dukt für ästhetische Verwendungen in die Gegenwart holt.

Selbstverständlich: solche identische technische Wiederholung von Ereignissen hat zumindest immer deshalb fiktive Züge, weil Mikrophon – und Kameraeinstellung erst festlegen, was wiederholt wird. Jeder Besucher oder Teilnehmer eines Kon – zerts fühlt die Verfremdungen und Reduktionen, die es erfahren hat, hört er es andernorts noch einmal in tonkonservierter Form. Gleichwohl reklamiert die scheinbare Objektivität der technischen Aufzeichnung, ihre zunehmende Makel – losigkeit, eine besondere Autorität der unverrückbaren Erfahrung, die – dank immer besserer Reproduktionsverfahren – auch in fünfzig Jahren noch dieselbe unmittelbare sein wird wie heute. Damit aber geben sie ein Stück ihrer Indivi – dualität preis, die immer nur geschichtlich ist. Maßstab hingegen wird die jewei – lige technische Authentizität.

Multifunktionalität/Fortbestehen des Zaubers

Die Ästhetisierung der technisch vermittelten Klangreize, signifikant werdend in Aufnahmetechniken, die spezielle Orchestergruppen (Bläser, Pauken) im Klang – bild hervorheben und dem Hörer 'unter die Haut' gehen sollen, kurz: die Umfunktionierung musikalischen Geschehens von der prozeßhaften Entwicklung musikalischer Ideen auf die Abfolge von Effekten, die körperliche Sensationen hervorrufen sollen – sie ist eines der Momente, die für eine strukturelle Ver – änderung der Musikpraxis auf der Basis ihrer spezifischen Technisierung spre – chen. In Blaukopfs Beobachtung, daß durch die Veränderung in der technischen Aufnahme – und Reproduktionspraxis Musik zunehmend zeitlos werde (Blaukopf 1984, 351), wird also die Kehrseite der technischen Entoriginalisierung von Mu – sik, der mit ihr von Anfang an verbundenen Loslösung aus den zeitlichen, örtli – chen und sozialen Zusammenhängen ihres Entstehens auf den Begriff gebracht. Und daß die Effekte immer weiter getrieben werden, daß das um seiner Reize willen losgelassene Geräusch der fauchenden Elektrogitarre, der zwerchfell – erschütternden Pauke, der jubilierenden Geige zum Verkaufsargument wird – dies alles wäre in einer Sichtweise konsequent, die davon ausgeht, daß gerade der Omnipräsenz technikvermittelter Musik und ihrer Ausbeutung für alle nur erdenkliche Zwecke wegen die Reizschwellen immer höher gesetzt werden müs – sen, um das Hören von Musiken noch wenigstens partiell zum Ereignis werden zu lassen.

Ohne diese These einer grundlegenden Veränderung musikalischer Praxis durch ihre technikgestützte Veralltäglichung[29] grundsätzlich negieren zu wollen – für sie sprechen ja viele Indikatoren –, sei hier aber komplimentär die These ver – treten, daß mit der Technisierung der Musikpraxis auf der Basis der Tonträger – Produktion nicht eine richtungsgebundene Verengung von Funktionen von Musik, sondern eine Ausdifferenzierung verbunden ist. Daß hierbei Merkmale der

Instrumentalisierung von Musiken unter Gesichtspunkten ihrer Verwertbarkeit für ökonomisch vermittelte Zwecke an Bedeutung gewinnen, ist angesichts der soziostrukturellen Rahmenbedingungen nicht weiter verwunderlich. In diesen makrostrukturellen Einflußfaktoren aber gehen die differenten Nutzungsformen vielfach technikvermittelter Musik gerade nicht auf. Bereits hingewiesen wurde auf die vermittelnde Wirkung von Musiken für Identitätsbilder, Realitätsinterpretationen sozialer Gruppen und Zuordnungen von Individuen zu solchen Gruppen. Zu beachten ist auch, daß die einzelnen Techniken für die Musikproduktion unterschiedliche Nutzungsformen und Zwecke gleichsam schon in sich tragen: ob Lautsprecher – wie in Kaufhäusern, aber auch manchen Konzertsälen – versteckt angebracht werden oder – wie im Rockkonzert schon ob ihrer schieren Größe wegen zu riesigen Türmen zusammengestellt sind, im Hinblick auf die die Musikschaffenden fast schon wie ein vernachlässigenswertes Accessoir erscheinen, ob in der auf rein individuelle Nutzung ausgelegten technischen Form der Walkmans oder der Musikbox – der Technik sind selbst in ihrer Struktur unterschiedliche Einbettungszwecke in soziale Zusammenhänge eingeschrieben und die spezifischen "Wirkungen", die von der Verwendung von Tonträgern ausgeht, wiederum abhängig von den jeweiligen Nutzungsstrukturen[30].

Schließlich ist zu berücksichtigen, daß die technikvermittelte Musikpraxis nicht nur von überkommenen sozialen Integrationsmustern geprägt ist, sondern sie diese immer wieder variiert und dabei auf ältere Nutzungsmuster rekurriert: So könnte die Pop – und Rock – Musik ja durchaus auch in einem historischen Zusammenhang gesehen werden, der durch (temporäre?) Tendenzen sowohl der Entkörperlichung als auch der Abstraktivizierung (Abbildung in der Notenschrift) gekennzeichnet ist. Gegen beides sperren sich ja wenigstens partiell neuere Musikpraktiken der U – Musik. "Musik, die 'reinste' und 'spirituellste' aller Künste", schreibt Bourdieu (1987, 142) und hat damit einen dem westlichen Rationalismus abstrus erscheinenden Zusammenhang benannt, "ist vielleicht die körperlichste Kunst überhaupt".

Inwieweit Musik(en) mit ihrer technikvermittelten Omnipräsenz im Alltag dieser spirituellen Elemente – selbst historisch betont und verwurzelt in der Romantik (de la Motte – Haber 1985, 133ff.) – verlustig geht oder modifiziert mit ihnen weiterlebt, wäre genau zu prüfen. Nicht zufällig stehen in vielen Überlegungen zu den Grundzügen von Musik noch in den ersten Jahrzehnten dieses Jahrhunderts die Momente der im ausgehenden Verzauberung, des Entrückens im Vordergrund. Als "die utopischste aller Künste" hat sie Bloch (1973, 1290) bezeichnet, die in ihrer Subjektivität beim Anklingen tiefster Wünsche, noch bei der Transzendierung des Todes an der Möglichkeit eines objektiv Anderen festhält. So fern davon ist gar nicht einmal Max Webers Bestimmung der neuzeitlichen Musik als Religionsersatz (1963, 555f.)[31], insoweit auch in der Religion sich objektive Zweckdienlichkeit für gesellschaftliche Unterdrückung und Verlagerung abstrakter Hoffnungen auf ein besseres Leben in die Subjekte hinein miteinander verbanden. Der neueren Musiksoziologie entschwinden solche Erfahrungsmöglichkeiten mit ihrer Begrifflichkeit, wenn sie Musik mit Kategorien der Flucht, Ablenkung, Droge mißt und Musik – Hörer fast schon grundsätzlich verdächtig sind, der Norm des aktiven, autonomen, rationalen Menschen nicht zu entsprechen, von dem im Kern eigentlich nicht mehr so recht klar ist, wozu er noch Musik spielen, hören oder zu ihr tanzen sollte. Es ist nicht ohne Pikanterie, daß ausgerechnet der DDR – Soziologe Kaden an ihre Nähe zum Ritus erinnert (1984, 219) und bei dem Versuch, die Funktionen von Musik zu bestimmen, u. a. darlegt: "Musik ist das Glöckchen, unter dessen Klang hausbackenes Brot zum Leib Christi sich wandelt"[32].

Manifest ist, daß mit solchen Bemerkungen auch nur eine Rezeptionsform von Musiken angesprochen ist, die selbst Ergebnis sozialhistorischer Entwicklungen ist. Was aber ansonsten eher verschämt als "Nischenfunktion" (Kleinen 1983, 375ff.) der Musikpraxis für das Individuum angesprochen wird, wenn nicht gar sofort es desavouiert wird als falscher Weg, sich mit den schlechten Verhältnissen zurecht zu finden und am Ende sie nur zu verdoppeln, dem gälte es gerade in der em—pirischen Forschung vertieft nachzugehen: Was eigentlich es heißt und woher es kommt, daß viele Menschen Musik als sehr wichtig für sich bezeichnen[33], welche Programme, Medien, Tonträger dabei genutzt werden und aus welchen Gründen. Einer Wissenschaft, die dazu neigt, die individuellen Gefühle, Träume und Sehnsüchte – so sehr sie sich oft ähneln mögen – primär als Flucht zu be—handeln, gilt noch der Trost, der aus der Beschäftigung mit Musik fließen mag, als illegitim. Die Arroganz solcher Wissenschaft aber ist vielleicht nur ein ande—rer Ausdruck für ihre Unfähigkeit, mit den Musikliebhabern – oft auch anderer Genres als des selbst bevorzugten – ins Gespräch zu kommen und sie zu ver—stehen. Nicht mehr gewahr wird sie der Bereicherungen, die gerade technikver—mittelte Musik in den Alltag gebracht hat, so ambivalent diese auch z.T. sein mögen. Noch fragwürdiger ist schließlich die latente Unterstellung, ein anderer Weltzustand machte diese Funktion von Musik und damit auch vieles aus dem Repertoire guter Musik entbehrlich: Ob dies dann eine bessere Welt wäre, steht dahin. In jedem Fall schiene es angebracht, den Deutungen vertieft nachzuge—hen, die der Nutzung von Musiken in unterschiedlichen Kontexten von Indivi—duen zugeschrieben wird, weil nur darüber die Kluft zwischen subjektivem Empfinden bei Musik und ihrer deskriptiven Erfassung in der Wissenschaftssprache geschlossen werden kann. Es möchte immerhin sein, daß Soziologie und Wirkungsforschung, befangen in einer Begrifflichkeit, die spezifi—sche gesellschaftliche Funktionen – insbesondere die der Instrumentalisierung für spezifische Zwecke – technikgestützter Musikproduktion zwar zur erfassen ver—mag, wichtige Momente der Nutzung von Tonträgern dann nicht mehr verstehen können, wenn sie alle private und öffentliche Musikpraxis nur nach einem einheitlichen Schema einzuordnen in der Lage sindst. Aus Sicht der Technik—soziologie erscheint dies gerade deshalb problematisch, weil neue Techniken in aller Regel soziale Systeme nicht einfach umformen, sondern eher von diesen durch – vielfach traditionell verwurzelte – Nutzenerwartungen, soziale und individuelle Ziele und Erwartungsstrukturen umgebogen und ausdifferenziert werden, in der Nutzung mit den Techniken dann aber gesellschaftliche Bedürf—nisse sich auch verfestigen und verselbständigen. Als ein solcher Ausdifferenzie—rungsprozeß dürfte auch die Entwicklung der Tonträger–Technik und ihrer "Folgen" in weiteren empirischen Untersuchungen zu rekonstruieren sein – mit unverkennbaren Merkmalen einer Entgeschichtlichung und Ästhetisierung der technikvermittelten Musikpraxis einerseits, der Anknüpfung an traditionsgebundene Formen der Musikrezeption, des auratischen Erlebnisses von Musik und der Einbindung in Prozesse der Selbstfindung bei Individuen und Gruppen anderer—seits. Es wäre wohl zu früh, den Sieg der einen Richtung gegenüber der anderen schon heute zu konstatieren.

Technikvermittelte Musik

Anmerkungen

1 Dabei darf freilich nicht übersehen werden, wie viele musikfreie Räume immer noch existieren – sei es in vielen geräuschsensiblen Arbeitsbereichen, sei es in der Alltagskommunikation in der Privatsphäre, sei es schließlich zumindest partiell in Massentransportmitteln wie dem Flugzeug, wo meist die Geigen erst dann beschwingt zu erklingen pflegen, wenn der Jet wieder feste Erde unter den Rädern hat, so latent wohl signalisierend, daß alles gut gegangen sei und die gereizten Nerven sich wieder beruhigen dürfen. Eine systematisch betriebene Tonträger(Wirkungs)–Forschung hätte gerade auch zu erfassen, unter welchen Bedingungen sich *nicht* zur Anwendung kommen. Wenn Rauhe (1972, 5) von einem zunehmenden "Musikzwang" spricht, so bleibt zu beachten, daß gesell–schaftliche Normen den Gebrauch von Musik in zahlreichen sozialen Situationen auch teilweise oder ganz verbieten oder doch verpönen – also soziale Regeln bestehen, die Umfang und Art der potentiellen Nutzung von Musik und damit auch ihrer möglichen Wirkungen mehr oder minder rigide festlegen.

2 Vgl. hierzu als erste Annäherung Schmitt 1985.

3 Vgl.Zombik (1987, 10); zur Entwicklung des Plattenmarktes seit seinen Anfängen: Blaukopf 1977, 25ff.; ferner zur Entwicklung von Hard– und Softwareproduktion im HiFi–Sektor bis Ende der siebziger Jahre: Breh 1980, 7ff.

4 Vgl. Eckard 1987, 408; die durchschnittlich täglich für Musikhören verwendete Zeit bei Jugend–lichen beträgt vielfach mehrere Stunden; vgl. auch Wiechell 1977, 116ff. und Raschke 1984. Leider wird in den entsprechenden Statistiken nicht präzise zwischen den verschiedenen Arten des Hörens und benutzten Musikquellen unterschieden.

5 Ronneberger (1979, 5) bezeichnet dies spitz als Mangel der Kommunikationswissenschaft generell: "Das Interesse der Kommunikationswissenschaft an Musik steht im umgekehrten Verhältnis zur Bedeutung, die sie in den elektronischen Medien und durch die Schallplatte erlangt hat." Es muß hier im näheren undiskutiert bleiben, unter welchen Bedingungen und mit welchem begrifflichen Verständnis von den verschiedenen Formen der (oftmals technikvermittelten) Musikproduktion und –rezeption von "Kommunikation" gesprochen werden kann und inwieweit Tonträger überhaupt als "Medium" wirken. So bleibt gewiß zu diskutieren, ob Schallplatte und CD überhaupt als ein "Me–dium" zu betrachten sind (Schreiber 1985, 82f.). Schreiber kritisiert zu Recht die Neigung mancher Medienwissenschaftler, die Schallplatte als bloß individualisierte Form der Massenmedien zu be–trachten (ebd., 76). Ich halte es aber für vorschnell, deswegen den "Medien"–Charakter der Ton–träger zu bestreiten; auch Radio und Fernsehen wären in der Betrachtungsform Schreibers, die die individuelle Nutzungsform und den individuellen Interpretationsaspekt in der Rezeption der vermit–telten Information betont, hinsichtlich ihres "Mediencharakters" schnell problematisch, insbesondere bei der Ausstrahlung wiederum von Musiksendungen. Tatsächlich aber werden über und mit tech–nikvermittelter Musik sehr wohl – und signifikanter im U–Bereich als im E–Bereich – gesell–schaftliche Orientierungsmuster und Wertvorstellungen produziert und mitgeteilt, auf die sich Hörer dann – differenziert nach sozialen Erfahrungen usw. – unterschiedlich, aber nicht beliebig bezie–hen.

6 Zu beachten ist allerdings, daß das Speichermedium Tonband bzw. Cassette aufgrund spezifischer Nutzungsvorteile gegenüber der Schallplatte – vor allem Wiederverwendbarkeit für Aufnahme–zwecke, Schneide– und Rekombinationsmöglichkeiten des Tonmaterials – mit seiner Einführung in beachtenswertem Maße für die Aufnahme und Wiedergabe rein sprachgebundener Information verwendet worden ist und verwendet wird – so speziell im Hörfunk, als Diktier–Cassette im Geschäftsbereich, zunehmend in Anrufbeantwortern usw. – von der wohl nur vorübergehenden Nutzung der Compact–Cassette als Datenspeicher für Computer ganz abgesehen. In der Literatur herrscht aber Übereinkunft dahingehend, daß auch die zunächst leere Compact–Cassette in den privaten Haushalten zu weit über 90 Prozent der Aufzeichnung von Musiksendungen des Hörfunks und von musikbespielten Schallplatten dient. Unabhängig davon sind die der Technik selbst inne–wohnenden differenten Nutzungsmöglichkeiten mit erheblichen Flexibilitätsspielräumen in der Handhabung der Technik für die Techniksoziologie von großem Interesse, wenn sie den Bedingun–gen der Genese und Durchsetzung von Techniken nachgeht.

7 Näher einzugehen wäre darüber hinaus sicher auf zahlreiche, z.T. sehr wichtige textorientierte Wirkungsanalysen zum Schlager, zu Rockmusik usw., die hier erst gar nicht zitiert werden sollen.

Daß Texten gerade auch auf dem 'U' – Sektor wichtige Funktionen zukommen, der Erfolg – und die Wirkung – so mancher Hits und Dauerbrenner nicht von ihrer textlichen Komponente zu trennen ist, ist evident. Hätte der Verfasser, so nötig es wäre, dem noch ein eigenes Kapitel ge – widmet, hätte es aber wohl endgültig mit dem ohnehin durch den Umfang seines Beitrags schon arg strapazierten Wohlwollen der Herausgeber ein Ende gehabt. Die Schuld, daß nun in diesem Beitrag fast gar nichts über die Funktion von Texten in technikvermittelter Musik zu finden ist, liegt aber mitnichten bei den Herausgebern, sondern allein beim Verfasser, der sich auch in der Hoffnung für die in der vorliegenden Arbeit gewählte Schwerpunktsetzung entschied, sie könnte für die Leser von Interesse sein.

8 Zu diesen problematischen, weil vielleicht Vorurteile verlängernden Studien zähle ich hier auch das viel diskutierte Buch von N. Postman *Wir amüsieren uns zu Tode*, das bei allen richtigen Detailbeobachtungen, die es speziell für die USA darstellen mag, doch in zu starkem Maße eine erst näher zu überprüfende "Verfallsgeschichte" der Bildung als Follge der Mediennutzung unter – stellt: einen Gutteil seiner argumentativen Schlagkraft gewinnt es ja aus der problematischen An – nahme der Existenz eines historisch vorfindbaren breiten, "aufgeklärten" Bildungs – und Lesepubli – kums in der 'Vorfernseh' – Zeit. Es macht aber einen großen Unterschied, ob die in der bürgerli – chen Gesellschaft des 18. und 19. Jahrhunderts formulierten und begrenzt auch umgesetzten An – sprüche eines aufgeklärten öffentlichen Diskurses als Programm oder als real in einem breiteren Rahmen vollzogen interpretiert werden. Vgl. hierzu auch den Beitrag von Faulstich in diesem Band.

9 Signifikant wird die sprachliche wie gedankliche Ausrichtung an einem historisch – regional ent – wickelten Musikbegriff etwa dann, wenn man sich bewußt macht, daß bestimmte afrikanische Spra – chen ein für westlich – europäische Kulturen so selbstverständliches Wort wie "Musik" nicht kennen, ein sprachlich annäherndes Äquivalent immer nur in Verbindung mit sozialen Handlungen insbe – sondere des Tanzes auftritt (Blaukopf 1984, 19).

10 Vgl. Schütte 1987; daß auch die ältere "Volks"musik und der Bänkelgesang schon vielfach den Prinzipien des Warentauschs gehorchten, versucht Kayser (1975, 5ff.) zu zeigen.

11 Zur Geschichte der Schallplatte vgl. im folgenden insbesondere Gelatt 1977, Borwik 1977, Jungk 1971 und Haas/Klever 1959.

12 Welche Umorientierung des Fühlens und Denkens dafür erforderlich sein kann, solche techni – schen Neuerungen zu 'begreifen', ist im Roman *Die Zivilisation, Mutter!* von Driss Chraibi (1983) dargestellt: die Protagonistin, mit mythischen Erklärungsmustern aufgewachsen, bringt dem im Ra – dioapparat vermuteten Geist allabendlich zu trinken und zu essen.

13 Eine ähnliche Tendenz, die Einführung neuer Techniken einem kaufkräftigen bürgerlichen Publikum durch die Möglichkeit zum Erwerb dauerhafter, 'hoher' Kulturgüter attraktiv zu machen, zeigt sich auch bei der Einführung der Langspielplatte – während die in Spielzeit wie Abspiel – geschwindigkeit noch Schellack – Platten – ähnlichere "Single" – Platte primär für die Speicherung von U – Musik genutzt wurde – und der Compact – Disc: auch bei dieser wiederum ist der Anteil *zunächst* produzierter unterschiedlicher Software aus dem E – Bereich verhältnismäßig hoch, gemes – sen insbesondere daran, daß ihr Verkauf bei der analogen Langspielplatte sich schon seit einer Reihe voon Jahren bei rund zehn Prozent bewegt. Grundsätzlich läßt sich als ökonomische Bedin – gung für die Diffusion neuer Alltagstechniken vielfach deren Verankerung als Bedarf in 'höheren' Bevölkerungsschichten festmachen, einem Bedarf, der dann in ein breites Massenpublikum durch – sickert. Heister (1985, 58f.) übernimmt dashalb in seiner polemischen Auseinandersetzung mit dem neuen Tonträger CD Versatzstücke einer linken Kulturkritik, wenn er annimmt, "das" Kapital und "die" Konzerne setzten "absolut auf den Hit, den raschen und großen Verkauferfolg", was eine tendenzielle Verarmung des Repertoires "anspruchsvoller Musik" (unausgesprochen im wesentlichen dem E – Bereich angehörend) zugunsten selbstverständlich anspruchsloser U – Musik mit sich bringe. Jeder Blick auch in neueste CD – Kataloge zeigt hingegen ein – gerade verglichen mit dem U – Bereich – erstaunlich breites Repertoireangebot bis in die neuere Avantgarde hinein. Weiter in der Analyse führte die von Heister nur gestreifte Überlegung, daß das Klassik – Repertoire eine Pilotfunktion bei der Einführung von Tonträgern wie der CD habe (vgl. hierzu auch Ketteringham 1987, 333ff., die zeigt, wie wenig die Durchsetzung der CD und der damit verknüpften Software – Politik sich auf eine einheitliche Problemwahrnehumung und Verkaufsstrategie "der" Konzerne zu – rückführen läßt). Grundsätzlich ist die immer wieder anzutreffende Denkfigur von dem Interesse der Kulturindustrie an einer Einschränkung des Repertoires äußerst problematisch und im Sinne

Technikvermittelte Musik

einer stratgeisch geplanten Aussonderung kritischer oder auch 'höherwertiger' Programmanteile empirisch kaum zu verifizieren.

14 Das "U" für Unterhaltung korrespndiert hier freilich nur zufällig mit dem pejorativen "unten".

15 Kleinen kennzeichent es zu Recht als Fortleben eines "versteinerten Kulturbegriffs", wenn man − che sogenannten "Bildungsprogramme" es offenbar deplaziert finden, ihrer den höheren Musen zu − strebende Hörerschaft nicht nur Verkehrsmitteilungen, sondern auch politische Nachrichten zu präsentieren und das "Ein − und Ausblenden in Klassikprogramme" als "kulturelle Barbarei" ableh − nen, "obwohl jeder Hörer dies täglich macht, wenn er sein Gerät nicht gerade nach Sendeplan ein − und ausschaltet" (1983, 15). Umgekehrt gehört es zum Stil auf Stimmung machender U − Programme und flotter Disc − Jockeys, fast schon prinzipiell Musikstücke ein − und auszublenden: Hiermit die Verderblichkeit der gestreuten Ware verdoppelnd und suggerierend, es könne sich in keinem Fall lohnen, sie von Anfang bis Ende und als eigenständiges Ganzes durchzuhören.

16 Nachzugehen wäre hier viel eher der Frage, ob nicht − allen äußeren Erscheinungnen des Star − Kultes zum Trotz − von einer langfristigen Erosion diese Kultes speziell auch im Jugendli − chen − Bereich auszugehen ist, ob die Michael Jacksons und Madonnas noch die gleichen Identifi − kationsprozesse unter ihren Anhängern auslösen wie einst ein Elvis Presley oder noch die Beatles und ein Jim Morrison. Als Ursache der zu vermutenden Differenz der Identifikation kommt zu allererst in Betracht, daß die neuen Unterhaltungsstars nicht mehr eine alternative Lebensanschau − ung repräsentieren, ihr Anderssein sich auf ihre Hülle beschränkt. Gerade ihre Konformität macht sie zum Wegwefprodukt. Daß zur Kultivierung des Stars eine gezielte Imagepflege gehört, ist der Industrie und den Medien natürlich wohl bekannt; schmerzlich freilich, daß speziell bei Jugendli − chen notwendiger Bestandteil eines akzeptablen Images oftmals die Voraussetzung ist, nichts mit der Industrie im Sinn zu haben.

17 Zur empiriegestützten Kritik am Hörertypus − Modell vgl. Karbusicky 1975, 305ff.

18 Vgl. Clarke u.a. 1979, 111; Bell definierte, woran Baacke (1972) erinnert, schon 1961 den Begriff der Subkultur über neue, medienvermittelte Umgangsformen mit Musik durch soziale Gruppen, und Eisenstadt (1956) sah die Nutzung der Tonträger im Zusammenhang mit Erscheinungen des sozia − len Wandels, die durch eine zunehmende Bedeutung altershomogener Gruppen gegenüber alters − heterogenen Gruppen gekennzeichnet seien. Vgl. hierzu Baacke 1968, 15ff. sowie zur Definition von Subkultur Baacke 1972, 153ff.; Clarke u.a. 1979, 41; Schwendter 1981, 11ff.

19 "Links" als politische Einstellung wurde in dem binären Befragungsschema bei Behne nicht er − faßt; Dollase u.a. (1979) zeigen, daß das Jazz − Publikum zum Zeitpunkt der Befragung, insbeson − dere das, das modernen und als "progressiver" und "gesellschaftskritischer" empfundenen Spielarten des Jazz den Vorzug gab, in einem hohen Anteil der SPD als Wahlpartei zuneigte. In soziologi − scher Perspektive ist die Verknüpfung von SPD und "Links" selbstverständlich auch nur als Wahr − nehmungs − und Definitionsprozeß durch soziale Gruppen zu behandeln.

20 Vgl. auch die bei Bourdieu (1987, passim) geschilderte soziale Geschmacksbildung über Musik speziell im französischen Publikum.

21 Vgl. etwa Eckhardt 1987, 409ff. Aber selbst dieser empirisch scheinbar so leicht zu ermittelnde Befund ist nicht unumstritten. So negiert de la Motte − Haber (1985, 171) unter Berufung auf eine Allensbacher Umfrage Unterschiede in der Anzahl dem Musikhören (mit) gewidmeter Stunden zwischen den Altersstufen (mit Ausnahme der Vierzehn − bis Zwanzigjährigen).

22 So kommt Mitterauer (1986, 48ff, bzw. 223 und 235) in seiner durchaus lesenswerten Arbeit zu der eigentümlich engen Charakterisierung des Punk, daß dieser sich durch sein äußeres Erschei − nungsbild und seine Frisur subkulturell von seiner Umwelt absetze. Die Rolle der Punk − Musik wird demgegenüber nicht für der Rede wert gehalten. Während ausdifferenziertes Modeverhalten im besonderen und erweiterte Konsumfreiheiten im allgemeinen als wichtiges Kennzeichen neuer Ju − gendkultur behandelt wird, bleibt der nicht gerade jugendunspezifische Bereich der Schlager −, Pop − und Rockmusik weitgehend unberücksichtigt. Dazu paßt, daß sich Mitterauer intensiv mit der Tanzschule als Einübungsstätte für gute Manieren auch in heutiger Zeit befaßt, sich jedoch mit der Frage nicht auseinandersetzt, welche Bedeutung die nun schon Jahrzehnte andauernde Entwicklung anderer und neuerer Tanzformen, die nicht in den Tanzschulen erfunden wurden, für die Genese der Jugendkultur haben könnte. Weiterführende Ansätze für eine soziologische Analyse von Ju − gendbewegung und Rockmusik sind hingegen z.B. zu finden bei: Voullième 1987 und Fritsch 1981.

23 Es sei hier nur angedeutet, daß dieses für die Produktionsseite geltende Prinzip vielfach der Rezeptionsseite zuwiderläuft: insofern z.b. Musik, mehr als andere sprachungebundene Informatio- nen, Gefühle der Erinnerung an soziale Erfahrungen zurückrufen kann, in denen sie zuerst gehört wurde, existiert das Bedürfnis nach ihrer nochmaligen Rezeption viel häufiger als beim Lesen von Büchern oder Sehen von Filmen – weshalb auch Tonträger eher gekauft werden als Videos: Plat- ten 'können' öfter abgespielt werden, nicht nur, weil sie sowohl als klangmalerischer Hintergrund wie für das konzentrierte Hören geeignet sind, sondern auch, weil sie Emotionen erregen können, ohne diese – wie der Film – an das Erlebnis von Handlungssequenzen zu binden. Davon unter anderem lebt auch das Geschäft mit den sogenannten Evergreens, mit (technisch verbesserten) Neuauflagen älterer Musikaufnahmen. Es wäre in diesem Zusammenhang zu fragen, ob die Ein- ebnung musikalischer Interessen in späteren Lebensaltern nicht auch mit für sie typischen lebens- weltlichen Kontinuitätserfahrungen zu tun hat.

24 Einige Anzeichen sprechen dafür, daß gegenwärtig – gerade in Kenntnis der raschen gesell- schaftlichen Reintegration von Protestpotentialen, wie sie im Beat, Rock, Punk oder der New Wave vertreten waren – jene Fäden, die die Musiknutzung und weltanschauliche Ansprüche verbinden, immer dünner werden. Ob dies wirklich allein aber den Medien geschuldet ist, die einen ernsthaf- ten Umgang mit eben der Rockmusik (nicht mehr?) fördern (Rothschildt 1985) oder aber das Ideologisierungspotential von Musiken und Nutzern technikvermittelter Musik zumindest gegenwärtig eingeschränkt ist, steht dahin.

25 Vgl. hierzu H. Riemann: Ideen zu einer 'Lehre von den Tonvorstellungen' (1914/15), nach: Musik zur Sprache gebracht 1984, 419 – 423; ähnlich Lissa 1975, 203, Anm 3, die auf den histo- risch – sozial geprägten Gestaltungsprozeß beim Hören von Musiken verweist.

26 Dies vor allem scheint ein wesentliches Erkenntnisinteresse der behavioristisch ausgerichteten Musikpsychologie zu sein. Ein markantes Beispiel für die Einrichtung entsprechender Versuchs- anordnungen schildern Flath – Becker/Konecni 1984, 53f.: "Es handelt sich (...) um ein Experiment, bei dem der Einfluß einfacher und komplexer Melodien auf das soziale Verhalten, speziell Aggressionsverhalten, untersucht wurde (...). Die eine Hälfte der Versuchspersonen wurde durch einen unerkannten 'Komplizen'des Experimentators mittels Beleidigungen in einen aggressiven bzw. verärgerten Zustand versetzt. Den derart geärgerten Versuchspersonen wurde nun über einen fin- gierten 'Kreativitätstest' (...) die Möglichkeit gegeben, sich an dem Verursacher ihres Ärgers bei falschen Antworten zu rächen (mittels angeblicher schmerzvoller Elektroschocks). Bevor die Ver- suchspersonen jedoch den 'Elektroschock' oder den 'Anerkennungsknopf' drücken konnten, wurden ihnen einfache oder komplexe Melodien mit jeweils als angenehm oder unangenehm zu empfin- dender Lautstärke vorgespielt. Ziel des Experiments war es herauszufinden, inwieweit die mittlere Zahl der verteilten Elektroschocks vom Komplexitäts- und Lautstärkegrad der vorgespielten Me- lodien abhängt." In Ergänzung dazu wäre vielleicht noch zu überlegen, manchen Wissenschaftlern besänftigende Musik vorzuspielen, bevor sie ihre Experimente konstruieren.

27 Fehling (1980, 55ff.) schildert prägnant die Charakteristika und Wirkungsziele dieser Musik. Schon in den siebziger Jahren wurden in 6.000 von 7.000 Supermärkten, der Mehrzahl der 12.000 Shoppingcenters, in 8.000 von etwa 10.000 Heimwerkerbedarfsläden und in 1.000 von 3.700 Kauf- häusern funktionelle Musiken eingesetzt. Die mit dem Einsatz funktioneller Musik versprochenen Funktionen werden von der sie produzierenden und vertreibenden Industrie z.T. offen ausgespro- chen, z.T. auch wissenschaftlich verbrämt: "Bei geschicktem Einsatz der Musikkategorien lassen sich die Durchlaufzeiten des Kundenstromes gezielt beeinflussen (z.B. langsame Musik zu verkaufs- schwachen, flotte Musik zu verkaufsstarken Tageszeiten)", heißt es da zur Nutzung dieser Musik in Kaufhäusern; und bezogen auf den Arbeitsplatz: "1. Sendung bei Arbeitsbeginn am Morgen, um den Einarbeitungseffekt zu erhöhen, 2. Sendung bei Wiederaufnahme der Arbeit nach der Mit- tagspause, um der Verdauungsmüdigkeit entgegenzuwirken und die Wiedereinarbeitung zu be- schleunigen, 3. Sendung am späten Nachmittag, um den durch die natürliche Arbeitsermüdung auftretenden Leistungsrückgang aufzufangen, 4. Sendung am Ende der Arbeitsschicht, um ein Nachlassen der Antriebskräfte zu verhindern und arbeitsbedingte Ermüdungserscheinungen zu 'überspielen'" (Fehling 1980, 86ff.).

28 Vgl. Haas/Klever 1959, 185 und Struthers 1987, 243. Harden (1985,68) weist darauf hin, daß "schon die quäkenden, fernen, verrauschten Schallplatten der Trichterzeit vor dem Ersten Weltkrieg" mit "Lobeshymnen über eine Tonqualität, 'als Spiele der Künstler selber', oder über eine 'frappante'

Umsetzung (...), die dem Originalklang fast vollständig gleichkommt (...) und selbst ein ganz routi‐niertes Ohr zu täuschen vermag", gefeiert worden seien; die dies erklärende Hypothese Hardens hat viel Plausibilität, daß die Erwartungen an die Tonqualität andere gewesen seien (und historisch stark variabel), es vor allem auf die Wiedergabe "künstlerische(r) Individualität" und des "'Tonfalls' des Interpreten" angekommen sei und alles andere als "Gegebenheiten der technischen Vermittlung hingenommen, quasi überhört" wurde.

29 Sie liegt insbesondere den Ausführungen von Blaukopf (1980) und Kleinen (1984) zugrunde, ohne – angesichts des empirischen Forschungsstandes verständlich – schon in allen Details und Konsequenzen analysiert worden zu sein.

30 Ob also gerade – wie Greffrath (1988) polemisch meint – sich am Walkman – Hörer in U – Bahnen zeige, wie weit – im negativen Sinn – es doch mit der Aufklärung gekommen sei oder nicht eher die versteinert Konzert – Praxis des Bürgertums (deren Rituale Small (1985) in einer amüsanten, ethnographisch inspirierten Studie zeigt), ist wohl eine Frage der wertenden Bezugs‐punkte einer distanzierten Beobachtung. Immerhin könnte es sein, daß der Walkman – Nutzer, des ihn von der Umwelt trennenden Gerätes entledigt, als Motiv für sein Handeln u.a. die mangelnde kritische Diskussionsfähigkeit seiner Mitfahrer in der speziellen U – Bahn – Situation anführt; und daß der durchschnittliche Besucher eines Klassik – Konzertes dieses für sich als grundsätzliche Entsagung von Offenheit und Kritikfähigkeit interpretiert, ist auch nicht eben wahrscheinlich.

31 Für Hegel (1970, 144f.) übrigens war gerade das Artifizielle der sich als Kunst autonomisieren‐den oberen bürgerlichen Musik, die damit früherer religiöser Inhalte verlustig zu werden drohte, ein Grund, ihr kritisch gegenüber zu stehen.

32 Vgl. auch die Studie von Weisweiler (1985), die die z.T. hochgradige religiöse Symbolik in Schlagertexten nachweist.

33 In einer gern zitierten Umfrage der Schweizer Radio – und Fernsehgesellschaft (SRG 1979, 64) äußerten 68 Prozent der Befragten, sich ein Leben ohne Musik nicht vorstellen zu können, und 57 Prozent, daß sie zum täglichen Leben gehöre.

Bibliographie

Th. W. Adorno 1969a: Einleitung in die Musiksoziologie, 2. Aufl. o. O. (Reinbek), S. 59ff.

Th. W. Adorno 1969b: Minima Moralia. Frankfurt am Main

Th. W. Adorno 1969c: Zeitlose Mode. Zum Jazz. In: Ders.: Prismen. Frankfurt

D. Baacke 1968: Beat – die sprachlose Oppostion. München

D. Baacke 1972: Jugend und Subkultur.München

D. Baacke 1985: "An den Zauber glauben, der die Freiheit bringt". Pop – und Rockmusik und Jugendkulturen. In: Musikpädagogische Forschung. Bd. 6. Laaber, S. 17 – 34

K. – E. Behne 1980: Daten und Mutmaßungen über den jugendlichen Pop – und Schlagerhörer. In: Brinkmann 1980, S. 56 – 72

W. Benjamin 1961: Das Kunstwerk im Zeitalter seiner technischen Reproduzierbarkeit. In: Ders.: Illuminationen. Frankfurt, S. 148 – 184

K. Blaukopf 1972: Musiksoziologie. 2. Aufl. Niederteufen

K. Blaukopf 1977: Massenmedium Schallplatte. Wiesbaden

K. Blaukopf 1980: Akustische Umwelt und Musik des Alltags. In: Brinkmann 1980, S. 9 – 26

K. Blaukopf 1984: Musik im Wandel der Gesellschaft. Grundzüge einer Musiksoziologie. Mün‐chen/Kassel/Basel/London

E. Bloch 1973: Das Prinzip Hoffnung. Bd. 3. Frankfurt

K. Boehmer 1975: Adorno, Musik, Gesellschaft. In: Kneif 1975, S. 227 – 238

H. Bonfadelli 1986: Jugend und Medien. Befunde zum Freizeitverhalten und zur Mediennutzung der 12 – bis 29jährigen in der Bundesrepublik Deutschland. In: Media Perspektiven (1986), H. 1, S. 1 – 21

P. Bourdieu 1987: Die feinen Unterschiede. Frankfurt

J. Borwick 1977: A Century of Recording. Part 1 u. 2. In: Gramophone 54 (1977), H. 647, S. 1621 – 22 und H. 648, S. 1761 – 65

K. Breh 1980: Die Mutation musikalischer Kommunikation durch High Fidelity und Stereophonie. Schriftenreihe "Musik und Gesellschaft", H. 18. Karlsruhe

R. Brinkmann (Hrsg.) 1980: Musik im Alltag. Mainz/London/New York/Tokio

D. Charibi 1983: Die Zivilisation, Mutter! 2. Aufl. Zürich

J. Clarke/P. Cohen/P. Corrigan u.a. 1979: Jugendkultur als Widerstand. Frankfurt

K. Csipák 1975: Zur Stellung der Musik in der gegenwärtigen Gesellschaft. In: Kneif 1975, S. 194 – 199

D. Deutsch (Hrsg.) 1982: The Psychology of Music. New York/London

Deutsche Forschungsgemeinschaft 1987: Medienwirkungsforschung in der Bundesrepublik Deutschland. Weinheim

D. Diederichsen/D. Hebdige/O. – D. Marx 1983: Schocker. Reinbek

R. Dollase/M. Rüsenberg/H. J. Stollenwerk 1974: Rock People oder Die befragte Szene. Frankfurt

R. Dollase/M. Rüsenberg/H.J. Stollenwerk 1978: Das Jazzpublikum. Zur Sozialpsychologie einer kulturellen Minderheit. Mainz/London/New York/Tokio

P. Dranov 1980: Inside the Music Publishing Industry. White Plains, N.Y.

A. Dümling 1977: Symbol des Fortschritts, der Dekandenz und der Unterdrückung. Der Bedeutungswandel des Jazz in den zwanziger Jahren. In: Angewandte Musik. Zwanziger Jahre. Argument Sonderband 24. Berlin, S. 81 – 106

J. Eckhardt 1987: Musikakzeptanz und Programmstrategien des Hörfunks. In: Media Perspektiven (1987), H. 7, S. 405 – 427

H. Eisler 1973: Inhalt und Form. In: Ders.: Materialien zu einer Dialektik der Musik. Leipzig, S. 283 – 314

K.P. Etzkorn 1982: On the Sociology of Musical Practice and Social Groups. In: International Social Sciences Journal (1982), No. 4, S. 555 – 569

R. Fehling 1980: Funktionelle Musik – Manipulationsversuch im Gewande der holden Kunst. In: Brinkmann 1980, S. 84 – 95

S. Flath – Becker/V. Konecni 1984: Der Einfluß von Streß auf die Vorlieben für Musik. Theorie und Ergebnisse der neuen experimentellen Ästhetik. In: Musikpsychologie. Bd. 1. Wilhelmshaven, S. 23 – 52

S. Frith 1981: Jugendkultur und Rockmusik. Reinbek

J. Fritsch 1980: Der Hit der Woche. In: Brinkmann 1980, S. 73 – 82

R. Gelatt 1977: The fabulous phonograph. New York

J.R. Gillis 1980: Geschichte der Jugend. Tradition und Wandel im Verhältnis der Altersgruppen und Generationen. Weinheim/Basel

M. Greffrath 1988: Das Öffentlichkeitsloch. Wie man die Menschen zum Schweigen bringt: Medien, Juxkultur und Souveränität. In: Die Zeit (1988), Nr. 12, S. 57 – 58

I. Grünberg 1977: Operette und Rundfunk. Die Entstehung eines spezifischen Typs massenwirksamer Unterhaltungsmusik. In: Angewandte Musik. Zwanzig0er Jahre. Argument Sonderband 24. Berlin, S. 59 – 80

W. Haas/U. Klever 1959: Die Stimme seines Herrn. Frankfurt

I. Harden 1985: Freiheit lernen. Aufnahmepraxis und Digitalschallplatte. In: Ästhetik der Compact Disc. Musikalische Zeitfragen. Bd. 15. Hrsg. v. H. – K. Jungheinrich. Kassel/Basel/London, S. 67 – 74

G.W.F. Hegel 1970: Werke in 20 Bänden. Bd. 15. Frankfurt

H. – W. Heister 1974: Die Musikbox. Studie zur Ökonomie, Sozialpsychologie und Ästhetik eines musikalischen Massenmediums. In: J. Alberts u.a.: Segmente der Unterhaltungsindustrie. Frankfurt, S. 11 – 65

H. – W. Heister 1985: Die Compact – Disc. Ökonomische, technische und ästhetisch – soziale Bedingungen einer Innovation. In: Ästhetik der Compact Disc. Musikalische Zeitfragen. Bd. 15. Hrsg. v. H. – K. Jungheinrich. Kassel/Basel/London, S. 13 – 66

M. Horkheimer/Th.W. Adorno 1971: Dialektik der Aufklärung. Frankfurt

iwd 1987: Informationsdienst der Deutschen Wirschaft (1987), S. 35

L.R. Jones 1975: Blues People. Darmstadt

Technikvermittelte Musik

K. Jungk 1971: Musik im technischen Zeitalter. Von der Edison – Walze zur Bildplatte. Berlin

E. Jost 1976: Sozialpsychologische Faktoren der Popmusik – Rezeption. Mainz

C. Kaden 1985: Musiksoziologie. Wilhelmshaven (zuerst Berlin 1984)

V. Karbusicky 1975: Zur empirisch – soziologischen Musikforschung. In: B. Dopheide (Hrsg.): Mu – sikhören. Darmstadt, S. 280 – 330

N. Kayser 1975: Schlager – Das Lied als Ware. Stuttgart

J.M. Ketteringham/P.R. Nayak 1987: Senkrechtstarter. Große Produktideen und ihre Durchsetzung. Düsseldorf/Wien/New York

G. Kleinen 1983: Massenmusik. Die befragten Macher. Wolfenbüttel/Zürich.

G. Kleinen 1984: Massenmusik und Alltagsstrukturen. In: Musikpsychologie. Jahrbuch der deutschen Gesellschaft für Musikpsychologie. Bd. 1. Wilhelmshaven, S. 53 – 72

H.W. Kulenkampf 1983: Die Explosion des Materials. Vermutungen zum Geschichtsbild der mo – dernen Musik. In: Neue Musik in der Kirche. Ev. Akademie Hofgeismar, S. 18 – 41

T. Kneif 1971: Musiksoziologie. In: C. Dahlhaus (Hrsg.): Einführung in die systematische Musik – wissenschaft. Köln, S. 171 – 202

T. Kneif (Hrsg.) 1975: Texte zur Musiksoziologie. Köln

H. Kühn 1980: Musik im Alltag – Musik am Sonntag. In: Brinkmann 1980, S. 27 – 43

K. Kuhnke/M. Miller/P. Schulze 1976: Geschichte der Pop – Musik. Bd. 1. Bremen

Z. Lissa 1975: Zur historischen Veränderlichkeit der musikalischen Apperzeption. In: B. Dopheide (Hrsg.): Musikhören. Darmstadt, S. 198 – 222

G. Maletzke 1987: Musik für jeden. Drei Untersuchungen im ARD – Bereich. In: ARD – Jahrbuch

W. Mezger 1980: Discokultur. Die jugendliche Superszene. Heidelberg

H.K. Metzger 1980: Musik wozu. Literatur zu Noten. Frankfurt

N. Mitterauer 1986: Sozialgeschichte der Jugend. Frankfurt

H. de la Motte – Haber 1972: Musikpsychologie. In: C. Dahlhaus (Hrsg.): Einführung in die syste – matische Musikwissenschaft. Köln, S. 53 – 92

H. de la Motte – Haber 1985: Handbuch der Musikpsychologie. Laaber

G. Murdock 1973: Struktur, Kultur und Protestpotential. In: D. Prokop (Hrsg.): Massenkommunikationsforschung. Bd. 2. Frankfurt, S. 275 – 293

P.H. Mussen/J.J. Conger/J. Kagan 1969: Child Development and Personality. 3. Aufl. New York/Evanston

K. Niemann 1974: Mass Media. New Ways of Approach to Music and New Patterns of Musical Behavior. In: Bontinck (Hrsg.): New Patterns of Musical Behavior. Wien, S. 44 – 53

W. Pape 1974: Musikkonsum und Musikunterricht. Düsseldorf

A.W. Petrowski (Hrsg.) 1977: Entwicklungspsychologie und pädagogische Psychologie. Berlin

W. Raschke 1984: Schallplatte/Kassette: Rock und Pop. In: D. Grunewald/W. Kaminsky (Hrsg.): Kinder – und Jugendmedien. Weinheim, S. 235 – 244

H. Rauhe 1972: Kulturindustrielle Sozialisierung durch Musik und ihre pädagogischen Konsequen – zen, aufgezeigt am Beispiel kollektiver Identifikationsvorgänge. In: H. Rectamus (Hrsg.): Neue An – sätze im Musikunterricht. Stuttgart

F. Ronneberger 1979: Musik als Information. In: Publizistik 24 (1979) H. 1, S. 5 – 28.

L. Rosenmayr 1976: Jugend. In: R. König (Hrsg.): Handbuch der emprischen Sozialforschung. Bd. 6. 2. Aufl. Stuttgart

T. Rothschild 1986: Musik als Fragment. Die Rolle der Medien bei der Zerstörung der Alltagskultur. In: Oper – Film – Rockmusik. Veränderungen in der Alltagskultur. Musikalische Zeitfragen. Bd. 16. Hrsg. v. H. – K. Jungheinrich. Kassel/Basel/London, S. 84 – 92

W. Sander 1979: Popularmusik als somatisches Stimulans. Adornos Kritik der "leichten Musik". In: O. Kollertisch (Hrsg.): Adorno und die Musik. Graz, S. 125 – 132

H. Schierholz 1981: Rockmusik und die Lebensperspektiven Jugendlicher. In: Deutsche Jugend 29 (1981), S. 121 – 130

S. Schmidt – Joos 1960: Geschäfte mit Schlagern. Bremen

U. Schmitt: Exotische Medienblüte, Video – Clips: Wunderheilung oder Parasiten der Medienindu – strie? In: D. Prokop (Hrsg.): Medienforschung. Frankfurt, S. 352 – 356

U. Schreiber 1985: Vom Fortschritt der Afterkunst. Plädoyer für die Wertfreiheit eines technischen Mittlers. In: Ästhetik der Compact Disc. Musikalische Zeitfragen. Bd. 15. Hrsg. v. H. – K. Jung – heinrich. Kassel/Basel/London, S. 75 – 83

S. Schütte 1987: Untersuchungen zur Entstehung und Funktion "populärer" Musikformen vom aus – gehenden 18. Jahrhundert bis zum Ende der Weimarer Republik. In: Dies. (Hrsg.): Ich will aber gerade vom Leben singen... Über populäre Musik vom ausgehenden 18. Jahrhundert bis zum Ende der Weimarer Republik. Reinbek, S. 10 – 57

R. Schwendter 1981: Theorie der Subkultur. Neuausgabe mit einem Nachwort, 7 Jahre später. 3. Aufl. Köln

J. Shepherd/P. Virden/G. Vulliamy/T. Wishart 1977: Whose Music? A Sociology of Musical Lan – guages. London

C. Small 1987: Performance as Ritual: Sketch for an Enquiry into the True Nature of a Symphony Concert. In: White 1987, S. 6 – 32

SRG – Studie 1979: Musik und Publikum. Bern (mimeo)

S. Struthers 1987: Technology in the Art of Recording. In: White 1987, S. 241 – 258

V. v. Thienen 1987: Zum Immerneuen technikvermittelter Musik. Techniksoziologische Annäherun – gen an ein von der Wirkungsforschung vernachlässigtes Medium. In: TheaterZeitSchrift (1987), H. 22, S. 75 – 94

T. v. Trothar 1982: Zur Entstehung von Jugend. In: Kölner Zeitschrift für Soziologie und Sozial – psychologie (1982) H. 2, S. 254 – 277

H. Voullième 1987: Die Faszination der Rockmusik. Opladen

P. Urban 1979: Die "Poesie" des Pop – Song – Gesellschaft. Gesellschaftlicher Bezug und per – sönliche Erfahrungswelt in anglo – amerikanischer Populärmusik. Hamburg (Phil. Diss.)

F. Wankmüller 1987: Beethovens Zehnte – Musik aus dem Computer? In: Johannes Gutenberg – Universität Mainz (Hrsg): Forschungsmagazin (1987), 2,S. 133 – 136

Was ist musikalische Bildung? Musikalische Zeitfragen. Bd. 14. Hrsg. v. H. – K. Jungheinrich. Kassel/Basel/London 1984

M. Weber 1963: Gesammelte Aufsätze zur Religionssoziologie. Bd. 1. 3 Aufl. Tübingen

M. Weber 1972: Die rationalen und soziologischen Grundlagen der Musik. Tübingen

R. Weisweiler 1985: Heil vom Plattenteller. Untersuchungen zur religiösen Symbolik des neueren deutschen Schlagers. Oldenburg (Phil. Diss.)

A.L. White (Hrsg.) 1987: Lost in Music: Culture, Style and the Musical Event. Sociological Review Monograph 34. London/New York

A.L. White 1987: Introduction. In: White 1987, S. 1 – 5

D. Wiechell 1977: Muskalisches Verhalten Jugendlicher. Frankfurt/Berlin/München

P. Willes 1981: "Profane Culture". Rocker, Hippies: Subversive Stile der Jugendkultur. Frankfurt

F. Winckel 1975: Die psychophysischen Bedingungen des Musikhörens. In: B. Dopheide (Hrsg.): Musikhören. Darmstadt, S. 165 – 197

W. Zeppenfeld 1978: Tonträger in der Bundesrepublik Deutschland. Bochum

T. Ziehe 1981: Pubertät und Narzißmus. 4. Aufl. Frankfurt/Köln

J. Zimmer 1982: Rock – Soziologie. Hamburg

J. Zinnecker 1987: Jugendkultur 1940 bis 1985. Opladen

P. Zombik: Programmanbieter sehen ihre Existenz gefährdet. In: VDI – Nachrichten Nr. 34 v. 21.08.1987, S. 10

Joachim Schmitt-Sasse

"Macht Filme wie komplexe Werbespots!"

Strategien einer produktionsorientierten Medienwirkungsforschung

I. Vom kritischen Anspruch der Medienwissenschaft

Als Ende der sechziger, Anfang der siebziger Jahre der Methodenstreit in der Germanistik zu einer vielschichtigen Umorientierung des Faches führte, da war eine große Gruppe der Kombattant/inn/en von der Notwendigkeit überzeugt, auf dem Wege über die Germanistik die Gesellschaft zu revolutionieren. Dies war ein Umweg. Die Umwälzung der Gesellschaft vollzog sich nicht in der Germa-nistik, fand dort aber ihr Echo in neuen Fragestellungen und neuen Gegenstandsbereichen. Daher war auch dieser Umweg fruchtbar: So sehr er viele enttäuschte, so sehr veränderte er das Wissenschaftsgelände, durch das er führte. Lassen wir uns nicht ins Bockshorn jagen: Es gibt kein Zurück zur Ordinarienherrlichkeit, es gibt kein Zurück zur Kultur des Kunstwerks und seiner unbefragt – immanenten Verehrung. Neben Bereichen wie Komparatistik oder Allgemeine Literaturwissenschaft ist die Medienwissenschaft eine der neuen Richtungen, die die Veränderung des Fachs hervorgebracht hat.

Sie steht unter vielfältigem Erwartungsdruck. Einerseits, so wissen wir, ist Me-dienwissen Herrschaftswissen, von Politikern argwöhnisch beäugt, die meinen, von den Medien gemacht, gebeutelt und gestürzt werden zu können. Sie erheben den Anspruch an Medienwissenschaft, Legitimation und Hilfestellung geliefert zu bekommen. Andererseits kann die Bereitstellung von mehr Wissen über Medien, die Verbreitung der Fähigkeit, mit Medienprodukten kritisch umzugehen, zu den vornehmen Aufgaben der Medienwissenschaft zählen (z.B. Faulstich 1983, 34ff. und 78ff.). Unabhängig von Präsentation und Intention aber haben die analyti-schen Ergebnisse der Medienwissenschaft einen zwiespältigen Charakter: Sie las-sen sich eben so wohl dazu nutzen, die Medien und ihre Produkte kritisch zu verwerfen, als sie auch gerade dazu dienen können, die Medienprodukte effekti-ver, durchschlagkräftiger zu gestalten.

Medienwissenschaft bewegt sich auf einem wissenschaftlichen Gebiet, das auch von verschiedenen anderen Wissenschaften unter deren jeweiligen Ge-sichtspunkten bearbeitet wird: An erster Stelle sind hier die Publizistik – und Kommunikationswissenschaften zu nennen, aber auch Soziologie, Politologie, Psychologie, Pädagogik, Theologie, Kunst – und Musikwissenschaft, die Rechts-und Wirtschaftswissenschaften arbeiten an ihren spezifischen Fragestellungen an dem gleichen Material: den Medienprodukten, ihren Entstehungs – und Rezeptionsbedingungen und – prozessen. Um eine Medienwissenschaft im inter-disziplinären Zusammenhang zu verankern, bedarf es eines entwickelten Dialogs. Der vorliegende Beitrag verfolgt den doppelten Zweck, einerseits der medienwissenschaftlichen Diskussion einige Fragestellungen und Erträge der em-pirischen Rezeptions – und Wirkungsforschung vorzustellen, andererseits aber auch neuere medienanalytische und – theoretische Erkenntnisse anzuführen, die der empirischen Forschung Anstöße verleihen könnten. Es geht im folgenden um die Frage, ob bestimmte Gestaltungsmerkmale audiovisueller Medienprodukte bestimmte Wirkungen im Bewußtsein von Zuschauern hervorzubringen vermögen und inwieweit welche Wirkungen auf welche Art und Weise zustande kommen. Dieses zentrale Problem kann hier nur in einigen wenigen Aspekten angerissen werden.

II. Das Problem der Medienwirkung

Es gibt kaum Zweifel daran, daß der große Bereich der Medien – wirkungsforschung im Brennpunkt öffentlichen Interesses steht[1]. Dabei sind kul – turpessimistische Traktate (Postman 1983 und 1985) nicht weniger en vogue als vor fünfzig Jahren – im Unterschied zu den Anfängen der Massenkommunikationsforschung können sie sich aber gegenwärtig auf keinen Konsens der Wissenschaft mehr berufen (z.b. Sturm 1986, zusammenfassend Maletzke 1988). Je mehr empirisches Material bereitstand, desto deutlicher mußte erkannt werden, wie komplex die sozialen und psychischen Prozesse sind, die der Medienrezeption zugrundeliegen, und wie wenig griffige Aussagen möglich sind darüber, was denn diese Medienrezeption beim Rezipienten auslöst, ja ob Medienrezeption überhaupt Veränderungen in Denken und Verhalten von Rezi – pienten hervorzurufen vermag. Aber auch die Versuche, der erkannten Komplexität der Rezeptionsprozesse dadurch gerecht zu werden, daß man mittels teilnehmender Beobachtung z.b. die Interaktionsprozesse von Kindern beim An – sehen einer Fernsehsendung detailliert auswertete, führten andererseits vor das Problem der Verallgemeinerbarkeit der so gewonnenen Daten. Je genauer der einzelne Rezeptionsakt erfaßt wird, desto weniger – so scheint es – kann aus dieser Erkenntnis für die gesellschaftlichen Medienwirkungen insgesamt erkannt werden.

Dennoch wollen beide Interessenrichtungen nichts dringender wissen, als auf welche Weise Medienprodukte eine Wirkung erzielen. Denn daß sie völlig wir – kungslos verpufften, das mag sich angesichts des immensen Aufwands niemand gern vorstellen. Es braucht auch niemand zu tun, denn gesicherte Daten deuten darauf hin, daß Medien in der Tat durch ihr bloßes Vorhandensein Verhal – tensänderungen hervorzurufen vermögen: Menschen verhalten sich anders, teilen sich ihren Tagesablauf anders ein, je nachdem, ob ein Fernsehgerät, ein Kabel – anschluß etc. bereitsteht oder nicht (Frank 1987). Auf dieser allgemeinen Ebene aber war die Ausgangsfrage gar nicht angesiedelt. Können denn Medienprodukte z.b. als feste Programmbestandteile, in ständiger Wiederholung nicht doch zu – mindest Meinungen bestärken, dadurch bestehendes Verhalten befestigen? Auch das scheint man z.Zt. wohl annehmen zu können, daß Medien a) sowohl generell eher affirmativ wahrgenommen, als auch b) vornehmlich so genutzt werden, daß affirmative Effekte eintreten (Streben nach kognitiver Konsonanz). Der Stamm – wähler einer Partei – so könnte man verkürzt formulieren – sieht sich z.b. gerade solche Fernsehsendungen an, von denen er annimmt, daß ihre Tendenz der seinen nahekommt, aber andererseits liest er sich aus einer abweichenden Berichterstattung und Kommentierung doch das heraus, was seiner Meinung entspricht, und läßt sich kaum je auf die Herausforderung des anderen ein. Ähnliches mag wohl auch für die Wirkung von Werbung u.a. gelten. Aber auch das zu wissen hilft wenig, wenn man Medienrezipienten zu überzeugen, von ihrem Denken und Verhalten abzubringen bzw. sie gegen die Gefahr des Über – zeugt – Werdens zu wappnen sucht. Gibt es nicht doch besondere Arten der Gestaltung von Medienprodukten, die gesicherte Effekte hervorrufen?

III. Beispielsweise: Die Wirkung verschiedener Neigungswinkel

Hans Mathias Kepplinger hat seit 1979 versucht, ausgehend von der Theorie der Schweigespirale Elisabeth Noelle – Neumanns und zunächst am Beispiel der Bundestagswahlen von 1976, in bestimmten Kameraperspektiven bestimmte Ef – fekte nachzuweisen. Eine Befragung von Kameraleuten hatte ergeben, daß diese selbst es durchaus für möglich halten, durch Veränderung des vertikalen Neigungswinkels der Kamera Sympathie oder Antipathie für das Dargestellte zu wecken. Dies ermöglichte Kepplinger die Hypothese, die Erwartung der TV – Journalisten, die SPD/FDP – Koalition werde die Wahl gewinnen, äußere sich in den jeweils verwendeten optischen Mitteln. In der Tat ergab sich, daß Schmidt, Spitzenkandidat der SPD, signifikant seltener in Frosch – oder Vogelperspektive gezeigt wurde als sein Konkurrent Kohl, Spitzenkandidat der CDU (Kepplinger 1979).

Kepplingers Untersuchungen stießen auf z.T. heftige Kritik. Klaus Merten hat die damals erhobenen Daten reanalysiert und methodisch kritisiert (Merten 1983). Insbesondere wandte er sich dagegen, aus Kepplingers Befunden den Schluß zu ziehen, aus vermutlich winziger Ursache, wie der Kameraperspektive, ließe sich die immense Wirkung eines Bundestagswahlergebnisses extrapolieren. So sei Kohl zwar prozentual häufiger in Frosch – oder Vogelperspektive gezeigt, dies mache aber auf den Untersuchungszeitraum von einem halben Jahr höchstens acht Mi – nuten aus. Doch ist damit der für unser Thema interessanteste Punkt in Kepplingers Arbeit nicht aus der Welt: die Frage nämlich, ob nicht doch der Kamerawinkel Sympathie und Antipathie zu erzeugen vermag.

Wie auch hinsichtlich anderer Mittel der Filmgestaltung, so gibt es nur wenige empirische Untersuchungen, die die Wirkung des vertikalen Kamerawinkels zum Gegenstand nahmen. Regelmäßig wird dabei ein Take einer Nachrichtensendung oder eine einzelne Einstellung eines Redners fingiert. Dessen Darstellung variiert in den verschiedenen Fassungen im Hinblick auf den Neigungswinkel. Die Test – personen werden anschließend nach erprobten Verfahren daraufhin befragt, wel – che Persönlichkeitsmerkmale sie den Sprechern zuordnen. Dabei erbrachten ver – schiedene Untersuchungen einander widersprechende Befunde. So gelangten z.B. Mandell und Shaw (1973) zu dem Ergebnis, daß Personen, die aus leichter Un – tersicht aufgenommen wurden, von den Versuchspersonen hinsichtlich "Potenz" und "Aktivität" deutlich positiver bewertet wurden, als solche, die aus leichter Draufsicht präsentiert wurden. Umgekehrt stellten McCain u.a. (1977) fest, daß die Personen um so besser beurteilt wurden, je höher die Kamera postiert war, während Aufnahmen aus der Untersicht negative Eindrücke der Redner hinter – ließen.

Ich will ein neueres Experiment beispielhaft referieren (Merdian 1986). Nach einer Diskussion der vorliegenden Forschungen formuliert Merdian die Frage, "ob (...) Effekte der Einstellungsperspektive auf den Personeneindruck experimentell eindeutig nachweisbar sind und welchen Stellenwert die Einstellungsperspektive auf die Eindrucksbildung hat" (1986, 10). Merdian ließ fünf Einstellungen ferti – gen, auf denen jeweils ein/e Sprecher/in frontal vor neutralem Hintergrund Texte verlas, in denen Redewendungen erklärt wurden (Dauer von 48 Sek. bis 59 Sek.); jede dieser Szenen wurde in drei verschiedenen Winkeln aufgenommen (+20/+2/16 Grad). 108 Erwachsenen und 63 Kindern wurden die Testeinstel – lungen jeweils nur aus einer der drei Einstellungssperspektiven vorgeführt, anschließend sollten sie die dargestellten Sprecher/innen auf Skalen eines se – mantischen Differentials einstufen, die die drei Dimensionen Evaluation (sympa –

thisch – unsympathisch), Erregung (aktiv – ruhig) und Potenz (überlegen – unterlegen) testen sollen. Merdian kommt zu folgendem Befund:

"Unterschiede in der Bildschirmpräsentation einer Person, die darauf zurück – zuführen sind, daß sie aus verschiedenen Perspektiven (Kamerawinkeln) auf – genommen sind, schlagen sich *überhaupt nicht* in Einstufungsunterschieden hinsichtlich der Potenz – und Erregungsdimension nieder und nur vereinzelt (d.h. bei einzelnen Bildschirmpersonen) bei der Evaluationseinstufung" (ebd., 15; Herv. J.S. – S.).

In der Auswertung merkt Merdian an, möglicherweise sei die Präsentationszeit der einzelnen Einstellungen zu kurz gewesen, um den Betrachtern sorgfältiges Decodieren zu ermöglichen, möglicherweise hätte eine Variation der Perspektive innerhalb der einzelnen Testgruppen, der Vergleich zwischen verschiedenen Winkeln dieses formale Mittel bedeutsamer gemacht, möglicherweise überdeckte aber auch das Erwartungs – und Wahrnehmungsschema 'Nachrichtensprecher/in' die abgefragten Zusatzinformationen. Merdian geht davon aus, daß die Kamera – leute gezielt Informationen mittels des Neigunsgwinkels codieren und stellt sich die Frage, ob Zuschauer "eine Rekonstruktion der Kameraposition bzw. des Be – trachterstandpunktes vornehmen und wie dieser Prozeß (...) abläuft" (ebd., 17). Er vermutet jedoch, daß der Einsatz solcher Mittel im Rezeptionsprozeß eben so wenig registriert würde wie z.B. Helligkeit, Umgebungseindrücke, Flimmern des Bildschirms etc. Vielmehr seien die Unterschiede in der Wahrnehmung der Per – sonen wohl vor allem auf deren Aussehen und Auftreten zurückzuführen.

Gerade die Art, in der Merdian seine Befunde auswertet, läßt hermeneutische Prämissen erkennen, die beim Entwurf der Versuchsanordnung nicht hinreichend reflektiert waren. Offenbar geht Merdian von einem impliziten Modell der Me – dienwirkung aus, das vor allem auf kognitiv – rationale Prozesse aufbaut. Von den Rezipienten erwartet er die Decodierung des von den Kameraleuten codierten Materials, die Rekonstruktion von Standpunkten, und er geht zutreffend davon aus, daß für derartige Wahrnehmungsakte ein erheblicher Zeitaufwand erfordert ist. Eben so offenbar entfernt sich Merdian mit diesem impliziten Modell von den realen Rezeptionsmöglichkeiten. Schon die außerordentliche Länge der von ihm benutzten Einstellungen widerspricht der Präsentationspraxis aller Sendefor – men, aber auch deren Isolierung von jedem Kontext in der Testsituation läßt seine Ergebnisse als wenig verallgemeinerbar erscheinen.

Nun könnte der Eindruck entstehen, als liefe diese Kritik auf die Trivialität hinaus, jede Testsituation verfremde ihren eigenen Gegenstand derart, daß die erzielten Ergebnisse über den Test hinaus keinerlei Bedeutung haben können: Es gebe keinerlei valide Testverfahren. Dies ist jedoch keineswegs der Fall. Wenn ich als Nicht – Empiriker hier empirische Verfahren kritisiere, so geschieht dies nicht mit der Absicht, alle Empirie in Bausch und Bogen abzutun. Im Gegenteil: hermeneutische Theoriebildung muß sich immer auch des empirischen Materials versichern. Ziel meiner Bemerkungen ist es vielmehr, neuere Ergebnisse aus Filmanalyse und Filmtheorie zu den Fragestellungen und Methoden der empiri – schen Kommunikationsforschung in eine fruchtbare Beziehung zu bringen. Dieser Versuch ist freilich dadurch problematisch, daß sich die Erkenntnisse der einen mit den Erfordernissen der anderen anscheinend kaum in Einklang bringen lassen.

Ich will versuchen, die Kritik an Merdian an einem einzelnen Punkt zu prä – zisieren, um dieses Problem zu verdeutlichen. Seit den zwanziger Jahren haben

Filmtheoretiker auf die Funktion der Montage für die Bedeutungserzeugung im Film hingewiesen. Möller – Naß nennt diesen Theoriestrang

"das Theorem der Kontextabhängigkeit der Bedeutung des Filmbildes. Es be – sagt, kurz gefaßt, daß die Bedeutung eines Filmbildes (einer Einstellung) nicht allein durch das bestimmt ist, was es zeigt, sondern auch durch den Kontext, in dem es steht. Das bedeutet, daß die Semantik der Einstellung nicht unabhängig ist von der syntaktischen Struktur der Sequenz" (Möller – Naß 1986, 4f.).

In ausführlicher Diskussion von Auffassungen Ejchenbaums und Pudovkins gelangt Möller – Naß zu dem Schluß, daß es die Kontextbeziehungen sind, die die be – deutungsstiftende Funktion der Komponenten des Bildes bestimmt (ebd., 46), und das heißt hier: Die Bedeutung technischer Parameter, wie des Kamerawinkels, besteht nicht isoliert, sondern entsteht aus der Rezeption, dem Prozeß von Wahrnehmung und Sinnstiftung, in dem die Zuschauer einzelnen Einstellungen und Einstellungskomponenten deren Bedeutung nicht ablesen, sondern zuweisen.

Möller – Naß' These kann vielleicht eine Erklärung bieten für die erstaunlich unterschiedlichen Befunde der empirischen Forschung: Wenn das semantische Potential des einzelnen Parameters als geringer zu erachten ist denn die Bedeu – tungsaufladung aus syntaktischen Zusammenhängen, dann kann die Wirkung des einzelnen Parameters nicht exakt prognostiziert werden, wenn er in verschiedenen Kontexten gemessen wird. Nicht das einzelne Ergebnis wird durch diesen Ein – wand entwertet, sondern die Versuchsanlage insgesamt oder das Bestreben, weitreichende Schlüsse aus unzureichenden Daten zu ziehen.

Dabei fällt auf, daß Möller – Naß' Ergebnisse in enge Verbindung zu bringen sind zu wesentlichen Postulaten des neuen "dynamisch – transaktionalen Ansatz" der Wirkungsforschung. Früh und Schönbach (1987) beschreiben Medienrezeption als Abfolge verschiedener Transaktionen, die abwechselnd aktive und passive Verhaltensweisen erfordern. Kommunikation erscheint so wesentlich als langfri – stiger Prozeß, in dessen Verlauf sich das Individuum ständig verändert. Sie folgern: 1. "aus Medienbotschaft und aktiver Bedeutungszuweisung durch den Rezipienten (Enkodierung) entsteht erst das eigentliche Wirkungspotential der Medien – der Stimulus hat keine fixe Identität. – 2. Rezeptionsfähigkeit und Rezeptionsbereitschaft transagieren (...). – 3. Die Dimension der Zeit, die Ab – folge kommunikativer Prozesse ist integraler Bestandteil des Modells" (ebd., 96f.). Freilich kommen sie nicht umhin einzugestehen, daß es noch erheblicher Arbeit bedarf, um dieses Modell empirischer Überprüfung zugänglich zu machen.

Auch Möller – Naß' Feststellungen sind in ihrer Allgemeinheit noch nicht ope – rationalisierbar. Es scheint, als verfielen sie wie andere vor ihr Kepplingers Ur – teil: "Die Aussagen der Filmtheoretiker sind ungenau und lassen zahlreiche Interpretationen zu. (...) Darüber hinaus sind einige Wirkungsvermutungen so global oder normativ formuliert, daß sie in dieser Form einer empirischen Überprüfung nicht zugänglich sind" (Kepplinger 1987, 102). Freilich gesteht Möller – Naß zu, daß gerade in dieser Hinsicht noch zu wenig Präzision in der Theoriebildung erreicht ist: "Die in der Filmtheorie üblichen essayistisch – meta – phorischen Beschreibungen dieses Phänomens (Kontextabhängigkeit von Bedeu – tung; J.S. – S.) tun so, als handele es sich um eine abgeschlossene Erkenntnis, die nur noch didaktisch zu vermitteln (...) ist. Sie machen vergessen, daß die wis – senschaftliche Aufgabe gerade erst beginnt" (Möller – Naß 1986, 54). Möller – Naß selbst befaßt sich anschließend ausführlich mit der Einstellungsgröße, so daß sich seine Befunde nicht leicht mit dem Problem des Kamerawinkels vermitteln las –

sen, doch scheint sich an diesem Punkt eine Annäherung zwischen Theorie – und Empirieentwicklung abzuzeichnen, die nach interdisziplinärer Arbeit geradezu verlangt.

Auf der Grundlage dieser Überlegungen müßte die Versuchsanordnung von Mandell und Shaw die zuverlässigsten Ergebnisse erbracht haben: Sie schnitten die zu testende Einstellung in eine umfänglichere, stets identische Nach – richtensendung hinein. Insgesamt scheint sich abzuzeichnen: Je umfänglicher der (identische) Kontext der Test – Einstellungen ist, desto ähnlicher werden auch die Ergebnisse der verschiedenen Experimente. So testeten McCain u.a. (1977) in einem zweiten Experiment die Wirkung von Folgen verschiedener Kamerawinkel. Anders als in der Messung der Wirkung einer isolierten Einstellung fanden sie hier die besten Wirkungen für die Abfolge: Augenhöhe – leichte Untersicht – Augenhöhe. Sie zogen aus den beiden voneinander abweichenden Ergebnissen den Schluß, in der Abfolge realisiere sich ein Umkehreffekt: Die Augenhöhe erscheine im Kontrast zur Untersicht wie eine Draufsicht, so daß der positive Effekt der Draufsicht bestätigt werde. Freilich ist dieser These mit Mißtrauen begegnet worden: Immerhin könnten ja auch die positiven Bewertungen der Draufsicht im ersten Experiment sich aus besonderen Umständen erklären lassen, zumal sie in der gesamten Forschung völlig isoliert stehen. Kepplinger überprüfte die Befunde zum "Umkehreffekt" (Kepplinger 1987, 125ff.) und konnte sie nicht bestätigen, er fand weder einen Umkehreffekt noch eine Art von Induktion durch die vorhergehende Perspektive. Vielmehr ähnelte der bleibende Eindruck jeder Abfolge dem Eindruck, den eine ungeschnittene Fassung in der jeweils letztgezeigten Perspektive hinterließ. Die jeweils letzte Perspektive dominierte den Gesamteindruck: "Den günstigsten Eindruck vermittelte der Film, der den Redner zunächst aus der Augenhöhe und dann aus der starken Untersicht zeigte. Hierbei handelte es sich zugleich um jene Schnittfolge, die in der Fernsehbe – richterstattung über Redner besonders häufig angewandt wird" (ebd., 134).

Nun läßt sich in der neueren US – amerikanischen Forschung feststellen, daß ein zunehmendes Interesse daran besteht, Ansätze zu finden, die sich auf die Kom – plexität audiovisuellen Materials insgesamt beziehen (z.B. Rimmer 1986, Thorson u.a. 1985, siehe zum folgenden v.a. den zusammenfassenden Bericht Reeves und Thorson 1986). Die Reduktion auf einzelne Elemente zerstöre zugleich den ei – gentlichen Gegenstand des Interesses: "Although there may be some experimental advantage in making a complex stimulus more pure, the purified stimulus is no longer television" (Reeves/Thorson 1986, 350). Mit Hilfe von EEG – und Reaktionszeit – Messungen, sowie der Skalierung von Zustimmung mittels Potentiometer – Einstellung kamen Reeves und Thorson mit ihren Mitarbeitern zu teilweise überraschenden Ergebnissen, die künftiger empirischer Medienwirkungs – forschung wichtige Impulse geben werden. So stellten sie unter anderem fest, daß sowohl die Zustimmungs – als auch die Aufmerksamkeits – Rate bei ihren Ver – suchspersonen rhythmisch strukturiert waren: "70 % of the variance in dial values (of "liking", Zustimmungs – Rate; J.S. – S.) can be predicted by responses that are separated by just 1 minute", und sie kommen zu dem Schluß: "If response values at any particular time point are significantly related to prior time points, then examining relationships between these responses and the stimulus could be se – riously misleading" (ebd., 352). Ein zweites Ergebnis gerade dieser Testreihe war: Der Grad der Anteilnahme ("involvement") – gemessen als hohe Zustimmung und niedrige Alpha – Wellen – Werte im EEG – an einer bestimmten "message" führt nicht dazu, daß diese besser in Erinnerung behalten wird. Im Gegenteil war die Erinnerungsleistung dann am besten, wenn die getestete "message" auf filmisches Material erst folgte, das mit besonderer Anteilnahme wahrgenommen wurde: "A practical prescription for getting attention would be to follow inter−esting material, but be followed by something dull" (ebd., 353).

Die Forderung der Filmtheorie, die Wirkung audiovisuellen Materials als kom−plexe Funktion der Gliederung in der Zeit zu betrachten, erscheint bei Reeves und Thorson als Resultat ihrer empirischen Forschungen. Welche Folgerungen sind nun daraus zu ziehen? Für die empirische Forschung besteht entweder die Möglichkeit, sich auf das Unterfangen einzulassen, hochkomplizierte Ver−suchsanordnungen zu entwerfen, die in der Lage sind, einzelne Parameter im komplexen Umfeld zu isolieren und zugleich hinsichtlich indvidueller Rezeptionsdispositionen zu differenzieren, oder aber sich multivariablen und ma−kroskopischen Ansätzen zuzuwenden, wie sie auf anderen Gebieten der Wahrnehmungsphysiologie und −psychologie derzeit erprobt werden (als neue Perspektive der Kommunikationswissenschaft erwähnt dies auch Maletzke 1988, 103ff. und 117ff.). Generell scheint zu gelten: Einerseits wird durch zunehmende Kenntnisse über die Wahrnehmungsprozesse deren Beschreibung zu einem immer umfassenderen, auch problematischeren Unterfangen, andererseits wird deutlich, daß die Steuerung dieser Prozesse durch das Individuum mittels Komplexitätsre−duktion erfolgen muß, so daß weniger die Erforschung weiterer Einzelheiten als vielmehr das Studium dieser Reduktionsprozesse als die aktuelle Herausforderung begriffen wird (Kelso/Kay 1987, 4). Dies führt andererseits die Me−dienwissenschaft vor die Aufgabe, Fragestellungen und Analyseverfahren zu ent−wickeln, die in der Lage sind, Hypothesen über die wirkungsvolle Gestaltung audiovisuellen Materials zu formulieren.

IV. Sympraxis: Zeichengelenktes Mitmachen

Die folgenden Überlegungen stützen sich weitgehend auf Erkenntnisse, die Rolf Kloepfer und seine Mitarbeiter/inn/en im Mannheimer Forschungsprojekt "Äs−thetik in den Medien" erarbeitet haben. Sie können selbst nicht den Anspruch erheben, Wirkungsforschung bereits zu leisten, gleichwohl scheinen die hier mit−tels Medienanalyse am Werbespots entwickelten Begriffe und Gestaltungsele−mente durchaus geeignet, die Hypothesenbildung der Medienwirkungsforschung voranzubringen. Winfried Schulz warnt vor Untersuchungen, "die allein auf der Basis von medienanalytischen Daten Aussagen über Medienwirkungen formulie−ren. Selbst wenn es eine theoretische Begründung für die Schlußfolgerung vom Inhalt einer Mitteilung auf ihre Wirkung gibt, hat eine solche Schlußfolgerung nur den Charakter einer Hypothese, die es eigentlich zu überprüfen gälte" (Schulz 1986, 115f.). Freilich können Kloepfers Theorien erstens zu einer Präzi−sierung des Begriffs von 'Wirkung' beitragen und zweitens gestalterische Merk−male isolieren helfen, denen ein bestimmtes Wirkungspotential zunächst hypothetisch zugesprochen werden kann.

Kloepfer geht aus von einer − wohl nicht unberechtigten − Kritik an kom−munikationstheoretischen Modellen. Sie erfaßten nicht die tatsächlichen Möglich−keiten der Medien: "Das Zentrum der Medien − die Gestaltung der Botschaften − wird als 'black box' behandelt und nicht erforscht." Damit werde eine der wichtigsten Prämissen der Massenkommunikation verkannt, die Kloepfer unter Berufung auf Wilhelm Humboldt so formuliert: "Man kommuniziert nicht Inhalte, sondern erweckt im Anderen dessen Vermögen, um ihn zu inneren Handlungen zu bewegen" (Kloepfer 1987b)[2].

Kloepfers Theorie macht die Wirkung und das Wirkungspotential der Gestaltung audiovisuellen Materials zum zentralen Forschungsgegenstand. Das ist in dieser

Konsequenz ein durchaus neuer Ansatz. Um ein begriffliches Instrumentarium zu seiner Bearbeitung bereitzustellen, führt Kloepfer den Begriff der Sympraxis ein und beruft sich auf die Zeichentheorie von Charles Sanders Peirce, die auf dem Weg über den Aspekt des "Interpretanten" die Bewußtseinsmodifikation zum Element des Zeichenprozesses selbst macht. Nur auf dieser theoretischen Basis – so scheint es – ist die theoretische Forderung ableitbar, daß die Rezeption von Zeichen als Enkodierung (als aktiver Prozeß) und zugleich als Wirkung (im Sinne eines 'habit – change') begriffen werden kann. Kloepfer nutzt Peirces Triade von Zeichenkörper, Vorstellungsobjekt und Interpretant, um seinerseits ein dreidimensionales Kategorienraster zu entwerfen, das ihm die Klassifikation seines Materials, der Werbespots, erlaubt[3]. Die drei Dimensionen sind Mimesis, Vertex – tung, Sympraxis. Unter dem mimetischen Aspekt versteht Kloepfer den Objekt – bezug der Darstellung, hinsichtlich dessen er fünf Stufen unterscheidet: Der Gegenstand (im Falle des Werbespots in der Regel das Produkt, für das gewor – ben wird) kann (1) sachlich präsentiert sein, ihm können audiovisuell Attribute beigelegt werden, so daß die Darstellung (2) bedeutungsvoll wird (Der Käse – ist – kremig). (3) Lebensnah wird die Darstellung, wenn das Produkt in eine Alltagssituation plaziert wird, (4) kulturvoll, wenn es eine historische Dimension erhält (Der Käse – wird noch so hergestellt wie zu alten Zeiten – oder mit den modernsten Methoden o.ä.). (5) Imaginativ kann dies noch in 'mögliche Welten' erweitert werden (Der Schokoladenkeks als Himmelserscheinung). – Die Vertextung kann (1) einheitlich sein, auf den verschiedenen Vertextungsebenen weitgehend identische, im Grunde redundante Eindrücke bieten (man zeigt – den Käse – blendet den Markennamen ein und läßt diesen gleichzeitig von einem gemischten Chor absingen). Dynamisch (2) aufgeladen ist die Vertextung, wenn die Zeichenebenen auseinandertreten (der Chor preist – das Putzmit – tel –, während dessen Nutzen – Lichteffekte auf dem Linoleum – gezeigt wird). (3) Vielfältig und (4) komplex wird die Vertextung wenn die spezifisch audiovisuellen Möglichkeiten (Perspektive, Zoom, Montage) in zunehmendem Maße auch heterogen genutzt werden und sich von den Objekt emanzipieren; (5) reflexiv wird sie, wenn diese selbst zum Gegenstand werden. – Die sympraktische Ebene gliedert Kloepfer wie folgt: (1) Neutral sind Darstellungen, die außer der Zeichenrealisation keine Zuschauerbeteiligung erfordern. (2) An – sprechend nennt Kloepfer Spots, die den Zuschauer emotional anrühren (der kleine Junge ist so 'süß'), (3) erlebnisreich wird die Sache, wenn das Geschehen zielgerichtet ist und mit Affekt besetzt werden kann (wie der süße kleine Junge sich quält, um den Fleck aus seinem Hemd zu wischen!). Gelingt es, eine in sich spannende und eine Gesamtfigur ergebende Abfolge von Sympraxen zu erstellen, so nennt Kloepfer dies (4) faszinierend. (5) Umwerfend wäre der Spot, der fasziniert und zugleich unerlöst zurückläßt. Hier bringt Kloepfer das Beispiel eines Spots von Phil Marco, der für Drogenberatung wirbt. Die Kamera fährt an der Oberfläche eines liegenden Körpers entlang – während eine Stimme in suggestivem, warmem Tonfall erzählt, zeigen der Gegenstand der Erzählung, Heroin, und das kalte, grünstichig werdende Licht, daß es sich möglicherweise um eine Leiche handeln könnte. Der Spot endet mit dem Schock, daß der Wa – gen mit dem Körper in das schwarze Fach des Leichenkühlraums fährt.

In Kloepfers und Landbecks Analyse eines preisgekrönten Spots der Firma Langnese geht es insbesondere um die narrativen Strukturen des 120 Sek. langen Spot. Eine besondere Rolle spielt dabei die Schnittfolge, der Rhythmus des Spot. Auf 120 Sek. finden sich 73 Einstellungen (durchschnittliche Länge 1,64 Sek. Zur Erinnerung: Merdian vermutete, seine Einstellungslängen von 48 Sek. seien möglicherweise zu kurz gewesen). Darunter sind 6 Plansequenzen, also einzelne Einstellungen, die eine ganze Sequenz, eine Handlungseinheit umfassen, von 1,8 bis 6 Sek. Dauer. In diesen Zeiträumen werden komplette kleine Geschichten präsentiert ("mini – récits"). Diese sind eingebettet in rasante Schnittfolgen, "des sequences rapides dont on peut à peine saisir le contenu". Die Möglichkeit eines solchen Spot beruht auf der Annahme, die Zuschauer seien in der Lage und gewöhnt, aus diesem Feuerwerk an Eindrücken und Geschichten einen Sinn zu synthetisieren. "Nous apprenons par la structure du spot plusieurs scènes impressionistes pour en faire une historie complète après nous étre appropriés intuitivement de la compétence requise, à force d'avoir vu et revu toutes ces histoires en une seule scène" (Kloepfer/Landbeck 1987).

Medienwirkung wird mit Kloepfers Kategoriensystem beschreibbar als Wech – selwirkung von Objektbezug, Vertextung – "repräsentischer" bzw. "kinemato – grafischer Ebene" bei Moeller – und dem zeichengelenkten Aktivierungsgrad auf seiten der Zuschauer. Diese Aktivierung ist bei Kloepfer Funktion innerer An – teilnahme. Unter Werbe – Wirkung wird hier nur noch mittelbar die Kauf – entscheidung verstanden. John Sinclairs These, die wichtigste Leistung der Wer – bung sei es, Werbung selbst als akzeptabel durchgesetzt zu haben (Sinclair 1987), fände gewiß Kloepfers Zustimmung. Er prognostiziert eine weltweit steigende Dichte auf der Vertextungsebene und eine zunehmende sympraktische Zuschau – eraktivierung ("Ästhetisierung"), und seine Daten scheinen diese Prognose zu bestätigen. Die Entwicklung der Werbeästhetik sieht er als Indikator einer generell zunehmenden Ästhetisierung der Medienprodukte. Deren entscheidende gesellschaftliche Wirkung liegt dann darin, an diese Ästhetisierung selbst zu gewöhnen und sie zum Maßstab der Wahrnehmung und des Selbstbilds des Menschen zu machen. Die Forderung, die von dieser Entwicklung aus an Film – und Fernsehproduzenten ergeht, lautet: "Macht Filme wie komplexe Werbespots!" (Kloepfer 1987a)

V. Emotionalisierung als übergreifende Wirkungsstrategie

Kloepfer beschreibt den Einsatz von Zeichen, bei dem ihre sympraktische Funktion gezielt eingesetzt wird, weniger als "Mittel zur Evokation von Wissen im Bewußtsein der Kommunikanten (...) denn (als) Mittel, um Bewußt – seinshandlungen zu ermöglichen" (Kloepfer 1987). Der Begriff der Bewußt – seinshandlungen ist der Stachel, der künftige Forschungen geradezu provozieren kann, und zugleich deren selbstgesteckte Grenze. Kloepfer scheint mit der Sym – praxis einen Begriff entwickelt zu haben, der es ermöglicht, Handlungen zu beschreiben und zu erklären, die durch bestimmte Gestaltungsmittel medialer Produkte induziert werden. Indem er die induzierten Handlungen aber (mit Peirce) vor allem als Handlungen im Bewußtsein beschreibt, verschließt er sich selbst weitere Bereiche induzierter Handlungen und isoliert sich von einschlägigen Forschungen. Er beschränkt sich damit auf überwiegend kognitiv bestimmte Phänomene, nicht anders als die Kommunikationswissenschaften, denen er die Beschränkung auf Medieninhalte vorhielt.

Die emotionale Wirkung von Medienprodukten ist dabei sowohl seit längerem von der empirischen Kommunikationswissenschaft beachtet (z.B. Sturm u.a. 1982) als auch zum Gegenstand filmtheoretischer Untersuchungen geworden (z.B. Mi – kunda 1986).

Mikunda geht in seiner Theorie von den Strategien der emotionalen Filmge – staltung stark von der Produktionsperspektive aus. Allerdings untermauert er seine Argumentation, indem er Befunde der Wahrnehmungsphysiologie und – psychologie breit diskutiert und zu seinen filmanalytisch gewonnenen Ergeb – nissen in Beziehung setzt. Zweck seiner Theorie ist, das Regelwerk transparent zu machen, das sich historisch herausgebildet hat und weiterentwickelt, und mit – tels dessen die Filmleute in der Lage sind, "dieses oder jenes Phänomen emo – tionaler Wirkung in Szene zu setzen. Aus diesem Grund kann man (...) von einer auf emotionale Aktivierung abzielenden Syntax sprechen, einer emotionalen Filmsprache, die parallel zur erzählenden Sprache des Films existiert" (Mikunda 1986, 15). Drei Anmerkungen sind hier nötig: Zum einen müßte auf der Grundlage der Arbeit von Möller – Naß Mikundas Gebrauch des Begriffs Film – sprache kritisiert werden, zum andern wäre ausführlich zu begründen, inwiefern die am Beispiel des Spielfilms gewonnen Befunde Mikundas auch für andere Medien gelten, z.B. für die Gattungen des Fernsehens außer Spielfilm, Serie und Fernsehspiel, zum dritten verblüfft die Selbstverständlichkeit, mit der Mikunda Gestaltung und Wirkung eng aneinander koppelt. Aber dem Nachweis, wie berechtigt das ist, dient letztlich das gesamte Buch.

Mikunda geht aus von einem Begriff der Spannung, wie er bei Arnheim ent – wickelt ist. Der ästhetische, der visuelle Eindruck ist so zunächst ganz auf seine physiologischen Grundlagen zurückgeführt. Dadurch aber ist zum einen gewähr – leistet, daß die Argumentation an keiner Stelle ins Ungefähr abgleitet, sondern immer wieder an biologische Tatbestände gekoppelt wird; zum andern werden hier die Gründe eines verbreiteten Schlusses sichtbar: Die Betrachter ordnen die eigene physiologische Reaktion dem Betrachteten als Merkmal zu. Dieser Wahr – nehmungs – und Erkenntnisreflex macht sowohl korrekte Wahrnehmungen als auch optische Täuschungen überhaupt erst möglich. Dabei ist freilich die phy – siologische Wahrnehmung durch erlernte Erwartungen gesteuert. Mikunda kom – mentiert das Beispiel der induzierten Spannung: Ordnet man graphisch Kreise in einem Quadrat, so scheinen diese je nach ihrer Lage auf der Fläche zu ruhen oder in eine Richtung zu streben. Liegt ein Kreis z.B. etwas exzentrisch, so scheint es, als verfüge er über eine innere Bewegungstendenz zu der nächstlie – genden Seite des Quadrats; liegt er nah zu einer Seite, so scheint er umgekehrt wieder dem Mittelpunkt zuzustreben.

Das Ideal eines Gleichgewichts, auf das hin diese Spannung drängt, ist – so wäre zu ergänzen – kulturell und historisch bedingt. Wird es in der jeweiligen Gestaltung erreicht, so erscheint das Dargestellte als spannungsfrei. Die Kunst der Spannungserzeugung besteht darin, mehrere oder viele Gegenstände im Bild so anzuordnen, daß immer, wenn das Auge einen bestimmten Gegenstand erreicht hat, dort ein neues dynamisches Spannungsfeld den Blick weiterleitet auf den nächsten Gegenstand. Mikunda erläutert in Anlehnung an Neisser:

"Die Hauptaufgabe des kognitiven Schemas, also der verinnerlichten Skizze des *zu erwartenden Wahrnehmungseindrucks*, besteht darin, die unwillkürlichen Erkundungsbewegungen des Kopfes und der Augen zu steuern (...) Unsere Augen erkunden die Spannungsmuster gewissermaßen zielgerichtet, sie spüren unwillkürlich einem Effekt nach, weil eben gerade dieser (...) Lauf der Augenbewegungen immer schon sehr erfolgreich gewesen war, um uns inten – sive Spannungsmuster spürbar zu machen" (Mikunda 1986, 67; Herv. J.S. – S.).

Die gezielte Störung des optischen oder akustischen Gleichgewichts erzeugt Spannung. Im audiovisuellen Material gibt es eine Vielzahl von Gestaltungs – mitteln, derer man sich bedienen kann, um solche Störungen hervorzurufen. Dazu sollen einige Beispiele vorgestellt werden.

Eine spannungsgemäße Auswahl und Formung der Objekte selbst nennt Mikunda "Emotionales Design". Unter diese Kategorie faßt er auch die Kamerawinkel. Frosch – und Vogelperspektive sind spannend, insofern sie außergewöhnliche

Ansichten vertrauter Formen präsentieren. Die perspektivische Verzerrung unterliegt im Wahrnehmungsprozeß einer Entzerrungstendenz: Erste Wahrnehmungssplitter werden sofort zu einer Wahrnehmungshypothese umgebildet, die dann eine Rekonstruktionsstrategie steuert, die ihrerseits die scheinbar falschen Merkmale der Form zu korrigieren sucht (ebd., 84ff.). Die Aussage der Kameraleute, die Kepplinger befragte, findet hier ihren Rückhalt. Die relativ spannungsfreie Perspektive aus Augenhöhe ermöglicht eine ruhigere Wahrnehmung, die eher zu einem positiven Eindruck im Sinne der semantischen Differentiale der Wirkungsforscher zu führen vermag. Zu beachten ist freilich, daß die Aufmerksamkeitsleistung der Zuschauer durch andere, spannungserzeugende Mittel auch geweckt werden soll – durch einen Perspektivewechsel z.B., und daß andere Darstellungsstrategien die gleichen Mittel zu anderen Zwecken einsetzen können. Möller–Naß' Einwand gilt nach wie vor: Die syntaktischen Einflüsse bestimmen die Realisierung eines bestimmten Aspekts des semantischen Potentials der angewandten Mittel. – Dies gilt insbesondere für Orientierungs– und Abwehrreflexe:

"Die erregende Wirkung des Reizwechsels ist Ausdruck einer reflexartigen Reaktion des Zuschauers. Dabei handelt es sich um ein entwicklungsgeschichtlich sehr altes Verhaltensmuster, das ursprünglich – in prähistorischer Vorzeit – dem Überlebenskampf der Individuen (sic!) diente. Es ermöglichte eine rasche Reaktion auf verdächtige Bewegungen und unerwartete Geräusche. Diese konnten Hinweise auf potentielle Nahrungsquellen (jagdbare Tiere) oder auf die Bedrohung durch andere Lebewesen sein. Reflexartig wandte sich das Individuum diesen Reizen zu, während sein Organismus für den möglichen Ernstfall (Flucht, Angriff) automatisch alle seine Energien aktivierte. Dieser Energiestoß wird als emotionaler Gefühlszustand erlebt. Weil das Verhaltensmuster zu einer blitzschnellen Einschätzung der Situation verhilft, bezeichnen Psychologen es als Orientierungsreflex" (Mikunda 1986, 123).

Mit den Mitteln des Reizwechsels, z.B. durch schnelle Schnitte, durch das Vorbeihuschenlassen von Schemen im Bildvordergrund u.a.m. kann dieser Reflex ausgelöst werden. Im sicheren Kino oder Fernsehsessel wird er zum lustvoll erlebten Effekt. Neuheit und Unerwartetheit steigern ihn, während Gewöhnung abstumpft: Deshalb müssen die Reize ständig variiert werden. Freilich können sie einen bestimmten mittleren Reizbereich nicht übersteigen, ohne Verteidigungsreaktionen auszulösen. Auch solche Abwehrreaktionen aber können gezielt eingesetzt werden. Berlynes oft bestätigte Theorie der Aktivierungsspitzen besagt, daß "der Rückgang einer allzu starken Aktivierung – die Lösung der Spannung – als angenehm empfunden wird (...). Der unangenehme Reiz wird in Kauf genommen, weil er die erwartete Belohnung, den Aktivierungsrückgang, ankündigt" (ebd., 145). Diese Belohnung ist konventionell, mit ihr zu rechnen eine erlernte Verhaltensweise: "Vitouch bemerkt: 'Man könnte das so umschreiben, daß Emotion dann angenehm ist, wenn wir das Gefühl haben, Herr der Situation zu sein.' (...) Die Situation im Kino erfüllt die Voraussetzungen für solche beruhigenden Rezeptionsbedingungen. So wird die Filmrealität als bloß quasiwirklich erlebt, der man sich bereitwillig und gerne aussetzt" (ebd.). Dies gilt auch für Effekte wie die "Induzierte Bewegung", eine Körperreaktion, die die bewegten Muster der visuellen Wahrnehmung auf der Netzhaut nicht anders interpretieren kann, denn als Eigenbewegung. Dieser Effekt ist vielfach eingesetzt worden (etwa von Kubrick bei dem berühmten Flug durch das Sternentor in *2001*, aber auch im Vorspann der *Schwarzwaldklinik*). Er funktioniert am besten auf riesiger Leinwand, aber auch der heimische Bildschirm erlaubt die Bewegungsempfindung, denn man "akzeptiert jenen Teil der wahrgenommenen Wirklichkeit als seine augenblickliche Umgebung, auf den man die Aufmerksamkeit besonders konzentriert" (ebd., 154). Ähnlich wie die optischen Fließmuster beeinflußt auch rhythmische Bewegung körperliche Reaktion. Alle Abläufe im menschlichen Körper sind rhythmisch strukturiert und durch äußere Rhythmen beeinflußbar. Daher ist Rhythmus in Ton, Schnitt, Bewegung im Bild ein ent – scheidender, gliedernder Faktor, der motorische Impulse auszulösen vermag, die einander überlagern und daher mit erhöhter Energie den Rhythmus der Körperfunktionen mit sich fortreißen.

Es fällt nicht schwer, hier die nötige Ergänzung zu Kloepfers "Sympraxis" zu vermuten. Nicht nur Bewußtseinshandlungen vermag die Gestaltung audiovisuellen Materials hervorzurufen, sondern ein Mitmachen im engsten Sinne, eine weitge – hende Steuerung von Körperfunktionen. Der oben zitierte Langnese – Werbespot ist ganz in diesem Sinne gestaltet: Was Kloepfer "Ästhetisierung" nennt, faßt Mikunda unter dem Begriff der "Emotionalen Filmgestaltung". Die Wirkung audiovisuellen Materials ist zunächst körperlich und emotional, sie ruht auf Re – flexen und rhythmischen Reaktionen, einem nicht – bewußten Handeln, ehe sie zu bewußten Reflexionen verarbeitet werden kann.

Auch wenn man Mikundas abschließende Diskussion seiner Theorie auf ihre impliziten soziologischen Prämissen befragen müßte, – ihr Kern müßte festgehalten zu werden: "intensive Körpergefühle (führen) zu einer gesteigerten Selbst – Wahrnehmung und dadurch zu einer Stärkung (...) der Ich – Identität" (Mikunda 1986, 224).

Das haben die Filmemacher schon lange gewußt (vgl. Kluge 1983, 211f. u.ö.). Aber wenn sich diese Theorie bestätigen ließe, wenn die entscheidende Wirkung audiovisueller Medienprodukte die Stärkung der Ich – Identität sein sollte, und wenn die bestätigten Trends der Gestaltung, "Ästhetisierung" bzw. "Emotionalisierung", auf diese Funktion zugeschnitten sind, dann hat Medienwis – senschaft hier einen Ansatzpunkt für weitgespannte Forschung, für Analyse und Kritik. Medienwirkung wäre dann einzubetten in die sozialhistorische Identitäts – forschung von Goffman bis Bourdieu, von Sève bis R.W. Müller. Deren ent – scheidende Fragen lauten immer wieder, auf welche Weise Identitätsbewußtsein entsteht und wozu es in der gegenwärtigen Gesellschaft benötigt wird. Ohne einer solchen Diskussion vorzugreifen, können doch einige Aspekte aufgezeigt werden: Wenn z.B. Fernsehen zur Stärkung der Ich – Identität beiträgt, so müßte ein Großteil der wissenschaftlichen und der Feuilleton – Fernsehkritik neu gesichtet werden. Die Vielseher – Forschung etwa müßte um eine entscheidende Dimension erweitert werden, um eine so weitgehende These auf die Probe zu stellen. Vermutlich böte ein kompensationstheoretischer Ansatz hier Hilfestellung bei der Präzisierung von Hypothesen, wie: Je geringer die Orientierungs – und Eingriffsmöglichkeiten der Zuschauer in ihre gesellschaftlichen Lebensbedingun – gen, je größer also die Identitätsgefährdung, desto mehr sind sie auf andere, auf fiktionale, medienvermittelte Chancen zur Identitätsstärkung angewiesen. Aber mehr noch: Auf der Grundlage welcher Gesellschaftstheorie ließe sich der zu vermutende Zusammenhang von Ich – Identität und Massen – Kommunikations – Medium fassen? Müßte dann nicht auch die Diskussion um den Begriff der Masse für eine Theorie der Massenkommunikation neu aufgegriffen werden? Denn die bloße Dispersität des Publikums reicht hier für eine Definition nicht mehr aus. Medienwissenschaftliche Überlegungen können solche Diskussionen anregen und unterstützen. Kloepfers Kategorie der "Ästhetisierung" etwa könnte in enge Beziehung zu dem benjaminschen Begriff der "Ästhetisierung der Politik" treten, Mikundas Theorie der Emotionalisierung könnte einen Schlüssel der Propagandawirkung abgeben, wenn man die Entstehung von Masse aus dem Rhythmus zu erklären versuchte.

Medienwissenschaft kann sich einen Anspruch auf das Erbe der kritischen Literaturwissenschaft erarbeiten.

Anmerkungen

1 Vgl. den Enquête – Bericht Schulz und Groebel 1986. Erste Informationen zum Thema findet man bei Scharf 1988. Winterhoff – Spurk 1986 gibt einen populär gehaltenen, kundigen Überblick, Standardtexte zur Einführung bietet Burkart 1988, Grabowski – Gellert 1986 eine Literaturanalyse; die umfassendste deutschsprachige Arbeit aber ist wohl Schenk 1987.
2 Ich zitiere die Schriften Kloepfers nach den mir vorliegenden Typoskripten.
3 Am ausführlichsten hat Kloepfer diess entfaltet in Kloepfer 1985 und 1987a; vgl. auch den Beitrag von Kloepfer in diesem Band.

Bibliographie

R. Burkart (Hrsg.) 1987: Wirkungen der Massenkommunikation. Wien
W. Faulstich 1983: Was heißt Kultur. Aufsätze 1972 – 1982. Tübingen
B. Frank 1987: Die verwandelte Fernsehlandschaft. Frankfurt
W. Früh/K. Schönbach 1987: Der dynamisch – transaktionale Ansatz. In: Burkart 1987, S. 86 – 100
J. Grabowski – Gellert 1986: Filmpsychologie. Eine Literaturübersicht. Mannheim
H. Heuer/A.F. Sanders (Hrsg.) 1987: Perspectives on Perception and Action. Hillsdale/New York/London
J.A.S. Kelso/B.A. Kay: Information and Control. A Macroscopic Analysis of Perception – Action Coupling. In: Heuer/Sanders 1987, S. 3 – 32
H.M. Kepplinger 1979: Ausgewogen bis zur Selbstaufgabe? In: Media Perspektiven (1979), H. 11, S. 750 – 755
H.M. Kepplinger 1987: Darstellungseffekte. Experimentelle Untersuchungen zur Wirkung von Pressefotos und Fernsehfilmen. Tübingen
R. Kloepfer 1985: Mimesis und Sympraxis. Zeichengelenktes Mitmachen im erzählenden Werbespot. In: R. Kloepfer/K. – D. Möller (Hrsg.): Narrativität in den Medien. Münster, S. 141 – 181
R. Kloepfer 1986: Le spot publicitaire. In: Lettre Internationale (1986), Nr. 8, S. 55 – 58
R. Kloepfer/H. Landbeck 1987: Sympraxis et publicité. L'art audiovisuel appliqué ou la puissance de l'ersatz. In: MANA 7 (Mannheim)
R. Kloepfer 1987a: Sympraxis – Semiotics, Aesthetics and Consumers' Participation. In: J. Umiker – Sebeok und Th.A. Sebeok (Hrsg.): Marketing and Signs. Berlin, S. 123 – 148
R. Kloepfer 1987b: Gleichschaltung aus ästhetischem Zwang? In: Werner Maihofer (Hrsg.): Europa im Wandel. Florenz
A. Kluge (Hrsg.) 1983: Bestandsaufnahme Utopie Film. Frankfurt
M. Loiperdinger 1988: Rituale der Mobilmachung. Opladen
G. Maletzke 1988: Kulturverfall durch Fernsehen? Berlin
L.M. Mandell/D.L. Shaw: Judging People in the News – Unconsciously. In: Journal of Broadcasting 17 (1973), S. 353 – 362
Th.A. McCain u.a. 1977: The Effect of Camera Angle to Communicator Credibility. In: Journal of Broadcasting 21 (1977), S. 35 – 46
F. Merdian 1986: Zur Konnotation der Einstellungsperspektive. In: Communications 13 (1986), S. 7 – 25
K. Merten 1983: Wirkungen der Medien im Wahlkampf. In: W. Schulz /K. Schönbach (Hrsg.): Massenmedien und Wahlen. München, S. 424 – 441
Chr. Mikunda 1986: Kino spüren. München

K. – D. Möller – Naß 1986: Filmsprache. Münster

N. Postman 1983: Das Verschwinden der Kindheit. Frankfurt

N. Postman 1985: Wir amüsieren uns zu Tode. Frankfurt

B. Reeves/E. Thorson 1986: Watching Television. In: Communication Research 13 (1986), S. 343 – 361

K. Renckstorf 1987: Neue Perspektiven der Massenkommunikationsforschung. In: Burkart 1987, S. 57 – 85

T. Rimmer 1986: Visual Form Complexity and TV News. In: Communication Research 13 (1986), S. 221 – 238

W. Scharf 1988: Politisch überfordert. Kleiner Gang durch die Medienwirkungsforschung. In: Medium 18 (1988), H. 2, S. 17 – 20

M. Schenk 1987: Wirkungsforschung. Tübingen

W. Schulz u.a. 1976: Die Bedeutung audiovisueller Gestaltungsmittel für die Vermittlung politischer Einstellungen. Grünwald

W. Schulz 1982: Ausblick am Ende des Holzwegs. Eine Übersicht über die Ansätze zur neuen Wirkungsforschung. In: Publizistik 27 (1982), S. 49 – 73

W. Schulz/J. Groebel (Hrsg.) 1986: Medienwirkungsforschung in der Bundesrepublik Deutschland. Weinheim

W. Schulz 1986: Medienanalyse (Inhaltsanalyse) und Wirkungsforschung. In: Schulz/Groebel 1986, S. 111 – 116

J. Sinclair 1987: Images Incorporated. Advertising as Industry and Ideology. London/Sidney

H. Sturm 1986: Die grandiosen Irrtümer des Neil Postman. In: epd. Kirche und Rundfunk (1986), Nr. 71, S. 3 – 14

H. Sturm/P. Vitouch/H.H. Bauer/M. Grewe – Partsch 1982: Emotion und Erregung – Kinder als Fernsehzuschauer. Eine psychophysiologische Untersuchung. In: Fernsehen und Bildung 1982, S. 11 – 114

E. Thorson/B. Reeves/J. Schleuder 1985: Message Complexity and Attention to Television. In: Communication Research 12 (1985), S. 427 – 454

P. Winterhoff – Spurk 1986: Fernsehen. Psychologische Befunde zur Medienwirkung. Bern/Stuttgart/Toronto

Karl Prümm

Intermedialität und Multimedialität

Eine Skizze medienwissenschaftlicher Forschungsfelder

Verwirrende mediale Vielfalt gehört zu den wiederkehrenden Motiven in den mitreißenden Gegenwartstableaus der höchst erfolgreichen 'postmodernen' Essay – istik. Bei Jean – François Lyotard heißt es etwa überschwenglich: "Wichtig an einem Text ist nicht seine Bedeutung, also das, was er sagen will, sondern was er macht und machen läßt. Was er macht: die Affektladung, die er zurückhält und weitergibt; was er machen läßt: die Verwandlung dieser potentiellen Ener – gien in Anderes: andere Texte, aber auch Gemälde, Fotos, Filmsequenzen, poli – tische Aktionen, Entscheidungen, erotische Eingebungen, Befehlsverweigerungen, ökonomische Initiativen" (nach Bürger/Bürger 1987, 122).

Mediale Transformationen sind ein wesentlicher Garant jener Dynamik, auf die es Lyotard ausschließlich ankommt. Sie verhindern den Stillstand, der auch die Textbedeutungen fixieren würde, beschleunigen den "Taumel der Signifikanten", das unübersehbare Spiel der Beliebigkeiten, sie gewährleisten Dissoziation und Heterogenität.

Ein so berauschendes Panorama erscheint Teilen der Literaturkritik und einigen, sie sekundierenden Fraktionen der Literaturwissenschaft dagegen als schieres Katastrophengemälde. Was dort Begeisterung auslöst, ist hier der Anlaß zu Trauergesten, zur Klage über das Versinken von 'Bedeutung' in der Flut der Medienangebote, über das Schwinden der Sinne, über den Verlust von Wahr – nehmungs – und Lesefähigkeit. Der reduzierte Blick auf das Medium Buch wird hier als Akt des Widerstandes gegen zerstörerische Beschleunigungen begriffen. Beschreibung und Wertung ignorieren schlichtweg die Verwandlungen der Schrift in "Anderes", um so, freilich vergeblich, das kontemplative Buch seiner rasanten Konkurrenz zu entziehen.

Zwischen diesen beiden extremen Polen müßte eine Medienwissenschaft agieren, die das intermediale Beziehungsgefüge als einen ihrer zentralen Forschungsge – genstände bestimmt. Eine so ausgerichtete medienwissenschaftliche Praxis über – schreitet folgerichtig die isolierte Textualität eines verabsolutierten Mediums und wendet sich dem zu, was Julia Kristeva den "Vorgang der Intertextualität" genannt hat, die "Transposition eines Zeichensystems (oder mehrerer) in ein anderes" (Kristeva 1978, 69).

Damit ist der dynamischen Prozeßhaftigkeit, der unablässigen Bewegung der "Textenergie", die Lyotard so berauschend darstellt, Rechnung getragen, ohne daß die Textbedeutung als obsolet und antiquiert verabschiedet wird. Zu dokumen – tieren wäre vielmehr, und zwar mit dem historiographischen Genauigkeitsanspruch der traditionellen Literaturwissenschaft, wie die immer beschleunigteren Transpositionen in immer vielfältigere mediale Verzweigungen die Bedeutungs – konstitution entscheidend verändern. Zu beschreiben und zu analysieren wären die Voraussetzungen, Abläufe und Konsequenzen der "Intertextualität", die Ver –

wandlung der Texte in "Anderes". Es ist an der Zeit, daß die Medienwissenschaft nun endlich Brechts prägnante Formulierungen aus dem Jahre 1931 als Her – ausforderung annimmt: "Der Filmesehende liest Erzählungen anders. Aber auch der Erzählungen schreibt, ist seinerseits ein Filmesehender. Die Technifizierung der literarischen Produktion ist nicht mehr rückgängig zu machen" (Brecht 1967, 156). Provokativ schreibt Brecht gerade den "neuen Apparaten" des Films eine Avantgarde – Funktion für die "alten Künste" zu. Was das revolutionäre Sehen des neuen Mediums längst repräsentiert, muß der zurückgebliebene Roman durch eine Technifizierung seiner 'Übermittlungsformen' erst einmal nachvollziehen.

Schreiben müsse, so Brecht, "den Charakter des Instrumentebenützens" annehmen. Kaum weniger provokativ ist damit zugleich ein neues Modell einer intermedia – len Historiographie postuliert. Eine entscheidende Voraussetzung dieses verän – derten Blicks auf Gegenwart und Geschichte ist die Aufwertung des technischen Aspekts der Künste, die Rehabilitierung ihres "physischen Teils", die Brecht ähnlich nachdrücklich wie Paul Valéry und der an ihn anschließende Walter Benjamin vollzieht (Benjamin 1963, 9). Selbst die individuelle "Schöpfung" (Brecht), die "Intervention" (Valéry) wird von dieser "Materialität" nicht ausge – nommen, die folgenreichste Konsequenz der in das Spektrum der Künste eintretenden technischen Medien Fotografie und Film. Keine hierarchische Abgrenzung und kein sich ausschließendes Gegeneinander nimmt Brecht an, sondern eine die jeweilige mediale Entwicklung intermittierende Gleichzeitigkeit, ein komplexes Ineinander von 'alten' und 'neuen' Künsten. Eine einseitige Angleichung des Überlieferten an die neuen Apparaturen, wie sie die moderni – stische Neue Sachlichkeit forderte, hat Brecht keinesfalls im Auge. Er traut im Gegenteil den Dramatikern und Romanschreibern zu, "zunächst filmischer arbei – ten (zu) können als die Filmleute" und damit ihrerseits die Technifizierung von Produktion und Rezeption aller Medien voranzutreiben (Brecht 1967, 157).

Brechts pointierte Sätze, wiewohl häufig zitiert, sind bislang nur vereinzelt als Anstoß für eine intermediale Forschung aufgenommen worden. 1976 auf dem Düsseldorfer Germanistentag, in der damals aufsehenerregenden Sektion *Literaturwissenschaft/Medienwissenschaft* stellte Horst Meixner unter dem Titel *Filmische Literatur und literarisierter Film* ein *Mannheimer Projekt für Medienäs – thetik* vor (Meixner 1977, 32ff.). Diese Projekt, das schwerpunktmäßig auf die Phase des Expressionismus und auf die Gegenwartsliteratur bzw. den Gegen – wartsfilm ausgerichtet war, blieb – soweit ich sehe – unausgeführt. Meixners Problemskizze führt zwei Grundschwierigkeiten intermedialer Reflexion vor Augen.

Zum einen die Schwierigkeit, Prozesse und Veränderungen innerhalb eines Me – diums als Resultate einer 'Intertextualität', eines intermedialen Zusammenhangs eindeutig zu identifizieren (Meixner erklärt z.B. die Verwendung von Rückblende, figuraler Typisierungen, die Verklammerungstechnik von Rahmen und Binnenhandlung, die Selbstrepräsentation des Mediums im Medium als 'Litera – risierung des Films'), und zum anderen die Gefahr, mit abstrakt – ahistorischen Typologien des 'Filmischen' und des 'Literarischen' zu operieren.

Als Heinz – B. Heller zehn Jahre später – wiederum auf einem Germanisten – kongreß – an die Problematik der Intermedialität anknüpfte, insistierte er zu Recht auf der Historizität und dem "Ensemblecharakter" einer Kategorie des Filmischen, an der sich literarische Produktion jeweils orientiert. "Filmisches Schreiben im literarischen Medium ist also nicht imprägniert zu sehen von technischen Qualitäten des Films 'an sich', sondern von subjektiven Kinowahr – nehmungen des schreibenden Subjekts. Filmisches Schreiben als literaturwissen –

schaftlicher Untersuchungsgegenstand ist deshalb anzusiedeln im Prozeß einer Geschichte des 'Kinos im Kopf' der literarischen Intelligenz, d.h. mit anderen Worten, primär als Element und Faktor einer (...) sozialgeschichtlich rückversicherten Rezeptionsgeschichte" (Heller 1986, 279f.).

Das 'Filmische' als programmatische Kategorie des literarischen Autors ist demnach ein subjektives, von höchst komplexen Faktoren gesteuertes, äußerst labiles, historisch extrem wandelbares Konstrukt. All diese prägenden Faktoren hat eine intermediale Historiographie zu bedenken. Die sozialgeschichtliche Situation und die Kinowahrnehmung des Autors, die ja nicht allein, um Hellers Problemaddition noch zu verlängern, eine Auseinandersetzung mit den jeweiligen technischen und narrativen Standards des Films ist, sondern zugleich auch einen von der historischen Realität gerade abweichenden prospektiven, subjektiven Entwurf darstellt, ein Ausschöpfen der noch nicht realisierten Möglichkeiten des Kinos.

Filmisches Schreiben ist unter solcher Perspektive dann zu definieren als Simulation filmischer Arbeit im nichtfilmischen literarischen Medium, als Kollision dieser subjektiven Kinotheorie mit den strukturellen Voraussetzungen des Romans, der Erzählung oder des Dramas. Diesen Prozeß hat eine intermediale Historiographie analytisch zu durchdringen und zu rekonstruieren, eine höchst komplizierte, aber auch spannende Aufgabe.

Angesichts dieser verwickelten Problemlage scheinen mir nur zwei Grundstrategien möglich, die schiere Beliebigkeit und spekulatives Schweifen quer durch alle Medien verhindern können. Zunächst muß jedoch noch eine weitere Einschränkung vorausgeschickt werden. Die von Brecht so eindringlich beschriebene revolutionäre Veränderung der Lektüre durch den Film, die durch ihn bewirkte Umwälzung literarischer Apperzeption und Wahrnehmung läßt sich rezeptionsgeschichtlich kaum fassen, es sei denn, man begreift den filmisch schreibenden Autor selber als intermedialen Rezipienten (was er ja notwendigerweise auch ist) ebenso wie den vielleicht filmisch sehenden oder wertenden Kritiker. Kurt Pinthus wäre in diesem Sinne als exemplarischer intermedialer Kino-, Literaturund Theaterkritiker neu zu lesen und neu zu porträtieren.

Intermediale Forschung muß sich aber vor allem auf die Produktionsebene konzentrieren. Dabei lassen sich vertikale historische Analysen sinnvollerweise nur an überschaubaren narrativen Einheiten mit medienübergreifenden strukturellen Äquivalenzen leisten. Am Beispiel des 'Krimis' habe ich an anderer Stelle die Umrisse einer solchen intermedialen Genregeschichte angedeutet (Prümm 1986, 367f.).

Das in der Literatur, im Film und im Fernsehen erzählte Verbrechen zeichnet sich durch eine klar erkennbare und doch auch immer wieder variierte narrative Grammatik aus. In diesem eindeutigen Bezugsfeld lassen sich Umbrüche und strukturelle Veränderungen als gegenseitiges Intermittieren sehr verschiedener Medien, ganz im Sinne von Brechts Modell, neu entschlüsseln. So wird ein komplexes Beziehungsgeflecht erkennbar, das für die Entwicklung des 'Krimis' konstitutiv und für seine durchschlagende Wirkung entscheidend ist.

Neben diesen vertikalen historischen Schnitten sind zeitlich eng begrenzte Querschnittsanalysen denkbar, in denen die unterschiedlichen medialen Standards miteinander verglichen und zueinander in Bezug gesetzt werden. Für eine solche Untersuchung würde sich z.B. die Endphase der Weimarer Republik (1929-1933) anbieten mit ihren in den einzelnen Medien stattfindenden Umbrüchen und ihrer ganz spezifischen intermedialen Intensität. Vor einem dramatischen politischen und sozialen Hintergrund vollzog sich hier der Übergang von der hochdifferenzierten Stummfilmkultur zum Tonfilm, der zunächst von der Intelli – genz nahezu einhellig abgelehnt wurde. Bis heute wirksame Theaterexperimente (Piscator, Brecht, Wangenheim), gigantische Romanprojekte (Musil, Broch, Döblin) fallen ebenso in diese Phase wie leidenschaftliche romantheoretische Debatten, wie etwa die Auseinandersetzungen der Linken um den Reportagero – man. Gerade unter dem Signum der medienüberschreitenden Reportage (Presse, Rundfunk, Literatur, Film) lockern sich die Mediengrenzen. Brecht versucht in dieser Zeit, sich als multimedialer Autor zu etablieren. Walter Benjamins im Exil ausgeführte intermediale Reflexion hat hier ihren Ursprung. Auch die in dieser Phase auffallende Ubiquität von Themen und Gegenständen fordert den inter – medialen Vergleich heraus. Der Rekurs auf den Ersten Weltkrieg beherrscht um 1930 die politische Essayistik und die politische Theorie, die Erinnerung an die – ses Ereignis wird aber auch in Kriegsromanen, in Kriegsdramen und besonders wirkungsvoll und konfliktträchtig im Tonfilm (vgl. die Auseinandersetzung um den Remarque – Film *Im Westen nichts Neues*) beschworen.

Als Vorbereitung und Voraussetzung solch umfassender, sehr aufwendiger inter – medialer Forschung lassen sich propädeutische Studien denken, die, bezogen auf die zwanziger Jahre, die unterschiedlichen medialen Definitionen im reichhaltigen Material der Publizistik und Essayistik systematisch dokumentieren. Die Film – wahrnehmung und die Filmtheorie der literarischen Intelligenz und umgekehrt die Literaturbegriffe der Filmautoren und Filmproduzenten ließen sich so erfassen. Auf diese Weise kämen die die eigene intermediale Praxis steuernden Kategorien ins Blickfeld, die Fixierung der Faszination, die vom fremden Medium ausgeht und die jene vielfältigen grenzüberschreitenden Experimente auslöst. Was Anton Kaes mit seiner Text – Edition *Kino – Debatte* (1978) initiiert hat, müßte auf breiterer Materialbasis fortgeführt werden.

Das intermediale Experiment läßt sich überall dort sehr konkret studieren, wo die Medien unmittelbar aufeinandertreffen und eine intermediale Montagestruktur entsteht. Wie eine Huldigung an die neuen exakten Medien wirkten die auf die Bühnenleinwand der zwanziger Jahre projizierten Foto – und Filmdokumente. Die Inszenierung feierte sich selber als technisch avanciert und erhob das Au – thentische zum Angelpunkt der Dramaturgie. Für Brecht ist die Filmeinblendung nichts weniger als das "Gewissen des Stücks".

In den zwanziger Jahren entstehen neue Mischformen, die noch kaum erforscht sind. Nach dem Vorbild der illustrierten Presse dringt die Fotografie immer stärker in die Reportagebände ein. Kischs Reportagen konzentrierten ihren dokumentarischen Anspruch noch ausschließlich auf die Schrift. Doch um 1930 folgen die Reporter zunehmend dem Zwang, ihre Texte durch Fotografien zu beglaubigen. Heinrich Hauser z.B. bereist das Ruhrgebiet als Journalist und Fotograf. Seine Bildexpedition prägt die Wahrnehmung und die Textstruktur. Ganz im Sinne von Brecht definiert er seine Unternehmung als "apparatives" Sehen: "So ist geworden, was beabsichtigt war: ein Experiment, ein lockeres Gewebe, das aus Elementen der Reisebeschreibung, des Essays und der Erzäh – lung geflochten ist. Es will betrachtet sein wie eine laterna magica aus dem Anfang der Technik: Bilder auf eine Leinwand geworfen, oft unscharf, oft schlecht beleuchtet und schlecht aufgenommen. Der Autor steht daneben, gibt hastige und ziemlich ungeschickte Erläuterungen ab und bastelt dabei an den Apparaten, die er selbst gebaut hat. Dann zischen wieder die Kohlestifte der altmodischen Bogenlampe, es rattert das Malteserkreuz, der Film läuft weiter..." (Hauser 1930, 9f.).

Intermedialität und Multimedialität

Parallel zu diesem Eingehen der Fotografie in das dokumentarische Schreiben avancieren die Fotobände mit ihren Bildunterschriften zum anerkannten kulturellen Medium. Als Walter Benjamin 1931 eine Sammelrezension neuester Fotobände mit einer *Kleinen Geschichte der Fotografie* verbindet, registriert er am Ende eine tiefe Durchdringung von Literatur und Fotografie als aktuelles Phänomen. Während die Authentizität der immer geheimeren und flüchtigeren fotografischen Bilder den Betrachter schockartig aus den vertrauten Sprachklischees der Reportage herausreiße, bleibe dennoch eine Abhängigkeit von der Beschriftung, "welche die Fotografie der Literarisierung aller Lebensverhältnisse einbegreift, und ohne die alle fotografische Konstruktion im Ungefähren stecken bleiben muß" (Benjamin 1963, 932).

Eine ähnliche Nahtstelle, wo sich das Verhältnis von Schrift und Bild, von Bild zu Sprache radikal ändert, bildet der rasante Übergang vom Stummfilm zum Tonfilm und die ihn begleitende Debatte. Was retrospektiv als eine beinahe 'naturwüchsige' Komplettierung des Mediums erscheint, war für die Zeitgenossen ein dramatischer Wendepunkt, der für viele das Ende des Films als Kunst bedeutete. Schon in den zwanziger Jahren drängte der Film massiv in die Buchkultur hinein. Arnold Bronnen z.B. versuchte, mit dem filmischen Sujet zugleich eine kinematografische Erzählweise romanhaft zu erproben (*Film und Leben. Barbara La Marr*). Die Filmbücher Thea von Harbous wie etwa das *Nibelungenbuch* (1923) schreiben den Film aus, auf den die 'Bildbeilagen' monumental Bezug nehmen. Solche Beispiele bleiben in Deutschland jedoch vereinzelt, während der Cinéroman in Frankreich längst zu einem wirksamen Massenmedium geworden war.

Solche Phänomene gehören bereits zu dem Komplex 'Multimedialität', einem Teilbereich einer umfassenden Kategorie des Intermedialen. Von Multimedialität läßt sich dann sprechen, *wenn* ein ästhetisches Objekt in mehreren Medien verfügbar und rezipierbar ist. Bei aller Varianz der unterschiedlichsten medialen Fassungen wird eine Identität der Grundstrukturen behauptet. Zeichentransfer und Umcodierung werden unter vielfältigsten Konstellationen vollzogen: als Umschreiben von fremden oder eigenen Stoffen, als filmische Adaption eines Erzähltextes oder als Vertextung einer optischen Vorlage. Die Adaptionsszenerie wird gegenwärtig immer komplexer, die Diversifikation der Medien schreitet rapide voran, die Übertragungsvorgänge beschleunigen sich. Jeder Bestsellererfolg scheint bereits die eigene Transformation mit zu inszenieren.

Gesteigerte Multimedialität wird gewöhnlich beargwöhnt als Verschleiß, als Verschwinden von Bedeutung, als Triumph des finanziellen Kalküls über das unverwechselbare, unwiederholbare Kunstwerk etc. Im starren Festhalten an längst überholten Polaritäten (Lesen – Filmbetrachten, aktiv – passiv, Sammlung – Zerstreuung) wird die Kompetenzerweiterung einer medienüberschreitenden Wahrnehmung übersehen und geleugnet. Eine gleichzeitige Lektüre vieler Medien, wie sie längst alltäglich geworden ist, ein lustvolles Überschreiten der Mediengrenzen fordert den komparatistischen Blick, die Konfrontation der verschiedenen Lösungen heraus, schärft den Sinn für die Differenzen und setzt eine Reflexion frei, die dem verschlungenen Prozeß des Transfers, der Ausgangskonstellation, der Intention des Übersetzers und seinem Adaptionskonzept nachgeht. Intermediale Forschung hat diesen Impuls, den jeder multimediale Leser verspürt, aufzugreifen und deskriptiv zu systematisieren.

Genauso tiefgreifend wie die ästhetische Wahrnehmung hat sich auch die künstlerische Produktion verändert. Ein neuer Typus des multimedialen Autors ist entstanden, der selbstverständlich über mehrere 'Kanäle' verfügt und sich ihrer vorurteilslos bedient. Beispiele erübrigen sich. Alexander Kluge verkörpert viel – leicht am besten die Gleichzeitigkeit von Schreiben in wiederum vielfältigster Differenz, von Regiepraxis und theoretischer Reflexion, die gerade aus dem notwendigen Rekurs auf verschiedene Zeichensysteme, aus der produktiven Rei – bung an medialen Varianten, am Geschäft des medialen Transfers ihre für diesen Autor so spezifische Schärfe, Intensität und Überzeugungskraft erlangt.

Bibliographie

W. Benjamin 1963: Das Kunstwerk im Zeitalter seiner technischen Reproduzierbarkeit. Frankfurt

B. Brecht 1967: Gesammelte Werke. Bd. 18: Schriften zur Literatur und Kunst I. Frankfurt

Chr. Bürger/P. Bürger (Hrsg.) 1987: Postmoderne: Alltag, Allegorie und Avantgarde. Frankfurt

Th. v. Harbou 1923: Das Nibelungenbuch. München

H. Hauser 1930: Schwarzes Revier. Berlin

H. – B. Heller 1986: Historizität als Problem der Analyse intermedialer Beziehungen. Die "Technifizierung der literarischen Produktion" und "filmische" Literatur. In: Akten des VII. Internationalen Germanisten – Kongresses, Göttingen 1985. Bd. 10. Hrsg. v. K. Pestalozzi/A. v. Bormann/Th. Koebner. Tübingen, S. 227 – 285

A. Kaes (Hrsg.) 1978: Kino – Debatte. Texte zum Verhältnis von Literatur und Film 1909 – 1929. Tübingen

J. Kristeva (Hrsg.) 1978: Die Revolution der poetischen Sprache. Frankfurt

H. Meixner 1977: Filmische Literatur und literarisierter Film. Ein Mannheimer Projekt zur Medienästhetik. In: Literaturwissenschaft – Medienwissenschaft. Hrsg. v. H. Kreuzer. Heidelberg, S. 32 – 43

K. Prümm 1986: Vorläufiges zu einer Theorie der Multimedialität. Erläuterungen am Exempel 'Krimi'. In: Akten des VII. Internationalen Germanisten – Kongresses, Göttingen 1985. Bd. 10. Hrsg. v. K. Pestalozzi/A. v. Bormann/Th. Koebner. Tübingen, S. 367 – 375

Doris Janshen

Die Mediatisierung des Alltäglichen

Oder: Zur neuen Politikbedürftigkeit im Privatissimum

I. Vorklärung

Wo immer Menschen sich aufhalten – ob in der Fabrik oder im Büro, ob im Krankenhaus oder zuhause, ob in der Schule oder in einem Verkehrsmittel, überall müssen sie derzeit auf die Begegnung mit elektronischen Technologien gefaßt sein. Die schier alle Orte des Lebens und Arbeitens erfassende Technisierung macht die Auseinandersetzung über soziale Folgen und grund – sätzliche strukturelle Veränderungen der Gesellschaft zu einem nicht nur wissenschaftlichen, sondern auch politischen Thema. Informationsgesellschaft, Dequalifizierung, Spezialisierung, Hierarchisierung, Zentralisierung und dergleichen mehr sind Stichworte, die in diesem Kontext immer wieder zu lesen oder zu hören sind. Dabei ist bemerkenswert, daß die Phase gesellschaftlicher Rationali – sierung, die wir gegenwärtig erleben, sich von früheren dadurch unterscheidet, daß Begriffe, die die Rationalisierung im Erwerbssektor beschreiben, nun auch auf den sogenannten Privatbereich angewandt werden müssen. Die Bürger dieses Landes haben nicht nach der Rationalisierung ihres persönlichen Lebens gerufen. Eher wird eine Fremdrationalisierung von außen an sie herangetragen. Dennoch aber haben sie sich mit Rationalisierungseffekten auseinanderzusetzen, die durch das ebenso langsame wie stetige Eindringen neuer elektronischer Medien in die privaten Haushalte entstehen werden.

Auch für den persönlichen Alltag ist demnach die Frage nach strukturellen Veränderungen zu stellen. Freilich dürfen wir dabei nicht dem vorschnellen Kurzschluß anheimfallen, daß die neuen Technologien allein einen veränderten Alltag bewirken könnten; nein, auch ohne neue Medien entstünde im nächsten Jahrzehnt manch neue Form zwischenmenschlicher Gesellung. Unsere alltäglichen Gewohnheiten, Empfindungen und Werte befinden sich in Umbruch und Verän – derung.

Beispiele: Trotz der neuen Heiratswelle junger Leute ist die Familie nicht mehr der alleinige oder einzig mögliche Ort der persönlich – privaten Selbst – verwirklichung. Viele Menschen haben für ihre Liebes – und Gemeinschaftsbe – dürfnisse andere Lebensformen entdeckt und verwirklicht. Immer mehr Menschen aber auch lenken den Blick nach innen und sind neugierig auf die Geheimnisse des eigenen Selbst. Während es in der 'klassischen' bürgerlichen Gesellschaft um Integration und Festigung des eigenen Selbst ging, fasziniert nun die Empfind – samkeit eines in Rührung und Berührung sich möglichst grenzenlos erfahrenden Selbst. Entsprechend nehmen Begriffe wie Identität und Privatheit nicht mehr zureichend die neuen Bedürfnisse nach besonderer Intimität mit sich und ande – ren in sich auf.

Für diese – und andere – gesellschaftlichen Veränderungen, die wir derzeit noch im Procedere beobachten, liegen neue Begriffe noch nicht vor. Über –

kommene Vorgaben der Soziologie und Philosophie, die für die Analyse heran –
gezogen werden, reichen nicht hin. Dies ist zu behaupten, obwohl der Begriff
des Alltäglichen seit ein paar Jahren geradezu inflationäre Verwendung gefunden
hat. Die alten Begriffe sind mit neuen Erfahrungen noch nicht aufgefüllt. Mit
der ironisch saloppen Formulierung vom Privatissimum möchte ich deshalb
sowohl den begrifflichen Notstand als auch eine Tendenz der Entwicklung sicht –
bar machen.

Die Überschrift spricht von neuer Politik im Privatissimum. Was soll das heißen?
Private Gruppierungen wie z.b. die Familie binden Menschen mit unterschiedli –
chen sozialen Rollen und Funktionen in eine gemeinsame Form. Dies impliziert
auch ein Ungleichgewicht von Macht und Ohnmacht: Nicht jedes Mitglied der
Familie z.B. hat die gleichen Möglichkeiten in Bezug auf Geld, Entscheidungen,
Entwicklungschancen. Wo aber von Ungleichgewichten die Rede ist, rückt die
Forderung nach Politik näher, das Ansinnen nämlich, durch politisches Handeln
die Disproportionalität von Macht und Ohnmacht auszugleichen. Die meisten
Menschen sind nicht gewohnt, ihre persönlichen Lebensverhältnisse in Politikbe –
griffen zu denken, obwohl sie wiederum wissen, daß nicht alle Familienmitglieder
z.B. über dasselbe Budget verfügen, um etwa Informationen und Bestellungen
über Btx laufen zu lassen. Was mich hier also interessiert, sind die Ungleichge –
wichte im Privaten selbst: Zwischen Eltern und Kindern, zwischen Frauen und
Männern, zwischen alten und jungen Menschen – um nur die wichtigsten Rol –
lenungleichgewichte im privaten Haushalt zu nennen. Einige dieser Personen
haben die Definitionsmacht auf ihrer Seite, andere befinden sich mehr in einem
Zustand der persönlichen Abhängigkeit.

Vergessen werden darf an dieser Stelle nicht, daß auch die politischen Be –
ziehungen im Privatissimum – jenseits aller Technisierung – im Umbruch sind.
Dazu nur eine – allerdings ins Zentrum reichende – Anmerkung. Ehe und
Familie mögen nicht mehr die ausschließlichen Institutionen für die Verwirkli –
chung privater Alltäglichkeit sein, aber bislang sind sie immer noch ein signifi –
kanter Handlungsort für das patriarchale Herrschaftsgefälle. Erkennbare Verän –
derungen der geschlechtsspezifischen Arbeitsteilung lassen jedoch auch hier auf
Veränderung hoffen: Immerhin gibt es inzwischen junge Männer, die auf kürzere
Arbeitszeiten setzen, um im eigenen Alltag dem unbestreitbaren Mangel an Vä –
terlichkeit in der Kindererziehung entgegenzuwirken. Viele Frauen wiederum
drängen auf Teilung der Hausarbeit, um finanzielle Unabhängigkeit und
persönliches Selbstbewußtsein auch durch eine außerhäusliche Erwerbstätigkeit für
sich herzustellen.

Sind diese Beziehungsmuster an sich also schon ein Politikum zu nennen – sie
werden es um so mehr, so meine These, je mehr die Mediatisierung des
Alltäglichen zunimmt. Allein schon durch die Kommerzialisierung der Me –
dienlandschaft entwickeln sich politisch neue und interpretationsbedürftige Bezie –
hungen zwischen Anbieter und Käufer. Je nach Schicht –, Geschlechts – und
Alterszugehörigkeit entstehen – so ist zu vermuten – recht unterschiedliche
Chancen und Nachteile auf der Käufer – bzw. Konsumentenebene. Mithin ver –
allgemeinernd abzuleiten ist die Frage, ob neue Technologien nicht nur im
Erwerbssektor, sondern auch im privaten Alltag als Trendverstärker wirken. Mit
anderen Worten: Werden jene noch mächtiger, die jetzt schon viel zu sagen
haben, werden andere noch ohnmächtiger, die sich bereits jetzt in größerer
Abhängigkeit befinden? Gegen den Strich gebürstet lautet die Frage freilich
auch: Was sind unsere politischen Ziele für ein solidarisches Miteinander im
Privaten? Können und wollen wir uns dafür neue Medien zunutze machen?

Wie mir scheint, hat die Technologiediskussion des vergangenen Jahrzehnts den Veränderungen von Lebensstil und Selbstgefühl im Privatissimum zu wenig Auf – merksamkeit geschenkt. Nicht einmal Autoren, die der Technologieentwicklung kritisch gegenüberstehen und die Entwertung des Menschen beklagen, beziehen die Veränderungen des menschlichen Lebens 'gleichberechtigt' in ihre Analyse ein, so daß selbst kritische Wissenschaftler hintergründig einem Technizismus anheimfallen, den sie vordergründig kritisieren. Fasziniert starren Macher wie Merker – Altbundespräsident Heuss ist für diese feinsinnige Unterscheidung zu danken – aufs technische Detail und verstärken auf diese Weise das Gefühl der Ohnmacht gegenüber einem unentrinnbaren Sog in eine technokratische Ge – sellschaft. Um es zugespitzt auf den Punkt zu bringen: Betrachten wir die tech – nologiepolitische Diskussion der vergangenen Jahre, so kann der Eindruck wohl aufkommen, als wüßten wir über die Technik inzwischen mehr – so neu sie auch sein mag –, dafür kaum etwas über den Menschen und seine Gewohnheiten – so alt diese auch sein mögen. Stereotyp erscheint der Mensch als jemand, der immer nur verliert: Erfahrung, Arbeit, Sinnlichkeit, nicht aber als ein kreatives Wesen, das sich auf neue soziale Ziele und Möglichkeiten hin entwirft. Solchem Technizismus möchte ich mithin entgehen, indem ich einzelne soziale Merkmale des Alltäglichen in die Darstellung einbeziehe. Im Folgenden reflektiere ich einige "Medienwirkungen" auf ihre Zukunft und suche auf diese Weise auch, auf einige Desiderate von Forschung und Politik – damit auch von Forschungspolitik –, aufmerksam zu machen.

Den Begriff "neue Medien" möchte ich im folgenden ganz eng fassen: Ich ver – stehe darunter vorwiegend solche, die qualitativ neue Wege für die medial ver – mittelte Kommunikation eröffnen. Die quantitative Ausweitung herkömmlichen Fernsehens durch größere Übertragungsmöglichkeiten über Kabel möchte ich deshalb nicht einbeziehen. Zwar stelle ich wirtschaftliche, soziale und politische Wirkungen, die von Pay – TV und anderen kommerziell hergestellten Programm – angeboten ausgehen, nicht in Abrede: aus der Erfahrung des Individuums jedoch sind vor allem jene Medien 'neu', die eine Grundlage für einen qualitativ ver – änderten Kommunikationsstil bieten. Dazu zähle ich z.B. alle jene Medien, die aus Medienrezipienten Medienakteure machen: die Videokameras z.B., die die Möglichkeit zu Bürgerfernsehen erleichtern, vor allem aber den Heimcomputer, wenn er z.B. Arbeits – und Spielmöglichkeiten anbietet, ganz besonders jedoch interaktive Informationsdienste, die jederzeit für Probleme des Hier und Heute abrufbar sind.

II. Wirkungsdimensionen: Heim, Staat und Wirtschaft

Insbesondere von den 'Heimtechnologien', jenen also, die zuhause benutzt wer – den, nehme ich an, daß sie auf das Alltagsverhalten der Menschen großen Ein – fluß ausüben werden. Empirisch ist diese Behauptung bislang freilich kaum belegbar. Nicht einmal für Japan, wo in "audiovisuellen Kommunikationssystemen für den Alltagsbedarf" (Janshen 1981) bislang die größte Vielfalt an Informa – tionsdiensten in Entwicklung und Angebot ist. In Deutschland, wo Folgenfor – schung sich aufgrund der Beschränkung technischer Übertragungsmöglichkeiten auf erste Forschungen in Btx und Videotext beschränken muß, sind wissenschaftliche Ergebnisse eher spröde und spärlich. Verhaltensänderungen der Medienkonsumenten sind kaum dokumentiert, so daß diese Untersuchungen, vordergründig betrachtet, fast als Beleg für die Wirkungslosigkeit, ja sogar die Ungefährlichkeit neuer Medien herangezogen werden könnten (vgl. z.B. Sozial – data 1983, Tonnemacher u.a. 1985, Schmidt u.a. 1988).

Erst wenn wir jenseits der traditionellen Medienforschung einen Blick in Soziologie und Psychologie werfen, sehen wir Forschungsarbeiten im Entstehen, die alltägliches Handeln und neue Kommunikationstechnologien – im weiteren Sinne – integrativ betrachten (vgl. Verbund sozialwissenschaftlicher Technikgestaltung 1987 und 1988).

Betrachtet man dagegen Studien im Umfeld – der ursprünglich einmal so großartig konzipierten Medienversuche – etwas genauer, so ist die Blaßgesichtigkeit der Ergebnisse kaum noch erstaunlich. Die alltägliche Handlungskompetenz und – motivation des Individuums nämlich wird in diesen Untersuchungen nur marginal thematisiert. Im Zentrum des Forschungsinteresses steht die Reaktion des Konsumenten auf neue Informationswaren, kaum einmal die Motivation für den Kauf von Alltagswissen, geschweige denn die Frage, ob und wie alltägliche Entscheidungen und Handlungen durch diese Angebote verändert werden. Sollte es durch diese Rationalisierung zu einer stereotypen Formalisierung und Professionalisierung des Alltagshandelns kommen? Oder anders gefragt: Wandelt sich unser Alltagstrott, die ruhige Sicherheit auf bekannten Wegen – worauf wir angewiesen sind! – in einen Standard der Zwänge? Auch darauf geben Forschungen bislang keine Antwort.

Die Fairness gebietet, in diesem Zusammenhang die überaus knappe finanzielle Ausstattung dieser Forschungen zu erwähnen. Gerade im Umfeld sogenannter Medienversuche werden durch knappe Mittel knappe Ergebnisse geradezu erzwungen. Verhaltensbekundungen der Nutzer werden oberflächlich abgefragt und münden dann wie von selbst in die Deskription bloßer Oberflächenphänomene. Für die Untersuchung von Verhaltensänderungen wäre mehr qualitative Forschung vonnöten. Aber das wäre zeit– und personalintensiv und mithin kostspielig. Offenkundig kann diese Gesellschaft sich die Entwicklung kostspieliger Technologien leisten, nicht aber die Erkundung eines wünschbaren Lebensdesigns, obwohl Ansätze dazu gelegentlich in die Diskussionn gebracht wurden (Mettler-Meibom 1988). Jeder Mensch lebt im privaten Alltag verschiedene Rollen aus. In den eben angesprochenen Untersuchungen ist der Einzelne entsprechend dem Informationsangebot vorrangig in seiner Rolle als Konsument (und Käufer) angesprochen. Die Angebote etwa von Warenhäusern ermöglichen nicht nur den Preisvergleich, sondern auch den Kauf. Werbung flimmert ungefragt über den Bildschirm, und Verbraucherberatungseinrichtungen erleichtern die Qual der Wahl, Das aber wissen wir durch Forschung immerhin verbindlich: Benutzer schätzen den schnellen Zugriff auf solche Informationen und plädieren auch in den meisten Fällen dafür, den Warenkorb üppiger und vielfältiger zu gestalten. Doch nicht ohne eine gewisse Ironie bleibt an dieser Stelle anzumerken, daß es vor allem die am Abend heimkehrenden Ehemänner sind, die das Spiel mit Geld, Technik und Informationen mögen. Ironie deshalb, weil etwa 80% der in Europa bislang entwickelten Informationsdienste sich auf die Arbeit von Frauen, genauer Hausfrauen, beziehen. Diese aber beurteilen die Mediatisierung ihrer alltäglichen Hausarbeit wesentlich zurückhaltender, so daß der Verdacht wohl nicht unbegründet ist, daß in der gegenwärtigen Phase der Einführung der Spielwert für Männer wesentlich höher ist als der Nutzwert (Commandeur u.a. 1983, Sozialdata 1983).

Um Mißverständnissen vorzubeugen: Natürlich möchte ich solchen Informationsdiensten nicht jeden praktischen Nutzen absprechen. Im Gegenteil: Nicht jeder Einkaufsstreß ist eine unverzichtbare menschliche Erfahrung. So mag seine Verringerung in die geschlechtsspezifische Teilung der Familienarbeit sogar eine gewisse Entspannung hineintragen. 'Sie' muß nicht wie gehabt nach der Erwerbsarbeit noch durch die Kaufhäuser traben, 'ihn' mag der Reiz der Technik dann und wann gar zu niederen Haushaltsdiensten verführen. Dennoch: Die Rationalisierung des Konsums hat ihre Grenzen. Der Anspruch, durch einen kommentierten und durchsichtigen Markt "mündige Konsumenten" zu erzeugen, wird durch wirtschaftliche Zugangsschranken für Anbieter eingeschränkt. Auch wenn Serviceeinrichtungen inzwischen für mittlere Unternehmen erschwingliche Standardprogramme anbieten, damit diese ohne großen Aufwand ihre Angebote einspeisen können – mein Gemüsehändler um die Ecke ist sicher nicht dabei! Daran, daß sein Sonderangebot nach alter Sitte erworben werden muß, zeigt sich, daß die angestrebte 'Durchsichtigkeit' ihren Preis hat und an sein und mein Budget gebunden ist. Es liegt also auf der Hand: Nicht medial vermittelt zu kaufen oder anzubieten, könnte in Zukunft zu einem Indiz für soziale Nachran– gigkeit werden.

Nach der Wirtschaft – grosso modo gesprochen – halte ich den Staat für den zweiten großen Anbieter, der mit seinen Informationen telekommunikativ auf den Alltag, d.h. auf Entscheidung und Wertsetzungen der Menschen Einfluß nehmen wird. Dabei ist das Angebot an staatlichen Informationsdiensten gegenwärtig noch ausgesprochen klein. Auffallend aber ist, daß trotz knapper Staatskassen langsam aber kontinuierlich an der Entwicklung von Bürgerinformationen weitergearbeitet wird, so daß davon auszugehen sein wird, daß mit zunehmender Integration der verschiedenen Netze, ebenso der erwartbaren Verbilligung der Informationsher– stellung, heute die Weichen für eine spätere Expansion gestellt werden. Diese Kontinuität ist, wie ich meine, nicht zufällig, wird doch dem Staat und seinen Institutionen gerade in unserem Land großer Handlungsspielraum, d.h. große Macht zugestanden. Traditionell spricht der Staat das Individuum in seiner öffentlichen Rolle als Bürger/in an. Historisch neu an der mediatisierten Kommunikation zwischen Staat und Bürger/in ist, daß sie nun ins Pivatissimum hineinverlegt und von dort aus wahrgenommen wird. Das durch Feministinnen in den vergangenen Jahren angetragene: "das Private ist politisch", erhält aus dieser Perspektive noch einmal eine andere Nuancierung. Die den bürgerlichen Staat (und seine Männer) charakterisierende Grenzziehung zwischen dem Privaten und dem Öffentlichen wird bröselig.

Zweifellos könnte sich die Beziehung zwischen Staat und Bürger telekommu– nikativ intensiver gestalten; zweifellos könnte es eine ins Private verlagerte öffentliche Kontrolle darstellen, wenn – wie z.B. in Berlin – Btx kontinu– ierlichen Einblick in den Diskussionsstand des Abgeordnetenhauses bietet oder etwa Gesetzesvorlagen für die Lektüre zum Abruf bereitstehen. Wer möchte außerdem Informationen über das Verkehrssystem als unwichtig abtun? An– gesichts zunehmender Umweltverschmutzung macht es auch einen Sinn, wenn die Stadtreinigungsbetriebe bei besonderen Problemen auf Abruf bereitstehen. Nicht nur die Verzweigungen der Gänge in Behörden pflegen unübersichtlich zu sein; die Dienstwege sind es auch, so daß es durchaus seine Vorteile hat, Auskünfte aus der Teleferne zu erhalten.

Der Formalisierungsgrad des kommunikativen Austausches in der staatlichen Bü– rokratie macht es Außenstehenden bekanntlich zwar schwer, sich hier zu– rechtzufinden, für die Rationalisierung der Außenkommunikation über neue Me– dien bietet eben dies jedoch günstige Ausgangsbedingungen. Das was in industriellen Unternehmen, die telekommunikative Heimarbeit nach außen ver– geben wollen, erst erzielt sein muß, ein hoher Rationalisierungsgrad nach innen nämlich, bietet sich hier – wie reformbedürftig auch immer – bereits an.

Trotz aller imaginierbaren Luzidität darf jedoch nicht die Rede davon sein, daß die Verlegung von Bürgerpflichten ins Wohnzimmer das Machtungleichgewicht zwischen Staat und Bürger essentiell verringert. Das Gegenteil wird eher der Fall sein – ein Tatbestand, der in der politischen Diskussion über neue Medien bislang zu wenig Aufmerksamkeit auf sich gezogen hat. Ein kurzer Rückblick auf die Entwicklung medialer Staatsdienste in unserem Land mag dies verdeutlichen. Die ersten Konzepte zur Gestaltung von Medienobjekten entstanden vor mehr als zehn Jahren, nachdem die Kommission für den Ausbau des technischen Kommunikationssystems (KtK) ihre Arbeit abgeschlossen hatte. Seinerzeit ent – standen Medienkonzeptionen, die nicht auf Rentabilität abzielten, sondern im Gegenteil Hilfen für benachteiligte Gruppen darstellen sollten, um deren Ansprüche gegenüber dem Staat wirksamer zu realisieren. Für Hausfrauen, arbeitslose Jugendliche, Behinderte wurden Informationsdienste entworfen, die freilich nie in die Tat umgesetzt wurden (Janshen u.a. 1981). Es bleibt zu hof – fen, daß die neuerliche Anstrengung von Klaus Lenk im Rahmen des nord – rhein – westfälischen "SOTECH – Programms" mehr konkrete Folgen zeitigen kann (Lenk u.a. 1987).

Solche Skepsis ist weder zufällig noch spekulativ. In der heutigen gesell – schaftlichen Situation, in der Sozialprogramme rigoros zusammengestrichen werden, haben komfortable Angebote für Bedürftige schwerlich einen 'Sinn', es sei denn als Köder für eine schöne neue Medienwelt. Aus England wird von einer Gruppe berichtet, die für den Empfänger von Sozialleistungen Informationsprogramme entwickelt hat und die nun aufgrund der Sorge, Ansprü – che auf staatliche Leistungen könnten voll ausgeschöpft werden, an den Rand der Legalität gedrängt wird (Boyd 1985).

Wenngleich für diese frühen Konzepte ein gewisser Mangel an Realitätssinn konzediert werden muß, tritt vor ihrer Folie die machtpolitische Brisanz der gegenwärtigen Realisationen doch deutlich hervor: Mächtige staatliche Ein – richtungen können ein Informationsmonopol zur Legitimation ihres Handelns wahrnehmen, ohne daß die Befürworter der öffentlich – rechtlichen Meinungskontrolle sich daran stoßen wollen. Über die Schwierigkeiten, staatliches Handeln in demokratischer Absicht zu kontrollieren, haben Politologen viele Bücher geschrieben. Warum schweigen sie angesichts der nun entstehenden Möglichkeiten unkontrollierter Legitimation? Herbert Kubicek hat zu Recht im – mer wieder auf die Gefahren nur scheinbarer Dezentralisierung hingewiesen, wenn unsichtbar die Netze und damit die Machtmöglichkeiten zusammen – geschlossen werden. Aus 'meinem' Kontext erhält diese Sorge noch einmal ein anderes Profil. Denn Bürger sind an der Herstellung 'bürgerrelevanten Medien – wissens' nicht beteiligt gewesen. Es wird für sie entschieden. Das Mindeste, was aus dieser Sicht zu fordern wäre, ist, analog zum offenen Kanal eine Art 'offener Infoshop', in dem Alternativen zur 'legalen Legitimation' immerhin ein winziges Sprachrohr hätten. Doch das kann einfach nicht genug sein, die öffentliche Kontrolle der Mediatisierung des Alltäglichen allein an das basisdemokratische Engagement von Bürger/inne/n anzubinden. Solche Kontrolle bedarf ebenso der Institutionalisierung wie das staatliche Handeln es bereits besitzt. Nirgendwo sind dazu Ideen und Vorstellungen in der Entwicklung.

Es könnte an dieser Stelle eingewandt werden, daß Begleitforschungen zu den Btx – Versuchen bislang belegen, daß die Bürger/innen auf das staatliche Angebot bislang eher zögernd reagieren, ja auf den letzten Funkausstellungen ging das offene Geheimnis, daß interaktive Dienste eine Investition noch nicht lohnen, flugs von Mund zu Mund. Dennoch: Staat und Wirtschaft lassen sich durch diese Anlaufschlappen zwar im Aufwand, aber nicht grundsätzlich beschränken, so daß die Folgerung zugelassen sein muß, daß Macht und Wirkung neuer Medien von langer Hand vorbereitet werden. Dagegen sind wir, wann immer wir gegenwärtig

Aussagen zu den Wirkungen dieser Medien auf das Alltagsverhalten riskieren, mit der Schwierigkeit konfrontiert, aus der Addition einzelner Folgewirkungen noch keine Aussagen und Prognosen über fundamentale Veränderungen machen zu können. Eines dürfen wir darüber hinaus für sicher nehmen: Ist die telekommunikative Außenkommunikation der staatlichen Bürokratie mit dem Bürger erst komplett, dann ist es nur zu einfach, an die Stelle der Durchsich – tigkeit Abschottung und Kontrolle treten zu lassen. Solange um die Mitwirkung der Bürger/innen bei dieser Art der Kommunikation noch geworben werden muß, weil sie auch anders möglich ist, werden die positiven Zielsetzungen bevorzugt werden müssen. Dies kann sich ändern, wenn Telekommunikation von zuhause aus zur einzig möglichen wird. Dies gilt es rechtzeitig zu bedenken.

Wir befinden uns demnach in einem Dilemma: Einerseits wachsen mit der tele – kommunikativen Vernetzung unseres Alltags die tradierten politischen Gefähr – dungen, andererseits aber sind praktische Erleichterungen für unser Alltagsleben unverkennbar.

Um unseren persönlichen Alltag in einer hochorganisierten Gesellschaft be – wältigen zu können, sind wir auf ein immer größer werdendes Alltagswissen angewiesen. Der Anteil an Spezialisten – und Expertenwissen wird ebenfalls eher mehr als weniger, und der Wechsel der Lebenssituationen zwingt darüber hinaus, den alltäglichen Wissensvorrat flexibel zu halten: Was heute verbindlich gewußt werden muß, darf morgen schon wieder vergessen werden. Angesichts dessen können Informationswaren, die sich nicht nur auf die Konsumenten – und Bür – gerrollen beziehen, eine durchaus lebenspraktische Erleichterung darstellen. Angesichts dieses hohen Wissensgehaltes unseres modernen Alltagslebens werden interaktive Informationsdienste spärlich angeboten, noch dazu über verschiedene Übertragungsmöglichkeiten an verschiedenen Orten. Selbst dort, wo neue Medien erprobt werden, kann demnach nicht davon gesprochen werden, daß neue Tech – nologien zum Strukturmerkmal des Alltagslebens geworden wären. Strukturelle Veränderungen der Alltagskommunikation werden sie jedoch erst dann bewirken können, wenn potentiell jede alltägliche Lebenssituation durch Informationsdienste tangiert ist. Denn wirklich komfortabel und bequem sind neue Medien erst dann, wenn sie sich nicht nur sparsam auf einzelne Erfahrungsbereiche beziehen. Damit werden wir in den neunziger Jahren zu rechnen haben.

Entsprechend eingeschränkt sind die Aussagemöglichkeiten über "Medienwir – kungen". Wer heute von Akzeptanzschwäche der zu Akzeptanten degradierten Bürger spricht und diese in die Zukunft verlängern möchte, verkennt dabei, daß der Druck, rationalisierende Technologien ins Private aufzunehmen, größer wer – den wird. Die alte Trennung zwischen privat und öffentlich war in der Ver – gangenheit identisch gewesen mit zwei unterschiedlichen Rationalitätsniveaus gesellschaftlichen Verhaltens. Daß 'auf der Arbeit' ein gänzlich anderer Ton herrscht als zuhause, hängt schließlich mit der rationalisierenden Maschinerie im Erwerbssektor zusammen. Die Einbeziehung des privaten Haushaltes in das Netzwerk 'rationaler' Kommunikation wird dies Rationalitätsgefälle daher mit der Zeit zum Verschwinden bringen. Subjektiver Verweigerung der Me – dienkonsumenten sind wenig Chancen einzuräumen. Machen wir uns dies an einem kleinen Beispiel klar: Betriebswirtschaftliche Berechnungen ergeben, daß für das Versenden eines mittellangen Geschäftsbriefes insgesamt etwa 30,– DM veranschlagt werden müssen. Mit Hilfe der neuen Übertragungsmöglichkeiten sollen diese Kosten um neun Zehntel (!) reduzierbar sein, möglicherweise noch mehr, wenn der ursprüngliche Briefempfänger für den Empfang des neuen Dienstes ein kleines Entgelt zahlt! Die Umwälzung großer Kostenanteile für Organisation und Geschäftskommunikation auf den privaten Nutzer wird schließ –

lich den Anschluß an das neue Kommunikationsnetz erzwingen, ohne daß die meisten Menschen die Sinnfrage noch für sich stellen, so wie wir heute beim Telefon.

Ein weiteres Argument: Sozialstatistische Analysen der bei Medienversuchen be-teiligten Bürger dokumentieren einen großen schichtbezogenen Bias. Aufgrund der Freiwilligkeit einer solchen Beteiligung partizipieren gegenwärtig vor allem Angehörige der besser verdienenden und gehobenen Gesellschaftsschichten am Atem des Fortschritts. Dieser Bias wird jedoch in den neunziger Jahren voraus-sichtlich ein gänzlich anderes Gesicht haben: Jugendliche, die sich heute spiele-risch und begierig neue Medien und Computer aneignen, werden dann die kaufkräftige Generation sein, noch dazu zu einem Zeitpunkt, für den wir, wie oben angedeutet, annehmen dürfen, daß die Integration neuer Technologien zum Merkmal gesellschaftlichen Strukturwandels geworden ist. Unschwer zu vermuten, daß diese Generation Informationsdienste mit Selbstverständlichkeit in ihren Alltag einbeziehen wird. Schwer dagegen zu sagen, welche Folgen dies für sie und Kinder haben wird.

III. Politische Trends im Privatissimum

Bislang war von Wandlungsdimensionen die Rede, die vor allem dadurch ent-stehen, daß öffentliche Institutionen und Einrichtungen qua Telekommunikation ins sogenannte Private hineinwirken. Nunmehr geht es um Veränderungen in den privaten Räumen selbst. Für die Klärung möglicher Zusammenhänge von persönlicher Macht und technologischer Kompetenz möchte ich einzelne mir wichtig erscheinende Aspekte zusammenfügen: Wenn ich mir eine moderne Familie der neunziger Jahre vor mein inneres Auge rufe, stelle ich mir eine Gruppe von Menschen vor, deren Unterschiede vor allem aus den intensiv aus-gelebten Bedürfnissen der jeweiligen Altersgruppe resultieren. Vorausgesetzt, daß der Wohlstand dieses Landes bis zu dieser Zeit nicht gravierend abfällt, einzelne Familienmitglieder daher nicht allzusehr vom Erwerb einer anderen Person abhängig sind, gehe ich davon aus, daß Familien zu loseren Zweckverbänden werden, die sich schneller als heute zusammenschließen und sich auch schneller wieder auflösen. Beziehungen müssen damit nicht notgedrungen flüchtiger wer-den: im Gegenteil. Ich halte es für wahrscheinlich, daß für zwischenmenschliche Bindungen, solange sie bestehen, sehr intensive Gefühlskulturen selbstverständli-cher werden. Die Behauptung steht im Einklang mit der in Theorien zur Ratio-nalisierungsgeschichte der modernen Gesellschaft anerkannten These, daß gesell-schaftliche Entfremdungserfahrungen und die dazu gehörenden Auflösungen tra-dierter Bindungen eine höhere emotionale Bedürftigkeit erzeugen, die wiederum eine größere Tiefe der Gefühle hervorrufen, wenn sie ausgelebt werden. Von der romantischen Liebe wird in diesem Zusammenhang oft gesprochen.

Die gegenwärtigen telekommunikativen Rationalisierungen im Privaten, aber auch im Erwerbsleben, forcieren solche Tendenzen. Nur ein kleines Beispiel: Heutige Jugendliche wachsen mit einer intensiven seelischen Stimulierung nach innen heran: Walkman, Videoclips, neue Medien und andere elektronische Technologien erzeugen eine größere Sensitivität nach innen, die einerseits die Gefahr des so-zialen Autismus in sich birgt, andererseits aber auch die Vertiefung und Erwei-terung der zwischenmenschlichen Beziehungsfähigkeit. Wie mir nicht zuletzt Ge-spräche mit Studenten gezeigt haben, stimuliert das käuflich erwerbbare Medienangebot jedoch auch die Faszination an der Gewalt. Insbesondere gegen-über Frauen. Sollten solche Eigenschaften sich verallgemeinern, wäre diese Generation mit dem Problem konfrontiert, ihre widersprüchlichen Anlagen zu

Gefühlsintensität und Frustrationsintoleranz aufeinander abzustimmen, was not‐
wendig biographische Wechselfälle, Brüche und auch Gewalt erzeugen müßte. Bei
der hier nur angedeuteten Intimisierung der Rationalisierung darf nicht übersehen
werden, daß körperbezogene elektronische Technologien ebenfalls diese Inten‐
sivierung des Selbstgefühls bewirken werden (Braun/Joerges 1987). Für diesen
Effekt scheint es mir letztlich unerheblich zu sein, ob die neuen Apparaturen
sich kontrollierend oder euphorisierend auf den Körper und seine Gefühle rich‐
ten.

Je mehr neue Medien und Heimtechnologien zu Strukturmerkmalen auch des
privaten Alltags werden, um so mehr, so ist zu vermuten, wird ihre Beherrschung
Hierarchien und Konflikte in privaten sozialen Gruppen begründen. Dazu ein‐
zelne Beispiele: Mittelalte Menschen können früh zum alten Eisen gehören,
wenn sie diesen Technologien ausweichen. Was sich in der Hackerkultur heute
schon andeutet, dürfte sich noch eine Weile fortsetzen, daß jugendliche Rei‐
fungskonflikte mit Hilfe der neuen Technologien ausgetragen werden. Entspre‐
chend dürften sich Bildungsdifferenzen zwischen verschiedenen Jugendlichen ent‐
lang der aktiv‐passiven Beherrschung der neuen Technologien abbilden. Ten‐
denzen in diese Richtung sind durch Untersuchungen über jugendliche
Computerkulturen in den USA belegt (Turkle 1984), in Anfängen neuerdings
auch für unser Land (Liebel u.a. 1985). Es erscheint mir deshalb vorstellbar, daß
Hierarchien in familiären und privaten Gruppen sich insgesamt stärker an tech‐
nologiebezogenen Fähigkeiten festmachen werden, wodurch sich der Statusanstieg
von Jugendlichen gegenüber der älteren Generation fortsetzen dürfte.

Schwerwiegender noch als die Antizipation der Hierarchie zwischen verschiedenen
Generationen erscheint mir ein Ausblick auf die Geschlechtshierarchie in der
Familie. Angesichts der knapper werdenden Erwerbsarbeit steht die Verteilung
bezahlter Arbeit erneut auf dem Spielplan der Gesellschaft. Welche Möglichkei‐
ten ‐ das kann hier nur angedeutet werden ‐ der Verteilung von Er‐
werbsarbeit und privater Zeit sich durchsetzen werden, wird gravierende Folgen
für die Beschwichtigung oder Verschärfung der Geschlechtshierarchie haben. Wird
die Majorität der Frauen an ihrem Anspruch auf bezahlte Arbeit festhalten?

Bei dieser Erörterung darf nicht unberücksichtigt bleiben, daß, wie bereits ange‐
merkt, durch neue Technologien die Grenze zwischen Privatheit und Öffentlich‐
keit an Schärfe verliert und insofern der Wechsel zwischen verschiedenen
Lebenssphären für Frauen weniger hürdenhaft erlebbar wäre. Die Einführung der
Mikroelektronik dürfte mancherlei Haushaltsverrichtungen durch sensorisch‐sen‐
sible Geräte automatisieren ‐ ob sich damit freilich die Attraktivität der Haus‐
arbeit für Männer erhöht, mag einstweilen offen bleiben. Angesichts früherer
Rationalisierungsschübe in Küche und Haus dürfte es außerdem fraglich sein, ob
die Automatisierung zu disponibler Zeit führt oder andere 'Grundbedürfnisse' des
Familienlebens im Niveau kompensatorisch ansteigen: etwa durch Erhöhung der
Wohnqualität oder Intensivierung sogenannter Beziehungsarbeit. Die Haltung der
Männer dürfte in diesem Zusammenhang eine entscheidende Rolle spielen.

Das technische Symbol für den öffentlich werdenden Privathaushalt bleibt, wie
sich heute schon andeutet, der an das Kabelnetz angeschlossene Heimcomputer.
Er speichert nicht nur Kochrezepte und reguliert nicht nur die Garzeiten des
Mikrowellenherdes, er übernimmt auch die Funktion des Haushaltsbuches,
schließlich überweist er ohnehin auch alle Rechnungen. Über ihn wird die Post
mit den Verwandten ausgetauscht, aber auch Formen der Erwerbsarbeit sind
durch ihn denkbar (Gransow 1985). Die Multifunktionalität des technischen Ge‐
rätes könnte den Eindruck entstehen lassen, daß diese in eine entsprechende

Vielfalt oder auch Kraft sozialer Veränderung einmünden müßte. Nein, so muß es nicht sein. Denn der Vorstellung von der technisch bedingten Innovation steht das Faktum gegenüber, daß gerade die Haushaltstechnologien bzw. familiäre Investitionen für diese nur selten rational oder ökonomisch begründet sind. Vielmehr gründet der Kauf von teuren Haushaltstechnologien ganz wesentlich auf dem Versuch der statusbezogenen Abgrenzung gegenüber anderen Gruppen oder auch auf dem entsprechenden Ansinnen, Leitbilder von sich und der Familie durch die trendverstärkende Wirkung der Technologien zu bestätigen. Dies läßt wenig Raum für Hoffnung auf die verändernde Wirkung der Technik allein, sondern indiziert einmal mehr, daß Antriebe zur Veränderung von den Indivi – duen auszugehen haben.

Das Stichwort der elektronischen Heimarbeit muß an dieser Stelle fallen. Die gegenwärtig oft thematisierte Assoziation sozial ungesicherter, unqualifizierter und schlecht bezahlter Arbeit für flink tippende Frauenhände drängt sich hier auf. Schließlich legt insbesondere der amerikanische Vorlauf an Erfahrung mit dieser Art der innerhäuslichen Arbeit die Vermutung nahe, daß die Mühsal der Heim – arbeit des 17. und 18. Jahrhunderts für Frauen am Heimcomputer neuzeitliche Urständ feiern wird (Bahl – Benker 1986). Zwar ist die Befürchtung nicht von der Hand zu weisen, daß die technologiebezogene Reinterpretation der tradierten Geschlechtshierarchie im wahrsten Sinne des Wortes ins Haus steht, aber es darf auch nicht übersehen werden, daß gerade in diesem Bereich die Handlungsspielräume noch gestaltbar sind. Sehr unterschiedliche Organisations – strukturen deuten sich auch hierzulande an (Kreibich 1988), denen ein Stück mehr an Gleichheit zwischen den Geschlechtern noch abzukämpfen wäre. Wenn es denn das Ziel wäre!

Ob die Aufschließung des Privaten – von Öffnung sollte man aufgrund des äußeren Drucks wohl nicht sprechen – durch häusliche Erwerbsarbeit auch positive Wirkungen für die Geschlechtshierarchie haben kann, ist derzeit noch nicht abzusehen. Das ist abhängig auch von den betroffen Frauen und Män – nern und ihren entschiedenen politischen Voten für eine solche Wirkung. Wie halböffentliche Arbeitszusammenschlüsse um den Computer herum sowohl in den USA als auch in England zeigen, muß es sich bei der sogenannten 'Teleheim – arbeit' nicht notgedrungen um Tätigkeiten auf einem sehr niedrigen Qualifika – tionsniveau handeln, nicht notwendig müssen diese aus dem Schutz der sozialen Sicherung herausfallen, nicht notwendig eignen sich Frauen ausschließlich für simple und stereotype Arbeiten am Heimcomputer. Die organisatorische und soziale 'Einbettung' des Heimcomputers verlangt gerade in unserem Land nach politischen Weichenstellungen. Hier ist auch die politische Wachsamkeit und Widerständigkeit von Frauen gefragt, sonst könnte das Heim der zentrale Hand – lungsort ihrer politischen und sozialen Nachrangigkeit bleiben.

Eine technikbezogene Gestaltungskraft ist für Frauen jedoch alles andere als eine Selbstverständlichkeit. Gegenüber der Technik haben Frauen auch im sogenann – ten technischen Zeitalter kontinuierlich Zurückhaltung gezeigt (Janshen/Rudolph 1987). Daß sie als Bedienerinnen der von Männern geschaffenen Großtechnolo – gien wiederum gut einsetzbar sind, belegen nicht zuletzt die 98 Prozent Ar – beiterinnen an den Fließbändern der Elektroindustrie. Auch Hausfrauen haben sich inzwischen zu großen Teilen mit der Wartung der Haushaltstechnologie vertraut gemacht. Aber in der heutigen Situation kommt es – wenn mit Hilfe der neuen Technologien auch das Geschlechterverhältnis weiter egalisiert werden soll – auf den Willen zur Bestimmung an. Leider aber beweist auch das zögernde Eintreten von Mädchen in die Computerkultur der Jugendlichen eine eher defensive Grundhaltung.

Aber gehen Mädchen selbstbewußt, innerlich frei und spielerisch an den Computer, dann überrascht die Beobachtung, daß sie im Umgang mit der kom – munizierenden Maschine einen geschlechtsspezifisch anderen Kommunikationsstil entwickeln. Jungen machen das Gerät oft zu einem imaginierten Gegner, den es zu überlisten gilt, dem Rechengeschwindigkeit abzuzwingen ist, obwohl nichts dazu drängt. Der Speicherplatz ist noch lange nicht ausgeschöpft – trotzdem reizt das Ziel, für eine Operation so wenig Speicherplätze wie möglich zu besetzen. Die Maschine zu kontrollieren, ist ein Antriebsmoment für die Beschäftigung mit dem Computer heute – so wie herkömmlich für den Inge – nieur der Industriegesellschaft (Janshen 1986). Leistungsdruck und Kontrolle – das erste Computerspiel war bezeichnenderweise eine kriegerische Zerstö – rungsphantasie – bestätigen männliche Durchsetzungsenergien, während Compu – termädchen oft Spiele mit geringerem Leistungsdruck und höherem Spielwert bevorzugen. Nicht nur das: Die offenere und geschlechtsspezifisch mehr auf Dialog angelegte Arbeitsweise fördert – das zeigen erste Forschungen in diesem Bereich – auch andere Ergebnisse als bei männlichen Mitschülern und Kommilitonen. Die tradierte Geschlechtsdifferenz kann demnach – Kontrolle versus Beziehung – ein modernes, medial vermitteltes Gesicht erhalten. Sie kann, aber sie muß nicht, wie meine eigenen Forschungen belegen (Jan – shen/Rudolph 1987). So lange Frauen innerlich und äußerlich so unfrei gehalten werden, daß sie sich selbst weder spielerisch noch dominierend einbringen kön – nen, reduziert sich ihr Anteil bestenfalls auf eine Kopie des Männlichen. Eben dies aber reicht nicht hin, um auch der Mediatisierung des Alltäglichen eine Alternative abzuzwingen.

IV. Politik fürs Privatissimum

Technologiepolitik für oder gegen eine Rationalisierung im Privatissimum hat mithin noch keinen Ort. Sie splittert sich auf in Politikanteile der Medien, der Wirtschaft, des Staates, der Bildungs – und Gesundheitspolitik, schließlich auch der Frauenbewegung. Jede dieser Politiken – und einige mehr wären nach meinen Ausführungen durchaus noch zu nennen – ist auf ihre traditionellen Partialinteressen konzentriert, so daß auch eine Summation der einzelnen Teile noch keine Anwaltschaft für den Erfahrungsbereich ergibt, in dem wir uns vor allen anderen wohl fühlen wollen: für den persönlichen Alltagsbereich. Angesichts der unvermeidlichen Veränderungen im Refugium privater Freizügigkeit gilt es jedoch, die Konzeptualisierung politischer Strategien auf diesen Bereich auszu – dehnen. Hier ist Innovationskraft vonnöten. Zum ersten, weil der als weiblich stigmatisierte Bereich des privaten Alltags bisher kaum politikfähig war. Ein zweiter Grund tritt hinzu, der in der Struktur der neuen Technologien selbst begründet ist. Wie oft diskutiert, tragen diese fast unsichtbaren Technologien zur Entkörperlichung unserer Arbeit und zur Entmaterialisierung des gesell – schaftlichen Handelns überhaupt bei. Auch die politischen Gefährdungen und Ziele unterliegen diesem Prozeß der Entsinnlichung und Entmaterialisierung. Vor allem dann, wenn wir den Aspekt der materiellen Erwerbssicherung verlassen. Dann geht es um Erfahrung, Sinnlichkeit, kreatives Denken, freie Gefühle. Damit aber ist eine Begrifflichkeit angesprochen, die in der Sprache der Politik tradi – tionell wenig, richtiger: kaum erprobt ist.

Solche Forderungen an die Adresse der Politik müssen freilich auch im eigenen Haus erhoben sein. Ich meine hier den Wissenschaftsbereich. Der institutionellen Abschottung im Politikbereich entspricht das durch Scheuklappen begrenzte Denken in den einzelnen sozialwissenschaftlichen Disziplinen. Mit Ausnahme der Medienwissenschaften haben sich die sozialwissenschaftlichen Disziplinen eher

Doris Janshen

zögernd auf die 'technische Herausforderung' eingelassen. Für alle diese Bereiche
gilt jedoch, daß die in der disziplinären Reichweite liegenden Technologien zur
Kenntnis genommen werden, kaum aber die Interdependenz und Komple –
mentarität aller Technologien in den fürs menschliche Erleben zusammen –
fließenden Lebenssituationen. Hier nun nach Interdisziplinarität zu rufen, ist fast
ein alter Hut. Aber bekanntlich gelingt bislang die Forderung danach besser als
die Realisation. Aus verschiedenen Gründen. Die Modalitäten der Finanzierung
spielen ohne Zweifel eine erhebliche Rolle, gravierender scheint mir jedoch nach
einiger Erfahrung in den vergangenen Jahren die Tatsache, daß das Wissen –
schaftssystem zwar die Spezialitäten der einzelnen Wissenschaftler/innen hono –
riert, weniger jedoch den Versuch, das fachübergreifende Allgemeine zu reflek –
tieren. Dies hat die karrierefeindliche Anrüchigkeit des Unseriösen an sich – so
als ob die Beschränktheit des disziplinären Blicks seriös zu nennen wäre!

Anders als in tradierten Bereichen der Politik und auch der Wissenschaft handelt
es sich bei dem hier zur Debatte stehenden Lebensbereich um einen, bei dem
die erprobten Paradigmen noch fehlen. Das wissenschaftliche Erkenntnisinteresse
muß sich daher in höherem Maße als sonst auf Unsicherheit einlassen. Das
Denken kann nicht nur von Denktraditionen ausgehen, sondern muß – bei aller
Gefahr der Projektion – mit der Reflexion auch eigener Erfahrungen beginnen.
Ausgehend von solch reflektierter Erfahrungsvermittlung ließe sich interdisziplinär
der neue Gegenstand ermitteln, beschreiben, analysieren und nicht zuletzt sinn –
stiftend in die Zukunft projizieren.

Deshalb muß Technologiepolitik fürs Privatissimum zum Anliegen vieler werden.
Sie beginnt – auch für die Wissenschaft – mit sensitiver Wachsamkeit, wo
immer wir im persönlichen Lebensumfeld mit der Veränderung und/oder
Mediatisierung unserer Erfahrungen konfrontiert sind. Wenn wir Bedrohung oder
zukunftsweisende Optionen in uns spüren, werden wir auch eine politische und
wissenschaftliche Sprache suchen, die die Freiheit des Denkens, Handelns und
Fühlens formuliert und durchsetzt.

Bibliographie

A. Bahl – Benker 1986: Computertechnik in Büro und Heim: Rationalisierung der Kopfarbeit –
Rationalisierung der Frauenarbeit. In: Technik, Mensch und Menschenrecht. Hrsg. v. Komitee für
Grundrechte und Demokratie. Sensbachtal
Ph. Boyd 1985: Informationsprogramme im Bereich sozialer Dienstleistungen. In: Zur Bedeutung
der Informations – und Kommunikationstechnologien für die soziale Entwicklung. Hrsg. v. Mo –
reitz/Landwehr. Weinheim/Basel
I. Braun/B. Joerges 1987: Körper – Technik. Die Wiederkehr des Körpers durch technische Erwei –
terung. WZB – Preprint
C. Commandeur/W. Förster 1983: Verbraucherinformation mit neuen Medien. Frankfurt/New York
V. Gransow 1985: Der autistische Walkman. Elektronik, Privatheit und Öffentlichkeit. Berlin
D. Janshen 1981: Rationalisierung im Alltag der Industriegesellschaft. Vernunft und Unvernunft
neuer Kommunikationstechnologien am Beispiel Japans. Frankfurt/New York
D. Janshen u.a. 1981: Frauen informieren. Planungsstudie für einen interaktiven Dienst. Untersu –
chung im Rahmen des "Projektdesigns für Kabelkommunikation". Berlin
D. Janshen 1986: Intellectus erectus. Zur Konstitution technologischer Kreativität. In: Ewig lockt
das Weib? Hrsg. von N. Bagdai/I. Bazinger. Weingarten
D. Janshen/H. Rudolph 1987: Ingenieurinnen. Frauen für die Zukunft. Berlin
R. Kreibich 1988: Dezentralisierung und Telearbeit. In: Büro und Informationstechnik (1988)

K. Lenk 1987: Forschungsprojekt "Verwaltungstransparenz" im Rahmen des Programms "Sozialver – trägliche Technikgestaltung" im Lande Nordrhein – Westfalen (laufend, Teilergebnisse abgedruckt in den Verwaltungswissenschaftlichen Beiträgen der Universität Oldenburg)

M. Liebel u.a. 1985: Zur Bedeutung von Telespielen im Alltagsleben von Kindern und Jugendli – chen. Unveröff. Projektbericht. Berlin

B. Mettler – Meibom 1988: Kommunikationsökologie als Herausforderung an unser Denken und Handeln. In: Schmidt u.a. 1988

C. Schmidt u.a. (Hrsg.) 1988: Medien – Menschen. Beiträge des wissenschaftlichen Beirats zur Begleituntersuchung der Evangelischen Kirche zum Kabelpilotprojekt Berlin "Kommu – nikationsverhalten" und neue Medientechniken. Frankfurt

Sozialdata (Hrsg.) 1983: Soziale und kulturelle Auswirkungen von Bildschirmtext in privaten Haus – halten. Im Auftrag des Senators für Wissenschaft und kulturelle Angelegenheiten. Unveröff. Manu – skript. Berlin

J. Tonnemacher/M. Kessler/C. Schmidt 1985: Studiotests. In: Media – Perspektiven. Sonderheft 1, (1985), S. 26 – 39

Sh. Turkle 1984: Die Wunschmaschine. Vom Entstehen der Computerkultur. Reinbek

Verbund sozialwissenschaftlicher Technikgestaltung (Hrsg.) 1987: Mitteilungen 1. Frankfurt

Verbund sozialwissenschaftlicher Technikgestaltung (Hrsg.) 1988: Mitteilungen 2. Frankfurt

Thomas Koebner

Medienwissenschaft als Lehrfach

Erfahrungen und Absichten

"Und wodurch, Herr Wenders, haben Sie am meisten für Ihr Metier gelernt?" Diese Frage stellte ein interessierter Student, der in Marburg Medienwissenschaft betreibt, dem Filmregisseur in einem Interview. Wim Wenders antwortete ohne Umschweife, er habe am meisten beim Schreiben von Filmkritiken gelernt – also bei der konzentrierten Beschäftigung mit der Arbeit anderer und dem Versuch, die eigenen Empfindungen in Worte zu fassen. Wenders ist nicht der einzige Künstler von Rang, der betont, daß es unerläßlich sei, als kritisch analysierender Zuschauer seine Sensibilität zu schulen. Von Peter Stein, dem Theaterregisseur, wird ähnliches berichtet. Ich denke, daß das Nachdenken über die vorhandene Produktion nicht nur zur Vorbereitung darauf dient, selbst einmal hinter oder vor der Kamera zu stehen. Genau hinzusehen und sich dann so deutlich wie möglich zu erklären – das muß eine der Hauptleistungen sein, die beim Studium der Medienwissenschaft zu verlangen sind. Programmbeobachtung und das strukturierte Gespräch danach kann verschiedenes zutage fördern: (a) Es erschließt die oft stillschweigend beachteten Maßstäbe und die Situationsbedingtheit von Betroffenheit und Wertung, wobei ich die Situation derer meine, die da betroffen sind und werten. (b) Die eindringliche Analyse einer Wahrnehmung und einer Wirkung führt zur Rekonstruktion der künstlerischen Absichten und erhellt die Kompromisse. (c) Das hermeneutische Prinzip der wiederholten Anschauung hilft, Anmutungen und Befunde zu präzisieren. (d) Über seine Eindrücke zu sprechen, legt offen, wie karg unser Vokabular ist. Die physische Mitbewegung, die wir beim Ansehen eines Films erfahren, wird meist unscharf und mit Hilfe anderer Terminologien beschrieben. Bei der Charakteristik schauspielerischer Leistungen geraten die meisten ins Stammeln, die sich über Film und Fernsehen äußern: Dabei könnten sie doch so viel von etlichen Theaterkritikern lernen, denen es – zugegeben – gewöhnlich leichter fällt, zwischen der im Drama exponierten Rollenfigur und der spezifischen Darstellung eines Akteurs zu unterscheiden.

Medienwissenschaft – das klingt wie eine Suggestivformel, ist aber zunächst eine höchst unscharfe Ortsbestimmung des Fachs, so unscharf wie einst der Ausdruck "Philosophische Fakultät" für das Ensemble verschiedener geisteswissenschaftlicher Fächer. Es gibt alte Medien, wenn man überhaupt zwischen alt und neu hier unterscheiden will – die Chronik der Ereignisse und Erfindungen zwingt einen wohl dazu –, wie das Theater, das Buch, die Zeitung, und neue Medien, wie den Film oder das Fernsehen. Um von dieser Menge an Materialien und Materien nicht überwältigt zu werden, sollte sich die Medienwissenschaft beschränken, bescheiden. Warum? Wie es für das Theater, das Buch oder die Zeitung bereits akademisch etablierte Disziplinen gibt, so kann es auch für Film und Fernsehen ein Fach geben, das sich mit Werken auseinandersetzte. Der Versuch, der gelegentlich riskiert wird, Studenten auf die Arbeit in allen Medien vorzubereiten, scheint mir von vornherein zum Scheitern verurteilt. Natürlich gibt es Qualitäten, die in all diesen Berufszweigen erforderlich sind – und der Sprung vom

Theaterdramaturgen zum Redakteur in der Fernsehspielabteilung ist vielleicht nicht allzu groß, ebensowenig die Differenz zwischen einem Berichterstatter, der über ein Verkehrsunglück für die Zeitung recherchiert, und dem, der die Regionalnachrichten des Senders bereichert. Dennoch sind die Unterschiede erheblich: für den oder die, die die Besonderheiten des Mediums berücksichtigen wollen und sich nicht nur als Zulieferer relativ medienneutraler Informationsware verstehen. Mit Rücksicht auf die Gegenstände, auf die spezifischen Berufsfelder und nicht zuletzt auf die doch immer begrenzte Kompetenz der Universitätslehrer darf die Medienwissenschaft kein Studium Generale werden – als solches würde sie sich in der immer schärfer werdenden Konkurrenz der Disziplinen auch nicht auf die Dauer behaupten können. Jahrelange Diskussionen und Erfahrungen haben gezeigt, daß Flexibilität, dieses Stichwort für die Fähigkeit, sich dem wechselnden Arbeitsmarkt anzupassen, eben nicht von vornherein als Super – Qualifikation zu erwerben ist, sondern eher das Resultat eines gründlichen Fachstudiums bildet, das Offenheit auch für verwandte Probleme erzielt. In einem schönen Bild zu sprechen, das ich einmal gelesen habe: Man kann nicht weitschwingende Brücken bauen, wenn man nicht irgendwo Pfeiler fest in der Erde verankert.

Medienwissenschaft meint in der gegenwärtigen Debatte also fast immer die Wissenschaft vom Film und vom Fernsehen. Deren Programm stellt das Korpus der Werke dar. Damit ist nicht ausgeschlossen, daß die Medienwissenschaft sich dafür bereithält, die Wanderung von Stoffen und Themen durch verschiedene Medien, den Medienverbund, auch die Medienkonkurrenz eingehender zu untersuchen. Es ist schließlich in der Logik dieses Ansatzes auch enthalten, daß die auf Film und Fernsehen fixierte Medienwissenschaft Fragestellungen entwickelt, die rückwirkend auf die vergleichsweise älteren Disziplinen der Literatur – und Kunstwissenschaft Einfluß gewinnen. Wo also soll sich die Medienwissenschaft im Konzert der Universitätsfächer ansiedeln? – Vermutlich findet sie ihren Ort zwischen Publizistikwissenschaft, Theaterwissenschaft und Literatur – wie Kunstwissenschaft. Ist sie auch in besonderer Weise der Soziologie und ihren empirischen Verfahren geneigt – Zuschauer – und Wirkungsforschung kommen ohne diese Techniken nicht aus –, so wird sie sich doch wesentlich durch Beobachtung und Interpretation auszeichnen, durch Verständnis – und Erklärungsversuche: als geisteswissenschaftliches Fach, das die Grenzen zu den Gesellschaftswissenschaften weithin offenhält, so daß es zu einem fließenden Austausch der Befunde oder auch mancher Instrumente, etwa der Inhaltsanalyse oder der hermeneutischen Deutung, kommen kann.

Darf ein Germanist oder Anglist auch Medienwissenschaftler sein? Wagt er es (und viele wagen es), so bekommt er dies bald von der Seite der Filmkundigen zu spüren. Ihm schlägt der Verdacht entgegen, daß er nicht besonders dafür geeignet sei, die spezifischen Elemente des Films, das Visuelle, das Physische, überhaupt zu verspüren, geschweige denn in angemessene Worte zu kleiden. Ich halte diese Disqualifikation für ein Vorurteil, das nur manchmal durch Erfahrung (es sei nicht geleugnet) bestätigt wird. Wie kommt es zu diesem Argwohn genüber den professionellen Lesern? Ist es das Mißtrauen, das in eine Textwissenschaft gesetzt wird? Ist es der Ehrgeiz, sich für exklusiv zu erklären und dadurch abzuheben von den üblichen Beschäftigungen in einem Massenfach? – Ganz ist dieses Faktorenbündel nicht zu entzerren. Tatsache bleibt, daß die meisten universitären Vertreter der Film – und Fernsehwissenschaft ihren Ursprung in der Literatur – oder Theaterwissenschaft genommen haben. Der erweiterte Literaturbegriff, vom Fach Germanistik Ende der sechziger, Anfang der siebziger Jahre konzipiert, entgrenzte den Gesichtskreis der Germanisten erheblich – so daß ihnen die Produktion in den Medien Film und Fernsehen zusehends mehr ins Bewußtsein rückte. Gewiß, man könnte den Anteil der Literatur (etwa in Gestalt des Drehbuchs) am Film hervorheben, um so ein Recht darauf zu erstreiten, sich audiovisuellen Phänomenen zu widmen. Doch wesentlicher erscheint mir, daß es eine Reihe von Problemen gibt, die man unter dem Schlagwort der *'generellen Ästhetik' in den verschiedenen Künsten* beobachten kann: das Problem des Erzählens und der Erzeugung von Spannung; das Problem der Erregung und Lenkung von Gefühlen, Interessen und Wertungen; das Problem der Präsentation von Szenen und Bildern; die Gestaltung der Erinnerung und des Zeitverlaufs; die Exposition von Figuren und das Sichtbarmachen von Konflikten. Diese Liste wäre fortzusetzen. Es geht also bei einer Medienwissenschaft in diesem Sinne nicht zuletzt um Kunst, Kunstfertigkeit, Könnerschaft, auch Kunstwerke. Die gründliche Erörterung eines der erwähnten Gestaltungs – Probleme an einer Sorte von Werken (und seien es die Schriften, die in der Germanistik immer wieder gelesen werden) kann durchaus die Empfindlichkeit dafür erhöhen, wie eben dies Problem im Film behandelt wird. Das gilt auch umgekehrt: Der 'geschulte' Sinn für den Film kann den für die Literatur schärfen.

Daß sich die Film – und Fernsehwissenschaft allmählich konsolidiert und ihren Namen über kurz oder lang eigenen Instituten geben wird, steht für mich außer Frage. Ein analoger Vorgang ist Anfang des Jahrhunderts bei der Herausbildung der Theaterwissenschaft zu beobachten gewesen. Der in dieser Disziplin lange währende Streit über den eigentlichen Gegenstand, Drama oder Aufführung, und der Ärger über das Vergängliche der Aufführung werden sich in ähnlicher Form bei der Film – und Fernsehwissenschaft nicht wiederholen. Hier sind ·die Überlieferungsträger konservierbar, die 'Sendung' kann meist wiederholt werden. (Ich weiß, Video ist eine Krücke! Die Lichtabstufung ist geringer als beim Film, die Tiefenillusion, die Raumwirkung sind beim verkleinerten Bild viel schwächer – abgesehen von den verunstalteten Ausschnitten, die aus dem Filmbild ein Fenster herausschneiden oder das Breitformat links und rechts stutzen. Dennoch – um im Bild zu bleiben – eine Krücke hilft beim Gehen, wenn nichts anderes zur Verfügung steht.)

Eingepaßt in das halbwegs nützliche Schema von Grund – und Hauptstudium, lernen Studierende der Film – und Fernsehwissenschaft von ihren Gegenständen theoretische und geschichtliche, gesellschaftliche und ästhetische Dimensionen kennen. Es ist selbstverständlich, daß im Studienangebot auch Methoden der Analyse, medienpädagogische und praktische Übungen zur Konzeption und Ausführung von dokumentarischen oder Spielfilmen, von Sendetypen aller Art ihren Platz finden. Durch die systematische Annäherung an die Arbeit von Autoren, Regisseuren, Schauspielern, Kameraleuten, Redakteuren und Funk – wie Fernseh – Journalisten entwickeln sich, so ist zu hoffen, gesteigerte Reizsamkeit beim Hören und Sehen und das Verständnis für Zusammenhänge. Daß in Lehrveranstaltungen nicht nur einzelne Filme oder Beiträge, Werkgruppen, Sendeformen oder Genres, spezifische Epochen, die Behandlung von Stoffen und Themen in verschiedenen Medien, sondern auch generelle ästhetische Regeln, institutionelle und technische, rechtliche und ökonomische Fragen Beachtung finden, weist das Studium dieses Faches als komplex aus.

Schwierig ist es vor allem, Signale im Bild und Verknüpfungsprinzipien zu erkennen, die eigene (auch manchmal versteckte) Reaktion wahrzunehmen und all dies möglichst unmißverständlich auf den Begriff zu bringen. All dies verlangt, Übung – insbesondere die strukturierte Darlegung von Eindrücken, denn begründete Aussagen über sich bewegende Bilder zu treffen, ist offenbar schwieriger als über stehende (weshalb lassen uns auch die Kunsthistoriker beim Disput über Film und Fernsehen im Stich, von Ausnahmen abgesehen?).

Man kann die Angst vor dem Vorwurf des Dilettantismus überkompensieren, indem man für immer in empirische Forschung überwechselt. Um irgendwann einmal festzustellen, daß auch das umfänglichste Zahlenwerk bemerkenswerte Aussagen erst dann erschließt, wenn man bemerkenswerte Fragen stellt! Man kann sich in einen Protokollierungs – Furor steigern, in der Hoffnung, daß sich nur so eine Grundlage für 'wissenschaftliche' Schlußfolgerungen bilden lasse. Dabei ist nicht unbekannt, daß etwa das Abmessen von Sätzen selten genug in den Innenbezirk eines literarischen Werks hineinführt. Der Filmregisseur Eric Rohmer fertigt als Analytiker ein Protokoll über F.W. Murnaus Faust – Film an, ohne je einmal die Sekunden einer Einstellung zu zählen; das muß doch zu denken geben! Dafür verzeichnet Rohmer sorgfältig die Funktionen der einzelnen Bilder und Szenen, um auf Leitideen und Muster, auf Typisches der Bildgestaltung und Erzählweise aufmerksam zu machen. Man kann schließlich auch aus der erwähnten Sorge, man werde beim Umgang mit Film und Fernsehen am Ende von der akademischen Nachbarschaft nicht ernstgenommen, eine hoch – differenzierte Terminologie ersinnen, die als schwerfällige Montur dann den aufmerksamen, den neugierigen Blick auf die Gegenstände erschwert oder am Ende unmöglich macht.

Ein Prinzip sollte für die Medienwissenschaft, die sich Film und Fernsehen widmet, vor allem gelten: Sie darf nicht der Praxis den Rücken kehren, also nur den Ehrgeiz hegen, primär von der Universität anerkannt zu werden. Die Praxis mißtraut der Wissenschaft sowieso, weil und wenn die allzu abstrakt denkt und von der bunten Vielfalt der wirklichen Verhältnisse absieht. Der Autor oder Regisseur eines Fernsehspiels, der Reporter für das politische Magazin – sie können im Moment nicht wissen und einsehen, welche Vorteile das Studium der Medienwissenschaft bringen wird. Viele sind ohne diese Hilfe (die es seinerzeit noch nicht gab) in ihrem Beruf erfolgreich geworden – wozu also, so fragen sie sich, ist das Fach nötig? Tatsächlich, mir will es so scheinen, als brauchte die Medienwissenschaft zunächst einmal mehr die Medienpraxis als umgekehrt diese die Wissenschaft.

Jedoch werden etliche 'Praktiker' zugeben, daß der gegenwärtige Status quo der Arbeit in den Anstalten und außerhalb ihren, der Macher, Idealen und Wünschen vielfach nicht entspricht. Darin liegt eine Chance für die Medienwissenschaft: Leute auszubilden, die sich ausführlich mit den Problemen der Praxis, auch historischen Konstellationen beschäftigt haben, die Beispiele kennen und vergleichen können, um dann 'vor Ort' kundig und erfinderisch, nicht naiv und doch einfallsreich zu wirken, Varianten und Konzepte zu finden; die am Ende sogar Spezialgebiete nachweisen können, auf denen sie nützliche Kenntnisse gesammelt haben. Eine solche Lehre ist nur dann durchzuführen, *wenn die Verschränkung berufserfahrener und wissenschaftlicher Perspektiven* gewährleistet ist: wenn Studenten also in Hospitationen und Praktika eine ihrer künftigen Tätigkeiten ausprobieren, wenn Regisseure, Redakteure oder Autoren an der Universität ihre Entdeckungen und Überlegungen weitervermitteln, wenn das Programm, die Filme, die Stücke intensiv besichtigt werden.

Es ist unserer Wissenschaft zu empfehlen, sich für eine Weile auf die Verständigungsformeln und die Denkweise der Praxis, die Ateliersprache und die Atelier – Prinzipien, aufmerksam und abwägend einzustimmen, auch die Schwierigkeiten des Handwerks zu simulieren: in szenischen Spielanlagen, in Ton – , Video – und Filmproduktionen, die im Rahmen eines leider arg begrenzten Etats durchführbar sind. Es ist daher nötig, daß die technische Ausstattung der Hochschulen solche Produktionsübungen erlaubt – daß auch Praktiker als künstlerische Berater gewonnen werden. Vielleicht entstehen dabei sogar Reportagen oder

Kurz – Filme, die verwendbar sind und gleich ins Programm eingeschleust werden können. Eine Wissenschaft, die so verfährt, paßt sich nicht voreilig an. Es ist leicht einzusehen, daß pragmatische Erfordernisse die ursprünglich ausphantasierte Konzeption oft nicht in die Tat umsetzen lassen. Doch gibt es meist einen Spielraum um bestimmte Leitideen, in den viele Kompromisse hineinpassen. Gerade ungewünschte Lösungen machen Zwänge und Grenzen sichtbar – und bei näherer Betrachtung vielleicht die verdeckten Intentionen. Studierende, die mit dem Widerstand der Wirklichkeit in dieser Weise in Berührung gekommen sind, relativieren zweifellos die Ansprüche, die sie an sich selbst und an andere stellen. Deshalb müssen sie noch nicht zu unkritischen Nachahmern werden. Wenn sie in Beziehung setzen und einschätzen können, aufgrund ausgedehnten und vielfältigen Beobachtens und Bedenkens, werden sie sich schon den für sie bedeutsamen Kanon an Vorbildern und Schreckbildern ausformen.

Lernen dauert lange. Ein in Deutschland immer noch verbreiteter Genieglaube will uns das ausreden Aber es stimmt nicht. Ein Beispiel: Jahre haben Fellini, Antonioni, Truffaut oder andere damit verbracht, ihr Metier zu lernen. Learning by doing – das gilt vielleicht fürs Handwerk. Vorbereitung auf den (auch) intellektuellen Beruf besteht nicht nur im eilfertigen Praktizieren. Lernen bedeutet unausweichlich – ich wiederhole das gerne –, zunächst historische und aktuelle Werke eindringlich zu studieren. Da Filme aus verschiedenen Ländern stammen, sind wir gezwungen, uns mit fremden Bedingungen bekannt zu machen, Bedingungen, die die Gestaltung der Filme beeinflußt haben oder sich in ihnen widerspiegeln. Die Auseinandersetzung mit dem 'Anderen' kann die Reflexion über das Eigene beflügeln. Einfühlung (zumindest dies) in amerikanische oder französische, italienische oder russische Verhältnisse sollte helfen, der allezeit drohenden Provinzialisierung unserer Denkungsart und unserer Vorstellungen gegenzusteuern. Eine banale Konsequenz dieser Horizonterweiterung: Man dürfte nicht davor zurückscheuen, außer dem fremdsprachigen Programm auch die Kommentare verstehen, wenigstens englischsprachige Studien im Original lesen zu wollen, wenn man sich an einem übernational geführten Diskurs beteiligen will. (Kein Wort gegen Übersetzungen! Je mehr gute, desto besser!)

Die Medienwissenschaft bildet zwar keine Regisseure und Kameraleute aus (dafür sind die Hochschulen in Berlin und München da), doch sollen aus ihr künftige Redakteure und Publizisten hervorgehen, vielleicht auch Autoren und Regisseure (wir wollen das nicht verhindern). Natürlich wäre es schön, wenn Film und Fernsehen einmal zu Gegenständen spezieller Schulfächer würden. Die bildungs – bürgerlichen Aversionen dagegen, gespeist aus kulturkritischen Vorbehalten, die können voraussichtlich erst unsere Enkel abräumen. Lehrer empfinden häufig, ich habe es erlebt, Film und Fernsehen als Konkurrenzprogramm zum Lehrplan der Schule, als unerbetene Mitzrieler. Schon, um diese falsche Frontbildung auf – zubrechen, wäre es nützlich, das Fach Medienwissenschaft als Studium von *Film und Fernsehen im Umkreis kultureller Prozesse* an der Universität einzurichten. Genauer: an vielen Universitäten. Das muß mit Geduld und Bedachtsamkeit ge – schehen – so, daß am Ende ebenso die Kollegen der altehrwürdigen Geisteswissenschaften wie die Kollegen aus den Medienberufen davon überzeugt sein können, einer der merklichsten und bemerkenswertesten Ströme der Kulturproduktion werde an der deutschen Universität mit Verstand und Kenner – schaft gewürdigt, sogar mit kritischer Teilnahme und produktiver Phantasie begleitet.

Ein allgemeingültiger Studiengang läßt sich nicht beschreiben, hängt es doch von vielen Umständen ab, wie er konzipiert und wie er umgesetzt wird. Desunge –

achtet sollte sich das Studium der Medienwissenschaft vielleicht von folgenden Beobachtungen leiten lassen:

- Ein Überblick über Epochen der Filmgeschichte in verschiedenen Filmländern, wie Deutschland, Frankreich, Italien, England, Schweden, der Sowjetunion, den USA oder Japan, ebenso der Überblick über Gattungen und Formen, gewinnt erst in Teilen schärfere Kontur, wenn beispielhafte Werke gut bekannt sind. Auch die Aussprache über das Mediensystem als Ganzes oder das Verhältnis zwischen Film und Gesellschaft bedarf genauer Detailkenntnisse, da sie sonst droht, phrasenhaft zu werden.
- Um einen künstlerischen Impuls, einen Produktionsprozeß, eine Ausdruckshaltung näher kennenzulernen, muß man auch kleinste Teile einer filmischen Erzählung, einer Reportage, eines Interviews intensiv durchdringen, gleichsam unter dem Mikroskop analysieren. Natürlich ist es riskant, solche Befunde bedenkenlos auf größere Komplexe zu übertragen. Aber wer zwingt einen auch zur bedenkenlosen Übertragung.
- Kontext – Bewußtsein, die Suche nach Zusammenhängen, kennzeichnet meist die klügere Haltung im Vergleich zu einer Betrachtungsweise, die die Gegenstände strikt vereinzelt.
- Theoretische Äußerungen markieren einen bestimmten Ort in einem historischen Dialog, sind Antworten auf Herausforderungen. Wer Theorien aus der historischen Verklammerung loslöst, läuft Gefahr, ihren geschichtlichen Sinn zu verkennen – sie zu verabsolutieren, sie zum Leitmodell zu erheben oder auch sich schnellfertig über sie zu erheben.
- Es erscheint nützlich, so häufig wie möglich in der Alltagssprache zu reden, um wirklich verstanden zu werden, ebenso, die Gefühle so scharf wie möglich zu umreißen und auf die auslösenden Reize zu beziehen wie auf die Persönlichkeitsstrukturen des Betrachters (die auch gesellschaftliche Strukturen sind) – damit sie, die präzisierten Emotionen, zur Erkenntnis verhelfen können. Der spontane Ausdruck reiner Empfindung und die hochsystematisierte Terminologie sind fatale Extreme.
- Der Streit um ästhetische Dinge wird meistens erst fruchtbar, wenn die Beteiligten ihre jeweilige sinnliche Wahrnehmung bedenken und sich ins Gedächtnis rufen, überprüfen und vergleichen. Abstraktionen sind zweifellos notwendig – um danach geschärfte Blicke auf die Dinge und die Empfindungen zu richten.
- Das Angebot eines offenen Kanons vorbildlicher Werke ist sinnvoller als die Verweigerung eines solchen Kanons. Wer wertet und seine Wertungen begründet, erhellt sein Verhältnis zu den Gegenständen. Wer anders wertet, tritt in einen Dialog ein. Selbst die Relativierung von 'Meisterwerken' trägt dazu bei, etwas an ihnen zu entdecken – auch was ihnen fehlt, dafür vielleicht anderen Werken eignet.
- Das Studium der Medienwissenschaft (wie andere Studien wohl auch) wäre am besten so zu organisieren, daß man sich annähernd darüber klar ist, was man ausläßt oder beiseite schiebt. Es gilt also, nicht nur die erarbeiteten Terrains zu bestimmen, sondern auch mit einigen Schritten in die noch unerschlossenen Reviere hineinzugehen.
- Die Abfolge der untersuchten Gegenstände im Studium sollte eine bestimmte Logik erkennen lassen. Ein Beispiel: Wer sich von seinem Ärger über das Western – Genre dazu verleiten läßt, über die Konfliktform Duell in der Filmgeschichte nachzudenken und dabei schließlich zur Untersuchung von Talkshows oder Politikerrunden im Fernsehprogramm kommt, hat nach meinem Urteil den richtigeren Weg gewählt als diejenigen, die aus den Bereichen Medientheorie, Mediengeschichte, Medienanalyse oder praktische Medienübungen schematisch jeweils ein Thema wählen.

Und wie soll ein Institut aussehen, das ein solches Studium ermöglicht? Daß die Anwesenheit mehrerer Professoren mit unterschiedlichen Arbeitsgebieten, eine differenzierte und weitgefächerte Lehre, an der sich auch etliche nachwachsende Wissenschaftler beteiligen, das nötige Geld, um ausführlichere medienpraktische Übungen zu ermöglichen und sachkundige Gäste einzuladen, daß dies alles wünschenswert ist, braucht nicht ausdrücklich erwähnt zu werden. Es muß mög – lich sein, die an der Universität üblichen Zeitmaße zu überschreiten (nicht un – bedingt die Studiendauer von fünf Jahren), nämlich Seminare länger als zwei Stunden währen zu lassen, wenn es gilt, Filme oder Fernsehproduktionen vorzu – führen und kommentierend darüber zu sprechen, ferner komplexere Arbeitspro – jekte über die Grenze eines Semesters hinaus verfolgen zu können. Schließlich: Die schon mehrfach geforderte Präsenz von Medienpraktikern, ihren Seh – und Denkweisen in der Lehre ist unerläßlich, soll nicht auf die Dauer akademische Arroganz um sich greifen.

Ein sinnvoll angelegter Studienplan der Medienwissenschaft gibt nicht vor, in den wenigen Jahren der Universitätsausbildung vollständig auf den Beruf vorbereiten zu können. In dieser Lern – Phase ist aber viel Zeit für kritische Vergewisserung gegeben, die zu Einsichten, vielleicht sogar zu einer Ethik führt, die später im Strudel der praktischen Bewährung womöglich nicht so leicht verloren geht.

Werner Faulstich

Spiel, Bildung, Macht, Profit

Über die gesellschaftlichen Interessen an den Medien und ihren
Wissenschaften

1.

Der Zusammenhang von Erkenntnis und Interesse, wie er von Jürgen Habermas
(1968)[1] nachdrücklich ins Bewußtsein gerufen wurde, erlaubt heute keiner Wis –
senschaft mehr die Selbstreflexion ohne ausdrücklichen Rekurs auf das ihr
zugrundeliegende Verständnis von Gesellschaft. Das gilt insbesondere für den
Bereich der Medien und ihre Wissenschaften, insofern hier instrumentales und
kommunikatives Handeln selten nahe beieinanderliegen. Die folgenden einfüh –
renden Anmerkungen wollen und können diese Forderung noch *nicht* einlösen,
aber wenigstens die Bewußtheit darüber markieren und zugleich die Notwendig –
keit von Antworten postulieren[2]. Für die Medienwissenschaft unserer Zeit besteht
– ähnlich wie für die Physik früher und die Biochemie in naher Zukunft –
eines der zentralen Probleme in der Reflexion ihrer gesellschaftlichen Interessen,
d.h. in der sozialen Verantwortung und der 'Nutzung' ihrer Resultate.

'Interesse' wird dabei ganz pragmatisch zunächst als psychologische Kategorie
aufgefaßt. Gesellschaftliches Interesse äußert sich zunächst einmal als Interesse
einzelner oder von Gruppen von Einzelpersonen an den Medien bzw. ihren
Wissenschaften und expliziert sich mit den jeweiligen Intentionen und Zielen –
mit dem subjektiven Nutzen, den man aus den Medien zieht. Inwieweit damit
bereits ein erster Schritt zum objektiven Nutzen, zum Verständnis von 'Interesse'
als politisch – ökonomischer bzw. ästhetischer und ethischer Kategorie getan wird,
muß hier dahingestellt bleiben.

Auf den ersten Blick lassen sich in der heutigen Gesellschaft deskriptiv minde –
stens die folgenden Interessenbündel idealtypisch voneinander unterscheiden:
erstens ästhetische und kulturelle Interessen; zweitens pädagogische und bil –
dungsmäßige Interessen; drittens politische Interessen; und viertens ökonomische
Interessen. Ausdrücklich sei betont, daß Kombinationen und Überschneidungen
dieser Interessen unvermeidbar sind und den Normalfall darstellen und das Mo –
tivgeflecht deshalb oft nur schwer zu entwirren sein dürfte, zumal es vielfältigen
historischen Wandlungen unterworfen ist. Es empfiehlt sich deshalb, den Zu –
sammenhang von Interesse und Medium an möglichst bekannten, konkreten
Beispielen in Erinnerung zu rufen, bevor – eher problematisierend als bereits
thesenhaft – auf die Brisanz von Medien und Moral und eine zentrale Aufgabe
der künftigen Medienwissenschaft abgehoben werden kann.

2.

Im Theater als elementarem Bedürfnis des Subjekts kommen die *ästhetischen Interessen* vielleicht am unverstelltesten zum Ausdruck. Theater ist der spielende, der sich im Spiel ausdrückende Mensch, der dieses Spiel bewußt gestaltet. Die scheinhafte Verwandlung in jemand anderen, in etwas anderes macht dabei den Kern aus: die Rolle. Selbstverständlich gehört mehr zum Medium Theater als lediglich ein anthropologisch verstandenes 'Theatralisches' – mehr als die Rolle(n), die wir im Privatleben und in der Öffentlichkeit fortwährend und unvermeidbar spielen. Aber Spiel, Rollenspiel als Urbedürfnis des Menschen stellt die Voraussetzung dar für Theater als künstlerisches Medium (im Sinne etwa von Arno Paul): für die raumzeitlich unmittelbare, intentionale Kommuni – kation von Menschen als eine gesellschaftlich verabredete symbolische Handlung, bei der Schauspieler – und Zuschauerrollen auf komplementären Verhaltenser – wartungen beruhen (vgl. Paul 1979, 331).

Spezifisch für das Theater ist, daß es – so wie früher auch andere Kommunikations – und Kunstformen (z.B. das Epos, die Ballade, das Volkslied, das Märchen) – an Menschen gebunden ist, d.h. im Unterschied zu Printmedien und elektronischen Medien also zu den "Mensch – Medien" gerechnet wird[3]. Aber es ist nicht und war niemals nur Spiel, Selbstverwirklichung, sondern stets auch Veranstaltung, Betrieb, gesellschaftliches Teilsystem, häufig sogar eine bestimmte Baulichkeit. Und vielleicht gerade weil Theater einem menschlichen Urbedürfnis entspringt, das sich als individuelles gleichwohl stets auch gesellschaftlich zum Ausdruck bringt, wird der Widerspruch zwischen seiner unmittelbar 'naturhaften', quasi intrinsischen Qualität – als natürliche Form der Selbstverwirklichung des Menschen – und deren kulturelle Verwertung gemäß unterschiedlichsten gesell – schaftlichen Bedingungen hier besonders augenscheinlich. Medienästhetisch ver – allgemeinert heißt das: Im ästhetischen Werk wird Utopie durch ihre mediale Explikation oder Gestaltung begrenzt und geschichtlich (vgl. Faulstich 1982a, 76ff.). Ästhetik, Medien und Kultur haben ihren Platz nicht in der Luftblase eines angeblich Autonomen, sondern mitten in der realen Gesellschaft. Das gilt für das Theater so gut wie für die Print – und die elektronischen Medien.

In seiner Arbeit über das westdeutsche kleinbürgerliche Theater hat Jürgen Hofmann exemplarisch versucht, diese gesellschaftlich zugerichteten subjektiven, die *kulturellen Interessen* am Medium herauszuarbeiten. Ausgehend vom Wirrwarr der Motive, Zwecke, Ziele, Publikumserwartungen, Funktionen, ausgehend von typischen Widersprüchen wie dem zwischen materiellen und immateriellen Inter – essen oder dem zwischen 'moralischer Anstalt' und 'Amüsierbetrieb', orientiert er sich an den Leitwerten Bildung, Aufklärung und Unterhaltung als den gerade beim Theater zentralen ideellen Zielsetzungen und zieht kritisch Bilanz (vgl. Hofmann 1981, 107ff.): Das Interesse am Theater ist demnach heute zunächst einmal das Interesse an Bildung – und dabei geht es primär um "die Klassiker", denn die tatsächliche Ferne der gemäß Shakespeare, Goethe, Schiller etc. als überhistorisch vorgestellten Normen und Werte muß durch die leibhaftige Nähe des Bühnengeschehens suggestig belebt werden. Das Bildungs – Erlebnis hat – ausgedrückt im Abonnement – seine unmittelbar Gebrauchsfunktion. Das Theater ist "klassenspezifische Repräsentation". Das westdeutsche Theater heute also ist kulturell verkümmert, denn es lebt vom Interesse an lediglich formaler Bildung.

Ähnlich beschnitten wird nach Hofmann heute auch das Interesse an Aufklärung. Theater als Medium einer "konstitutiv sozialen Reflexivität" beschreibt heute gesellschaftliche Beziehungen nicht mehr als Herrschaftsbeziehungen – mit der

Absicht der wirklichen und allemal schmerzhaften Aufklärung und der politischen Verbesserung der Verhältnisse –, sondern beschränkt sich entweder auf schein – bar herrschaftsfreie Zwischenmenschlichkeit, aufs Private, oder aber es fungiert als Verklärung:

"Verzauberung oder Illusionierung sind bewußte oder unbewußte, zugegebene oder verheimlichte Techniken bzw. Zielsetzungen ihrer praktischen Hervor – bringungen – Glanz, Schönheit, Harmonie und Spektakularität einige Grundlagen ihres Bühnen – Effekts. Der von unbefriedigender Realität ablen – kenden, momentan befreienden Darbietung einer bunteren, pralleren und spannenderen theatralen Kunstwelt bieten sich hundertfältige Möglichkeiten zur Ausschmückung zufälliger Interessantheiten und senationellen Nebensäch – lichkeiten, zur sinnlichen Überstrahlung des Nicht – Sinnfälligen und zum Ersatz leibhaftiger Zeichen durch körperliche Signale (...)"

Nicht zuletzt wird heute vom westdeutschen kleinbürgerlichen Theater Unterhal – tung erwartet: gekennzeichnet durch Kategorien wie Leichtigkeit, Heiterkeit, Kurzweiligkeit und Reizhaftigkeit. Das Theater mit seiner spielerischen Modell – haftigkeit und der sprachlich – leibhaftigen Sinnfälligkeit der Bühnen – Beziehun – gen kommt dem ja auch medial entgegen, aber wird dabei in seiner Austausch – barkeit mit anderen Medien, beispielsweise dem Fernsehen, und in der Funktio – nalisierung als Kompensation für die Zwänge herrschaftsbestimmter Arbeitswelt erneut kulturell zugerichtet und gesellschaftlich eingepaßt: affirmativ.

Das ästhetische Interesse am Theater – und an jedem Medium – ist also gesellschaftlich eingebunden, besteht nur im Miteinander bzw. in Konkurrenz zu Interessen anderer Art. Die Interessen am westdeutschen kleinbürgerlichen Theater aber, abgesehen vielleicht vom Laientheater und dem neueren Kinder – und Jugendtheater sowie den Schauspielern und Theatermachern selbst, sind zuvorderst Interessen an einer Dienstleistung innerhalb eines affirmativ zugerich – teten kulturellen Rahmens. Theater wie in diesem Fall ist Subventionstheater und markiert damit nicht zuletzt das ökonomische Interesse einer kleinen gesellschaftlichen Gruppe von ca. zwei Prozent ('Intelligenz', Künstler und Kul – turschaffende, Beamte, Angestellte, Angehörige des Mittelstands im engeren Sinn) an den Steuergeldern der öffentlichen Hand. Die gesellschaftliche Bedeutung des westdeutschen Nachkriegs – Theaters ist schwach ausgeprägt und liegt primär im ideologischen und im psycho – hygienischen Bereich. Entsprechend unwichtig und unterentwickelt ist die traditionelle Theaterwissenschaft. Sie fristet ein eher kümmerliches Dasein an einigen wenigen deutschen Universitäten, ist in For – schung und Lehre überwiegend geistesgeschichtlich bzw. 'germanistisch' orientiert und im übrigen weitgehend losgelöst von der Theaterpraxis.

Überblicke über die Geschichte der Theaterwissenschaft als Fach, etwa im deutschsprachigen Raum[4], zeigen, daß eine kontinuierliche Entwicklung fehlt, Gegenstandsbereich und Methoden weitgehend ungeklärt bzw. nicht entwickelt sind und die konkreten Konzepte, etwa in Berlin, München und Köln, sich stark unterscheiden. Insbesondere der Versuch, auch Film und Fernsehen (teils sogar Video) neben das Theater zu stellen und alles über einen einzigen, den 'thea – terwissenschaftlichen' Kamm zu scheren, macht keinen rechten Sinn. Medienspe – zifisch beharrt das Theater auf seinem raumzeitlich präsenten Publikum, auf dem bilateralen theatralischen Kommunikationsprozeß, auf dem Theaterstück als Pro – dukt in Zeit, das auf Video bestenfalls konserviert, aber niemals mehr unver – fälscht reproduziert werden kann. Der Versuch der traditionellen Theaterwissen – schaft, Film und Fernsehen zu usurpieren, ließe sich höchstens aus dem zufälli – gen und höchst fragwürdigen Zusammentreffen von Interessen ganz unterschied –

licher Herkunft verständlich machen: etwa wenn das zunehmend exklusive und gesellschaftlich luxuriöse Dienstleistungsunternehmen Theater (und mit ihm der kleine Wissenschaftszweig, der sich ihm widmet) im allgemeinen wirtschaftlichen Kontext existentiell bedroht erscheint und deshalb, fast um jeden Preis, neue Legitimationsstützen benötigt, oder wenn die Behandlung von Film und insbe – sondere von Fernsehen bevorzugt und möglichst ausschließlich just unter *ästheti – schen* Vorzeichen gewünscht wird, aus nicht minder zweifelhaften Motiven.

Die Interessen am Medium Theater spiegeln sich also ein wenig im Interesse an der Theaterwissenschaft: Das 'spielerische', ästhetische Interesse des Schauspielers und 'Machers' am Theater – quasi als Sinnbild des menschlichen Seins und seiner Welt – wird bei heutigen kulturellen Rahmenbedingungen nach den Interessen einer kleinen gesellschaftlichen Minderheit geschichtlich zugerichtet; und diesem Theater als Dienstleistungsbetrieb kommt im deutschsprachigen Raum derzeit bestenfalls tertiäre Bedeutung zu. Eine Medienwissenschaft, wie sie heute im Entstehen ist, wird gegenläufig zu dem relativen Desinteresse der Gesellschaft am Theater diesem Medium und seiner Erforschung wieder den Platz zuweisen müssen, der ihm von seinen ureigenen Wesensmerkmalen her gebührt.

Aber nicht nur beim kleinbürgerlichen Theater westdeutscher Prägung ließen sich ästhetische und kulturelle Interessen am Medium besonders gut benennen. Andere Beispiele wären etwa der frühe Kinofilm – geprägt von Merkmalen wie Jahrmarkt – Kunst, Einheit von theoretischer Reflexion und Praxis, breite Selbst – bestimmung und Experimentiermöglichkeiten etc. – oder die 45 – er Schallplatte Mitte der fünfziger Jahre – mit Stichworten wie z.B. Musikbox, Rock'n'Roll oder Durchbruch der "race music". Interessanterweise gibt es übrigens bis heute auch keine klar konturierte Filmwissenschaft, bzw. nur in Ansätzen, und keine Schallplattenwissenschaft im eigentlichen Sinn. Sofern sich die Publizistik dieser beiden Medien annimmt, bleibt sie gegenüber deren Produkten selbst eher äußerlich. Ansonsten wird der Film, insbesondere als Spielfilm, auf die unter – schiedlichsten Fächer und Disziplinen verteilt, während Textmusik, also gesungene Lyrik, und Musik in allen ihren Formen und Richtungen weitgehend unabhängig von ihren dominanten Vermittlungskanälen behandelt werden.

3.

Idealtypische Interessen an den Medien werden nicht immer von den Wissen – schaftszweigen formuliert, die sich ihnen widmen. So haben *pädagogische und bildungsmäßige Interessen* – seit dem 18. Jahrhundert – maßgeblich insbesondere die Nutzung des Mediums Buch bestimmt. Die Entstehung des bürgerlichen Lesepublikums, entsprechender öffentlicher Institutionen und eines sich sprunghaft ausbreitenden literarischen Markts, jüngst noch einmal von Lutz Winckler the – senhaft zusammengefaßt (Winckler 1986), stehen derzeit auch wieder verstärkt im Zentrum der Forschung – aber immer noch nur der Literaturwissenschaft. Was in der Germanistik und Allgemeinen Literaturwissenschaft früher als Literaturso – ziologie (vgl. z.B. Fügen 1962) und Trivialliteraturforschung (vgl. z.B. Kreuzer 1967), dann als Sozialgeschichte der Literatur (vgl. z.B. Sozialgeschichte 1969) und neuerdings als Systemtheorie des Literaturbetriebs (vgl. z.B. Faulstich 1986 und 1987) behandelt wird, rückte bis heute einseitig stets Literatur in den Mit – telpunkt. Nur partiell kam dabei jene pädagogische Perspektive in den Blick, die sich – wegweisend wie bei Alfred Clemens Baumgärtner – hinter Stichworten wie Leseverhalten, Entwicklung und Typologie des Lesers, Lesewirkungen, Lite – raturdidaktik, Leseerziehung, Lesebücher etc. verbirgt[5]. Und vollends fehlte das

Buch *als Medium*, die Literaturgeschichte als *Medien*geschichte, der Literaturbetrieb und Literaturmarkt als *Buch*markt.

Weitgehend neben und getrennt von den Literaturwissenschaften also verliefen
die ganz anderen Ansätze der pädagogischen Leseforschung und der kommerziellen Buchmarktforschung, die ihrerseits nur punktuell hatten miteinander vermittelt werden können[6]. Dennoch sei am Beispiel der umfassendsten Buch-
marktuntersuchung der neueren Zeit erläutert, was in den (wenigen) Arbeiten
literaturwissenschaftlicher Provenienz – unter Bezugnahme auf die immergleiche
Quelle[7] – stets nur implizit und andeutungsweise präsent gehalten wird: daß die
sogenannte Schöne Literatur in Prozent der Gesamttitelproduktion niemals die
dominante noch auch die wichtigste Art des Buchs gestellt hat, weder im Anteil
an der Gesamttitelzahl noch im Anteil der verbreiteten Exemplare aller Titel
(Beispiele: 1740: 5,8%; 1900: 11,8%; 1920: 23,4%; 1930: 15,3%; 1984: 18,1%).
Das heißt: Das Medium Buch war und ist zuallererst Informations- und Wis-
sensspeicher, also Sachbuch. Das dominante gesellschaftliche Interesse am Buch
ist keineswegs das literarische oder ästhetische Interesse, sondern, im Zusammenhang mit einer neuen Auffassung von Bildung, das Informations- und
Kommunikationsinteresse.

Die aufwendige Studie *Kommunikationsverhalten und Buch*, die 1978 im Auftrag
der Bertelsmann Stiftung von Infratest Medienforschung erstellt wurde[8], machte
erstmals in vollem Umfang ernst mit der schon früher geäußerten Forderung
Gerhard Schmidtchens: "Man muß das Buch im Kontext der Medien betrachten"
(Schmidtchen 1974). Dabei geht es nicht mehr um Buchlesen, sondern um
Buchbenutzen. Demzufolge ist das Buch "nicht mehr das Medium einer elitären
Zielgruppe, sondern ein Massenmedium neben anderen". Bücher gibt es in 94
Prozent der Privathaushalte. Im Durchschnitt besitzt ein Haushalt 186 Bücher.
Der Durchschnittsbürger über 18 Jahre verbringt pro Monat 18,5 Stunden mit
der Nutzung von Büchern. Aber wohlgemerkt: Wenn hier vom Buch die Rede
ist, wird damit nicht etwa nur Literatur gemeint, sondern das Medium Buch
überhaupt, einschließlich Kochbuch, Telefonbuch, Wörterbuch, Bastelbuch,
Gebetbuch, Bilderbuch usf. Das Buch als Medium wird überdurchschnittlich vor
allem von jüngeren Leuten (55 Prozent der 18- bis 29jährigen) und von Personen mit Abitur und Hochschulbildung (77 Prozent) genutzt.

Entscheidender Befund: "Das Sach- und Fachbuch liegt weit vor der Belletristik." "Das Buch verdankt seine Spitzenposition im Bereich der Lesemedien –
gemessen am Zeitbudget – dem hohen Stellenwert des Sach- und Fachbuches."
Das Medium Buch hat eine Reichweite pro Tag von 44 Prozent, aber davon
entfallen auf Belletristik nur elf Prozent und auf Belletristik "mit literarischem
Anspruch" nur zwei Prozent. Das Zeitbudget des Durchschnittsbürgers für Bücher
(18,5 Stunden) verteilt sich zu 70 Prozent auf Sach- und Fachbücher (25 Prozent Belletristik, 5 Prozent Kinder- und Jugendbücher).

Ergänzend wäre anzumerken, daß das Buch nicht nur kein dominant literarisches
Medium ist, sondern daß es in der Konkurrenz zu anderen Medien ebenfalls
eine immer geringere Rolle spielt. Das läßt sich sowohl nach dem Zeitbudget als
auch nach dem Kostenbudget sowie den Interessen an Medien generell belegen:
Den 18,5 Stunden, die pro Monat durchschnittlich vom Bundesbürger für Bü-
chernutzung aufgewendet werden, stehen 69,5 Stunden für das Fernsehen gegenüber (ganz zu schweigen von Medien wie Zeitung, Hörfunk, Kino etc.); vom
gesamten Medienbudget entfallen nur noch weniger als zehn Prozent auf das
Buch. Nur wenig günstiger sieht es bei den Kosten aus: 19,– DM werden heute
durchschnittlich pro Monat pro Haushalt für Bücher ausgegeben, d.h. nur noch

zwölf Prozent des gesamten Medienbudgets. Und die Tendenz ist sinkend. Bei den vier zentralen "emotionalen Bedürfnissen der Mediennutzung" schließlich (Leerzeit füllen/Zeitvertreib, Spannung/Abenteuer, Alltagssorgen vergessen, Teil – habe am Schönen) steht das Buch ausnahmslos nicht mehr an erster Stelle, jeweils überflügelt vom Fernsehen (und mehrfach auch noch von anderen Medien; vgl. dazu Faulstich 1988).

Das Buch also charakterisiert sich heute als ein individuelles Speichermedium, ein kultureller Gebrauchsgegenstand, ein Bildungsgut in der neuen Informations – gesellschaft. Und in dieser Funktion bedeuten die anderen Medien auch keine Konkurrenz, sondern das Buch verhält sich komplementär zu ihnen, d.h. es hat im Mediengeflecht seinen festen und unverzichtbaren Platz. Während eine beharrlich rückwärts gewendete Germanistik traditioneller Prägung allmählich zu einer konservierenden und restaurativen Hilfswissenschaft zu verkümmern droht, wird die zukünftige Medienwissenschaft jene Bemühungen integrieren und systematisch ausbauen müssen, die als "buchwissenschaftliche Ansätze" bislang ein höchst unzulängliches Dasein fristen: bei historisch interessierten Bibliotheks – wissenschaftlern, bei engagierten Pädagogen und beim ökonomisch interessierten Verlagswesen und Buchhandel. Es mutet eigenartig an, daß es – obwohl doch das Buch fast ein Jahrhundert lang zum kulturellen Leitmedium erklärt worden ist – eine Buchwissenschaft als etabliertes Universitätsfach nie gegeben hat. Das Interesse an Bildung im Sinne von Information, Wissen und Kommunikation, das eine angemessene Beschäftigung mit dem Buch, und zwar aus einer ideologisch unverzerrten, medienübergreifenden Perspektive heraus, begründet, ist offenbar selbst erst neueren Datums. Auch dies wirft ein keineswegs positives Licht auf das mittlerweile zuende gegangene Buchzeitalter.

Übrigens ist auch heute noch dieses primär pädagogische und bildungsmäßige Interesse am ·Medium Buch stark ausgeprägt, und zwar zeitgemäß beim Einsatz des Buchs im didaktisch begründeten Produktverbund mit den elektronischen Medien, vor allem dem Fernsehen[9]. Sieht man von medienpädagogischen Be – mühungen einmal ab, schließen allerdings die bildungsmäßigen Interessen – offenbar Erblast des Humboldt'schen Bildungsideals – die anderen Print – und natürlich auch die elektronischen Medien (noch) weitgehend aus. Fernsehen, Film, Hörfunk, Heftchen, Zeitung etc. gerieten im Zusammenhang mit Bildungs – interessen vergleichsweise selten ins Blickfeld, und dann bevorzugt unter negati – ven Vorzeichen.

4.

Interessen an den Medien werden nicht nur von Machern und exklusiven Be – nutzern (wie beim Theaterbeispiel) oder von verschiedenen Fachwissenschaften (wie beim Beispiel Buch) unterschiedlich bis gegensätzlich formuliert und reprä – sentiert, sondern immer wieder auch gesamtgesellschaftlich durchgesetzt. So fällt es bei der Fülle der gegebenen Fälle kaum schwer, die *politischen Interessen* bei der Nutzung der Medien zu exemplifizieren. Zahlreiche Entwicklungsphasen der Zeitung etwa bieten sich dabei ebenso an wie beispielsweise große Teile der Geschichte des Mediums Plakat. Vielleicht am deutlichsten werden politische Interessen aber am Beispiel des Radios im Nationalsozialismus und während des Zweiten Weltkriegs.

Das Radio hatte sich in Deutschland erst Ende der zwanziger, Anfang der dreißiger Jahre zum Massenmedium entwickelt. Gewerkschaftliche Bestrebungen, das neue Medium für die breiten Massen der Arbeiter und Angestellten einzu –

setzen, ebenso wie kirchliche und andere kulturellen Ansätze scheiterten jedoch an der politischen Verwertung des Radios durch den deutschen Faschismus: "Ganz Deutschland hört(e) den Führer mit dem Volksempfänger", lautete der Propagandaspruch auf Werbeplakaten 1933. Der Nationalsozialismus machte sich ein zentrales Merkmal des neuen Mediums zueigen: das live – Prinzip[10]. Nicht nur wurden aktuelle Nachrichten und Informationen im neuen "Rundfunk" sehr viel schneller zu den Rezipienten transportiert, als es bislang die Presse vermochte. Sondern sie wurden zum 'Erlebnis', denn die Hörer waren 'dabei'. Das Radio war weniger akustische Schnellpresse als vielmehr Vergegenwärtigung eines weit entfernten Geschehens – scheinbar unvermittelte Vermittlung von Wirklichkeit und damit deren Dramatisierung. Vom Finden des Geschehens zum Er – Finden, vom 'event' zum 'pseudo – event' war es da nur ein kleiner Schritt. Die Propa – ganda – Neigung also ist dem Radio als Medium wesenhaft. Im Akt der O – Ton – Vermittlung erhält das Vermittelte den Anschein reiner, unverstellter Wahrheit, gewinnt die Botschaft das medienspezifisch Äußerste an Glaubwürdig – keit. Es ist kein Zufall, daß just 1940 theoretisch und politisch der "Rundfunk als Führungsmittel"[11] begründet und verteidigt werden konnte.

Die Geschichte des Radios in Deutschland von 1933 bis 1945 ist vor allem die Geschichte der Entwicklung des Mediums zum perfekten Propaganda – Instrument – von der live – Übertragung des Berliner Fackelzugs am 30.1.1933, mit dem der neue Reichskanzler Adolf Hitler gefeiert wurde, über die perfekte Übertragung der Olympiade 1936, die "Reichssender" des Ministers "für Volksaufklärung und Propaganda", Joseph Goebbels, und die Propagandadiplomatie Ribbentrops bis zum "Rundfunkkrieg", dem Einheitsprogramm, dem Rundfunk als "Brücke zwi – schen Heimat und Front" und zahlreichen Geheim – und Auslandssendern als Propagandawaffe (vgl. z.B. Boelcke 1977). Dabei war der Volksempfänger (zunächst Typ 301: als Erinnerung an die Machtergreifung am 30.1.) eine we – sentliche Voraussetzung für die angestrebte Allgegenwart des Radios, in jedem Haushalt, jedem Betrieb, dann per Koffergerät selbst noch im Freien.

Peter Dahl hat diese politischen Interessen am Radio anhand der Quellen jüngst wieder anschaulich gemacht[12]: "Der Aufruf zum Miterleben kennzeichnet die Dramaturgie, nach der die Nationalsozialisten ihre Politik inszenierten und öffentlich darstellten. Die Millionen, die Massen, sind einbezogen. Nicht in poli – tische Entscheidungen (...), sondern sie sind aufgereiht und eingeplant zur De – koration der Macht. (...) So kehrt sich bei den Faschisten die Funktion politi – scher Veranstaltungen um: Sie sind nicht mehr Ausdruck der Interessen der Menschen, sondern die Menschenmassen haben den faschistischen Interessen Nachdruck zu verleihen und sie öffentlich zu legitimieren." Durch das Radio wurde das Gefühl der Teilhabe an Politik produziert, das Gefühl der Gebor – genheit um den Preis von Abhängigkeit. Adolf Raskin, verantwortlich für die deutsche Rundfunkpropaganda im Ausland, befand seinerzeit: "Im Rundfunk darf es nichts geben, was nicht auf den letzten und tiefsten Sinn der Propaganda hinzielt. Wahrer, rechter Rundfunk ist Propaganda schlechthin. Er ist der Inbe – griff des Wortes 'Propaganda'." So gab es in einer ersten Entwicklungsphase eine Welle von Hitler – Reden und Seriensendungen wie die *Stunde der Nation*, Pro – gramme wie *Blut und Scholle*, *Bauern suchen das Reich*, *Ein Trupp SA* oder *Erbkrank – erbgesund*. Die herausragenden Programmformen dabei waren neben live – Übertragungen und "völkischer" Musik und Kultur insbesondere die emo – tionalisierenden "Hörfolgen", "Hörfilme" und "Mysterienspiele". In einer zweiten Phase wurde direkte Politik zurückgeschnitten zugunsten einer ausgefeilten Kul – turpropaganda. Dazu formulierte Eugen Hadamovsky 1934 programmatisch: "Der Rundfunk von heute hat kein anderes Ziel, als der nationalsozialistischen Be – wegung zu dienen; aber er hat die Pflicht, ihr richtig zu dienen. Mit einem

Programm bloßer politischer Reden aber kann er ihr nicht in der richtigen Weise dienen, weil der Hörer, ermüdet durch die Anstrengung seiner Auf-merksamkeit, einfach abschalten würde. (...) Der Rundfunk, wie er heute ist, enthält sich nur scheinbar der Propaganda, er bringt sie indirekt." In einer drit-ten Entwicklungsphase wurde der Akzent, ähnlich wie heute, auf Entspannung und Unterhaltung gelegt; in weiteren Phasen auf sakral zelebrierte Nachrichten und Sieges-Sondermeldungen bis schließlich zu optimistischen, aufrüttelnden Musikprogrammen, moralischer Aufrüstung und Durchhalteparolen. Noch in den letzten Tagen der nationalsozialistischen Herrschaft wurden Rundfunkmitarbeiter aus dem Propagandaministerium angewiesen: "Sie müssen das Volk zu einer wilden Entschlossenheit bringen mit Ihrem Programm."

Politisches Interesse wie hier ist – unfragwürdiger und markanter als bei den ästhetischen, kulturellen, pädagogischen und bildungsmäßigen Interessen – Fremdbestimmung, Instrumentalisierung und Mißbrauch eines Kommu-nikationsmediums und seiner Wesensmerkmale. Politisches Interesse wird damit als Herrschaftsinteresse sichtbar – und das gilt nicht nur für Diktaturen, sondern prinzipiell auch bei Parteiinteressen in Demokratien. Die Perversion tritt im 'Nutzen', den einige wenige aus dieser Macht bzw. (im Sinne des autoritären Charakters) aus dem Dienst an dieser Macht ziehen, besonders augenfällig zutage: Lust an der Unterdrückung der vielen, Freude an Manipulation und Unterwerfung der anderen, krankhaft gefährliche Kompensation eigener Infantili-tät.

Eine Radiowissenschaft, die den psychologischen, sozialen oder wenigstens ästhe-tischen Hintergründen solcher historischen Mediennutzung nachginge, gibt es als Fach bislang so wenig wie die erwähnte Buchwissenschaft, obwohl sich die uni-versitäre Germanistik und Anglistik und einzelne Macher des Hörfunks immerhin mit einem kleinen Teilbereich, dem Hörspiel, befassen (wenn auch nur rudimentär und wenig anerkannt). Intensiver und umfassender, freilich mit den ihr eigenen Perspektiven und Schwerpunkten, haben sich die Massen-kommunikations- und Propagandaforschung sowie die Publizistikwissenschaft dem Radio zugewendet. Es liegt hier vielleicht in der Natur der Sache, daß solches Interesse am Medium Hörfunk bevorzugt wiederum politisch motiviert war, jedenfalls zur Zeit vor dem Fernsehen, als dem Radio noch jene Schlüsselrolle für Wahlpropaganda und politische Information zukam, die heute dem Fernsehen zugeschrieben wird. Mit dieser mediengeschichtlichen Verlagerung der Macht-interessen freilich verschoben sich die Interessensschwerpunkte der Forschung stärker zum Ökonomischen: Der Hörfunk als politisches "Führungsmittel" wan-delte sich zum "wirtschaftlichen" – Propaganda wurde zur Werbung, und das heutige Bemühen um lokalen Privatfunk bestätigt diesen Umschlag in beein-druckendem Ausmaß[13]. Die entstehende Medienwissenschaft wird die weitgehend verschütteten ästhetischen und bildungsmäßigen Interessen am Hörfunk wieder nachdrücklich freilegen müssen.

5.

Die *ökonomischen Interessen* schließlich seien an einem neueren Medium exem-plifiziert, obwohl sie sich leicht auch am Buch (z.B. als modernem Bestseller), am Film (z.B. der Filmindustrie Hollywoods), an der Schallplatte (z.B. anhand internationaler Multimedienkonzerne wie CBS oder Bertelsmann) oder am Radio (z.B. den kommerziellen amerikanischen Lokalstationen und Networks) hätten verdeutlichen lassen: an einem der sogenannten Neuen Medien. Dabei wäre zuallererst festzuhalten, daß die "neuen" Medien zumeist gar nicht neu sind, sondern nur neu im Gebrauch bzw. in neuem Gebrauch. Kabel –, Satelliten – fernsehen und Pay – TV, Bildplatte, Videokassette und – recorder, Bildschirmtext und Bildtelefon, Compact – Disc und Walkman, privates Lokalradio, Home – Computer und Telespiele – sie stellen größtenteils Erweiterungen und neue Nutzungen der längst bekannten, 'alten' Medien dar.

Obwohl sich die ökonomischen Interessen beim Kabelfernsehen prägnanter kon – turieren als bei den anderen 'neuen' Medien, sei hier – aus einer Vielzahl von Gründen – stattdessen auf das Medium Video bzw. einen Teil davon: den Videorecorder, abgehoben[14]. Vor allem Siegfried Zielinski[15] hat in mehreren Arbeiten deutlich gemacht, wie sehr sich die wirtschaftlichen Interessen an die – sem Medium schon bei der Hardware, den Recordern selber, äußern. Dabei ist besonders auf den Zusammenhang von Profit und Technik abzuheben. Das beginnt schon bei der produktiven Bedeutung der Technik für mediale Kommu – nikation, die vielfach unterschlagen oder als zu gering eingeschätzt wird. Entste – hung und Entwicklung eines technischen Sachsystems und seine kulturellen Verwendungen und Wirkungsweisen müssen in ihrem wechselseitigen Funktions – zusammenhang begriffen werden.

Der Videorecorder ist als Subtechnik des Fernsehens entstanden, und auf allen Stufen seiner historischen Entwicklung lassen sich die wirtschaftlichen Interessen jeweils als der dominante Faktor nachzeichnen. Das beginnt schon mit seiner Erfindung (1948 – 1955): "Der Videorecorder ist keine Erfindung, die sich ihre Nützlichkeit erst suchen mußte. Er ist in hohem Maße eine bestellte Erfindung." Daß die Ampex Corporation das ausgereifteste Konzept eines Videorecorders entwickeln und auf dem Markt umsetzen konnte, lag insbesondere an ihren technischen Erfahrungen mit der Entwicklung des kommerziellen Tonbandgeräts für die Hörfunkpraxis und ihrem Bemühen, nun auch im Fernsehrundfunk das breite Käuferpotential zu erschließen. Die erste wirtschaftliche Umsetzung des Videorecorders als Gerät für die Programmdistribution bei den US – Networks (1956 – 1958) stand ganz unter dem Zeichen der absoluten Monopolstellung von Ampex und dem harten Konkurrenzkampf zwischen den um neue Marktanteile kämpfenden Networks. Der Fernsehboom jener Jahre (Zunahme der Fernsehsta – tionen, der Fernsehhaushalte und der täglichen Programme und Ausstrahlungen) brachte wirtschaftliche Probleme mit sich, die nur durch den Videorecorder zu lösen waren: insbesondere die Überwindung der nachteiligen Zeitverschiebung von der amerikanischen Ost – zur Westküste (Programme konnten mit dem Videorecorder problemlos gespeichert und zeitversetzt ausgestrahlt werden), aber auch die Notwendigkeit, (teure) live – Produktionen durch (billigere) Konserven zu ersetzen. Ende 1958 war "der Videorecorder als Bestandteil der Distribu – tionsmaschinerie der profitorientierten Networks integriert. Er hatte sich damit genuin als Erwerbsmaschine etabliert."

Insbesondere der Gesichtspunkt, daß die Speicherung von Programmen und Sendungen nicht nur zu archivarischen Zwecken sinnvoll war, sondern unter dem Gesichtspunkt der Rückführung ins Programmangebot eine längerfristig absehbar hohe ökonomische Rentabilität mit sich brachte, hat die Verbreitung des neuen Mediums (1958 – 1961/62) international vorangetrieben. Neue technische Verfah – ren und Entwicklungsmodelle konkurrierten auf den US – amerikanischen, japanischen und europäischen Märkten und brachen die Ampex – Vorherrschaft. Maßgeblich dabei war zunächst das Bestreben um die Vereinfachung, die Ver – kleinerung und die Verbilligung der Videorecorder. Dabei trat bereits Sony auf den Plan – mit der Zielrichtung, anstelle des beschränkten Produktionsbereichs vielmehr den Massenmarkt der Konsumenten zu bedienen. Ein nicht minder herausragender Neuerungsprozeß dieser Entwicklungsphase war die Cassettierung des Magnetbandes über Systeme wie Cartridge, Instavideo, Cartrivision, EVR, U – matic, VCR bis hin zu Beta und VHS, womit eine Bedienung des Geräts für jedermann möglich wurde.

Zwei Stufen der Verbreitung lassen sich danach unterscheiden. Zunächst (ab 1962) vollzog sich eine Diversifikation des Videorecorders für Praxisfelder von Fernsehkommunikation außerhalb des Rundfunks. Das Gerät wurde ökonomisch sinnvoll eingesetzt in über hundert Praxisbereichen, z.B. als Überwachungsin – strument bei Medizin, Psychiatrie, Militär, bei Banken, Kaufhäusern, Supermärk – ten u.ä.; z.B. als Instrument für Forschung, Aus – und Weiterbildung und Trai – ning in wirtschaftlichen, schulischen und politischen Handlungsbereichen; z.B. als Technik für die Verkaufsförderung, für das Marketing, für das Management und für Public Relations im breitesten Sinn; usf. Die zweite Stufe der Verbreitung (in der Bundesrepublik ab 1977) war die Durchsetzung des Videorecorders auf dem Massenmarkt der Unterhaltungselektronik. Sie wurde anfänglich stark behindert durch die Vielzahl der konkurrierenden technischen Systeme. Deren Überwindung zugunsten eines heute dominanten Systems (VHS, im Jahr 1984: 62% Marktanteil in der Bundesrepublik)) war wiederum aus ökonomischen Gründen eine absolute Notwendigkeit; die wichtigsten Anbieter der Heim – Videorecorder nämlich machten den größten Teil ihres Umsatzes mit Fernsehgeräten, auf diesem Sättigungsgrad am Markt lag bereits 1975 bei über 90 Prozent, d.h. ließ keine großen Zuwachsraten mehr erwarten. "Der Ab – satz von Heim – Videorecordern wurde zweifellos zu einem bedeutenden Wirt – schaftsfaktor für die Branche der Unterhaltungselektronik. Die nahezu eineinhalb Millionen Stück, die 1983 an den Handel veräußert wurden, entsprachen einem Umsatzvolumen von 2,7 Milliarden DM. Der Marktanteil nur der Videorecorders an den verschiedenen Produktgruppen kletterte damit im selben Jahr auf 17 Prozent; einschließlich der Peripherie – Erzeugnisse für das Gerät – also Videokameras, Leercassetten und Zubehörartikel – machte er gar ein Viertel des Gesamtvolumens der Unterhaltungselektronik." Nach den neuesten Zah – len verfügen bereits 20 Prozent (4,67 Mio) der bundesdeutschen Haushalte über einen Videorecorder. Die Tendenz ist steigend, und auch Reichweite und Dauer der Videorecordernutzung nehmen kontinuierlich zu.

Der Primat ökonomischer Interessen äußert sich nicht zuletzt auch an dem Tat – bestand, daß sich der Videorecorder – entgegen einer weitverbreiteten Ansicht – als "Luxusgerät" etabliert hat, also nicht Ausstattungsmerkmal pekuniär – sozialer Unterprivilegierung ist, sondern Zeichen für relative materielle Wohl – stand. Gerätebesitzer finden sich insbesondere in der Spitze der Bildungshierar – chie, am häufigsten bei den Gruppen der Angestellten, der Selbständigen, der Freiberufler und der mittleren Beamten. Hauptnutzer sind Abiturienten und Universitätsabsolventen.

Nur angedeutet sei abschließend noch die wirtschaftliche Bedeutung des Video – recorders und der Videokassette für den Film. Die traditionelle Domäne der Spielfilmdistribution, das Kino, wird durch den Videorecorder allmählich von ihrem ersten Platz verdrängt. In zahlreichen Ländern der dritten Welt – ohne Kinokultur und entsprechend ausgebaute Infrastruktur – ist die Videokassette längst wichtigstes Medium für Filme; in Indien beispielsweise kamen 1984 auf jedes Kino bereits zwei Videoabspielstätten. 1986 sollen in den USA bereits 40 Prozent aller Filme, die überhaupt gesehen wurden, über den Videorecorder rezipiert worden sein. Siegfried Zielinski nennt als konkretes Beispiel den in der Bundesrepublik schon kurz nach dem Start indizierten Film *Rambo: First Blood II*, Anfang 1986 absoluter Super – Bestseller auf Kassette: Bis zu diesem Zeit – punkt waren bereits 427.000 Stück verkauft, d.h. wurde ein Umsatz von über 34

Millionen US – Dollar erzielt. Das bedeutet zunächst, daß immer häufiger ame – rikanische Film – Bestseller bereits auf Video zur Verfügung stehen, bevor sie hierzulande in die Kinos kommen. Sodann wird damit deutlich, daß Video für Filmproduzenten äußerst lukrativ geworden ist, insbesondere im Falle von Box – Office – Erfolgen beim Kinofilm; die früheren "Nebenrechte" stehen längst im Zentrum der Produktion. Schließlich aber wird auch eine programmspezifische Verlagerung ersichtlich: Während das Kino immer ausschließlicher allgemeine Familienunterhaltung und Filme für jugendliche Konsumenten liefert, konzentrieren sich Videofilmproduzenten mit Brutal – und Porno – Filmen zunehmend auf bestimmte Erwachsenen – Zielgruppen. Die Vermarktung von bespielten Videokassetten hat inzwischen drei klar unterscheidbare Phasen oder Stufen angenommen: erstens und immer näher an den Kinostart herangerückt die Verbreitung auf Leihkassette, zweitens die Erstverbreitung auf Kaufkassette zu einem hohen Preis (derzeit immer noch über 100, – DM) und drittens die Kaufkassette als Billigangebot (in England derzeit bereits unter 20, – DM, also vergleichbar einer Langspielschallplatte)[16].

Mediengeschichte als Technikgeschichte, im Kontext kapitalistischer Gesellschaft, heißt beim Videorecorder wie bei allen elektronischen Medien zunächst einmal und primär: Verwertungsgeschichte, Profitstreben. Vielleicht deshalb gibt es bis – lang, abgesehen von einer eher programmunspezifischen Publizistikwissenschaft, auch noch keine universitäre Fernsehwissenschaft oder Wissenschaft der Neuen Medien, dafür aber eine kommerzielle Fernsehforschung, eine kommerzorientierte Fernsehwirkungsforschung, eine industrieorientierte Markt – und Werbungs – und Absatzforschung. Forschung verläuft hier bevorzugt nach unmittelbaren ökonomi – schen Verwertungsinteressen. Diese sind in ihrer absoluten Priorität und heutigen Dominanz, verglichen mit dem Fall des NS – Radios, nicht minder Fremdbe – stimmung, mißbräuchliche Zurichtung einer technischen Erfindung. Die Unter – ordnung heute schlechthin aller gesellschaftlichen (einschließlich der politischen) Interessen an den Neuen Medien unter die Mehrwertmaximierung, d.h. die Pro – fitinteressen einiger weniger Großaktionäre und ihrer Agenten und Manager in weltweiten Industriekonglomeraten, ist, obwohl alltäglich und inzwischen 'normal', mindestens ebenso menschenverachtend wie die politischen Herrschaftsinteressen in Diktaturen. Das primäre Interesse an Profit ist so gut Ausdruck einer gefährlichen Ich – Schwäche einzelner Individuen wie das primäre Interesse an Macht – nur daß beim einen natürliche Schutz – und Existenz – sicherungsbedürfnisse pervertiert werden und beim andern natürliche Verteidi – gungs – und Angstabwehrstrategien. Der blanke infantile Egoismus bildet für beide den Kern, allerdings in der Form der Geld – und Besitz – und Profitgier weiter verbreitet als in der Form der Gier nach Macht und Einfluß.

6.

Die gesellschaftlichen Interessen an den Medien, die sich wohl nicht zufällig zumeist auch in ihren verschiedenen Wissenschaften und Forschungsschwerpunk – ten indirekt äußern, haben ganz elementar mit Kultur zu tun, und das heißt: mit Werten. Als idealtypische Interessen fordern sie bipolar zur Entscheidung heraus: zwischen ästhetischen, bildungsmäßigen, pädagogischen Interessen einerseits, die entweder auf das gleichrangige Wohl aller bedacht sind oder doch die Verwirk – lichung naturhafter subjektiver Eigeninteressen nicht zu Lasten anderer betreiben, und politischen und ökonomischen Interessen andererseits, die primär auf Macht und Profit und damit unausweichlich und wesenhaft auf den Schaden anderer zielen. Das Problem der gesellschaftlichen Interessen an den Medien und ihren Wissenschaften, idealtypisch gesehen, besteht in ihrer Hierarchisierung: welche

Interessengruppe der anderen untergeordnet wird. Der vielfältige Nutzen auf beiden Seiten mag allemal gegeben sein und wäre jeweils nur noch aufzuspüren. Die Frage lautet eher: ob dieser Nutzen primär und letztlich nur einigen weni – gen gilt.

Entsprechend wären nicht *die* Medien oder *die* Medienwissenschaft verantwortlich, sondern stets die einzelnen Journalisten und Macher und Medienwissenschaftler als individuelle Personen; darin gründet die soziale Verantwortung als Moral. *Medienästhetik*, jedenfalls im Sinne ihrer Vor – Urteile (vgl. ausführlicher Faulstich 1982a, 7ff.), wird praktisch und sinnvoll erst im Handeln, als *Medienethik*. Medienethik als werteorientierte Hierarchisierung der Interessen an den Medien wäre damit weniger Theorie und Philosophie als vielmehr Praxis, mithin tagtäg – lich neu gestelltes imperatives Mandat. In Anlehnung an Kant sei die alte Frage neu gewendet: *Was heißt Medienkultur?* Die Antwort: "*Medienkultur* ist die Be – freiung der Menschen aus ihrer Abhängigkeit von den Medien. *Medien* sind alle kommunikativen Vermittlungssysteme wie Theater, Buch, Radio, Video, Brief, Film, Zeitung, Plakat, Computer, Heftchen, Schallplatte oder Zeitung etc. *Ab – hängigkeit* ist die Unfähigkeit, sein Leben als Individuum im sozialen Umfeld ohne die zwangsweise Nutzung der Medien befriedigend zu gestalten und erfüllt zu leben. *Befreiung* ist der suchtfreie Gebrauch der Medien durch alle Menschen zum Zweck kreativer Selbstverwirklichung. Medienkultur ist eine Aktivität, kein Zustand. Die Medien allen Menschen zum kreativen Ausdruck verfügbar zu machen, ist also der Wahlspruch der Medienkultur (Faulstich 1982b).

Aber spätestens damit muß auch der Bereich des Idealtypischen verlassen wer – den. Bei Journalisten und Machern hat Medienethik[17] – in den vorsichtigen Worten von Ulrich Saxer – bislang noch eine viel zu geringe Sanktionsgewalt und steht allzu sehr im normativen Zwielicht: "Es dürfte unter politischen wie kulturellen Gesichtspunkten wünschenswert sein, wenn die ethische Selbstreflexion von Journalisten und Medienorganisationen sich wieder intensivierte, vertiefte und differenzierte. Nur so kann das Mediensystem auch vor der Legitimationsinstanz Moral bzw. Sittlichkeit den vielen von außen an es herangetragenen ethischen Kritiken und Postulaten sachgerecht begegnen und der allzu großen ethischen Fremdverpflichtung entgehen" (Saxer 1984). Das wirkliche Problem tritt erst im Falle des Interessenkonflikts auf, in dem abstrakte und prinzipielle Antworten keine Lösungen mehr darstellen. Es dürfte eine entscheidende Aufgabe zukünf – tiger Medienwissenschaft sein, zur Diskussion um jenes differenzierte, praktikable, glaubwürdige und akzeptable sittliche Fundierungsprinzip ethischen Medienhan – delns, wie es für demokratische Kommunikation in heutigen Mediengesellschaften konstitutiv wäre, beizutragen und es zugleich selber zu praktizieren.

Dabei darf das offene Feld zwischen dieser Maxime und dem Alltagshandeln nicht länger durch jene borniert Position heutiger (klein –) bürgerlicher Kultur blockiert werden, die den Zusammenhang von Medien, Macht und Moral am liebsten übersieht oder allein über die Technik reguliert sehen will. Zwar gilt tatsächlich: Je technisch aufwendiger ein Medium, desto stärker ist es den Profitinteressen ausgesetzt; je technisch weitreichender und öffentlichkeitsrele – vanter, desto interessanter wird es für politische Interessen. Aber das liegt natürlich nicht an der Technik, sondern an ihrer Instrumentalisierung durch bestimmte Personen, Institutionen und Systeme dieser Gesellschaft, die in ihrer historischen Konkretheit jeweils offengelegt werden können. Zu ganz frühen Zeiten war es ja nicht das Radio, sondern das Theater, das als Machtinstrument mißbraucht wurde, und zu wieder anderen Zeiten das Buch. Eine künftige Me – dienwissenschaft wird 'Gesellschaft' und 'Interesse' kritisch als historische Kategorien begreifen müssen. Auch wenn das utopisch erscheinen mag: Die gesellschaftliche Dominanz des Fernsehens und der Neuen Medien heute ist ebensowenig ein Naturzustand wie die gegenwärtige Dominanz der Profitinteres – sen.

Anmerkungen

1 Siehe ergänzend auch Dallmayer 1974
2 Damit werden frühere Ansätze des Verfassers fortgeführt. Verwiesen sei vor allem auf Faulstich 1979, jüngst von Kübler (1987) kritisch kommentiert.
3 Als Überblick zur Gruppierung in Mensch – Medien, Druckmedien und Elektronische Medien vgl. Faulstich 1982a, 242ff.
4 Siehe z.b. den von Klier (1981) herausgegebenen Sammelband, in dem zwanzig zentrale Texte zum Wandel im Selbstverständnis der Theaterwissenschaft zusammengetragen sind.
5 Siehe dazu ausführlicher Baumgärtner 1973. Leider ist dieser umfassende und in seinen neuen Akzenten wegweisende Ansatz nicht von den universitären Wissenschaften in wünschenswertem Umfang aufgegriffen und weitergeführt worden.
6 Exemplarisch gelungen ist das etwa mit der Expertise der Wissenschaftlichen Kommission Lesen und der seinerzeit gegründeten Deutschen Lesegeselschaft e.V. Siehe ergänzend dazu auch die im Sammelband *Buch und Lesen* (1978) enthaltenen weiteren Beiträge zum Thema.
7 Gemeint ist die Arbeit von Rarisch 1976, die bislang noch nicht ernsthaft weitergeführt wurde.
8 Die folgenden Zahlen sind dem "Endbericht" der Studie Infratest Medienforschung (1978) ent – nommen.
9 Wie vielfältig inzwischen dieser Medien – Produktverband im Sinne komplenentärer Mediennut – zung bzw. der Bündelung von Interessen an verschiedenen Medien ausgeprägt ist, belegen erste Fallstudien, die im Forschungsprojekt *Das Fernsehen im Projektverbund mit anderen Medien* im Rahmen des Siegener Sonderforschungsbereichs *Ästhetik, Pragmatik und Geschichte der Bild – schimmedien* erarbeitet wurden, z. B. von Lemke/Faulstich 1988. Der Versuch einer historischen und systematischen Bestandsaufnahme zum Verbund von Buch und Fernsehen soll bis zum Jahres – ende 1988 vorgelegt werden.
10 Zum live – Prinzip als Schlüsselkategorie zum Verständnis des Mediums siehe z. B. Faulstich 1981.
11 So der Titel des Buchs von Eckert 1940. Eckerts Position kommt deutlich zutage, wenn er etwa die Zeit von Diskussion und Zwiegespräch nach "den Jahren, als die politischen Gengensätze im Rundfunk nach Äußerung drängten", nunmehr für abgeschlossen hält: "Mit der Überwindung des politischen Dualismus war auch die Zeit des Zwiegesprächs untergegangen. Immerhin ist in einer Form das meinungsgebundene Zwiegespräch auch heute noch denkbar. Am Beispiel des Zwiege – sprächs kann vorgeführt werden, wie ein Mensch sich von der Richtigkeit einer bestimmten Auf – fassung überzeugen läßt. Diese Entwicklung des Gesprächs setzt im allgemeinen voraus, daß es fingiert ist."
12 Die folgenden Zitate und Angaben sind Dahl (1983) entnommen. Siehe zugleich auch Dahl (1978). Dort rekonstruiert er die gegenläufigen Bemühungen der Arbeiter – Radio – Bewegung und des antifaschistischen Widerstands. – Am grundsätzlichen politischen Charakter des Mediums Ra – dio ist nicht einmal und gerade bei den "freien Radios" zu zweifeln; vgl. dazu etwa Busch 1981.
13 Wenigstens anzumerken wäre vielleicht noch, daß merkwürdigerweise das Plakat, das Poster und all die anderen graphischen Textmedien, die ebenfalls und bis heute Spiegelbild vor allem politi – scher (und wirtschaftlicher) Interessen sind, zumeist, wenn überhaupt wissenschaftlich reflektiert, in der Kunstgeschichte angesiedelt sind (und dort natürlich ähnlich vernachlässigt werden wie das Buch in der Germanistik oder die Schallplatte in der Musikwissenschaft).
14 Auf die Bedeutung von Video als Produktionsmedium (Videokameras u.ä.) sei hier nur nebenbei verwiesen. Die ökonomischen Interessen der Hardware – Anbieter basieren natürlich verstärkt auf den produktionsästhetischen Gestaltungsinteressen der privaten 'Macher', die ihre Konsumenten –

oder Rezipientenhaltung gerade überwinden. Video als Produktionsmedium unterscheidet sich –
ebenso wie bei anderen Produktionsmedien – grundsätzlich von Video als Vermittlungsmedium.
15 Siehe insbesondere Zielinski 1986 und 1987. Die folgenden Aspekte und Zitate sind hieraus
entnommen. Ergänzend sei dabei auf den interessanten Beitrag von Loest (1984) hingewiesen.
16 Nur nebenbei sei vermerkt, daß der Videorecorder auch für die Filmwissenschaft bzw.
Filmanalyse bedeutende Veränderungen mit sich brachte: Mit dem Spielfilm auf Video läßt sich
"das transitorische Medium" nicht mehr als Entschuldigung für die unwissenschaftliche Werkbe –
handlung anführen; an Transkripten, Sequenzprotokollen, exakten Analysen und verifizierbaren
Bild – und Wortzitaten kommt man nun nicht mehr vorbei.
17 In diesem Zusammenhang ließe sich übrigens mit Erstaunen zur Kenntnis nehmen, wie wenig
zum Thema Medienethik bislang publiziert worden ist.

Bibliographie

A.C. Baumgärtner (Hrsg.) 1973: Lesen. Ein Handbuch. Hamburg

W.A. Boelcke 1977: Die Macht des Radios. Weltpolitik und Auslandsrundfunk, 1924 – 1976. Frank –
furt

Buch und Lesen 1978: Gütersloh (Bertelsmann Texte 7)

Chr. Busch (Hrsg.) 1981: Was Sie schon immer über Freie Radios wissen wollten, aber nie zu
fragen wagten. Münster

P. Dahl 1978: Arbeitersender und Volksempfänger. Proletarische Radio – Bewegung und bürgerlicher
Rundfunk bis 1945. Frankfurt

P. Dahl 1983: Radio. Sozialgeschichte des Rundfunks für Sender und Empfänger. Reinbek

W. Dallmayer (Hrsg.) 1974: Materialien zu Habermas' "Erkenntnis und Interesse". Frankfurt

G. Eckert 1940: Der Rundfunk als Führungsmittel. Heidelberg

W. Faulstich (Hrsg.) 1979: Kritische Stichwörter zur Medienwissenschaft. München

W. Faulstich 1981: Radiotheorie. Tübingen

W. Faulstich 1982a: Medienästhetik und Mediengeschichte. Heidelberg

W. Faulstich 1982b: Was heißt Meidenkultur? In: medium 12 (1982), S. 3 – 6

W. Faulstich 1986: Systemtheorie des Literaturbetriebs. Ansätze. In: Zeitschrift für Literaturwissen –
schaft und Linguistik 17 (1986), H. 62, S. 125 – 133

W. Faulstich 1987: Systemtheorie des Literaturbetriebs. Ergänzungen. In: Zeitschrift für Literatur –
wissenschaft und Linguistik 18 (1987), H. 63, S. 164 – 169

W. Faulstich 1988: Massenkommunikation und Neue Medien. Zur Bedeutung eines germanistischen
Desiderats. In: Gegenwart und Perspektiven der Germanistik. Hrsg. v. J. Förster/E. Neuland/G.
Rupp. Stuttgart.

H.N. Fügen 1971: Die Hauptrichtungen der Literatursoziologie und ihre Methoden. 5. Aufl. Bonn

J. Habermas 1968: Erkenntnis und Interesse. Frankfurt

J. Hofmann 1981: Kritisches Handbuch des westdeutschen Theaters. Berlin

Infratest Medienforschung 1978: Kommunikationsverhalten und Buch. Eine Literaturuntersuchung im
Auftrag der Bertelsmann Stiftung. München

H. Klier (Hrsg.) 1981: Theaterwissenschaft im deutschsprachigen Raum. Darmstadt

H. Kreuzer 1967: Trivialliteratur als Forschungsproblem. In: Deutsche Vierteljahrsschrift 41 (1967),
H. 2, S. 173 – 191

H. – D. Kübler 1987: Medienwissenschaft auf dem Prüfstand. Einige wissenschaftsgeschichtliche,
terminologische und methodologische Anmerkungen. In: TheaterZeitSchrift (1987), H. 22, S. 114 –
124

I. Lemke/W. Faulstich 1988: Der Produktverbund von Fernsehen und Buch. Am Beispiel "Wer er –
schoß Boro?". Siegen

K. – G. Loest 1984: Die Videokassette – ein neues Medium etabliert sich. Videotheken aus
bibliothekarischer Perspektive. Wiesbaden

A. Paul 1979: "Theater". In: W. Faulstich 1979, S. 316 – 355

I. Rarisch 1976: Buchproduktion, Verlagswesen und Buchhandel in Deutschland im 19. Jahrhundert in ihrem statistischen Zusammenhang. Berlin

U. Saxer 1984: Journalismus – und Medienethik. Möglichkeiten und Grenzen ethischer Selbstver – pflichtung. In: Media Perspektiven (1984), H. 1, S. 28

G. Schmidtchen: Lesekultur 1974. In: Börsenblatt für den Deutschen Buchhandel (1974), Nr. 39 v. 17.5.1974

Sozialgeschichte der Literatur und Kunst (1969): München

L. Winckler 1986: Autor – Markt – Publikum. Zur Geschichte der Literaturproduktion in Deutschland. Berlin

Wissenschaftliche Kommission Lesen 1977: Leseförderung und Buchpolitik. In: Bertelsmann Briefe (1977), H. 89

S. Zielinski 1986: Zur Geschichte des Videorecorders. Berlin

S. Zieliski 1987: Aufriß des internationalen Videomarktes. Zum Handel mit dem Spielfilm als wei – cher Ware. In: Neue Medien contra Filmkultur. Hrsg. v. der Arbeitsgemeinschaft der Filmjournali – sten/Hamburger Filmbüro. Berlin, S. 77 – 97

Klaus Bartels

Das Verschwinden der Fiktion

Über das Altern der Literatur durch den Medienwechsel im
19. und 20. Jahrhundert

0. Diskurse des Verschwindens

Die Entwirklichung des Wirklichen

Seit Beginn der achtziger Jahre überschwemmt den Buchmarkt eine Flut von
Diskursen des Verschwindens. Das *Schwinden der Sinne* (Kamper/Wulf 1984), das
Verschwinden der Kindheit (Postman 1983), das *Verschwinden der Wirklichkeit* (v.
Hentig 1984), das *Verschwinden der Harmonie* (Feldes 1984), die *Furie des Verschwindens* (Enzensberger 1980) und die *verschwindende Welt* (Hamm 1985)
beschäftigen die Kulturkritik schon eine Weile. Gemeint ist die sogenannte
Derealisierung des Wirklichen durch die elektronischen Medien, das Unwirklichwerden des Wirklichen. Die jüngste Veröffentlichung auf diesem Gebiet gar
verabschiedet die Wirklichkeit vollständig. *Abschied von der Realität* (Koch 1988)
heißt dieses Buch, das eine neue Relativitätstheorie begründen soll (Horx 1988,
60). Unter den philosophischen Voraussetzungen des Verfassers läßt sich freilich
jeder Relativsatz als Bestandteil der Relativitätstheorie ansehen, denn die Botschaft lautet, alles sei relativ, vor allem die Realität: jeder habe seine Realität,
eine einheitliche Realität gebe es nicht. Daher heiße "Abschied von der Realität"
nichts anderes "als Abschied von der einen Realität, die aufhörte zu existieren,
sobald jeder seine eigene entwerfen durfte" (Koch 1988, 37).

Diesen Gedanken hatte vielleicht jeder schon einmal, und so fragt sich, warum
ein renommierter Verlag daraus ein Buch macht. Offenbar spekulieren Verlag
und Verfasser auf das merkantil verwertbare Bedürfnis nach einer begrifflichen
Klärung dessen, was bisher als Realität und Illusion voneinander unterschieden
wurde und was nun, glaubt man der Kulturkritik, durch die Herrschaft der Medien ununterscheidbar ineinander übergeht, so daß die Differenzen verschwinden.
Vollmundig verspricht der Autor daher eine "Grammatik der Illusion".

Das Wirklichwerden der Einbildungen

Die "Postmoderne"Debatte befaßt sich ebenfalls mit diesem Thema. Hier geht
es freilich nicht so sehr um das Verschwinden des Realen, als vielmehr um die
Metamorphosen des Imaginären, so der Titel eines einschlägigen Aufsatzes (Voss
1986). Eine wichtige Metamorphose des Imaginären soll danach das Wirklichwerden der Einbildungen sein. Infolge der allgemeinen Ausbreitung der
Medien werde die Öffentlichkeit zu einer "Simulationsöffentlichkeit" (234), die
städtischen Innenräume verwandelten sich in eine Art "VideoCity" (ebd.).

Die Szenarien der Verkaufsmanager sehen in der Tat vor, daß sich die Kunden nicht mehr aus dem Haus begeben müssen, um einzukaufen. Sie sollen die Ware elektronisch ordern. Die "Akzeptanz" solcher Kaufstrategien läßt sich erhöhen, wenn die angebotenen Dienste "kinderleicht" und "spielerisch" zu handhaben sind. Das Einkaufen wird folglich zunehmend der Teilnahme an einem Videospiel ähneln. Alle jene "Erlebnisse", deretwegen die Kunden die Innenstädte in eigener Person aufsuchen müssen, werden die Züge des elektronischen Verkaufsspiels annehmen, damit sich die Konsumenten auch in der Stadt "heimisch", also wie zu Hause fühlen. Die Installation eines gigantischen Videospiels in Form der "Vi – deo – City" ist der Endpunkt einer Entwicklung, in deren Verlauf die Einbildun – gen wirklich wurden.

Das Verschwinden der Fiktion

Aber auch eine wirklich gewordene Einbildung ist Wirklichkeit. Und bürgerliche Öffentlichkeit ist genauso wirklich wie die Simulationsöffentlichkeit, man kann sich allenfalls über graduelle Unterschiede streiten und neue Begriffe wie "Hy – perrealität" erfinden, die solchen Abstufungen des Wirklichen vielleicht ent – sprechen.

Über den Verbleib des fiktiven Anteils der wirklich werdenden Einbildungen oder über die Frage, ob die modernen Gesellschaften durch das Verschwinden des Wirklichen in der Fiktion landen, entbrennt kein solch heftiger Streit wie um das Reale. Das Wirkliche hat die Philosophie immer mehr interessiert als das Unwirkliche, das Mögliche oder das Fiktive. Das Nichtexistierende, Engel, Teufel, Geister, wurde abgeschoben in die Religion, in die Ästhetik oder in die Kunst und in die Literatur, ohne hier jemals Heimatrecht zu genießen. Denn Ästhetik, Literatur und Kunst unterlagen im abendländischen Denken dem Realismuspo – stulat. Die Wirklichkeit nachahmen sollte das Fiktive schon. Die Existenz von Engeln oder Teufeln muß man heute empirisch beweisen.

Die Geschichte des abendländischen Denkens läßt sich rekonstruieren als der Versuch, das Wirkliche auf das Unwirkliche auszudehnen und die Fiktion zum Verschwinden zu bringen. Das ist niemals so gut möglich gewesen wie heute durch die elektronischen Medien. Die Simulationen, die wirklich werdenden Einbildungen, offenbaren, auf welch unwirklichem Grund das Wirkliche aufbaut. Sie legen die Vermutung nahe, daß die Vorstellung von der Wirklichkeit zu tun hat mit der Vorstellung vom Unwirklichen. Diese Vorstellungen sind geschichtli – che Variablen. Eine durch den Buchdruck geprägte Gesellschaft muß eine andere Auffassung des Fiktiven und Wirklichen haben als eine schreibunkundige Gesellschaft, der die literarische Fiktion unbekannt ist. Der Medienwechsel im 19. Jahrhundert zur mechanischen Reproduktion des Bildes und im 20. Jahr – hundert zur elektronischen Simulation des Wirklichen wiederum hat Rückwir – kungen auf das Konzept des Fiktiven und des Wirklichen, denn er bringt audiovisuelle Fiktionskonzepte hervor, die in Konkurrenz zur Literatur zuneh – mend die Wirklichkeitsauffassung bestimmen. Je mehr das Konzept der lite – rarischen Fiktion in Frage gestellt wird und zu verschwinden droht, desto mehr entsteht der Eindruck, als verschwinde die Wirklichkeit.

Dieser Eindruck aber ist nur der Effekt einer semiologischen Wende, des Übergangs nämlich vom Lesen zum Sehen, von der Schrift zur Fotografie, von der literarischen zur visuellen Fiktion. Die Geisteswissenschaften haben auf diese Wende entweder gar nicht oder mit erheblicher Verspätung reagiert. Ins – besondere die Literaturwissenschaft ignorierte die aufbrechende Konkurrenz der

Zeichen. Zwar befaßte sie sich seit Beginn der siebziger Jahre unter starkem Legitimationsdruck auch mit Medienthemen. Literaturwissenschaftliche Medien – analysen bestehen bis heute aber zumeist darin, einen Text über das themati – sierte Medium zu verfassen und diesen Text zu untersuchen, nicht das Medium selbst.

Diese nicht auf die Literaturwissenschaft beschränkte Neigung, das Visuelle zu vertexten, entspringt dem kulturellen Prestige der Literatur. Spätestens seit der aufklärerischen Alphabetisierung der Gesellschaft stehen die nichtliterarischen, visuellen Fiktionen im Verdacht, ein minderes Erkenntnisvermögen zu be – friedigen. Die Geisteswissenschaften haben es daher wohl für überflüssig befun – den, nichtliterarische Zeichentechniken 'für voll zu nehmen' und angemessene, solide Kriterien für die Untersuchung visueller Zeichen zu entwickeln. Im Reich der Zeichen herrscht die Arroganz des Literalen.

Das Prestige der Literatur läßt sich bis in die moderne Architekturtheorie und deren Anleihen bei der Erzähltheorie nachweisen: "So versucht man, unseren körperlich erfahrbaren Durchgang durch solche Gebäude tatsächlich als Erzäh – lung, als Fiktion zu betrachten. Als Besucher sind wir aufgefordert, diese Architektur der dynamischen Wege und narrativen Paradigmen mit unserem eigenen Körper und unseren Bewegungen zu erfüllen und sie zu vervollständigen" (Jameson 1986, 87).

Einzelne Gebäude oder gar die gesamte städtische Umwelt zu fiktionalisieren, ist freilich kein unbedingt moderner Einfall. Campanellas fiktive *Città del Sole* be – steht aus kreisförmig um einen konzentrischen Tempel gebauten Häuserwällen, auf die das gesamte Wissen der Welt gemalt ist, so daß die Bewohner ihre Stadt wie ein lokales Erinnerungssystem oder aber wie ein "Buch" nutzen können (Yates 1966, 298). Der Unterschied zwischen diesem "Orbis pictus" aus dem 17. Jahrhundert und modernen Architektur – Fiktionen besteht darin, daß Campanella sich auf visuelle Wissens – und Erinnerungssysteme bezieht, während die "post – modernen" Architekten den Stadtbewohner zum Protagonisten eines kollektiven Romans machen, die Fiktion der Stadt also literarisieren.

Die "Versteinerung" literarischer Strukturen im Städtebau hat nach Auffassung einiger Architekturkritiker die mnemotechnische Funktion der Orte derart zer – stört, daß sich die Menschen nicht mehr zurechtfinden. In Zeichen der "reinen Bewegung" (Jameson 1986, 87) verwandelt, nicht selbst gehend, sondern von ki – netischen Apparaten getragen und fortbewegt, fällt es ihnen zunehmend schwer, die einmal besuchten Orte wiederzufinden. Die Auflösung der Raum – durch Erzählarchitektur verwirrt den Orientierungssinn. Jameson plädiert daher für ein globales "kartographisches" Bewußtsein, das der bebauten Welt die visuellen Orientierungsräume zurückgibt. Die von ihm geforderte Revisualisierung der Stadt ist nicht identisch mit dem Konzept der "Video – City". Sie bezieht sich vielmehr auf mnemotechnische visuelle Stadt – Fiktionen wie die Campanellas; die neuen kognitiven Stadt – Pläne sind "nicht einfach 'mimetisch', nachahmend im alten Sinne" (ebd., 97), sondern "erhaben": "eine neue kohärente und selbstbestimmte Typologie des Raums" (ebd., 94).

Hinter dem Begriff des "Erhabenen" freilich verbirgt sich kein neues, sondern ein schon der Antike bekanntes Fiktionskonzept, das in krassem Widerspruch zur Forderung steht, die Fiktion habe realistisch zu sein, und das die Erben der Aufklärung vom Konzept der literarischen Fiktion "überwunden" glaubten. Tatsächlich schien die Durchsetzung des Literatur – Prestiges im 18. Jahrhundert den langen Kampf gegen das Erhabene und die "pure" Fiktion abgeschlossen zu haben, der gegenwärtig durch den Rekurs der "Postmoderne" auf das "Erhabene" neu entbrennt. Der vorliegende Aufsatz befaßt sich mit diesem Kampf[1]. Der erste Abschnitt behandelt den Zeitraum bis zur Aufklärung, bis zum Sieg der literarischen über die "pure" Fiktion. Die Abschnitte zwei und drei zeigen am Beispiel der Fotografie und der Computermedien, wie der Krieg gegen die visuellen Fiktionen des 19. und 20. Jahrhunderts fortgeführt wird. Die Untersuchung soll verdeutlichen, in welchem Maße Fiktionskonzepte die Auffassung des Wirklichen beeinflussen. Sie zeigt, daß es trotz der Renaissance des "Erhabenen" bei Theoretikern der "Postmoderne" immer noch die literarische Fiktion ist, die die Wirklichkeitsauffassung der sogenannten Mediengesellschaft bestimmt.

I. Der Kampf gegen das Fiktive

Die "pure" Fiktion

An der Schwelle zur Moderne reflektiert Nietzsche in seiner *Geburt der Tragödie* das Schicksal des Fiktiven. Nach seiner Auffassung haben sich die Griechen zunächst "die Schwebegerüste eines fingierten *Naturzustandes* gezimmert und auf sie hin fingierte *Naturwesen* gestellt. Die Tragödie ist auf diesem Fundamente emporgewachsen und freilich schon deshalb von Anbeginn einem peinlichen Abkonterfeien der Wirklichkeit enthoben gewesen" (Nietzsche 1966, 47). Euripides habe mit der puren Fiktion gebrochen, als er den Menschen des alltäglichen Lebens auf die Bühne stellte und die Wirklichkeit nachzuahmen begann (ebd., 65). Daher unterscheidet Nietzsche schon in der Antike zweierlei Schein; den apollinischen Schein der puren Fiktion und den realistischen Anschein der Nachahmung (Mimesis). Die moderne Unterhaltungskultur sieht er als direkte Fortsetzung der euripideischen Nachahmungstechnik an.

Man könnte Nietzsches Konzept der puren apollinischen Fiktion für ein idealisiertes Wunschbild halten, das er aus seiner Frustration über den zeitgenössischen Kunstbetrieb auf die Antike projiziert, gäbe es nicht mit dem Anagrammatismus und der Theorie des Erhabenen tatsächlich zwei antimimetische Kunsttendenzen, die sich freilich nie zu einer Tradition verdichten konnten.

Im Anagramm geht es weder um die Nachahmung der äußeren Natur noch um die Nachahmung externer Muster, sondern um die Verdoppelung interner Strukturen. Nach Saussure imitieren die Buchstaben des Anagramms ein thematisches Wort, das im Text durch diese Imitation allererst erzeugt wird (Starobinski 1980). Die 'Bedeutung' des Anagramms liegt in diesem internen Kopiervorgang. Das anagrammatische Verfahren zielt auf die Produktion von Echos oder Doubletten und nicht auf die Reproduktion von Wirklichkeit oder Kunstmustern.

Peri Hypsous (Über das Hohe) des Pseudo – Longinus vertritt ebenfalls ein antimimetisches Programm. Der unbekannt gebliebene Verfasser dieser Schrift feiert die berückende Täuschung (Brandt 1983, 20) statt der Nachahmung, den blendenden Blitz, das Unerwartete, über die Maßen Gewaltige, das Übernatürliche, die Ekstase; mit einem Wort das, was über das Wirkliche hinausführt. Er begründet seine Sichtweise der Dinge mit einer natürlichen Disposition des Menschen. Die Natur habe "unseren Seelen (...) ein unzähmbares Verlangen eingepflanzt nach allem jeweils Großen und nach dem, was göttlicher ist als wir selbst. Darum genügt selbst der ganze Kosmos nicht für die Betrachtungen und Gedanken, die der menschliche Geist wagt, sondern häufig überschreitet unser Denken die Grenzen dessen, was uns umgibt" (Pseudo – Longinus 1983, 99).

Das Verschwinden der Fiktion

Die Überschreitung ist das Erhabene. Aufgrund seiner natürlichen Anlagen er –
hebt sich der Mensch über das, was ist, auch über sich selbst, deshalb ist er der
Erhabenheit fähig. Mimesis hingegen beschränkt sich darauf, dem ähnlich zu sein,
was ist. Die bildende Kunst und auch die Musik verbleiben nach 'Longinus' im
Kreise des Menschenähnlichen; die Rede, der Logos jedoch führe den Menschen
über sich hinaus (ebd., 101). Daher sei das Erhabene der Rede und der Wort –
kunst vorbehalten.

Diese vermutlich im dritten nachchristlichen Jahrhundert formulierte Theorie
blieb lange Zeit ohne größere Wirkung. Erst das Erscheinen einer französischen
Übersetzung von Nicolas Boileau – Despréaux löste eine europäische philosophi –
sche Diskussion über das Erhabene aus, deren prominenteste Teilnehmer in
England Alexander Pope und Edmund Burke und in Deutschland Immanuel Kant
waren. Gleichwohl konnte sich diese Theorie nicht durchsetzen, denn schon die
Kritiker der französischen Übersetzung hatten die Befürchtung formuliert, mit
dem Erhabenen komme das transreale Delirium in die Poesie. (Begemann 1984,
80). Aufgrund solcher Ängste der Pedanten blieb der Text nach Ernst Robert
Curtius ein "Funke, der nicht gezündet hat. (...) 'Longinus' ist von der unzer –
reißbaren Traditionskette der Mittelmäßigkeit abgewürgt worden" (Curtius 1967,
403). Den Mittelmäßigen und Vernünftigen hat die Mimesisdoktrin mehr ein –
geleuchtet als die Theorie des Erhabenen, die es darauf anlegte, den Menschen
über seine Grenzen hinaus "nahe an die Seelengröße des Gottes" (Pseudo –
Longinus 1983, 99) zu erheben.

Von den Geistern zur Geistergeschichte

Ein charakteristisches Beispiel für den abendländischen Umgang mit dem Fikti –
ven ist das Schicksal der Fegefeuerlehre. Gregor der Große hatte die Doktrin
formuliert, daß das Fegefeuer an bestimmten Orten des Wirklichen angesiedelt
sei. Um dies zu belegen, führte er "exempla" ein, kurze Novellen, Nachrichten
oder andere Erzählungen, die über Begegnungen mit auf der Erde wandelnden
Verstorbenen berichteten. Verbindlich für diese Augenzeugenberichte war die
Grundüberzeugung, daß die Wirklichkeit durchlässig sei für die Gespenster der
Toten (Le Goff 1984).

Aus der "exempla" – Tradition entwickelte sich die aufgeklärte Ge –
spenstergeschichte (Fleischhauer 1987). Während die "exempla" bei Gregor noch
den Zweck hatten, die Existenz von Gespenstern plausibel zu machen, werden
sie nun zu Dokumenten der Unplausibilität. Die aufgeklärte Gespenstergeschichte
soll den Unsinn des Gespensterglaubens verdeutlichen, sie soll zeigen, daß Ge –
spenster lediglich durch Manipulationen und Illusionstechniken erzeugt werden.
Die Wirklichkeit hat für die Aufklärer frei von Gespenstern zu sein. Allenfalls in
der Literatur dürfen sie ihr Unwesen treiben.

Die Verbannung der Gespenster in die Literatur erforderte eine spezifische Le –
sedidaktik. Die Leser mußten lernen, daß die Buchstaben eine vom Leben qua –
litativ unterschiedene Wirklichkeit erzeugten. – Das grundlegende abendländische
Werk über den Unterschied der Wirklichkeiten, über den Unterschied von Sein
und Schein, von Realität und Fiktion, ist der *Don Quijote* von Cervantes. Der
Roman übt den richtigen Gebrauch der Fiktion ein. An der Spielfigur des Don
Quijote lernen die Leser, der Verwechslung von Buchrealität und Leben zu
entgehen. Ihnen wird beigebracht, die Wirklichkeit nicht mit Einbildungen zu
bevölkern. Dadurch begreifen sie, daß der legitime Ort der Fiktion das Buch ist.

Cervantes schrieb den Roman in einer Phase, als sich die Berichte über Leser häuften, die den Inhalt von Büchern mit der Realität verwechselten und sich entsprechend 'wahnhaft' verhielten. Rund 150 Jahre nach der Erfindung des Buchdrucks mit beweglichen Lettern kam es in Spanien, wo der Königshof die neue Erfindung sofort nutzte, zu einem Konflikt zwischen Fiktion und Wirklichkeit, Gumbrecht spricht sogar von einem körperlichen Konflikt mit der Druk-kerpresse (Gumbrecht 1985), den es so in der Manuskriptkultur nicht geben konnte. Denn die Manuskriptkultur kannte das Literatursystem als ein Mas-senkommunikationssystem noch nicht. Die massenhafte Buchvervielfältigung kon-frontierte eine zunehmend größer werdende Leserschar mit einer völlig neuen Wirklichkeit, der sie offensichtlich hilf- und orientierungslos ausgeliefert war. Für sie sprach nichts dagegen, daß es sich bei dem Gelesenen um Wirkliches handelte. – Cervantes entschärfte den Konflikt zwischen Fiktion und Wirklich-keit durch ironisierende Entlarvung. Im zweiten Teil des Romans läßt er seinen Helden auf Leser des ersten Teils treffen. Diese fiktiven Stellvertreter machen dem realen Leser deutlich, daß er selbst während der Lektüre des Buches der Fiktion angehört und nicht der Wirklichkeit.

Das war im Sinne der Pädagogen, die den Konflikt zwischen Illusion und Realität dadurch lösten, daß sie die Fiktion aus der Realität ausgrenzten und der Literatur und Kunst zuordneten. Die Wirklichkeit war gegen die Phantome der Einbildungskraft abgeschottet, von den exilierten Gregorianischen Gespenstern nicht mehr begehbar.

Die Lokalisierung der Fiktion in der Literatur brachte nun freilich das Problem mit sich, daß durch Lektüre das aus der Wirklichkeit ausgegrenzte Fiktive wieder lebendig wird. Die aufklärerische Pädagogik mußte die Droge Literatur in unbedenklichen Mengen verabreichen. Sie setzte beim Unterricht im Lesen und Schreiben an.

Die Austreibung der visuellen Fiktion

Die ältere Pädagogik benutzte "Leseräder" und Bildergrammatiken, um die Schrift als soziale Technik zu verbreiten. Die heute noch angewandten Bilderalphabete sind ein Überbleibsel dieses Zusammenhangs zwischen visueller Memoriertechnik und der Kunst des Lesens und Schreibens. In Anlehnung an antike Theoretiker ging man davon aus, daß das Behalten von Dingen und Worten durch das visu-elle Gedächtnis erleichtert werde. Auch der *Orbis pictus* des Johann Amos Comenius von 1658, dem *Orbis pictus* Campanellas nachgebildet (Yates 1966, 377), für Goethe das einzige "Kinderbuch" in der Bibliothek seiner Eltern (1967, 35), verfährt trotz gegenteiliger Bekundungen des Verfassers (und der For-schungsliteratur) nach mnemotechnischen Gesichtspunkten; denn bei dieser "ge-malten Welt" handelt es sich nachweislich nicht um wirklichkeitsgetreue Ab-bildungen von Dingen, sondern um fiktive Gedächtnisbilder, mit deren Hilfe das Unsichtbare sichtbar gemacht und dadurch besser behalten werden soll (Köthe 1987, 93ff.).

Die Pädagogen der Aufklärung verwarfen die visuellen Lerntechniken. Sie kriti-sierten insbesondere, daß Gedächtnisbilder fiktiv sein müßten, weil sie nicht Wirklichkeit abbildeten, sondern abstrakte Zusammenhänge anschaulich machten. Die Kritiker befürchteten die halluzinogenen Wirkungen fiktiver Gedächtnisbilder. Sie setzten gegen Ende des 18. Jahrhunderts ein bilderloses, "vernünftiges" Lesen durch.

Das Verschwinden der Fiktion

Das Fiktive war somit – vorläufig – aus der Wirklichkeit ausgegrenzt, in der Literatur verortet, und zwar homöopathisch dosiert. Mit den massenhaft mechanisch reproduzierten fotografischen Bildern freilich kehrte es zurück, ohne daß dies sogleich bemerkt wurde. Denn die Fotografie erweckt den Eindruck, als handele es sich bei ihr um eine Punkt – für – Punkt – Übertragung von der Wirklichkeit auf ein Trägermedium und nicht um eine Fiktion.

II. Medienwechsel im 19. Jahrhundert: Die Fotografie

Malerischer und technischer Blick

Das neue Medium der Fotografie beeindruckte die Zeitgenossen, weil es die Wahrnehmung erweiterte und Unsichtbares sichtbar machte (Buddemeier 1970, 118), dies allerdings zunächst mit einem eher 'malerischen' als mit einem fotografischen Blick. Es scheint unumgänglich, daß junge Kulturen die vorhergegangenen imitieren, bevor sie ein erkennbar eigenständiges Profil gewinnen.

In seinem Buch über *Malerei, Photographie, Film* von 1925 setzt Moholy – Nagy für die Entwicklung eines spezifischen Fotografierstils einhundert Jahre an. Zuvor habe der Fotograf "alle Richtungen, Stile, Erscheinungsformen der Malerei nachzuahmen versucht" (Moholy – Nagy 1925, 41). Moholy – Nagy demonstriert die Unterschiede zwischen der epigonalen 'malerischen' und der spezifischen Fotografiertechnik am Beispiel zweier Fotos, die sich mit dem Thema der Bewegung befassen.

Das ältere Foto zeigt einen Zeppelin über dem Ozean. Der Fotograf hat den Zeppelin zum Insekt verkleinert. Die Flug – und Landeeinrichtungen ragen als organähnliche Stümpfe aus dem Flugkörper heraus. Das Insekt 'flattert' im Licht, das die Szene illuminiert, und fügt sich völlig 'natürlich' in den idyllischen Rahmen ein. Natur und organologisch rekodierte Technik bilden ein harmonisches Ganzes. Die fotografierte Szene bezeichnet Moholy – Nagy als romantisches Landschaftsbild (ebd., 41).

Das zweite Foto befaßt sich ebenfalls mit dem Thema des Fliegens. Es zeigt eine aus fünf Aufklärungsflugzeugen bestehende Formation über dem nördlichen Eismeer. Das Eismeer freilich ist nur zu ahnen als unendliche Weite, denn der Kcamerablick ist schräg von unten nach oben auf die Formation gerichtet. Die Technik dominiert über die Landschaft. Im Unterschied zum Zeppelinfoto sind viele technische Details der Flug – und Landevorrichtungen gut zu erkennen. Das eigentliche Motiv ist eben nicht die Landschaft, sondern die Serie. Moholy – Nagy schreibt: "Die Wiederholung als raum – zeitliches Gliederungsmotiv, das nur in unserer Zeit der technisch – industrialisierten Vervielfältigung entstehen konnte" (ebd., 43).

Besser kann man die fotografische Fiktion nicht definieren: Der Apparat macht etwas sichtbar, was mit bloßem Auge nicht zu sehen ist, in diesem Falle die immateriellen Strukturen der modernen Industriegesellschaft. Die Fotolinse zertrümmert die malerische Perspektive, die die Objekte um das Zentrum des menschlichen Auges gruppiert.

Die neuartige technische Wahrnehmung der Dinge wird von der Bewegungsfotografie gegen Ende des 19. Jahrhunderts vorgeformt. Herausgegriffen aus der

Klaus Bartels

Fülle der Beispiele seien Mareys dreidimensionale fotografische Aufzeichnung eines Mövenflugs und die Phasenfotografie von Muybridge.

Um den Flug einer Möve in seiner Dynamik darzustellen, benutzte Marey um 1885 drei Fotoapparate, die den Vogel während des Fluges zugleich von oben, von unten und von der Seite aufnahmen. Die Aufnahmen erfolgten in einem schwarz ausgelegten Raum, so daß die weiße Möve sich deutlich sichtbar vor dem Hintergrund abzeichnete. Marey konnte auf diese Weise eine Realität abbilden, von der Giedion mit Recht behauptet, sie sei "dem menschlichen Auge normalerweise verborgen" (Giedion 1987, 42). Es ist daher sinnvoller zu sagen, daß Mareys dreidimensionale Fotoserie Realität fingierte.

Eine Fiktion anderer Art ist die Phasenfotografie von Muybridge. Muybridge zerlegte Bewegungsabläufe in Einzelfotos eines bewegten Objekts. Das erreichte er dadurch, daß er entlang einer Strecke, die das Objekt zu passieren hatte, eine Serie von Kameras aufstellte, die sich nacheinander auslösten, sobald das Objekt auf der Höhe des Kameraauges war. Die bekannteste Leistung der MuybridgeMethode war der auf einer Pferderennbahn erbrachte Nachweis, daß ein Pferd in einer Phase des Trabes alle vier Hufe gleichzeitig hebt, den Boden also nicht berührt. Denselben Nachweis erbrachte er später am galoppierenden Pferd. Bei den Pferdemalern löste der Nachweis Entsetzen aus, weil damit die herkömmliche künstlerische Darstellung trabender oder galoppierender Pferde unhaltbar wurde. Die fotografische Fiktion dessen, was dem Auge normalerweise verborgen blieb, beginnt allmählich, die künstlerische Wahrnehmung zu strukturieren.

Giedion verweist auf Übereinstimmungen zwischen der Bewegungsfotografie und der modernen Kunst, zum Beispiel auf Kandinskys Gemälde *Rosa Quadrat* und seine Parallelen zu bestimmten Bewegungsfotografien von Gilbreth (Giedion 1987, 49). Oder auf Marcel Duchamps *Akt, die Treppe herabsteigend*. Das Gemälde ähnelt einer Phasenfotografie von Muybridge, die einen Athleten beim Hinabsteigen einer Treppe zeigt (ebd., 47). Die Zeiten, da die Fotografie von der Malerei profitierte, sind vorbei. Es ist eher umgekehrt; die avantgardistische Kunst löst sich von der klassischen Zentralperspektive, sie nimmt – wie Mareys dreidimensionale Bewegungsfotografie – alle Perspektiven und alle Bewegungen gleichzeitig wahr. Die fotografisch–automatische Fiktion unterminiert die Fiktion der Kunst. Sie greift außerdem zunehmend in die Wirklichkeit ein.

Die Astrofotografie eröffnete völlig neue Räume und entdeckte eine unvorstellbar hohe Zahl von bisher nicht wahrnehmbaren Himmelskörpern. Die Mikrofotografie ermöglichte eine fotografische Dokumentation mikrologischer Strukturen. Das neue Medium machte unsichtbare Strahlen sichtbar. Und es verbesserte die von Frederick Winslow Taylor begründete "wissenschaftliche Betriebsführung" der modernen Industriegesellschaft entscheidend (Giedeon 1987, 126).

Eine neue Grammatik

Der Nachteil des Taylorismus bestand darin, daß Arbeitsvorgänge mit der Stoppuhr lediglich quantitativ erfaßt wurden. Die qualitativen Aspekte der Arbeit, richtige oder falsche, überflüssige oder langsame Bewegungen, waren so nicht sichtbar. Die Zeitmessung zeigte lediglich an, daß für einen Arbeitsvorgang ein bestimmtes Quantum Zeit verbraucht wurde, aber sagte nicht, warum. In der Überzeugung, daß es optimale Arbeitsbewegungen geben müßte, die die Produktivität jedes Arbeiters erhöhen würden, der sich nach ihnen richtete, be

gann der amerikanische Ingenieur Frank B. Gilbreth um 1912 mit Bewe-
gungsaufzeichnungen während der Arbeit. Hierzu benötigte er lediglich einen
Fotoapparat und eine Lichtquelle, die er an dem Körperteil befestigte, dessen
Bewegungen erfaßt werden sollten. Die Fotografie zeigte den Bewegungsablauf
des mit der Lichtquelle verbundenen Körperteils als eine weiße Kurve. Dieses
Aufzeichnungssystem nannte er "Zyklograph" (Bewegungsaufzeichner). Die Ein-
fachheit des Bewegungsaufzeichners täuscht über seine einschneidende Wirkung
hinweg. Er machte den menschlichen Körper zu einer Funktion seiner
Bewegungslinie. In Konkurrenz zur Grammatik der Sprache beginnt die "Zyklo-
grammatik" die Produktion der Zeichen zu regieren.

Gilbreth selbst formte seine Bewegungsfotografien zu Skulpturen aus Drahtge-
flecht, um den Arbeitern eine räumliche Vorstellung ihrer Bewegungen zu ermöglichen, um sie "bewegungs-bewußt" (Giedeon 1987, 129) zu machen. Diese
Skulpturen sind der rhetorische Aspekt der reinen Bewegung. Zur Bewegungs-
grammatik gesellte sich die "Kinesis" als "Rhetorik", die zeichenhafte Darstellung
der reinen Bewegung, mit deren Hilfe die Arbeiter zur Nachahmung der opti-
malen kinetischen "Arbeitslinie" überredet werden sollten. Der "kinetische Mime"
(Kenner 1969, 46) erfüllt die Wünsche der "wissenschaftlichen Betriebsführung"
perfekt. Gemeint ist Buster Keaton, oder besser, das kinetische Zeichen, zu dem
sich der Schauspieler Buster Keaton in seinen Filmen macht. Er paßt sich den
linearen Schaubildern der "wissenschaftlichen Betriebsführung" bis zur Selbstaufgabe und zur reinen Zeichenwerdung an. Während der Antipode Charlie Chaplin
vor der Kamera kasperte und grimassierte, zeigte Keatons Gesicht keine Regung,
es war ausdruckslos, es war die Ikone einer Maschine. In der kinetischen Hektik
der Keaton-Filme war dieses Gesicht der einzige ruhende Pol, es spiegelte die
"gelassene Erhabenheit" (ebd., 45), mit der sich der kinetischen Mensch den
Maschinen überläßt.

Ganz anders, nämlich mimetisch, befaßte Chaplin sich mit der "wissenschaftlichen
Betriebsführung". In *Modern Times* von 1936 bildet er die Arbeitswelt noch
einmal ab, wie sie ist, freilich riesenhaft vergrößert. Seine Film-Arbeiter müssen
sich den Bewegungen eines gigantischen Fließbands anpassen, was sie derart
prägt, daß sie ihre Bedürfnisse automatisch befriedigen wollen und daher eine
Eßmaschine erfinden. Der Gigantismus des Fließbandes ist die kindische Entsprechung zur Erhabenheit des "kinetischen Mimen". Chaplin verwechselt das
Große mit dem Erhabenen, nach dem Muster infantiler Anschauung, der alles
Große riesenhaft erscheint.

Bei Keaton und Chaplin wiederholt sich der Konflikt zwischen antimimetischen
und mimetischen Kunstkonzeptionen, der auch in diesem Falle zugunsten der
Mimesis gelöst wird. Chaplin-Filme hatten sofort Resonanz, während Keaton
erst von einer recht weit fortgeschrittenen Mediengesellschaft verstanden wurde,
die - wie die Diskussion der "Postmoderne" belegt - ein wachsendes Verständnis für das Erhabene zeigt. Wo Keaton zum Zeichen der Bewegung wird,
erzählt Chaplin eine Geschichte über die Bewegung. Er reliterarisiert die visuelle
kinetische Fiktion.

Die literarische Rekodierung der visuellen Fiktion

Diese Reliterarisierung begleitete die Fotografie von Anfang an. Ein Beleg hierfür ist die unterschiedliche Haltung, die Charcot und Freud in bezug auf eine
andere Traditionslinie der Bewegungsfotografie einnahmen. Es handelt sich um

die klinische Fotografie, in diesem konkreten Falle um die visuelle Aufzeichnung hysterischer Kinesis.

Charcot setzte auf das objektive Auge der Kamera, in der Hoffnung, es möge das dem menschlichen Auge Unsichtbare sichtbar machen. Er ließ ein visuelles Archiv des Unbewußten aus Serienfotografien anlegen, die von Hysterikerinnen abgenommen waren. Demgegenüber vertraute Freud, der mit der Hysterie – Fotografie bei Charcot bekannt geworden war, ausschließlich dem Wort. Denn mit Recht konnte er davon ausgehen, daß die Serienbelichtungskamera im Falle der Hysterie ebenso ein Medium der Fiktion war, wie bei Marey und Muybridge, und kein Medium der Wirklichkeit. Er reliterarisiert die visuelle Fiktion der Hysterie. Seine *Studien über Hysterie* verraten den aufklärerischen Bilderfeind, dem die literarische Fiktion über alles geht. Diese Vorliebe erzeugt eine Hysterienovellistik von hohem literarischen Rang.

Die Haltung Freuds gegenüber der visuellen Fiktion ist repräsentativ bis in die Gegenwart hinein, auch bei Medientheoretikern. In *The Mechanical Bride* (1951) unterstellt Marshall McLuhan, die Grundlage der Mediengesellschaft sei ein universeller Roman: "Striving constantly (...), to watch, anticipate and control events on the inner, invisible stage of the collective dreams, the ad agencies and Hollywood turn themselves unwittingly into a sort of collective novelist, whose characters, imagery, and situations are an intimate revelation of the passions of the age" (McLuhan 1967, 97).

Die Ereignisse auf der unsichtbaren freudianischen Bühne des Kollektivtraums werden also nicht durch eine visuelle Fiktion, etwa einen Hollywood – Film, sichtbar gemacht; die innere Bühne ist auch nicht Schauplatz eines Dramas. Auf ihr wandeln vielmehr Romanfiguren. Dies entspricht der Tradition, das Theater als literarisches und nicht als visuelles Medium zu rezipieren. Den Grund hierfür nannte der Kirchenvater Augustinus. Er sah auf den Bühnen des antiken Theaters lediglich trügerische und verführerische Phantome der Einbildungskraft agieren und plädierte daher für die Entschärfung der Bilder durch die Heilige Schrift (Bartels 1984, 499ff. und 1987, 167ff.). Wie Augustinus ersetzt auch McLuhan die visuelle Fiktion durch die literarische. In Anlehnung an die Metapher des "Welttheaters" interpretiert er die "Wirklichkeit" der Mediengesellschaft als theatralische Inszenierung eines Romans.

In einer anderen, heute noch wirksamen Medientheorie spielt die Reliterarisierung der visuellen Fiktion ebenfalls eine wichtige Rolle. Es handelt sich um den Essay *Die Welt als Phantom und Matrize* von Günter Anders aus dem Jahr 1956. Anders geht in klassischer, aufklärerischer Manier von zwei Welten aus, der Welt des Wirklichen und der Welt des Fiktiven. Nach seiner Auffassung sorgen die Medien, insbesondere das Fernsehen, dafür, daß sich die beiden Welten durchdringen. Die Insistenz der Medien zwinge die Phantome der Unterhaltung aus der fiktiven in die wirkliche Welt. Durch dieses Bild hindurch schimmert die Gregorianische Fegefeuerlehre, nur daß es sich nunmehr nicht um die Gespenster von Verstorbenen handelt, die ruhelos das Irdische auf der Suche nach Erlösung durchwandern. Es sind die Medienhelden, die um die Fürsorge der Fernsehfamilie betteln. Aufgrund der Verwandtschaft von Gespenstern und Medienhelden nehmen daher die Ereignisse des täglichen Lebens für Anders die Struktur von Gespenstergeschichten an: "die Normalfälle sind *Gespenstergeschichten*" (Anders 1980, 147).

Hinter solchen ironischen Bezügen auf Gespenster und Geschichten über Gespenster verbirgt sich die Verlegenheit des literarischen und gebildeten Menschen gegenüber der angeblich verblödenden Bilderindustrie; denn spätestens seit der aufklärerischen Alphabetisierungskampagne besteht das kulturelle Dogma, daß die Schrift ein höheres Erkenntnisvermögen befriedige als das Bild. Intelligenz gilt nach dem Muster des Lexikons und des in ihm enthaltenen Wissens als literale Fähigkeit. Dieses Dogma verliert an Verbindlichkeit, seitdem die Computerme – dien maschinelle Wirklichkeiten erzeugen, deren Struktur sich nicht mehr ohne weiteres literarisch rekodieren läßt, weil sie das mimetische Vermögen über – schreiten. Das Buch *The Counterfeiters* von Hugh Kenner aus dem Jahr 1968 versuchte daher, die Computersimulation unter Rückgriff auf nichtmimetische Fiktionskonzepte zu analysieren.

III. Medienwechsel im 20. Jahrhundert: Computermedien

Die Fälschung

In diesem Buch, deutsch unter dem Titel *Von Pope zu Pop* erschienen, bezieht Kenner die *Kunst im Zeitalter von Xerox*, so lautet der Untertitel, auf die Theo – rie des Erhabenen, allerdings in der von Alexander Pope parodierten Form.

Pope erfand im 18. Jahrhundert eine "Kunst des Sinkens". Seine Grundsatzschrift *The Art of Sinking in Poetry* von 1727 lehrt den gezielten Verstoß gegen den hohen Stil, gegen das Erhabene. Der gezielte Verstoß erzeugt ein umgekehrtes Erhabenes, das Komische. Das Erhabene wird gewissermaßen gefälscht. – Da das Erhabene aber etwas ist, was das Reale übersteigt, fälscht Pope etwas, was es im strengen Sinne gar nicht gibt. Seine Fälschungen sind Fälschungen ohne Originale. Pope geht sogar so weit, sich selbst zu fälschen, sich als einen Autor zu fingieren, den es gar nicht gibt.

Für Hugh Kenner wird Pope damit zum Ur – Ahn aller modernen Fälscher, freilich nicht derjenigen, die sich darauf verstehen, einen 'echten Rembrandt' täuschend ähnlich nachzumalen, sondern derjenigen, die schon im 'echten Rem – brandt' eine Fälschung erkennen, weil er mimetisch ist: Pope ist der Ur – Ahn der anti – mimetischen Avantgarde – Kunst.

Mit der Fälschungshypothese hat Kenner intuitiv eine ergiebige Beziehung zwi – schen der Theorie des Erhabenen im 18. Jahrhundert und bestimmten Tendenzen der avantgardistischen Kunst im 20. Jahrhundert hergestellt. Problematisch ist allerdings, daß er diese Theorie auf ihre satirisch – parodistische Variante ein – grenzt. Wie Lyotard gezeigt hat, ist der Avantgarde – Kunst das Erhabene durchaus noch in seiner seriösen Fassung geläufig. Hier tauche es als das "Nicht – Darstellbare" (Lyotard 1984, 160) auf, als ein fundamentales Prinzip nichtmimetischer Kunst. Diese Erhabenheit ziele nicht auf Satire, sondern auf die Schaffung einer "Nebenwelt": "Die Kunst ahmt nicht die Natur nach, sie schafft eine zweite Welt, eine Zwischenwelt, wie Paul Klee sagen wird, eine Nebenwelt könnte man sagen, in der das Ungeheure oder das Formlose sein Recht hat; denn beide können erhaben sein" (ebd., 157).

Die "Nebenwelt" sitzt der Originalwelt gleichsam parasitär auf. Die avantgardisti – sche Kunst nämlich zapft die Wirklichkeit an. Wenn zum Beispiel Andy Warhol seine Waschmittelskulptur *Brillo* nennt und sie dem Handelsprodukt *Brillo* täu – schend ähnlich macht, dann handelt es sich um eine Fälschung des Original – waschmittels. Andererseits fälscht der Hersteller des wirklichen Waschmittels *Brillo* das fiktive einmalige Warhol – *Brillo* durch die serielle Reproduktion von

Brillo. Mit anderen Worten: Das Kunstwerk fälscht ein wirkliches "Original –
produkt". Das wirkliche Originalprodukt wiederum fälscht, weil es ein Se –
rienprodukt ist, das "einmalige" Kunstwerk, das eine Fälschung ist usw. Original
und Fälschung, Wirklichkeit und Fiktion sind nicht zu unterscheiden. Einige
Theoretiker der "Postmoderne" bezeichnen ein derartiges Produkt als "Simula –
krum", als "die identische Kopie von etwas, dessen Original nie existiert hat"
(Jameson 1986, 63).

Die Simulation

Die Fälscher von Pope bis Warhol bereiten die elektronische Form der visuellen
Fiktion vor, die Simulation. Sobald allerdings der Automat das Amt des Fäl –
schers übernimmt, erhält das Fälschen den negativen Hintersinn von "Verfäl –
schen"; die Computer – Simulationen gelten den meisten Kulturkritikern im
Unterschied zu den fotografischen Fiktionen als "falsche Welten", als Lug und
Trug. Diese Einschätzung entspringt dem traditionell schlechten Leumund der
Maschinen. Digital – Computer werden von vielen Technik – Apokalyptikern als
Nachfahren der Menschen – Automaten (Androiden) des 18. Jahrhunderts diskri –
miniert. So spricht auch Kenner davon, daß die Menschen – Automaten die
Verfälschbarkeit des Menschen bewußt gemacht hätten. Daraus ergibt sich
umstandslos für ihn die Tatsache, daß Maschinen überhaupt "Verbündete des
Fälscher" sind (Kenner 1969, 31).

Es ist aber ebenso wahr, daß die Menschen die Maschinen verfälschen. Sie las –
sen sie nicht Maschinen sein, sie kodieren sie nach ihrem Bilde um. Sie machen
sich auf diese Weise die Maschinen vertraut; sie heben deren Fremdheit auf. Ein
Blick ins Innere der Automaten des 18. Jahrhunderts belegt, daß im Maschi –
nenmann nicht selten ein Mensch die Drähte zieht. Dieser raffiniert in oder
hinter der Maschine verborgene Schauspieler vollbringt die Wunderleistungen, die
dem Automaten zugeschrieben werden. Dies war zum Beispiel der Fall bei
Kempelens Schachtürken. Der Mensch in der Maschine fingiert eine Maschine
als Menschen. Viele Trickautomaten waren Simulationen von Maschinen. So ist
es heute noch. Max Headroom, die mittlerweile auch hierzulande berühmt
gewordene Simulation eines Fernsehstars, ist die Simulation einer Simulation.
Hinter einer zentimeterdicken Gummi – und Plastikschicht verbirgt sich ein ka –
nadischer Schauspieler und tut so, als wäre er ein Computer. Das reicht aus,
damit der *Spiegel* das Wesen für "halb Mensch und halb Computer" hält (Der
Spiegel 17/1988, 232).

Daß in dem Trick – Automaten Max Headroom ein Schauspieler – Ich steckt, ist
die Konsequenz aus der Rolle, die der Android als simulierter Schauspieler seit
dem 18. Jahrhundert im Beziehungsdrama mit dem Menschen spielt. Die Auto –
maten – und Androiden – Literatur ist angefüllt mit derartigen Beziehungsdramen,
die ihrerseits die Folie abgeben für wirkliche Beziehungsdramen. Das von Joseph
Weizenbaum Mitte der sechziger Jahre geschriebene Computer – Dialog – Pro –
gramm ELIZA ist hierfür ein Beispiel.

Bei ELIZA handelt es sich um eine Psychiater – Simulation. Das Programm war
nach dem Muster eines therapeutischen Gesprächs aufgebaut. Der Dialog kam
zustande durch eine zwischen Mensch und Maschine geschaltete Schreibmaschine.
Obwohl die Maschine selbst nichts sagte, fühlten sich die Dialogpartner von
ELIZA gut verstanden. Sie hielten die Psychiater – Simulation für ebenso wirklich
wie sich selbst. Weizenbaums Sekretärin schickte ihren Chef hinaus, um sich
ungestört mit ELIZA unterhalten zu können, – im klaren Bewußtsein, daß es

sich bei ihrer Gesprächspartnerin um ein Computerprogramm handelte (Weizen – baum 1978, 19).

Die literarische Rekodierung der Simulation

Weizenbaum setzt diese Verwechslung von Illusion und Wirklichkeit zum Theater in Beziehung. Er behauptet, die Rezeption der Simulation verlaufe wie die Rezeption der Theater – Illusion (ebd., 251). Daher nennt er sein Programm ausdrücklich nach der weiblichen Hauptperson Eliza Doolittle in Shaws Bearbei – tung der Pygmalionsage, in deren Zentrum ursprünglich eine künstliche Frau stand. Den theatralischen Aspekt der Mensch – Maschine – Kommunikation unterstreicht er außerdem dadurch, daß er ELIZA als eine "Schauspielerin" bezeichnet (ebd.). Mit seinen Theatermetaphern beschreibt Weizenbaum die elektronische Simulation als ein Stück Theater – Literatur. Und in der Tat ist das Beziehungstheater mit ihr ja auch ein Effekt der zwischengeschalteten Schreib – maschine.

Genau besehen folgt ELIZA dem Modell eines Selbstgesprächs; das angespro – chene Programm sagt selbst nichts, es spiegelt lediglich die Sätze seiner Dialog – partner als Fragen zurück. Der menschliche Dialogpartner spaltet sich gleichsam in zwei Instanzen, in einen Beobachter und einen Erzähler. Den Part des Beobachters übernimmt ELIZA, die auf einer externen Bühne als Protagonistin eines Psychodramas die inneren Ereignisse darstellt, von denen der Erzähler be – richtet. Ein jüngst vorgelegtes neurophysiologisches Fiktionsmodell teilt das "Ich" in genau diese beiden Instanzen des Beobachters und des Erzählers auf. Es be – schreibt die Struktur aller Trickautomaten einschließlich Max Headroom und macht darüber hinaus die Lust an ihnen als autistische Störung kenntlich.

Kernpunkt dieses von Roland Fischer entworfenen Fiktionsmodells ist die Ver – wandlung einer visuellen Fiktion in eine literarische. Nach Fischer könne man beobachten und in neurophysiologischer Terminologie beschreiben, welche Wir – kungen ein von außen kommender Impuls oder Stimulus im Gehirn auslöse, aber nur bis zur fünften oder sechsten Synapse. Auf dieser Stufe der Beobachtung sei man in der Situation des Narziß, der im Spiegel des Wassers sich als ortho – pädische Ganzheit erkennt und spricht: "der da bin ich (iste ego sum)", und der beobachten kann, wie sich die Lippen seines Gegenüber bewegen, ohne aber dessen Rede zu hören. Nach Fischer müsse Narziß daher eine Instanz der inne – ren Stimme ausbilden. Voraussetzung sei, daß er einen weiteren Spiegel benutzt, "which reflects him as a *subject* that ist looking into the pool which reflects him as an object" (Fischer 1987, 344). Erst durch Selbstreflexion könne aus dem Beobachter ein Erzähler werden, ein inneres Ich im Ich, das die Stummheit des Beobachters durchbricht, das erkennen, identifizieren und Erfahrungen machen kann, wie das "innere Ich" von Max Headroom.

Fischers Analyse zeigt, auf welche Weise eine visuelle Fiktion, ein Spiegelbild, literarisiert wird. Modell für den inneren Erzähler ist folgerichtig Wolfgang Isers Konzept des "impliziten Lesers". Das Ich sieht Fischer an als das Produkt der Erzählungen, die das Gehirn sich selbst über sich erzählt: "We constitute our – selves – from *id* to *I* – through narrative fiction, fictions that reflect both the structure of mans's brain as a process and man as a structure of the stories that the brain tells to itself about itself" (ebd., 350). Das Fiktionskonzept Fischers stellt die neurophysiologische Apotheose des literarischen Menschen dar. Es sichert die aufklärerische Vertreibung der Bilder aus dem Kopf biologisch ab.

Und es verdeutlicht, daß die Lust an der vorgetäuschten Simulation einer kollektiven autistischen Störung entspringt, die sich als Max Headroom maskiert.

Die Grenze der Literatur

Die elektronischen Maschinen der heutigen, der sogenannten fünften Generation lassen sich nicht mehr autistisch und literarisch rekodieren, denn sie übersteigen das menschliche Fassungsvermögen. McLuhans Versuch, die Wirklichkeit der Mediengesellschaft als Theaterstück zu interpretieren, ist vor dem Hintergrund sich selbst inszenierender Ereignisse ebenso anachronistisch wie Weizenbaums Beschreibung der Computersimulation als Theatereffekt. Die Theatermetaphorik gehört einer Epoche an, da den Maschinen noch ein hohes semiotisches Potential, eine große emblematische und dramatische Kraft innewohnte, über die eine Beziehung herzustellen war zur Literatur; man denke an Gedichte wie Gerrit Engelkes *Lokomotive* oder Iwan Lassangs *Automammuts*, die der Dynamik der Dampfmaschine und des Verbrennungsmotors literarische Denkmäler setzten. Die alten Maschinen, die Saurier der mechanischen Kultur, die "Geschwindigkeits – und Energieskulpturen" (Jameson 1986, 80) hatten eine darstellbare kinetische Linie, die man nachdichten, abbilden und hören konnte, wie die Explosionen eines Verbrennungsmotors. Sogar noch die "Energie" von Groß – Computern der "ersten Stunde", von "Eniac" (1946) oder "Univac" (1951), stellte sich selbst am gewaltigen Raumbedarf der Rechner dar.

Die Energie eines modernen 'namenlosen' Mikrocomputers läßt sich auch räum – lich nicht mehr darstellen, denn der Raumbedarf der Geräte wurde systematisch miniaturisiert und die Leistung gleichzeitig gesteigert. Die Energie moderner Kleincomputer ist weder hör – noch sichtbar; sie explodiert nicht, sie implodiert. Dem Nutzer erscheint sie als Abstraktum, als die "Echtzeit", zu der die Differenz zwischen In – und Output geschrumpft ist. Unvorstellbar sind die in dieser Dif – ferenz zurückgelegten Distanzen.

Im Gegensatz zu den kinetischen Maschinen sind die elektronischen Maschinen nicht als 'Individuen', sondern vor allem in der Vernetzung leistungsfähig. Die Vernetzung ist nicht mehr darstellbar, denn sie ist weltweit. Chaplin schuf mit dem riesenhaften Fließband, Fritz Lang mit dem Riesenmaul der Stadt Metropolis anthropomorphe, individuelle Bilder der Maschine. Die anthropo – morphe Rekodierung eines international vernetzten Maschinenkollektivs fällt schwer.

Die Maschinenkollektive sind außerdem keine Maschinen der Produktion oder der Reproduktion im herkömmlichen Sinne. Sie "bringen Gegebenheiten hervor, die weit über unser sinnliches Anschauungsvermögen hinausgehen" (Lyotard 1985, 59). Neue Wirklichkeiten entstehen, zunächst in der Unterhaltungs – , dann in der Informationsindustrie. Max Headroom ist nur eine Karikatur der technischen Möglichkeiten. Seine Autoren lassen ihn stottern, um das maschinenhafte Outfit akustisch zu unterstreichen, als ob Computerstimmen immer noch synthetisiert werden müßten. Dabei leiht der Computer seine Stimme schon längst den Superstars der Pop – Branche. Wenn es in Live – Konzerten um schwierige Pas – sagen geht, wird 'gesampelt': "Bei dieser Technik kann die Klangfarbe jedes einmal aufgenommenen Instruments oder einer Singstimme per Computer origi – nalgetreu abgerufen werden. Auf diese Weise ist es möglich, einen hohen Ton, den ein Interpret vielleicht nur ein einziges Mal im Studio erreicht hat, an kritischen Stellen beim Konzert einzuspielen. Der Künstler muß nur den Mund öffnen, den Rest erledigt die Maschine" (Römer 1988, 29).

Das Verschwinden der Fiktion

Ob es sich bei derartigen Manipulationen noch um "elektronische Notlügen" (ebd.) oder schon um Betrug handelt, ist schwer auszumachen. Keine Frage ist, daß das 'Sampeln' zu einer Revision des Copy Rights führen wird. Denn wer ist der Autor eines gesampelten Produkts? Derjenige, dem die Stimme 'gehört', derjenige, dem der Computer gehört, oder gar der Computer selbst? Die Revision des Copy Rights, das so eng mit der Entstehung der Literaturgesellschaft zusammenhängt, ist ein Indiz für die Tatsache, daß sich die (audio –)visuelle Fiktion nicht länger verdrängen läßt, sondern zur Realisierung einer neuen Wirklichkeit drängt, einer "Nebenwelt" im Sinne Lyotards.

Die "Nebenwelt" ist gekennzeichnet durch das Verschmelzen von Hardware und Software, von dem, was man anfassen kann, und von dem, was Zeichen, was 'fiktiv' ist. Die Industrie hat für diesen 'gemischten' Zustand den Begriff "Firmware" geprägt. Firmware ist Software, die der Hardware 'eingebrannt' wird, sie ist sowohl wirklich als auch fiktiv. Sie wird zunehmend die Basis gesellschaftlicher Produktion sein und die Lebenswirklichkeit jedes Einzelnen verändern.

Es gibt einige wie Hans Magnus Enzensberger, die halten die fiktiv – wirkliche Wirklichkeit und die Probleme, die sie aufwirft, für eine fixe Idee. In seinem *Spiegel* – Essay über das "Null – Medium" Fernsehen behauptet er, es sei "bisher niemandem gelungen, uns außerhalb der psychiatrischen Klinik einen Fernseh – teilnehmer vorzuführen, der außerstande wäre, zwischen einem Ehekrach in der laufenden Serie und an seinem Frühstückstisch zu unterscheiden" (Enzensberger 1988, 236).

Das ist ein Einwand gegen niemanden. Es geht eben nicht um die Fähigkeit, die Fiktion von der Realität, eine phantomatische Doppelgänger – Ehe von der eige – nen 'Original – Ehe' unterscheiden zu können. Es geht um eine von Enzensberger selbst beschriebene technische Entwicklung, daß nämlich in den elektronischen Medien – Enzensberger beschränkt sich auf das Fernsehen – das Programm verschwindet. Genau das ist die Logik der Firmware. Die Programme werden der Hardware eingebrannt, als 'sichtbare' Software gibt es sie zunehmend weniger. Es kommt nur noch darauf an, daß die Geräte funktionieren. Wer den Knopf drückt, muß erwarten können, daß etwas geschieht und nicht vielmehr nichts. Nach Lyotard ist damit die Grundstruktur des Erhabenen in den "postmodernen" Gesellschaften beschrieben (Lyotard 1984, 158 u.ö.).

Aus Sorge um den Bestand literarischer Kultur, die sie mit Kultur schlechthin identifizieren, verweigern der Schriftsteller Enzensberger und die überwiegende Mehrheit der bundesdeutschen Kulturkritiker die Einsicht, daß die visuelle Fik – tion das Monopol der literarischen Fiktion auflöst und daß dies keineswegs den Untergang der Kultur bedeutet. Denn nicht die Existenz des Buches, der Li – teratur oder gar der Kultur steht auf dem Spiel, sondern nur die Herrschaft der literarischen Fiktion über die visuelle.

Es ist an der Zeit, daß die Wissenschaften von der Fiktion, die Geisteswis – senschaften also, dies einsehen, bevor sie sich in Erzählwissenschaften verwan – deln, die anfallende Zivilisationsschäden durch das Erzählen von Sensibilisie – rungsgeschichten, Bewahrungsgeschichten und Orientierungsgeschichten kompensi – eren. Folgte man diesem Vorschlag Odo Marquards, übernähmen die Geistes – wissenschaften die Software – Produktion für eine Industriegesellschaft ohne Programm. Sie hätten die Aufgabe, die visuelle Fiktion literarisch zu rekodieren.

Gute Aussichten für Geisterwissenschaften

Jacques Derrida empfiehlt als Alternative die Verwandlung der Geisteswissen – schaften in Geisterwissenschaften. Denn mit Geistern haben es die Geisteswissenschaftler zu tun, sofern sie sich als Medienwissenchaftler verstehen: "Das Kino ist eine Kunst der Geisterbeschwörung. (...) Ich glaube, daß das Kino und die Psychoanalyse zusammen die Geisterwissenschaften ausmachen. (...) Ich glaube nicht, daß die heutige Entwicklung der Technologie und der Telekom – munikation den Raum der Geister einengen. (...) Ich glaube, daß die Zukunft den Geistern gehört und daß die moderne Technologie des Kinos, der Tele – kommunikation die Macht der Geister entfesselt und ihre Rückkehr bewirkt". Diese Äußerung Derridas aus Ken McMullers Film "Geistertanz" klingt, bei allem Witz, wie ein Bekenntnis zur visuellen Fiktion, und, sofern Derrida tatsächlich an Geister und nicht an aufklärerische Geistergeschichten denkt, wie eine Absage an den Mythos der Bibliothek, des Buches, der alphabetischen Schrift, der literari – schen Fiktion. Derrida vollzöge damit die Wende, die von der französischen Phänomenologie der sechziger Jahre eingeleitet wurde.

Diese Wende läßt sich als "Dezentrierung" des Subjekts vom Sehen her be – schreiben. Die Phänomenologie stellt nicht mehr das menschliche Auge allein ins Zentrum der Wahrnehmung, sondern auch das Auge der Kamera. Im Anschluß an die technische Entwicklung geht sie davon aus, daß die Welt von den tech – nischen Medien in einzelne Bilder zerlegt wird, die das menschliche Auge gar nicht mehr wahrnehmen kann. Maurice Merleau – Ponty, der in seiner *Phäno – menologie der Wahrnehmung* (1945) noch von einem menschlichen Leib als Bedingung der Möglichkeit der Wahrnehmung ausging, thematisiert in seiner nicht fertiggestellten, aus dem Nachlaß herausgegebenen Studie über *Das Sicht – bare und das Unsichtbare* (1964) einen gleichsam unphysiologischen apparativen Blick. Durch diesen Blick werde der "blinde" Mensch auf einer zweiten Ebene sehend. Die Annahme einer zweiten Sichtbarkeit erzwinge einen Blick, der mit dem Unsichtbaren im Sichtbaren rechnet; das Unsichtbare bezeichnet Merleau – Ponty daher als eine Art Unterfutter des Sichtbaren. Es ist sozusagen mit dem Sichtbaren "vernäht".

Merleau – Ponty eilte freilich der technischen Entwicklung hinterher. Während er noch auf die Mechanisierung der Sinne reagierte, stand deren Digitalisierung bereits auf dem Programm, mit bisher unabsehbaren Folgen. Dem Problem der Digitalisierung der Sinne angemessener scheint die gleichzeitige Phänomenologie von Emmanuel Lévinas, die ebenfalls vom "Unsichtbaren" ausgeht, dies Thema aber mit dem "Erhabenen" und mit der Abbildproblematik verbindet.

Auch das Subjekt der Philosophie von Lévinas ist durch das Sehen "dezentriert". Dieses Subjekt sieht, anstatt in halluzinierten literalen Lexika zu blättern, im cartesianischen Sinne als zu denken. Diesem Subjekt präsentiert sich das Sein "im Antlitz" (Lévinas 1987, 286), nicht durchs Denken. "Antlitz" freilich meint kein "*Neutrum* eines Bildes" (ebd., 287), kein plastisches, ausgeprägtes Bild. In diesem Antlitz drücke sich vielmehr "Erhabenheit" aus. Erhabenheit überschreitet als Ungeformtes, Nicht – Plastisches – so schon bei 'Longinus' – das Reale und widersetzt sich der Nachahmung und der Darstellung. Es ist und es ist dennoch nicht, es spottet der Standardlogik, die nur zweierlei Existenzen kennt, das Sein oder das Nicht – Sein, ein Drittes gibt es für sie nicht.

Offensichtlich aber gibt es dieses Dritte in Gestalt der Simulation doch. Vor dem Hintergrund der digitalen visuellen Fiktion gilt es, alte ontologische Glau – benssätze, die Diskriminierung nicht – existierender Dinge, zu überprüfen. So wird

Das Verschwinden der Fiktion

gegenwärtig die von Alexius Meinong zu Beginn des 20. Jahrhunderts entwickelte Gegenstandstheorie aktuell, in der es u.a. um nicht – existierende Dinge ging. Nach Richard Sylvan hat Meinong die Grundlagen zur "Sistologie" gelegt, zu einer allgemeinen Untersuchung aller Gegenstände, die, im Gegensatz zur Ontologie, "auch von nicht – existierenden und unmöglichen Objekten" handelt (Sylvan 1987, 129). Aufgabe einer zukünftigen Geisterwissenschaft wäre es, "sistologische" Ansätze aus der Geschichte der abendländischen Philosophie her – auszuarbeiten und zu den jeweiligen Medien bzw. semiologischen Brüchen in Beziehung zu setzen. Damit würde unentbehrliche Grundlagenforschung betrieben, die keine Zeit mehr ließe für das Erzählen von Sensibilisierungsgeschichten, Bewahrungsgeschichten oder Orientierungsgeschichten.

Anmerkung

1 In einem mir erst nach Abschluß vorliegender Arbeit zur Kenntnis gekommenen Aufsatz spricht White (1982/83) ähnlich von der Unterdrückung des "historical sublime" (130). Und er zieht ähnli – che Konsequenzen. Denn diese Unterdrückung bewirke die "domestication of history" und beinhalte ein spezifisches Realitätsverständnis: "The human and social sciences, insofar as they are based on or presuppose a specific conception of historical reality, are just as blind to the sublimity of the historical process and to the visionary politics which it authorizes as is the disciplinized historical conciousness that informs their investigative procedures" (ebd.). Die Position Whites wird an ande – rer Stelle ausführlicher zu würdigen sein.

Bibliographie

G. Anders 1980: Die Welt als Phantom und Matrize. In: G. Anders: Die Antiquiertheit des Men – schen. Bd. 1. 5. Aufl. München
K. Bartels 1984: Die elektronische Pest. Kultur, Ansteckungsangst und Video. In: Rundfunk und Fernsehen 32 (1984), S. 491 – 506
K. Bartels 1987: Zwischen Fiktion und Realität: das Phantom. In: Zeitschrift für Semiotik 9 (1987), H. 1/2, S. 159 – 181
Chr. Begemann 1984: Erhabene Natur. Zur Übertragung des Begriffs des Erhabenen auf Ge – genstände der äußeren Natur in den deutschen Kunsttheorien des 18. Jahrhunderts. In: Deutsche Vierteljahrsschrift 58 (1984), S. 74 – 110
H. Buddemeier 1970: Panorama, Diorama, Photographie. Entstehung und Wirkung neuer Medien im 19. Jahrhundert. München
R. Brandt 1983: Einleitung. In: Pseudo – Longinus 1983, S. 11 – 26
E.R. Curtius 1967: Europäische Literatur und lateinisches Mittelalter. 6. Aufl. Bern/München
H.M. Enzensberger 1980: Die Furie des Verschwindens. Frankfurt
H.M. Enzensberger 1988: Die vollkommene Leere. In: Der Spiegel (1988), Nr. 20, S. 234 – 244
R. Fischer 1987: On fact and fiction – the structure of stories that the brain tells to itself about itself. In: Journal of Social and Biological Structures 10 (1987), S. 343 – 351
R. Feldes 1984: Das Verschwinden der Harmonie. München
J. Fleischhauer 1987: Gespenster und Gespenstertheorien 1740 – 1820. Ein Beitrag zur Kultur – geschichte des "Unsichtbaren" unter besonderer Berücksichtigung der Aufklärung. Unveröffentlichte Magister – Arbeit. Hamburg
S. Giedion 1987: Die Herrschaft der Mechanisierung. Ein Beitrag zur anonymen Geschichte. Frankfurt
Goethes Werke 1987: Dichtung und Wahrheit. Hamburger Ausgabe. Bd. 9. 6. Aufl. Hamburg

H.U. Gumbrecht 1985: The Body versus the Printing Press. In: Poetics 14 (1985), No. 3/4, S. 209–227

P. Hamm 1985: Die verschwindende Welt. München/Wien

M. Horx 1988: Lesen und Schwindeln. In: Rowohlt Revue (1988), Nr. 3, S. 60

H. v. Hentig 1984: Das allmähliche Verschwinden der Wirklichkeit. München/Wien

A. Huyssen/K.R. Scherpe (Hrsg.) 1986: Postmoderne. Zeichen eines kulturellen Wandels. Reinbek

F. Jameson 1986: Postmoderne – zur Logik der Kultur im Spätkapitalismus. In: Huyssen/Scherpe 1986, S. 45–102

H. Kenner 1969: Von Pope zu Pop. Kunst im Zeitalter von Xerox. München

J. Koch 1988: Abschied von der Realität. Das illusionistische Zeitalter. Reinbek

D. Kamper/Chr. Wulf (Hrsg.) 1984: Das Schwinden der Sinne. Frankfurt

M. Köthe 1987: Lesen – und Schreibenlernen mit visuellen Techniken. Eine Untersuchung zur Mnemotechnik im 17. Jahrhundert. Unveröffentlichte Magister–Arbeit. Hamburg

J. Le Goff 1984: Die Geburt des Fegefeuers. Stuttgart

E. Lévinas 1987: Totalität und Unendlichkeit. Versuch über die Exteriorität. Freiburg/Brsg.

J.–F. Lyotard 1984: Das Erhabene und die Avantgarde. In: Merkur 38 (1984), S. 151–164

J.–F. Lyotard 1985: Immaterialität und Postmoderne. Berlin

M. McLuhan 1967: The Mechanical Bride. Folklore of Industrial Man. London

M. Merleau–Ponty 1986: Das Sichtbare und das Unsichtbare. München

R. Sylvan 1987: Wissenschaft, Mythos, Fiktion: Sie alle überschreiten die Grenzen des Wirklichen und manchmal gar die des Möglichen. In: Zeitschrift für Semiotik 9 (1987), H. 1/2, S. 129–152

L. Moholy–Nagy 1925: Malerei, Photographie, Film. München

F. Nietzsche 1966: Werke in drei Bänden. Hrsg. v. K. Schlechta. Bd. 1. München

N. Postman 1983: Das Verschwinden der Kindheit. Frankfurt

Pseudo–Longinus 1983: Vom Erhabenen. Griechisch u. deutsch v. R. Brandt. Darmstadt

D. Römer 1988: Marionette am Mikrophon. In: Frankfurter Allgemeine Zeitung v. 3.3.1988, S. 29

Der Spiegel 1988: Hübsch grauenhaft. Nr. 17, S. 232–234

J. Starobinski 1980: Wörter unter Wörtern. Die Anagramme von Ferdinand de Saussure. Frankfurt/Berlin/Wien

D. Voss 1986: Metamorphosen des Imaginären – nachmoderne Blicke auf Ästhetik, Poesie und Gesellschaft. In: Huyssen/Scherpe 1986, S. 219–250

J. Weizenbaum 1978: Die Macht der Computer und die Ohnmacht der Vernunft. Frankfurt

H. White 1982/83: The Politics of Historical Interpretation. Discipline and De–Sublimation. In: Critical Inquiry 9 (1982/83), S. 113–137

F.A. Yates 1966: The Art of Memory. London

Ludwig Fischer

Ansichten einer Wissenschaft mit Zukunft?

Unsystematische Gedanken von Nutz und Frommen der Medienwissenschaft

Vorsatz

Die folgenden Reflexionen sind Nebenprodukte meiner Arbeit mit Studierenden in kultur – und medienwissenschaftlichen Lehrveranstaltungen, meines rekon – struktiv – interpretierenden wie meines produktiv – praktischen Umgangs mit 'Medien' und meiner bildungspolitischen Erfahrungen innerhalb und außerhalb einer großen bundesdeutschen Hochschule. Nebenprodukte, nicht mehr, kein mediengestützter Entwurf einer systematischen Methodenkritik und schon gar kein durchkonstruiertes Konkurrenzkonzept zur Armada der begriffsgepanzerten Streitwagen, die auf dem unübersichtlichen Terrain der 'Medienwissenschaft' operieren, um Geländegewinne zu erzielen. Ich möchte aber einige grundsätzliche Fragen an die medienwissenschaftliche Praxis aufwerfen, die ich derzeit hierzu – lande zu beobachten vermag. Vorrangig sind es Fragen zu den Zielen und Ver – fahren von Medienwissenschaft, wie sie 'naturwüchsig' aus derjenigen Disziplin entwachsen ist, die ich immer noch zu vertreten habe, der Literaturwissenschaft. Das heißt: Es sind Fragen zu den 'Aussichten' solcher Medienwissenschaft wie ebenso zur Mitgift von der Ausgangsdisziplin, das eine ist nicht ohne das andere zu haben. Fragen an die Praxis, eigentlich also an die 'Haltungen', mit denen medienwissenschaftliche Arbeit betrieben wird, gerade auch Theorie – Arbeit. Die für mich bislang entscheidende Erfahrung soll dabei auch sichtbar werden, die wesentliche Linien meiner eigenen wissenschaftlichen Haltung und die daran ausgerichteten Fragen verschoben hat: der 'Zusammenstoß' theorieförmig gehandhabter Praxis – des 'praktischen Forschungskonzepts' also – mit den erforschten Lebenskonzepten, und zwar in der extensiven Filmarbeit. Ich verstehe die individuelle Erfahrung in keiner Weise als Modell für Theoriebildung, aber niemand kann sich mit guten Gründen der Illusion hingeben, als sei wissen – schaftliche (wie andere) Praxis nicht Instrument und Modus persönlicher, allemal sozial vermittelter Erfahrung. Nur organisiert Wissenschaft in der Regel solche Erfahrung als eine abstrakte: Ihr wirklicher sozialer Gehalt darf nicht methodisch zum Thema werden. Eben nach derartigem Gehalt medienwissenschaftlicher Praxis und nach den Konzepten der Abstraktion, die womöglich den Realab – straktionen der Medienwirklichkeit folgen, will ich fragen.

1. Kursgewinne und Diversifikationen

Vorbei sind längst die Zeiten, da man – es war Anfang der siebziger Jahre – auf den Einfall kommen konnte, und sei es in parodistischer Absicht, den An – fang des Kommunistischen Manifests zu bemühen, um die subversive Kraft einer hie und da sich rührenden Medienwissenschaft anzuzeigen (vgl. Knilli 1973, 9). Als hätte die Germanistik – um eine aus ihrer Reform herausentwickelte Me – dienwissenschaft ging es – ernstlich Anlaß zur Angst vor der sich neu formie –

renden Disziplin gehabt, die sie 'notwendig aus ihren inneren Widersprüchen' hervortreiben würde. Ein 'Gespenst' in diesem historisch revolutionären Sinn ist Medienwissenschaft weder für die Germanistik noch für ein anderes Fach, auf dessen Gebiet sie sich zeigte, seither geworden. Gerade wo das Pathos einer behaupteten fundamentalen Umwälzung etwa der Literaturwissenschaft noch nachklingt[1], erscheint Medienwissenschaft eher als ein Phantom: Die klare Kon – tur, feste Gestalt oder gar substantielle Macht eines allseits anerkannten, durch Gegenstand und Methode ausgewiesenen neuen Fachs besitzt sie bislang nicht.

Gespenstisch im umgangssprachlichen Wortverständnis kann einem aber vorkom – men, daß 'Medienwissenschaft' derzeit für manche sogenannte Geistes – und Sozialwissenschaft eine Art Rettungsfloß zu bilden scheint, auf dem in den Strudeln der Mittelkürzungs – und Stellenstreichungsprogramme wie in den Ka – tarakten der abstürzenden öffentlichen Geltung noch Hoffnung sich halten kann. Hoffnung auf Forschungsgelder, auf Sicherung 'umgewidmeter' Stellen, auf attraktive Studiengänge, auf Beglaubigung eines gesellschaftlichen 'Nutzens'. Ge – spenstisch daran ist weniger der groteske, auf akademischen Stelzen geführte und dennoch gnadenlose Kampf um die Fleischtöpfe, um Ressourcen, Reputationen, Reviere[2]. Derlei gehört, fast möchte man sagen: seit je, zum Betrieb an den Hochschulen, und die Gefechte werden härter, wenn wieder einmal in einer ökonomischen und politischen Entwicklungsphase mit besonders knappen öffent – lichen Geldern am Bildungssektor gespart wird. Und wenn ein neu erschlossenes Wissenschaftsterrain Chancen auf materielle und symbolische Gewinne gegenüber Verlusten auf beackerten Feldern bietet. Ein Gruseln kann aber den ankommen, der bei medienwissenschaftlichen Zentren, Projekten, Forschungsprogrammen und Studiengängen einmal nachfaßt und merkt, wie opportunistisch sich oft die akademische Praxis da politischen Konstellationen anpaßt und gesellschaftlichen 'Bedarfen' andient.

Kehren wir vor der eigenen Tür, am 'Medienstandort Hamburg'. Da mag es noch einem generellen, vorherrschenden Selbstverständnis von Rechts – und Wirtschaftswissenschaften, auch einer empirischen Sozialwissenschaft entsprechen, wenn ein sehr umfangreiches Forschungsprojekt 'Medienplatz Hamburg' am Hans – Bredow – Institut für Rundfunk und Fernsehen an der Universität Ham – burg im direkten Auftrag einer Hamburger Behörde und unter Beteiligung von Behördenvertretern durchgeführt wird, mit dem ausdrücklichen Ziel, "Politikberatung" zu liefern. Daß dabei darauf verzichtet werden muß, "die Ent – wicklung der Ökonomisierung des Mediensektors und der Medienpolitik kritisch zu analysieren" (Hoffmann – Riem 1987, 17), verwundert nicht. Derlei Auftrags – forschung lag immerhin vor rund fünfzig Jahren in der Wiege der modernen Medienwissenschaft in den USA. Daß sich Vorhaben wie das erwähnte kaum noch von Auftragsarbeiten kommerzieller sozial – und wirtschaftswissenschaftlicher Forschungseinrichtungen unterscheiden, werden nur unverbesserlich 'kritische' Geistes – und Sozialwissenschaftler als Zeichen eines Sündenfalls in der politi – schen Moral von Wissenschaft ansehen.

Schwerer zu rechtfertigen ist es schon, wenn das Präsidium der Universität Hamburg jetzt, in Zeiten einschneidenster Sparauflagen und horrend überfüllter kulturwissenschaftlicher Studiengänge mit 'Medienanteilen', mit aller Macht Pla – nungen für neue, fachbereichsähnliche Theater – und Medieninstitute voran – treibt, an denen es wenige, eng berufsorientierte Studiengänge mit extrem nied – rigen Zulassungszahlen (zwischen 10 und 40 Studierende pro Jahr) geben soll. Natürlich muß sich die Universität sämtliche Professuren und anderen Stellen, sämtliche Sach – und Verbrauchsmittel aus dem eignen, abgemagerten Fleisch schneiden. Da geht es dann nicht ohne 'Verlagerung' von kompetenten Hoch –

schullehrern aus Fächern ab, in denen seit Jahren Hunderte von Studierenden die 'naturwüchsig' entstandenen medien – und theaterwissenschaftlichen Lehran – gebote suchen und nutzen. Kaum verhohlen geben denn auch die Pla – nungsentwürfe und Durchsetzungsaktivitäten zu erkennen, daß es nicht um bil – dungspolitisch verantwortete, systematisch begründete und organisatorisch solide Neugründungen geht, sondern vorrangig um rasche 'Innovationsvorteile' in der Hochschulkonkurrenz um das Nutzen politischer Kleinwetterlagen, um Prestigegewinne und 'Schaufenstereffekte' am 'Medienstandort Hamburg'[3].

"Eine klassische Grenzlinie zwischen den 'Medien' und dem 'Theater' liegt darin, daß bei den Medien zwischen Sender und Empfänger ein 'Medium' steht, während im Theater die Beziehung zwischen Sender und Empfänger unmittelbar ist. Medienwissenschaft und Medienpraxis werden daher ihr Au – genmerk nicht nur auf Sender und Empfänger, sondern spezifisch auf das 'Medium' lenken.
(...)
Eine Botschaft besteht aus Zeichen. Ein Medium ist also eine Einrichtung, die Zeichen für das angesprochene Publikum so verarbeitet, daß diese auf – genommen werden können. Die klassischen Medien sind 'Massenmedien', die sich an ein disperses Publikum richten.
(...)
Sowohl der Film und das Theater als auch die Medien 'produzieren' und treten mit ihrem 'Produkt' in die Öffentlichkeit. Man kann also vermuten, daß bestimmte Rahmenbedingungen zumindest insoweit vergleichbar sind, als sich ein intensiver Austausch bzw. eine Kooperation lohnen könnte (...) Theaterarbeit steht unter einem künstlerisch – ästhetischen Anspruch. Für den Film, auch für den Dokumentarfilm, gilt im Prinzip vergleichbares, wenn auch hier der künstlerisch – ästhetische Aspekt hinter dem journalistisch – didaktischen zurücktreten kann (...) So gesehen ist die entscheidende Frage auch unter dem Aspekt der organisatorischen Gliederung eines Schwerpunk – tes Medien und Theater nicht diejenige, ob mit einem 'Medium' gearbeitet wird, sondern ob und wieweit auf der einen Seite das künstlerisch – äs – thetische oder auf der anderen das im weitesten Sinne me – dienwissenschaftliche oder journalistisch – praktische Interesse den Schwer – punkt der Arbeit bilden" (Universität Hamburg 1987a, 1f.).
Unbekümmert operieren die Universitätsplaner mit solchen Klippschul – Weisheiten und Scheinargumentationen genau auf denjenigen Positionierungen in den materiellen und symbolischen Kämpfen, die eine ernstzunehmende Medien – und Theaterwissenschaft zu hinterfragen hätte. Folgerichtig ist denn auch, daß eine fachliche Diskussion bei den zitierten Planungen unterbunden wurde (vgl. etwa Demuth 1988).

Genug der ohnehin nur angedeuteten Beispiele. Sie ließen sich für viele Hoch – schulen und unterschiedliche Disziplinen, für ähnliche Sachverhalte stehend, ver – mehren. 'Medienwissenschaft' – was immer an Definitionen, Zielsetzungen und Ansprüchen der Begriff jeweils abdecken soll – hat zweifellos Hochkonjunktur, sofern sie sich elegant genug den politisch – ideologischen, ökonomischen und wissenschaftsorganisatorischen Konstellationen anschmiegt. Wie schnell sie jedoch die Gunst der Entscheidungsträger verliert, wenn sie sich gar zu störrisch 'sy – stemkritisch' gebärdet, zeigt der Fall des medienwissenschaftlichen Studiums an der Universität Osnabrück (vgl. Paech 1987). Es geht mir beileibe nicht um den Vorwurf eines platten Opportunismus an die Medienwissenschaftler verschieden – ster Provenienz, zumindest vom Selbstverständnis der meisten her gesehen, wäre

er gewiß unberechtigt. Vielmehr erscheint es mir bemerkenswert, daß den Geländegewinnen, die mit Medienwissenschaft zweifellos zu erzielen sind, keine
konsolidierte Formation eines Fachs unter diesem Namen entspricht. Diesem
Befund angemessen wäre es, von 'Medienwissenschaften' zu sprechen, von
publizistischen, soziologischen, psychologischen, pädagogischen, politologischen,
rechtswissenschaftlichen, sprach, literatur, musik, kunstwissenschaftlichen
Zugriffen auf gesellschaftliche Erscheinungen, die sich um die Entwicklung der
sogenannten modernen Massenmedien zentrieren. Aber selbst im Fokus eines
solchen Gegenstandsbereichs ergibt sich kein scharfes Bild[4]. Etwa die Verschiebung vom 'Medien'Begriff, der unter dem Verdacht steht, nur von der Oberfläche technik und industriegeschichtlicher Entwicklungen abgezogen zu sein,
hin zum Begriff der 'Kommunikation', der mancherorts geradezu in den Rang
einer anthropologischen Basiskategorie gerückt wird (vgl. etwa Beth/Pross 1976,
35ff.), läßt eine gegenstandsbezogene Definition von 'Medienwissenschaft' nahezu
im Allumfassenden verschwimmen[5]. Solche Unschärfen des Gegenstandsrahmens
und solche Entgrenzungsbewegungen sind aber nichts einer 'Medienwissenschaft'
Eigentümliches, sie lassen sich in vielen Disziplinen auffinden, und man könnte
die ratlosen Definitionsakrobaten auch getrost in ihrer Zirkuskuppel zurücklassen,
wenn auf dem Boden substantieller Forschung und Lehre jene "konstruktive
Interdisziplinarität" praktiziert würde, die "dem überaus komplexen Gegenstandsbereich" angemessen sein soll (Kübler 1983, 10). Man müßte indessen umgekehrt
formulieren: die den Gegenstandsbereich in seiner Komplexität erst 'erzeugt',
sprich: die jener allemal schon vorhandenen, ungeheuren Komplexität dieser wie
aller anderen gesellschaftlichen Phänomene zum näherungsweisen wissenschaftlichen Ausdruck verhilft. Statt dessen wird − um es ins grob geschnittene Bild zu
bringen − zumeist ein Gerangel geboten, bei dem die beteiligten Disziplinen die
gesellschaftlichen Objektivationen der 'Medien' in den Bereich ihrer Gegenstände
und Verfahren zu zerren versuchen. Derlei Usurpation äußert sich unter anderem
in Werturteilen über die 'Wissenschaftlichkeit' und die 'Erkenntnisgewinne', etwa
in der Konkurrenz zwischen empirischsozialwissenschaftlichen und kritischhermeneutischen Ansätzen[6].

"(...) Medienforschung ist ihrer Geschichte, ihrer Methode und ihren
Hauptrepräsentanten nach immer zuerst eine Sozialwissenschaft gewesen"
(Universität Hamburg 1987b, 1).
Sich mit solchen Behauptungen argumentativ auseinanderzusetzen, ist abwegig
(sie folgen der Struktur, das zu Beweisende als definitorische Prämisse der
Behauptung zu setzen). Es sind − selbst in der ausführlichsten
'wissenschaftlichen' Ausarbeitung − Formeln für Herrschaftsansprüche in den
symbolischen Kämpfen auf dem akademischen Feld. Man kann sie nur durch
strategische Operationen entsprechend den Bedingungen des Feldes kontern[7].

Überspitzt ausgedrückt, findet Medienwissenschaft derzeit in erster Linie als
multidisziplinäre Addition reduktionistischer fachspezifischer Forschungsentwürfe
statt, eben nicht in der immer wieder beschworenen interdisziplinären Kooperation über schwierigere Fachgrenzen als die zwischen benachbarten Philologien
hinweg. Unter 'Reduktion' verstehe ich hier nicht die systematische, operationale
Beschneidung von PhänomenAusschnitten, etwa zur Isolierung von 'Variablen'
in empirischer Sozialwissenschaft oder bei der Einzelanalyse von Produktelementen entsprechend literaturwissenschaftlichen Verfahren oder auch bei
der 'teilnehmenden Beobachtung' in begrenzten Alltagssituationen. Vielmehr ziele
ich auf die einzelwissenschaftliche Abstinenz von TheorieEntwürfen, die den
'Komplex Medien' als Bestandteil gesellschaftlicher Totalität zu begreifen suchen

Wissenschaft mit Zukunft?

(wir wissen es: auch 'gesellschaftliche Totalität' läßt sich höchst unterschiedlich denken).

Häufig genug wiesen denn auch in den letzten Jahren Texte, die grundsätzlichere Überlegungen zu Ansätzen und Verfahren von 'Medienwissenschaft' enthielten, betont und polemisch jene 'totalitätstheoretischen' Entwürfe zurück, die vor allem von materialistischer Kultur – und Gesellschaftsanalyse aus Anfang der siebziger Jahre zur Deutung der Medien – Phänomene vorgelegt worden waren[8]. Nicht immer war es den Autoren dabei um eine seriöse Auseinandersetzung zu tun, etwa im Streit um die erkenntnistheoretischen und anthropologischen Prämissen[9]. Oft mußte pauschale Kritik mit Charakterisierungen wie 'spekulativ', 'abstrakt' oder 'bloß theoretisierend' herhalten, so daß die berechtigten, genauen Einwände wie die Auseinandersetzung mit dem Erkenntnisinteresse hinfällig wurden[10]. Daß eine 'global' angelegte Medien – und Kulturkritik, der eine bestimmte Interpre – tation gesamtgesellschaftlicher Prozesse zugrundeliegt, das berührte Einzelphä – nomen auch verfehlen und Urteile aus tatsächlich 'abstrakten' Annahmen her – leiten kann, enthebt noch nicht der Frage, wie es denn die Kritik nun mit den gesellschaftlichen Implikationen ihres Erkenntnisinteresses hält. Allzu oft wird man den Eindruck nicht los, daß die Wendung zur 'belegbaren Detailuntersu – chung', zur Analyse des einzelnen Medien – Werks, der Medien – Gattung, des Programm – Ausschnitts, der Genre – Geschichte, der Distributionsstruktur oder der Wirkungsvariable auch eine Absage an die Kardinalfrage bedeutet, die mit den totalitätstheoretischen Versuchen gestellt war. Die Frage nämlich, ob und wie sich ein Zusammenhang des Untersuchungsverfahrens, des leitenden Interesses, mit einer begründbaren Deutung der fundamentalen gesellschaftlichen Bewegun – gen, in die das untersuchte Phänomen zweifellos 'irgendwie' eingebunden ist, noch angeben und rechtfertigen läßt. Anders formuliert: Welche Beziehung besteht zwischen der Praxis des Wissenschaftlers – als einer allemal interesse – geleiteten – und den gesellschaftstheoretischen Implikationen, die in der Kon – stitution seines Untersuchungsgegenstandes wie der Konstruktion seiner Methode enthalten sind? So zu fragen, ist heute, da die totalitätstheoretisch angelegten Entwürfe sich angeblich erledigt haben, nicht nur bei medienwissenschaftlichen Arbeiten unüblich geworden. Daß dies mit politischen Konjunkturen im all – gemeinen und mit wissenschaftspolitischen Folgetendenzen im besonderen zu tun hat – und eben keineswegs bloß mit einem theoretischen und methodologischen 'Erkenntnisfortschritt' – ist zwar eine wohlfeile Einsicht, aber gleichfalls eine derzeit ungern verwendete. Dazu gleich, am Exempel Literaturwissenschaft, noch ein paar eingehendere Überlegungen.

Daß die medienwissenschaftlichen Studien, die auf eine analytische Vermittlung massenmedialer Objektivationen mit gesamtgesellschaftlichen 'Strukturen' und 'Triebkräften' zielten, heute forschungsstrategisch kaum noch von Bedeutung sind, hat nicht nur mit ihren immanenten Unzulänglichkeiten zu tun – deren sie wahrhaftig ein gerüttelt Maß aufzuweisen haben[11]. Ohne Zweifel gehört auch dieser Geltungsverlust der 'systemkritischen', mehr oder weniger materialistisch unterfütterten Medienforschung zur Geschichte des 'Zerfalls' und der Destruktion der intellektuellen Linken in der Bundesrepublik. Aber die mehr oder weniger bewußte Abkehr von totalitätstheoretischen Bemühungen insgesamt hat für Me – dienwissenschaft auch die Folge, daß theoretisch reflektierte und praktisch wirk – same Grundlagen für eine mehr als additive, mehr als organisatorisch – pragmatische Kooperation der verschiedenen Disziplinen ausfallen. Schon die ar – gumentative Verständigung über Basiskategorien der Gegenstandsbestimmung ist kaum noch zu erreichen, weil die Auseinandersetzung darüber nicht mehr auf eine theoriegeleitete Formulierung von Erkenntnisinteressen im Rahmen gesamt – gesellschaftlicher Deutungen rückgeführt werden kann. An den unterschiedlichen

Begriffen von 'Wirkung' – als eines mit der jeweiligen Methode konstituierten Gegenstandes von Medienforschung – ließe sich dies eindrücklich illustrieren[12]. Den Definitionen liegen erkenntnistheoretische, letztlich wissenschaftspolitische und normative Prämissen zugrunde, die aber nicht mehr reflexiv in eine Theorie der gesellschaftlichen Gesamtheit einzuholen sind – es bleibt allenfalls die Konfrontation von Wertsetzungen und 'Glaubensbekenntnissen'. Wo aber für die Kooperation der Disziplinen zu einer Medienwissenschaft nicht einmal mehr die Notwendigkeit zur Debatte steht, das Verständnis von der Praxis der jeweiligen Wissenschaft auf eine – gegebenenfalls kontroverse – Deutung grundlegender gesellschaftlicher Vorgänge zu beziehen, fehlt in der Tat jede Voraussetzung für 'konstruktive Interdisziplinarität'. Es ginge also gerade nicht um eine 'Verpflich – tung auf Weltanschauung' als Ausgangspunkt der Kooperation, sondern um die Möglichkeit, methodischen und wissenschaftspolitischen 'Pluralismus' anders als im undiskutierbaren Nebeneinander, faktisch in der unbegriffenen Konkurrenz der Ansätze und Fächer zu erfahren.

"Nahezu einmütig sprechen sich heute die Wirkungsforscher gegen eine 'Monokausalität' als Grunderklärungsprinzip für Medienwirkungen aus. All – gemein gilt heute die Auffassung: Wenn an Wirkungsprozessen stets viele Faktoren beteiligt sind, die auf sehr komplexe Weise miteinander zusam – menhängen, dann gibt es in der Realität nur selten Fälle, die eindeutig monokausaler Art sind; nur selten lassen sich beobachtete Veränderungen auf einen einzigen Faktor als Ursache zurückführen. Oft ist es äußerst schwierig und manchmal unmöglich, das Knäuel der mitspielenden, untereinander interdependenten Faktoren so zu entwirren, daß klare Faktoren und Prozeßstrukturen sichtbar werden.

Mit dem Konzept der Plurikausalität treten die Wissenschaftler jenen Fällen entgegen, in denen die Menschen sich die Erklärung von Medienwirkungen allzuleicht machen, indem sie einfache Kausalzusammenhänge konstruieren" (Maletzke 1988, 111).

Der wissenschaftliche Streit um die Definition von Begriffen und Methoden ist in Wahrheit der symbolische, sozial bedeutsame Kampf um die Konstruktion von Wirklichkeiten: Eine Kommunikationswissenschaft wie die im Zitat angespielte konstruiert methodisch in der Realität nicht nur, was 'Medien' oder 'Wirkung' heißen soll, sie beansprucht damit zugleich eine normative Stellung gegenüber der 'erforschten' Lebenswirklichkeit – was 'Wirkung' ist, können die untersuchten Menschen nicht 'legitim' (etwa: 'wis – senschaftlich anerkannt') nach den Normen ihrer Lebenswirklichkeit bestim – men. Solche Lebenswirklichkeit freilich ist ihrerseits schon allemal relational, im hierarchischen Gefüge auf andere bezogen zu sehen, niemals im genauen Sinne als selbstbestimmt. Die sogenannten Medien gehören als Organisa – tionsinstanzen und –mittel in dieses relationale Gefüge von Hierarchien. So gesehen, müßte 'Wirkung' der Medien als soziale und historische Orga – nisationskraft in den sozialen Relationen gedeutet werden.

Das Problem kann auch auf die einzelne Disziplin zurückgewendet werden. Wenn in einem Wissenschaftszweig die interdisziplinäre Kooperation, die man angeblich sucht, nicht auch bedeutet, die erkenntnistheoretischen, die normativen, die wissenschaftspraktischen Grundlagen dieses Fachs von den Ansätzen anderer Fä – cher aus in Frage zu stellen, dann sollte man besser von ernstgemeinter interdisziplinärer Zusammenarbeit nicht sprechen. Angesagt ist damit nicht die 'Übernahme' von Theoremen, von kategorialen Rahmen, von Verfahren, von sogenannten Ergebnissen. Sondern zur Debatte hätte die Neuinterpretation der eigenen Theorien, Kategoriensysteme, Methoden, Einsichten eines Fachs vom argumentativ entfalteten Erkenntnisinteresse anderer Fächer – samt seinen Konsequenzen für die Praxis dieser Fächer – zu stehen. Solch eine Reflexions – arbeit kommt aber ohne Begriffe von gesamtgesellschaftlichen Vorgängen, Struk – turen, Entwicklungslinien nicht aus[13].

2. Text – Fetisch und abstrakte Wissenschaft

Diese abstrakten Thesen möchte ich für dasjenige Fach, das entstehungs – geschichtlich eine gewisse Dominanz bei der Etablierung von 'Medienwissenschaft' erhalten hat[14] – wie es dieser Band auch belegt – konkreter erörtern: für die Literaturwissenschaft. Sie bietet, so scheint mir, ein höchst lehrreiches Beispiel für die unangemessenen Übertragungen und für die fachspezifischen Blockaden, die bei der bloßen 'Erweiterung' des Gegenstandsfeldes in den Sektor der mo – dernen Massenmedien und bei der notdürftigen 'Modernisierung' der Ansätze entstehen. Mehr als einige Thesen, mit harten, groben Strichen hingeworfen, kann ich hier nicht geben, weder einen insistierenden Forschungsbericht in den kurzen Aufsatz zusammenziehen, noch gar die Kritik in plausible Programment – würfe ausschreiben.

Eine Medienwissenschaft, die gewissermaßen aus der scheinbar entwicklungs – logischen Verlängerung von Literaturwissenschaft entstanden ist, hält unverkenn – bar am Verhältnis der 'Ausgangsdisziplin' zum Gegenstand der wissenschaftlichen Arbeit fest, also hier am grundlegenden Verhältnis zum 'Text'. Damit sind nicht die methodologischen Varianten des Umgangs mit einem 'Werk', seinen Entstehungsbedingungen, seinen historischen Gehalten, seiner Rezeption und so fort gemeint[15], obwohl mit ihnen die Kategorie 'Text' einen ganz unter – schiedlichen Status erhalten kann. Vielmehr will ich auf das 'gesellschaftliche Verhältnis' hinaus, das tendenziell allen Spielarten des Literatur – bzw. Textbe – griffs der etablierten Literaturwissenschaft zugrundeliegt: daß der Objektivation 'Text' als 'Eigenschaft' (Struktur, Gehalt, Formierung, Füllung, ästhetische Ver – fassung, manifeste historische Bedingtheit, ja sogar geronnene Funktion usw.) zugeschrieben wird, was in Wahrheit der 'verkehrte Ausdruck', die verhüllte Vergegenständlichung der gesellschaftlichen Organisation menschlichen Handelns ist. Mit anderen Worten: In der Erscheinung des Textes, z.B. auch noch in der Formierung 'polyvalenter Signale' oder 'appellativer Leerstellen', in deren pro – duktiver Aneignung die Rezipienten den Text zu realisieren hätten, sind die sozialen Handlungen sozusagen verborgen, deren gesellschaftliche Verfaßtheit das 'Wesen der Sache Text' eigentlich hervorgebracht hat. Selbst poststrukturalistische und dekonstruktivistische 'Auflösungen' des Textes als Objekt der Litera – turwissenschaft ändern an der prinzipiellen 'Verhüllung' des wirklichen Charakters von Text nichts wesentlich., Sonst müßten nämlich die Wissenschaftler bzw. Er – zeuger neuer Texte ihr Tun als höchst reales, wenn auch symbolisch vermitteltes, soziales Handeln begreifen – statt dessen sucht sich eine 'postmoderne' Textwissenschaft mit einem normativen, dezisionistischen Akt gerade in die Um – deutung sozialer Prozesse zur allumfassenden 'Textualität' zu retten[16]. Nicht also an der kategorialen Fassung des methodischen Zugriffs auf ein Objekt Text (einschließlich seiner 'Determinierung' durch Produktion, Distribution und Rezeption) gibt sich das 'gesellschaftliche Verhältnis' am offensten zu erkennen, das der Vorstellung vom 'Text eingeschrieben ist. An der Art und Weise, wie dieses gesellschaftliche Verhältnis in die Methode selbst eingeht, an der Be – ziehung der wissenschaftlichen Praxis – als der Organisierung sozialer Handlun – gen – zum Gegenstand der Erkenntnis tritt die eigentliche Bestimmung des Textbegriffs zutage.

Für die nahezu absolut beherrschende Praxis von Literaturwissenschaft erhält das Objekt 'Text' tendenziell einen 'mystischen Charakter', eine Gegenständlichkeit, die man analog zur klassischen Politischen Ökonomie auch 'Fetischcharakter' nennen könnte[17]: die bestimmende Organisiertheit sozialer Handlungen – einschließlich der kulturellen – erscheint als 'gegenständlicher Charakter des Textprodukts selbst'[18], ob nun in seiner ästhetischen Verfassung oder im historischen Reichtum seiner Ideengehalte. Über die Handhabung des Textes als 'Fetisch' – als Versteinerung der gesellschaftlichen Verfassung sozialer Handlungen – führen weder rezeptionsästhetische noch sozialgeschichtliche noch auch widerspiegelungstheoretische Konzepte ohne weiteres hinaus. Erst wo die Praxis der Forscher und Lehrer selbst als soziale Handlung in ihren wissenschaftlichen Verfahren thematisiert wird, können sich die im Textbegriff und seinen Äquivalenten eingeschlossenen gesellschaftlichen Verhältnisse bei der Deutung wieder 'verflüssigen'. Auch wenn der Text emphatisch als ein produzierter, seine Verbreitung und Aufnahme als sozial, politisch, ökonomisch bedingte verstanden werden, stellt sich solche Verflüssigung nicht von selbst ein. Denn Produktion, Distribution, Rezeption von Texten können, als Gegenstände der wissenschaftlichen Erkenntnis, ebenfalls Fetischcharakter erhalten, etwa indem ihre 'Mechanismen' und deren Bedeutung für Texte untersucht werden, nicht aber die Organisierung sozialer Handlungen, lebendiger menschlicher Verhältnisse in den 'Mechanismen'. Insofern hat eine "Selbsttäuschung der traditionellen Literaturwissenschaft" nicht nur bei deren "Konzentration auf den blanken Text" (Kübler 1987, 118) statt, sondern zumeist auch dort noch, wo sie gelernt hat, "Texte nicht mehr ohne Berücksichtigung ihrer gesellschaftlichen, institutionellen, semiotischen und subjektiven 'Kontextbedingungen' zu betrachten, sie in ihrer Genese, Aussage und Gestalt zu deuten" (Kübler 1987, 119).

Höchst instruktiv wäre die noch ungeschriebene Geschichte der sogenannten Trivialliteratur – Forschung, um die verhüllende Vergegenständlichung von Texten und ihren 'Kontextbedingungen' durch die literaturwissenschaftlichen Verfahren darzustellen. Ganz besonders an der zentralen Debatte um explizite und implizite Wertungen ließe sich vorführen, wie selbst noch der Versuch, Wertung im gesellschaftlichen Gesamtentwurf zu fundieren und als politisch notwendig in einer Sozialtheorie der Massenliteratur zu explizieren[19], einer 'Mystifizierung' der Untersuchungsgegenstände aufruft: Das Problem der Wertung aus theoriegeleitet erschlossener, gesamtgesellschaftlicher Entwicklungsperspektive erscheint dennoch nicht als eines der realen, wenn auch indirekten sozialen Interaktion, als Bestandteil 'symbolischer Kämpfe' im Rahmen der Strukturierungen sozialen Handelns. Daß der wissenschaftliche Interpret an der historischen Entwicklung des sozialen 'Kampfes um die Ästhetiken' teilhaben könnte, stand allenfalls für die konventionellen Verdikte über 'Kitsch' und 'minderwertige Literatur', aus unverhohlen normativer Ästhetik[20], zur Debatte. Erst in den letzten Jahren beginnt die Forschung zu Massen – und Unterhaltungsliteratur, wo sie überhaupt noch des Schweißes der Edlen würdig erscheint, aus dem Studium der Geschichte von Ästhetiken, begriffen als Instrumente und Strategien in den Kämpfen um nicht nur symbolische Macht und Herrschaft, allmählich die methodologische und praktive Reichweite der Einsicht zu ahnen, daß sie selbst unausweichlich in diese sozialen Kämpfe verstrickt ist[21].

"Die Trivialliteratur wendet sich nicht an Kenner, welche das Vergängliche vom Bleibenden unterscheiden können und dabei oft genug fehlgehen. (...) Die Trivialliteratur wendet sich vielmehr an ein Publikum, das ohne Kunstverstand doch der Tröstung durch die Produkte der Phantasie und des funktionierenden Märchens nicht entraten kann.

Die höchste Kultur, welche man im Deutschland der Neuzeit erreicht hat, war durch die Beschäftigung mit der Sprache und mit der Literatur entstanden. Die Privilegien, welche eine höhere Bildung verlieh, wurden nicht zuletzt durch den Umgang mit klassischen Texten erworben, zu dem das Gymnasium seine Zöglinge nötigte. Die Kenntnis der Alten und die außerordentliche Macht der Dichter in der ersten Hälfte des vergangenen Jahrhunderts (beides Ausdruck eines damals noch existierenden Kulturzusammenhangs) verbanden sich für das Auge der Unprivilegierten mit der Zugehörigkeit zur 'Gesellschaft'. (...) So lag es nahe, sich auf einem möglichst zugänglichen Wege der Teilhabe an dem begehrten Bildungsmittel zu versichern: indem man 'Kunst' konsumierte, glaubte man der höheren Güter teilhaftig zu sein. Der Kleinbürger, welcher sich herrschaftlich kleidete – oder was er für herrschaftlich hielt – griff auch nach der Kunst; genauer gesagt: er griff nach der Pseudokunst, welche für ihn die Kennzeichen der Kunst zu haben schien. Der Kitsch wurde zum Mittel einer sozialen Selbstbestätigung und nicht allein deshalb, weil er seine Schauplätze so gern in den vorgeblich 'besseren Kreisen' wählte" (Killy 1962, 30).
So unverhohlen proklamiert eine wissenschaftlich – literarische Elite, die ihre Fähigkeit, die "Kennzeichen der Kunst" zu definieren, als Markierung ihres sozialen Rangs begreift, selbst heute in den Zeiten der 'geistig – moralischen Wende' nicht mehr ihren Herrschaftsanspruch.
Aber selbst eine radikale Ideologiekritik verlagert die damit gestellte Frage – wie sich die normative Implikation der wissenschaftlichen Analyse zu deren realer Funktion in den sozialen (nicht nur symbolischen) Kämpfen verhalte – lediglich von der Ästhetik auf die Definition des 'besseren Lebens': "Eine kritische Literaturwissenschaft wird (...) erneut den Mut zu einer Wertung ihrer Gegenstände aufbringen müssen, diese aber nun nicht mehr ausschließlich am Kriterium der ästhetischen Stimmigkeit des Gebildes festmachen, sondern zu erfassen suchen, inwieweit die Gebilde den Zeitgenossen und den Späteren als Instrumente einer spezifischen Wirklichkeitserfassung zu dienen vermögen" (Bürger 1972, 10).

Und an der Forschung zur 'beherrschten Literatur'[22] ließe sich vorführen, worin die "Selbsttäuschung" der vorherrschenden Literaturwissenschaft, Ursache der Verwandlung von Texten mitsamt ihren Kontextbedingungen in 'Fetische', entscheidend begründet liegt. Die Praxis dieser Wissenschaft zwingt nirgends zu konkreten sozialen Handlungen mit den 'Gegenständen' der Forschung. Bekanntlich verhindert sogar die gängige empirische Rezeptionsforschung in ihren verschiedenen Varianten, die realen Forschungshandlungen 'an lebenden Menschen' als soziale Interaktionen im Rahmen gesellschaftlicher Strukturierungen von 'Verkehrsverhältnissen' zu begreifen, sprich: diese allemal stattfindenden sozialen Handlungen nicht 'interaktionistisch', sondern auf ihre Strukturierungen hin reflektiert in die methodologische Grundlegung der Arbeit rückzuvermitteln. So stören denn auch z.B. neuere Ansätze der empirischen Wirkungsforschung, wie etwa der 'Nutzenansatz', bei ihrer Adaption in Literaturwissenschaft oder ihr entwachsene Medienwissenschaft die konstitutive Begriffs – und Verfahrensbildung aus 'Fetischisierung' nicht – sowohl für die Rezeptionsvorgaben im 'Text' wie für die Wirkungserhebungen 'am Rezipienten' gilt, daß wissenschaftliche Praxis als ein Verhältnis zu Objekten mit bestimmten Merkmalen, Eigenschaften, Verhaltensweisen usw. entworfen wird, aber nicht als reales Agieren innerhalb der gesellschaftlich determinierten Handlungsgefüge, die damit – gewollt oder ungewollt – Gegenstand und Medium der Forschungsarbeit zugleich sind. Die grundsätzliche Differenz, auf die es mir ankommt, liegt also jenseits der Methodengrenzen zwischen historisch oder strukturalistisch hermeneutischen und quan-

titativ oder qualitativ inhaltsanalytischen Verfahren, auch noch hinter der Trenn –
linie zu empirisch – quantifizierenden Programmen.

Was bedeuten denn nun solche Grundsatzfragen für eine Medienwissenschaft, die
ihre Herkunft aus Literaturwissenschaft nicht verbergen kann und will? Zum
Beispiel müßte klar sein, daß die offenbar schlechthin definitorische Vermittlung
der 'Kommunikate' über beidseitig industriell organisierte Massenmedien – Tech –
nik noch nicht den Schlüssel dafür abgibt, die mystifizierende Gegenständlichkeit
der Forschungsobjekte zu entschleiern, die in ihnen versteinerten sozialen Hand –
lungen wieder zu verflüssigen. Also etwa mehr und Genaueres über die realen
Vorgänge in den Medieninstitutionen zu wissen, stünde zwar einer Medienwis –
senschaft wahrhaftig gut an. Über die Dramaturgie eines medienwissenschaftlich
analysierten Fernsehspiels oder über die Ästhetik eines Werbespots oder auch
über die 'Wirkung' einer Quiz – Show wäre gewiß anders zu reden, als es in den
akademischen Disziplinen zumeist geschieht, wenn die Arbeitsbedingungen einer
Cutterin oder die Konkurrenz zwischen Redaktionen oder das handwerklich –
technische Arrangement 'hinter' einer live – Sendung von den Wissenschaftlern
besser durchschaut würden. Aber das technische, administrative, ökonomische,
politische, gruppendynamische, individualpsychologische Funktionieren des
Produktionsapparates, als Maschinerie betrachtet, verrätselt die darin mechani –
sierten Verkehrsverhältnisse der Gesellschaftsmitglieder eher, als daß es sie an
den untersuchten Medienerzeugnissen aufscheinen ließe. Die den Medien –
theoretikern und – analytikern – weithin zu Recht – vorgeworfene "relative
Ahnungslosigkeit gegenüber Produktionszusammenhängen" (Königstein 1974, 186)[23]
ist beschämend genug und behindert angemessene Fragestellungen. Nur geben die
'Produktionszusammenhänge' nicht ohne weiteres preis, was sich in ihnen als
Kristallisation sozialen Handelns nach den gesellschaftlichen Strukturierungen
ausgebildet hat. Denn das hat nur mittelbar etwas mit den konkreten Arbeits –
bedingungen der Produzierenden zu tun[24].

Entsprechendes ließe sich über die medienwissenschaftliche Analyse von
Vermittlung und Rezeption sagen – und zweifellos wächst die 'Ahnungslosigkeit'
der Medienwissenschaftler exponentiell zur technologisch – industriellen Umwäl –
zung und ökonomisch – politischen Umorganisation der Kommunikation in den
'Neuen Medien'. Es ist jedoch ein grober Irrtum, von Einsicht in das technische
Funktionieren einer ROM – Disc oder in die Wirtschaftsstrategien eines Kabel –
fernseh – Konsortiums schon die richtigere Erkenntnis über den gesellschaftlichen
Gehalt der Umbildung von Öffentlichkeiten und der Umorientierung von Wahr –
nehmungen zu erwarten – dann müßten die Konstrukteure, Techniker und Ma –
nager die tiefsten Einblicke haben.

"Die herrschenden Interessen setzen sich in den Anstalten nicht direkt durch
in dem Sinne, daß etwa der Bundesverband der Deutschen Industrie in den
Anstalten wesentlich größere Einflußmöglichkeiten hätte als andere Verbände
oder gar direkt einwirken könnte. Vielmehr werden die Herrschaftsinteressen,
die die Produktionsbereiche außerhalb der öffentlich – rechtlichen Struktur
der Anstalten bestimmen, wirksam, indem die widersprüchliche Organisation,
die dem Bild klassischer bürgerlicher Öffentlichkeit folgt, einen Selek –
tionsmechanismus darstellt, über den sich lebendige Impulse von unten nach
oben nur schwer konstituieren, die Akkumulation abstrakter Organisation
dagegen leichtfällt. Das Resultat dieser Selektion läßt das Fernsehen dann als
Abbild herrschender Verhältnisse erscheinen. Die Kritik, die sich nur an
dieses Resultat hält, verkennt die Form des geschichtlichen Entste –
hungsprozesses dieses Organisationsformens. Dieser geschichtliche Prozeß ist

> den unmittelbar an der Fernseharbeit Beteiligten meist bekannt, sie werden
> durch eine Kulturkritik, die lediglich die Resultate versteht und nicht, wie es
> zu ihnen kam, nicht überzeugt" (Negt/Kluge 1972, 203).

Für eine Medienwissenschaft, die noch den Anspruch erhebt, etwas darüber zu
erkunden und mitzuteilen, was *wirklich* in der Medienrealität geschieht, kommt es
anscheinend darauf an, daß sie in dieser Realität – die ja nicht nur aus Pro –
dukten besteht – die verhüllten Objektivationen sozialen Handelns, die Sedi –
mente 'toter Arbeit'[25], die Manifestationen gesellschaftlicher 'Umgangsformen'
entdeckt. Und daß sie methodisch berücksichtigen kann, wie sie selbst in die
Formierung von Praxis nach sozialen Strategien eingebunden ist.

Medienprodukte, gleich welcher Art, und einschließlich gedruckter Texte, sind
immer Vergegenständlichungen gesellschaftlich organisierter, historisch aus –
gearbeiteter Verhältnisse der Menschen zueinander. Diesen Befund, der wie ge –
sagt gleichermaßen für Produktion, Distribution und Rezeption gilt, in umfas –
senden Theorie – Entwürfen der sozialen, ökonomischen, politischen, kulturellen
Gefüge begründen und auslegen zu können, wäre Voraussetzung für ein ernstlich
interdisziplinäres medienwissenschaftliches Arbeiten, das sich von den 'Blockie –
rungen' der Startbasis Textwissenschaft löst.

3. Filmarbeit und Real – Abstraktion

Für den Gegenstandsausschnitt Dokumentarfilm will ich einige Fragestellungen
andeuten, die sich aus einer derartigen theoriegeleiteten Revision der
Erkenntnisinteressen und Verfahren ergeben könnten.

> "Der Landarbeiter Horst Ehmke geht ständig mit Maschinen um. Während
> der Erntezeit fährt er einen Mähdrescher, der 100.000 Mark wert ist. Das ist
> drei Mal soviel, wie unsere Filmausrüstung wert ist.
> (...) Gegen Ende der Dreharbeiten flachste er manchmal mit Thomas Hart –
> wig, dem Kameramann: 'Du Thomas, den nächsten Film machen wir beide.
> Ich mach den Ton. Fragen stellen kann ich auch, und neugierig bin ich erst
> recht. Das wird dann der richtige Film.' Der Landarbeiter Horst Ehmke
> hatte den Respekt vor der Aura des Fernsehens verloren. Wir waren
> zufrieden mit unserem Erfolg" (Wildenhahn 1974, 269).
> Wenn das Ziel des 'realitätstüchtigen' Dokumentarfilms ist, in der sozialen
> Kooperation bei den Gefilmten Selbstachtung und Selbstbewußtsein gegen –
> über der anwesenden Medienrealität zu stärken, steht dem die Tendenz der
> Programm – und Verbreitungsform Fernsehen genau entgegen: Die Gefilmten
> sagen "Was drehst du denn hier stundenlang bei uns, davon kommen ja doch
> nur anderthalb Minuten in der Sendung."

Im Feld der Produktion: Wer selbst Dokumentarfilme gedreht hat, dem steht
unmittelbar die Erkenntnis offen, daß noch die subtilen ästhetischen Formierun –
gen des Films auf 'soziale Handlungen' zurückgehen, auf ein konkretes Verhalten
der Filmemacher zur 'abgefilmten', allemal gesellschaftlich durchgearbeiteten
Wirklichkeit. Eine solche Erkenntnis wird allerdings von der gängigen Praxis des
Filmens, wie sie durch die Routinen der Sendeanstalten und auch die Ambitio –
nen vieler Filmemacher definiert ist, geradezu hermetisch abgeriegelt. Das
Filmen, bis hin zu 'rein formalen' Entscheidungen bei Schnitt und Mischung im

Studio, als konkrete Kooperation mit den Gefilmten, als sozial folgenreichen Umgang mit ihrer Lebenswelt zu begreifen und handzuhaben, wird in der Regel schon dadurch verhindert, daß die 'Gegenseite' – nämlich die gefilmte – bei allen Stufen des Produktionsprozesses abwesend ist. Sie wird in der materiellen und administrativen Planung des Projekts als Kostenfaktor und Organisationsfeld kalkuliert, sie wird bei Entwurf und Recherche – sofern es derlei überhaupt noch gibt und nicht 'Hingehen und Draufhalten' angesagt ist – lediglich ima – giniert, sie wird mit den Instrumenten Kamera und Mikrofon als anwesend Un – beteiligte bearbeitet, sie wird an Schneidetisch und Mischpult als Material ge – handhabt. Es erfordert ein sehr hohes Maß an Widerstand gegen die Produk – tionsinstanzen wie gegen den 'Dokumentarfilm im eigenen Kopf', ja gegen das etablierte Selbstverständnis der Medienarbeiter überhaupt, den gesamten Prozeß des Filmemachens als strukturierte soziale Kooperation nicht nur 'abzuwickeln', sondern zu reflektieren und in der eigenen Handlungsweise zu berücksichtigen. Deshalb erleben Menschen, die keine Erfahrung im Machtkampf dieser gängigen 'Kooperation ' haben, das Gefilmt – Werden selbst in ihrer alltäglichen Lebens – welt in der Regel als brutales Ausagieren eines Herrschaftsverhältnisses mittels der 'Sachzwänge' des Medienapparates. Sie reagieren, aus Anschauung der Me – dienrealität, unter Umständen noch auf das solidarisch gemeinte Abbilden von kritikwürdigen Lebensumständen mit heftigem Protest, so sie ihn äußern können, und sei es in der 'verkehrten Form' der Scham über ihre Misere[26].

Es gibt in der Geschichte des Dokumentarfilms nur verhältnismäßig wenige Bei – spiele, bei denen die faktisch stets ausagierte Kooperation, die den sozialen Ge – halt des Filmens bildet, in eine reale Mitwirkung der 'Gegenstände' überführt wurde[27]. Und nicht zufällig liefert die sprechendsten dieser Beispiele der ethnografische Film – in der äußersten Konsequenz nehmen die Gefilmten die Kamera in die eigene Hand, oder aber sie verjagen die Filmemacher[28]. Aber der ethnografische Sonderfall einer filmischen Kooperation zwischen einander 'frem – den' Kulturen bildet nur das Grundverhältnis deutlicher ab, das in jeder Doku – mentarfilm – Produktion enthalten ist: die asymmetrisch angelegte soziale Hand – lung im Spannungsfeld unterschiedener, historisch und sozial strukturierter Lebensweisen (Befindlichkeiten, Ausdrucksformen, Interessen usw.). Sie wird noch im Zoom auf das 'beeindruckende' Gesicht eines alten Arbeiters realisiert, noch in den Sekundenbruchteilen zwischen zwei verschiedenen Schnittstellen, noch im Zumischen einer Musikkonserve oder im Tonfall einer Kommentarstimme.

Übrigens beruht auch der Spielfilm auf sozial definierter Kooperation, nur hat diese geschichtlich eine andere Form angenommen als im Dokumentarfilm, aus – gehend von der institutionell abgesicherten 'Fingierung' einer Lebenswelt, die der Filmemacher 'herstellt', statt von der 'vorüberhuschenden Realität' einer Lebenswelt, die er aus der Begegnung 'rekonstruiert'[29].

"Was aber heißt Moral in Fragen der Ästhetik? Es ist nicht nur das Ausre – den – lassen, es sind nicht nur die langen, ruhigen Einstellungen, die fehlen – den Zooms und die fehlende Werbeästhetik. Es ist eine Haltung zur Reali – tät; daß man die Realität nicht künstlich vereinfacht; daß man kein einfaches Bild dieser Realität zeigt; daß man keine Abziehbilder schafft; daß man mit dem Film nicht so tut, als wäre alles bare Realität, was man zeigt. Das ist eine Moral, die nicht so sehr in den Inhalten zum Ausdruck kommt, sondern im Umgang mit ihnen" (Voss 1983, 205).
Die Kategorie der Moral ist eine des sozialen, politischen, kulturellen Ver – hältnisses der Menschen zueinander. Der dominante Begriff der Ästhetik hat – historisch am radikalsten in der Avantgarde – Ästhetik, auch beim Film –

das Kriterium der Moral rigoros ausgeschlossen, z.B. bei der Wertung. Texte oder andere Kulturprodukte in ihrer ästhetischen Erscheinung nach Fragen der Moral, gar der lebenspraktisch verankerten, zu beurteilen, gilt für die maßgeblichen Eliten als 'illegitim'. Es ist Zeichen eines 'falschen', angeblich unangemessenen Umgangs mit Kulturerzeugnissen, gehört zur 'ästhetischen Inkompetenz'[30]. In die theoretische Fassung der legitimen Ästhetik, die in der Praxis der meisten Filmemacher wie Medienwissenschaftler regiert, ist die soziale Ausgrenzungs – und Herrschaftsstrategie eingeschlossen, die zu thematisieren eben im ästhetischen Konzept untersagt ist. Die kategoriale Trennung von 'Form' und 'Moral' ist historisch durchgesetztes, stets er – neuertes Ergebnis eines Sozialverhältnisses.

Die übliche, 'deskriptiv abgesicherte' oder hermeneutisch durchreflektierte Film – analyse wiederholt aber das Gewaltverhältnis, das in die Erscheinung des gewöhnlichen Dokumentarfilms – gar dem Dokumentarischen des Fernsehens[31] – eingeschlossen ist. Sie nimmt z.B. die ästhetische Erscheinung, ob Schnittrhythmus oder Kameraperspektive oder narrative Struktur, als Eigenschaft des Filmwerks, die nach ihrer historischen Tiefe oder ihrer Determinierung von Wirkung oder ihrer Ideologiehaltigkeit hin auszulegen ist. Solange aber in allen diesen Momenten die realen, gegenständlich stillgelegten Beziehungen von Men – schen in ihren gesellschaftlichen Strukturierungen nicht wieder zum Sprechen gebracht werden, bestätigt die Interpretation – aus noch so kritischer Absicht – eben jene gegenständliche Mystifizierung der eingeschlossenen sozialen Beziehungen. Die Mystifizierung selbst ist jedoch lebendiges Element eines Herrschaftsverhältnisses, das zur objektivierten 'Sache' (ihrer Eigenschaft, ihrem Funktionieren, ihren Entstehungs – und Kontextfaktoren usw.) erklärt, was die 'Übersetzung' ausagierter, strukturierter Verhältnisse der Menschen zueinander in die historisch erarbeiteten Praxisformen ist. Wer als Medienwissenschaftler in seine Fragestellungen nicht systematisch aufnimmt, daß er sich selbst zu einem legitimierten 'Machtgefälle', zu einer scheinbar von der Apparatur gesetzten Sozialbeziehung verhält, wenn er die Kamerabewegung in einem klassischen Filminterview analysiert, der verdoppelt die Legitimierung. Nicht in der 'Bedeu – tung' beispielsweise des Kamerablicks – Frosch – oder Vogelperspektive, sub – jektive Kamera oder anderes – ist der Ausdruck der Beziehungen festgehalten, die es wieder zu verflüssigen gilt, sondern in der organisierenden Funktion, die der Kamerablick für solche Beziehungen hatte und bei jedem Betrachten hat. Diese Funktion, das gehört zur legitimierten Ästhetik des Films, wird am fertiggestellten Werk von der 'Bedeutung' unterdrückt. Das hebt auch eine Re – zeptionsästhetik, die das Werk zu historisch gebildeten 'Erwartungshaltungen' in Bezug setzt, oder eine Pragmatik, die etwa Typisierungen des Zuschauerhandelns in Werkstrukturen ausmacht, oder eine Wirkungsforschung, die den Einfluß von Werkstimuli ermittelt, nicht wieder auf.

Ein Jahr nach dem Ende der Dreharbeiten ist endlich die lange Arbeitsfas – sung des Films fertiggeschnitten. Ich lade die 'Provinzbewohner', deren Alltag wir mit den Aufnahmegeräten erkundet haben, zu einer nicht öffentlichen Vorführung ein. Sie nehmen diese Vorführung als ein 'soziales Ereignis', haben sich wie für einen festlichen Anlaß gekleidet. Ich dagegen hatte diese versprochene Präsentation des Materials eher als Fortsetzung unseres 'Ar – beitsverhältnisses' verstanden.
Die 'Betroffenen' behandeln eine formal ganz gewöhnliche Situation – das Betrachten eines Films am Bildschirm – als ein besonderes, sozial bedeu – tungsvolles Moment in ihren Alltagsabläufen. Sie organisieren, unbewußt, ihre

Erfahrung im Umgang mit dem Medium Fernsehen um, sie verändern den Gehalt der Distributionsform. Das scheint selbstverständlich zu sein, weil es um die völlig singuläre Möglichkeit geht, die filmische 'Abbildung' des eigenes Lebens *vor* der diffusen Veröffentlichung über das etablierte Medium zu betrachten. Ex negativo verdeutlicht aber die Ausnahmesituation etwas von der sozialen Gewalt, die in der Distributionsform Fernsehen steckt: Sie hat Organisationsweisen des sozialen Umgangs, z.b. der Verständigung über Realitätsdeutungen, an sich gerissen. Dieser Befund reicht weiter als die kulturkritische Klage über die Destruktion des 'Familienlebens' durchs Fernsehen. Etwa das Scheitern fast aller Versuche, lokale Berichterstattung über VideoWerkstätten anzubieten, hat mit der organisierenden Macht des Fernsehens über menschliche Beziehungen zu tun.

Im Feld der Distribution: Auch die Angebote der Kinos und die Sendepraxis der Fernsehanstalten enthalten gewissermaßen eingefrorene Sozialbeziehungen im Rahmen der gesellschaftlichen Strukturierungen. Für den Dokumentarfilm gibt es in der Bundesrepublik so gut wie keine Abspielbasis[32]. Das schlägt selbstverständlich auf die Praxis der Filmemacher zurück[33]. Aber nicht darauf will ich hier den Blick lenken. Daß ein Dokumentarfilm heute nach ein, bestenfalls zweimaliger Ausstrahlung in den Archiven der Sendeanstalten verschwindet, ist nur der 'gegenständliche' Ausdruck des Verhältnisses, das die Zuschauer 'freiwillig' zueinander – als vorgeblich gleichartiges Fernsehpublikum – und zu den Programmachern eingegangen sind. In die Distributionsform des Fernsehens ist der erzwungene Verzicht der Zuschauer eingeschlossen, ihre eigenen Erfahrungen auf die Veröffentlichung von Gefilmtem zu beziehen (vgl. Negt/Kluge 1972, 207ff.). Anders herum: Was sich an einem Dokumentarfilm in den Sendeanstalten durch Zensierung[34], durch Ausstrahlung auf einem bestimmten Sendeplatz, durch NichtSendung und durch Magazinierung objektiviert, muß nicht bloß als Manifestation politischer Machtkämpfe, bürokratischer Mechanismen, interner Konkurrenzen, ökonomischer Kalküle entziffert werden; das ist es zweifellos auch. Aber solchen gewissermaßen gegenständlichen Erscheinungen und Vorgängen im Distributionsapparat liegt nicht zuletzt die technisch, politisch, kulturell legitimierte Usurpation von Organisationsformen zugrunde, die reale Erfahrungen in unterschiedlichen Lebensweisen gegenüber einer Realitätsverarbeitung wie dem Dokumentarfilm noch erhalten könnten[35]. Dem kommt weder eine penible Programmanalyse noch eine auf die 'Mechanismen' konzentrierte Institutionen und Organisationsanalyse bei.

Die Arbeitsfassung des Films, die ich den 'Gefilmten' vorgeführt habe, sprengt jedes Fernseh und KinoMaß. Die vier Teile dauern zusammen über acht Stunden. Ich habe beim Schnitt keine Rücksicht auf den erhofften Ankauf durch den Sender genommen, sondern meine Absichten bei meinen oberflächlich nur 'inhaltlichen' Entscheidungen für die Montage ständig ins Verhältnis zu den Gefilmten, zu ihrer Lebenswelt – wie ich sie wahrnehme – zu setzen versucht. Dabei sind sehr langsame Schnittfolgen, sehr weite Dramaturgiebögen herausgekommen.
Die Fernsehfassung muß ich ganz neu schneiden. Der Umgang mit Zeit – eine Kategorie der Sozialbeziehung im Material – wird für diese Filmversion vom Programmschema des Fernsehens diktiert, vom Prinzip der 'StoffFülle und des permanenten Zeitmangels' (vgl. Negt/Kluge 1972, 201ff.). Ich verhalte mich im Umgang mit dem Material jetzt also vorrangig zur Organisationsform des Fernsehens, jede Auseinandersetzung mit der gefilmten Lebenswelt ist über die 'Sachzwänge' des öffentlichrechtlichen Medienap

parats vermittelt. Natürlich folgte mein praktisches Verständnis zur ange-
eigneten Realität auch beim 'freien' Schnitt nicht einer medienüberspringen-
den Unmittelbarkeit. Aber das Feilschen um Sekunden bei der Fernsehfassung lenkt die Energie entscheidend auf jene Abstraktion von Real-Er-
fahrung (d.h. lebenspraktisch noch 'austauschbarer' Erfahrung), die der
Struktur von Fernseh-Öffentlichkeit zugrundeliegt.
Dem fertigen Film sieht man diesen Umgang mit Zeit nicht mehr an. Weder
ein akribisches Filmprotokoll noch eine aufwendige Sequenzanalyse noch eine
Rhythmusinterpretation legen den wirklichen, den tatsächlich ins Produkt
eingegangenen Gehalt der 'Zeitform' wieder frei. Er wäre allenfalls als
'Haltung' des gesamten Films noch zu erahnen. Die faktische Undurch-
dringlichkeit des Medienprodukts – hier im Hinblick auf den sozialen Gehalt der wahrnehmbaren Zeitbehandlung – ist aber eine Ausdrucksform von
Macht, nämlich von abstrakter, im Medienapparat organisierter Macht etwa
über den Rhythmus, den der 'Austausch' von Erfahrungen noch annehmen
kann.
Schon beim Entwerfen und Drehen des Films ist die Zeit-Diktatur der
Medienöffentlichkeit in Kopf und Hand am Werke, ebenso bei der Rezeption, z.B. in der Gewöhnung an Zeitknappheit als vorgebliche Vermeidung
von 'Langeweile'.

Im Feld der Rezeption: Die Zuschauerhaltung gegenüber einem Dokumentarfilm
und die 'Wirkung' des Films beruhen darauf, ob und in welcher Weise die Zuschauer das Wahrgenommene auf ihre lebenspraktische Erfahrung, auf ihre
Empfindungen, Ängste, Phantasien, Interessen, Vorstellungsweisen beziehen können. Daß diese lebendige Erfahrung nichts Ungeteiltes, Unvermitteltes, im
emphatischen Sinn Spontanes ist, sondern stets auch schon medienvermittelte
Bestandteile enthält, versteht sich von selbst[36]. Der Film stellt, ob gewußt und
gezielt oder nicht, Möglichkeiten oder Blockaden her, im Rahmen der gesellschaftlichen Strukturierungen (etwa der lebensweltlich definierten kulturellen
'Kompetenzen') an Realerfahrungen anzuknüpfen – im besten Fall 'produktiv
kritisch'. Dabei werden die Möglichkeiten oder Blockaden ganz entscheidend
über die Distributionsform, in der ein Dokumentarfilm anschaulich gemacht wird
(von der Programmstruktur bis zu den technischen Übermittlungsweisen), mit-
produziert. In der Rezeptions– und Wirkungsforschung von einer z.B. durch das
Medium Fernsehen gegebenen, grundsätzlich für alle Zuschauer gleichen Rezep-
tionsbasis auszugehen, heißt nichts anderes, als die realgeschichtliche Abstraktion
zu wiederholen, die mit dem Medium gegenüber den Erfahrungspotentialen der
Zuschauer durchgesetzt worden ist. Methodologisch verwirklicht sich das u.a. in
der Gewaltförmigkeit, die eine wissenschaftliche 'Zuschauerbeobachtung' oder
eine Isolierung von 'Rezeptionsvariablen' in der Regel für den Ausdruck von
Erfahrung bei den Zuschauern annimmt.

Einige der Studenten, mit denen ich am Rohmaterial und der Arbeitsfassung
des Films analytisch arbeite, protestieren gegen die 'Länge' des Films. Sie
erklären, der 'quälend langsame' Rhythmus des Films laufe ihren Sehge-
wohnheiten so sehr zuwider – und natürlich fällt das Stichwort 'Video-
Clips' – , daß sie nicht nur Langeweile empfänden, sondern beinahe so
etwas wie Aggression. Im Fernsehprogramm hätten sie nach fünf Minuten
ab– oder umgeschaltet.
Gegen solche Empfindungen kann man weder Argumente noch Ableitungen
(historische, genrespezifische, psychologische usw.) ins Feld führen. Der
Ausdruck der Empfindungen muß jedoch auch wissenschaftlich unproduktiv

bleiben, wenn man nicht zu berücksichtigen vermag, daß auch 'Langeweile' oder Aggression gegenüber einem Film Momente in der Auseinandersetzung von Lebensstilen, von Kulturpraktiken sind – wo wäre z.b. die Empfindung von Langeweile gegenüber analysierten Phänomenen wissenschaftlich 'legitim' geworden, noch dazu, wo sie mit dem Verweis auf 'illegitime' Kultursphären begründet wird? Bei der Seminardiskussion über den Film stoßen mindestens drei unterschiedliche Kulturpraktiken aufeinander: die der legitimen akademischen Elite, die der scheinbar sozial diffusen, stark medienbezogenen jugendlichen 'Subkultur' und die der filmisch dargestellten, wiederum in sich hierarchisch strukturierten Landbevölkerung. Alle unterliegen sie dabei, auf sehr verschiedene Weise, den Abstraktionen der Medienöffentlichkeit.

4. Soziozentrismus und unbegriffene Praxis

Aber auch eine literaturwissenschaftlich angeleitete Rezeptions– und Wirkungs– analyse, die nicht auf empirisch–sozialwissenschaftliche oder psychologische Da– tenermittlung aus ist, hat noch mit dem Problem zu tun, daß in den untersuch– ten Rezeptionsvorgaben der 'Texte' machtgeprägte soziale Beziehungen einge– schlossen sind. Denn die soziale Prämisse solcher Medienwissenschaft ist der 'ideale Leser' (vgl. Bourdieu 1974, 83ff.) bzw. der 'ideale Rezipient', als dessen Inkarnation der Forscher tätig wird. Sozialgeschichtlich geht die In– stitutionalisierung des 'idealen Lesers' in der Literaturwissenschaft auf den sozialen Abgrenzungsprozeß zurück, mit dem die Normativität von 'Kunst' – unter dem Autonomie–Postulat – durchgesetzt wird (vgl. dazu Bürger 1982). Die legitime Auslegung von Literatur als Kunst durch die Interpreten folgt genau den Verdrängungs– und Entwertungsregeln, die den Ort der 'Institution Litera– tur' im gesellschaftlichen Gefüge bestimmen. Am literaturwissenschaftlichen Um– gang mit sogenannter Trivialliteratur tritt dies markant ans Licht[37].

"Alles spricht dafür, daß 'populäre Ästhetik' sich darauf gründet, zwischen Kunst und Leben einen Zusammenhang zu behaupten (was die Unterordnung der Form unter die Funktion einschließt), oder, anders gesagt, auf der Wei– gerung, jene Verweigerungshaltung mitzuvollziehen, die aller theoretisch entfalteten Ästhetik zugrundeliegt, d.h. die schroffe Trennung zwischen ge– wöhnlicher Alltagseinstellung und genuin ästhetischer Einstellung" (Bourdieu 1982, 64).

Und die Forschung zu Massen– und Unterhaltungsliteratur macht auch einsich– tig, woran es liegt, daß in der herkömmlichen Praxis der Literaturwissenschaft dieses Problem des sozialen Gehalts von 'Textauslegung' gar nicht zu Bewußtsein kommt, geschweige denn in die methodologische Grundlagenreflexion eingeht. Solange die Praxis der Literaturwissenschaft durch die Selektion der literarischen Gegenstände und entsprechend der Auslegungsverfahren sozusagen in einem na– hezu geschlossenen 'monokulturellen' Raum verbleibt, kann und muß das Pro– blem der Rolle von Textinterpretation (nicht nur der offenkundigen Wertungen!) im realen Sozialgefüge ausgeklammert bleiben: Die gesellschaftliche Fraktion derer, die ihre Position entscheidend über die 'ästhetische Einstellung'[38], über die legitimierende kulturelle Kompetenz definieren, bleibt mit Literaturproduktion und –auslegung gewissermaßen unter sich – trotz der internen Rivalitäts– und Normierungskämpfe. Die stellvertretende Lektüre des Forschers hat, was ihre Funktion in den sozialen Positionsmarkierungen und den Abgrenzungsstrategien betrifft, bestätigenden Charakter. Als methodologische Schwierigkeit tritt das erst hervor, wo die Auslegungskompetenz auf die kulturellen Praktiken der ausge – grenzten, der ästhetisch diskriminierten gesellschaftlichen Klassen und Fraktionen ausgedehnt wird, also etwa bei der Deutung von Massenliteratur oder auch den Massenmedien – Produkten für ein vorgeblich disperses Publikum.

Die vorherrschende Literaturwissenschaft kann die Frage nach dem sozialen Ge – halt ihrer interpretatorischen Praxis überspringen, indem sie sich auf den Text (seine Erscheinung, seinen Gehalt, seine Appellstruktur, seinen Realitätsbezug usw.) konzentriert. Diese Abstraktion ruht dem grundlegenden 'Soziozentrismus' des Fachs auf[39]. Er ist, wie gesagt, historisch mit dem normativ gehandhabten Rückbezug des 'idealen Lesers' auf die soziokulturelle Position der künstlerischen Intelligenz etabliert. Er kommt schon zum Vorschein, wo die Forschung die literarischen Praktiken 'angrenzender' Fraktionen innerhalb der 'herrschenden Klasse'[40] berührt, etwa habituelle Einstellungen der bildungsbürgerlichen Mehrzahl der Buchkäufer 'anspruchsvoller Belletristik'[41]. Ungebrochen ist dieser Soziozen – trismus, mit dem eine kulturell dominante Fraktion ihren normativen Anspruch auch auf die Betrachtung der Kulturpraktiken anderer Klassen und Fraktionen ausdehnt, und zwar nicht nur mit Werturteilen, sondern mit den theoretischen Prämissen der Methode wie in der analytischen Praxis – ungebrochen ist dieser Soziozentrismus seit Ende der sechziger Jahre nicht mehr. Aber auch materiali – stische Entwürfe zur Methodenrevision haben – etwa in Ideologiekritik, Wider – spiegelungsästhetik oder 'Praxisbezug' – das Hegemonie – Problem nicht eigent – lich angepeilt.

> "Die Legitimität der reinen Einstellung zur Kunst wird so umfassend aner – kannt, daß darüber völlig vergessen wird, daß die Definition von Kunst und damit auch die der Lebensart Gegenstand der Klassenauseinandersetzungen ist. Die Lebensweise der Beherrschten, die bislang praktisch noch nie syste – matischen Ausdruck und Darstellung erfahren hat, wird nahezu immer – und selbst noch von ihren Verteidigern – aus der zerstörerischen oder reduktionistischen Perspektive der herrschenden Ästhetik begriffen, ihnen verbleibt damit nurmehr die Alternative zwischen Herabsetzung und selbstzerstörerischer Rehabilitierung ('Volkskunst')" (Bourdieu 1982, 91).
> Es ist jedoch ein im Prinzip gleiches hegemonielles Verfahren, als – zumeist gar nicht mitgedachte – Voraussetzung von Medienwissenschaft anzunehmen, die analysierten Phänomene gehörten zu einer sozial 'gleichgerichteten', ten – denziell eine 'Einheitskultur' schaffenden Medienrealität. Das leicht durch – schaubare Ideologem von dem marktvermittelten 'Pluralismus' in den Me – dienangeboten, aus denen sich jeder das ihm Gemäße heraussuchen könne, feiert in der wissenschaftlichen Abstraktion vom Problem der kulturellen Hegemonie – als einem zentralen Methodenproblem, also einer Frage der Wissenschaftspraxis – beschämende und bezeichnende Urständ: als vor – gebliche, noch dazu den betrachteten Medienphänomenen 'entsprechende' Neutralität der Verfahren gegenüber den sozialen Praktiken, in die solche Phänomene eingebettet sind.

Wenn jedoch für eine Medienwissenschaft, die der Literaturwissenschaft ent – sprungen ist, die Beschäftigung mit 'Gegenständen' konstitutiv wird, deren eine sozial unspezifische Verbreitung nachgesagt wird, dann ist die Kardinalfrage eigentlich nicht mehr zu umgehen, ob sie den mitgeschleppten Soziozentrismus in ihre Methodenreflexion aufnehmen will. Unverkennbar sind starke Bewegungen in dieser Medienwissenschaft, das Problem erneut mit Hilfe der literaturwis –

senschaftlichen Begriffs – und Methodengerätschaft zu überspringen. Etwa wo 'Ästhetik' "als generelle Disziplin (...) eine neue Komparatistik der kulturellen Ausdrucksabsichten und – formen begründen" (Koebner 1987, 45) soll – als käme es nicht darauf an, erst einmal zu berücksichtigen, daß 'Ästhetik', noch dazu mit ihren kategorialen Prämissen, keine von den sozialen Relationen unabhängige Sichtweise ausmacht, sondern ein wesentliches Instrument in den Ausgrenzungs – und Entwertungsprozessen war und ist, die von einer normativen Kompetenz aus 'kulturelle Ausdrucksabsichten und – formen' getroffen haben. Ähnliche Rückfragen müssen an Versuche gerichtet werden, Medienproduktionen unter eine universalisierte, scheinbar neutrale Kategorie 'Text' zu subsumieren (vgl. etwa Kübler 1983). Selbst wo Rezeptions – und Wirkungsforschung 'schichtenspezifisch' differenziert, ist der methodologische Soziozentrismus un – übersehbar: Die Rezipienten werden als Gegenstände des Nachdenkens und Er – kundens betrachtet, deren analysierte Einstellungen, Bedürfnisse, Kulturpraktiken von Ziel und Methode der Untersuchung nicht berührt werden und umgekehrt die wissenschaftlichen Erkenntnismöglichkeiten und – interessen allenfalls in operationaler Hinsicht berühren[42].

Bei diesem Problem, das die im sozialen Sinn normativen, letztlich politischen Methoden – und Gegenstandsgrundlagen des Fachs betrifft, hätte Medienwissen – schaft nun tatsächlich die Chance zur 'konstruktiven Interdisziplinarität'. Denn es gibt ja Fächer, in denen diese fundamentalen Reflexionen zum methodischen Kern gehören: allen voran die Ethnologie. Nicht umsonst ist der Terminus 'Soziozentrismus' in Entsprechung zum ethnologischen Schlüsselbegriff des 'Ethnozentrismus' gebildet. Nur unverbesserliche kulturelle Arroganz könnte ver – kennen, daß es auch innerhalb der einzelnen 'westlich – industriellen Kulturna – tionen', deren Massenmedien sich die bundesdeutsche Medienwissenschaft beinahe ausschließlich widmet, sofern sie überhaupt 'interkulturell' ansetzt – daß auch innerhalb der zunächst sprachlich abgegrenzten Kulturräume scharfe Positions – kämpfe zwischen sozial unterschiedenen 'Teilkulturen' stattfinden. Dabei ist eben nicht bloß und nicht zuerst an sprachliche oder ethnische Minderheiten oder an Subkulturen zu denken, sondern an die generelle Strukturierung der Gesellschaft durch relational definierte Kulturpraxen, Lebensweisen, Klassenlagen[43]. Schon mit der Vorstellung, über diese durch Abgrenzungen und Positionskämpfe struktu – rierten wie aufeinander bezogenen sozialen 'Felder' werde eine gleichgerichtete und womöglich gleichmachende Massenmedien – Kultur verbreitet, ist Medienwissenschaft in die sozialen Kräfteverhältnisse eingespannt.

Inzwischen hat sich die Einsicht herumgesprochen, daß die gegenstandsbezogene Differenz zwischen 'Völkerkunde' und 'Volkskunde' in methodologischer Hinsicht allenfalls graduell genannt werden kann[44]. Beide Disziplinen haben, wie die be – nachbarte Kulturanthropologie auch, nach radikalen Revisionen ihrer kulturell – normativen und ideologisch – politischen Prämissen[45] die Reflexion der kulturellen Differenz zwischen forschenden und erforschten Lebenswelten in ihre Verfahren aufgenommen. Von solchen Entwicklungen aus könnte eine Medienwissenschaft, die sich nicht eilfertig und erfolgssüchtig auf ihr literaturwissenschaftliches Erbe verläßt, wesentliche Fragen an ihr Selbstverständnis und ihre Deutungsverfahren, mithin an den legitimierenden sozialen Gehalt ihrer Praxis richten. Zum Beispiel wäre dann die für die Medienforschung jüngst entdeckte 'Interkulturalität' mit Sicherheit anders zu verstehen und untersuchen, als sich das vorläufig abzeich – net[46]. Aber die Fragen an das Fach wären sehr grundsätzlicher Art, gerichtet vor allem auf die soziokulturell normativen und praktisch wirksamen Implikationen der Verlängerung des 'Textbezugs' aus der Startdisziplin Literaturwissenschaft hinaus. Es ist eben nicht mit einer sozialwissenschaftlichen oder semiotischen oder technikgeschichtlichen oder psychologischen oder ethnomethodologischen

Wissenschaft mit Zukunft?

Anreicherung der literaturwissenschaftlichen Basisaxiome, wie etwas des Gegen – standsverhältnisses, getan.

Wer medienwissenschaftlich zum Beispiel über den Dokumentarfilm redet und schreibt, meinetwegen auch über einen einzelnen, fertiggestellten und distribuierten, ohne dabei zugleich die Kategorie des Dokumentarischen in der Medienrealität insgesamt im Kopf und in den Nervenenden zu haben, der hat sich schon vorab dem 'Gewaltverhältnis im Dokumentarischen' ver – dingt, in noch so kritischer Absicht. Jährlich werden hierzulande viele tau – sende von 'dokumentarischen' Sendungen allein in Hörfunk und Fernsehen verbreitet, von der O – Ton – Reportage übers Interview und Feature bis zu den 'aktuellen Filmbeiträgen' in den Fernsehnachrichten. Ein Gewaltverhältnis liegt nicht nur, in buchstäblichem Sinn, der Produktion solcher Sen – debestandteile zugrunde, faßbar in den üblichen Verfahren des alltäglichen Beutemachens der 'Dokumentaristen': hineilen – einfangen – auswerten – senden. Welcher Art die 'eingefangene Realität' ist, bleibt dabei nahezu völlig gleichgültig, das heißt: von der wirklichen, sozialen und kulturellen Bedeutung des 'Dokumentierens' in und für diese Realität wird gewaltsam abgesehen. Ein Gewaltverhältnis steckt aber auch noch in den Bedingungen der Rezeption, etwa in den Standards dessen, was das angebliche Dokumentarische in den Medienangeboten für die Rezipienten kenntlich macht. Solche Standards sind vorgeblich allgemein – für alle Gesellschafts – mitglieder in allen Konstellationen von Medienwahrnehmung gleich. Bei – spielsweise die Reflexion auf das 'Fiktive' am Dokumentarischen in den Medienproduktionen bleibt abstrakt und damit ihrerseits von Gewalt durch – zogen, wenn die Kategorien des Fiktiven oder des Dokumentarischen nicht als Fragen nach den Formen bestimmten sozialen Handelns in und durch Medienrealität behandelt werden, bezogen auf wirkliche, das heißt gesell – schaftlich je spezifische Lebenswelten.
Die Analyse von Dokumentarfilmen muß also auf die Formen und Aus – drucksweisen von 'sozialer Kooperation' (und sei es die eines brutalen Aus – nutzungsverhältnisses) zielen, die in diesem besonderen Arbeits – und Prä – sentationsmodus von Medienwirklichkeit enthalten sind, bis in die Details der Ästhetik. Dazu muß man allerdings die Arbeits – und Präsentationsvorgänge auch kennen[47]. Die Nagelprobe für eine zunächst hermeneutisch – re – konstruierende Medienwissenschaft wäre, ob die Analysen auch zu Fragen und Forderungen an die Medienrealität führen – eben aus der Untersu – chung der spezifischen 'sozialen Kooperation'. Sonst bleibt Medienwissen – schaft tendenziell tatsächlich jene Besser – Wisserei im genauen Wortsinn, als die die 'Medienpraktiker' sie so oft denunzieren. Derlei Fragen und Forde – rungen lassen sich jedoch erst glaubhaft erheben, wo sie sich auf wirkliche Konflikte, nicht auf das wissenschaftliche operationale (z.B. bloß theorie – förmige) Konstrukt davon beziehen. Das wiederum könnte die bedrohliche Konsequenz bedeuten, daß sich die Medienwissenschaftler – wie entspre – chend die 'Medienpraktiker' – den Lebenswelten, deren Bestandteil die Medienrealitäten sind, auch konkret aussetzen, nicht nur sie für ihre Zwecke funktionalisieren. Die ethnologische oder kulturwissenschaftliche 'Wende' der Medienwissenschaft griffe allerdings in die Routinen des akademischen Betriebs ein. Der Schreibtisch des Forschers ist ein ruhiger Platz nur dann, wenn die axiomatische soziale und kulturelle Ausgrenzung der 'fremden Lebenswirklichkeiten' statthat.

Ich nehme mir hier nicht heraus, noch auf weitere Disziplinen mit dem Finger zu zeigen, die für die 'interdisziplinäre Transformation' der Medienwissenschaft von Bedeutung wären. Zu nennen wären da noch einige, wie eine global anset – zende Kultursoziologie, die von einer objektivistischen Isolierung einzelner 'Ge – genstände' im System der Lebensweisen abhalten könnte. Statt dessen will ich auf den Anfang dieser Unsystematischen Gedanken zurückweisen: Nicht die Übernahme von Methoden, Theoremen oder Ergebnissen ist einzuklagen. Eine theoriegeleitete Grundlagenreflexion steht an, und da geht es – wie gesagt – ohne gesamtgesellschaftlich und historische ausgreifende Theoriekonzepte nicht ab.

Es sollte aber auch deutlich geworden sein, daß ich nicht einer Me – dienwissenschaft das Wort rede, die der Analyse von Einzelobjekten, historischen Linien, herauspräparierten Kommunikationsvorgängen oder Organisationsmerkma – len abschwört. Wohl aber scheint es mir höchste Zeit, daß sich eine Medienwissenschaft, der ihre literaturwissenschaftliche Abkunft anzumerken ist, den grundsätzlichen Fragen zuwendet, die das soziale Erbe eines – wie immer 'modernisierten' – idealen Lesers als normative Basis von Gegen – standskonstitution und Verfahren aufwerfen müßte. Daß daran unter anderem auch Ängste davor, die lebensgeschichtlich ausgebauten Plattformen der Aus – gangsdisziplin bis zu den Fundamenten aufgraben zu sollen, die Wissenschaftler hindern mögen, versteht sich.

Wenn in diesen Überlegungen so viel von Film und Fernsehen, was die beispielhafte Verdeutlichung der Thesen angeht, die Rede war, so bedeutet dies nicht, ich verstünde die von mir gemeinte Medienwissenschaft als eine 'Film – und Fernsehwissenschaft', wie das mancherorts deklariert wird. Ich möchte sie, ihrer Entwicklungsrichtung nach, als einen unscharf abgegrenzten Sektor einer allgemeinen, ethnologisch – sozialwissenschaftlich und historiographisch fundierten Kulturwissenschaft begreifen. Das läuft nicht aufs Auswechseln eines Fir – menschilds hinaus. Von 'Kulturwissenschaft' ist allenthalben die Rede – wie bei Medienwissenschaft oft unterm Antrieb eines eher opportunistischen, kategorial und methodisch fahrlässigen Modernisierungsstrebens. Unkoordiniert und schein – bar eher aus der Fachlogik einzelner Disziplinen heraus konkretisiert sich eine umfassendere Kulturwissenschaft aber längst in den 'Überlagerungen' von Kul – turanthropologie, Europäischer Ethnologie, Zivilisations – und Mentalitäts – und Alltagsgeschichte, historisch orientierter Sozialwissenschaft, Psychohistorie, erneu – erte Volkskunde und Literatur – und Kunstwissenschaft u.a.m. Wenn auch die Konkurrenzen und Kontroversen, besonders im Hinblick auf Grundlagentheorien, unübersehbar bleiben – paradigmatisch derzeit etwa in den Ge – schichtswissenschaften –, so lassen sich bei der Arbeit am Material die 'Vermi – schungstendenzen' doch nicht verkennen. *Eine* wichtige Folgerung aus der Revi – sion des literaturwissenschaftlichen Erbes der Medienwissenschaft müßte eben sein, die sozialnormative Besonderung des 'Textes' aus dem Zusammenhang der unterschiedlichen Kulturpraxen wieder aufzuheben.

Zu diesen Kulturpraxen gehört heute ja auch längst der Umgang mit den soge – nannten Neuen Medien. Sie sind daher nicht weniger 'Gegenstand' der Medien – wissenschaft als die schon klassischen Massenmedien. Für manche Entwicklungs – linien der 'Neuen Medien' scheint offenkundig, daß sich die in traditioneller Weise analysierbaren Objektivationen aufzulösen beginnen. Man denke etwa an die rapide fortschreitende, computer – vermittelte 'Interaktion' von Mediennutzern mit den 'Fiktionen' der Apparate[48]. Aber auch solche Tendenzen der Medien – realität entkräften nicht die hier skizzierten Überlegungen zu Aufgaben und Orientierungen von Medienwissenschaft. Gerade wo sich die von den klassischen

Wissenschaft mit Zukunft?

Disziplinen wie der Literaturwissenschaft her vertrauten 'Objekte' zu verflüchtigen scheinen, sind damit die Mystifizierungen der beobachteten gesellschaftlichen Erscheinungen nicht entschleiert – nach wie vor geht es um die (zunehmend) industrialisierten Formen, in denen die realen menschlichen Beziehungen organi - siert werden. In den Medien sind die 'Rohstoffe' dafür Phantasie, Bedürfnisse, Erfahrungen aus den (verdeckten) Strukturierungen des Sozialgefüges.

> "In großem Maßstab geht es um das Projekt einer Industrialisierung des Bewußtseins. Das hat mit Unterhaltungsprogramm durch Fersehsendungen allenfalls indirekt zu tun. (...)
> Es geht um die künftige Gestalt unserer Öffentlichkeiten. (...) Daß ich etwas fühle oder denke, ist noch nicht der Rohstoff für mein Selbstbewußtsein, meine Identität. Daß ich bemerke, daß auch andere dies fühlen, denken, oder daß sie meinem Gefühl oder Denken widersprechen, sich also zu mir *verhalten*, daß es ein Ausdrucksvermögen gibt, das das, was alle angeht, und das, was mich persönlich berührt, füreinander verständlich macht: dies ist ein Produkt von Öffentlichkeit. Es gibt keine Identität in der Isolierung. Die Gestalt des Selbstbewußtseins der Bevölkerung und des einzelnen hängt von dem Ausdrucksvermögen unserer Öffentlichkeit ab.
> (...)
> Ich glaube nicht, daß sie (die modernen Massenmedien; L.F.) Be - wußtseinsinhalte verändern können. Aber ob mit einem Bewußtseinsinhalt Selbstvertrauen verbunden ist oder nicht, das können sie von Kindheit an steuern" (Kluge 1985, 53ff.).

Auf eines will ich noch hinweisen, um dem Eindruck gegenzusteuern, ich wäre auf eine bloße Theorieumwälzung in der Medienwissenschaft aus. Die soziozentristische Energie, die aus der vorherrschenden Literaturwissenschaft in ihre medienwissenschaftlichen Weiterungen hinüberfließt, begünstigt auch einen ganz verkürzten Praxis - Begriff. Das trifft sich mit der charakteristischen Täu - schung, die aus der Medien – Realität selbst kommt, als bestehe dort die eigent - liche 'Praxis' im Handhaben der technischen und organisatorischen Apparate.

> "Die Ausbildungsinhalte orientieren sich an den drei journalistischen Berufs - feldern Printmedien (Zeitungen, Verlage), Hörfunk und Fernsehen/Video. Schwerpunkte liegen im kreativen Umgang mit Texten und in der techni - schen Umsetzung eigener Skripte in Ton - und Videoproduktionen.
> In Industrie und Handel wird der Typ des Projektleiters/Regisseurs verlangt, der beim Recherchieren und Schreiben des Drehbuchs die Machbarkeit vor Augen hat. Kenntnisse in der Bildgestaltung, Kameraführung, in der Ton - technik und Postproduktion sind daher gleichermaßen wichtig wie Kalkulation und Kostenrechnung. Eine starke betriebswirtschaftliche und juristische Komponente rundet daher das Gesamtprogramm ab (...)" (Weiterbildungskurs Medienpraktiker 1986).
> Viel wichtiger als die reale Verwendbarkeit der Ausbildungselemente ist das 'Image', das ein Studiengang oder ein Hochschulkurs in der Öffentlichkeit, besonders bei den potentiellen 'Abnehmern' der Absolventen, bekommt. Daher sind die Bindung renommierter Personen als 'Lehrer' an den Stu - diengang und die Präsentationspolitik entscheidende Faktoren für die Be - rufsaussichten der Studierenden[49].

Daß es tatsächlich jedoch im akademischen wie im massenmedial produktiven Feld um das Agieren in den Formationen gesellschaftlicher Verkehrsverhältnisse geht, findet keinen Eingang in die Überlegungen zum 'Praxis – Bezug'. Der wu – chert dann in Forschung und vor allem in Lehre, soweit das Auge reicht, als quasi handwerkliche Einübung viertel – oder halbprofessioneller Kenntnisse und Fertigkeiten in den 'medienpraktischen Tätigkeiten'[50]. Damit jedoch konditioniert eine sogenannte medienwissenschaftliche Ausbildung genau auf jene fundamentale Realabstraktion von wirklicher gesellschaftlicher Praxis, die den massenmedialen Institutionen und Öffentlichkeiten zugrundeliegt.

"Bloß schriftliche und mündliche Kritik muß gegenüber den Produkten eines industriellen Großapparates fast immer unwirksam bleiben. Produkte lassen sich wirksam nur durch Gegenprodukte widerlegen. Fernsehkritik muß von dem geschichtlichen Körper des Fernsehens ausgehen, das heißt vom Fernsehen als Produktionsbetrieb. Ebenso muß die Selbstbestimmung der Zuschauer, als Grundlage einer möglichen emanzipatorischen Wei – terentwicklung des Fernsehens, sich an diesem Produktionsbetrieb, also an dem, was im einzelnen Sendemoment nicht ohne weiteres zu erkennen ist, orientieren" (Negt/Kluge 1972, 181).
Wenn diese Sätze auch auf eine kritische Medienwissenschaft zielen, können sie nicht so verstanden werden, als müsse die wissenschaftliche Praxis allemal in 'gegenläufigen' Medienproduktionen münden. Es sollte gerade der Irrtum ausgeschlossen sein, als würde Medienwissenschaft nur 'praktisch', indem sie die Handhabung der Apparaturen zur Verfertigung von Produkten lehrte. 'Gegenproduktion' besteht zum Beispiel auch in der praktisch werdenden Stützung von 'Selbstbewußtsein' der Rezipienten gegenüber dem Programm bzw. den Ausdrucksformen des Medienbetriebs. Solches Selbstbewußtsein hat in den sozial unterschiedenen Lebensweisen ganz unterschiedliche Gehalte und Handlungsmuster. Die Arbeit daran ist nicht eine Spezialaufgabe der Medienpädagogik; es geht nicht um 'Erziehung', sondern um die schwierige Praxis der Kooperation, die sich des Hegemonie – Problems nicht entledigen kann.

Die Frage nach dem – unbedingt erforderlichen – Praktisch – Werden von Medienwissenschaft muß ganz und gar anders gestellt werden, als es in dem technisch – praktischen Appendix universitärer Tätigkeit gedacht ist[51]. Eine gewisse Vertrautheit mit der technisch – manipulativen Komponente der Medien – Realität ist vonnöten. Sie kann aber die 'Konditionierungen' in den professionellen Me – dien – Institutionen ohnehin nicht wirklich vorbereiten, und sie hat für eine me – dienwissenschaftliche Forschung und Lehre, die diesen Namen verdient, nur dann einen Sinn, wenn sie nicht Ziel, sondern probeweise und bescheiden gehandhabtes Instrument für eine Erfahrung von Praxis ist, die wissenschaftliche Arbeit wie massenmediale Produktionstätigkeit als soziales Handeln in struktu – rierten Realbeziehungen erweist. Andernfalls bleibt die handwerklich angerei – cherte Alternative nur 'abstrakte Aufklärung' (vgl. Königstein 1974, 186) oder vorgreifende, dilettantische Zurichtung auf die Konditionen der institutionellen Medien – Blöcke. Beides, das muß betont werden, enthält unterschiedlich ange – legte Strategien 'verbunkerter Macht'.

Vermutlich, nein sicher wird das Praktisch – Werden einer revidierten Medienwissenschaft nicht ohne die Anstrengung abgehen, die soziale Bastion Hochschule fallweise zu verlassen. Gelegentliche Ausflüge der Hochschullehrer in die Sendeanstalten – ein Hörfunk – Feature hier, eine Fernseh – Diskussion da

– und Beutearbeiten studentischer Kommandotrupps – eine Interview – Collage von dort und eine Video – Reportage von anderswo – sind damit nicht gemeint. Wenn Medienwissenschaft nicht auch in einem ihr eigenen, noch unentwickelten Sinn 'Feldforschung' (und mit ihr verbundene Lehre) entwickelt, wird sie die Herausforderung von Praxis nicht erfahren. Der erneute Anklang an Ethnologie und Kulturwissenschaft ist beabsichtigt.

> "Die Kunstworte 'Kommunikation, Information' enthalten bereits eine be – stimmte Abstraktion, als gäbe es unter den Menschen einen von der konkreten Situation losgelösten Austausch. In Wahrheit gibt es auch durch das Hinzutreten von 'Mittlern' (= Medien), wie dem Rundfunk, dem Fern – sehen, die dem Zuschauer gegenüber nur so tun können, als ob sie austau – schen, tatsächlich aber Monologe abspielen, keine 'Entfernung aus der Situation'. All diese Mitteilungen, Gefühle werden vom Empfänger in einer konkreten Situation empfangen" (Kluge 1985, 67).
> Feldforschung ist das reflektierte Eintauchen in 'Situationen'. Es läßt keinen der Beteiligten, auch den Forscher nicht, unverändert. Aber Situationen sind immer Ergebnisse von Strategien sozialen Handelns, die sich allemal den unweigerlich hierarchischen Strukturierungen, den relationalen Stellungen der Akteure verdanken. Daraus entläßt keine noch so klarsichtige, selbstkritische Reflexion.

Für eine Medienwissenschaft, die sich einer grundlegenden Theorie – Praxis – Revision, zumindest einer radikalen Reflexion ihrer normativen und strategischen Prämissen nicht unterzieht, sehe ich nur drei glorreiche Aussichten: das Abstek – ken profitabler Forschungs – Claims, Theorie – Reviere, System – Schneisen; eine mehr oder weniger für hypothetische 'Berufsanforderungen' verwertbare Aus – bildung, im Idealfall halb in die Medieninstitutionen verlagert; eine abstrakte Aufklärung aus abgesicherter Autorität des Wissenschaftlers in seinem Status als idealer Rezipient oder Wirklichkeitskonstrukteur. Es scheint nicht unwahrschein – lich, daß Medienwissenschaft im historisch veränderten Gefüge jene sozial und kulturell normative Rückkoppelung wiederholt, die vor anderthalb Jahrhunderten der Literaturwissenschaft mit der 'Verpflichtung auf ihren Gegenstand' die Teil – habe an legitimierender Macht sicherte. Zwar würde dazu der Medienwissenschaft noch ein gehöriger Aufwand an 'Modernisierung' abverlangt. Denn 'legitim' er – scheint immer weniger die Definition und Setzung von 'ästhetischer Kompetenz' als Abgrenzungsinstrument, sondern die ökonomisch – technisch – politische Macht zur Konstruktion von Öffentlichkeiten und das Vermögen, 'die Massen' zu be – dienen. Die daran angeglichene kulturelle Kompetenz bezöge ihren Wert tatsächlich aus der Fähigkeit, noch im kritischen Gestus 'Akzeptanz' zu erzielen. Die Geschwindigkeit, mit der die Medien – Realität umgewälzt wird, stellt aller – dings die 'analytisch nachrückende' Medienwissenschaft vor enorme Schwierigkei – ten. Gelingt der Medienwissenschaft solche offiziell abgeforderte, an die 'Gewalt' der Medienrealität anschließende Modernisierung, sind ihre Aussichten allerdings glänzend.

Anmerkungen

1 So etwa bei Werner Faulstich, zuletzt in Faulstich 1987, 65. Zu Faulstichs Proklamationen eines 'Paradigmenwechsels' der Literaturwissenschaft durch eine Transformation in Medienwissenschaft vgl. auch Kübler 1987, 114.

2 Zwei willkürlich herausgegriffene Beispiele: An der Hochschule für Musik und Darstellende Kunst in Hamburg wird seit 1985 ein Fachbereich 'Medien' proklamiert, für den es weder klare Konturen noch gar potentielle Ressourcen gibt, wohl aber den 'Anspruch' auf medienwissenschaft – liche Forschung und Lehre – und ein im Zuge von Neubauten komplett eingerichtetes, nahezu professionelles AV – Studio und enge personale Verbindungen zu großen Medienanstalten. – Der – zeit wird an der Universität Hamburg energisch die Gründung eines Aufbau – Studiengangs für Film – Regie betrieben (Studienziel: Die Ausbildung von Drehbuchautoren und Regisseuren für den 'erzählenden Spielfilm'), obwohl an der benachbarten Hochschule für bildende Künste vier Film – klassen bestehen (darunter auch eine für den 'inszenierten Film'). Man nimmt sogar· in Kauf, mit dem Hochschulgesetz in Konflikt zu geraden, das der Universität ausschließlich 'wissenschaftliche', nicht aber 'künstlerisch – praktische' Ausbildungen zuweist. Erklärlich wird das nur dadurch, daß sich hier persönliche Ambitionen (der Studiengang ist ganz auf die Intentionen des Regisseurs Hark Bohm zugeschnitten) mit erhofften Prestige – und Begünstigungs – Vorteilen für die Universität verbinden.

3 Vgl. die fachlich jedes noch diskutable Niveau unterschreitende, inkonsistente und weder bil – dungs – noch finanzpolitisch durchgearbeitete Planungsvorlage des Präsidiums, aus der ich im fol – genden zitiere (Universität Hamburg 1987).

4 Vgl. die Beiträge von Knut Hickethier, Hans – D. Kübler und Jan – Uwe Rogge in diesem Band.

5 Pross faßt denn auch die 'direkte Kommunikation' (wort – und körpersprachliche Verständigung) noch unter dem Medienbegriff, als "primäre Medien" des "menschlichen Elementarkontaktes" (Beth/Pross 1976, S. 112).

6 Ein fast schon erschütterndes Beispiel liefert jetzt Gerhard Maletzke mit seinem "argumentativen Diskurs" (!) unter dem Titel 'Kulturverfall durch Fernsehen?' (Berlin 1988), in dem er sich der Anstrengung unterzieht, modischen Kulturkritikern des Fernsehens vom Schlage der Postman, Mander und Winn Seite um Seite die 'Unwissenschaftlichkeit' ihrer Thesen nachzuweisen.

7 Zum Begriff des Feldes im hier verwandten Sinn s. Bourdieu 1985; Fischer/Jarchow 1987.

8 Die Abwehr richtete und richtet sich insbesondere gegen die Studien von Holzer 1971, Dröge 1972, Negt/Kluge 1972, Prokop 1974 und Hund 1976, meint aber auch die 'hinter' diesen neueren Arbeiten stehenden, wirkungsgeschichtlich entscheidenden Texte von Horkheimer/Adorno, Herbert Marcuse und Habermas.

9 So immerhin, wenn auch mit einer inadäquaten, abstrakten Begriffslogik, Beth/Pross 1976, 35ff.

10 Diesen Vorwurf kann man auch – das Beispiel aus jüngster Zeit sei hier aufgegriffen – Thomas Koebner nicht ersparen, obwohl seine knappen Ansichten und Anmerkungen nicht den Raum für eine gründliche Kritik bieten können (Koebner 1987). Wer 'totalitätstheoretisch' orien – tierte Ansätze dadurch zu denunzieren sucht, daß er sie als Ausflucht aus dem Mangel an Aufzeichnungsmöglichkeiten für Medienproduktionen deutet, der zeigt an, daß es ihm wohl eher um eine politische verursachte Abwehr der 'materialistischen' Arbeiten geht als um das in ihnen auf – geworfene, grundsätzliche Problem der Vermittlung gesamtgesellschaftlicher Prozesse und einzelner 'Medien – Phänomene'.

11 Vgl. etwa die 'interne' Kritik Burkhard Hoffmanns (1976) oder auch die Auseinandersetzung Wulf D. Hunds (1976) mit Holzer, Dröge, Prokop.

12 Man stelle nur die Ansätze von Maletzke 1976 oder Kübler 1983 oder Baacke 1987 oder der Paderborner Mediensoziologen (Heitmeyer u.a. 1976) nebeneinander.

13 Ich verzichte hier darauf, diese Bemerkungen, gar nur durch Hinweise im Anmerkungsapparat, an wissenschaftstheoretische Debatten anzubinden.

14 Vgl. Hans – Dieter Kübler: "Medienwissenschaft etabliert sich derzeit vornehmlich als weiterer Zweig der Literaturwissenschaft (...)" (1987, 122).

Wissenschaft mit Zukunft?

15 Koebners Plädoyer für die zwar "ins Wanken" geratene, aber einzig Sicherheit verbürgende Kategorie des "Werks" ist lediglich *ein* begrifflich faßbares Indiz, aber immerhin ein bezeichnendes (Koebner 1987, 43f.).

16 Diese jüngste, zynische Variante eines absoluten Normierungsanspruchs bestimmter kultureller Elitefraktionen müßte also ganz anders diskutiert werden, als es in den ausufernden Debatten über begriffliche und theoretische Stringenz, 'Leistungsfähigkeit' und Erkenntnisfortschritt geschieht. Auch hier sehe ich davon ab, eine komprimierte Literaturliste in die Anmerkung zu setzen.

17 Marx 1972, 85ff.; vgl. zur Debatte über den 'Fetischcharakter' vor allem im Zusammenhang mit der Ideologie – Diskussion, etwa Sorg 1976, 34ff.

18 In Anlehnung an die Formulierung bei Marx 1972, 86.

19 Ein markantes Beispiel bietet Bürger 1972, 13ff.

20 Klassischer Fall: Walter Killys Studie 'Deutscher Kitsch' (zuerst Göttingen 1962).

21 Vgl. etwa die fast gleichzeitig erschienenen Bände von Geyer – Ryan 1983 und Bürger/Bürger/Schulte – Sasse (Hrsg.) 1982

22 Rudolf Schendas rabiate Attacke auf die traditionelle Germanistik (Schenda 1971) erreicht, bei allem Engagement für Leser der 'populären Lesestoffe', die Wende zur methodologischen Reflexion des Hegemonie – Problems noch nicht.

23 Vgl. dazu auch Negt/Kluge 1972, 180ff.

24 Über diese sehr instruktiv Königstein 1974, 190ff.; zur darin enthaltenen gesellschaftlichen Organisierung menschlicher Verkehrsverhältnisse vgl. Negt/Kluge 1972, 191ff.

25 Zu diesem Begriff vgl. Negt/Kluge 1981, u.a. 465f.

26 Äußerst anschauliche Beispiele dafür haben Voss 1983, insbes. 59ff., und Wildenhahn 1974 aufgezeichnet.

27 Vgl. die Versuche des Ruhr – Film – Zentrums (Voss 1983 und Hübner 1979)

28 Etwa bei der Zusammenarbeit Jean Rouchs mit Afrikanern; s. Dan Georgakas u.a. 1984; hier S. 64.

29 Dazu instruktiv Kluge 1975, hier S. 202ff.

30 Dazu eingehend Bourdieu 1982, 57ff., 416ff. und 501ff.

31 Vgl. die zeitweise intensive Debatte über die Abhängigkeit des bundesdeutschen Dokumentarfilms vom Fernsehen und deren Konsequenzen, u.a. Holl 1981 und 1983; Karalus 1979; Kluge 1983; sowie die Beiträge in Biedermann/Haardt 1980

32 Vgl. dazu die in der vorstehenden Anmerkung angegebene Literatur

33 Instruktiv die Diskussionsbeiträge von Karalus 1979 oder Goedel/Hoven 1979.

34 Siehe etwa das Beispiel von Fritz Poppenberg (Kreimeier 1987).

35 Das äußert sich zum Beispiel in dem gängigen 'Wissen' von Fernsehmachern über die 'wirklichen Bedürfnisse' der Zuschauer. Illustrativ dazu z.B. Königstein 1974, 184f., 196ff. und 201ff.

36 Vgl. etwa den Versuch von Thomas Leithäuser und seinen Mitarbeitern, die unterschiedliche Genese von 'Bewußtsein' zu erfassen (Leithäuser 1976; Leithäuser u.a. 1977).

37 Dazu neben Bürger 1982 besonders Geyer – Ryan 1983.

38 Dieser Begriff in Anlehnung an Bourdieu 1982, 57ff.

39 Vgl. die Erörterung dieses Problems für die 'Volkskunde', just bei deren Beschäftigung mit Phänomenen der Massenkommunikation, durch Geiger 1976, hier S. 248.

40 Ich verzichte hier darauf, den Klassenbegriff scharf zu modellieren, und bin mir wohl bewußt, damit eine wichtige Frage zu umgehen. Daher unterbleibt hier auch die Auseinandersetzung mit dem Klassenbegriff Bourdieus, die ins Zentrum seiner Theorie führte.

41 Verwiesen sei hier auf Andeutungen in meinem Beitrag 'Literarische Kultur im sozialen Gefüge' (Fischer 1986).

42 Vgl. dagegen den Aufsatz von Jan – Uwe Rogge in diesem Band. – Freilich wäre zu fragen, wie der dort beschriebene 'Feldforschungsansatz' über die Berücksichtigung der gewissermaßen punktuellen, interaktionistisch begriffenen Kulturdifferenzen hinauskommt und auf eine Theorie gesamtgesellschaftlicher Praxisstrukturierungen bezogen werden kann.

43 *Einen* Entwurf, dieses relationale Gefüge von Positionierungen und Strategien der Selbst – und Fremddefinitionen von Klassen, Schichten, Fraktionen, Kadres zu beschreiben, bietet die Kultursoziologie Pierre Bourdieus; s. vor allem Bourdieu 1974, 1982 und 1985.

44 Vgl. etwa Giordano 1984, hier S. 83f. Siehe auch den Diskussionsband Chiva/Jeggle 1987

45 Man denke nur an Leiris 1985 oder an die Entwicklung der 'empirischen Kulturwissenschaft' in Tübingen (Bausinger 1971; Jeggle 1985; als instruktives Beispiel Illien/Jeggle 1978).

46 Siehe nur die Projektskizze von Schäffner 1987, insbes. S. 57f.; vgl. auch die Hinweise von Helmut Kreuzer auf die groß angelegten Siegener Projekte im 'Sonderforschungsbereich 240' (Kreuzer 1987).

47 Deshalb wissen die Nachdenklicheren unter den Dokumentarfilmern auch genau, daß die Streitfrage der dokumentarischen Ästhetik solche einer (praktisch werdenden) 'Haltung zur Wirklichkeit' sind, einschließlich des Operierens in den Sendeanstalten oder Produktions – und Verbreitungsorganisationen; vgl. nur Wildenhahn 1980, Hörmann/Heimbucher 1981, Hübner 1983.

48 Vgl. auch den Aufsatz von Klaus Bartels in diesem Band.

49 In Tübingen z.B. wurden "22 Medienexperten externer Institutionen", genauer "Führungskräfte aus Rundfunkanstalten, privatrechtlichen Videostudios und Radioanstalten, Verlagen und Zeitungen", Werbeagenturen und Unternehmensberatungen gewonnen (Weiterbildungskurs Medienpraktiker 1986).

50 Ein besonders eklatantes Beispiel gibt der neue Aufbaustudiengang für Medienpraktiker an der Universität Tübingen ab. Wer die Medienrealität kennt, der weiß, daß es ohnehin eine Irreführung ist, mit den knapp bemessenen universitären Trockenübungen eine wirkliche Berufsqualifizierung für die Medien – Apparate zu vermitteln. Viel schlimmer wirkt sich aber noch das reduktionistische Praxis – Verständnis in solchen Konzepten aus. Es zu durchbrechen, würde z.B. ganz andere Ko – operationsformen schon im Rahmen der Ausbildung als die Anleitung der 'Auszubildenden' durch 'praxiserfahrene Lehrer' erfordern.

51 Vgl. die entsprechenden Fragen an eine Kommunikationswissenschaft im Rahmen der Volks – kunde bei Geiger 1976, 247ff. In der Medienpädagogik ist das Problem in aller Schärfe gegenwär – tig; s. nur die Anmerkungen bei Baacke 1987.

Bibliographie

D. Baacke 1987: Kreuzweg der Disziplinen. In: TheaterZeitSchrift (1987), H. 22, S. 105 – 113

H. Bausinger 1971: Volkskunde. Darmstadt

H. Beth/H. Pross 1976: Einführung in die Kommunikationswissenschaft. Stuttgart u.a.

W. Biedermann/A. Haardt (Red.) 1980: Bilder aus der Wirklichkeit. Aufsätze zum dokumentari – schen Film und Dokumentation. Duisburg

P. Bourdieu 1974: Zur Soziologie symbolischer Formen. Frankfurt

P. Bourdieu 1982: Die feinen Unterschiede. Frankfurt

P. Bourdieu 1985: Sozialer Raum und 'Klassen'. Leçon sur la leçon. Frankfurt

Ch. Bürger 1972: Textanalyse als Ideologiekritik. Frankfurt

Ch. Bürger 1982: Einleitung. Die Dichotomie von hoher und niederer Literatur. Eine Pro – blemskizze. In: Bürger/Bürger/Schulte – Sasse 1982, S. 9 – 39

Ch. Bürger/P. Bürger/J. Schulte – Sasse (Hrsg.) 1982: Zur Dichotomisierung von hoher und nie – derer Literatur. Frankfurt

I. Chiva/U. Jeggle (Hrsg.) 1987: Deutsche Volkskunde – Europäische Ethnologie. Zwei Standort – bestimmungen. Frankfurt/New York

F. Demuth 1988: Entschlossen auf ein hinkendes Pferd setzen. Denkwürdige Vorgänge um ein geplantes Institut für Film – und Theater – Regie. In: Hamburger Rundschau, Nr. 28 v. 7. Juli 1988, S. 21

F. Dröge 1972: Wissen ohne Bewußtsein. Frankfurt

W. Faulstich 1987: Bestseller und Medienwissenschaft. Das Langzeit – Forschungsprojekt 'Literatur – Bestseller'. In TheaterZeitSchrift (1987), H. 22, S. 61 – 68

L. Fischer 1986: Literarische Kultur im sozialen Gefüge. In: Ders. (Hrsg.): Literatur in der Bun – desrepublik bis 1967. München, S. 142 – 163

L. Fischer/K. Jarchow 1987: Die soziale Logik der Felder und das Feld der Literatur. In: Sprache im technischen Zeitalter (1987), H. 102, S. 164 – 172

Wissenschaft mit Zukunft?

K.F. Geiger 1976: Volkskunde und Kommunikationsforschung. In: H. Bausinger/E. Moser–Rath (Hrsg.): Direkte Kommunikation und Massenkommunikation. Tübingen, S. 239–252

D. Georgakas u.a. 1984: Die Stärke der visuellen Anthropologie – ein Interview mit Jean Rouch. In: M. Friedrich u.a. (Hrsg.): Die Fremde sehen. Ethnologie und Film. München, S. 55–72

H. Geyer–Ryan 1983: Der andere Roman. Versuch über die verdrängte Ästhetik des Populären. Wilhelmshaven

Ch. Giordano 1984: Soziologie, Ethnologie, Kulturanthropologie. Zur Bestimmung wissenschaftlicher Horizonte. In: Wolfgang Brückner u.a.: Kulturanthropologie und Europäische Ethnologie in Frankfurt. Frankfurt, S. 79–90

P. Goedel/H. Hoven 1979: Die Realität richtet sich nach dem Fernsehen. In: medium (1979), H. 5, S. 3–9

W. Heitmeyer u.a. 1976: Perspektiven mediensoziologischer Forschung. Paderborn.

G. Hörmann/A. Heimbucher 1981: Dokumentarfilm trifft schon immer auf inszenierte Wirklichkeit. In: Filmfaust (1981), H. 23, S. 47–57

B. Hoffmann 1976: Die Entwicklung einer materialistischen Theorie der Massenkommunikation in der BRD. In: Massenmedien (Argument–Sonderband 10). Karlsruhe, S. 306–319

W. Hoffmann–Riem 1987: Medienplatz Hamburg – Zusammenfassender Projektbericht. Baden–Baden/Hamburg

O. Holl 1981: Erblindet das Kinoauge? In: medium (1981), H. 7, S. 9–16

O. Holl 1983: Lust und Organisation. In: medium (1983), H. 9, S. 28–31

H. Holzer 1971: Gescheiterte Aufklärung? München

Chr. Hübner 1979: Annähernde Verwirklichung einer kleinen Utopie. In: H.–G. Pflaum (Hrsg.): Jahrbuch Film 1979/80. München, S. 144–155

Chr. Hübner 1983: Das Dokumentarische als Haltung. In: medium (1983), H. 3, S. 36–38

W.D. Hund 1976: Ware Nachricht und Informationsfetisch. Darmstadt/Neuwied

A. Illien/U. Jeggle 1978: Leben auf dem Dorf. Opladen

U. Jeggle 1985: Feldforschung. Tübingen

P. Karalus 1979: Zum Umgang des Fernsehens mit der Wirklichkeit. In: medium (1979), H. 7, S. 15–18

W. Killy 1962: Deutscher Kitsch. Göttingen

A. Kluge 1975: Die realistische Methode und das sog. 'Filmische'. In: Ders.: Gelegenheitsarbeit einer Sklavin. Zur realistischen Methode. Frankfurt, S. 201–211

A. Kluge 1983: Der Dokumentarfilm als Gefangener der Auftragsproduktion. In: Ders. (Hrsg.): Bestandsaufnahme Utopie Film. Frankfurt, S. 161–166

A. Kluge 1985: Die Macht der Bewußtseinsindustrie und das Schicksal unserer Öffentlichkeit. In: K. v. Bismarck u.a. (Hrsg.): Industrialisierung des Bewußtseins. München, S. 51–129

F. Knilli 1973: Die Literaturwissenschaft und die Medien. In: Jahrbuch für Internationale Germanistik 5 (1973), H. 1, S. 9–44

Th. Koebner 1987: Die Chancen der Medienwissenschaft. In: TheaterZeitSchrift (1987), H. 22, S. 41–46

H. Königstein 1974: Von unten gesehen. In: D. Baacke (Hrsg.): Kritische Medientheorien. Konzepte und Kommentare. München, S. 180–212

K. Kreimeier 1987: Der Fall 'Outlaw'. In: Frankfurter Rundschau v. 5.9.1987, S. ZB 3

H. Kreuzer 1987: Die Erforschung des Fernsehens. In: TheaterZeitSchrift (1987), H. 22, S. 16–22

H.–D. Kübler 1983: Fernsehgenres und Nutzenansatz. In: H.–A. Herchen (Hrsg.): Aspekte der Medienforschung. Frankfurt, S. 9–34

H.–D. Kübler 1987: Medienwissenschaft auf dem Prüfstand. In: TheaterZeitSchrift (1987), H. 22, S. 114–124

M. Leiris 1985: Die eigene und die fremde Kultur. Frankfurt

Th. Leithäuser 1976: Formen des Alltagsbewußtseins. Frankfurt/New York

Th. Leithäuser u.a. 1977: Entwurf einer Empire des Alltagsbewußtseins. Frankfurt

G. Maletzke 1976: Ziele und Wirkungen der Massenkommunikation. Hamburg

G. Maletzke 1988: Kulturverfall durch Fernsehen? Berlin

K. Marx 1972: Das Kapital. Bd 1 (MEW Bd. 23). Berlin

O. Negt/A. Kluge 1972: Öffentlichkeit und Erfahrung. Frankfurt

O. Negt/A. Kluge 1981: Geschichte und Eigensinn. Frankfurt

J. Paech 1987: Es war einmal: Medienwissenschaft in Osnabrück. In: TheaterZeitSchrift (1987), H. 22, S. 30–40

D. Prokop 1974: Massenkultur und Spontaneität. Frankfurt

G. Schäffner 1987: Europäische Fernsehkultur. In: TheaterZeitSchrift (1987), H. 22, S. 54–60

R. Schenda 1971: Die Lesestoffe der Beherrschten sind die herrschende Literatur. Anhang in: D. Bayer: Der triviale Familien– und Liebesroman im 20. Jahrhundert. 2. Aufl. Tübingen 1971, S. 187–311

R. Sorg 1976: Ideologietheorien. Köln

Universität Hamburg 1987a: Entwicklungskonzept für einen Schwerpunkt Medien und Theater/Film an der Universität Hamburg. (Ms. verf.)

Universität Hamburg 1987b: Stellungnahme des Fachbereichs Philosophie und Sozialwissenschaften zum "Entwicklungskonzept für einen Schwerpunkt Medien und Theater/Film an der Universität Hamburg". (Ms. verf.)

G. Voss 1983: Der zweite Blick. Chronik einer Zeche und ihrer Siedlung. Berlin

'Weiterbildungskurs Medienpraktiker' an der Universität Tübingen 1986. In: Tübinger Universitäts–zeitung Nr. 28 v. 25.10.1986

K. Wildenhahn 1974: Subjektiv gesehen. Einleitung und drei Kapitel über die dokumentarische Arbeit im Fernsehen. In: D. Baacke (Hrsg.); Kritische Medientheorien. München, S. 250–269

K. Wildenhahn 1980: Industrielandschaft mit Einzelhändlern. In: Filmfaust (1980), H. 20, S. 3–16

Zu den Autoren dieses Bandes

Prof. Dr. *Klaus Bartels*, Literaturwissenschaftliches Seminar der Universität Hamburg (Von Melle Park 6, 2000 Hamburg 13)

Rainer Bohn, Eggo Müller und *Rainer Ruppert*, Mitherausgeber und Redakteure von "TheaterZeitSchrift. Beiträge zu Theater, Medien, Kulturpolitik" (Großbee – renstr. 13 A, 1000 Berlin 61)

Prof. Dr. *Michael Charlton* und Dr. *Klaus Neumann*, Psychologisches Institut der Universität Freiburg (Belfordstr. 18, 7800 Freiburg)

Prof. Dr. *Werner Faulstich*, Sonderforschungsbereich "Ästhetik, Pragmatik und Geschichte der Bildschirmmedien" an der Universität – Gesamthochschule Siegen (Postfach 10 12 40, 5900 Siegen)

Prof. Dr. *Ludwig Fischer*, Literaturwissenschaftliches Seminar der Universität Hamburg (Von Melle Park 6, 2000 Hamburg 13)

Dr. *Knut Hickethier*, Priv. Doz., Institut für Theaterwissenschaft der Freien Uni – versität Berlin (Mecklenburgische Str. 56, 1000 Berlin 33)

Dr. *Doris Janshen*, Fachbereich Erziehungs – und Unterrichtswissenschaften der Technischen Universität Berlin (Franklinstr. 28/29, 1000 Berlin 10)

Prof. Dr. *Rolf Kloepfer*, Lehrstuhl Romanistik III der Universität Mannheim (Schloß, 6800 Mannheim 1)

Prof. Dr. *Thomas Koebner*, Institut für Neuere Deutsche Literatur der Universität Marburg (Wilhelm – Röpke – Str. 6 A, 3550 Marburg)

Prof. Dr. *Hans – Dieter Kübler*, Fachhochschule Hamburg (Grindelhof 30, 2000 Hamburg 13)

Prof. Dr. *Karl Prümm*, Institut für Theaterwissenschaft der Freien Universität Berlin (Mecklenburgische Str. 56, 1000 Berlin 33)

Dr. *Jan – Uwe Rogge*, Gesellschaft für Kommunikation und Medien mbH (Bach – str. 140, 2072 Bargteheide)

Dr. *Joachim Schmitt – Sasse*, Medienwissenschaftler (Zeppelinstr. 2, 3550 Mar – burg)

Volker von Thienen, Wissenschaftszentrum Berlin für Sozialforschung (Reich – pietschufer 50, 1000 Berlin 30)

Dr. *Siegfried Zielinski*, Institut für Kommunikations –, Medien – und Musik – wissenschaft der Technischen Universität Berlin (Ernst – Reuter – Platz 7, 1000 Berlin 10)

Ebenfalls in der edition sigma *sind erschienen:*

Ingo Braun
Computer und Intimität
Der Baby – Computer: Eine techniksoziologische Fallstudie

Neuerdings gibt es auf dem Markt eine Home Computer – Variante, die eine echte Planungsanwendung für das Privatleben bietet: den sogenannten Baby – Computer. Es handelt sich um ein kleines, alltagstaugliches "Expertensystem" für die Familienplanung; einen kleinformatigen Rechner, der auf der Grundlage der Temperaturmethode die fruchtbaren und unfruchtbaren Tage der Benutzerin bestimmt, indem er die Werte der morgendlichen Temperaturmessung auf eine eingespeicherte Datenbank mit tausenden von Vergleichswerten bezieht und das Ergebnis auf einer "Ampel" mit rotem, gelbem oder grünem Licht anzeigt. Anhand der spezifischen Probleme, die der Technikeinsatz im sicherheitsempfindlichen Bereich der Verhütung aufwirft, untersucht der Autor den technischen, wissenschaftlichen und soziokulturellen Verlauf dieser Geräteinnovation. Er analysiert die ersten Einführungsstationen des Geräts unter Berücksichtigung seiner alltagsweltlichen Einbindung in die Privatsphäre und der dabei bedeutsamen gesundheitspolitischen Rahmenbedingungen. Schließlich fragt Braun, welche Folgen für das alltägliche Technikbild, für Körper – und Selbst – erfahrung möglich sind.

1987   119 S.   ISBN 3 – 924859 – 32 – 9   DM 19,80

Ingo Braun
Stoff Wechsel Technik
Zur Soziologie und Ökologie der Waschmaschinen

Innerhalb nur eines Jahrzehnts sind Waschmaschinen zu einem selbstverständ – lichen und nicht mehr wegzudenkenden Teil unseres Alltagslebens geworden. Was verhalf ihnen zu ihrem raschen und durchschlagenden Erfolg? Unter welchen Bedingungen konnte sich eine "alltagstaugliche" Maschinentechnik für das Wäschewaschen entwickeln? Welche gesellschaftlichen Einrichtungen – verknüpft über das "Innenleben" der Maschine und mit ihr verkoppelt per Wasser – und Stromleitung – trugen dazu bei, daß sie seit den sechziger Jahren massenhaft und problemlos von nahezu jedem Haushalt genutzt wurden? Dies sind Brauns Ausgangsfragen. Er untersucht zunächst die Entstehungs – und Verwendungsgeschiche der Haushaltswaschmaschinen von den ersten Rührflügel – geräten bis zum computerisierten Waschvollautomaten der Gegenwart. Dabei zeigt sich, daß trotz der großen Arbeits –, Energie –, Wasser – und Waschmit – teleinsparungen die individuelle Wascharbeit keineswegs abgenommen hat – denn es wird mehr gewaschen – und Rohstoffverbrauch wie Umweltbelastungen größer geworden sind. Zur Erklärung dieses für den Technikumgang in Indu – striegesellschaften typischen Phänomens konzentriert sich die Analyse auf das Wechselspiel zwischen den zunehmenden Anforderungen, die die Verbraucher an die Leistungsfähigkeit moderner Waschtechnik stellen, und der gegenwärtigen Hygiene – und Bekleidungskultur, die ohne die breite und intensive Nutzung von Waschmaschinen nicht denkbar wäre.

1988   175 S.   ISBN   3 924859 – 48 – 5   DM 24,80
– bitte beachten Sie auch die folgende Seite –